Helmut Brandau, Constantin Rehaag
IP Strafrecht
De Gruyter Praxishandbuch

Helmut Brandau, Constantin Rehaag

IP Strafrecht

—

DE GRUYTER

Staatsanwalt a.D. Dr. Helmut Brandau,
Staatsanwaltschaft Frankfurt,
Rechtsanwalt Dr. Constantin Rehaag, M.A.
Fachanwalt für gewerblichen Rechtsschutz, Frankfurt

Register: Christian Klie, Berlin

ISBN 978-3-11-031145-7
e-ISBN (PDF) 978-3-11-031160-0
e-ISBN (EPUB) 978-3-11-038304-1

Library of Congress Cataloging-in-Publication Data
A CIP catalog record for this book has been applied for at the Library of Congress.

Bibliografische Information der Deutschen Nationalbibliothek
Die Deutsche Nationalbibliothek verzeichnet diese Publikation in der Deutschen
Nationalbibliografie; detaillierte bibliografische Daten sind im Internet
über http://dnb.dnb.de abrufbar.

© 2017 Walter de Gruyter GmbH, Berlin/Boston
Einbandabbildung: John Foxx/Stockbyte/thinkstock
Datenkonvertierung/Satz: jürgen ullrich typosatz, Nördlingen
Druck: CPI books GmbH, Leck
♾ Gedruckt auf säurefreiem Papier
Printed in Germany

www.degruyter.com

Vorwort

Dieses Handbuch geht – wie so manches Buch- oder sonstiges Projekt – auf eine „fixe Idee" zurück. Es gab und gibt bis heute kein Werk, das die Straftatbestände aller gewerblichen Schutzrechte in einem Handbuch zusammenfasst und erläutert. So lag es sozusagen in der Luft, dass zwei praxiserfahrene Berufskollegen, der eine Staatsanwalt, der andere Fachanwalt, sich dieser Aufgabe verschrieben haben.

Von der Idee bis zum Ergebnis sind nun fast fünf Jahre vergangen. Mit Blick auf unseren Erfahrungsschatz an praktischen Fällen schien es uns anfangs so, als müsse man nur diese Fälle aufbereiten und darstellen, was natürlich zu kurz gegriffen war. Tatsächlich stellte sich die Aufgabe einiges komplexer dar.

Es gab – wie wohl üblich – auch zähe Phasen, die aber immer wieder durch einen neuen Fall und eine damit einhergehende Fragestellung aus der täglichen Arbeit beendet wurden. Jede neue Denkaufgabe, die ein Praxisfall mit sich brachte, gab Ansporn, die gefundene Lösung nicht nur für diese eine Akte, sondern über den Einzelfall hinaus nutzbar zu machen.

Viele der in diesem Buch angesprochenen Fragen oder Probleme gehen somit auf Anregungen aus dem Arbeitsalltag zurück. Im Nachhinein ist es als glücklicher Umstand anzusehen, dass bei der Staatsanwaltschaft Frankfurt in der Vergangenheit das gesamte IP-Strafrecht auf zwei Bearbeiter konzentriert war. Nur so konnte sich das Verständnis für die praxisrelevanten Fragen entwickeln und vertiefen. Die berufliche Praxis war bei der Erstellung des vorliegenden Buchs unsere maßgebliche Richtschnur. Nach unseren Erfahrungen steht Relevantes im Mittelpunkt der Darstellung. Eine erschöpfende Bearbeitung und Vorstellung eines jeden Schutzrechts ist von uns nicht beabsichtigt gewesen.

Schrifttum und Rechtsprechung sind bis Anfang September 2016 eingearbeitet worden. Für Anregungen und Hinweise können Sie uns gerne über den Verlag kontaktieren.

Frankfurt, September 2016   Helmut Brandau und Constantin Rehaag

Inhaltsübersicht

Inhaltsverzeichnis

Kapitel 2
Gesetz gegen den unlauteren Wettbewerb

Kapitel 3
Urheberrecht

Kapitel 4
Strafbare Verletzung des Rechts am eigenen Bild (§ 33 KunstUrhG)

Kapitel 5
Design- und Gemeinschaftsgeschmacksmusterstrafrecht

Kapitel 6
Strafbare Patentverletzung (§ 142 PatG)

Abkürzungsverzeichnis

Abs.	Absatz
Abschn.	Abschnitt
AG	Arbeitsgericht
ABl.	Amtsblatt
a.E.	am Ende
a.F.	alte Fassung
AGB	Allgemeine Geschäftsbedingungen
Alt.	Alternative
Anm.	Anmerkung
App	Applikation bzw. Application software
BDSG	Bundesdatenschutzgesetz
BeckRS	Beck-Rechtsprechung
Beschl.	Beschluss
BfDI	Bundesbeauftragte für den Datenschutz und die Informationsfreiheit
BFH	Bundesfinanzhof
BGB	Bürgerliches Gesetzbuch
BGBl.	Bundesgesetzblatt
BGH	Bundesgerichtshof
BNetzA	Bundesnetzagentur
BT-Drucks.	Bundestags-Drucksache
BVerfG	Bundesverfassungsgericht
BYOD	Bring your own device
d.h.	das heißt
DStR	Deutsches Steuerrecht
DPMA	Deutsches Patent- und Markenamt
€	Euro
EG	Europäische Gemeinschaft
EGBGB	Einführungsgesetz zum Bürgerlichen Gesetzbuch
EG-RL	Richtlinie der Europäischen Gemeinschaft
EGL	Ergänzungslieferung
etc.	et cetera
EU	Europäische Union
EuG	Gerichtshof der Europäischen Union
EuGH	Europäischer Gerichtshof
f./ff.	folgende/fortfolgende
FAQ	Frequently Asked Questions
Fn	Fußnote
gem.	gemäß
GG	Grundgesetz
grds.	grundsätzlich

h.M.	herrschende Meinung
HMA	Haager Musterabkommen
Hs.	Halbsatz
i.S.d./v.	im Sinne des/von
i.V.m.	in Verbindung mit
iDPLA	iPhone/iPad Developer Program License Agreement
iOS	Standard-Betriebssystem der Apple-Produkte
IP	Internetprotokoll
IT	Informationstechnik
KG	Kammergericht
LG	Landgericht
lit.	litera (= Buchstabe)
Ltd.	Limited
m. Anm.	mit Anmerkung
m. zust. Anm.	mit zustimmender Anmerkung
m.w.N.	mit weiteren Nachweisen
n.F.	neue Fassung
n.v.	nicht veröffentlicht
Nr.	Nummer
o.ä.	oder ähnliches
o.g.	oben genannt/e/s
OLG	Oberlandesgericht
openJur	freie juristische Datenbank
PW	Passwort
RL	Richtlinie
Rn	Randnummer
Rspr.	Rechtsprechung
S.; s.	Seite; siehe
s.o.	siehe oben
SMS	Short Message Service
sog.	sogenannt/e
st. Rspr.	ständige Rechtsprechung
StGB	Strafgesetzbuch
u.a.	unter anderem
u.U.	unter Umständen
u.v.m	und vieles mehr
UrhG	Gesetz über Urheberrecht und verwandte Schutzrechte
UrhWG	Urheberrechtswahrnehmungsgesetz
Urt.	Urteil

usw.	und so weiter
UWG	Gesetz gegen den unlauteren Wettbewerb
VG	Verwaltungsgericht
vgl.	vergleiche
VO	Verordnung
VoIP	Voice over Internet Protocol
vs.	versus
VPN	Virtual Private Network
WLAN	Wireless Local Area Network
z.B.	zum Beispiel
Ziff.	Ziffer
ZollVG	Zollverwaltungsgesetz
ZPO	Zivilprozessordnung
ZVG	Zollverwaltungsgesetz

Literaturverzeichnis

Achenbach, Hans/Ransiek, Andreas, Handbuch des Wirtschaftsstrafrechts, 3. Auflage, Heidelberg
u.a. 2012 (zit: Achenbach/Ransiek/*Bearbeiter*)

Beck'scher Online Kommentar, Urheberrecht, 9. Auflage München 2015 (zit: BeckOK Gesetz/
Bearbeiter)

Becker, Guido M., Zur Konkurrenz von Marken- und Geschmacksmusterschutz, Tübingen 2013
(zit: Becker)

Bulling, Alexander/Langöhrig, Angelika/Hellwig, Tillmann, Geschmacksmuster, 3. Auflage,
Stuttgart 2011 (zit: Bulling/Langöhrig/Hellwig/*Bearbeiter*)

Büscher, Wolfgang/Dittmer, Stefan/Schiwy, Peter, Gewerblicher Rechtsschutz, Urheberrecht,
Medienrecht, 3. Auflage, Köln 2015 (zit: Büscher/Dittmer/Schiwy/*Bearbeiter*)

Cepl, Philipp Moritz/Voß, Ulrike, Prozesskommentar zum Gewerblichen Rechtsschutz, 1. Auflage
2015

Dreier, Thomas/Schulze, Gernot, Urheberrechtsgesetz, Urheberrechtsgesetz, Urheberrechtswahrnehmungsgesetz Kommentar, 5. Auflage, München 2015 (zit: Dreier/Schulze/
Bearbeiter)

Dreyer, Gounda/Kotthoff, Jost/Meckel, Astrid, Urheberrecht – Urheberrechtsgesetz,
Urheberrechtswahrnehmungsgesetz, Kunsturhebergesetz, 3. Auflage, Heidelberg u.a. 2013
(zit: Dreyer/Kotthoff/Meckel/*Bearbeiter*)

Eichmann, Helmut/von Falckenstein, Roland Vogel/Kühne, Marcus, Geschmacksmustergesetz,
5. Auflage, München 2015 (zit. Eichmann/von Falckenstein/Kühne/*Bearbeiter*)

Erbs, Georg/Kohlhaas, Max, Strafrechtliche Nebengesetze, 207. Loseblatt, 2016 (zit: Erbs/
Kohlhaas/*Bearbeiter*)

Erbs, Georg/Koolhaas, Max, Strafrechtliche Nebengesetze, Loseblattwerk, München 2015
(zit: Erbs/Kohlhaas/*Bearbeiter*)

Fezer, Karl-Heinz, Markenrecht, 4. Auflage, München 2009 (zit: *Fezer*)

Fezer, Karl-Heinz, UWG, Kommentar zum Gesetz gegen den unlauteren Wettbewerb in 2 Bänden,
2. Auflage, München 2009 (zit: Fezer/*Bearbeiter*)

Fischer, Thomas, Strafgesetzbuch und Nebengesetze, 63. Auflage, München 2016 (zit: *Fischer*)

Fromm, Friedrich Karl/Nordemann, Wilhelm, Urheberrecht – Kommentar zum Urheberrechtsgesetz,
zum Verlagsgesetz und zum Urheberrechtswahrnehmungsgesetz, 10. Auflage, Stuttgart 2008
(zit: Fromm/Nordemann/*Bearbeiter*)

Graf, Jürgen Peter/Jäger, Markus/Wittig, Petra, Wirtschafts- und Steuerstrafrecht Kommentar,
1. Auflage, München 2011 (zit: Graf/Jäger/Wittig/*Bearbeiter*)

Hacker, Franz, Markenrecht, 3. Auflage, Köln 2013 (zit: *Hacker*)

Harte-Bavendamm, Henning/Henning-Bodewig, Frauke, Gesetz gegen den unlauteren
Wettbewerb (UWG) Mit Preisangabenverordnung Kommentar, 3. Auflage, München 2013
(zit: Harte-Bavendamm/Henning-Bodewig/*Bearbeiter*)

Heintschell-Heinegg, Bernd v., Kommentar zum StGB, Beck'scher Onlinekommentar, 28. Edition,
München 2015 (zit: BeckOK StGB/*Bearbeiter*)

Hildebrandt, Die Strafvorschriften des Urheberrechts, 1. Auflage, Berlin 2011 (zit: *Hildebrandt*)

Hoeren, Onlineskript Internetrecht, 2015 (zit: *Hoeren*, Internetrecht)

Ingerl, Reinhard/Rohnke, Christian, Markengesetz, 3. Auflage, München 2010 (zit: Ingerl/Rohnke/
Bearbeiter)

Joecks, Wolfgang/Miebach, Klaus (Hrsg.), Münchener Kommentar zum StGB, 2. Auflage, München
2011 (zit: MüKo-StGB/*Bearbeiter*)

Karlsruher Kommentar zur StPO mit GVG, EGGVG, EMRK, 7. Auflage, München 2013 (zit: KK-StPO/
Bearbeiter)

Kettner, Lars-Uwe, Die Bekämpfung der Produktpiraterie jenseits des Zivilrechts, 1. Auflage, Baden-Baden 2011 (zit: *Kettner*)

Köhler, Helmut/Bornkamm, Joachim, Gesetz gegen den unlauteren Wettbewerb, Preisverordnung, Unterlassungsklagengesetz, Dienstleistungs-Informationspflichten-Verordnung, 33. Auflage, München 2015 (zit: Köhler/Bornkamm/*Bearbeiter*)

Kurose, James H./Ross, Keith W., Computernetzwerke – Der Top-Down-Ansatz, 5. Auflage, München 2012 (zit: *Kurose/Ross*)

Leipziger Kommentar zum Strafgesetzbuch, 12. Auflage, Berlin 2010 (zit: LK-StGB/*Bearbeiter*)

Loewenheim, Ulrich, Handbuch des Urheberrechts, 2. Auflage, München 2010 (zit: Loewenheim/*Bearbeiter*)

Meyer-Goßner, Lutz/Schmitt, Bertram, Strafprozessordnung: StPO, Gerichtsverfassungsgesetz, Nebengesetze und ergänzende Bestimmungen Kommentar, 58. Auflage, München 2015 (zit: Meyer-Goßner/Schmitt/*Bearbeiter*)

Münchener-Kommentar zum StGB, 2. Auflage, München 2011 (zit: Mü-Ko StGB/*Bearbeiter*)

Ohly, Ansgar/Sosnitza, Olaf, Gesetz gegen den unlauteren Wettbewerb mit Preisangabenverordnung Kommentar, 6. Auflage, München 2014 (zit: Ohly/Sosnitza/*Bearbeiter*)

Rengier, Rudolf, Strafrecht Besonderer Teil I: Strafrecht BT I Vermögensdelikte, 17. Auflage, München 2015 (zit: *Rengier*)

Ruhl, Oliver, Gemeinschaftsgeschmacksmuster Kommentar, 2. Auflage, Köln 2010 (zit: *Ruhl*)

Schönke, Adolf/Schröder Horst, Strafgesetzbuch Kommentar, 29. Auflage, München 2014 (zit: Schönke/Schröder/*Bearbeiter*)

Schricker, Gerhard/Loewenheim, Ulrich, Urheberrecht Kommentar, 4. Auflage, München 2010 (zit: Schricker/Loewenheim/*Bearbeiter*)

Schultz, Detlef (Hrsg.), Kommentar zum Markenrecht, 3. Auflage, Hamburg 2012 (zit: Schultz/*Bearbeiter*)

Stöckel, Maximiliane, Handbuch Marken- und Designrecht, 3. Auflage, Berlin 2013 (zit: Stöckel/*Bearbeiter*)

Ströbele, Paul/Hacker, Franz, Markengesetz, 11. Auflage, Köln 2015 (zit: Ströbele/Hacker/*Bearbeiter*)

Systematischer Kommentar zum Strafgesetzbuch, Loseblatt (zit: SK StGB/*Bearbeiter*)

Teplitzky, Otto/Pfeifer, Karl-Nikolaus/Leistner, Matthias, Großkommentar zum Gesetz gegen den unlauteren Wettbewerb mit Nebengesetzen, 2. Auflage, Berlin u.a. 2015 (zit: Teplitzky/Pfeifer/Leistner/*Bearbeiter*)

Ulbricht, Social Media und Recht – Praxiswissen für Unternehmen, 2. Auflage, Freiburg 2012 (zit: *Ulbricht*)

Wanckel, Endress, Foto- und Bildrecht, 4. Auflage, München 2012 (zit: *Wanckel*)

Wandtke, Artur-Axel/Bullinger, Winfried, Praxiskommentar zum Urheberrecht, 4. Auflage, München 2014 (zit: Wandtke/Bullinger/*Bearbeiter*)

Kapitel 1
Markenstrafrecht

I. Strafbare Kennzeichen- und Gemeinschaftsmarkenverletzung nach § 143 und § 143a MarkenG[1]

Der Grundtatbestand des § 143 ist als Blankettnorm ausgestaltet, die durch die zivil- 1
rechtlichen Verbotstatbestände des §§ 14, 15 ausgefüllt werden muss. Die einzelnen
Merkmale des objektiven Tatbestands sind normative Tatbestandsmerkmale, deren
Vorliegen sich nach der zivilrechtlichen Beurteilung richtet.[2] Es ist zwischen den
allgemeinen und den besonderen Voraussetzungen einer Markenverletzung zu unterscheiden, wenn festgestellt werden soll, ob die Tatbestandsvoraussetzungen der
vorgenannten Normen erfüllt sind. Damit sind § 14 für die strafbare Verletzung von
deutschen und internationalen Marken mit deutschem Schutzanteil und Art. 9 UMV
heranzuziehen.[3]

§ 143 Strafbare Kennzeichenverletzung
> *(1) Wer im **geschäftlichen Verkehr widerrechtlich***
1. *entgegen § 14 Abs. 2 Nr. 1 oder 2 ein Zeichen benutzt,*
2. *entgegen § 14 Abs. 2 Nr. 3 ein Zeichen in der Absicht benutzt, die Unterschei-*
   dungskraft oder die Wertschätzung einer bekannten Marke auszunutzen oder zu
   beeinträchtigen, (...)
   Wird mit Freiheitsstrafe bis zu drei Jahren oder mit Geldstrafe bestraft.

Der § 143a hat einen inhaltsgleichen Wortlaut: 2

§ 143a MarkenG – Strafbare Verletzung der Gemeinschaftsmarke
> *(1) Wer die Rechte des Inhabers einer Gemeinschaftsmarke nach Artikel 9 Ab-*
> *satz 1 Satz 2 der Verordnung (EG) Nr. 207/2009 des Rates vom 26. Februar 2009 über*
> *die Gemeinschaftsmarke (kodifizierte Fassung) (ABl. L 78 v. 24.3.2009, S. 1) verletzt,*
> *indem er trotz eines Verbotes und ohne Zustimmung des Markeninhabers im geschäft-*
> *lichen Verkehr*

---

[1] Alle angegebenen §§ dieses Kapitels sind solche des MarkenG, sofern nichts anderes angegeben ist.
[2] Weiter dazu: Büscher/Dittmer/Schiwy/Büscher, § 143 MarkenG Rn 4.
[3] Verordnung (EG) Nr. 207/2009 des Rates vom 26.2.2009 über die Gemeinschaftsmarke (kodifizier-
te Fassung) = ABl. L 78 v. 24.3.2009, S. 1, zuletzt geändert durch Art. 1 ÄndVO (EU) 2015/2424 vom
16.12.2015 (ABl. Nr. L 341 S. 21, ber. 2016 Nr. L 71 S. 322, 2016 Nr. L 110 S. 4 und 2016 Nr. L 267 S. 1).
Hier bedarf es noch der Anpassung der Wortlauts durch den deutschen Gesetzgeber.

1. *ein mit der Gemeinschaftsmarke identisches Zeichen für Waren oder Dienstleistungen benutzt, die mit denjenigen identisch sind, für die sie eingetragen ist,*
2. *ein Zeichen benutzt, wenn wegen der Identität oder Ähnlichkeit des Zeichens mit der Gemeinschaftsmarke und der Identität oder Ähnlichkeit der durch die Gemeinschaftsmarke und das Zeichen erfassten Waren oder Dienstleistungen für das Publikum die Gefahr von Verwechslungen besteht, einschließlich der Gefahr, dass das Zeichen mit der Marke gedanklich in Verbindung gebracht wird, oder*
3. *ein mit der Gemeinschaftsmarke identisches Zeichen oder ein ähnliches Zeichen für Waren oder Dienstleistungen benutzt, die nicht denen ähnlich sind, für die die Gemeinschaftsmarke eingetragen ist, wenn diese in der Gemeinschaft bekannt ist und das Zeichen in der Absicht benutzt wird, die Unterscheidungskraft oder die Wertschätzung der Gemeinschaftsmarke ohne rechtfertigenden Grund in unlauterer Weise auszunutzen oder zu beeinträchtigen,*

wird mit Freiheitsstrafe bis zu drei Jahren oder mit Geldstrafe bestraft.

1. Die allgemeinen Voraussetzungen des objektiven Tatbestands

3 Gem. § 14 Abs. 2 ist es

„Dritten (...) untersagt, ohne Zustimmung des Inhabers der Marke im geschäftlichen Verkehr
1. *ein mit der Marke identisches Zeichen für Waren oder Dienstleistungen zu benutzen, die mit denjenigen identisch sind, für die sie Schutz genießt,*
2. *ein Zeichen zu benutzen, wenn wegen der Identität oder Ähnlichkeit des Zeichens mit der Marke und der Identität oder Ähnlichkeit der durch die Marke und das Zeichen erfassten Waren oder Dienstleistungen für das Publikum die Gefahr von Verwechslungen besteht, einschließlich der Gefahr, dass das Zeichen mit der Marke gedanklich in Verbindung gebracht wird, oder*
3. *ein mit der Marke identisches Zeichen oder ein ähnliches Zeichen für Waren oder Dienstleistungen zu benutzen, die nicht denen ähnlich sind, für die die Marke Schutz genießt, wenn es sich bei der Marke um eine im Inland bekannte Marke handelt und die Benutzung des Zeichens die Unterscheidungskraft oder die Wertschätzung der bekannten Marke ohne rechtfertigenden Grund in unlauterer Weise ausnutzt oder beeinträchtigt."*

4 In ähnlicher Weise bestimmt Art. 9 Abs. 2 UMV, auf den § 143a verweist:

Der Inhaber dieser Unionsmarke hat unbeschadet der von Inhabern vor dem Zeitpunkt der Anmeldung oder dem Prioritätstag der Unionsmarke erworbenen Rechte das Recht, Dritten zu verbieten, ohne seine Zustimmung im geschäftlichen Verkehr ein Zeichen für Waren oder Dienstleistungen zu benutzen, wenn

a) *das Zeichen mit der Unionsmarke identisch ist und für Waren oder Dienstleistungen benutzt wird, die mit denjenigen identisch sind, für die die Unionsmarke eingetragen ist;*

b) *das Zeichen mit der Unionsmarke identisch oder ihr ähnlich ist und für Waren oder Dienstleistungen benutzt wird, die mit denjenigen identisch oder ihnen ähnlich sind, für die die Unionsmarke eingetragen ist, und für das Publikum die Gefahr einer Verwechslung besteht, die die Gefahr einschließt, dass das Zeichen mit der Marke gedanklich in Verbindung gebracht wird;*

c) *das Zeichen mit der Unionsmarke identisch oder ihr ähnlich ist, unabhängig davon, ob es für Waren oder Dienstleistungen benutzt wird, die mit denjenigen identisch sind oder denjenigen ähnlich oder nicht ähnlich sind, für die die Unionsmarke eingetragen ist, wenn diese in der Union bekannt ist und die Benutzung des Zeichens die Unterscheidungskraft oder die Wertschätzung der Unionsmarke ohne rechtfertigenden Grund in unlauterer Weise ausnutzt oder beeinträchtigt.*

Im Hinblick auf § 14 Abs. 2 und Art. 9 UMV stimmen die Tatbestände des § 143 Abs. 1 **5** und § 143a Abs. 1 in den folgenden Voraussetzungen überein:

- bestehender Schutz einer älteren Marke,
- fehlende Zustimmung zur Benutzung des Zeichens durch einen Dritten,
- das Handeln des Verdächtigen im geschäftlichen Verkehr sowie
- eine (markenmäßige) Benutzung.
- Widerrechtlichkeit

Soweit diese Voraussetzungen erfüllt sind, ist für den objektiven Tatbestand noch **6** zu klären, ob die sogenannten besonderen Voraussetzungen gegeben sind: Liegt ein Fall der Doppelidentität, der Verwechslungsgefahr oder der Rufausbeutung vor?

a) Das Zeichen: Bestand einer älteren Marke

Eine Marke ist nach § 3 Abs. 1 ein Zeichen, das eine Ware oder Dienstleistung eines **7** Unternehmens von denjenigen anderer Unternehmen unterscheidet. In den meisten Fällen handelt es sich um ein Wort- oder Bildzeichen oder eine Kombination von beiden:

▸ Wortmarke, z.B. Mercedes Benz, BMW
▸ Bildmarke, z.B.[4]

---

4 Inhaber: NIKE Innovate C.V., Beaverton Oreg., USA, Wiedergabe nach https://register.dpma.de/DPMAregister/marke/registerHABM?AKZ=000277517&CURSOR=11.

▶ Wort-/Bild-Marke, z.B.[5]

Damit ist die Aufzählung üblicher Markenformen aber noch nicht erschöpft:

▶ 3D-Marke, z.B. (Gestaltung eines Balls)[6]

▶ (abstrakte) Farbmarke[7], z.B. (Magenta)[8]

▶ Positionsmarke, z.B. (ein auf dem Gewerbe einer Schere angeordneter roter Punkt):[9]

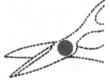

▶ Hörmarke, z.B. (hier: der NOKIA – Klingelton):[10]

8 Eine nach diesem Gesetz geschützte Marke setzt entweder die **Eintragung des Zeichens** in das Markenregister, die durch bloße Benutzung erlangte **Verkehrsgeltung** oder die **notorische Bekanntheit** der Marke voraus. Die Verkehrsgeltung setzt eine besondere Bekanntheit des Zeichens beim relevanten Verkehr voraus. Bestimmte Prozentsätze anzugeben ist daher schwierig, doch dürfte z.B. eine Verkehrsbefragung,

---

5 NIKE Innovate C.V., Beaverton Oreg., USA, Wiedergabe nach https://register.dpma.de/DPMA register/marke/register/1068199/DE.

6 Inhaber: NIKE Innovate C.V., Beaverton Oreg., USA, Wiedergabe nach https://register.dpma.de/ DPMAregister/marke/registerHABM?AKZ=003331535&CURSOR=1.

7 Zur Frage der Eintragungsfähigkeit vgl. BGH, Urt. v. 10.12.1998 – I ZB 20/98 – Farbmarke gelb/ schwarz = GRUR 1999, 491 ff.; EuGH, Urt. v. 24.6.2004 – C-49/02 – Heidelberger Bauchemie GmbH = GRUR 2004, 858 ff.

8 Inhaber: Deutsche Telekom AG, 53113 Bonn, Wiedergabe nach https://register.dpma.de/DPMA register/marke/register/395526302/DE.

9 ZWILLING J.A. Henckels AG, 42657, Solingen, Wiedergabe nach https://register.dpma.de/DPMA register/marke/registerhabm?AKZ=001777176.

10 Nokia Corporation, 02610, Espoo, Wiedergabe nach: https://register.dpma.de/DPMAregister/ marke/registerHABM?AKZ=001040955&CURSOR=0.

nach der 20% des relevanten Verkehrs ein Zeichen kennt, ein oftmals hinreichender Beweis für die Verkehrsgeltung der Marke sein. Die neuere Rechtsprechung des BGH verzichtet jedoch bei der Prüfung der Verkehrsgeltung auf einen prozentmäßig bestimmten Anteil der angesprochenen Verkehrskreise. Entscheidend sei, dass ein nicht unerheblicher Teil der angesprochenen Verkehrskreise in dem Zeichen einen Hinweis auf die Herkunft der mit dem fraglichen Zeichen gekennzeichneten Waren oder Dienstleistungen aus einem bestimmten – wenn auch nicht unbedingt namentlich bekannten – Unternehmen sieht.[11] Der Schutz aufgrund von Notorietät einer Marke setzt voraus, dass eine Marke zwar nicht im Inland benutzt, aber dort gleichwohl große Bekanntheit genießt. Die praktische Relevanz dieses Schutzgrundes ist gering.

Für Marken bestehen verschiedene Schutzregime. Je nach Schutzregime ist für **9** die Zwecke des deutschen Strafrechts zwischen der deutschen Marke, die Schutz nur innerhalb der Grenzen der Bundesrepublik Deutschland genießt, der Unionsmarke, die einheitlich innerhalb der Europäischen Gemeinschaft geschützt ist und sog. internationalen Marken zu unterscheiden. Letztere werden zwar nur einmal zur Anmeldung gebracht, jedoch kann ihr territorialer Schutzbereich dann auf der Grundlage einer nationalen Anmeldung oder einer bereits eingetragenen Marke auf weitere Staaten erstreckt werden. Liegt aufgrund einer Erstreckung des Schutzes ein sog. deutscher Schutzanteil vor, so genießt dieser Schutz wie eine deutsche Marke, § 125b MarkenG.

aa) Hoheitszeichen und Kennzeichen internationaler Organisationen

Von der Eintragung ausgeschlossen und damit als Marke nicht schutzfähig sind **10** staatliche Hoheitszeichen oder die Kennzeichen internationaler Organisationen, § 8 Abs. 2 Nr. 6 und 8 MarkenG. Damit ist auch die Verwendung solcher Zeichen, selbst wenn sie der Täuschung des Publikums dient, jedenfalls nicht als Kennzeichenverletzung strafbar, denn wenn das Zeichen keinen Markenschutz genießt, kann seine Benutzung nicht markenverletzend sein, auch wenn dies ohne Zustimmung des Rechtsinhabers erfolgt. Während nationale Hoheitszeichen, z.B. der Bundesadler, von unbefugter Benutzung weitgehend verschont bleiben, wird die Europaflagge, d.h. der Kranz von 12 Sternen, die durch Bekanntmachung im Bundesgesetzblatt vom Markenschutz ausgenommen ist,[12] immer wieder von zweifelhaften Unternehmen benutzt, um den Anschein eines seriösen europarechtskonformen Geschäftes zu erwecken. Neben einer Strafbarkeit nach den allgemeinen Vorschriften kommt bei der unbefugten Verwendung von Wappen oder Flaggen des Bundes oder eines Landes eine Ahndung nach § 124 OWiG in Betracht, wohingegen die Symbole der EU nicht gegen unbefugte Benutzung geschützt sind.

---

11 BGH GRUR 2008, 917.
12 Ströbele/Hacker/Ströbele, § 8 Rn 650.

bb) Bindung an die Eintragung

11 Grundsätzlich sind sowohl das Zivilgericht (im Verletzungsprozess) als auch das Strafgericht an die Eintragung einer Marke durch das Patentamt gebunden.[13] Diese Bindungswirkung bleibt so lange bestehen, bis eine Löschungsanordnung nach §§ 50, 54 MarkenG rechtskräftig ist.[14] Die Bindungswirkung umfasst alle Eintragungsvoraussetzungen sowie -hindernisse, welche als Teil des Eintragungsverfahrens überprüft wurden.[15] Die Nichtigkeitsgründe nach §§ 3, 8 und der sich daraus ergebende Löschungsanspruch nach §§ 50, 54 können den Ansprüchen des Markeninhabers weder im Verletzungsprozess entgegengehalten werden noch schließen sie den Straftatbestand aus. Demzufolge hat das Strafgericht in eigener Zuständigkeit auch über Fragen der Zeichenidentität wie auch der Verwechselungsgefahr zwischen einer eingetragenen Marke und einem ähnlichen Zeichen zu entscheiden.

12 Aufgrund der Bindung an die Eintragung im Markenregister sollte das Strafgericht bei Anhängigkeit oder Ankündigung eines gerichtlichen Verfahrens zur Löschung einer Eintragung (§§ 54, 66 MarkenG) ein anhängiges Strafverfahren gemäß § 262 StPO aussetzen. Von der Möglichkeit der Aussetzung kann auch die Staatsanwaltschaft im Ermittlungsverfahren gemäß § 154d StPO Gebrauch machen. Soweit das Gesetz einer Löschung der Eintragung Rückwirkung beimisst, so z.B. § 52 Abs. 1 für die Löschung wegen Verfalls, § 52 Abs. 2 für die Löschung wegen absoluter Schutzhindernisse, § 47 Abs. 6 für die Löschung wegen Nichtverlängerung der Schutzdauer, lässt die Löschung auch die Rechtsverletzung im strafrechtlichen Sinne entfallen. Für den Fall, dass eine rechtskräftige strafrechtliche Verurteilung bereits vorliegt, stellt die Löschung einen Wiederaufnahmegrund nach § 359 Nr. 4 oder 5 StPO dar.[16]

cc) Praxishinweis

Informationen über die Marke, ihren Inhaber, das Anmelde- und Eintragungsdatum, die Waren- und Dienstleistungen, für die die Marke geschützt ist etc. findet man je nach Schutzregime in den folgenden, allgemein zugänglichen Datenbanken:

---

13 BGH, Urt. v. 28.8.2003 – I ZR 257/00 – Kinder; BGH, Urt. v. 22.9.2005 – I ZR 188/02 – Dentale Abformmasse; BGH, Urt. v. 25.1.2007 – I ZR 22/04 – Pralinenform; BGH, Urt. v. 5.6.2008 – I ZR 169/05 – POST = GRUR 2008, 798, 799.
14 BGH, Urt. v. 22.4.2010 – I ZR 17/05 – Pralinenform II = GRUR 2010, 1103, 1104; BGH, Urt. v. 2.4.2009 – I ZR 78/06 – OSTSEE-POST = GRUR 2009, 672, 674; BGH, Urt. v. 2.4.2009 – I ZR 209/06 – POST/RegioPost = GRUR 2008, 678, 679; BGH, Urt. v. 5.6.2008 – I ZR 169/05 – POST = GRUR 2008, 798, 799.
15 Erbs/Kohlhaas/*Kaiser*, § 8 Rn 2.
16 Erbs/Kohlhaas/*Kaiser*, § 143 Rn 74 m.w.N.

- Register des deutschen Patent- und Markenamtes (deutsche Marken, Unionsmarken und deutsche Schutzanteile): http://register.dpma.de/DPMAregister/marke/einsteiger
- Register des Amtes der Europäischen Union für Geistiges Eigentum (Unionsmarken, europäische Schutzanteile): https://euipo.europa.eu/eSearch/
- Register der World Intellectual Property Organisation (internationale Marken): http://www.wipo.int/ipdl/en/madrid/search-struct.jsp

Der sorgfältige Schutzrechtsinhaber sollte seiner Strafanzeige und seinem Strafantrag stets einen Nachweis, z.B. einen Ausdruck eines Auszuges aus den vorgenannten Datenbanken beifügen. Das erleichtert und beschleunigt die polizeiliche wie die staatsanwaltliche Arbeit.

Ist den ermittelnden Behörden unklar, wer der deutsche Vertreter eines ausländischen Markeninhabers ist – etwa weil eine Strafanzeige nicht von dem Schutzrechtsinhaber, sondern von einem Dritten gestellt wurde – empfiehlt es sich, die deutschen Zollbehörden, vornehmlich die Zentralstelle gewerblicher Rechtsschutz in München, zu kontaktieren. Sehr viele Schutzrechtsinhaber haben einen sog. Grenzbeschlagnahmeantrag bei den Zollbehörden gestellt und dabei deutsche Vertreter benannt, die auf Anfrage mitgeteilt werden können.

dd) Kollision zweier eingetragener Zeichen

Untypisch, doch nicht ausgeschlossen im Bereich der strafbaren Kennzeichenverletzung ist die Kollision zweier eingetragener Zeichen, die identisch oder einander verwechslungsfähig ähnlich sind (zu den Voraussetzungen der Verwechslungsgefahr s. unten 2a), so dass es auf die Frage ankommt, welches das ältere der beiden Zeichen ist. Typisch für diese Konstellation ist es, dass der Verdächtige eine Marke angemeldet, um einer Aussetzung der Überlassung seiner Ware durch den Zoll im Wege des Grenzbeschlagnahmeverfahrens zu vermeiden oder eine schnelle, leicht zu erhebende Verteidigung gegen den Vorwurf der Markenverletzung zur Hand zu haben: So hatte ein Importeur asiatischer Waren u.a. die Bildmarke „⤎⤏" eintragen lassen und verteidigte sich gegen die Beschlagnahme von 12.000 Paar mit diesem Zeichen gekennzeichneten Schuhen durch den Zoll mit dem Hinweis, dass er schließlich Inhaber einer der vorgenannten Marke sei. Die Inhaberin der älteren, bekannten Bildmarke „↙" sah ihre Rechte verletzt, erwirkte eine einstweilige Verfügung[17] gegen den Importeur und erstattete schließlich Strafanzeige.[18] Im Hinblick auf die Aussage, das angeblich verletzende Zeichen sei als Marke eingetragen und eine Verletzung müsse deswegen ausgeschlossen sein muss zweierlei bekannt sein: Erstens ist eine Marke kein „geprüftes" Schutzrecht wie z.B. das Patent. Eine Marke wird im Eintragungsverfahren von Seiten des Deutschen Patent- und Markenamtes oder des Harmonisierungsamtes für den Binnenmarkt nicht daraufhin geprüft, ob ihre Eintragung (aus dem Gesichtspunkt der Erstbegehungsgefahr) oder

13

---

17 LG Hamburg, Beschl. v. 6.11.2007 – 315 O 888/07.
18 StA Düsseldorf, 120 Js 1897/07. Die Strafanzeige führte dazu, dass der Importeur in Untersuchungshaft genommen und verurteilt wurde.

spätere Benutzung Rechte Dritter verletzt. Die Eintragung als solche sagt also nichts darüber aus, ob Rechte Dritter durch die Benutzung des Zeichens verletzt werden können oder nicht. Zweitens gilt der Grundsatz der Priorität: „Wer zuerst kommt, mahlt zuerst!" Die Marke, für die im Register der frühere Tag der Anmeldung oder in Anspruch genommenen, ausländischen Priorität vermerkt ist, genießt den Vorrang gegenüber der jüngerer Marke, §§ 6, 34, 35. Somit kann sich der Inhaber einer jüngeren Marke nicht erfolgreich auf seine Marke berufen, wenn eine ältere identische oder verwechslungsfähig ähnliche Marke für identische oder ähnliche Waren und Dienstleistungen eingetragen ist. Hier müssen die Hintergründe der jüngeren Markenanmeldung geprüft werden. Eine solche Prüfung kann wie in dem vorbeschriebenen Fall wesentliche Hinweise auf den Vorsatz des Anmelders der jüngeren Marke ergeben.

b) Handeln im geschäftlichen Verkehr

14 Die Benutzung der Marke muss im geschäftlichen Verkehr erfolgen. Darunter ist jede **wirtschaftliche Tätigkeit zu verstehen, mit der eigene oder fremde geschäftliche Zwecke verfolgt werden** und die sich als Teilnahme am Erwerbsleben darstellt. Die Absicht der Gewinnerzielung wird nicht vorausgesetzt. Die Benutzung zum eigenen Gebrauch gilt nicht als Handeln im geschäftlichen Verkehr. Der Verkauf von gefälschter Markenware durch Private an Private, z.B. auf Internetplattformen, stellt aber stets Teilnahme am geschäftlichen Verkehr dar, wobei es auf die Anzahl der Stücke nicht ankommt.

Praxishinweis

Der Verkauf von Plagiaten ist eine typische, aber keinesfalls die einzig mögliche Benutzung eines Zeichens im geschäftlichen Verkehr. Wer Plagiate zum Ge- oder Verbrauch im eigenen oder im Geschäftsbetrieb eines anderen einführt, handelt im geschäftlichen Verkehr.[19] Typische Hinweise auf ein Handeln im geschäftlichen Verkehr sind:

- die Menge der Einfuhr/Ausfuhr, wobei bei der Beurteilung an den sog. Ameisenverkehr zu denken ist. Dieser liegt vor, wenn Kleinmengen von Plagiaten regelmäßig eingeführt werden, und so das Handeln im geschäftlichen Verkehr verdunkelt wird.
- eBay- und insbesondere Social Media-Aktivitäten,
- die Eigenschaft des Verdächtigen als Gewerbetreibendem,
- die Existenz von Verwandten mit Geschäftsbetrieben, deren Geschäftsgegenstand, was auf Förderung fremder Geschäfte hinausliefe.

---

19 BGH, Urt. v. 10.2.1987 – KZR 43/85 – Handtuchspender = GRUR 1987, 438 ff.; BGH, Urt. v. 16.3.2006 – I ZR 51/03 – Seifenspender = GRUR 2006, 763 ff.

Rehaag

c) Widerrechtlich: Schutzschranken als negative Tatbestandsmerkmale

Zudem fordert § 143 Abs. 1 Nr. 1–3 die widerrechtliche Begehung entgegen § 14   15
Abs. 2. Die in § 143a erwähnte Benutzung einer Gemeinschaftsmarke „trotz eines
Verbots" ist – wie die vorhergehende Formulierung „ohne Zustimmung" zeigt – eine
für den Straftatbestand unnötige Doppelung,[20] die der deutsche Gesetzgeber dem
Art. 9 Abs. 1 S. 2 UMV nachempfunden hat.[21] Die Formulierung „trotz eines Verbots"
hat daher keine Funktion im Tatbestand.

Die Widerrechtlichkeit der Benutzung ist ein Tatbestandsmerkmal und bezieht   16
sich nicht auf die Rechtswidrigkeit des Handelns im Sinne des dreigliedrigen De-
liktsaufbaus.

Nachdem § 14 Abs. 2 für eine Verletzung der Marke eine Benutzung ohne Zu-   17
stimmung des Markeninhabers fordert, ist das Merkmal der Widerrechtlichkeit zunächst durch eine fehlende Zustimmung des Markeninhabers zur Benutzung des
Zeichens gegeben. Daneben bilden die §§ 20 bis 24 und der Art. 12–13a UMV sogenannte Schutzschranken. Sie sind im Zivilrecht als Einwand ausgebildet, für die der
Verletzer im Zivilprozess die Beweislast trägt.

Im Rahmen der Strafverfolgung wird man in der Zustimmung und in den   18
Schutzschranken mit Ausnahme des die Verjährung zivilrechtlicher Ansprüche re-
gelnden und für die Frage der Strafbarkeit irrelevanten § 20[22] Merkmale sehen müssen, die die Erfüllung des Tatbestands ausschließen, wenn sie gegeben sind[23] (negative Tatbestandsmerkmale). Das ergibt sich schon daraus, dass nur die Verletzung
eines älteren Zeichens, also der Eingriff in das durch die Marke gewährte Ausschließlichkeitsrecht, den objektiven Tatbestand erfüllt. Handelt der Dritte jedoch in
einer Weise, die aufgrund der Zustimmung des Inhabers des älteren Zeichens oder
kraft einer Schutzschranke durch den Markeninhaber nicht abgewehrt werden
kann, so liegt schon keine Markenverletzung vor.

aa) Zustimmung

Im Hinblick darauf, dass die Marke ihrem Inhaber ein Ausschließlichkeitsrecht ge-   19
währt, hat die – entweder real erklärte oder gesetzlich fingierte – Erlaubnis zur Benutzung der Marke bereits tatbestandsausschließende Wirkung. Insoweit kann man
hier von einem negativen Tatbestandmerkmal sprechen. Die Wirkung einer Zu-

---

20 Ströbele/Hacker/*Hacker*, § 143a Rn 3 m.w.N; ebenfalls kritisch zu dieser Fassung des § 143a In-
gerl/Rohnke/*Ingerl/Rohnke*, § 143a Rn 2.
21 In Art. 9 Absatz 2 UMV wird durch die ausdrückliche Erwähnung des Verbotsrechts des Markeninhabers auf die Reichweite des Ausschließlichkeitsrechts hingewiesen, Ingerl/Rohnke, MarkenG
§ 143a Rn 2.
22 Erbs/Kohlhaas/*Kaiser*, § 143 Rn 20 m.w.N.
23 Erbs/Kohlhaas/*Kaiser*, § 143 Rn 17 m.w.N.

stimmung liegt in der sog. Erschöpfung der Rechte des Markeninhabers, wie sie in § 24 MarkenG und Art. 13 UMV angeordnet ist: Der Inhaber der Marke hat nach erfolgter Zustimmung nicht das Recht, einem Dritten zu untersagen, die Marke für Waren zu benutzen, die mit seiner Zustimmung im Inland, in einem der übrigen Mitgliedstaaten der Europäischen Union oder in einem anderen Vertragsstaat des Abkommens über den Europäischen Wirtschaftsraum in den Verkehr gebracht worden sind.

20   Die Zustimmung zur Benutzung kann explizit oder konkludent erfolgen. Eine explizite Überlassung einer bestimmten Marke durch den Inhaber dieser Marke zugunsten eines Dritten ist eine Lizenz (lat. licet, es ist erlaubt).[24] Der rechtstechnische Vorgang der Lizenzerteilung entspricht der Übertragung eines Rechts im Sachenrecht: Grundlage der Lizenz als Verfügungsgeschäft ist das von ihr zu unterscheidende Verpflichtungsgeschäft des schuldrechtlichen Lizenzvertrags. Bei dem schuldrechtlichen Grundgeschäft handelt sich um ein Dauerschuldverhältnis eigener Art.[25] Die Wirkung der Überlassung einer Marke zur Benutzung wirkt sich also so aus, dass die Zeichenbenutzung des Lizenznehmers nicht als Benutzung einer eigenen, sondern gerade als der fremden Marke des Lizenzgebers darstellt.[26]

21   Grundsätzlich muss zwischen Lizenz und Gestattung differenziert werden. Die überwiegende Auffassung geht von einer dinglichen Rechtsnatur der Lizenz aus (wobei es den Parteien unbenommen bleibt, eine lediglich schuldrechtliche Wirkung der Lizenz zu vereinbaren), während eine Gestattung lediglich schuldrechtlich wirkt.[27] Im Fall von Verbotsansprüchen, die der Markeninhaberin zustehen, kann sich der Begünstigte deshalb auf die Gestattung berufen.[28]

22   Eine Gestattung kommt in der Regel in Form von zwei Gestaltungsformen in Betracht: einerseits wenn ein Markeninhaber die Eintragung und/oder Benutzung eines von seiner Marke unterscheidbares Parallelzeichen hinnimmt, was regelmäßig Gegenstand von Koexistenz- oder Abgrenzungsvereinbarungen ist. Andererseits, wenn ein Markeninhaber seine Marke einem anderen zum Gebrauch überlässt, die Benutzungshandlungen betrifft, die nicht identisch von der Marke bedient werden und deshalb kein tauglicher Gegenstand einer echten Lizenz sein kann. Die Gestattung ist vom Anwendungsbereich des § 30 MarkenG nicht eingeschlossen.[29]

---

24 BGH, Urt. v. 27.2.1963 – Ib ZR 180/61 – Micky-Maus-Orangen = GRUR 1963, 485, 488.

25 Ingerl/Rohnke/*Ingerl/Rohnke*, § 30 Rn 56.

26 Ingerl/Rohnke/*Ingerl/Rohnke*, § 30 Rn 6.

27 BGH, Urt. v. 19.2.2004 – I ZR 172/01 = GRUR 2004, 594, 596; Spindler/Schuster/Müller-MarkenG § 30 Rn 3; Beck'scher Online-Kommentar Markenrecht, § 30 Rn 10 ff.

28 BGH, Urteil vom 16.5.1991 – I ZR 1/90 = GRUR 1991, 780, 781.

29 Ströbele/Hacker/*Hacker*, § 30 Rn 5; Ingerl/Rohnke/*Ingerl/Rohnke*, § 30 Rn 7.

bb) Grundsatz der Erschöpfung

Wird rechtmäßig gekennzeichnete Ware angeboten, die der Markeninhaber selbst in 23
den Verkehr gebracht hat, kann dieser Benutzung aufgrund der jedenfalls konkludenten Zustimmung zur Benutzung der Marke grundsätzlich nichts entgegengesetzt
werden. Die in § 24 Abs. 1 MarkenG geregelte Erschöpfung (des Rechts aus der Marke)
besagt, dass Dritten, also Verbrauchern, Zweitverwertern usw. die Benutzung der
Marke nicht untersagt werden kann, sofern die Ware einmal rechtmäßig in den Verkehr gelangt ist, was aber unter der Einschränkung steht, dass die Ware im Europäischen Wirtschaftsraum (EWR) in den Verkehr gebracht[30] worden ist.[31] Innerhalb der
EU gilt der Grundsatz der sog. gemeinschaftsweiten Erschöpfung (der in dem vorgenannten Umfang erweitert worden ist). Ein Produkt, das unter einer Marke einmal
rechtskonform in den Wirtschaftsverkehr gebracht wurde, kann von Dritten also weiterhin unter Verwendung der Marke benutzt, z.B. also gehandelt bzw. verwertet werden, selbst wenn es, z.B. nach Verschleiß nicht mehr dem Markenimage entspricht.

(1) Parallelimporte

Da es der alleinigen Disposition des Markeninhabers unterliegt, wo er seine Mar- 24
kenware in den Verkehr bringt und vermarktet, kann der Vertrieb selbst von Originalware eine strafbare Benutzung darstellen, wenn die Ware eindeutig für einen
anderen Wirtschaftsraum bestimmt war. Auch wenn die Ware dort bereits auf den
Markt gelangt war, und sie nun als „Grau- oder Parallelimport", also gegen den Willen des Rechtinhabers, im heimischen Wirtschaftsraum vertrieben wird, ist keine
Erschöpfung eingetreten. Der Vertrieb solcher Ware im Inland, erst recht wenn es
um sogenannte aufgearbeitete technische Produkte wie Handys geht, stellt eine verbotene und strafbare Benutzungshandlung dar. Hierbei wird es besonders auf den
Nachweis ankommen, dass die Ware aus dem Nicht-EWR-Ausland stammte, wofür
in erster Linie die Bezugsquelle, die Rechnungen und Merkmale an der Ware selbst,
z.B. Region Codes, zu bewerten sind.

Ist die konkrete, den Gegenstand der Ermittlungen bildenden Ware nicht vom 25
Markeninhaber oder mit seiner Zustimmung innerhalb des EWR in den Verkehr gebracht worden **(sog. illegaler Parallelimport)**, so ist eine Erschöpfung der Markenrechte ausgeschlossen, jede Benutzungshandlung im Sinne des § 14 MarkenG oder
des Art. 9 erfüllt dann den objektiven Tatbestand des § 143 MarkenG oder des § 143a

---

30 Von einem Inverkehrbringen ist dann auszugehen, wenn der Markeninhaber sich seiner Ware
dergestalt entäußert, dass sie seinem Einfluss nicht mehr unterliegt, OLG Hamburg, Urt. v.
29.11.2001 – 3 U 104/01 – Paco Rabanne = GRUR-RR 2002, 96, 97.
31 Dies gilt gleichermaßen für nationale, international und Unionsmarken. Die Einbeziehung der
EFTA-Staaten ergibt sich aus Artikel 65 Abs. 2 EWR-Abkommen vom 1.1.1994 i.V.m. dem Anhang XVII Nr. 4 des vorgenannten Abkommens, vgl. BGBl. Nr. 909/1993.

MarkenG.[32] Die Strafbarkeit des sog. illegalen Parallelimports wird in ihrer Bedeutung von der Praxis immer wieder verkannt. Die §§ 143, 143a MarkenG sind jedoch nach dem ausdrücklichen Willen des Gesetzgebers auf sämtliche Formen der Markenverletzung anwendbar. Eine strafbare Benutzung der Marke liegt nicht nur in Bezug auf Fälschungen vor. Im Wortlaut der relevanten Normen findet sich kein Hinweis auf „gefälschte" Produkte. Strafbar ist die zustimmungslose Benutzung der Marke. Auch die Natur des Markenrechts als subjektives, ausschließliches Recht gebietet dieses Verständnis. Das Markenrecht ist nicht entscheidend auf den Schutz der Interessen der Abnehmer gekennzeichneter Produkte gerichtet.[33] Die Zustimmung ist insofern der Oberbegriff, sie mag fehlen, weil es sich um gefälschte, veränderte Originalware oder um solche Originalware handelt, die außerhalb des EWR in den Verkehr gebracht worden ist.[34] Es ist mittlerweile ständige Rechtsprechung des Bundesgerichtshofs und der Obergerichte, dass es in markenrechtlicher Hinsicht für die Frage der Verletzung keinen Unterschied macht, ob die Zustimmung fehlt, weil es sich um eine Fälschung oder einen Import aus einem Land außerhalb der EU oder des EWR handelt.[35] So wurde bereits in der gesetzlichen Begründung zur „Reform des Markenrechts und zur Umsetzung der „Ersten Richtlinie 89/104/ EWG des Rates vom 21. Dezember 1988 zur Angleichung der Rechtsvorschriften der Mitgliedstaaten über die Marken (Markenrechtsreformgesetz)" vom 14. Januar 1994[36] darauf verwiesen: „Für das neue Markengesetz ist eine Regelung vorgesehen, die alle nach dem Markengesetz geschützten Kennzeichen in gleicher Weise in den strafrechtlichen Schutz einbezieht. Die Straftatbestände sind weitestgehend durch Bezugnahme auf die entsprechenden Verbotstatbestände der §§ 14 und 15 geregelt."[37] Im Rahmen der Einführung des Gesetzes zur Bekämpfung der Produktpiraterie vom 15. Juni 1989 wurde die Abschaffung der Strafbarkeit für Fälle diskutiert, die gerade nicht in den Bereich der „klassischen" Produktpiraterie, also der Fälschung von Markenprodukten, fallen. Der Gesetzgeber hat sich indes eindeutig dazu bekannt, dass die Straftatbestände sämtliche Verletzungsformen der Markenrechte insbesondere zum Schutz der Industrie abdecken müssen: „Die Anregung, die geltend gemachten Straftatbestände abzuschaffen und allein für besondere Pirateriefälle strafrechtliche Maßnahmen vorzusehen, ist mit den Zielen des Entwurfs unvereinbar; sie würde zu einer entscheidenden Schwächung der Schutzrechte des

---

32 Erbs/Kohlhaas/*Kaiser*, § 143 Rn 20 m.w.N.; MüKo StGB/Maske-Reiche MarkenG § 143 Rn 38–41 § 143, Rn 39.
33 OLG Düsseldorf, Urt. v. 2.10.2012 – I-20 U 193/11 – Polohemden.
34 OLG Düsseldorf, Urt. v. 2.10.2012 – I-20 U 193/11 – Polohemden.
35 BGH, Urt. v. 15.3.2012 – I ZR 52/10 – Converse I = GRUR 2012, 626, 628; OLG Düsseldorf, Urt. v. 2.10.2012 – I-20 U 193/11 – Polohemden; OLG Düsseldorf, Urt. v. 10.5.2011 – I-20 U 157/10 (n.rk.) – Converse = GRUR-RR 2011, 323, 324; BGH, Beschl. v. 7.8.2012 – I ZR 99/11 = BeckRS 2012, 17733.
36 BT-DS 12/6581.
37 BT-DS 12/6581.

geistigen Eigentums im öffentlichen Bewusstsein führen und gerade für die kleine und mittelständische Industrie zu einer nicht hinnehmbaren Beschränkung von Sanktionsmöglichkeiten führen."[38] Eine Unterscheidung zwischen Fälschungen und illegalen Parallelimporten ist zweifelsohne contra legem. Handeln Ermittlungsbehörden entsprechend, so erfolgt dies nicht nur ohne gesetzliche Grundlage, sondern gesetzeswidrig.

Praxishinweis

In den Fällen des illegalen Parallelimports wird es besonders auf den Nachweis ankommen, dass die Ware aus dem Nicht-EWR-Ausland stammte, wofür in erster Linie die Bezugsquelle, die Rechnungen und Merkmale an der Ware selbst, z.B. Regionalcodes auf Ware und Verpackungen, zu bewerten sind. In solchen Fällen bereitet der Nachweis des Vorsatzes beim Anbieter wie auch bei dem Käufer, der diese Ware wieder veräußert, in aller Regel keine Schwierigkeiten. Die Herkunft der Ware ist dem Einführer bekannt, was hier zum Nachweis des Vorsatzes genügt. Zu weiteren Fragen des Vorsatzes s.u. 3 b).

---

(2) Veränderung des Originalzustands der Ware

Weiterhin kann das Wiederaufleben des einmal erschöpften Rechts aus der Marke   26 dazu führen, das eine Benutzungshandlung den objektiven Tatbestand der Kennzeichen- oder der Gemeinschaftsmarkenverletzung erfüllt. Das Recht aus der Marke lebt wieder auf und schließt eine Erschöpfung aus, wenn der Originalzustand der Ware nach ihrem Inverkehrbringen verändert oder verschlechtert worden ist (§ 24 Abs. 2 MarkenG bzw. Art. 13 Abs. 2 UMV).

Es entspricht seit langem herrschender Rechtsprechung dass sich der Marken-   27 hersteller auch gegen Veränderungen der Ware und ihrer Verpackung wehren kann, sofern hierdurch seine Rechte beeinträchtigt werden.[39] Ob eine Veränderung der Ware vorliegt, richtet sich nach der Produktidentität, denn Markenware ist in ihrer Gesamterscheinung vor Eingriffen Dritter in die Produktidentität geschützt.[40] Ausschließlich der Markeninhaber legt die Produktidentität fest. Unschädlich sind nur solche Einwirkungen auf das Produkt, die nach Auffassung des Verkehrs als unwesentlich gelten können oder eine übliche Begleiterscheinung des normalen geschäftlichen Verkehrs darstellen.[41]

So erwartet der Verkehr z.B. bei technischen Artikeln eine im Vergleich zum Zu-   28 stand der Ware im Zeitpunkt des Verlassens der Produktionsstätte unveränderten Zustand. Unsachgemäße Entnahme, Kommissionierung, Zwischenlagerung unter

---

38 Begründung zur „Einführung des Gesetzes zur Bekämpfung der Produktpiraterie" vom 15.6.1989, BT-Drucks. 11/4792.
39 Ingerl/Rohnke/*Ingerl/Rohnke*, § 24 Rn 63 f.
40 *Fezer*, § 24 Rn 47.
41 *Fezer*, § 24 Rn 47.

Umständen, die der Ware nicht zuträglich sind oder sein können, Reparaturen durch Dritte etc. gefährden nach Auffassung des Verkehrs die Qualität und Funktionsfähigkeit des technischen Produkts und verändern seine ursprüngliche Substanz. Entsprechend ist die Erschöpfung bei Mobiltelefonen ausgeschlossen, mit denen aufgrund einer Sperre (sog. SIM-Lock) nur in einem bestimmten Mobilfunknetz telefoniert werden kann, sofern sie nachträglich durch Dritte entsperrt wurden[42]. Diese Manipulation ist als solche schon strafbar als Eingriff in technische Schutzmaßnahmen, § 108b UrhG. Auch eine sonstige „Aufarbeitung", die aus Sicht des Verkehrs zwar keine Verschlechterung, aber eine wesentliche Veränderung der Ware ist, schließt die Erschöpfung des Rechts aus und lässt die Rechte des Inhabers der Marke wieder aufleben. Eine wesentliche Veränderung wird beim Austausch originaler, für den Austausch durch den Verbraucher ohne besondere Fachkenntnis vorgesehenen Teile, wie z.B. der Ersetzung einer Batterie durch eine neue Original-Batterie gleichen Typs, auszuschließen sein.

29   Oftmals bieten die Verdächtigen solche Geräte als „refurbished", also „aufgearbeitet" an, was den Nachweis der Tat insbesondere im Hinblick auf den Vorsatz erleichtert:

Praxishinweis

In solchen Fällen bereitet der Nachweis des Vorsatzes beim Anbieter wie auch bei dem Käufer, der diese Ware wieder veräußert, in aller Regel keine Schwierigkeiten. Die Veränderung der Ware ist ihm bekannt. Zu weiteren Fragen des Vorsatzes s.u. 3.

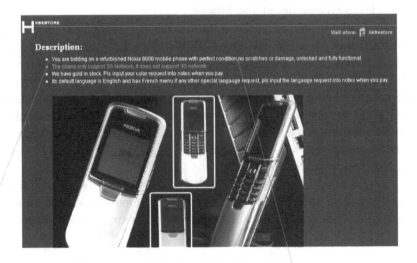

---

42 BGH, Urt. v. 9.6.2004 – I ZR 13/02 – Sim-Lock-Sperre.

(3) Veränderung der Verpackung

Eine Erschöpfung tritt aber auch dann nicht ein, wenn nur eine Veränderung der 30
Verpackung oder deren Entfernung ohne Zustimmung des Markeninhabers erfolgt.
So gilt bei Parfüms der gehobenen Preisklasse, dass deren Wertschätzung nicht allein durch die Duftnote, sondern in nicht unerheblichem Umfang auch durch ihre
äußere Gestaltung und Präsentation bestimmt wird. Bei Luxus-Parfümartikeln erwarten Verbraucher in der Regel eine unbeschädigte Umverpackung, zumal derartige
Produkte häufig auch als Geschenk erworben werden.[43] Gleiches gilt für hochpreisige
Spirituosen. Doch nicht allein Luxusgüter sind vor Veränderungen geschützt. Wenn
technischen Geräte, die der Berechtigte zusammen mit dazugehörigen Verbrauchsmaterialien, in den Verkehr gebracht hat, die Verbrauchsmaterialien entnommen
und sodann das technische Gerät wie auch die Verbrauchsmaterialien gesondert
verkauft werden, ist dies eine „Handlung", die aus Sicht der Verbraucher eine wesentliche Veränderung der Ware darstellt. Das Entpacken der Produkte, die Entnahme der Verbrauchsmaterialien, das erneute Verpacken und die Lagerung der
Waren unter vom Berechtigten nicht kontrollierten Umständen begründen hier die
Annahme, dass die Waren verschlechtert werden. Die Erschöpfung der Markenrechte
entfällt, die Markenrechte leben wieder auf und der Markeninhaber kann sein ausschließliches Recht geltend machen. Werden solche Produkte gesondert verkauft,
erfüllt dies die Voraussetzungen einer Benutzung der Marke ohne Zustimmung des
Markeninhabers.

Auf der Verpackung angebrachte Artikelcodes, die den Lieferweg der Ware be- 31
schreiben, dürfen nicht entfernt oder unlesbar gemacht werden, ohne dass darin
eine die Erschöpfung ausschließende Veränderung der Produkte zu sehen ist.[44]

Insgesamt ist in solchen Fällen eine wertende Betrachtung gefordert, die aus 32
Verbrauchersicht das Charakteristische, die Substanz der Ware unter Berücksichtigung der Bedeutung der Marke als Herkunfts- und Qualitätskennzeichen ermittelt
und dies mit dem Zustand der Ware nach Veränderung vergleicht. Es gilt dabei immer der Grundsatz: Den Ursprungszustand der Ware bestimmt der Markeninhaber.
Ausnahmen bestehen in engem Umfang für das Umverpacken von Arzneimitteln im
Hinblick auf die Erfordernisse des gemeinsamen Markts.

(4) Umpacken von Arzneimitteln

Ein Parallelimporteur der pharmazeutische Produkte umpackt und das Markenzei- 33
chen wieder auf der Verpackung anbringt kann im Hinblick auf die vom EuGH in
den Entscheidungen Bristol-Myers Squibb (EuGH, GRUR Int 1996, 1144ff.) sowie
Boehringer Ingelheim I und II (EuGH, GRUR Int 2002, Seite 739 bzw. EuGH GRUR

---

43 OLG Hamburg, Urt. v. 28.6.2006 – 5 U 213/05 – Parfümtester II = MMR 2007, 256ff.
44 BGH, Urt. v. 21.4.1988 – I ZR 136/86 – Entfernung von Kontrollnummern I.

2007, 586) aufgestellten Kriterien für ein zulässiges Umpacken dann für eine Markenrechtsverletzung verantwortlich sein, wenn er nicht folgende fünf Voraussetzungen erfüllt:

- Das Vertrauen auf die Markenrechte durch den Verantwortlichen würde zu einer künstlichen Aufteilung des Marktes der Mitgliedsstaaten untereinander beitragen (ob gewollt oder nicht), zum Beispiel, wenn – weil der Eigentümer unterschiedliche Verpackungsformen in unterschiedlichen Staaten nutzt – es für den Parallelimporteur sachlich geboten ist das Produkt umzupacken, um es vermarkten zu können.
- Das Umpacken keine Auswirkungen auf den Originalzustand der Ware hat.
- Der Name des Herstellers und der Name des Importeurs deutlich auf der Verpackung angebracht sind.
- Das Umpacken nicht für eine Ruf- bzw. Namensschädigung der Marke verantwortlich ist (es darf weder mangelhaft, von schlechter Qualität oder unordentlich sein).
- Der Parallelimporteur hat dem Markenrechtinhaber eine angemessene vorherige Ankündigung über den geplanten Verkauf des umverpackten Produktes eingeräumt und ihm eine Probe des umverpackten Produktes angeboten, falls erwünscht.

(5) Umetikettierung von Waren

34 Die eben aufgezählten Leitlinien werden mit geringen Abweichungen auch auf andere Waren bzw. Verpackungen als Arzneimittel angewendet:[45] In einem Fall[46] hinsichtlich des Umetikettierens von Luxusgütern hat der Europäische Gerichtshof Art. 36 des EG-Vertrages dahingehend ausgelegt, dass der Markenrechtinhaber, selbst wenn es eine Schranke für den innergemeinschaftlichen Handel darstellt, sich auf diese Rechte berufen darf, um einen Dritten davon abzuhalten, dass dieser Etiketten, die die Marke zeigen und die der Markeninhaber selbst an seine auf dem Gemeinschaftsmarkt befindlichen Produkte angebracht hat, von diesen Produkten entfernt und wieder neu anbringt bzw. ersetzt, es sei denn:

- Es gibt einen Grund dafür, dass der Gebrauch von Markenrechten durch den Eigentümer dem Marketing von umetikettierten Produkten, die unter der Marke vertrieben werden, abgelehnt wird, um nicht zu einer künstlichen Unterteilung der Märkte der Mitgliedsstaaten beizutragen.
- es ist erwiesen, dass das Umetikettieren keine (negativen) Auswirkung auf den Original-Zustand des Produktes hat.
- die Präsentation des umetikettierten Produktes neigt nicht dazu die Reputation der Marke und ihres Eigentümer zu schädigen.

---

45 Ströbele/Hacker/Hacker, § 24 Rn 99.
46 EuGH, Urt. v. 11.11.1997 – C-349/95 – Loendersloot/Ballantine.

Rehaag

- die Person, welche die Produkte umetikettiert, informiert den Markeneigentümer über das Umetikettieren bevor die Produkte in den Verkauf gehen.[47]

(6) Verletzung von Vertriebslizenzen

Schließlich führt das Vorliegen einer Lizenz nicht zwingend dazu, dass der Lizenz- **35** nehmer oder dessen Abnehmer die Markenrechte des Inhabers nicht verletzen kann. Dabei ist zu bedenken, dass die Immaterialgüterrechte und mit ihnen die Marke keinem Typenzwang unterliegen, die Reichweite und Art der Nutzungsgestattung also der Parteivereinbarung überlassen ist. So kann eine den Bestimmungen des Lizenzvertrages nicht entsprechende Vertriebsart bereits die Gestattung zur Benutzung der Marke überschreiten, die an sich erfolgte Erschöpfung der Ware beseitigen und die Benutzung zu einer Benutzung ohne Zustimmung machen.[48] Die Folge ist, dass aufgrund des Überschreitens des kraft Vertrags Erlaubten eine Benutzung „ohne Zustimmung" und damit eine widerrechtliche Benutzung erfolgt, die dann den objektiven Tatbestand der §§ 143 und 143a ausfüllt. Doch nicht jede Verletzung eines Lizenzvertrages wird diese Wirkung haben. Dazu folgender Fall: Der französische Modehersteller Christian Dior Couture schloss mit einer Firma SIL einen Markenlizenzvertrag für die Herstellung und den Vertrieb von Prestigemiederwaren unter der Marke Christian Dior, deren Inhaberin Dior ist, ab. In dem Vertrag war unter anderem Folgendes vorgesehen „Der Lizenznehmer verpflichtet sich zum Zweck der Erhaltung des Bekanntheitsgrads und des Ansehens der Marke, nicht an Großhändler, Kollektivbetriebe, Discounter und Versand- oder Haustürhandel betreibende Vertriebsunternehmen zu verkaufen, soweit der Lizenzgeber nicht vorher schriftlich etwas anderes genehmigt hat. Der Lizenznehmer hat alle Vorkehrungen zu treffen, um die Einhaltung dieser Bestimmung bei seinen Auslieferern und Einzelhändlern durchzusetzen." Aufgrund wirtschaftlicher Schwierigkeiten bat SIL Dior um die Erlaubnis, Waren dieser Marke außerhalb ihres selektiven Vertriebsnetzes in den Verkehr bringen zu dürfen. Dior lehnte dies ab. Trotz dieser Ablehnung und unter Verstoß gegen ihre vertraglichen Verpflichtungen verkaufte SIL mit der Marke Christian Dior versehene Waren an das als Discounter tätige Unternehmen Copad. Dior klagte gegen den Vertrieb der Ware sowohl durch den Vertragspartner SIL als auch durch den Dritten COPAD. Schließlich wurde der EuGH mit der Frage befasst, wie der geschilderte Vorgang markenrechtlich zu werten sei.[49]

    Der EuGH befand, dass der Markeninhaber gerade in Fällen von Verstößen des **36** Lizenznehmers gegen Bestimmungen des Lizenzvertrags, die insbesondere die Qualität der hergestellten Waren betreffen, die Rechte aus der Marke geltend zu machen

---

47 EuGH, Urt. v. 11.7.1996 – verb. Rs C-427/93, C-429/93 u. C-436/93.
48 EuGH, Urt. v. 23.4.2009 – C-59/08 – Copad/Dior.
49 EuGH, Urt. v. 23.4.2009 – C-59/08 – Copad/Dior.

berechtigt ist. Da Prestigewaren hochwertige Artikel sind, ist die luxuriöse Ausstrahlung, die von ihnen ausgeht, ein wesentliches Element dafür, dass die Verbraucher sie von anderen ähnlichen Produkten unterscheiden können. Durch den Vertrieb solcher Waren in einer Weise, die ihren Wert nicht angemessen zur Geltung bringt, kann die luxuriöse Ausstrahlung geschädigt und somit die Qualität der Waren selbst beeinträchtigt werden.[50] Die Erschöpfung wäre in einem solchen Fall ausgeschlossen. Doch auch wenn kein Verstoß gegen den Lizenzvertrag gegeben ist, können Art und Weise des Vertriebs der Markenware durch den Kunden des Lizenznehmers das Ansehen der Marke dadurch schädigen, dass der Kunde die mit der Marke versehenen Waren unter Verwendung der in seiner Branche üblichen Vertriebsformen weiterverkauft. Vereinfacht gesprochen passt Luxusware oftmals nicht in die Geschäftsräume eines Discounters.[51]

cc) Verwirkung gem. § 21 MarkenG bzw. Art. 54 UMV

37 Ansprüche aus der Marke können verwirkt sein. Nach deutschem Recht ist das der Fall, wenn der Inhaber einer älteren Marke die Benutzung einer jüngeren eingetragenen Marke, einer jüngeren Marke kraft Verkehrsgeltung, einer jüngeren notorischen Marke, einer geschäftlichen Bezeichnung oder eines jüngeren, sonstigen Rechts im Sinne des § 13 in fünf aufeinander folgenden Jahren in Kenntnis dieser Benutzung geduldet hat. Dann kann der Inhaber des älteren Rechts die Benutzung dieser Zeichen zivilrechtlich nicht untersagen. Es kommt dann zu einer Koexistenz der einander gegenüberstehenden Zeichen. Weiß der Benutzer des jüngeren Zeichens jedoch nicht, dass der Schutzrechtsinhaber die Benutzung des Zeichens geduldet hat, kennt aber die Marke des Schutzrechtsinhabers, so kommt in dieser Konstellation ein untauglicher Versuch in Betracht. Art. 54 UMV enthält für die Unionsmarke eine dem § 21 weitgehend entsprechende Regelung.

38 Neben § 21 kommt gem. § 21 Abs. 4 eine Verwirkung gem. § 242 BGB in Betracht. Zivilrechtlich besteht hier eine vollständige Anspruchskonkurrenz, sodass bei der Verteidigung ebenfalls beide Normen geltend gemacht werden können.

dd) Bestandskraft der Eintragung der jüngeren Marke gem. § 22 MarkenG bzw. Art. 13a UMV

39 § 22 Abs. 1 enthält eine Schutzschranke und schließt die Erfüllung des objektiven Tatbestands für den Fall aus, dass der Inhaber der älteren Rechte (Marke oder geschäftliche Bezeichnung) sich gegenüber jüngeren Marken nicht auf seine älteren Rechte berufen kann, weil die Bekanntheit und damit der erweiterte Schutzbereich

---

50 EuGH, Urt. v. 23.4.2009 – C-59/08 – Copad/Dior.
51 EuGH, Urt. v. 23.4.2009 – C-59/08 – Copad/Dior.

der älteren Zeichen erst nach der Eintragung der jüngeren Marke erlangt wurde. Diese Norm wird überhaupt bei kollidierenden ähnlichen, oder bei identischen, jedoch für unterschiedliche Waren und Dienstleistungen eingetragenen Zeichen relevant werden können: Nach § 22 hat der Inhaber einer Marke oder einer geschäftlichen Bezeichnung nicht das Recht, die Benutzung einer eingetragenen Marke mit jüngerem Zeitrang für die Waren oder Dienstleistungen, für die sie eingetragen ist, zu untersagen, wenn ein Antrag auf Löschung der Eintragung der Marke mit jüngerem Zeitrang zurückgewiesen worden ist oder zurückzuweisen wäre, weil die Marke oder geschäftliche Bezeichnung mit älterem Zeitrang an dem für den Zeitrang der Eintragung der Marke mit jüngerem Zeitrang maßgeblichen Tag noch nicht im Sinne des § 9 Abs. 1 Nr. 3, des § 14 Abs. 2 Nr. 3 oder des § 15 Abs. 3 bekannt war.

§ 22 Abs. 2 erfasst den Fall des Erwerbs eines sog. Zwischenrechts, dass dem In- **40** haber einer älteren Marke oder geschäftlichen Bezeichnung entgegengehalten werden kann, wenn die ältere Marke am Tag der Eintragung des jüngeren Zeichens wegen Nichtbenutzung oder deswegen hätte gelöscht werden können, weil das ältere Zeichen in diesem Zeitpunkt ein generischer oder glatt beschreibender Begriff oder Markeninhaber nicht mehr fähig zur Inhaberschaft hinsichtlich der Marke im Sinne des § 7 war. Gleiches gilt, wenn die ältere Marke wegen absoluter Schutzhindernisse hätte gelöscht werden können, d.h. weil die Marke nicht markenfähig im Sinne des § 3 war, der Inhaber von Beginn an nicht Inhaber der Marke sein konnte, § 7, oder ihrer Eintragung absolute Schutzhindernisse gem. § 8 entgegenstanden.

Praxishinweis
Die vorgenannte Schutzschranke wird in Fällen der klassischen Produktpiraterie selten zur Anwendung kommen. Operieren jedoch professionelle Produktpiraten, die sich mit dem Anschein dem Rechtmäßigkeit ihres Handelns umgeben und dazu eigene Marken angemeldet haben oder ist eine zunächst gutgläubig angemeldete Marke nach Abmahnung in Kenntnis eines älteren Schutzrechts weiterbenutzt worden, so können die hier behandelten Fragen Bedeutung erlangen.

---

ee) Markennennung (§ 23 MarkenG bzw. Art. 12 UMV)

Natürlichen Personen kann es vom Inhaber einer Marke oder einer geschäftlichen **41** Bezeichnung nicht verboten werden, ihren natürlichen Namen oder ihre Anschrift zu benutzen, wenn dies als Hinweis auf eine natürliche Person geschieht, § 23 Nr. 1 und Art. 12 Abs. 1 lit. a) UMV. Erfolgt die Benutzung des Namens jedoch bspw zur Kennzeichnung eines Produkts, so greift die Schutzschranke des § 23 Nr. 1 bzw. des Art. 12 Abs. 1 lit. a) UMV nicht ein.

§ 23 Nr. 2 und Art 12 Abs. 1 lit. b) UMV erlauben es, ein mit der Marke oder der **42** geschäftlichen Bezeichnung identisches Zeichen oder ein ähnliches Zeichen als Angabe über Merkmale oder Eigenschaften von Waren oder Dienstleistungen, wie insbesondere ihre Art, ihre Beschaffenheit, ihre Bestimmung, ihren Wert, ihre geographische Herkunft oder die Zeit ihrer Herstellung oder ihrer Erbringung, zu benutzen.

Diese Normen haben einen kleinen Anwendungsbereich, weil es in Fällen einer Angabe einer Eigenschaft einer Ware oder Dienstleistung schon fraglich ist, ob das Zeichen nach Verkehrsauffassung überhaupt markenmäßig benutzt wird. Ein möglicher Anwendungsfall ist die Abwandlung eines glatt beschreibenden Begriffs (z.B. „Schaftöl" für Gewehre) zu einer Marke, deren Warenverzeichnis in Klasse 4 „Spezialöl zur Pflege von Gewehrschäften" enthält („Schaftol"). Aus der eingetragenen Marke „Schaftol" kann somit nicht gegen die Benutzung des Begriffs „Schaftöl" vorgegangen werden, soweit dieser Begriff für Öle zur Pflege von Gewehrschäften verwendet wird.[52]

43   Qua lege ist die Benennung eines Zeichens dann keine markenmäßige, also herkunftshinweisende, Benutzung, wenn diese Benennung notwendig ist, um die Bestimmung einer bestimmten Ware oder Dienstleistung zu kennzeichnen, § 23 Nr. 3 und Art. 12 Abs. 1 lit. c) UMV. Verwendet eine Autowerkstatt die bekannte Marke der BMW AG (⬤), die u.a. in Klasse 37 für die „Reparatur von Automobilen" eingetragen ist, um damit darauf hinzuweisen, dass auch Fahrzeuge der BMW AG repariert werden, so ist das nicht zulässig, wenn dies den Eindruck erwecken kann, dass „eine Handelsbeziehung zwischen dem Drittunternehmen und dem Markeninhaber besteht, insbesondere das Unternehmen des Wiederverkäufers dem Vertriebsnetz des Markeninhabers angehört oder eine Sonderbeziehung zwischen den beiden Unternehmen besteht".[53] Die Verwendung des Logos in solcher Weise ist hier an sich nicht „notwendig". Es genügt darauf hinzuweisen, dass die Werkstatt Fahrzeuge der Marke „BMW" oder „aller Marken" zu Reparatur annimmt. Zulässig dürfte hingegen die Bezeichnung „für Samsung" sein, um damit auf die Bestimmung einer Batterie für ein Mobiltelefon der Marke Samsung hinzuweisen, soweit die Ware weitere Merkmale enthält, die sie aus Sicht des Verbrauchers vom Originalhersteller unterscheiden und die Annahme einer wirtschaftlichen Kooperation nicht aufkommen lassen. Zulässig ist die hervorgehobene eigene Marke des Benutzers bei gleichzeitiger Nennung des Originalherstellers im Fließtext z.B. der Produktbeschreibung.[54] Die bloße Bezeichnung „für …" dürfte dagegen schutzrechtsverletzend sein.[55]

Praxishinweis

Gerade die vorgenannte Schutzschranke kann im Bereich der Produktpiraterie relevant werden. Hier versuchen es die Produktpiraten immer wieder, durch die Verwendung des Wortes „für" oder „for" zusammen mit der Marke oder der geschäftlichen Bezeichnung eine Strafbarkeit zu umgehen. Solche Bezeichnungen lassen jedoch für den Verbraucher den Schluss zu, es handle sich um Originalware oder Originalzubehör aus der Produktion des Markeninhabers oder eines mit ihm verbunde-

---

52 OLG Frankfurt, Beschl. v. 28.2.2000 – 6 W 15/00 – Schaftol/Schaftöl = GRUR 2000, 905 f.
53 EuGH, Urt. v. 23.2.1999 – C-63/97 – BMW.
54 BGH, Urteil vom 20.1.2005 – I ZR 34/02 – Staubsaugerfiltertüten = GRUR 2005, 423, 425.
55 Ströbele/Hacker/*Hacker*, § 23 Rn 99 m.w.N.

nen Unternehmens.[56] Daher ist diese Art der Benutzung des Zeichens nicht von der Schutzschranke des § 23 Nr. 2 oder Art 12 Abs. 1 lit. c) UMV umfasst. Der Tatbestand kann daher in solchen Fällen ebenfalls erfüllt sein.

Die Benutzung steht bei allen drei vorgenannten Schutzschranken unter dem Lau- 44 terkeitsvorbehalt. Unlauter ist das vorgenannte Verhalten nach der Rspr. des EuGH insbesondere, wenn der Verwender der Marke nicht alles unterlässt, was den An- schein geschäftlicher Beziehungen zwischen ihm und dem Markeninhaber erwe- cken kann. Weiter darf der Verwender die Marke nicht herabsetzen oder schlecht machen oder ihre Unterscheidungskraft oder Wertschätzung auszunutzen. Der Sa- che nach geht es um einen Interessenabwägung im Hinblick auf den Markenschutz einerseits und den freien Warenverkehr andererseits.[57] Schließlich darf die Ware nicht als Imitation oder Nachahmung der Originalware dargestellt werden.[58]

ff) Mangelnde Benutzung eingetragener Marken gem. §§ 25, 26 MarkenG bzw. Art. 15 UMV

Ist eine Marke mehr als fünf Jahre eingetragen, doch ist sie in diesem Zeitraum nie- 45 mals benutzt worden, so kann sie auf Antrag für verfallen erklärt werden. Dies kann aufgrund eines Antrags eines Dritten oder aufgrund erfolgreicher Löschungsklage erfolgen. Das Gesetz nimmt an, dass der Inhaber der Marke kein Interesse an dem ent- sprechenden Herkunftshinweis hat und gibt ihn zugunsten anderer potentieller Nut- zer wieder frei, §§ 25, 26 bzw. Art. 15 UMV. Nachdem § 25 Abs. 2 als Einrede ausgestaltet ist, muss der Markeninhaber in Zivilverfahren die Benutzung nachweisen. In Straf- verfahren bildet die mangelnde Benutzung eine Schutzschranke. Soweit die Marke nicht benutzt worden ist, kann der Markeninhaber aus ihr keine Rechte herleiten.

Praxishinweis

In der Regel wird in typischen Fällen der Produkt- und Markenpiraterie der Frage nach der Benut- zung der verletzten Marke keine große praktische Bedeutung zukommen. Eine berühmte Marke – bevorzugtes Ziel der Marken- und Produktpiraten – verdankt ihre Berühmtheit gerade der umfang- reichen Benutzung. Sollte die Frage gleichwohl relevant sein, gilt in einer Konstellation, in der die Verletzung einer löschungsreife Marke angezeigt wird, das Folgende: Der Verdächtige kann sich wegen eines untauglichen Versuchs hinreichend verdächtig gemacht haben, sofern er von der Be- standskraft der von ihm verletzten Marke ausgegangen ist.

---

56 Ströbele/Hacker/*Hacker*, § 23 Rn 98 f.

57 Wertausfüllungsbedürftige Tatbestandsmerkmale stehen grundsätzlich im Einklang mit dem Bestimmtheitsgebot, Rehaag, Strafbare Kennzeichen- und Gemeinschaftsmarkenverletzung: Die Tat- bestände der §§ 143, 143a MarkenG im Lichte der Entscheidungen EuGH, Urt. v. 9.11.2006 – C-281/05 – Montex Holdings Ltd. ./. Diesel Spa und BGH, Urt. v. 21.3.2007 – I ZR 246/02 – Diesel II.

58 Ströbele/Hacker/*Hacker*, § 23 Rn 104 m.w.N.

d) Markenmäßige Benutzung

46   Die Benutzung muss eine markenmäßige Benutzung sein, d.h. sie muss die Herkunfts- und die Werbefunktion der Marke berühren. Dieses Erfordernis wird als ungeschriebenes Tatbestandsmerkmal verstanden mit der Folge, dass eine Benutzung als Marke dann nicht vorliegt, wenn nach der Art und Weise der Benutzung der Marke auf dem Markt ein Verständnis innerhalb der beteiligten Verkehrskreise dahin zumindest unwahrscheinlich oder gar ausgeschlossen ist, die Marke werde als ein herkunftskennzeichnendes Unterscheidungsmittel verwendet. Umgekehrt genügt die objektive, nicht völlig fernliegende Möglichkeit, dass ein nicht ganz unerheblicher Teil der relevanten Verkehrskreise in dem Zeichen einen Herkunftshinweis sieht. Es kommt darauf an, ob die Marke zur Unterscheidung von Waren und Dienstleistungen eines bestimmten Unternehmens, also „markenmäßig", benutzt wird oder ob die Benutzung zu anderen Zwecken erfolgt.[59] Die angesprochenen Verkehrskreise müssen das mit der geschützten Marke identische oder ähnliche Zeichen als Teil der Produktaufmachung des Verwenders der Marke auffassen und aufgrund der Zeichenidentität oder -ähnlichkeit oder der Bekanntheit der geschützten Marke eine gedankliche Verknüpfung zwischen der geschützten Marke und dem Kollisionszeichen herstellen[60]. Eine markenmäßige und damit tatbestandsmäßige Markenbenutzung scheidet grundsätzlich dann aus, wenn das Zeichen ausschließlich dekorativ oder als eine beschreibende Angabe verwendet wird.[61] Allerdings liegt eine Verletzung auch bei einer Verwendung des Kollisionszeichens als Verzierung oder Dekoration vor, sofern die beteiligten Verkehrskreise es wegen der hochgradigen Ähnlichkeit gedanklich mit der bekannten Marke verknüpfen.[62]

47   Im Hinblick auf den umfassenden Schutz der Marke bereitet die Feststellung, dass das Zeichen von dem Verdächtigen markenmäßig benutzt wird, gerade im Bereich der Produktpiraterie selten Schwierigkeiten und ist ohne weiteres anzunehmen. Das gilt auch für solche Fälle, in denen die Marke als Firma oder Geschäftsbezeichnung verwendet wird. Hier nimmt der Verkehr an, dass diese Art der Verwendung auch herkunftshinweisend ist.[63] Lediglich für die Farbmarken und die 3D-Marken kann eine umfassendere Prüfung des Verkehrsverständnisses erforder-

---

59 EuGH, Urt. v. 23.2.1999 – C-63/97 – BMW; EuGH, Urt. v. 25.1.2007 – C-48/05 – Opel/Autec; BGH, Urt. v. 14.1.2010 – I ZR 88/08 – Opel-Blitz II; BGH, Urt. v. 6.7.2000 – I ZR 21/98 – Drei-Streifen-Kennzeichnung = GRUR 2001, 158 ff.

60 BGH, Urt. v. 3.2.2005 – I ZR 159/02 – Lila Postkarte = GRUR 2005, 583 ff.; OLG Frankfurt, Urt. v. 10.3.2011 – 6 U 56/10 – Blechschilder= GRUR-RR 2011, 170 ff.

61 BGH, Urt. v. 5.4.2001 – I ZR 168/98 – Marlboro-Dach = GRUR 2002, 171, 173.

62 EuGH, Urt. v. 23.10.2003 – C-408/01 – Adidas-Salomon AG u. Adidas Benelux BV/Fitnessworld Trading Ltd = EuZW 2004, 54, 56; BGH, Urt. v. 3.2.2005 – I ZR 159/02 – Lila Postkarte = GRUR 2005, 583 ff. Zu den Arten der Verwechslungsgefahr und dem gedanklichen „In-Verbindung-bringen".

63 Ströbele/Hacker/*Hacker*, § 14 Rn 171 ff.

lich sein. Bei der 3D-Marke kann der Verkehr z.B. auch der Auffassung sein, die Form sei lediglich gefällig gewählt oder technisch bedingt.

Zweifel an der markenmäßigen Benutzung ergeben sich aber, wenn das Zeichen **48** nur im Sinne eines *Gütesiegels an dem Produkt* angebracht wird, z.B. das achteckige TÜV-Zeichen an einem technischen Erzeugnis. Das TÜV-Zeichen ist als Marke geschützt und steht allgemein für geprüfte Sicherheit und darf nur angebracht werden, wenn das Produkt von einer Niederlassung des Technischen Überwachungsvereins geprüft und zertifiziert wurde. Eine Täuschung über die Herkunft der Ware ist aber selbst dann ausgeschlossen, wenn eine Zertifizierung nicht erfolgt, das Zeichen also unrechtmäßig angebracht ist. Dass ein Anbieter von technischen Sicherheitsprüfungen, wie es der TÜV ist, unter seiner Marke keine Waren vertreibt, ist bekannt und insofern wird das TÜV-Zeichen nicht als Herkunftsnachweis für irgendein Produkt verstanden. Andererseits ist es ein Synonym für Prüfdienstleistungen und als allgemein bekannte Marke anzusehen.

Während der Schutz gegen Verwechslungsgefahr nach § 14 Abs. 2 Nr. 2 jeder **49** Marke zukommt, verfügen bekannte Marken über einen erweiterten Schutz nach § 14 Abs. 2 Nr. 3, wobei die angebotenen Waren oder Dienstleistungen nicht denen ähnlich sein müssen, für die die Marke Schutz genießt. Die Ausnutzung der Unterscheidungskraft und der Wertschätzung einer bekannten Marke ist unlauter, wenn sie ohne rechtfertigenden Grund erfolgt. Es liegt dann eine Ausbeutung des guten Rufes der Marke vor, die nicht schon deshalb gerechtfertigt ist, weil keine Verwechselungsgefahr vorliegt. Dass die Marke TÜV allein für technische Prüfleistungen steht, und eine mit dem TÜV-Zeichen gekennzeichnete Ware niemals als ein Angebot solcher Leistungen verstanden würde, ist nicht von Bedeutung.

Schon der bloße Gebrauch des Wortzeichens TÜV, etwa im Sinne von „Erster **50** privater TÜV", „Privater TÜV" und „TÜV-Dienstleistungen" nutzt die Unterscheidungskraft und die Wertschätzung dieser bekannten Marke aus, wofür es keinen rechtfertigenden Grund gibt, selbst wenn zwischen beiden Anbietern kein Wettbewerbsverhältnis besteht, die Herkunftsfunktion der Marke TÜV also nicht beeinträchtigt wird.[64]

Damit stellt die unautorisierte Anbringung des unveränderten Bildzeichens TÜV **51** (oder eines anderen Prüfsiegels) auf einer Ware stets eine unlautere Rufausbeutung im Sinne von § 14 Abs. 2 Nr. 3 dar. Dadurch werden sämtliche Verbotstatbestände des Abs. 3 anwendbar, womit auch das Anbieten oder Inverkehrbringen so gekennzeichneter Ware erfasst ist. Ob die Ware die damit suggerierte Sicherheitsprüfung durchlaufen hat oder nicht, ist letztlich von untergeordneter Bedeutung.

Die vom Gesetz vorausgesetzte markenmäßige Benutzung ist ebenfalls zweifel- **52** haft wenn die Marke nur als Unternehmenskennzeichen und nicht zur Herkunftsde-

---

64 BGH, Urt. v. 17.8.2011 – I ZR 108/09 = BeckRS 2011, 22669.

klaration auf Waren benutzt wird. Der EuGH vertritt die Auffassung, dass die Herkunftsfunktion der Marke nicht verletzt ist, wenn das geschützte (Wort- oder Bild-) Zeichen als Unternehmensbezeichnung oder als Firmenzeichen verwendet wird.[65] Dies steht nach einhelliger Auffassung aber unter der Einschränkung, dass der Verkehr keine Verbindung zwischen dem Unternehmenskennzeichen und den von dem Unternehmen vertriebenen Waren oder Dienstleistungen herstellt. Danach ist allein der ausschließlich **firmenmäßige Gebrauch** des Zeichens vom Schutzbereich der Marke ausgenommen, während jede Benutzung eines Unternehmenskennzeichens im Rahmen des Produktabsatzes eine markenmäßige Benutzung darstellt.[66] Es ist jedenfalls davon auszugehen, dass in der tatsächlichen Benutzung firmen- und markenmäßiger Gebrauch ineinander über gehen.[67] Die Relevanz dieser Unterscheidung in der strafrechtlichen Praxis ist gering. Auch das Herstellen von Mustern schutzrechtsverletzender Ware im Vorfeld des Vertriebs kann bereits „Benutzung" sein.[68]

e) Exkurs: Die „Abmahnmarke"

Von einer „Abmahnmarke" kann man sprechen, wenn ein Zeichen angemeldet wird, von dem der Anmelder weiß, dass es von einem Dritten im geschäftlichen Verkehr benutzt wird, ohne das Zeichen jedoch selbst angemeldet zu haben. Das Zeichen wird dann angemeldet, um aus der Marke durch Einfordern einer Lizenz oder durch ein Angebot zum Verkauf an den bisherigen Nutzer Kapital zu schlagen.[69] Eine solche Markenanmeldung kann eine sog. „bösgläubige Anmeldung" gem. § 8 Abs. 2 Nr. 10 sein. Eine bösgläubige Anmeldung setzt voraus, dass neben der Kenntnis von der Vorbenutzung eines Zeichens durch Dritte noch zusätzliche Umstände hinzutreten, um eine Markenanmeldung als sittenwidrig i.S.v. § 8 Abs. 2 Nr. 10 erscheinen zu lassen. Ob eine Bösgläubigkeit im markenrechtlichen Sinne vorgelegen hat, ist deshalb stets unter Berücksichtigung aller für den konkreten Einzelfall erheblicher Faktoren zu beurteilen.[70] Eine bösgläubige Vorgehensweise ist etwa dann zu bejahen, wenn es dem Anmelder von vornherein darum geht, die Marke ohne legitime Eigeninteressen schützen zu lassen, um den Besitzstand eines Dritten zu stören.[71] Die Absicht, die Marke zu solchen unlauteren Zwecken einzusetzen, muss dabei auch nicht unbedingt der einzige Beweggrund für die Anmeldung gewesen sein, vielmehr reicht es aus, wenn diese Zielsetzung ein wesentliches Motiv hierfür war.[72] Von der Rechtsprechung und dem Deutschen Patent- und Marke-

---

65 EuGH, Urt. v. 11.9.2007 – C-17/06 = GRUR 2007, 971 ff.
66 BGH, Urt. v. 18.12.2008 – I ZR 200/06 = GRUR 2009, 772, 775.
67 Ströbele/Hacker/*Hacker*, § 14 Rn 193.
68 Erbs/Kohlhaas/*Kaiser*, § 143 Rn 13.
69 Vgl zu dieser Konstellation: OLG Düsseldorf, Urt. v. 8.6.2010 – I-20 U 199/09 – Spekulationsmarke; OLG München, Urt. v. 27.1.2011 – 29 U 2676/10 – Hawk.
70 EuGH, Urt. v. 11.6.2009 – C-529/07 – Goldhase = GRUR 2009, 763 ff.
71 BGH, Beschl. v. 20.5.2009 – I ZB 53/08 – Schuhverzierung = GRUR 2009, 992 ff.; sowie Ströbele/Hacker/*Ströbele*, § 8 Rn 668 m.w.N.
72 BGH, Urt. v. 10.8.2000 – I ZR 283/97 – EQUI 2000 = GRUR 2000, 1032, 1034.

namt als Indizien für eine bösgläubige Anmeldung anerkannte Umstände sind mangelnde eigene finanziellen Leistungsfähigkeit des Anmelders zur Nutzung der Marke für die Waren und Dienstleistungen für die sie angemeldet ist im Zusammenspiel mit einer lebhaften Abmahntätigkeit des Markeninhabers.[73] Gegen eine Bösgläubigkeit sprechen insbesondere eigene Leistung bei der Gestaltung und Benutzung des Zeichens im geschäftlichen Verkehr und langjährige eigene Benutzung des Zeichens.

Die Löschung einer Marke wegen Bösgläubigkeit – die ja ein absolutes Eintragungshindernis **53** darstellt, m.a.W. die Marke hätte niemals eingetragen werden dürfen, wirkt ex tunc auf den Zeitpunkt der Anmeldung zurück. Nach erfolgter Löschung, ausgesprochener Abmahnung oder nach einem Angebot zur Lizenzierung bzw. eines Kaufs der Abmahnmarke sowie des Nachweises des entsprechenden Vorsatzes kann eine Strafbarkeit des Anmelders der Abmahnmarke wegen Betruges oder versuchten Betruges in Betracht kommen.

2. Die besonderen Voraussetzungen der Markenverletzung

Steht fest, dass das Zeichen eine geschützte Marke ist, die im geschäftlichen Verkehr **54** widerrechtlich benutzt wird, begründet dies zunächst das zivilrechtliche Verbot, ein identisches Zeichen für identische Waren oder Dienstleistungen zu benutzen, § 14 Abs. 2 Nr. 1. Dieser Tatbestand verlangt eine sogenannte Doppelidentität im Sinne einer vollständigen Übereinstimmung der Zeichen und Waren. Selbst kleine Unterschiede zwischen den Zeichen und zwischen den Waren oder Dienstleistungen führen aus dem Anwendungsbereich des § 14 Abs. 2 Nr. 1 heraus.

Im Bereich der Produktpiraterie bereitet die Feststellung der Doppelidentität **55** meistens keine Probleme, kommt es doch den Fälschern immer darauf an, die Originalware möglichst perfekt nachzuahmen, wozu auch die Benutzung des Originalzeichens in seiner bekannten Gestalt für Waren oder Dienstleistungen gehört, für die auch das Originalzeichen verwendet wird.

Praxishinweis

Ist Doppelidentität gegeben, so dürfte im Falle des Warenabsatzes ohne klarstellenden Hinweis auf den Plagiatscharakter der Ware auch der Tatbestand des Betruges zu Lasten der Käufer gegeben sein. Für den **ermittelnden Staatsanwalt** kann es sich daher empfehlen, zur vollständigen Aufklärung des Sachverhalts auch zeitlich zurückliegende Verkäufe zu untersuchen. Dies kann z.B. im Falle von Verkäufen im Internet durch Anfragen bei dem jeweiligen Betreiber des Internetmarktplatzes (Mitteilung in elektronischer Form über Account-Inhaber, relevante Transaktionen, an den relevanten Transaktionen als Käufer beteiligte Personen) und stichprobenartige schriftliche Befragung der Käufer geschehen. Für den **Schutzrechtsinhaber** ist es gleichfalls sinnvoll, in seiner Strafanzeige auf diesen Tatbestand hinzuweisen und entsprechende Tatsachen – soweit bekannt – vorzutragen. Zwischen den Normen besteht **Idealkonkurrenz gem. § 52 StGB**. Selbst dann, wenn der Ver-

---

73 OLG Düsseldorf, Urt. v. 8.6.2010 – I-20 U 199/09 – Spekulationsmarke; OLG München, Urt. v. 27.1.2011 – 29 U 2676/10 – Hawk; DPMA, Beschl. v. 23.7.2010 – 307 45 915 – S 65/09 – Lösch – Stealth.

käufer der gefälschten Ware diese zunächst hergestellt hat, verkauft er sie schließlich, so dass sich die Frage einer **mitbestraften Vortat** i.d.R. nicht stellt.

56 Dabei ist zu bedenken, dass auch der wesentliche Eingriff in die Produktidentität eines ursprünglichen Originalprodukts den Tatbestand erfüllen kann.

a) Verwechselungsgefahr, § 14 Abs. 1 Nr. 2

57 Da § 143 auf den vollen Tatbestand des § 14 Abs. 2 verweist, liegt eine strafbare Kennzeichenverletzung auch dann vor, wenn das Zeichen von dem Verletzer nicht „eins zu eins" übernommen sondern in abgeänderter Weise auf identischen oder ähnlichen Waren verwendet wird. Dabei lehnen sich Fälscher naturgemäß gerne an namhafte Marken an, wobei das abgewandelte Zeichen in den angesprochenen Verkehrskreisen die Wiedererkennung mit dem Markenprodukt erleichtern, zugleich aber die Arbeit der Zoll- und Strafverfolgungsbehörden erschweren soll. Daneben eröffnet die Verwendung eines ähnlichen Zeichens auch bessere Verteidigungsmöglichkeiten im Straf- wie im Zivilverfahren, da schon objektiv die Verwechselungsgefahr nicht immer einfach festzustellen und selbst dann noch die Berufung auf einen Irrtum über die Verwechselungsfähigkeit möglich ist. Die Beurteilung der Verwechselungsgefahr ist eine reine Rechtsfrage, die Beweiserhebungen, etwa durch empirische Untersuchungen, nicht zugänglich ist. Es geht nicht um den Schutz des Publikums vor realen Verwechselungsgefahren sondern darum, welchen Abstand ein (neues) Zeichen von der geschützten Marke einzuhalten hat.[74] Auch im Strafprozess sind solche Rechtsfragen durch das erkennende Gericht in eigener Zuständigkeit zu beurteilen. Dennoch ist es ratsam, einschlägige oder zumindest richtungweisende Entscheidungen der Spezialgerichte oder des Amtes der Europäischen Union für geistiges Eigentum (früher HABM) heranzuziehen und darauf zu verweisen.

Die Verwechselungsgefahr wird durch die Verkehrsauffassung bestimmt, die sich im wesentlichen von Rechtssätzen, rechtsähnlichen Erfahrungssätzen und nur zum Teil von tatsächlichen Feststellungen ableitet, auf tatsächliche Verwechselungen kommt es nicht an, diese können aber ein Indiz sein.[75]

Bei der Beurteilung, ob Verwechselungsgefahr zwischen zwei Zeichen vorliegt, sind die Zeichenähnlichkeit, die Warenähnlichkeit und die Kennzeichnungskraft des älteren Zeichens in eine Gesamtbetrachtung einzustellen. Dabei stehen diese drei Kriterien in einem System wechselseitiger Beeinflussung: Ist die Zeichenähnlichkeit gering, werden die Zeichen jedoch für identische Waren benutzt, muss – vorbehaltlich anderer Kriterien – von Verwechselungsgefahr ausgegangen werden. Daher kann die im Bereich der Produktpiraterie nicht seltene Benutzung geringfügig

---

74 Ströbele/Hacker § 9 Rn 16.
75 Ströbele/Hacker § 9 Rn 21, 22.

veränderter Marken (BROSS statt BOSS, Veptu statt VERTU, NOKLA statt NOKIA usw.), die bekannt sind und eine hohe Kennzeichnungskraft aufweisen, die Verwechselungsgefahr nicht beseitigen, dies erst recht nicht, wenn die Benutzung des veränderten Zeichens für Waren erfolgt, die mit denen identisch sind, für die die Marke Schutz genießt.

Während die Zeichenähnlichkeit ein stark von Kasuistik geprägter Bereich ist, der deshalb vertiefend dargestellt wird, ist die Warenähnlichkeit im allgemeinen leicht zu bestimmen. Dafür können folgende Kriterien herangezogen werden:
– Verwendungszweck
– Nutzung
– Eigenart als einander ergänzende Waren/DL
– Eigenart als miteinander konkurrierende oder austauschbare Ware
– Vertriebswege, gleiche Vertriebskanäle oder Verkaufsstätten
– relevante Verkehrskreise
– regelmäßige Herkunft der Waren/DL, Produktionsbetrieb und -methode[76]

Praxishinweis

Auch bei dieser Beurteilung ist auf die Verbrauchersicht abzustellen. Bei Modemarken ist ohne Weiteres davon auszugehen, dass sie mittlerweile auch eine breite Palette von Accessoires anbieten. Ist daher eine Marke z.B. für Textilien und Schuhe angemeldet, so sind Sonnenbrillen und Gürtel im Verhältnis hierzu ähnliche Waren, weil sie einander ergänzen, über gleiche Vertriebswege und in gleichen Verkaufsstätten verkauft werden können.

Bei absoluter Warenunähnlichkeit scheidet eine Verwechselungsgefahr ebenso aus wie bei absoluter Unähnlichkeit der Zeichen.[77] Wenn mit einer bekannten Marke gekennzeichnete Waren in den Verkehr gebracht werden, die der Inhaber gar nicht herstellt (z.B. NIKE-Logo auf Alkoholika) begründet dies keine Verwechselungsgefahr sondern kann eine Rufausbeutung nach Abs. 2 Nr. 3 darstellen, die ebenfalls von § 143 erfasst ist.

Der Begriff Kennzeichnungskraft charakterisiert die Eignung des eingetragenen 58 Zeichens, die Waren oder Dienstleistungen des einen Unternehmens von denen eines anderen Unternehmens zu unterscheiden. Dem Zeichen fehlt es an Kennzeichnungskraft, wenn es sich auf Eigenschaften der Waren bezieht und/oder die Eigenschaften der Waren, z.B. ihre Qualität, ihren Wert, ihren Zweck, ihre Herkunft usw., beschreibt und das Zeichen genauso im Verkehr verstanden wird. Die Kennzeichnungskraft wird maßgeblich von der Bekanntheit des Zeichens bestimmt. Danach kommt den oben genannten Marken höchste Kennzeichnungskraft zu, während als

---

76 Widerspruchsrichtlinien des HABM, Teil 2, Kapitel 2: Verwechslungsgefahr, B. Ähnlichkeit der Waren und Dienstleistungen.
77 Ströbele/Hacker § 9 Rn 38.

Gegenbeispiel die fiktive Marke „Glanz" für einen Haushaltsreiniger zu nennen wäre. Mit diesem Wortzeichen würde zwar der Verwendungszweck der Ware deutlich, womöglich auch deren überragende Eigenschaft, damit ist aber kein Herkunftsnachweis verbunden. Steht bei einem Zeichen das deskriptive Element im Vordergrund, fehlt es ihm an Kennzeichnungskraft, woran sich auch dann nichts ändert, wenn es die Ware positiv beschreibt. Letztlich dürfte eine schwache oder gänzlich fehlende Kennzeichnungskraft schon der Eintragung in das Markenregister entgegenstehen, weil die Marke dadurch austauschbar und zwangsläufig Verwechselungsgefahr erzeugt wird.

Es wird zwischen folgenden Arten der Verwechselungsgefahr unterschieden:
- Unmittelbare Verwechselungsgefahr i.e.S.: Das Publikum kann die ältere Marke mit der Verletzermarke verwechseln.
- Mittelbare Verwechselungsgefahr: Das Publikum unterscheidet zwischen den Marken, ordnet die Verletzermarke dennoch dem Inhaber der älteren Marke zu, weil es an eine Vielzahl von Marken mit identischen Stammbestandteilen gewöhnt ist.
- Unmittelbare Verwechselungsgefahr i.w.S.: Das Publikum nimmt irrtümlich einen Zusammenhang zwischen dem Verletzer und dem Inhaber der älteren Marke an, z.B. in Form von Lizenzvereinbarungen, Kooperationen zwischen den Unternehmen u.ä. oder es ordnet die Verletzermarke fehlerhaft dem Inhaber der älteren Marke zu, obwohl keine unmittelbare Verwechselung i.e.S. vorliegt.[78]

Bei der Beurteilung der Zeichenähnlichkeit kommt es auf (schrift-)bildliche, klangliche und begriffliche (konzeptionelle) Übereinstimmungen bzw. Abweichungen an, wobei die entscheidende Kategorie davon abhängig ist, ob es sich um eine Wortmarke, Bildmarke oder sonstige Marke handelt. Schon die Ähnlichkeit in einer dieser Kategorien reicht grundsätzlich aus, um die Zeichenähnlichkeit zu begründen, diese kann nur durch erhebliche Abweichungen in einer anderen Kategorie wieder aufgehoben werden, so muss bei hoher Wortähnlichkeit ein großer Unterschied im Schriftbild vorliegen.

aa) Die Ähnlichkeit von Wortmarken

59 Bei einer Wortmarke ist das Wort selbst und nicht seine Schriftform geschützt. Eine Wortmarke besteht ausschließlich aus Buchstaben, Wörtern oder Wortkombinationen in normaler Schriftart ohne spezifische grafische Elemente. Der Schutz, der sich aus der Eintragung einer Wortmarke ergibt, erstreckt sich auf das in der Anmeldung angegebene Wort und nicht auf die besonderen grafischen oder gestalterischen As-

---

78 EuGH, Urt. v. 6.10.2005 – C-120/04 – Thomson Life = GRUR 2005, 1042, 1044.

pekte, die der Marke – möglicherweise viel später – beigegeben wurden, um ihren Wiedererkennungswert zu erhöhen.[79] Es ist daher irrelevant, ob die Wortmarke in Klein- oder Großbuchstaben dargestellt wird.

Für die Beurteilung der Zeichenähnlichkeit müssen die schriftliche Darstellung der rivalisierenden Wortmarken, deren phonetische (klangliche) Ähnlichkeit und deren Bedeutung herangezogen werden. Bei einer Analyse in Form eines schriftbildlichen Vergleichs kommt es auf die Anzahl und die Abfolge der Buchstaben, die Position der übereinstimmenden Buchstaben oder die Anzahl von Wörtern an. Kleine Unterschiede in der Buchstabenfolge oder der Anzahl der Buchstaben reichen in der Regel nicht aus, um die schriftbildliche Ähnlichkeit auszuschließen, besonders wenn die Zeichen eine gemeinsame Struktur haben. In der Rechtsprechung ist anerkannt, dass der Verbraucher dem Wortanfang besondere Aufmerksamkeit schenkt.[80] Legt man diesen Erfahrungssatz zugrunde, reicht ein Unterschied der Marken am Wortende nicht aus, um die Zeichenähnlichkeit zu beseitigen.

In den folgenden Beispielen wurde festgestellt, dass die Marken schriftbildlich ähnlich sind:

Älteres Zeichen	Strittiges Zeichen	Entscheidung und Grad der Ähnlichkeit
MEDINETTE	MESILETTE	EuG vom 13.6.2012 T-342/10 (mittel)
FORTIS	FORIS	Beschwerdekammer OAMI 0049/2002-4 (hoch)
ARTEX	ALREX	EuG vom 17.11.2005 T-154/03 (sehr hoch)

Eine schriftbildliche Ähnlichkeit von zwei Wortmarken setzt voraus, dass in jeder **60** Wortmarke mehrere Buchstaben in derselben Reihenfolge vorkommen. Allein der Umstand, dass zwei Worte dieselbe Anzahl von Buchstaben und einige dieser Buchstaben gemeinsam haben, begründet noch keine Ähnlichkeit.[81]

Aber selbst wenn der schriftbildliche Vergleich für die Unähnlichkeit von zwei Marken spricht, kann die klangliche Ähnlichkeit genügen, um eine Verwechselungsgefahr anzunehmen, wofür die Zeichen „4ever" und „For ever" ein gutes Beispiel abgeben. Während der schriftbildliche Vergleich auf Nichtähnlichkeit der beiden Zeichen hindeutet, führt der Klangeindruck eindeutig zu einer mittelgradigen Ähnlichkeit.[82] Auch Buchstaben, Zahlen und Symbole müssen klanglich beurteilt werden. So wird z.B. das Zeichen „&" im allgemeinen als „und" gelesen und ausgesprochen. Für die Frage der Ähnlichkeit zur Marke „D & G" muss es daher in den

---

79 EuGH-Urteil vom 22.5.2008, T-254/06.
80 BGH, Urt. v. 5.3.2015 – I ZR 161/13 = GRUR 2015, 1004, 1006 m.w.N.
81 EuGH, 4.3.2010 – C-193/09 Rn 83, für das Beispiel der Marken CAPOL und ARCOL, da der gleichen Wortendung völlig unterschiedliche Buchstabengruppen vorausgehen.
82 EuG, 16.1.2014 – T-528/11.

klanglichen Vergleich mit aufgenommen werden. Dasselbe gilt für das Zeichen „@",
das in vielen Ländern als „ät" ausgesprochen wird.

Auch die konzeptionelle Ähnlichkeit zweier Zeichen kann im Ergebnis zu einer
Verwechslungsgefahr führen, dafür ist die Verwendung eines Synomyms ausreichend.[83]

bb) Ähnlichkeit von Wortmarken und Bildmarken

61 Die Ähnlichkeit von Bildmarken mit Wortelementen oder auch deren Ähnlichkeit
mit reinen Wortmarken ist wieder durch einen schriftbildlichen Vergleich zu ermitteln. Dabei kommt es darauf an, ob die Wortzeichen eine erhebliche Anzahl von
Buchstaben in derselben Position gemeinsam haben und wie das Wortelement im
Bildzeichen grafisch gestaltet ist. Auch wenn sich die Wortelemente grafisch voneinander unterscheiden, z.B. durch verschiedene Schriftarten, Groß- oder Klein-
buchstaben oder farblich, liegt dennoch Ähnlichkeit vor, wenn sich die Wortelemente als solche wenig unterscheiden und das prägende Wort leicht erkennbar und
lesbar ist, wie an den folgenden Beispielen erläutert wird.

Älteres Zeichen	Strittiges Zeichen	Entscheidung und Grad der Ähnlichkeit)
VITAFIT	Vital & Fit	EuG v. 25.10.2012 – T-552/10 (mittel)
vendus sales & communication group	Ventus (beide Zeichen in grafisch stilisierter Form)	Beschwerdekammer OHIM R 0994/2009-4 (hoch)

Trotz starker Stilisierung der strittigen Wortzeichen durch eine beim älteren Zeichen
nicht vorhandene grafische Darstellung und Farbgebung ist eine mittlere bis hohe
Ähnlichkeit zur jeweils älteren Marke festzustellen, da die kennzeichnenden Wortelemente beibehalten und dominant sind. Wenn dieselben Wortelemente oder
Buchstaben in derselben Abfolge verwendet werden, kann die Verwechselungsgefahr nur durch eine starke Variation in der Gestaltung beseitigt werden. Zwei wort-
ähnliche Marken sind nur dann schriftbildlich unähnlich, wenn die gemeinsamen
Buchstaben stark stilisiert oder unterschiedlich platziert sind und/oder zusätzliche
bildliche Darstellungen vorliegen.

62 Bei reinen Bildzeichen kommt es für die Feststellung der bildlichen Ähnlichkeit
darauf an, ob sie in einem getrennt erkennbaren Element übereinstimmen oder dieselbe oder eine ähnliche Kontur haben. Wenn zwei Marken aus Bildelementen bestehen und in beiden dieselben Objekte dargestellt sind, müssen die Zeichen als
identisch oder ähnlich bewertet werden. Auch die direkte Anlehnung an ein vorbe-
stehendes abstraktes oder auch gegenständliches Bildelement wird immer zur Fest-

---

83 EuG v. 8.7.2010 – T-30/09.

stellung der Ähnlichkeit führen. Anders aber wenn die Anlehnung an ein gegenständliches Zeichen, z.B. den Flügelschlag eines Greifvogels, in abstrakter Form geschieht oder umgekehrt. Andererseits kann auch bei unterschiedlichen Bildelementen (d.h. sie stimmen nicht überein oder haben nicht dieselbe oder keine ähnliche Kontur) und unterschiedlichen Wortelementen schriftbildliche Ähnlichkeit festgestellt werden, wenn die Zeichen aufgrund der Gestaltung, Struktur und Farbkombination insgesamt schriftbildlich ähnlich sind. Ein klassisches Beispiel dafür sind die nachstehenden rivalisierenden Marken:

Älteres Zeichen: **Strittiges Zeichen:**

Obwohl die Verletzermarke andere Wort- und Bildelemente aufweist, wurde für beide Zeichen aufgrund ähnlicher Gestaltung, Struktur und Farbkombination eine hohe schriftbildliche Ähnlichkeit festgestellt.[84]

Schließlich kann auch die begriffliche Identität zwischen einem Wort und einem Bild, das zeigt, wofür das Wort steht, zur Ähnlichkeit führen, so z.B. zwischen der Wortmarke „Pelikan" und einem Bild, das zeigt, wofür das Wort steht.

b) Rufausbeutung

Schließlich ist es Dritten untersagt, ohne Zustimmung des Inhabers der Marke im **63** geschäftlichen Verkehr ein mit der Marke identisches Zeichen oder ein ähnliches Zeichen für Waren oder Dienstleistungen zu benutzen, die nicht denen ähnlich sind, für die die Marke Schutz genießt, wenn es sich bei der Marke um eine im Inland bekannte Marke handelt und die Benutzung des Zeichens die Unterscheidungskraft oder die Wertschätzung der bekannten Marke ohne rechtfertigenden Grund in unlauterer Weise ausnutzt oder beeinträchtigt, § 143 Absatz 1 Nr. 2 MarkenG.

Instruktiv für diesen Straftatbestand – und für Fragen der Urteilsbegründung – **64** ist die Entscheidung KG Berlin.[85] Das Amtsgericht hatte den Angeklagten wegen ge-

---

84 Widerspruchsrichtlinien für Unionsmarken – Amt der Europäischen Union für Geistiges Eigentum (EUIPO) TEIL C, S. 34.
85 KG Berlin, Urt. v. 27.9.2011 – Az. 1 Ss 128/09.

werbsmäßiger strafbarer Kennzeichenverletzung zu einer Freiheitsstrafe von acht Monaten verurteilt. Er hatte Wecker, Wanduhren, Kalender, Thermometer und Blechschilder mit Motiven von Kraftfahrzeugen der Typen „Porsche 356" und „Porsche 911" der Porsche AG sowie der Typen „Käfer" und „Bulli-T 1" der Volkswagen AG ausgestattet. Ihm war dabei bekannt, dass diese Waren mit Marken der genannten Automobilhersteller identisch waren. Bei einer Durchsuchung waren große Mengen der Schilder gefunden und beschlagnahmt worden. Auf die Berufung hin sprach das Landgericht den Angeklagten frei. Das Landgericht hatte den Tatbestand des § 143 Abs. 1 Nr. 2 MarkenG nicht als erfüllt angesehen, weil der Angeklagte die geschützten Marken jedenfalls nicht unlauter im Sinne des § 14 Abs. 2 Nr. 3 MarkenG benutzt habe.

Praxishinweis
Das Kammergericht befand, dass das landgerichtliche Urteil an einem Darstellungsmangel leide, weil die Gründe nicht zweifelsfrei erkennen ließen, von welchem Sachverhalt das Landgericht ausgegangen ist. Das Gericht hatte lediglich auf in die Urteilsbegründung einkopierte bildliche Darstellungen schlechter Qualität Bezug genommen. Das reichte weder der Staatsanwaltschaft noch dem Kammergericht als Begründung aus, weil „auch bei einem Freispruch aus rechtlichen Gründen (…) eine Schilderung des als erwiesen erachteten Geschehens erforderlich (ist), um dem Revisionsgericht die Prüfung zu ermöglichen, ob die strafrechtliche Bewertung des festgestellten Sachverhalts frei von Rechtsfehlern ist.

Sowohl für den Staatsanwalt, der die Eröffnung des Verfahrens beantragt als auch für den das Urteil verfassenden Richter empfiehlt sich also größtmögliche Genauigkeit: Das Kammergericht monierte, dass allein auf Grund der Ablichtungen wegen der teilweise schlechten Bildqualität schon nicht erkennbar war, um welche schutzrechtsverletzende Gegenstände es sich handelte und welche Gegenstände welche Marken verletzten. „Das Landgericht hätte sich der Mühe unterziehen müssen, für jedes Produkt die jeweilige Verwendung eines bestimmten Markenzeichens konkret darzustellen", so dass Kammergericht. Es reicht nicht aus, in den Urteilsgründen geschützte Marken aufzuzählen, losgelöst davon die durch den Angeklagten vertriebenen Gegenstände abzubilden sowie pauschal die Übereinstimmung der verwendeten Motive mit den geschützten Marken festzustellen, die jeweilige Zuordnung von möglichen Markenrechtsverletzungen aber dem (Revisions-) Gericht zu überlassen, so das Kammergericht in seiner Anweisung für ein formell einwandfreies Urteil – und eine entsprechende Klageschrift. Gleiches gilt für einen Anzeigenerstatter, der ja auf die Unterstützung der Staatsanwaltschaft angewiesen ist und einen Zeitverlust bei der Bearbeitung durch notwendige Rückfragen allein schon im Interesse seines Mandanten zu vermeiden hat.

---

65 Gemäß § 143 Abs. 1 Nr. 2 MarkenG macht sich der Alternative „Rufausbeutung" strafbar, wer ohne Zustimmung des Markenrechtsinhabers im geschäftlichen Verkehr widerrechtlich entgegen § 14 Abs. 2 Nr. 3 MarkenG ein als Marke schutzfähiges Zeichen (§ 3 MarkenG) in unlauterer Weise mit der Absicht benutzt, die Wertschätzung einer bekannten Marke für (eigene) Waren oder Dienstleistungen auszunutzen, die nicht denen ähnlich sind, für welche die Marke Schutz genießt.

66 Nach Auffassung des KG liegt hier eine sog. Warenunähnlichkeit vor. Der Angeklagte hatte mit seinen Nach- und Abbildungen den Sekundärmarkt bedient, während die betroffenen Automobilhersteller mit ihren geschützten Marken vornehmlich auf dem Primärmarkt des Vertriebs von Kraftfahrzeugen tätig sind. Es schadet

dabei nicht, dass die betroffenen Marken auch für mit den Waren des Verletzers unähnliche Waren des Sekundärmarkts geschützt sind. Im vorliegenden Fall waren dies z.T. Uhren und Kalender.

Das Kammergericht stellte weiterhin fest, dass der Verletzungstatbestand des § 14 Abs. 2 Nr. 3 MarkenG setzt einen markenmäßigen Gebrauch des Kollisionszeichens voraussetzt.[86] Davon war hier ohne Weiteres auszugehen, ist gegeben, weil Das ist hier angesichts des hohen Bekanntheitsgrades der angesprochenen Marken, anders als in dem durch die Verteidigung zitierten Urteil,[87] fraglos der Fall. **67**

Außer Frage dürfte auch stehen, dass der Angeklagte in der Absicht handelte, mit seinen Nach- und Abbildungen von der Wertschätzung und Marktgeltung der bekannten Automarken VW und Porsche zu profitieren, ohne die er die vertriebenen Waren allein wegen ihres Gebrauchszweckes nicht hätte absetzen können. **68**

Es liegt danach nahe, dass der Angeklagte unlauter im Sinne des § 14 Abs. 2 Nr. 3 MarkenG gehandelt hat. Entgegen der Ansicht des Landgerichts bedarf es dazu keines Wettbewerbsverhältnisses zwischen dem Inhaber und dem (unbefugten) Nutzer einer geschützten Marke.[88] Vielmehr dürfte bei Anbietern, die in demselben Marktsegment tätig sind, der Anwendungsbereich der Vorschrift sehr eingeschränkt sein, da sie eine Markenverwendung bei unähnlichen Waren oder Dienstleistungen voraussetzt. **69**

Nach den Vorgaben des EuGH liegt der Tatbestand der Rufausbeutung bei der identischen oder ähnlichen Benutzung einer bekannten Marke vor, wenn der Nutzer durch die Verwendung einer Marke versucht, sich in den Bereich ihrer Sogwirkung zu begeben, um von ihrer Anziehungskraft, ihrem Ruf sowie ihrem Ansehen zu profitieren und um ohne finanzielle Gegenleistung die wirtschaftlichen Anstrengungen des Markeninhabers zum eigenen Vorteil auszunutzen.[89] Je höher der Bekanntheitsgrad einer Marke, je größer ihre Originalität und ihr Werbewert sind, umso näher liegt die Annahme, dass der Verwender in unlauterer Weise handelt[90] und am fremden Ruf in unlauterer Weise schmarotzen will.[91] **70**

Es hat sich vielmehr für seine Rechtsauffassung auf das OLG Nürnberg gestützt, das für die Wiedergabe einer Bildmarke (hier: Opel-Blitz-Zeichen) an originalgetreu- **71**

---

86 BGH, Urt. v. 24.6.2004 – I ZR 44/02 – Soda Stream = GRUR 2005, 162, 162; KG Urt. v. 20.8.1996 – 5 U 4311/96 – Alles wird teurer = GRUR 1997, 295, 296.
87 OLG Köln, Urt. v. 8.4.2011 – 6 U 176/10.
88 Vgl. Ströbele/Hacker/*Hacker*, § 14 Rn 248 m.w.N.
89 EuGH, Urt. v. 18.6.2009 – C-487/07 – L'Oréal/Bellure = GRUR 2009, 756, ff.
90 EuGH, Urt. v. 18.6.2009 – C-487/07 – L'Oréal/Bellure = GRUR 2009, 756 ff.; EuGH, Urt. v. 27.11.2008 – C-252/07 – Intel Corporation/CPM United Kingdom = GRUR 2009, 56 ff.; BGH, Urt. v. 20.3.1997 – I ZR 246/94 = GRUR 1997, 754 ff.
91 EuGH, Urt. v. 14.9.1999 – C-375/97 = GRUR Int 2000, 73 ff.; OLG München, Urt. v. 25.11.1999 – 29 U 2448/99 = MarkenR 2000, 65; OLG Hamburg, Urt. v. 4.6.1998 – 3 U 151/97 = GRUR 1999, 339 ff.; Ströbele/Hacker/*Hacker*, § 14 Rn 248.

er Stelle auf einem Modellauto eine Unlauterkeit nicht angenommen hat, weil die Herstellung von Spielzeugmodellen von Kraftfahrzeugen seit „Jahrzehnten" üblich sei.[92] Der BGH hat in der dazu ergangenen Revisionsentscheidung diese Auffassung im Wesentlichen betätigt und zusätzlich hervorgehoben, dass die Rufausnutzung durch die Verwendung der geschützten Marke des Fahrzeugherstellers eine zwangsläufige Folge des detailgetreuen Modellbaus sei.[93]

72   Abgesehen davon, dass es bedenklich erscheint, die Originaltreue einer Nachbildung als rechtfertigenden Grund für die Ausnutzung des Werbewertes einer Marke anzuerkennen, ist diese Rechtsprechung auf die Besonderheiten des Marktes für den Modellbau und Spielwaren zugeschnitten und darf nach Auffassung des Senats nicht ohne weiteres verallgemeinert werden. Für eine nostalgische Darstellung der Fahrzeuge auf den vom Angeklagten vertriebenen Blechschildern, mit der er die „Sentimentalität" seines Kundenkreises bedient, erscheint eine detailgetreue Abbildung älterer Modelle der Markenrechtsinhaber nicht erforderlich und daher nicht gerechtfertigt im Sinne des § 14 Abs. 2 Nr. 3 MarkenG.[94] Gleiches gilt für die Uhren, Wecker, Thermometer und Kalender, die der Angeklagte vertrieben haben soll. Denn bei derartigen Gegenständen ist für ihre Funktions- und Gebrauchsfähigkeit die Verwendung geschützter Marken und Zeichen von Fahrzeugherstellern ebenfalls nicht erforderlich.

73   Die von der Verteidigung angesprochene Frage der Kunstfreiheit stellt sich nicht, da die dazu vorgetragenen Tatsachen urteilsfremd sind. Vorsorglich bemerkt der Senat, dass Art. 5 Abs. 3 GG keinen Vorrang vor den Eigentumsrechten des Markeninhabers gewährt, wenn mit der Zeichenverletzung ausschließlich kommerzielle Zweck verfolgt werden.[95]

74   Dem Antrag der Verteidigung, das Verfahren auszusetzen und die Sache gemäß Art. 267 AEUV wegen der Auslegung des Art. 5 Abs. 2 der Richtlinie 89/104/EWG[96] zur Vorabentscheidung vorzulegen, folgte der Senat nicht, da eine solche Vorlage nicht für erforderlich gehalten wurde. Dass der Benutzerbegriff in den Absätzen 1 und 2 des Art. 5 der Richtlinie identisch ist, hat der EuGH bereits entschieden.[97] Dessen Rechtsprechung zu Art. 5 Abs. 1 kann also auch für die Auslegung des Abs. 2 der Richtlinie herangezogen werden. Ebenso hat der EuGH bereits entschieden, dass Art. 5 Abs. 2 der Richtlinie (dem entsprechend § 14 Abs. 2 Nr. 3) auch bei einer Verwendung des Kollisionszeichens als Verzierung Anwendung finden kann und die

---

92 OLG Nürnberg, Urt. v. 29.4.2008 – 3 U 1240/07 = WRP 2008, 1257.
93 BGH, Urt. v. 14.1.2010 – I ZR 88/08 = WRP 2010, 1039.
94 OLG Frankfurt, Urt. v. 10.3.2011 – 6 U 56/10 – Blechschilder.
95 Vgl. BGH, Urt. v. 3.2.2005 – I ZR 159/02 – Lila-Postkarte = GRUR 2005, 583 ff.
96 Jetzt: Richtlinie 2008/95/EG.
97 Vgl. EuGH, Urt. v. 23.2.1999 – C-63/97 = GRUR Int. 1999, 438 ff.

„Tatsachenwürdigung" den nationalen Gerichten vorbehalten bleibt.[98] Die von der Verteidigung angesprochene Frage der Verwechselungsgefahr stellt sich schon deshalb nicht, weil dem Angeklagten kein Verstoß gegen § 14 Abs. 2 Nr. 2 angelastet wird. Ob eine Beeinträchtigung der Wertschätzung der Marken (2. Variante des § 14 Abs. 2 Nr. 3) ausgeschlossen sein kann, wie die Verteidigung zu bedenken gibt, ist unerheblich. Denn weder aus dem Urteil noch aus dem Vorbringen der Verteidigung ergeben sich Anhaltspunkte dafür, dass der Angeklagte mit dem Vertrieb seiner Waren eine Verunglimpfung der von ihm benutzten Marken bezweckte.

Dass der Angeklagte gewerbsmäßig im Sinne des § 143 Abs. 2 gehandelt hat, ist **75** dem Urteil zu entnehmen. Auf einen Verbotsirrtum kann er sich nicht berufen, da er bereits 1997 mit der Porsche AG wegen des Vertriebs von Porschemotiven Kontakt hatte, im Jahr 2005 wegen einer einschlägigen Straftat bestraft worden war und mit der Volkswagen AG in den Jahren 2005 und 2006 Verhandlungen über den Abschluss einer Lizenzvereinbarung geführt hatte.

Wegen der aufgezeigten Mängel des angefochtenen Urteils war über die Sache **76** neu zu verhandeln, nachdem sie vom Senat an das Landgericht zurückverwiesen wurde.

3. Die tatbestandsmäßigen Handlungen nach § 143

Vom Tatbestand des § 143 werden die Benutzung eines mit der Marke identischen **77** Zeichens (§ 14 Abs. 2 Nr. 1), eines identischen oder ähnlichen Zeichens, durch das die Gefahr von Verwechselungen besteht (§ 14 Abs. 2 Nr. 2) sowie ein Ausnutzen oder Beeinträchtigen der Unterscheidungskraft oder Wertschätzung einer im Inland bekannten Marke umfasst.

Die Verbote des § 143 Abs. 1 Nr. 1 und Nr. 2 beziehen sich auf Handlungen, die **78** mit der Ware selbst vorgenommen werden, während Nr. 3 Handlungen umfasst, die sich auf Verpackungen oder Kennzeichnungsmittel beziehen.

Die Tathandlungen des § 143 Abs. 1 Nr. 4 und Nr. 5 beziehen sich auf das Verbot **79** der Benutzung einer geschäftlichen Bezeichnung nach § 15 Abs. 2 und 3 und haben keine praktische Bedeutung.

a) Benutzung auf Waren

Die konkreten Verletzungshandlungen in Bezug auf Waren, die zu Unrecht mit der **80** Marke gekennzeichnet sind, werden in § 14 Abs. 3 beispielhaft aufgelistet, der somit den unbestimmten Begriff „ ein Zeichen benutzen" genauer umschreibt. Die Aufzäh-

---

98 Vgl. EuGH, Urt. v. 23.10.2003 – Rs. C-408/01 = Adidas Benelux BV/Fitnessworld Trading Ltd = EuZW 2004, 54 ff.

lung ist, wie schon die Formulierung „insbesondere" nahelegt, nicht erschöpfend. Der Tatbestand des § 143 Abs. 1 gewinnt so erst durch die Verweisung auf den § 14 Abs. 2 und dessen Ausfüllung durch den Abs. 3 die notwendige Kontur und Bestimmtheit. Die Strafvorschrift und die an anderer Stelle verankerte Verhaltensnorm bilden rechtlich eine Einheit, das tatbestandsmäßige Handeln wird allein durch die Gebotsnorm bestimmt (sog. unechter Blanketttatbestand). Zwar verweist § 143 Abs. 1 nur auf § 14 Abs. 2, was aber die Anwendbarkeit des Abs. 3 nicht ausschließt. Bliebe der Verweis tatsächlich auf den § 14 Abs. 2 beschränkt, würde das strafrechtliche Merkmal „Benutzen" durch dasselbe Merkmal in zivilrechtlichem Sinne erklärt. So sind die genannten Handlungen qua gesetzlicher Definition als Unterfälle des Benutzens zu verstehen.

81 Die Tathandlungen (§ 14 Abs. 3) als solche bedürfen kaum der Erläuterung. An erster Stelle der Verbote steht das **Anbringen des Zeichens** auf der Ware oder ihrer Verpackung, faktisch gleichbedeutend mit der Produktion von Piratenware. Das **Anbieten** einer (falsch gekennzeichneten) Ware ist zu verstehen als die offen erklärte Bereitschaft, die Ware an einen Interessenten abzugeben. Dazu zählen das Anbieten im Katalog, im Schaufenster, am Messestand usw., somit alle Arten der invitatio ad offerendum. Ein rechtlich bindendes Angebot i.S.d. § 145 BGB ist nicht erforderlich, ebenso wenig, dass die Lieferung der Ware alsbald möglich ist. Nach einem im Schrifttum heftig kritisierten Urteil des BGH soll allein das Ausstellen von schutzrechtsverletzenden Produkten auf einer Messe im Inland zwar ein Benutzen (der Marke) aber noch kein Anbieten sein, dazu sei eine vom Aussteller ausgehende Aufforderung zum Erwerb nötig. Solange diese nicht vorliege, ein Inverkehrbringen im Inland nicht festgestellt sei und auch der Internetauftritt des Ausstellers nicht zu einem Erwerb im Inland auffordere, liege kein Anbieten vor, das einen auf Erstbegehungsgefahr gestützten vorbeugenden Unterlassungsanspruch rechtfertige.[99]

82 Für die strafrechtliche Praxis, die immer wieder mit dem Ausstellen markenverletzender Produkte auf Messen konfrontiert ist, ist von Bedeutung, dass der BGH das Ausstellen eines Produktes auf einer Messe unmissverständlich als Benutzen im Sinne von Werbung und damit als Teil einer kommerziellen Tätigkeit versteht[100] und nur die weiteren Unterlassungsansprüche, die sich auf das *Anbieten* oder *Inverkehrbringen* desselben Produktes bezogen, abgelehnt hat.

83 Das **Inverkehrbringen** setzt die Übertragung der tatsächlichen Verfügungsgewalt an der Ware, i.d.R. also den unmittelbaren Besitz, auf einen Dritten voraus. Das Merkmal umfasst jede Gebrauchsüberlassung mit eigener Verfügungsgewalt. Die rechtliche Grundlage für die Übertragung ist unbeachtlich, sie kann auf Kauf,

---

99 BGH, Urt. v. 22.4.2010 – I ZR 17/05 = GRUR 2010, 1103 ff.; ähnlich LG Mannheim, Urt. v. 29.10.2010 – 7 O 214/10 = GRUR-RR 2011, 83 f.
100 BGH, Urt. v. 22.4.2010 – I ZR 17/05 = GRUR 2010, 1103 ff.

Tausch, Miete, Leihe oder Schenkung beruhen.[101] Die Rückgabe von kennzeichen-verletzender Ware an den Lieferanten, etwa nach Entdeckung der Unechtheit, stellt nach neuer obergerichtlicher Rechtsprechung nun auch ein Inverkehrbringen dar, da der Markeninhaber ein erhebliches Interesse am Unterlassen der Rückgabe hat, weil dies die Gefahr eines neuerlichen Inverkehrbringens durch den Lieferanten begründet.[102]

Von allen gewerblichen Schutzgesetzen stellt das Markengesetz als einziges auch den **Besitz** von rechtswidrig gekennzeichneter Ware unter Strafe, sofern der Besitz „zu den genannten Zwecken" erfolgt, also dem Anbieten oder Inverkehrbringen dient. Von entscheidender Bedeutung ist damit die Verwendungsabsicht des Besitzers oder des Geschäftsherrn, falls der Besitzer für einen Dritten verwahrt. Entsprechend der herrschenden Auslegung von Tatbestandsmerkmalen wie „Absicht" im StGB wird hinsichtlich der Zweckrichtung des Besitzes im subjektiven Tatbestand kein dolus directus 1. Grades verlangt, vielmehr genügt das sichere Wissen des Besitzers von der entsprechenden Verwendung. Werden falsch gekennzeichnete Waren sichergestellt und fehlen konkrete Anhaltspunkte für deren beabsichtigte Verwendung, so wird es für den Nachweis des strafbaren Besitzes entscheidend auf die Anzahl und deren Relation zu einer privaten Verwendung ankommen, daneben auf die Umstände der Verwahrung und die sonstigen Aktivitäten des Besitzers, z.B. ob frühere Benutzungshandlungen mit ähnlicher Ware vorgekommen sind. **84**

Obwohl nicht als Benutzungshandlung in § 14 Abs. 3 erwähnt, wird der **Erwerb** von schutzrechtsverletzender Ware vom BGH als geschäftlicher Verkehr gewertet, jedenfalls dann, wenn der Erwerber die Ware mit Gewinn verkaufen will.[103] Nicht deutlich wird in dem Urteil, ob der Erwerb als solcher als eine relevante Benutzung der Marke verstanden wird. **85**

In anderen Mitgliedsländern der EU ist dies ausdrücklich geregelt. So kann z.B. in Italien nach Ziff. 7 der Verordnung Nr. 35 (Decreto-legge) vom 14. März 2005 auch der Kauf oder die Abnahme von falsch gekennzeichneter Ware mit Geldstrafe bis zu € 10.000 geahndet werden, wobei es ausreicht, dass die legitime Herkunft des Produktes nicht in ausreichender Weise geprüft wurde, was auf einen Fahrlässigkeitsvorwurf hinausläuft. **86**

Wenn im Geltungsbereich des Markengesetzes allein der Erwerb einer Ware als Tathandlung in Frage kommt, begründet dies zumindest dann eine Strafbarkeit, wenn die nachfolgende Besitzbegründung geschäftlichen Zwecken dient. **87**

---

101 MüKoStGB/*Maske-Reiche*-MarkenG, § 143 Rn 34.
102 OLG Köln, Urt. v. 18.2.2009 – 6 U 87/08 = WRP 2009, 1920, 1925; Ingerl/Rohnke/*Ingerl/Rohnke*, § 14 Rn 230.
103 BGH, Urt. v. 11.3.2004 – I ZR 304/01 = GRUR 2004, 863 ff.

b) Benutzung von Kennzeichnungsgegenständen

88 Die Verbote, die hinsichtlich der Waren oder Dienstleistungen durch § 14 Abs. 2 und Abs. 3 aufgestellt sind, werden durch Abs. 4 in unverändertem Umfang auf Verpackungen und Kennzeichnungsmittel übertragen. Durch die Strafnorm des § 143 Abs. 1 Nr. 3 werden Verstöße gegen diese Verbote zu eigenständigen tatbestandsmäßigen Handlungen vertypt. Es handelt sich in der Sache um Vorbereitungshandlungen oder mittelbare Markenverletzungen, bei denen mangels Verbindung des Zeichens mit der Ware eine Verletzungshandlung noch nicht gegeben oder zumindest zweifelhaft ist.[104]

89 Während der Schutz von Aufmachungen und Verpackungen vor unrechtmäßiger Kennzeichnung sich von selbst erklärt, dient die nicht abschließende Aufzählung von Kennzeichnungsmitteln wie Etiketten, Aufnäher usw. dem Zweck, solche Gegenstände vom Verkehr fernzuhalten, die nicht notwendigerweise mit der Ware körperlich verbunden sind, ihre originale Herkunft aber garantieren sollen, so z.B. Echtheitszertifikate oder mit der Ware ausgehändigte Garantiekarten.[105] Bei den für Pkw typischen Kennzeichnungsmitteln wie Zierfiguren (Mercedes-Stern, Peugeot-Löwe o.ä.) dürfte es sich um Zubehör handeln, das eigenständigen Markenschutz genießt.[106]

90 Das Bedürfnis, auch solche Vorbereitungshandlungen durch die Verbotsnorm zu erfassen, ist schon deswegen anzuerkennen, als gefälschte Etiketten oder Aufnäher leichter zu transportieren und zu verbergen sind als die Ware selbst, die damit versehen werden kann. Gegenstände zur Markierung, wie etwa Etikettiermaschinen oder Stempel, werden vom Verbot des Abs. 4 nicht erfasst; die vergleichbare Gefährdung des Markenrechts rechtfertigt aber eine analoge Anwendung der Vorschrift.[107]

91 Von großer Bedeutung ist, dass an Kennzeichnungsmitteln aller Art keine Erschöpfung eintreten kann, da sich der Erschöpfungsgrundsatz nur auf die Ware selbst bezieht.[108] Dies bedeutet, dass selbst rechtmäßig hergestellte Original-Etiketten, Echtheitszertifikate oder o.ä. von Dritten nicht in den Verkehr gebracht werden dürfen.

92 Der Grundsatz der Erschöpfung gilt im Übrigen auch nicht für Dienstleistungen, denn er dient dem Schutz der Warenverkehrsfreiheit und dem Warenhandel, wohingegen es sich bei Dienstleistungen um unkörperliche Wirtschaftsgüter handelt, die erbracht aber nicht wie Waren verbracht werden.[109]

---

104 Ingerl/Rohnke/*Ingerl/Rohnke*, § 14 Rn 260.
105 Ingerl/Rohnke/*Ingerl/Rohnke*, § 14 Rn 261.
106 Ingerl/Rohnke/*Ingerl/Rohnke*, § 14 Rn 262.
107 *Fezer*, § 14 Rn 967.
108 OLG Frankfurt, Urt. v. 12.11.2009 – 6 U 160/08 = BeckRS 2011, 15928.
109 *Fezer*, § 24 Rn 13.

c) Erfordernis geschäftlicher Verkehr

Für alle Tathandlungen gilt, dass sie im geschäftlichen Verkehr erfolgen müssen. 93
Darunter ist jede wirtschaftliche Tätigkeit zu verstehen, mit der eigene oder fremde
geschäftliche Zwecke verfolgt werden und die sich als Teilnahme am Erwerbsleben
darstellt. Die Absicht der Gewinnerzielung wird nicht vorausgesetzt. Die Benutzung
zum eigenen Gebrauch gilt nicht als Handeln im geschäftlichen Verkehr. Der Verkauf von gefälschter Markenware durch Private an Private, z.B. auf Internetplattformen, stellt aber stets Teilnahme am geschäftlichen Verkehr dar, wobei es auf die
Anzahl der Stücke nicht ankommt. Der Erwerb von Waren, um sie mit Gewinn zu
veräußern, wird, obwohl die Handlung als solche in § 14 Abs. 3 nicht genannt ist, als
geschäftliche Tätigkeit gewertet.[110]

Auch hinsichtlich der Kennzeichnungsmittel muss geschäftlicher Verkehr vor- 94
liegen, daran fehlt es beim Verkauf von Kennzeichnungsgegenständen an Privatpersonen für deren Privatgebrauch.[111]

d) Marken- und zollrechtliche Aspekte der Einfuhr

Unter **Einfuhr** von gekennzeichneter Ware ist deren körperliches Verbringen in den 95
Geltungsbereich des Markengesetzes, unter **Ausfuhr** deren Verbringen außerhalb
des Geltungsbereichs zu verstehen. Für die Einfuhr kommt es darauf an, ob im Inland eine Verfügungsgewalt über die Ware begründet wird, was auch dann der Fall
ist, wenn die Ware schon bei der Einfuhr der Grenzbeschlagnahme nach §§ 146 ff.
MarkenG unterworfen wird.[112] Nach engerer Auffassung setzt der Begriff „Einfuhr"
eine Verbringung der Waren in die Gemeinschaft zum Zweck ihres dortigen Inverkehrbringens voraus,[113] wobei sich das Urteil des EuGH allerdings auf nichter-
schöpfte Originalwaren bezieht. Für markenverletzende Fremd- oder Piraterieware,
die sich in zollamtlicher Verwahrung befindet, soll es bei der bisherigen Rechtsprechung bleiben, ansonsten wäre die Verordnung EU Nr. 608/2013 wegen des Nicht-
vorliegens der Einfuhr nicht anwendbar.[114]

Täter der Einfuhr ist, wer zum Zeitpunkt des Grenzübertritts (bzw. des Verbrin- 96
gens in den inländischen Wirtschaftsraum) die tatsächliche Verfügungsgewalt über
die Ware hat.[115] Den unmittelbaren Besitz hat im Falle einer Einfuhrkontrolle der
Zoll, zwischen ihm und dem Frachtführer besteht ein öffentlich-rechtliches Besitz-
mittlungsverhältnis erster Stufe, während der Frachtführer dem Empfänger den Be-

---

110 BGH, Urt. v. 11.3.2004 – I ZR 304/01 = GRUR 2004, 860, 863.
111 Ingerl/Rohnke/*Ingerl/Rohnke*, § 14 Rn 262.
112 Ströbele/Hacker/*Hacker*, § 14 Rn 169.
113 EuGH, Urt. v. 18.10.2005 – C-405/03 = GRUR 2006, 145 ff.
114 Ströbele/Hacker/*Hacker*, § 14 Rn 172.
115 Ingerl/Rohnke/*Ingerl/Rohnke*, § 14 Rn 244.

sitz auf zweiter Stufe vermittelt.[116] Da die Einfuhr kein eigenhändiges Delikt darstellt,[117] kommt somit auch der Empfänger der Ware als Täter in Betracht, sofern er ihren Versand in zurechenbarer Weise veranlasst hat.

97 Erfolgt die Einfuhr durch Privatpersonen und werden rein private Zwecke, also die eigene Verwendung der Ware behauptet, ist der Nachweis des Handelns im geschäftlichen Verkehr zu führen. Werden Pirateriewaren oder nicht erschöpfte Originalwaren im Wege des Internethandels von einem Händler aus einem Nicht-EU-Staat auf dem Postweg eingeführt, handelt zwar nicht der Besteller wohl aber der Händler im inländischen Geschäftsverkehr. Daher unterliegen solche Waren der Zollbeschlagnahme.[118]

98 Der Nachweis des geschäftlichen Verkehrs wird insbesondere bei der Zollkontrolle im Reiseverkehr von der Anzahl der eingeführten Stücke abhängig gemacht. So wird allgemein die Einfuhr von zehn oder mehr gleichen Bekleidungsstücken oder sechs verschiedenen gefälschten Uhren als Indiz für geschäftliche Zwecke verstanden.[119] Dagegen soll die vorsätzliche Einfuhr von 70 gefälschten Trainingsanzügen zugunsten eines Idealvereins kein Handeln im geschäftlichen Verkehr sein, wenn dies der Förderung der Vereinsziele dienen oder das Ansehen des Vereins in der Öffentlichkeit steigern soll.[120] Die Entscheidung, die in einer Strafsache ergangen ist, hat Kritik hervorgerufen und kann angesichts des strengen Maßstabs, den die Zivilgerichte anlegen, kaum noch als Richtschnur herangezogen werden.

e) Vollendung der Einfuhr

99 Die Frage nach der **Vollendung der Einfuhr** stellt sich immer dann, wenn die markenverletzende Ware im Rahmen der zollamtlichen Kontrolle entdeckt und sichergestellt wurde.

aa) Reiseverkehr

100 Im Reiseverkehr geschieht dies zumeist, wenn der Reisende oder sein Gepäck bei der Einreise beim Passieren des „Grünen Ausgangs" für anmeldefreie Ware kontrolliert wird. Wenn Waren mitgeführt werden, deren Einfuhr gegen Verbote oder Beschränkungen verstößt (z.B. nach § 14 Abs. 3 Nr. 4) oder die als Nichtgemeinschaftswaren hätten gestellt werden müssen, gilt mit der Verletzung der Gestel-

---

116 BGH, Urt. v. 17.9.2009 – Xa ZR 2/08 = GRUR 2009, 1142ff.
117 Erbs/Kohlhaas/*Kaiser*, § 143 Rn 38.
118 EuGH, Urt. v. 6.2.2014 – C-98/13 = GRUR 2014, 283, 285; näheres dazu unter im Beitrag „Grenzbeschlagnahme".
119 Ströbele/Hacker/*Hacker*, § 14 Rn 53.
120 BayObLG, Beschl. v. 29.1.2002 – 4 St RR 122/01.

lungspflicht die Ware als vorschriftswidrig in das Zollgebiet der EG verbracht. Dadurch entsteht auch die Zollschuld (Art. 202 Zollkodex), womit die Einfuhr im Sinne des § 14 Abs. 3 Nr. 4 vollendet ist. In Tateinheit mit der strafbaren Kennzeichenverletzung liegt zugleich eine versuchte Steuerhinterziehung in Bezug auf die Einfuhrabgaben vor. Die Steuerpflicht entsteht ungeachtet der Tatsache, dass die eingeführte Ware wegen des Verdachts der Kennzeichenverletzung zunächst einmal angehalten und sichergestellt wird. Ein Abgabenbescheid wird durch die Zollbehörde erlassen, die Vollstreckung aber ausgesetzt (Art. 222 Zollkodex). Wenn die Vernichtung der gesamten Ware, sei es im Grenzbeschlagnahme- oder im Strafverfahren, unanfechtbar angeordnet ist, erlischt die Zollschuld aus Rechtsgründen (Art. 233 Zollkodex).

bb) Steuerhinterziehung

Dennoch bleibt die Strafbarkeit wegen versuchter Steuerhinterziehung bestehen, **101** denn die Tat nach § 370 Abs. 1 Nr. 2 AO (pflichtwidriges Verschweigen von steuerlich erheblichen Tatsachen) kann auch hinsichtlich solcher Waren begangen werden, deren Einfuhr, Ausfuhr oder Durchfuhr verboten ist, so die ausdrückliche Bestimmung des § 370 Abs. 5 AO. In der Sache handelt es sich dabei mehr um die Vermeidung einer Einziehung der Ware im Falle der Anmeldung. Da die versuchte Steuerhinterziehung immer tateinheitlich mit der Markenverletzung verwirklicht ist, sollte sie grundsätzlich mitverfolgt werden. Zwar wird bei einer Abgabenschuld unter € 100,00 ein isoliertes Steuerstrafverfahren in der Praxis regelmäßig wegen Geringfügigkeit eingestellt (§ 398 AO). Wenn die Strafverfolgung aber ohnehin wegen der Markenverletzung betrieben wird, ist es ungeachtet dieser Praxis durchaus sinnvoll, die Steuerstraftat mitzuverfolgen, zumal dies die Umstände der Tatbegehung präziser beschreibt. Auf die Höhe der Sanktion dürfte sie nicht wesentlich auswirken. Der steuerliche relevante Hinterziehungsbetrag, der sich aus dem stets ergangenen Abgabenbescheid ergibt, muss in der Anklageschrift oder dem Strafbefehl genannt werden.

Wird durch den Zollbeteiligten zugleich markenrechtlich neutrale Ware einge- **102** führt, die dem Reisenden belassen wurde, liegt auch insoweit eine Steuerhinterziehung vor und diese Steuerschuld ist wirksam und vollstreckbar. Es liegen in solchen Fällen regelmäßig zwei Abgabenbescheide vor, von denen der eine wegen des Erlöschens der Zollschuld bzgl. der eingezogenen Ware nur einen Rechnungsposten darstellt, während der andere, der sich auf die belassene Ware bezieht, steuerrechtlich wirksam ist. Die Summe beider Abgabenbescheide stellt den strafrechtlich relevanten Hinterziehungsbetrag dar.

cc) Internationaler Fracht- oder Postverkehr

103 Im internationalen Fracht- oder Postverkehr sind Nichtgemeinschaftswaren, die durch Versanddienstleister (DHL usw.) in das Gebiet der Gemeinschaft verbracht werden, in einem schriftlichen Verfahren bei der für den Einfuhrort zuständigen Zollstelle anzumelden. Durch die Anmeldung und Entrichtung der Einfuhrabgaben werden Einfuhrwaren in den zollrechtlich freien Verkehr überführt und erhalten den Status von Gemeinschaftswaren (Art. 79 Zollkodex). Dabei werden die Waren als solche keiner Untersuchung unterzogen. Bei Waren aus Risikoländern kann der Zoll allerdings eine Beschau vornehmen, bei der auch Proben zum Zwecke der eingehenden Prüfung oder Analyse entnommen werden dürfen (Art. 68 ZK). Dies geschieht insbesondere bei Sendungen aus China, die zwar nur stichprobenartig kontrolliert werden, dies aber bei einem Anteil von ca. 30% am Gesamtaufkommen. Sofern im Rahmen dieser Beschau verdächtige Waren festgestellt werden, wird über deren Verbleib im Rahmen des Grenzbeschlagnahmeverfahrens entschieden. Selbst wenn im Zuge dieses Verfahrens die Ware beschlagnahmt wird, liegt dennoch eine vollendete Einfuhr vor, denn der markenrechtliche Schutz soll möglichst weit nach vorne gelegt werden, auf ein Inverkehrbringen kommt es nicht an.[121]

104 Eine (versuchte) Hinterziehung von Einfuhrabgaben scheidet im Frachtverkehr immer aus, wenn die vorgeschriebene zollamtliche Anmeldung erfolgt ist, die durch den Frachtführer, im Falle des Postversands durch die Post, vorgenommen wird.

dd) Einfuhr zum Zwecke der Durchfuhr

105 Zu bedenken ist, dass die Unionsmarke einheitlichen Schutz im gesamten Gebiet der Europäischen Gemeinschaft genießt. Daher kann in einem Fall, bei dem schutzrechtsverletzende Ware mit dem Bestimmungsland Ungarn in Deutschland erstmals das Territorium der Europäischen Gemeinschaft erreicht um von hier aus weiter nach Ungarn verbracht zu werden, nicht von einer Durchfuhr gesprochen werden. Tatsächlich liegt hier eine Einfuhr in die Europäische Gemeinschaft vor, deren erster Teilakt auf dem Gebiet der Bundesrepublik Deutschland verwirklicht wird.[122] Dies erscheint zwingend, weil die Einfuhr innerhalb desselben Schutzterritoriums erfolgt, in dem die Ware in den Verkehr gebracht werden soll. Der in Betracht kommende Rechtsverstoß besteht entweder in der Überführung der Waren in den zollrechtlich freien Verkehr oder in einem Anbieten oder Verkauf der Waren, die deren Inverkehrbringen in der Gemeinschaft bedingt. Im Umkehrschluss bedeutet dies, dass eine Markenverletzung nicht vorliegt, solange sich die Ware in einem zollamt-

---

121 OLG Hamburg, Beschl. v. 15.8.2007 – 5 U 188/06 = GRUR-RR 2007, 350 ff.; Ekey/Bender/Fuchs-Wissemann/Ekey § 14 Rn 329; Schultz/*Schweyer*, § 14 Rn 218.

122 Vgl. LG Bremen, Beschl. v. 20.12.2006 – 9 O 2451/06 (n. veröffentlicht); LG Hambrug, Beschl. v. 8.1.2007 – 312 O 5/07; Rehaag, Mitt. Heft 9/2008, 389, 394.

lichen Nichterhebungsverfahren befindet, also noch nicht in den zollrechtlichen freien Verkehr überführt worden ist.[123]

f) Durchfuhr

Als Durchfuhr im engeren Sinne wird der reine Transport von im Ausland gekenn- 106 zeichneter Ware durch das Bundesgebiet verstanden, ohne dass die Ware über bloße Transportverträge hinaus zum Gegenstand inländischer Umsatzgeschäfte gemacht und ohne dass eine eigenständige inländische Verfügungsgewalt begründet wird.[124]

Die Durchfuhr von gekennzeichneter Ware ist in § 143 Abs. 3 nicht aufgeführt, 107 stellt also keine markenrechtliche Benutzungshandlung dar. Dessen ungeachtet bestand in der Vergangenheit sowohl im Schrifttum als auch in der Rechtsprechung Übereinstimmung dahin, dass die Durchfuhr von rechtsverletzender Ware in ein Bestimmungsland mit entsprechendem Markenschutz als im Inland begangener Teilakt einer Markenverletzung zu verstehen sei.

Nach einem Urteil des EuGH kann diese Auffassung nicht mehr vertreten wer- 108 den. Danach stellt die sogenannte ungebrochene Durchfuhr, die Ware befindet sich dabei unter Zollverschluss, keine Benutzungshandlung nach dem Markenrecht des Transitlandes dar. Dabei kommt es weder darauf an, ob die für einen Mitgliedsstaat bestimmte Ware aus einem anderen Mitgliedsstaat oder einem Drittland stammt, noch darauf, ob die Ware im Ursprungsland rechtmäßig oder unter Verletzung eines dort bestehenden Kennzeichnungsrechtes des Markeninhabers hergestellt worden ist und ob im Bestimmungsland Markenschutz besteht oder nicht.[125] Ob die Ware die Markenrechte im Transitland verletzt, ist ohne Bedeutung, solange kein Inver- kehrbringen im Transitland vorliegt.[126]

Selbst wenn nach der Auffassung des EuGH eine Einfuhr im markenrechtlichen 109 Sinn nicht vorliegt, schließt dies eine Beschlagnahme rechtsverletzender Ware nach der Rechtsverordnung (EG) 608/2013 durch die Zollbehörden nicht aus.[127]

Keine Durchfuhr sondern eine Einfuhr in die Europäische Gemeinschaft liegt 110 vor, wenn die Ware zwar für ein EU-Mitgliedsland bestimmt ist, aber im Inland in den zollrechtlich freien Verkehr überführt wird. Entscheidend ist, dass die Einfuhr innerhalb desselben Territoriums erfolgt, in dem die Ware auch in den Verkehr ge- bracht werden soll.[128]

---

123 EuGH, Urt. v. 18.10.2005 – C-405/03 = GRUR 2006, 146 ff.; Ingerl/Rohnke/*Ingerl/Rohnke*, § 14 Rn 245, 248; Ströbele/Hacker/*Hacker*, § 14 Rn 182.
124 Ströbele/Hacker/*Hacker*, § 14 Rn 174.
125 EuGH, Urt. v. 9.11.2006 – C-281/05 = GRUR 2007, 146 ff.; ihm folgend BGH, Urt. v. 21.3.2007 – I ZR 246/02 = GRUR 2007, 876 f.
126 EuGH, Urt. v. 23.10.2003 – C-115/02.
127 So auch *Stöckel/Lüken* S. 293.
128 Ingerl/Rohnke/*Ingerl/Rohnke*, § 14 Rn 245.

g) Verkauf von nicht handelbaren Produkten, z.B. Parfümtester

111 In markenrechtlicher Hinsicht zweifelhaft ist der Verkauf von Produkten, die der Hersteller oder Berechtigte durch besondere Kennzeichnung bewusst dem Handel entzogen hat. In der Praxis tritt dieser Fall immer wieder beim Verkauf von Testflacons mit hochwertigem Markenparfum in Erscheinung. Obwohl allen Beteiligten in der Vertriebskette die Abgabe und erst recht der Verkauf der Tester untersagt ist, werden diese häufig auf Flohmärkten oder Parfümbörsen angeboten, wobei zumeist die Umverpackung beiseitegelassen wird, da das Produkt darauf als unverkäufliches Muster bezeichnet ist. Um den Weiterverkauf dieser üblicherweise kostenlos an die Depositäre abgegebenen Produkte zu verhindern, enthalten die Depotverträge in der Regel einen Eigentumsvorbehalt: Die Werbematerialien dürfen zwar in den Verkaufsräumen der Depositäre zu Testzwecken verbraucht werden, sollen aber trotz Übergabe an die Depositäre Eigentum der Hersteller bleiben.

112 Selbst wenn die Testflacons aus einem Geschäft oder Großhandelslager gestohlen wurden, ist laut BGH ihr Verkauf aus markenrechtlicher Sicht unbedenklich, da die Produkte bereits in den Verkehr gebracht und die Markenrechte damit erschöpft seien.[129] Mit Urteil vom 3. Juni 2010 hat allerdings der EUGH entschieden, dass der Verkauf von Parfümtestern, die mit der Aufschrift „Demonstration" und „unverkäuflich" versehen sind, mangels markenrechtlicher Erschöpfung rechtsverletzend ist, wenn der Markeninhaber dem Inverkehrbringen nicht ausdrücklich zugestimmt hat.[130] Das steht im Gegensatz zur bisherigen Rechtsprechung,[131] die nicht nur ganz allgemein vertragliche Beschränkungen des Weiterverkaufsrechts für unerheblich hielt, sondern auch speziell den Hinweis auf die Unverkäuflichkeit für unerheblich erachtet hat. Es ist zu erwarten, dass der BGH in Zukunft seine Rechtsprechung an die Vorgaben des EuGH anpasst.

113 Selbst wenn die Herkunft solcher Testflacons regelmäßig ungeklärt bleibt, erfüllt deren Inbesitznahme oder Vertrieb den Tatbestand der Hehlerei. Sind die Tester gegen den Willen der Depositäre aus deren Herrschaftsbereich oder sogar bereits auf dem Weg zu diesen entwendet worden, so liegt Diebstahl vor. Gibt der Depositär oder dessen Angestellter die Tester selbst aus seiner Herrschaftssphäre weg, so liegt mangels Gewahrsamsbruchs zwar kein Diebstahl aber eine veruntreuende Unterschlagung vor. Die Ware kann also nur durch eine strafbare Vortat aus dem Herrschaftsbereich des Markeninhabers entfernt worden sein. Nach der h.M. ist für die Verurteilung wegen Hehlerei die Feststellung einer bestimmten Vortat nicht erforderlich, es genügt die Feststellung, dass ein Delikt vorgelegen hat, das

---

129 BGH, Urt. v. 15.2.2007 – I ZR 63/04 = GRUR 2007, 882 ff.
130 EuGH, Urt. v. 3.6.2010 – C-127/09 = GRUR 2010, 723 ff.
131 BGH, Urt. v. 15.2.2007 – I ZR 63/04 = GRUR 2007, 882 ff.

als Vortat für § 259 StGB geeignet ist, ebenso wenig muss die Person des Vortäters feststehen.[132]

Für eine Anklage oder Verurteilung eines Verkäufers von Parfümtestern wegen 114 Hehlerei bedarf es also keines Nachweises, wo die Ware gestohlen wurde, solange ihr rechtmäßiger Erwerb mit Sicherheit auszuschließen ist.[133]

Kein Zweifel an einer Markenverletzung besteht, wenn der auf einer Umverpa- 115 ckung angebrachte Artikelcode, der den Lieferweg der Ware beschreibt, entfernt oder unlesbar gemacht worden ist. Dies ist ein Fall des Abs. 2, also einer Veränderung der Ware, so dass Erschöpfung nicht eintritt und der Rechtinhaber gegen den Verkauf vorgehen kann.

4. Subjektiver Tatbestand

Alle Tathandlungen des § 143 MarkenG sind Vorsatzdelikte, eine fahrlässige Verlet- 116 zung hat nur zivilrechtliche Konsequenzen. Der Vorsatz, bedingter Vorsatz genügt, muss sich auf alle objektiven Tatbestandsmerkmale beziehen, an erster Stelle natürlich auf die widerrechtliche Anbringung des Zeichens.

a) Irrtum über Echtheit der Ware

Gerade im Strafverfahren wird häufig die schlechte Unterscheidbarkeit von echter 117 und gefälschter Ware ins Feld geführt oder argumentiert, dass man trotz Untersuchung die Unechtheit nicht erkennen konnte. Dabei sind allerdings die von der wettbewerbsrechtlichen Rechtsprechung immer wieder hervorgehobenen verschärften Prüfungspflichten eines Händlers zu bedenken, die umso höher anzusetzen sind, je mehr Auffälligkeiten in Bezug auf die Ware zu verzeichnen sind. Wenn es bereits frühere Vorkommnisse oder sogar Abmahnungen gab, treffen den Händler zusätzliche Nachforschungspflichten. Wer also in Kenntnis verdächtiger Umstände, z.B. eines auffällig niedrigen Preises oder bei unklarer Herkunft, die Augen verschließt, nimmt eine Kennzeichenverletzung billigend in Kauf.

b) Irrtum über Herkunft der Ware

Die Feststellung des Vorsatzes kann problematisch sein, wenn Ware, die für einen an- 118 deren Wirtschaftsraum bestimmt ist, in den europäischen Wirtschaftsraum eingeführt und in den Verkehr gebracht wird, sogenannter Grau- oder Parallelimport. Obwohl es

---

132 MüKoStGB/*Maier*, § 259 Rn 31 mit Verweis auf BGH, Urt. v. 2.11.1976 – 1 StR 259/76 = MDR 1977, 283; Schönke/Schröder/*Hecker*/*Stree*. § 259 Rn 12.
133 AG Frankfurt a.M., Urt. v. 1.10.2008 – 7430 Js 224708/06.

sich um Originalware handelt, liegt eine rechtswidrige Benutzung der Marke vor, was aber selbst für einen Händler nicht ohne nähere Prüfung erkennbar ist. Anhaltspunkte für eine rechtswidrige Einfuhr können eine andere insbesondere fremdsprachig abgefasste Verpackung, daneben auch ein im Vergleich zu offiziellen Vertriebskanälen auffällig niedriger Preis sein, besonders wenn der Abgabepreis dauerhaft niedriger ist. Ab welcher Abweichung zum offiziellen Abgabepreis ein niedriger Einstandspreis als verdachtsbegründend zu sehen ist, hängt besonders von der Marktkontrolle des Markeninhabers ab. Eine Abweichung um etwa 20% dürfte dafür nicht ausreichend sein, selbst wenn der niedrigere Einkaufspreis dauerhaft gewährt wird.

119 Wer die Herkunft der Ware und damit erkannt hat, dass sie nicht für den hiesigen Wirtschaftsraum bestimmt ist, sie dennoch aber in den Verkehr bringt, weil er das Verbot des § 14 nur auf „gefälschte" Ware bezieht, mag zwar einem Irrtum unterliegen. Dieser Irrtum ist aber auf normativer Ebene angesiedelt: er bezieht sich auf die Verkehrsfähigkeit der Ware, d.h. der Täter zieht in Kenntnis der maßgeblichen Umstände eine falsche rechtliche Schlussfolgerung. Damit liegt ein Subsumtionsirrtum vor, der den Vorsatz nicht ausschließt und einem Verbotsirrtum gleichkommt. Jedenfalls sollen derartige Fehlvorstellungen bei Blanketttatbeständen wie § 143 eher als Verbotsirrtum, bei normativen Tatbestandsmerkmalen eher als Tatbestandsirrtum zu behandeln sein.[134]

120 Der eher unwahrscheinliche Fall, dass der Täter von einem Grauimport ausgeht während er in Wirklichkeit mit gefälschter Ware handelt (oder vice versa), stellt den Tatbestandsvorsatz nicht in Frage. Es handelt sich um einen Irrtum über die tatsächlichen Gründe der Verkehrsfähigkeit der Ware, die in beiden Fällen fehlt und der wegen der Gleichwertigkeit der beiden Angriffsziele als unbeachtlicher error in objecto zu qualifizieren ist.

5. Initialermittlungen: Die Grenzbeschlagnahme

121 Im grenzüberschreitenden Personen- oder Warenverkehr kommt es regelmäßig zu Kontrollen, bei denen oft Plagiate bekannter hochpreisiger Markenartikel festgestellt werden, die ins Inland eingeführt werden sollen. Für Staatsanwaltschaften, in deren Bezirk sich ein bedeutender Einfuhrort für Fracht aus dem Ausland befindet, sei es ein Flug-oder Seehafen, machen die durch den Zoll angehaltenen Waren einen erheblichen Teil der Verfahren wegen Kennzeichenverletzung aus. Diesen Ermittlungsverfahren liegt sämtlich ein durch Rechtsverordnung geregelter Umgang mit verdächtigen Waren zugrunde, der inzwischen in sämtlichen EU-Mitgliedsländern eingeführt ist, das Grenzbeschlagnahmeverfahren.

---

134 *Fischer*, § 16 Rn 14.

Brandau

Das Grenzbeschlagnahmeverfahren ist ein von den Zollbehörden in eigener Re- **122** gie betriebenes (Verwaltungs-)Verfahren, das die Verhinderung der Einfuhr von Waren aus Drittländern zum Ziel hat, die geistiges Eigentum verletzen, wovon besonders Marken- Design-, Patent- und Urheberrechtsverletzungen umfasst sind. Dieses ist in § 146 Abs. 1 MarkenG geregelt, wobei aber die europarechtlichen Bestimmungen der Rechtsverordnung (EG) Nr. 608/2013, welche die frühere Verordnung 1383/2003 abgelöst hat, gegenüber dem nationalen Recht den Vorrang haben, wohingegen das nationale Recht nur ergänzende Anwendung findet.[135] Allerdings betrifft die Verordnung 608/2013 nur Maßnahmen der Zollbehörden im Warenverkehr mit Drittstaaten, während Maßnahmen im innergemeinschaftlichen Verkehr sich unmittelbar nach den §§ 146 ff. richten.[136]

Nicht erfasst werden von der Verordnung Waren, die mit Zustimmung des Rechts- **123** inhabers hergestellt worden sind (Art. 1 Abs. 5 VO), womit die sogenannten Grauoder Parallelimporte, also Waren aus fremden Wirtschaftsräumen, gemeint sind. Ein zollbehördlicher Zugriff auf Waren, die mit Zustimmung des Markeninhabers mit der Marke versehen worden sind oder deren Weitervertrieb er sich nach § 24 Abs. 2 MarkenG aus berechtigten Gründen widersetzen kann, ist damit nach der Verordnung ausgeschlossen. Da durch die Verordnung weder nationales Recht über geistiges Eigentum noch die Rechtsvorschriften über Strafverfahren der Mitgliedsstaaten berührt werden, ist es dem Zoll dennoch möglich, Waren, deren Einfuhr nach § 14 Abs. 2 untersagt ist, auf der Grundlage der §§ 146 ff. anzuhalten und bei hinreichendem Verdacht zu beschlagnahmen. Allerdings gestattet die Verordnung auch die Kontrolle und den Zugriff auf Waren, die eine geografische Herkunftsangabe verletzen (Art. 2 Nr. 1d).

Das Verfahren setzt den Antrag eines Markeninhabers bei der Zentralstelle Ge- **124** werblicher Rechtsschutz, einer Außenstelle der Generalzolldirektion mit Sitz in München, voraus, in dem die Marke und die Waren, auf die sich ihr Schutz erstreckt, sowie als Verfahrensvertreter Rechtsanwälte mit Sitz im Inland genannt werden müssen. Wenn dem Antrag des Rechtsinhabers stattgegeben wurde, hat der Zoll im Rahmen seiner stichprobenartigen Kontrollen von Fracht- oder Postsendungen aus dem Ausland verdächtige Waren anzuhalten einer Kontrolle zu unterziehen. Bei Verdacht einer Rechtsverletzung wird ihre Überlassung an den Empfänger ausgesetzt (AdÜ – Aussetzung der Überlassung). Zugleich werden Musterstücke oder Fotoaufnahmen der angehaltenen Waren an die Vertreter der Rechteinhaber gesandt, der gemäß Verordnung innerhalb von zehn Arbeitstagen das Ergebnis ihrer Begutachtung vorzulegen und sich zur Möglichkeit einer vereinfachten Vernichtung zu äußern hat. Die Begutachtung der Waren erfolgt zunehmend im Auftrag der Rechteinhaber durch Dienstleister, deren Stellungnahme sich regelmäßig darauf

---

135 Ströbele/Hacker/*Hacker*, § 146 Rn 5.
136 Ströbele/Hacker/*Hacker*, § 150 Rn 4.

beschränkt, dass die Ware die geistigen Eigentumsrechte der Firma X verletzt. Dies mag bei Markenverletzungen noch genügen. Wenn die Verletzung eines geschützten Designs in Rede steht, ist darauf zu dringen, dass eine Merkmalsanalyse vorgelegt, die Benutzung des Designs also näher ausgeführt wird.

125   Als materielle Voraussetzung wird von § 146 eine offensichtliche Rechtsverletzung, in Art. 2 Nr. 5 VO eine identische oder in wesentlichen Merkmalen nichtunterscheidbare Nachahmung des geschützten Kennzeichens verlangt. Die Warenähnlichkeit wird im nationalen Recht weiter verstanden als in Art. 2 Nr. 5a) der Verordnung, die eine weitgehende Warenähnlichkeit voraussetzt.

a) Ziel der Verordnung

126 Das Ziel der Verordnung ist es zu verhindern, dass Waren aber auch Kennzeichnungsmittel, die geistiges Eigentum verletzen, auf den Unionsmarkt gelangen und dort in den Verkehr gelangen, was sowohl in der Präambel als auch in Art. 1 der Verordnung zum Ausdruck kommt:

DAS EUROPÄISCHE PARLAMENT UND DER RAT DER EUROPÄISCHEN UNION – gestützt auf den Vertrag über die Arbeitsweise der Europäischen Union, insbesondere auf Artikel 207,

auf Vorschlag der Europäischen Kommission,

nach Zuleitung des Entwurfs des Gesetzgebungsakts an die nationalen Parlamente,

gemäß dem ordentlichen Gesetzgebungsverfahren,

in Erwägung nachstehender Gründe:

(1) In seiner Entschließung vom 25. September 2008 über einen europäischen Gesamtplan zur Bekämpfung von Nachahmungen und Piraterie fordert der Rat, dass die Verordnung (EG) Nr. 1383/2003 des Rates vom 22. Juli 2003 über das Vorgehen der Zollbehörden gegen Waren, die im Verdacht stehen, bestimmte Rechte geistigen Eigentums zu verletzen, und die Maßnahmen gegenüber Waren, die erkanntermaßen derartige Rechte verletzen, überarbeitet wird und die Maßnahmen gegenüber Waren, die erkanntermaßen derartige Rechte verletzen, überprüft werden.

(2) Das Inverkehrbringen von Waren, die Rechte geistigen Eigentums verletzen, fügt Rechtsinhabern, Rechtenutzern oder Gruppen von Erzeugern und gesetzestreuen Herstellern und Händlern erheblichen Schaden zu. Außerdem könnten durch derartiges Inverkehrbringen Verbraucher getäuscht werden und mitunter Gefahren für ihre Gesundheit und ihre Sicherheit ausgesetzt sein. Daher sollte so weit wie möglich verhindert werden, dass solche Waren auf den Unionsmarkt gelangen, und es sollten Maßnahmen zur Bekämpfung dieses rechtswidrigen Inverkehrbringens getroffen werden, ohne den rechtmäßigen Handel zu beeinträchtigen.

Brandau

Artikel 1 Gegenstand und Anwendungsbereich

(1) In dieser Verordnung wird festgelegt, unter welchen Bedingungen und nach welchen Verfahren die Zollbehörden tätig werden, wenn Waren, die im Verdacht stehen, ein Recht geistigen Eigentums zu verletzen, gemäß der Verordnung (EWG) Nr. 2913/92 des Rates vom 12. Oktober 1992 zur Festlegung des Zollkodex der Gemeinschaften im Zollgebiet der Union der zollamtlichen Überwachung oder Zollkontrollen unterliegen oder hätten unterliegen sollen, insbesondere Waren in folgenden Situationen:

a) wenn sie zur Überführung in den zollrechtlich freien Verkehr, zur Ausfuhr oder zur Wiederausfuhr angemeldet werden;

b) wenn sie in das Zollgebiet oder aus dem Zollgebiet der Union verbracht werden;

c) wenn sie in ein Nichterhebungsverfahren überführt oder in eine Freizone oder ein Freilager verbracht werden.

(2) In Bezug auf die Waren, die der zollamtlichen Überwachung oder Zollkontrolle unterstehen, führen die Zollbehörden unbeschadet der Artikel 17 und 18 angemessene Zollkontrollen durch und treffen angemessene Maßnahmen zur Sicherung der Nämlichkeit der Waren gemäß Artikel 13 Absatz 1 und Artikel 72 der Verordnung (EWG) Nr. 2913/92 im Einklang mit Risikoanalysekriterien, um Handlungen zu verhindern, die gegen die im Gebiet der Union geltenden Rechtsvorschriften im Bereich geistigen Eigentums verstoßen, und um mit Drittländern bei der Durchsetzung der Rechte geistigen Eigentums zusammenzuarbeiten.

(3) Diese Verordnung gilt nicht für Waren, die im Rahmen der Regelung der Verwendung zu besonderen Zwecken in den zollrechtlich freien Verkehr überführt wurden.

(4) Diese Verordnung gilt nicht für Waren ohne gewerblichen Charakter, die im persönlichen Gepäck von Reisenden mitgeführt werden.

(5) Diese Verordnung gilt nicht für Waren, die mit Zustimmung des Rechtsinhabers hergestellt wurden, sowie für Waren, die von einer vom Rechtsinhaber zur Herstellung einer bestimmten Menge von Waren ordnungsgemäß ermächtigten Person unter Überschreitung der zwischen dieser Person und dem Rechtsinhaber vereinbarten Mengen hergestellt wurden.

(6) Durch diese Verordnung werden nationales Recht oder Unionsrecht im Bereich geistigen Eigentums oder die Rechtsvorschriften der Mitgliedstaaten über Strafverfahren nicht berührt.

Artikel 23 Vernichtung von Waren und Einleitung von Verfahren

(1) Waren, die im Verdacht stehen, ein Recht geistigen Eigentums zu verletzen, können unter zollamtlicher Überwachung vernichtet werden, ohne dass festgestellt werden muss, ob gemäß den Rechtsvorschriften des Mitgliedstaats, in dem die Waren angetroffen wurden, ein Recht geistigen Eigentums verletzt ist, sofern alle nachstehend aufgeführten Bedingungen erfüllt sind:

Brandau

a) *Der Inhaber der Entscheidung hat den Zollbehörden innerhalb von zehn Arbeitstagen oder im Fall verderblicher Waren innerhalb von drei Arbeitstagen nach der Mitteilung über die Aussetzung der Überlassung der Waren oder deren Zurückhaltung schriftlich bestätigt, dass seines Erachtens ein Recht geistigen Eigentums verletzt ist;*

b) *der Inhaber der Entscheidung hat den Zollbehörden seine Zustimmung zur Vernichtung der Waren innerhalb von zehn Arbeitstagen oder im Fall verderblicher Waren innerhalb von drei Arbeitstagen nach der Mitteilung über die Aussetzung der Überlassung der Waren oder deren Zurückhaltung schriftlich bestätigt;*

c) *der Anmelder oder der Besitzer der Waren hat den Zollbehörden seine Zustimmung zur Vernichtung der Waren innerhalb von zehn Arbeitstagen oder im Fall verderblicher Waren innerhalb von drei Arbeitstagen nach der Mitteilung über die Aussetzung der Überlassung der Waren oder deren Zurückhaltung schriftlich bestätigt. Hat der Anmelder oder der Besitzer der Waren den Zollbehörden innerhalb dieser Fristen weder seine Zustimmung zur Vernichtung der Waren noch seinen Widerspruch gegen diese Vernichtung bestätigt, so können die Zollbehörden davon ausgehen, dass der Anmelder oder der Besitzer der Waren mit der Vernichtung dieser Waren einverstanden ist.*

Unmittelbar nach Erfüllung aller Zollförmlichkeiten überlassen die Zollbehörden die Waren oder beenden deren Zurückhaltung, wenn sie vom Inhaber der Entscheidung innerhalb der Fristen gemäß Unterabsatz 1 Buchstaben a und b nicht sowohl die schriftliche Bestätigung, dass seines Erachtens ein Recht geistigen Eigentums verletzt ist, als auch seine Zustimmung zur Vernichtung der Waren erhalten haben, es sei denn, diese Behörden sind über die Einleitung eines Verfahrens zur Feststellung, ob ein Recht geistigen Eigentums verletzt ist, ordnungsgemäß unterrichtet worden.

(2) Die Vernichtung der Waren erfolgt unter zollamtlicher Überwachung auf Verantwortung des Inhabers der Entscheidung, sofern die nationalen Rechtsvorschriften des Mitgliedstaats, in dem die Waren vernichtet werden, nichts anderes vorsehen. Vor der Vernichtung der Waren können Proben oder Muster durch die zuständigen Behörden entnommen werden. Vor der Vernichtung entnommene Proben oder Muster können zu Bildungszwecken verwendet werden.

(3) Wenn der Anmelder oder der Besitzer der Waren seine Zustimmung zur Vernichtung nicht schriftlich bestätigt hat und nicht nach Absatz 1 Unterabsatz 1 Buchstabe c unter Beachtung der dort genannten Fristen davon ausgegangen wird, dass er mit der Vernichtung einverstanden ist, teilen die Zollbehörden dem Inhaber der Entscheidung dies unverzüglich mit. Der Inhaber der Entscheidung leitet innerhalb von zehn Arbeitstagen oder im Fall verderblicher Waren innerhalb von drei Arbeitstagen nach der Mitteilung über die Aussetzung der Überlassung der Waren oder deren Zurückhaltung ein Verfahren zur Feststellung ein, ob ein Recht geistigen Eigentums verletzt wurde.

Brandau

(4) Außer im Falle von verderblichen Waren können die Zollbehörden die Fristen gemäß Absatz 3 gegebenenfalls auf ordnungsgemäß begründeten Antrag des Inhabers der Entscheidung um höchstens zehn Arbeitstage verlängern.

(5) Unmittelbar nach Erfüllung aller Zollförmlichkeiten überlassen die Zollbehörden die Waren oder beenden deren Zurückhaltung, wenn sie innerhalb der Fristen gemäß den Absätzen 3 und 4 über die Einleitung von Verfahren zur Feststellung, ob ein Recht geistigen Eigentums verletzt wurde, nicht ordnungsgemäß nach Absatz 3 unterrichtet worden sind.

Das Verfahren setzt zwingend die Mitwirkung des Rechtsinhabers voraus („Inhaber 127 der Entscheidung") voraus, der innerhalb einer Frist von zehn Arbeitstagen nach Mitteilung des Warenaufgriffs mitzuteilen hat, ob er sie für rechtsverletzend hält und ob er ihrer Vernichtung zustimmt. Diese Erklärung obliegt auch dem Anmelder oder Besitzer der Waren, dies kann der Frachtführer oder auch der Empfänger sein. Geht von ihm keine Erklärung ein wird dessen Zustimmung zur Vernichtung vermutet (Abs. 1 lit. c). Wenn der Empfänger der Vernichtung widerspricht, hat der Markeninhaber die Möglichkeit, ein zivilgerichtliches Verfahren mit dem Ziel einer Feststellung der Rechtsverletzung einzuleiten (Abs. 3). Hiervon wird aber aus Kostengründen sehr selten Gebrauch gemacht.

Da die Verordnung an keiner Stelle auf den Zweck der Einfuhr abstellt, kann der 128 Eindruck entstehen, dass sie auch Waren erfasst, die zu privaten Zwecken eingeführt werden, sie also keinen „geschäftlichen Verkehr" voraussetzt. Da die Verordnung aber nur das **Verfahren** regelt, besteht Übereinstimmung dahin, dass die materiell-rechtlichen Regelungen zu den gewerblichen Schutzrechten ausschließlich aus dem Gemeinschafts- bzw. dem nationalen Recht zu den jeweiligen Schutzrechten zu entnehmen sind.[137] Durch die Verordnung werden die nationalen gesetzlichen Vorschriften über die Voraussetzungen einer Markenrechtsverletzung in keiner Weise berührt. Demnach kommt es für das Vorliegen einer Rechtsverletzung darauf an, dass durch die Einfuhr der Tatbestand des § 143 Abs. 1 verwirklicht ist, insbesondere dass es sich dabei um „geschäftlichen Verkehr" handelt, was eine Voraussetzung für ein Tätigwerden der Zollbehörden ist.[138]

Dieses Merkmal entfällt bei kleinen Warenmengen häufig, bei den häufigen 129 „Handtaschen"- oder „UGG-Boots"-Fällen sogar regelmäßig, da die über das Internet einkaufenden Kunden typischerweise nur ein Exemplar für den Privatgebrauch erwerben. Der EuGH stellt im Fall einer einzigen aus China bezogenen Rolex-Nachahmung darauf ab, dass, wenn die Ware von einem in einem Mitgliedstaat ansässigen Händler verkauft worden wäre, der Rechtsinhaber eine Rechtsverletzung

---

137 EuGH, Urt. v. 6.2.2014 – C-98/13 – Martin Blomqvist/Rolex SA = GRUR 2014, 283 ff.
138 *Rinnert*, GRUR 2014, 241 ff.

hätte geltend machen können, da die Marke im geschäftlichen Verkehr benutzt worden wäre. Nichts anderes gelte, wenn die Ware aus einem Drittstaat komme und an einen Kunden in der Union verkauft werde. Schon aufgrund des Abschlusses einer Verkaufs- und Versendungsvereinbarung ist die Benutzung der Marke im geschäftlichen Verkehr als gegeben anzunehmen. Dementsprechend kann allein aufgrund des Erwerbs der Ware der Rechtsinhaber den durch die Zollverordnung gewährten Schutz zu dem Zeitpunkt beanspruchen, in dem sie in das Hoheitsgebiet eines Mitgliedsstaats gelangt.[139]

130   Nach der geplanten neuen Markenrechtsrichtlinie des Europäischen Parlaments soll der Inhaber einer eingetragenen Marke berechtigt sein, die Einfuhr von Waren nach Abs. 3 lit. c (Piratenware) zu unterbinden, „wenn nur der Versender der Waren aus kommerziellen Beweggründen handelt".[140] Es wird also in Zukunft ein auf den Versender abstellender Begriff des „geschäftlichen Verkehrs" zu Grunde gelegt. Diese Sichtweise wird schon heute von den Zollbehörden praktiziert, die beide Parteien des Versandgeschäftes in die Bewertung einbeziehen. Wenn es sich aus Sicht der Zollbehörden bei dem Versender um geschäftlichen Verkehr handelt, was in der Regel der Fall ist, liegen die Voraussetzungen der Grenzbeschlagnahme auch dann vor, wenn die Einfuhr nur privaten Charakter aufweist.

131   Eine Strafbarkeit des Bestellers oder Empfängers der Ware wegen Kennzeichenverletzung aus § 143 ist damit aber nicht gegeben.

b) Verfahren bei Frachtsendungen

132 Ist die Sendung als Luftfracht angekommen, hat der Frachtführer oder Spediteur die Ware auf elektronische Weise in einem dafür vorgesehenen System (ATLAS) den Zollbehörden anzumelden und sie bis zu ihrer Abfertigung zu verwahren. Jede Anmeldung muss von Zollbediensteten manuell bearbeitet werden, wobei eine physische Kontrolle der Ware (Beschau) schon wegen der Menge der abzufertigenden Waren und des damit verbundenen Zeitdrucks in allenfalls 5% aller Fälle stattfindet. Eine Beschau wird in der Regel nur bei Zweifeln bzgl. des anzuwendenden Zolltarifs oder bei Ware verdächtiger Herkunft vorgenommen. Dabei kann sich die Zollbehörde bestimmter Risikoanalysekriterien bedienen, die sowohl die Ware selbst wie auch das Herkunftsland einbeziehen (Art. 1 Abs. 2 Verordnung). Da die Zoll-Anmeldung im Auftrag des Empfängers erfolgt, ist dieser auch verpflichtet, die Sen-

---

139 EuGH, Urt. v. 6.2.2014 – C-98/13 – Martin Blomqvist/Rolex SA, Manufacture des Montres Rolex SA = GRUR 2014, 283 ff.
140 Vorschlag für eine Richtlinie des Europäischen Parlaments und des Rates zur Angleichung der Rechtsvorschriften der Mitgliedstaaten über die Marken, vom 27.3.2013, COM (2013) 162 final 2013/0089, Art. 10 IV des Entwurfs.

dung vorzuführen oder auf seine Kosten vorführen zu lassen. Wird in Folge einer Beschau die Aussetzung der Überlassung angeordnet, ist die Ware ab diesem Zeitpunkt auf Kosten des Rechteinhabers zu verwahren, ungeachtet der Frage, ob sie sich später als echt erweist.

c) Verfahren bei Postsendungen

Postsendungen aus Nicht-EU-Ländern kommen sämtlich in einem Internationalen **133** Postzentrum (IPZ) an und werden zunächst von der Post selbst auf die äußerlich sichtbare Wertangabe überprüft. Liegt der Wert unter der Verzollungsfreigrenze von € 22,00, kann die Post die Sendung in eigener Zuständigkeit „freischreiben", also ohne weiteres dem Empfänger zustellen. Liegt die Wertangabe über der Freigrenze oder scheint sie unrealistisch niedrig, ist die Sendung dem Zoll schon nach Maßgabe des Zollkodex vorzuführen, „zu gestellen". Dies gilt ebenso, wenn zureichende tatsächliche Anhaltspunkte dafür bestehen, dass Waren unter Verstoß gegen ein Einfuhrverbot, z.B. nach § 14 Abs. 3 MarkenG, in das Inland verbracht werden (§ 5 Abs. 1 Satz 1 Zollverwaltungsgesetz). Die Zollbehörde kann eine solche Sendung einer äußeren Prüfung unterziehen, die im Einzelfall in eine Beschau, also die physische Prüfung des Inhalts, übergehen kann. Zu diesem Zweck dürfen Sendungen geöffnet werden, das Postgeheimnis nach Art. 10 GG ist für die Gestellung oder Vorlegung solcher Sendungen eingeschränkt (§ 5 Abs. 1 Satz 2 ZollVG).

Die Vorführung der Waren findet in den Räumen der Post unter Beteiligung **134** von Post- und Zollbediensteten statt, wobei die Post qua Gesetz als Vertreter des Empfängers fungiert und so dessen Mitwirkungspflicht erfüllt (§ 5 Abs. 2 ZollVG). Wenn aufgrund der Beschau der Verdacht einer Schutzrechtsverletzung besteht, treten die Regeln des Grenzbeschlagnahmeverfahrens in Kraft, wobei zunächst die Aussetzung der Überlassung angeordnet wird. Bei Postsendungen ist es auch die Post selbst, die den Empfänger der Sendung von dieser Maßnahme zu unterrichten hat.

Für Kleinsendungen, die höchstens drei Einheiten eines Produktes umfassen **135** oder ein Bruttogewicht von weniger als zwei Kilogramm aufweisen, gelten vereinfachte Regeln. Bei Verdacht von schutzrechtsverletzenden Waren teilt die Zollbehörde dem Anmelder oder Empfänger ihre Absicht zur Vernichtung der Waren mit, ohne dass der Rechteinhaber darüber informiert wird. Der Anmelder oder Empfänger hat die Gelegenheit, sich innerhalb von 10 Arbeitstagen zur Sache zu äußern oder Widerspruch einzulegen. Erfolgt keine Reaktion, wird dies als Zustimmung gewertet und die Ware vernichtet. Im Falle des Widerspruchs ist der Rechteinhaber unverzüglich zu informieren, ihm obliegt es dann, wie in sonstigen Fällen ein zivilgerichtliches Verfahren zwecks Feststellung der Rechtsverletzung einzuleiten (Art. 26 VO).

d) Verfahren im Reiseverkehr

136 Die Regeln des Grenzbeschlagnahmeverfahrens gelten nicht für Waren ohne gewerblichen Charakter, die im persönlichen Gepäck von Reisenden mitgeführt werden (Art. 1 Abs. 5 VO).

137 Dies bedeutet, dass die Einfuhr von schutzrechtsverletzenden Waren unter zollrechtlichen Gesichtspunkten erlaubt ist, solange nicht der Verdacht einer gewerblichen Verwendung naheliegt. Allerdings unterliegen **gewerbliche Einfuhren** von schutzrechtsverletzenden Waren auch im Reiseverkehr den Maßnahmen der Verordnung bzw. den nationalen Beschlagnahmevorschriften.

138 Zu einer körperlichen Durchsuchung von Reisenden, für die nach der StPO ein entsprechender Verdacht erforderlich ist, sind alle Zollbediensteten befugt, die in der Grenzaufsicht tätig sind (§ 17 Abs. 4 ZollVG), sofern der Verdacht besteht, dass die Person vorschriftswidrig Waren mitführt, die der zollamtlichen Überwachung unterliegen (§ 10 Abs. 3 ZollVG). Der Raum, innerhalb dessen der Zoll diese erweiterten Kontrollbefugnisse ausüben kann, erstreckt sich gemäß § 14 ZollVG auf den grenznahen Raum (früher Zollgrenzbezirk) und u.a. auf Verkehrsflugplätze. Dies erlaubt es, Reisende und deren Gepäck auch nach Passieren des „Grünen Ausgangs" auf verdächtige Waren zu kontrollieren.

e) Verfahren bei Verdacht für geschäftlichen Verkehr

139 Eine Straftat nach § 143 MarkenG ist nur anzunehmen, wenn die Einfuhr im geschäftlichen Verkehr erfolgt. Anhaltspunkte für geschäftlichen Verkehr können sich aus der Aufmachung der Sendung oder den Absenderangaben, insbesondere aber aus der Anzahl der eingeführten Waren ergeben.

140 Im Interesse einer einheitlichen Verfahrensweise haben die Zollbehörden eine sogenannte Grenzmengenliste herausgegeben, in der häufig vorkommende Plagiatswaren mit einer Mindestanzahl aufgeführt sind. Die dortigen Mindestmengen erscheinen sehr hoch gegriffen. Diese Zahlen werden allerdings nicht von den Zollbehörden festgelegt, sondern geben nur die Grenzmengen wieder, ab denen die Schutzrechtsinhaber im Rahmen des Grenzbeschlagnahmeverfahrens über verdächtige Waren unterrichtet werden wollen. Dies bedeutet, dass manche Rechteinhaber das Grenzbeschlagnahmeverfahren erst ab Überschreiten der von ihnen bestimmten Mindestmenge an Waren durchgeführt haben wollen.

Gewerblicher Rechtschutz Grenzmengenliste		
Warenkreis	**Mindestzahl**	
Mobiltelefone & Zubehör		
Mobiltelefone, Headsets	**50**	Stück
Akkus, Ladegerät, Netzteile	**100**	Stück
Schalen, Taschen	**150**	Stück
Uhren		
Armbanduhren Uhrenarmbänder	**20**	Stück
Wellness		
Aufsteckzahnbürsten Rasierklingen	**2.000**	Stück
Textilien		
Basecaps		Stück
Fußballtrikots		Stück
Jacken		Stück
Jeans-/Hosen		Stück
Polo-/Hemden	**50**	Stück
Pullover/Sweatshirts		Stück
Shorts		Stück
T-Shirts		Stück
Datenträger		
CDs, DVDs	**1.500**	Stück
Speicherkarten	**100**	Stück
Lederwaren		
Geldbeutel, Gürtel	**30**	Stück
Handtaschen	**20**	Stück
Hardware		
Kopf-/In-Ear-Hörer		Stück
MP3/4-Player	**50**	Stück
USB-Sticks		Stück
Schuhe		
Sportschuhe	**50**	Paar

Gewerblicher Rechtschutz Grenzmengenliste		
Warenkreis	**Mindestzahl**	
Sonstiges		
Haushaltsgefässe („Tupperware")	**50**	Stück
Lizenzen/Labels (z.B. „Microsoft")	**50**	Stück
Schmuck	**100**	Stück
Schlüsselanhänger	**100**	Stück
Embleme, Sticker, Abzeichen	**100**	Stück

141 Im Übrigen wird der Warenkreis auf Grund aktueller Einfuhren laufend fortgeschrieben.

f) Verfahrensweise bei Überschreiten der Grenzmenge

142 Ist bei einer Einfuhr die skizzierte Grenzmenge überschritten, besteht nach zollinternem Verständnis der Verdacht einer gewerbsmäßigen Kennzeichenverletzung (§ 143 Abs. 2 MarkenG) und damit eines Offizialdeliktes. Praktisch hat dies zur Folge, dass die Bearbeitung des Falles auf das örtlich zuständige Zollfahndungsamt übergeht, während ansonsten die Sachbearbeitung bei dem Hauptzollamt verbleibt. Dessen ungeachtet kann die zollinterne Grenzmenge nicht schematisch als absolute Untergrenze für gewerbsmäßiges Handeln zugrunde gelegt werden. Für die Annahme des Merkmals der Gewerbsmäßigkeit genügt schon eine einmalige Einfuhr, sofern Anhaltspunkte vorliegen, dass der Empfänger durch den Weiterverkauf der Waren dauerhafte Einnahmen von gewissem Umfang und Dauer zu erzielen beabsichtigt. Diese Bewertung obliegt allein der zuständigen Staatsanwaltschaft, die bei entsprechendem Verdacht die Ermittlungen in diese Richtung erweitern kann.

143 Zu beachten ist, dass anders als die normalen Zollämter die Hauptzollämter durch Gesetz (§ 386 AO) zu Ermittlungsbehörden bei Steuerstraftaten und ihre Bediensteten gemäß § 402 AO zu Ermittlungsbeamten (früher: Hilfsbeamte) der Staatsanwaltschaft erklärt sind, denen die Befugnisse nach der StPO zukommen.

144 Ist die Grenzmenge überschritten, kann im Rahmen des Grenzbeschlagnahmeverfahrens die gesamte Warenmenge vernichtet werden, jedenfalls wenn der Empfänger ihrer Vernichtung zugestimmt hat. Für die Zwecke des Strafverfahrens genügt es regelmäßig, bei Vernichtung der Restmenge einige Musterstücke als Beweismittel sicherzustellen. Hat der Empfänger der Vernichtung widersprochen, sind alle rechtsverletzenden Waren zunächst zu verwahren, damit diese auf strafprozessualer Grundlage beschlagnahmt werden können. Dies setzt voraus, dass nach Abschluss des zollrechtlichen Verfahrens die Akten unverzüglich der Staatsanwaltschaft vorzulegen sind.

Brandau

g) Verfahrensweise unterhalb der Grenzmenge

Hier liegt nach der vom Zoll zugrunde gelegten Sichtweise kein Offizialdelikt vor, **145** sodass gemäß § 143 Abs. 4 MarkenG entweder ein Strafantrag des Verletzten oder die Annahme eines besonderen öffentlichen Interesses an der Strafverfolgung erforderlich sind, damit ein Einschreiten von Amts wegen statthaft ist. Soweit ein Strafantrag bei kleineren Mengen nur von einzelnen (in der Praxis immer gleichen) Markeninhabern gestellt wird, wurde in der Vergangenheit im Bezirk der Staatsanwaltschaft Frankfurt nur in diesen Einzelfällen das Zollverfahren in ein strafprozessuales Ermittlungsverfahren übergeleitet. Die Masse der davon nicht betroffenen Vorgänge blieb als Grenzbeschlagnahmeverfahren in alleiniger Regie des Zolls, ohne dass sie der Staatsanwaltschaft überhaupt zur Kenntnis kamen.

Der Verdacht des geschäftlichen Verkehrs kann aber schon bei der Einfuhr **146** weitaus geringerer Mengen anzunehmen sein, wobei eine den Anfangsverdacht nach § 143 MarkenG begründende Untergrenze zwischen Staatsanwaltschaft und dem örtlich zuständigen Hauptzollamt festgelegt werden sollte, wie es zwischen der Staatsanwaltschaft Frankfurt und dem Hauptzollamt Frankfurt erfolgt ist. Dabei gilt, dass sämtliche Einfuhren, bei denen diese Menge überschritten ist, ungeachtet eines Strafantrags der Rechteinhaber der Staatsanwaltschaft vorgelegt werden. Dieser ist vorbehalten, das scheinbare Verfolgungshindernis „fehlender Strafantrag" durch Bewertung aller Indizien, z.B. frühere Einfuhren von Plagiaten, entweder als Offizialdelikt der gewerbsmäßigen Einfuhr nach § 143 Abs. 2 MarkenG zu bewerten oder das besondere öffentliche Interesse an der Strafverfolgung nach § 143 Abs. 4 MarkenG anzunehmen. Aufgrund der erwähnten Übereinkunft legt das zuständige Hauptzollamt Frankfurt nunmehr jeden AdÜ-Fall bei Überschreiten einer festgelegten Anzahl von Waren der Staatsanwaltschaft vor. Dies kann im Einzelfall darauf hinauslaufen, dass selbst die Einfuhr **eines** hochwertigen Produktes wie z.B. eines Apple iPhone oder einer Luxushandtasche der Staatsanwaltschaft vorgelegt wird. Dem liegt die Erfahrung zugrunde, dass solche Plagiate oft nur als Einzelstücke eingeführt werden, dies aber in wiederkehrender Weise. Bei einem systematischen Vorgehen ist die wiederholte Einfuhr von Einzelstücken als geschäftlicher Verkehr zu werten, so dass eine schematische Untergrenze für die Vorlage der Zollvorgänge letztlich nicht vertretbar ist. Die derzeit geltenden Mindestzahlen, bei denen ein geschäftlicher Verkehr vermutet wird, ergeben sich aus nachfolgender Liste:

Warenkreis	Grenzmenge Luxuswaren (VP < 500 €/Stück bei Echtheit)	Grenzmenge sonstige Waren
Mobiltelefone & Zubehör		
Mobiltelefone	1	5
Akkus, Ladegeräte	–	5

Brandau

Warenkreis	Grenzmenge Luxuswaren (VP < 500 €/Stück bei Echtheit)	Grenzmenge sonstige Waren
Uhren		
Armbanduhren	1	10
Uhrenarmbänder	–	10
Hygiene, Wellness		
Aufsteckzahnbürsten	–	10
Rasierklingen	–	10
Kosmetika (Make-up usw.)	–	10
Parfüm	–	10
Bekleidung		
Hemden, Hosen, Trikots usw.	3	10
Schuhe (Paar)	3	10
Lederwaren		
Handtaschen, Gürtel usw.	3	10
Datenträger, Software		
Datenträger mit Software, Filmen	–	5
Unbespielte Datenträger	–	50
Speicherkarten, USB-Sticks	–	50
Technische Erzeugnisse		
Kopf-/Ohrhörer, MP-Player	–	5
Controller/Playstation	–	5
Kameras, Objektive	–	5
Schmuck	3	**10**
Sonnenbrillen	3	**10**
Schlüsselanhänger mit Emblemen	–	**10**
Armbänder (Power Balance usw.)	–	**10**

147 In der Sache wird bei der Staatsanwaltschaft Frankfurt bei allen Einfuhren, bei denen bei Überschreiten der festgelegten Grenzmenge ein kommerzieller Hintergrund vermutet werden kann, eine Strafverfolgung von Amts wegen für geboten erachtet. Der Empfänger wird schriftlich, unter Hinweis auf sein Schweigerecht, zur Erklärung über die Umstände der Bestellung, der Zahlung und die beabsichtigte Verwendung der Ware aufgefordert. Soweit danach noch der Verdacht des geschäftlichen Verkehrs verbleibt und der Empfänger erstmals auffällig wurde, wird grundsätzlich die Einstellung des Verfahrens nach § 153a StPO bei Geldauflagen zwischen € 50,00 und € 250,00 angeboten, wovon in nahezu allen Fällen auch Gebrauch gemacht wird. Inzwischen recht häufig stellen sich Beschuldigte dieser Verfahrensweise entgegen, indem sie auf die aus ihrer Sicht unverdächtige Web-Seite verweisen, auf der sie die Bestellung aufgegeben hatten und der keine Hinweise auf die Lieferung von gefälschten Produkten zu entnehmen gewesen seien. Diesem Vorbringen ist nachzugehen und der Beschuldige zur Vorlage von Bestellunterlagen aufzufordern. Der Verdacht einer vorsätzlichen Einfuhr kennzeichenverletzender Ware wird nicht ausgeräumt, wenn z.B. China als Herkunfts- oder Versendeland genannt wird, denn Originalprodukte sind auch dort nicht zu erheblich niedrigeren Preisen erhältlich, so das zumindest bedingter Vorsatz zum Erwerb von Piraterieware anzunehmen ist.

148 In Sonderfällen, wenn zwar nur ein einziges aber hochwertiges Produkt eingeführt wird, das im Falle des Verkaufs zu einem hohen Schaden führt, z.B. iPhone, der Empfänger offensichtlich ein Gewerbe betreibt oder schon zuvor bei der Einfuhr von gefälschter Ware aufgefallen ist, hat die Zollbehörde – entsprechend der Übereinkunft – vor einer Freigabe der Ware die Entscheidung der Staatsanwaltschaft einzuholen, ob eine Beschlagnahme auf strafprozessualer Grundlage angeordnet wird.

h) Verbleib der Waren

149 Was den Verbleib der Waren angeht, hat das Grenzbeschlagnahmeverfahren deren vereinfachte Vernichtung zum Ziel. Dieses Ziel wird regelmäßig auch durch das strafrechtliche Ermittlungsverfahren erreicht, sofern der Tatbestand des § 143 Abs. 1 Markengesetz erfüllt ist. Wenn das Verfahren durch Strafbefehl oder Verurteilung beendet wird, ist auf die Anordnung der Einziehung der Waren zu achten. Schon im Ermittlungsverfahren kann unter diesen Voraussetzungen die Vernichtung der Ware angeordnet werden, sofern ihre vollständige Vorlage als Tatnachweis für entbehrlich erachtet wird. Es sollten aber immer repräsentative Muster zur Beweisführung aufbewahrt werden.

150 Bei einer Einstellung nach § 153 oder § 153a StPO ist die Zustimmung zur Vernichtung der Ware einzuholen, sofern diese nicht schon im Grenzbeschlagnahmeverfahren erklärt wurde oder durch das Schweigen des Empfängers fingiert ist.

151 Wenn allerdings das Ermittlungsverfahren nach § 170 Abs. 2 StPO eingestellt wird, regelmäßig wegen Nichtnachweisbarkeit des geschäftlichen Verkehrs oder des Vorsatzes bezüglich der unzulässigen Kennzeichnung, lebt das an sich abgeschlossene Grenzbeschlagnahmeverfahren wieder auf. Die Ware ist dann aus strafprozessualen Gründen freizugeben, ansonsten aber wieder der Regie der Zollbehörde zu überantworten, der die Einstellung des Verfahrens mitzuteilen ist. Die Zollbehörde wird in allen Fällen die Vernichtung nach Art. 23 VO anordnen, sofern dessen Voraussetzungen vorliegen, d.h. wenn der Empfänger der Vernichtung der Waren zugestimmt oder ihr innerhalb der 10-Tage-Frist nicht widersprochen und der Markeninhaber die Vernichtung durch den Zoll beantragt hatte. Nach einer Einstellung des strafrechtlichen Ermittlungsverfahrens kommt einem Widerspruch des Empfängers schon wegen des Fristablaufs regelmäßig keine Bedeutung zu.

152 Wenn nach Einstellung des Ermittlungsverfahrens die Vernichtung der Waren wegen des Widerspruchs des Empfängers oder der fehlenden Mitwirkung des Rechtsinhabers nicht zulässig ist, kann die Ware nicht länger zurückgehalten werden, selbst wenn deren rechtsverletzender Charakter außer Zweifel steht. Im Rahmen der Freigabeerklärung durch die Staatsanwaltschaft sollte der Empfänger aber schriftlich (z.B. durch Formblatt) auf den Charakter der Waren und eine mögliche Strafbarkeit im Falle des Weiterverkaufs hingewiesen. Darüber hinaus darf die Ware, sollte sie bereits bei der Staatsanwaltschaft asserviert sein, nicht unmittelbar dem Empfänger ausgehändigt werden. Sie ist an die Zollbehörden zurückzugeben, damit die Verzollung erfolgen kann, die ungeachtet ihres schutzrechtsverletzenden Charakters entsprechend ihrem Wert stattfindet.

153 Der Widerspruch des Beteiligten im Zollverfahren gegen die Vernichtung der Ware wird im allgemeinen auch als Widerspruch gegen deren strafprozessuale Beschlagnahme auszulegen sein mit der Folge, dass die richterliche Bestätigung gemäß § 98 StPO beantragt werden muss.

6. Die Grenzbeschlagnahme als Auslöser weiterer Ermittlungen

154 Die Sicherstellung einer kleinen oder auch größeren Menge rechtsverletzender Waren, die aus einem typischen Fälscherland kommen, wirft immer die Frage auf, ob diese Einfuhr als einmaliger Vorgang oder als ein Teilakt eines geschäftsmäßigen oder gewerbsmäßigen Handelns des Empfängers zu begreifen ist.[141] Dies ist für die weitere Sachbehandlung von entscheidender Bedeutung. Im Regelfall ist durch das Hauptzollamt durch Anfragen bei den für den Empfänger zuständigen Behörden bereits geklärt, ob dieser ein Gewerbe angemeldet hat und ob die fraglichen Waren in dessen sonstiges Sortiment passen. Ist dies der Fall, liegt der Verdacht eines gewerblichen Handelns nahe. Falls der Empfänger seinen Wohn- oder Geschäftssitz nicht im Bezirk der für die Einfuhr zuständigen Staatsanwaltschaft hat, sollte das Verfahren an die örtliche zuständige Staatsanwaltschaft abgegeben werden, zumal die Warenbestellung als eigentliche Tathandlung mit größter Wahrscheinlichkeit dort erfolgt ist.

155 Diese Verfahrensweise wird – soweit ersichtlich – von allen Staatsanwaltschaften praktiziert und akzeptiert, zumal der Ort der Einfuhr zufällig ist, da er von den

---

141 Wenn die mehrmalige Einfuhr einzelner Exemplare in der Vergangenheit in Betracht kommt, ist eine Recherche im ATLAS-Systems des Zolls zu empfehlen, vor allem wenn wechselnde Empfängernamen oder -anschriften verwendet wurden. Auch um künftige Einfuhren aufzudecken, können verdächtige Namen oder Anschriften in das Zollsystem eingegeben werden.

Gegebenheiten des internationalen Warenverkehrs bestimmt wird und vom Empfänger nicht beeinflusst werden kann.

Wenn bei den Zollbehörden Erkenntnisse über frühere vergleichbare Einfuhren 156 vorliegen oder der geschädigte Markeninhaber durch eigene Recherchen belegen kann, dass der Empfänger als Verkäufer von gleichartigen Waren auf Internet-Handelsportalen auftritt, sollte eine gezielte Überprüfung der Verkaufstätigkeit des Empfängers auf der größten Handelsplattform Ebay die Regel sein, besonders wenn die Menge oder Eigenart der eingeführten Waren deren private Verwendung ausgeschlossen erscheinen lässt. Eine Anfrage bei Ebay, ob für den Empfänger ein Konto besteht und welche Verkäufe er in einem zurückliegenden Zeitraum, z.B. innerhalb der letzten sechs bis zwölf Monate, abgewickelt hat, ist deshalb äußerst hilfreich. Diese Anfrage sollte sinnvollerweise von der erstbefassten Staatsanwaltschaft vorgenommen werden.

Wird durch die Auskunft deutlich, dass der Empfänger noch nicht als Verkäufer 157 gleichartiger Waren aufgetreten ist, muss die Einfuhr als einmaliger Vorfall gewertet werden. Das Ermittlungsverfahren kann auf der Grundlage dieser Tatsache von der erstbefassten Staatsanwaltschaft abgeschlossen werden.

Kommt durch die Ebay-Auskunft eine mehrmalige Verkaufstätigkeit des Empfän- 158 gers in Bezug auf gleichartige Waren zutage, ist der Verdacht gerechtfertigt, dass auch die eingeführten Waren zum Verkauf bestimmt waren. Die gegenständliche Einfuhr stellt sich dann als Teilakt einer systematischen Geschäftstätigkeit dar, die einer gezielten Untersuchung bedarf. Da die Verkäufe über das Internet erfolgen, aber auf allen Handelsportalen die Verkäufe von rechtsverletzenden Waren untersagt sind und durch entsprechende Filter verhindert werden, können solche Waren nur als Originale angeboten werden. Dies ist schon anhand der Artikelbeschreibung ersichtlich, die so gut wie niemals den Gedanken an ein Plagiat aufkommen lässt. Damit liegt zwangsläufig der Verdacht eines betrügerischen Verkaufs von Plagiaten auf der Hand, den der Verkäufer bei Fehlen entgegenstehender Anhaltspunkte aus den eigenen Wohnräumen, seltener aus einem Geschäftslokal, betreibt. Der Wohnsitz des Verkäufers ist somit der einzige in Frage kommende Tatort für dessen frühere Internetverkäufe.

Bei dieser Verdachtslage kommt zwingend die Regel Nr. 11 der Zuständigkeits- 159 vereinbarungen der Generalstaatsanwälte zum Zuge, die besagt, dass Ermittlungen wegen betrügerischer Internetverkäufe von der für den Wohnsitz des Verkäufers zuständigen Staatsanwaltschaft zu führen sind. Dies ist wegen der Ermittlungsmaßnahmen, die am Ort vorzunehmen sind, in jeder Hinsicht sinnvoll. Das Verfahren kann danach unter Hinweis auf die ermittelten Internetverkäufe und die Zuständigkeitsvereinbarung der Generalstaatsanwälte an die für den Wohnsitz des Verkäufers zuständige Staatsanwaltschaft abgegeben werden, die dann die weiteren Ermittlungen zu führen hat.

a) Verkäufe aus dem Ausland

160 Werden die Verkäufe aus dem Ausland durchgeführt, greift die Zuständigkeitsregel zwar nicht. Oftmals ist aber der Kaufpreis auf ein Konto im Inland zu überweisen, welches den einzigen Ermittlungsansatz darstellt. Der Kontoinhaber ist damit zumindest als Teilnehmer wenn nicht sogar als Mittäter anzusehen. Zumindest kann nur über seine Person die Straftat näher aufgeklärt werden. Entsprechende Ermittlungen sind von der für den Wohnsitz des Kontoinhabers zuständigen Staatsanwaltschaft durchzuführen. Diese mag zwar ihre Zuständigkeit mit dem Argument bestreiten, der Kontoinhaber müsse bis zum Beweis des Gegenteils als unvorsätzlich handelnder „Finanzagent" angesehen werden, ein Teilnahmeverdacht sei damit völlig unbegründet. Dies kann aber unter Hinweis auf eine Zuständigkeitsbestimmung zurückgewiesen werden, die zwischen den Generalstaatsanwälten von Frankfurt und München getroffen wurde. In einem Ermittlungsverfahren, in dem gefälschte NIKE-Schuhe aus den USA verschickt wurden und nur das Erlöskonto und dessen in München ansässige Inhaberin erfolgversprechende Ansätze für Ermittlungen im Inland boten, entschied die Generalstaatsanwaltschaft München, dass die Staatsanwaltschaft am Sitz des Kontoinhabers die Ermittlungen führen müsse. Dies wurde mit der gebotenen analogen Anwendung der Zuständigkeitsregel in „Phishing"-Fällen begründet, in denen die Staatsanwaltschaft örtlich zuständig ist, in deren Bezirk der Inhaber des Zielkontos seinen Wohnsitz hat. Die Vergleichbarkeit mit diesen Fällen liege hier auf der Hand.

161 Damit muss in solchen Verfahren zumindest das Konto ermittelt werden, auf dem die Verkaufserlöse eingehen, wobei zur Sicherheit ein längerer Zeitraum zu untersuchen ist. Sind dadurch weitere Geldeingänge aus verdächtigen Internetverkäufen feststellbar, ist die Abgabe des Verfahrens an die für den Wohnsitz des Kontoinhabers zuständige Staatsanwaltschaft gerechtfertigt.

162 Wie die Verkaufsdaten oder Kontoumsätze aus Internetverkäufen von der danach zuständigen Staatsanwaltschaft verwertet werden können, wird im folgenden Kapitel näher beschrieben.

b) Tatumfang und Tatnachweis

163 Eine große Zahl von Strafanzeigen hat den Kauf eines Markenartikels von einem Internetversandhändler zum Gegenstand, der als Original angeboten wurde und bei dem der Käufer selbst den Artikel als Nachahmung erkannt hat. Wenn hierbei der Preis eines Originals verlangt und bezahlt wurde, stellt sich nicht nur die Frage einer vorsätzlichen Kennzeichenverletzung sondern auch eines betrügerischen Verkaufs und damit nach dem Nachweis des Täuschungsvorsatzes. Diese Frage verdient jedenfalls dann eine intensive Prüfung, wenn der Vermögensschaden des Käufers erheblich ist, etwa schon mehrere Hundert € beträgt. Oft lässt sich der Verkäufer dahin ein, er habe den Artikel selbst für echt gehalten, ihn als echt erworben oder zum Geschenk erhalten. Bei isolierter Betrachtung des Einzelfalls wird eine solche Einlassung mitun-

ter kaum zu widerlegen sein. Eine genauere Überprüfung der sonstigen Verkäufe des Verdächtigen kann hier aber weiterführen. Es ist daher geboten, die entsprechenden Daten bei dem Verkaufsportal (in der Regel Ebay) zu erheben und diese auf ähnliche Artikel oder sonstige hochpreisige Markenartikel zu überprüfen. Lassen sich dadurch weitere Verkäufe aus demselben Marktsegment feststellen, begründet dies insoweit einen Anfangsverdacht, der Anlass für weitere Ermittlungen sein muss.

Es sind, falls noch nicht bekannt, die Klarnamen der Käufer zu erheben. Die **164** herkömmliche Methode, die Käufer durch die örtliche Polizei vernehmen zu lassen, ist – gemessen an dem Vorwurf – allerdings in jeder Hinsicht zu aufwendig. Weitaus einfacher ist die schriftliche Befragung der Käufer in Form eines standardisierten Serienschreibens, in dem der Verdacht erklärt und auf den individuellen Kauf des Empfängers Bezug genommen wird. Bei fachkundiger Formatierung lassen sich die relevanten Einzeldaten wie Artikelbeschreibung, Verkaufspreis und -datum aus den Datensätzen des Onlineportals automatisch in das Schreiben exportieren. Die Möglichkeit der elektronischen Versendung des ersten Anschreibens per E-Mail ist, obwohl weniger aufwendig, nicht ratsam, da E-Mails mit amtlichem Absender, wenn sie ohne Vorwarnung beim Empfänger eingehen, oft als „virenverseucht" gehalten und deshalb nicht geöffnet werden.

Die Aufforderung an den Käufer und Zeugen muss dahin gehen, den Kaufge- **165** genstand fachmännisch untersuchen und auf Echtheit prüfen zu lassen und das Ergebnis schriftlich vorzulegen. Ergeben sich danach weitere Fälle des Verkaufs rechtsverletzender Ware, begründet dies in aller Regel den Verdacht gewerbsmäßigen Handelns und stellt zugleich ein starkes Indiz für vorsätzliche Tatbegehung dar. Unter dieser Voraussetzung sind dann Ermittlungsmaßnahmen wie eine Durchsuchung beim Verdächtigen auch nicht (mehr) unverhältnismäßig sondern geeignet, Aufschluss über die Herkunft der Waren usw. zu geben.

Für den Fall, dass dem befragten Käufer eine fachkundige Begutachtung der **166** Ware am Ort nicht möglich ist, sollte ihm deren Versendung an die Rechtsvertreter des Markeninhabers angeraten werden, die in aller Regel die Begutachtung selbst vornehmen oder für deren Durchführung sorgen können.

Die schriftliche Befragung eines jeden Käufers wird schon wegen des Büroauf- **167** wands nur angemessen sein, wenn deren Zahl überschaubar ist, z.B. die Zahl 50 nicht übersteigt. Sind den (Ebay-)Listen schon Hundert oder gar mehrere Hundert Verkäufe zu entnehmen, können Tatumfang und Tatnachweis sinnvollerweise nur anhand einer Stichprobe bestimmt werden. Die Auswahl der zu befragenden Käufer mag sich an einem Querschnitt der verkauften Artikel, nicht zuletzt aber auch an der Nähe der Käufer zum Gerichtsort orientieren, an dem eine Zeugeneinvernahme zu erfolgen hätte. Ist durch die Antworten bei einer Anzahl von Verkäufen der Nachweis einer Kennzeichenverletzung geführt, stellt sich die Frage, wie die verbleibende größere Zahl ebenso verdächtiger Verkäufe zu bewerten ist. Der in der Statistik häufige Schluss von einer Stichprobe auf die Gesamtheit ist hier zwar naheliegend, seine Zulässigkeit im Strafprozess aber sehr zweifelhaft. Die Bewertung aller Verkäufe als rechtsverletzend ist nur dann gerechtfertigt, wenn z.B. der Verdächtige selbst einräumt, dass sämtliche von ihm vertriebenen Waren unecht waren oder andere Indizien belegen, dass sie aus einer Quelle stammten, die nachweislich nur Plagiate liefert.

168   Die Frage nach Tatumfang und dessen Nachweis stellt sich in gleicher Weise, wenn es um gewerbliche Verkäufer geht, denen der Verkauf rechtsverletzender Ware über einen längeren Zeitraum zur Last gelegt wird. Hier arbeiten die Rechteinhaber oft mit Testkäufen, durch die zwar der Verdacht an sich begründet wird, die aber keinen Beweis für anhaltende Rechtsverletzungen darstellen. Die anzustrebende Durchsuchung muss deshalb immer auch die Sicherstellung von Geschäftsunterlagen einbeziehen, aus denen sich frühere Verkäufe, vor allem aber die Herkunft der Produkte entnehmen lassen.

169   Wie viel rechtsverletzende Produkte am Ende sichergestellt werden, ist naturgemäß davon abhängig, wie das Lager aktuell gefüllt ist, was immer nur eine Momentaufnahme darstellt. Der Vorwurf des gewerbsmäßigen Inverkehrbringens ist für die Vergangenheit allein durch beweiskräftige Unterlagen zu führen. Da kein Händler Waren so klar benennt, dass er sich damit belasten würde, gilt es, geschäftliche Unterlagen oder Aufzeichnungen zu finden und zu interpretieren.

170   Aufzeichnungen über den Wareneinkauf sind hinsichtlich des Lieferanten und der gezahlten Einkaufspreise von Indizkraft. Dies setzt voraus, dass die Quelle außerhalb des offiziellen Vertriebssystems steht und für rechtsverletzende Produkte schon bekannt ist. Bei den Preisen ist die Indizwirkung nur durch einen Vergleich der Einstandspreise mit den zur Tatzeit am Markt erhältlichen niedrigsten Preisen für Originalprodukte herzustellen. Liegen dies vom Verdächtigen bezahlten Preise bei mehreren Einkäufen mindestens 25% unter denen, die bei offiziellen Distributoren verbindlich waren, so begründet dies den Verdacht, dass es sich um illegale Produkte handelt, die in aller Regel aus Parallelimporten stammen. Ob allein diese Abweichung vom offiziellen Listenpreis aber ein hinreichenden Verdacht einer Kennzeichenverletzung tragen kann, ist fraglich. Es müssen zumindest einige Exemplare der verdächtigen Produkte beispielhaft vorgelegt und als Plagiate begutachtet werden können. Wenn dies im Zuge der Durchsuchung nicht gelungen ist, bleibt als letzte Möglichkeit wieder, die Kunden um Proben der vom Verdächtigen erworbenen Waren zu bitten.

c) Verkäufe unter verschiedenen Ebay-Accounts

171 Häufig tritt ein Verkäufer markenverletzender Waren nicht nur unter dem selbst eingerichteten Ebay-Konto bzw. dem selbst gewählten Ebay-Mitgliedsnamen auf, sondern bedient sich weiterer Namen, oft solcher, die auf Mitglieder der Familie angemeldet sind. Hier stellt sich zum einen das Problem der Zurechnung der angeblich von Dritten begangenen Markenrechtsverletzungen. Unter dem Eindruck strafrechtlicher Verfolgung verteidigt sich der nominelle Kontoinhaber mitunter mit der Behauptung, er habe seinen Account einem Dritten zur Verfügung gestellt und habe

von dessen Verkaufsaktivitäten keinerlei Kenntnis. Selbst wenn diese Einlassung nicht widerlegbar ist, kann der Kontoinhaber strafrechtlich verantwortlich gemacht werden. Denn wer seinen Ebay-Account einem Dritten zur Verfügung stellt, haftet er für markenverletzende Angebote, wenn er sich nicht darum kümmert, welche Waren durch den Dritten angeboten werden.[142] Was in zivilrechtlicher Hinsicht eine Mithaftung für fremde Verletzungshandlungen begründet, so der Leitsatz des OLG Frankfurt, kann und wird in der Regel eine strafrechtliche Haftung zumindest aus dem Gesichtspunkt der Beihilfe begründen. Dabei wird sich die tatbestandsmäßige Beihilfe ungeachtet der tatsächlichen Verkäufe auf **eine** Handlung reduzieren, wenn sich diese auf die einmalige allgemeine Gestattung, nämlich die Überlassung der Zugangsdaten, beschränkt.[143]

Anders ist die Sache zu beurteilen, wenn Anhaltspunkte dafür vorliegen, dass der **172** Account nicht durch den nominellen Inhaber sondern durch den Beschuldigten selbst, möglicherweise ohne Wissen des Inhabers, eingerichtet wurde. Diese Taktik wird vor allem dann praktiziert, wenn ein Account geschlossen wurde, was eine übliche Reaktion von Ebay bei wiederholten Beschwerden wegen des Verkaufs von markenverletzenden Waren darstellt. Eine Neuanmeldung unter demselben Namen ist danach ausgeschlossen, so dass der Verkäufer oftmals unter dem Namen eines Familienmitglieds einen neuen Account einrichtet und seine Verkäufe fortsetzt. Die Anmeldung eines Accounts unter falschen Personalien und der anschließende Verkauf von Waren unter diesem Account unterfällt übrigens nicht dem Straftatbestand des § 269 StGB, da der bloßen Namensangabe keine rechtserhebliche Gedankenerklärung innewohnt.[144] Die Zurechnung der über den fremden Account getätigten Verkäufe auf einen Verdächtigen setzt zunächst eine intensive Prüfung der involvierten Konten voraus, insbesondere deren Historie, die von Ebay auf Nachfrage immer geliefert wird. Wenn z.B. zu einem angegebenen Datum ein Konto gesperrt (suspended) und zeitnah ein neues Konto unter dem Namen eines Familienmitglieds eröffnet wurde, so spricht dies schon für einen Zusammenhang. Da Ebay die Gründe für die Suspendierung eines Accounts nicht offenbart, sollten die Bewertungen der früheren Verkäufe analysiert werden. Hier finden sich oftmals Hinweise auf die Lieferung von Plagiaten, denen nachgegangen werden kann. Wenn derselbe Warentyp unter dem Namen eines neuen Accounts wieder verkauft wird oder die Erlöse weiter auf dasselbe Konto fließen, sind dies gewichtige Indizien für eine fortgesetzte Verkaufstätigkeit desselben Verdächtigen.

---

142 OLG Frankfurt, Beschl. v. 13.6.2005 – 6 W 20/05 = GRUR-RR 2005, 309.
143 BGH, Beschl. v. 29.4.2008 – 4 StR 148/08 = NStZ 2008, 516.
144 OLG Hamm, Beschl. v. 18.11.2008 – 5 Ss 347/08 = BeckRS 2009, 10633.

II. Strafbare Benutzung eines geografischen Herkunftszeichens (§ 144 Abs. 2)

173 Der Tatbestand ergänzt den zivilrechtlichen Schutz einer geografischen Herkunftsangabe vor widerrechtlicher Benutzung.

§ 144 MarkenG – strafbare Benutzung geografischer Herkunftsangaben

(1) Wer im geschäftlichen Verkehr widerrechtlich eine geographische Herkunftsangabe, einen Namen, eine Angabe oder ein Zeichen

1. entgegen § 127 Abs. 1 oder 2, jeweils auch in Verbindung mit Abs. 4 oder einer Rechtsverordnung nach § 137 Abs. 1, benutzt oder

2. entgegen § 127 Abs. 3, auch in Verbindung mit Abs. 4, oder einer Rechtsverordnung nach § 137 Abs. 1, in der Absicht benutzt, den Ruf oder die Unterscheidungskraft einer geographischen Herkunftsangabe auszunutzen oder zu beeinträchtigen,

wird mit Freiheitsstrafe bis zu zwei Jahren oder mit Geldstrafe bestraft.

(2) Ebenso wird bestraft, wer entgegen Artikel 13 Abs. 1 Buchstabe a oder Buchstabe b der Verordnung (EG) Nr. 510/2006 des Rates vom 20. März 2006 zum Schutz von geographischen Angaben und Ursprungsbezeichnungen für Agrarerzeugnisse und Lebensmittel (ABl. EU Nr. L 93 S. 12) im geschäftlichen Verkehr

1. eine eingetragene Bezeichnung für ein dort genanntes Erzeugnis verwendet oder

2. sich eine eingetragene Bezeichnung aneignet oder sie nachahmt

(3) Der Versuch ist strafbar.

174 Der Tatbestand ist wie § 143 als Blankettnorm gestaltet und setzt zunächst die Existenz einer geografischen Herkunftsangabe voraus, welche in § 126 definiert ist:

§ 126 Als geographische Herkunftsangaben geschützte Namen, Angaben oder Zeichen

(1) Geographische Herkunftsangaben im Sinne dieses Gesetzes sind die Namen von Orten, Gegenden, Gebieten oder Ländern sowie sonstige Angaben oder Zeichen, die im geschäftlichen Verkehr zur Kennzeichnung der geographischen Herkunft von Waren oder Dienstleistungen benutzt werden.

(2) Dem Schutz als geographische Herkunftsangaben sind solche Namen, Angaben oder Zeichen im Sinne des Absatzes 1 nicht zugänglich, bei denen es sich um Gattungsbezeichnungen handelt. Als Gattungsbezeichnungen sind solche Bezeichnungen anzusehen, die zwar eine Angabe über die geographische Herkunft im Sinne des Absatzes 1 enthalten oder von einer solchen Angabe abgeleitet sind, die jedoch ihre ursprüngliche Bedeutung verloren haben und als Namen von Waren oder Dienstleistungen oder als Bezeichnungen oder Angaben der Art, der Beschaffenheit, der Sorte oder sonstiger Eigenschaften oder Merkmale von Waren oder Dienstleistungen dienen.

Brandau

Geografische Herkunftsangaben sind als Kennzeichen im Sinne des Markenrechts 175
nach § 126 Abs. 1 nur dann geschützt, wenn sie **im geschäftlichen Verkehr** zur
Kennzeichnung der geografischen Herkunft von Waren oder Dienstleistungen *benutzt werden*. Die Benutzung als geografische Herkunftsangabe im Verkehr ist eine
Schutzvoraussetzung des MarkenG sowohl für unmittelbare als auch für mittelbare
geografische Herkunftsangaben.[145]

Der Schutz ist nicht davon abhängig, dass die Waren oder Dienstleistungen, für 176
die die geografische Herkunftsangabe verwendet wird, besondere objektive Produkteigenschaften aufweisen, die sie von anderen Waren oder Dienstleistungen
gleicher Art, aber anderer Herkunft unterscheiden.[146]

Es wird unterschieden zwischen unmittelbaren Herkunftsangaben, worunter 177
geografische Gebiete beliebiger Größe fallen, vom Ortsteil bis zu ganzen Ländern.
Die Bezeichnung kann veraltet oder unpräzise, subjektivisch oder adjektivisch gefasst sein.[147] Die wohl bekannteste und gerichtlich bestätigte geografische Herkunftsangabe ist zweifellos „Made in Germany", die ursprünglich in England 1887
als Kennzeichnung importierter Ware gesetzlich bestimmt wurde. Obwohl die Angabe des Herkunftslands Deutschland als negative Warenkennzeichnung gedacht
war, entwickelte sie sich dank der zunehmenden Qualität der Waren zu einem Gütesiegel, das noch immer anerkannt wird.[148]

Als mittelbare Herkunftsangaben kommen Aufmachungen oder Symbole in Be- 178
tracht, aus denen der Verkehr auf die geografische Herkunft der Waren schließt,
dazu zählen Flaggen, Wappen oder auch stilisierte Wahrzeichen,[149] besondere Verpackungsformen,[150] auch Farbzusammenstellungen wie Nationalfarben.[151]

Auch ausländische geografische Herkunftsangaben fallen unter § 126 Abs. 1, da 179
das Vertrauen des Verkehrs auf die Richtigkeit auch solcher Hinweise geschützt ist.

Wenn sich eine geografische Herkunftsangabe in eine bloße Gattungsbezeich- 180
nung umgewandelt hat, (Kassler, Wiener Würstchen), so dass die wesentlichen Verkehrskreise dies nicht mehr auf die Herkunft beziehen, kommt Abs. 2 zum Tragen.
Die frühere geografische Herkunftsangabe hat sich dann zu einer bloßen Beschaffenheitsangabe entwickelt, so z.B. Steinhäger, Kölnisch Wasser.[152] Derartige Bezeichnungen sind nicht als geografische Herkunftsangaben geschützt.

---

145 *Fezer*, § 126 Rn 13.
146 *Fezer*, § 126 Rn 15.
147 Ingerl/Rohnke/*Ingerl/Rohnke*, § 126 Rn 4.
148 Wikipedia „Made in Germany" – Geschichte.
149 BGH, Urt. v, 11.6.1954 – I ZR 174/52 = BGHZ 14, 15.
150 BGH, Urt. v. 12.3.1971 – I ZR 115/69 = GRUR 1971, 313, 314.
151 BGH, Urt. v. 10.4.1981 – I ZR 162/79 = GRUR 1981, 666, 667.
152 Ingerl/Rohnke/*Ingerl/Rohnke*, § 126 Rn 15.

§ 127 – Schutzinhalt

(1) Geographische Herkunftsangaben dürfen im geschäftlichen Verkehr nicht für Waren oder Dienstleistungen benutzt werden, die nicht aus dem Ort, der Gegend, dem Gebiet oder dem Land stammen, das durch die geographische Herkunftsangabe bezeichnet wird, wenn bei der Benutzung solcher Namen, Angaben oder Zeichen für Waren oder Dienstleistungen anderer Herkunft eine Gefahr der Irreführung über die geographische Herkunft besteht.

(2) Haben die durch eine geographische Herkunftsangabe gekennzeichneten Waren oder Dienstleistungen besondere Eigenschaften oder eine besondere Qualität, so darf die geographische Herkunftsangabe im geschäftlichen Verkehr für die entsprechenden Waren oder Dienstleistungen dieser Herkunft nur benutzt werden, wenn die Waren oder Dienstleistungen diese Eigenschaften oder diese Qualität aufweisen.

(3) Genießt eine geographische Herkunftsangabe einen besonderen Ruf, so darf sie im geschäftlichen Verkehr für Waren oder Dienstleistungen anderer Herkunft auch dann nicht benutzt werden, wenn eine Gefahr der Irreführung über die geographische Herkunft nicht besteht, sofern die Benutzung für Waren oder Dienstleistungen anderer Herkunft geeignet ist, den Ruf der geographischen Herkunftsangabe oder ihre Unterscheidungskraft ohne rechtfertigenden Grund in unlauterer Weise auszunutzen oder zu beeinträchtigen.

(4) Die vorstehenden Absätze finden auch dann Anwendung, wenn Namen, Angaben oder Zeichen benutzt werden, die der geschützten geographischen Herkunftsangabe ähnlich sind oder wenn die geographische Herkunftsangabe mit Zusätzen benutzt wird, sofern

1. in den Fällen des Absatzes 1 trotz der Abweichung oder der Zusätze eine Gefahr der Irreführung über die geographische Herkunft besteht oder

2. in den Fällen des Absatzes 3 trotz der Abweichung oder der Zusätze die Eignung zur unlauteren Ausnutzung oder Beeinträchtigung des Rufs oder der Unterscheidungskraft der geographischen Herkunftsangabe besteht.

181 Die Vorschrift definiert den Schutzbereich der geografischen Herkunftsangabe.

182   Die Regelung des Abs. 1, der Grundfall, untersagt die Verwendung einfacher geografischer Herkunftsangaben für Waren oder Dienstleistungen anderer Herkunft. Zu der objektiv unrichtigen Verwendung muss als weitere Voraussetzung die Gefahr der Irreführung über die geografische Herkunft hinzutreten. Ob eine Irreführung vorliegt, beurteilt sich nach der Verkehrsauffassung. Eine Irreführungsgefahr über die geografische Produktherkunft besteht schon dann, wenn ein nicht unerheblicher Teil der beteiligten Verkehrskreise die geografische Angabe als einen Hinweis auf die geografische Herkunft der Produkte verstehen kann.[153] Der Schutz ist nicht

---

153 *Fezer*, § 127 Rn 8.

Brandau

davon abhängig, dass die Waren oder Dienstleistungen, für die die geografische Herkunftsangabe verwendet wird, besondere objektive Produkteigenschaften aufweisen, die sie von anderen Waren oder Dienstleistungen gleicher Art, aber anderer Herkunft unterscheiden, es wird nicht verlangt, dass die geografische Herkunftsangabe für eine besondere Produktqualität steht.[154]

Durch § 127 Abs. 2 wird eine „qualifizierte Herkunftsangabe" geschützt, sie setzt **183** nur voraus, dass der Verkehr eine besondere Qualität mit den aus dem geografischen Gebiet stammenden Produkten verbindet, ob zu Recht oder zu Unrecht, ist ohne Bedeutung. Eine qualifizierte geografische Herkunftsangabe darf nicht schon verwendet werden, wenn die tatsächliche geografische Herkunft der Produkte der geografischen Herkunftsangabe entspricht, sondern nur dann, wenn die Waren oder Dienstleistungen tatsächlich die mit der geografischen Herkunftsangabe verbundenen Produktqualitäten aufweisen. Auch wenn die Angabe über die geografische Produktherkunft zutreffend ist, darf die Kennzeichnung also nur verwendet werden, wenn auch das Produkt die allgemein vorausgesetzte Qualität hat.[155] Allerdings müssen objektiv definierbare Eigenschaften in Bezug auf solche Produkte vorliegen, nicht ausreichend ist eine unbestimmte Vorstellung in dem Sinne, dass Ware dieser Herkunft „besonders gut" sei, weil sonst nie festgestellt werden könnte, ob das kritische Produkt den allgemeinen Erwartungen entspricht.[156] Durch § 127 Abs. 2 besteht der Qualitätsschutz unabhängig vom Vorliegen einer Irreführungsgefahr.

§ 127 Abs. 3 regelt den Schutz geografischer Herkunftsangaben mit einem be- **184** sonderen Ruf. Ein besonderer Ruf besteht, wenn die Verkehrskreise Produkte einer entsprechenden Herkunft besonders wertschätzen, ohne dass es auf die Kenntnis spezieller Produktmerkmale ankommt.[157] Voraussetzung dieses Kennzeichenschutzes ist eine unlautere und nicht gerechtfertigte Ausnutzung oder Beeinträchtigung des Rufs der geografischen Herkunftsangabe durch deren Benutzung für Waren oder Dienstleistungen anderer Herkunft. Dieser Rufgefährdungsschutz einer geografischen Herkunftsangabe besteht unabhängig vom Vorliegen einer Irreführungsgefahr über die geografische Herkunft. Die Benutzung muss nicht in Form eines Herkunftshinweises erfolgen, es genügen Bilddarstellungen oder auch Werbeaussagen (Champagner bekommen – Sekt bezahlen). Die Übertragung des Rufes der Herkunftsangabe auf die Waren des nicht berechtigten Nutzers muss überhaupt denkbar sein. Je berühmter eine geografische Herkunftsangabe ist (Champagner) desto eher kommt eine Rufausbeutung auch für entferntere Produktgruppen in Frage.[158]

---

154 *Fezer*, § 126 Rn 15.
155 *Fezer*, § 127 Rn 18.
156 Ingerl/Rohnke/*Ingerl/Rohnke*, § 126 Rn 11.
157 *Fezer*, § 127 Rn 22.
158 So zur obigen Werbeaussage, BGH, Urt. v. 17.1.2002 – I ZR 290/99 = GRUR 2002, 426 f.

185   Mitunter werden billige No-Name-Produkte dadurch aufgewertet, dass ihnen eine
bestimmte Herkunft zugeschrieben wird, so z.B. durch Verwendung des Begriffes
„Schweizer Qualität" zusammen mit der schweizerischen Landesfahne, so etwa bei
dem Vertrieb von „Schweizer Messern" oder sonstigen Gebrauchsgegenständen. Zwar
wird dabei offensichtlich der gute Ruf, den Schweizer Technik und Zuverlässigkeit
genießen, ausgebeutet. Ansonsten besteht aber keine Nähe zu echten Schweizer Produkten, d.h. es fehlt an der Nähe zu spezifischen Produkten, die aus der Sicht des Verbrauchers eine Rufübertragung (Imagetransfer) auf das Billigprodukt wahrscheinlich werden lässt.[159] Ebenso fehlt es für die als Gütemaßstab herangezogenen echten
Schweizer Messer (oder dergleichen) an klar definierten objektiven Qualitätsmerk-
malen, so dass auch eine qualifizierte Herkunftsangabe nicht vorliegt. Letztlich
handelt es sich nur um eine einfache Herkunftsangabe nach Abs. 1, deren Verwendung und Strafbarkeit weiter die Gefahr der Irreführung voraussetzt. Für eine Irreführungsgefahr über die geografische Produktherkunft wird bei einfachen geografischen
Herkunftsangaben keine Fehlvorstellung über bestimmte Qualitätsmerkmale des Produkts verlangt, es genügen allgemeine Verbrauchervorstellungen, die mit der Produktherkunft verbunden werden, wenn diese als kennzeichenrechtlich berechtigte
Verbrauchererwartungen und damit als schutzwürdig anzuerkennen sind.[160] Eine solche Erwartung wird man selbst bei einem allgemeinen Hinweis auf die Herkunft eines
normalerweise langlebigen Gebrauchsgegenstands aus der Schweiz annehmen müssen, ansonsten wäre die Herkunftsangabe aus der Sicht des Verwenders überflüssig.

186   Nach § 127 Abs. 4 besteht der Kennzeichenschutz der geografischen Herkunftsangaben auch gegenüber der Benutzung von Namen, Angaben oder Zeichen, die der
geschützten geografischen Herkunftsangabe ähnlich sind. Die Vorschrift regelt zudem die Benutzung von Zusätzen zur Verhinderung einer Irreführungsgefahr über
die geografische Herkunft oder einer Rufgefährdung der geografischen Herkunftsangabe. Es geht dabei vornehmlich um Fantasieangaben, durch die ein Irrtum über
die geografische Herkunft hervorgerufen werden kann, wenn diese Angaben vom
Verkehr sinngleich mit einer geografischen Herkunftsangabe verstanden wird.[161]

Tathandlungen

187 Die Tathandlung nach § 144 Abs. 1 Nr. 1 erfasst die unrechtmäßige Benutzung einer
einfachen oder qualifizierten Herkunftsangabe oder ähnlicher Angaben nach Abs. 4.

188   Als Tathandlung nach § 144 Abs. 1 Nr. 2 wird die widerrechtliche Benutzung einer geografische Herkunftsangabe, eines Namen, einer Angabe oder eines Zeichens
entgegen § 127 Abs. 3 erfasst, wenn dies im geschäftlichen Verkehr geschieht.

---

159 *Fezer*, § 127 Rn 23.
160 *Fezer*, § 127 Rn 10.
161 Ingerl/Rohnke/*Ingerl/Rohnke*, § 127 Rn 20.

Brandau

Beide Tatbestände werden erweitert durch den Verweis auf eine Rechtsverord- **189** nung nach § 137, die durch das Bundesministerium der Justiz zum Schutz von geografischen Herkunftsangaben erlassen werden kann. Von dieser Ermächtigung wurde bislang ein einziges Mal durch Erlass der Verordnung zum Schutz des Namen Solingen (Solingenverordnung – SolingenVO) vom 16. Dezember 1994[162] Gebrauch gemacht.

§ 1 Grundsatz

Der Name Solingen darf im geschäftlichen Verkehr nur für solche Schneidwaren benutzt werden, die

*1.	in allen wesentlichen Herstellungsstufen innerhalb des Solinger Industriegebiets bearbeitet und fertiggestellt*

worden sind und

*2.	nach Rohstoff und Bearbeitung geeignet sind, ihren arteigenen Verwendungszweck zu erfüllen.*

§ 2 Herkunftsgebiet

Das Solinger Industriegebiet umfaßt das Gebiet der kreisfreien Stadt Solingen und das Gebiet der im Kreis Mettmann gelegenen Stadt Haan.

§ 3 Begriff der Schneidwaren

Schneidwaren im Sinne des § 1 sind insbesondere:

*1.	Scheren, Messer und Klingen aller Art,*

*2.	Bestecke aller Art und Teile von solchen,*

*3.	Tafelhilfsgeräte, wie Tortenheber, Gebäckzangen, Zuckerzangen, Traubenscheren und Vorleger,*

*4.	Tafelwerkzeuge, wie Zigarrenabschneider, Brieföffner, Nußknacker und Korkenzieher, sowie schneidende Küchenwerkzeuge, wie Dosenöffner und Messerschärfer,*

*5.	Rasiermesser, Rasierklingen und Rasierapparate,*

*6.	Haarschneidemaschinen und Schermaschinen,*

*7.	Hand- und Fußpflegegeräte, wie Nagelfeilen, Haut- und Nagelzangen, Nagelknipser und Pinzetten,*

*8.	blanke Waffen aller Art.*

§ 4 Inkrafttreten

Diese Verordnung tritt am 1. Januar 1995 in Kraft.

162	BGBl. I S. 3833.

190 § 144 Abs. 2 enthält wie Abs. 1 wieder eine Blankettvorschrift, die sich auf die Verordnung Nr. 1151/2012[163] des Europäischen Parlaments und des Rates vom 21.11.2012 über Qualitätsregelungen für Lebensmittel und Agrarerzeugnisse bezieht. Nach dieser Verordnung können geografische Angaben mit dem Herkunftszeichen geschützte geografische Angabe (g.g.A.) versehen und bei der Vermarktung verwendet werden, wenn die in der Verordnung genannten Voraussetzungen erfüllt sind. Gemäß Art. 7 der Verordnung 1151/2012 müssen für das betreffende Produkt und seine geografische Herkunft besondere Anforderungen in Form einer Spezifikation festgelegt werden. Diese werden von den jeweiligen Herstellerverbänden unter Beteiligung der Landesregierungen erstellt und nach ihrer Vorlage bei der Europäischen Kommission wiederum in Form einer EG-Verordnung verabschiedet. Ziel der Verordnung Nr. 1151/2012 ist es, dass Produkte mit geografischen Herkunftszeichen wertsteigernde Merkmale oder Eigenschaften aufweisen und somit für eine besondere Qualität einstehen.

191 Die in Deutschland nach diesem Verfahren geschützten Produkte und deren Spezifikationen sind auf der Homepage des Deutschen Patent- und Markenamtes hinterlegt und können dort unter dem DPMA-Register eingesehen werden. Diese Liste umfasst derzeit 104 Produkte, die das Herkunftszeichen g.g.A. tragen dürfen. Darunter fallen z.B. Berliner Currywurst, Düsseldorfer Senf, Hessischer Apfelwein, Münchner Weißwurst, Thüringer Rostbratwurst usw. Für alle Produkte liegt eine Spezifikation vor, in der neben der geografischen Herkunft die jeweiligen Qualitätsmerkmale eingehend beschrieben sind. Die jeweilige Spezifikation kann durch Anklicken des Eintragungsaktenzeichens aufgerufen werden. Da insbesondere die Hersteller und die staatlich gelenkten Agrarförderungsgesellschaften an der Formulierung der Spezifikationen beteiligt sind, lesen sich diese mitunter wie eine Werbebotschaft und enthalten in den meisten Fällen auch Vorgaben betreffend die Herstellung, die mitunter nur schwierig zu erfüllen sind.

192 So heißt es in Abs. 37 der Präambel zur Verordnung:

Um zu gewährleisten, dass garantiert traditionelle Spezialitäten ihren Spezifikationen entsprechen und gleichbleibende Qualität aufweisen, sollten die zu Vereinigungen zusammengeschlossenen Hersteller das Erzeugnis selbst in Spezifikationen definieren.

193 Geschützt werden die eingetragenen Namen durch Art. 13 Abs. 1a) oder b) der Verordnung 1151/2012 (siehe Anhang I) gegen eine Verwendung des Namens für Erzeugnisse, die nicht unter die Eintragung fallen, wenn diese Erzeugnisse mit den unter dem Namen eingetragenen Erzeugnissen vergleichbar sind oder wenn durch diese Verwendung das Ansehen des geschützten Namens ausgenutzt wird. Für die

---

163 Insofern ist die in Abs. 2 genannte Verordnung Nr. 510/2006 überholt.

Strafbarkeit verlangt § 144 Abs. 2 eine widerrechtliche Verwendung des geschützten Namens für ein in der Spezifikation genanntes Erzeugnis im geschäftlichen Verkehr.

1. Reichweite des Schutzes

Von dem Verwendungsverbot des Art. 13 der Verordnung werden allerdings nicht **194** nur Produkte erfasst, die eine **andere als die angegebene Herkunft** aufweisen, sich demnach zu Unrecht mit der geschützten geografischen Bezeichnung schmücken. Die Verwendung eines geschützten Namens ist schon dann untersagt, wenn das Erzeugnis zwar der geografischen Herkunft entspricht, aber **nicht die in der Spezifikation aufgeführten Qualitätsmerkmale** aufweist. Damit sollen ein gleichbleibender Qualitätsstandard der agrarischen Erzeugnisse gesichert und die Verbraucher vor einer nicht zutreffenden Produktkennzeichnung geschützt werden. Es geht darum, das Vorhandensein der besonderen Merkmale, die aus Verbrauchersicht mit dem geografischen Ursprung verknüpft werden, zu gewährleisten.

2. Überwachung der Spezifikation

Nach Art. 37 Abs. 1 der Verordnung 1151/2012 sind die Qualitätsregelungen der Spe- **195** zifikation durch staatliche Stellen zu überwachen. Nach § 134 MarkenG haben die Länder für die Überwachung zu sorgen, womit in der Regel die Mittelbehörden, also die Regierungspräsidien, betraut sind. Den Überwachungsstellen ist es nach § 134 Abs. 1 erlaubt,

während der Geschäfts- oder Betriebszeit
1. *Geschäftsräume und Grundstücke, Verkaufseinrichtungen und Transportmittel betreten und dort Besichtigungen vorzunehmen,*
2. *Proben gegen Empfangsbescheinigung zu entnehmen; auf Verlangen des Betroffenen ist ein Teil der Probe oder, falls diese unteilbar ist, eine zweite Probe amtlich verschlossen und versiegelt zurückzulassen,*
3. *Geschäftsunterlagen einzusehen und zu prüfen,*
4. *Auskunft zu verlangen.*

Diese Befugnisse erstrecken sich auch auf Agrarerzeugnisse oder Lebensmittel, die **196** an öffentlichen Orten, insbesondere auf Märkten, Plätzen, Straßen oder im Umherziehen in den Verkehr gebracht werden.

3. Aspekte des Ermittlungsverfahrens

197 Eine solche staatliche Kontrolle, wie sie bei mehreren hessischen Apfelweinherstellern im Jahr 2014 erfolgt ist, kann zu dem Ergebnis führen, dass die geschützte geografische Angabe, hier: „Hessischer Apfelwein", zu Unrecht verwendet worden ist. Entgegen der Spezifikation war als Ausgangsstoff nicht reiner Apfelsaft sondern importiertes Apfelsaftkonzentrat verwendet worden, was zwangsläufig dessen Rückverdünnung nötig machte. Dies stellt nach Auffassung der Überwachungsstelle eine unzulässige Zugabe von Wasser dar. Gegen diese Bewertung hatten die betroffenen Hersteller Protest erhoben, da zum einen die Menge der einheimischen Äpfel für die Einhaltung der Spezifikation nicht ausreichend, zum anderen die Herstellung von Apfelwein aus Apfelsaftkonzentrat lebensmittelrechtlich erlaubt sei und sogar einem langjährig anerkannten Herstellungsverfahren entspreche. Selbst wenn eine solche Tradition existierte, steht dem der Wortlaut der Spezifikation entgegen, die den Zusatz von Wasser oder Zucker bei der Herstellung von Hessischem Apfelwein ausdrücklich nicht erlaubt (s. Anhang II). Damit ist zwar das Herstellungsverfahren als solches nicht zu beanstanden, allerdings ist die Verwendung der geschützten Herkunftsangabe für ein solches Erzeugnis nicht erlaubt.

198 An diesem Beispiel mag deutlich werden, dass die von den Herstellern selbst aufgestellten Vorgaben mitunter schwer zu erfüllen sind, was diese im konkreten Fall veranlasst hat, eine nach Art. 53 VO zulässige Änderung der Spezifikation in die Wege zu leiten. An der unzulässigen Verwendung des geschützten Herkunftszeichens für die bereits in den Verkehr gebrachten Erzeugnisse vermag auch die spätere Änderung der Spezifikation nichts zu ändern. Die Staatsanwaltschaft Frankfurt, bei der mehrere Ermittlungsverfahren gegen Apfelweinhersteller wegen Vergehen nach § 144 Abs. 2 MarkenG anhängig waren, hat unter Zugrundelegung dieser Auffassung die Verfahren gemäß § 153a StPO gegen Geldauflagen eingestellt. Die von Seiten des Amtes vorgeschlagene Anklageerhebung zum Amtsgericht mit dem Ziel eines gerichtlichen Vorlagebeschlusses zum EuGH, was eine Klärung der strittigen Rechtsfrage hätte bedeuten können, wurde aber von keinem der Beschuldigten für zweckmäßig erachtet.

III. Anhang

199 Anhang 1 – Artikel 13 der Verordnung 1151/2012

(1) Eingetragene Namen werden geschützt gegen
a) jede direkte oder indirekte kommerzielle Verwendung eines eingetragenen Namens für Erzeugnisse, die nicht unter die Eintragung fallen, wenn diese Erzeugnisse mit den unter diesem Namen eingetragenen Erzeugnissen vergleichbar sind oder wenn durch diese Verwendung das Ansehen des geschützten

Namens ausgenutzt wird, auch wenn diese Erzeugnisse als Zutaten verwendet werden;

b) jede widerrechtliche Aneignung, Nachahmung oder Anspielung, selbst wenn der tatsächliche Ursprung des Erzeugnisses oder der Dienstleistung angegeben ist oder wenn der geschützte Name in Übersetzung oder zusammen mit Ausdrücken wie „Art", „Typ", „Verfahren", „Fasson", „Nachahmung" oder dergleichen verwendet wird, auch wenn dieses Erzeugnis als Zutat verwendet wird;

c) alle sonstigen falschen oder irreführenden Angaben, die sich auf Herkunft, Ursprung, Natur oder wesentliche Eigenschaften der Erzeugnisse beziehen und auf der Aufmachung oder der äußeren Verpackung, in der Werbung oder in Unterlagen zu den betreffenden Erzeugnissen erscheinen, sowie die Verwendung von Behältnissen, die geeignet sind, einen falschen Eindruck hinsichtlich des Ursprungs zu erwecken;

d) alle sonstigen Praktiken, die geeignet sind, den Verbraucher in Bezug auf den tatsächlichen Ursprung des Erzeugnisses irrezuführen.

Enthält eine geschützte Ursprungsbezeichnung oder eine geschützte geografische Angabe den als Gattungsbezeichnung angesehenen Namen eines Erzeugnisses, so gilt die Verwendung dieser Gattungsbezeichnung nicht als Verstoß gegen die Buchstaben a oder b.

(2) Geschützte Ursprungsbezeichnungen und geschützte geografische Angaben können keine Gattungsbezeichnungen werden.

(3) Die Mitgliedstaaten unternehmen die angemessenen administrativen und rechtlichen Schritte, um die widerrechtliche Verwendung von geschützten Ursprungsbezeichnungen und geschützten geografischen Angaben gemäß Absatz 1 für Erzeugnisse zu vermeiden oder zu beenden, die in dem jeweiligen Mitgliedstaat erzeugt oder vermarktet werden.

Hierzu benennen die Mitgliedstaaten die Behörden, die dafür zuständig sind, dass diese Schritte im Einklang mit von den einzelnen Mitgliedstaaten festgelegten Verfahren unternommen werden. Diese Behörden müssen angemessene Garantien für Objektivität und Unparteilichkeit bieten und über qualifiziertes Personal und Ressourcen zur Wahrnehmung ihrer Aufgaben verfügen.

Anhang 2 – DPMA-Register

Fassung der Produktspezifikation, die der Eintragung zugrunde liegt Schutzkatego- **200** rie: g.g.A.
Aktenzeichen: 305 99 009.8
Hessischer Apfelwein
Antragstellende Vereinigung/Antragsteller:
Name: Verband der Hessischen Apfelwein- und Fruchtsaftkeltereien e.V.

Brandau

Anschrift: Frankfurter Straße 20, 63150 Heusenstamm
Telefon:
Telefax:
E-Mail:
Zusammensetzung: Erzeuger/Verarbeiter (X) Andere (X)
Vertreter: –
Name: –
Anschrift: –
Telefon: –
Telefax: –
E-Mail: –
Verordnung zur Eintragung der Bezeichnung:
Verordnung (EU) Nr. 976/2010 der Kommission vom 29.10.2010 (ABl. L 285 vom 30.10.2010, S. 13)
Fundstelle der Veröffentlichung des Antrags im Amtsblatt der EU:
ABl. C 41 vom 18.02.2010, S. 13
Art des Erzeugnisses:
Klasse 1.8: Andere unter Anhang I fallende Erzeugnisse
(Gewürze usw.)
Produktspezifikation:
(alle Angaben nach Art. 7 Abs. 1 der Verordnung (EU) Nr. 1151/2012)

a) Name: Hessischer Apfelwein

b) Beschreibung: Hessischer Apfelwein ist ein vergorenes Erzeugnis aus Apfelsaft mit einem Fruchtgehalt von 100%, dessen Vergärung, Klärung und Abfüllung ausschließlich in Hessen erfolgt. Hessischer Apfelwein ist goldgelb in der Farbe. Traditionell wird er aus Äpfeln von Streuobstwiesen hergestellt, die sich durch einen hohen Säuregehalt auszeichnen (mindestens 6 g/l), der auch typisch für alte Apfelsorten ist. Für hessischen Apfelwein dürfen nur Äpfel verwendet werden, die diesen Anforderungen entsprechen. Der herbe Geschmack entsteht auch durch die vollständige Vergärung. Dadurch unterscheidet sich der Hessische Apfelwein grundlegend von Apfelweinen anderer Regionen. Die Spritzigkeit ergibt sich durch Kohlensäure, die während der Vergärung entsteht. Der Alkoholgehalt beträgt mindestens 5 Volumen-% und es ist ein zuckerfreier Extrakt von mindestens 18 g/l vorhanden. Darüber hinaus ist ein Mindestgehalt von 4 g/l nichtflüchtiger Säuren und maximal 0,8 g/l flüchtiger Säuren vorhanden. Der Zusatz von Wasser oder Zucker bei der Herstellung von Hessischem Apfelwein ist nicht erlaubt.

c) Geografisches Gebiet: Bundesland Hessen

Brandau

d) Ursprungsnachweis: Im Rahmen der Zertifizierung der Betriebe werden Vor-Ort-Kontrollen durchgeführt, bei der sowohl eine Dokumentenprüfung als auch die Entnahme von Stichproben erfolgt. Die Rückverfolgbarkeit für den Verbraucher erfolgt über das Etikett, das neben den Angaben zum Hersteller die Angabe „Hessischer Apfelwein" enthält und mit dem offiziellen Zeichen nach VO (EWG) Nr. 2037/93 „geschützte geographische Angabe" versehen ist. Über die Kennzeichnung auf jeder einzelnen abgefüllten Flasche, wie Chargennummern oder das Mindesthaltbarkeitsdatum, ist die Charge bzw. der Tag der Abfüllung nachprüfbar – auch für die Verbraucherinnen und Verbraucher. Darüber hinaus gilt das deutsche Produkthaftungsgesetz sowie die Produzentenhaftung aus §§ 823 ff. BGB.

e) Herstellungs-/Gewinnungsverfahren: Hessischer Apfelwein wird zu 97% aus Äpfeln hergestellt, die vorzugsweise von Streuobstwiesen stammen. Traditionell wird Hessischer Apfelwein ausschließlich aus Äpfeln gemacht. Der Saft aus der Speyerling-Frucht wird einzeln zugesetzt und nimmt dem Apfelwein die Trübung. Weit über 95% des in Hessen hergestellten Apfelweins ist rein aus Äpfeln. Streuobstanbau bedeutet eine große Alternanz der Ernteerträge. Die Bäume tragen in einem Jahr sehr viel, im darauf folgenden Jahr sehr wenig. Ziel der Keltereien ist es, den Apfelwein fast ausschließlich aus hessischen Äpfeln zu machen. Müssen Äpfel aus anderen Regionen hinzu gekauft werden, so gilt ein Mindestsäuregehalt von 6 g/l als Parameter für Qualität. Streuobstwiesen zeichnen sich zudem durch eine große Vielfalt der Apfelsorten aus. Insgesamt gibt es in Hessen über 2.000 verschiedene Apfelsorten. Diese Sortenvielfalt ist eine Besonderheit des hessischen Apfelweins. Die Herstellung erfolgt mit wechselnden Gewichtsanteilen der verschiedenen Apfelsorten. Für den hessischen Apfelwein verwendete Sorten sind unter anderem: Alkmene, Elstar, Holzapfel, Pilot, Ananasrenette, Glockenapfel, Idared, Rheinischer Bohnapfel, Berlepsch, Goldparmäne, Jacob Lebel, Schafsnase, Berner Rosenapfel, Gelber Edelapfel, James Grieve, Topaz, Bittenfelder, Gehrer Rambour, Jonagold, Weinapfel, Blenheimer, Gewürzluike, Kaiser Wilhelm, Winterrambour, Brettacher, Golden Delicious; Landsberger Renette, Zabergäu-Renette, Boskoop, Gravensteiner, Geheimrat Oldenburg, Cox Orange, Hauxapfel, Ontario. Diese Sorten sind hervorragend für die hessischen Witterungs- und Bodenverhältnisse geeignet und werden traditionell zur Verarbeitung zu Apfelwein verwendet. Aus den Früchten wird zunächst Saft hergestellt, der dann zur Weiterverarbeitung dient. Dann erfolgt die Vergärung mit natürlichen, wilden Hefen oder aber Reinzuchthefen. Der „Hessische Apfelwein" ist vollständig durchgegoren und hat einen Alkoholgehalt von mindestens 5 Vol. %. Die Klärung erfolgt durch Zentrifugieren, Schönen und Filtrieren. Die Schönung erfolgt mit Speisegelatine, technisch reinem Kieselsol oder Bentonit. Das Filtrieren kann sowohl mit als auch ohne Filterhilfsstoffe erfolgen. Der Zusatz von Schwefliger Säure als Antioxidanz ist auf 200 mg/l begrenzt. Zur Säurekorrektur ist ausschließlich Milchsäure bis max. 2 g/l erlaubt. Zur Farbkorrektur ist die Beigabe von Zuckercouleur zulässig. Die Oxidation, die bei einem Transport oder einer Zwischenlagerung

Brandau

stattfindet, wirkt sich negativ auf die charakteristischen Merkmale des Apfelweins aus. Aus diesem Grund sollte der Hessische Apfelwein direkt aus dem Gärtank abgefüllt werden. Die Vergärung des Apfelsafts sowie seine Klärung und Abfüllung erfolgen ausschließlich in Hessen.

f) Zusammenhang mit dem geografischen Gebiet:

(1) Besonderheiten des geografischen Gebiets: Ausgangsstoff des Hessischen Apfelweins sind Kelteräpfel, die vorzugsweise auf den typisch hessischen „Streuobstwiesen" gewonnen werden. Streuobstwiesen gehören fast überall in Hessen traditionell zur Kulturlandschaft. Vielerorts prägen sie noch heute das Landschaftsbild. Durch die Pflege der Streuobstwiesen gibt es noch viele hundert traditionelle Apfelsorten, die dem Klima und den Böden der jeweiligen Region angepasst und wenig empfindlich sind. Sie sind ein kostbares Kulturgut, das es zu bewahren und weiterzuentwickeln gilt. So haben die hessischen Keltereien die Nutzung der hessischen Streuobstwiesen als Wirtschaftsfaktor bis heute gesichelt. Kelteräpfel sind Äpfel, die nicht als Tafelobst verwendet werden. Die Optik spielt eine untergeordnete Rolle. Zwar dürfen die Äpfel keine Faulstellen haben, aber kleine Druckstellen sind nicht von Bedeutung. Aus diesem Grund können Kelteräpfel vom Baum geschüttelt und anschließend vom Boden aufgelesen werden. Tafelobst hingegen wird per Hand gepflückt.

(2) Besonderheiten des Erzeugnisses: Hessischer Apfelwein ist eine hessische Spezialität mit langer Tradition, die weit über die Landesgrenzen hinaus bekannt ist und — vor allem in der Region — ein hohes Ansehen genießt. Die vielfältigen Sorten sind es, die dem Hessischen Apfelwein den besonderen Geschmack geben. Der Hessische Apfelwein ist im Bundesland Hessen ein fest verankerter Bestandteil der Kultur („Nationalgetränk"). Er hat sich im Rhein-Main-Gebiet und den angrenzenden Mittelgebirgen als Volksgetränk etabliert. Die hessische Bevölkerung identifiziert sich in hohem Maße mit dem Apfelwein. In Abgrenzung zu anderen Regionen in Deutschland, aber auch zu anderen Ländern, ist die vollständige Vergärung des Apfelsaftes, dessen Resultat ein herber Apfelwein ist, eine Besonderheit für Hessen.

(3) Ursächlicher Zusammenhang: Die durch die heimische Rohstoffbasis geförderte jahrhundertealte Tradition der Apfelwein-Herstellung in Hessen, die feste Verankerung des Apfelweins in der hessischen Kultur sowie der durch die Sortenvielfalt der verwendeten Kelteräpfel und die im Herkunftsgebiet übliche Produktionsweise der vollständigen Vergärung bedingte charakteristische Geschmack haben dazu geführt, dass es sich beim Hessischen Apfelwein um eine bekannte und geschätzte regionale Spezialität handelt. Auch die Geschichte zeugt von der engen Verknüpfung von Hessen und dem Hessischen Apfelwein. Schon aus der von Karl dem Gro-

ßen im Jahr 800 erlassenen „capitular de villis" geht hervor, dass es schon damals Fachleute für die Herstellung des Apfelweins gegeben haben muss. In der Folgezeit verlor der Apfelwein zugunsten des Weines an Bedeutung. Erst im 16. Jahrhundert begann die Erfolgsgeschichte des Hessischen Apfelweins mit dem Ausgangspunkt Frankfurt. Dort fiel der bis dahin verbreitete Weinanbau Rebkrankheiten zum Opfer, so dass auf andere Obstsorten, vor allen Dingen robuste Äpfel, ausgewichen wurde. Zunächst wurde jedoch verstärkt für den eigenen Hausgebrauch gekeltert, wobei der Apfelwein bei den Gärtnern schon seit längerer Zeit als Hausgetränk galt. Im Jahr 1779 wurde mit dem Gasthaus „Zur goldenen Krone" in Hochstadt (heute Main-Kinzig-Kreis) die älteste, heute noch bestehende Kelterei Hessens gegründet. Auch wenn die Quellenlage zur Geschichte des Apfelweins primär auf die Stadt Frankfurt bezogen ist, lässt sich anhand anderer Quellen doch sehr gut erkennen, dass dem Apfelwein auch außerhalb des Frankfurter Einzugsbereiches eine enorme Bedeutung zukommt. Das Getränk selbst erlebte in der Neuzeit einen kulturellen Höhepunkt in den 60er/70er Jahren vor allem mit der Fernsehsendung „Zum Blauen Bock" im Hessischen Rundfunk. Selbstverständlich geht mit dem Hessischen Apfelwein auch die entsprechende Darreichungsform einher. Wie auch der Apfelwein werden der „Bembel", der traditionelle Krug, und „das Gerippte", das traditionelle Apfelweinglas mit Rautenmuster, sofort mit Hessen in Verbindung gebracht. Die Bedeutung des Apfelweines in Hessen, vor allem im Vergleich zu dem restlichen Gebiet der Bundesrepublik, lässt sich an Hand der Verbrauchszahlen ablesen. So ist auch den Statistiken des Verbandes der Hessischen Apfelwein- und Fruchtsaft-Keltereien und des Verbandes der deutschen Fruchtwein- und Fruchtschaumwein-Industrie (Bonn) zufolge der Konsum in Hessen mit ca. 10 Liter pro Kopf der Bevölkerung um ein Zehnfaches höher gegenüber ca. 1 Liter pro Kopf in Deutschland. Die Verbundenheit und Identifikation der Bevölkerung mit dem Apfelwein wird durch die wiederkehrenden Aktivitäten der Keltereien gefördert. Als fest etablierte Aktionen, die den Apfelwein zum Hintergrund haben, sind zu nennen: Anfang der 90er Jahre haben sich die „Süßer-Feste" als fester Bestandteil der öffentlichen Aktivitäten hessischer Keltereien entwickelt. Sie signalisieren der Bevölkerung den Kelterbeginn in der jeweiligen Region mit regelmäßigen Schaukelteraktionen, Besichtigungen und erläutern den Besuchern Ablauf und Technik der Apfelweinherstellung. Somit wird eine Verbindung zwischen der Bevölkerung und Apfelwein hergestellt bzw. erhalten. Die vom Verband und dem Land Hessen 1995 initiierte Hessische Apfelwein- und Obstwiesenroute mit heute sechs Regionalschleifen trägt als landwirtschaftlich-touristische Attraktion in den entsprechend typischen Streuobst- und Keltergebieten Hessens dazu bei, die Kultur und Tradition des Hessischen Apfelweins zu pflegen und zu fördern. Die Wiederbelebung des traditionellen Apfelwein-Anstichs im Januar durch den Verband in einer jährlich wiederkehrenden öffentlichen Aktion in Verbindung mit dem Hessischen Ministerpräsidenten und das Interesse der Bevölkerung sowie der Medien zeigt auch hier die Verwurzelung des traditionellen Getränks Apfelwein in Hessen. Eine Marktforschungsstudie unter

Brandau

hessischen Verbrauchern hat bestätigt, dass diese den Apfelwein als ein sehr traditionelles Getränk sehen – auch in Verbindung mit dem „Bembel" und dem „Gerippten" – und diesen mit Hessen identifizieren.

g) Kontrolleinrichtung(en):
Name: Regierungspräsidium Gießen, Abt. V, Dezernat
51.2
Anschrift: Schanzenfeldstraße 8, D-35578 Wetzlar
Telefon: +49 641 303-0
Telefax: +49 641 303-5109
E-Mail: dez51.2@rpgi.hessen.de

h) Etikettierung:
–

i) Gemeinschaftliche/einzelstaatliche Rechtsvorschriften:
Leitsätze für weinähnliche und schaumweinähnliche Getränke (Deutsches Lebensmittelbuch)

201 Anhang 3 – Mögliche Formulierung der wesentlichen Ergebnisse der Ermittlungen:
(§ 143a Abs. 1 Nr. 2, 2 i.V.m. § 143 Abs. 2 MarkenG, §§ 25 Abs. 2, 53 StGB)

Fall: Nicht genehmigter Vertrieb von Buttons im Internet

Die Beschuldigten sind der gewerbsmäßigen, gemeinschaftlich begangenen Gemeinschaftsmarkenverletzung in einer Vielzahl von Fällen gemäß § 143a Abs. 1 Nr. 2, 2 i.V.m. § 143 Abs. 2 MarkenG, §§ 25 Abs. 2, 53 StGB hinreichend verdächtig.

Nach § 143a Abs. 1 Nr. 2, 2 i.V.m. § 143 Abs. 2 MarkenG ist zu bestrafen, wer die Rechte des Inhabers einer Unionsmarke nach Artikel 9 Abs. 2 GMV verletzt, indem er trotz eines Verbotes und ohne Zustimmung des Markeninhabers im geschäftlichen Verkehr ein Zeichen benutzt, wenn wegen der Identität des Zeichens mit der Unionsmarke und der Ähnlichkeit der durch die Unionsmarke und das Zeichen erfassten Waren für das Publikum die Gefahr von Verwechslungen besteht, einschließlich der Gefahr, dass das Zeichen mit der Marke gedanklich in Verbindung gebracht wird.

Die Beschuldigten sind Mittäter i.S.d. § 25 Abs. 2 StGB. Die Beschuldigten aufgrund eines gemeinsamen Tatplans, weil sie abwechselnd Bestellungen annehmen und bearbeiten und die Tathandlungen jeweils selbst vollständig verwirklichen.

Die Marken „Swoosh Design" (✔) (Reg.-Nrn. 277632 und 277517) und „Just do it" (Reg.-Nr. 514984) sind rechtsgültig und gewähren der geschädigten Schutzrechtsinhaberin gem. Artikel 9 Abs. 2 UMV das ausschließliche Recht, sie zur Kennzeichnung der für sie geschützten Waren zu benutzen.

Die Beschuldigten benutzen mit den Marken „Swoosh Design" (✔) (Reg.-Nrn. 277632 und 277517) und „Just do it" (Reg.-Nr. 514984) identische Zeichen entgegen Art. 9 Abs. 2 lit. a) und b) UMV, indem sie diese Marken auf Buttons gem. der Abb. Bl. d. A 57, 80 und 81 drucken und sie feilbieten. „Benutzen" i.S.d. des § 143 a MarkenG ist auch gegeben, wenn die Unionsmarke auf Waren angebracht und Ware unter der Unionsmarke angeboten und in den Verkehr gebracht wird, vgl. Art. 9 Abs. 1 Satz 2 lit. b), Abs. 2 lit. a) und b) GMV. Insbesondere sind auch die Marken „Swoosh Design" (✔) (Reg.-Nrn. 277632 und 277517) identisch übernommen. Buttons und Kleidung sind einander ähnliche Waren.

Die Beschuldigten benutzen mit den Marken „Swoosh Design" (✔) (Reg.-Nrn. 277632 und 277517) und „Just do it" (Reg.-Nr. 514984) identische Zeichen für ähnliche Ware wie die, für die die Unionsmarken der geschädigten Schutzrechtsinhaberin geschützt sind. Ähnlichkeit wird bei Waren angenommen, wenn die verschiedenen Waren im Markt komplementär sind, d.h. dass der Verbraucher, der die eine Ware nachfragt, zur Ergänzung dieser auch die andere Ware erwerben kann. Buttons dienen der Verzierung auch von Kleidung und sind daher als im Verhältnis zu Kleidung und Sportkleidung normal ähnliche Ware anzusehen.

Die Benutzung der Marken „Swoosh Design" (✔) (Reg.-Nrn. 277632 und 277517) und „Just do it" (Reg.-Nr. 514984) für ähnliche Ware wie die, für die die Unionsmarken der Geschädigten Schutzrechtsinhaberin geschützt sind, begründet für den Verkehr die Gefahr von Verwechslungen i.S.d. § 143a Abs. 1 Nr. 2 MarkenG.

Neben der Ähnlichkeit der erfassten Waren und der Kennzeichnungskraft der geltend gemachten Marken ist zur Beurteilung, ob seitens der beteiligten Verkehrskreise die Gefahr von Verwechslungen zweier Zeichen zu befürchten ist, zudem die Identität bzw. die Ähnlichkeit der Zeichen heranzuziehen, wobei alle drei Faktoren für die Beurteilung der Verwechslungsgefahr in Wechselwirkung zueinander stehen.

Nachdem mit den Unionsmarken der Geschädigten Schutzrechtsinhaberin identische Zeichen benutzt werden und die Kennzeichnungskraft der Marken der Geschädigten Schutzrechtsinhaberin überaus hoch ist (vgl. oben Bl. d.A. 3 sowie die entsprechenden Bekanntheitsnachweise), bedarf es für die Annahme einer Verwechslungsgefahr nur einer vergleichsweise geringen Warenähnlichkeit. Hier ist jedoch sogar eine durchschnittliche Ähnlichkeit zwischen den Waren gegeben, so dass eine Verwechslungsgefahr gegeben ist.

Die Benutzung erfolgt ohne Zustimmung der Inhaberin der Marken.

Die Benutzung von mit den berühmten Unionsmarken der Geschädigten Schutzrechtsinhaberin identischer Zeichen indiziert, dass die Beschuldigten diese Zeichen absichtlich verwendeten, um die Absatzchancen zu erhöhen, denn sie wollten den unappetitlichen Inhalten der Buttons eine hinreichende Aufmerksamkeit sichern und einen nach dem Geschmack der potentiellen Käuferschaft einen humoristischen Anstrich verleihen.

Aufgrund des Vertriebsumfangs ist davon auszugehen, dass hier gewerbsmäßig i.S.d. § 143 Abs. 2 MarkenG gehandelt wurde.

Es wird angeregt, die Konten der Beschuldigten zum Zwecke der Rückgewinnungshilfe zu beschlagnahmen. Die gegenständlichen Buttons sollten gem. §§ 143a Abs. 2, 143 Abs. 5 Satz 1 MarkenG vernichtet werden.

Kapitel 2
Gesetz gegen den unlauteren Wettbewerb

I. Strafbare Werbung

Wer in der Absicht, den Anschein eines besonders günstigen Angebots hervorzurufen, in öffentlichen Bekanntmachungen oder in Mitteilungen, die für einen größeren Kreis von Personen bestimmt sind, durch unwahre Angaben irreführend wirbt, wird mit Freiheitsstrafe bis zu zwei Jahren oder mit Geldstrafe bestraft.

Die Vorschrift dient dem Schutz des Verbrauchers wie auch dem der Mitbewerber.[1] **1** Obwohl der Tatbestand einen Vermögensschaden nicht voraussetzt, sollen die Verbraucher vor vermögensschädigenden oder zweckverfehlenden Einsatz ihrer Mittel geschützt werden. Er stellt ein abstraktes Gefährdungsdelikt dar, der keine tatsächliche Täuschung oder Irreführung voraussetzt. Es werden betrügerische Praktiken in der Werbung sanktioniert, durch die aber der Tatbestand des Betruges nicht erfüllt sein muss. Man kann die Vorschrift als einen Auffangtatbestand zum Betrug verstehen.

1. Objektiver Tatbestand

Es muss durch öffentliche Bekanntmachungen oder Mitteilungen für einen größeren **2** Personenkreis geworben werden. Unter öffentliche Bekanntmachungen fallen Werbeanzeigen in Zeitungen, Rundfunk oder Fernsehen oder auch Werbung, die sich an der Ware selbst befindet.[2] Die Werbung muss sich an einen unbegrenzten Personenkreis, also an jedermann, richten, wobei eine tatsächliche Kenntnisnahme durch den Verbraucher nicht vorausgesetzt wird.

Unter Mitteilungen für einen größeren Personenkreis fallen insbesondere die **3** heute üblichen Massendrucksachen oder Serienbriefe, die an eine Vielzahl von Haushalten versandt werden. Dabei ist es unschädlich, wenn sich die Werbung als persönliches Schreiben ausgibt und der Empfänger persönlich, also mit vollem Namen angesprochen wird, solange sich aus den Umständen ergibt, dass die Werbung mit einem standardisierten Text versehen und mithilfe von Adressverzeichnissen an eine größere Zahl von Empfängern verschickt wird.[3] Ebenso ist es ausreichend,

---

1 BGH, Urt. v. 26.10.1977 – 2 StR 432/77 = BGHSt 27, 293.
2 Köhler/Bornkamm/*Bornkamm*, § 16 Rn 13.
3 Köhler/Bornkamm/*Bornkamm*, § 16 Rn 15.

wenn die Mitteilung den Personenkreis sukzessive erreicht, wie es z.B. bei Produktvorführungen auf Messen o.ä. der Fall ist.[4] Auch für diese Art der Werbung ist eine tatsächliche Kenntnisnahme durch den Adressaten nicht erforderlich. Daneben kann sich die Mitteilung auch an Schaufensterauszeichnungen, in Adress- oder Telefonbüchern oder Jahresberichten befinden.

4   Es muss durch Angaben geworben werden, die sich nach alter Fassung auf geschäftliche Verhältnisse beziehen mussten. Auch wenn der Tatbestand diese Beschränkung fallen gelassen hat, werden nur solche Angaben erfasst, die sich auf das beworbene Produkt oder die Dienstleistung beziehen. Die im Jahr 2008 geänderte Fassung spricht nun von geschäftlichen Handlungen. Die Vorschrift, in vernünftiges Deutsch übersetzt, ist so zu verstehen: Unlauter handelt, wer im geschäftlichen Verkehr irreführende Angaben macht".[5] Die für den Tatbestand relevanten Angaben werden in § 5 Abs. 1 UWG aufgezählt, wobei sie sich auf eines der in Nr. 1 bis Nr. 7 genannten Kriterien beziehen müssen.

5   Während das Irreführungsverbot des § 5 für alle Angaben im geschäftlichen Verkehr gilt, also auch für solche, die gegenüber einzelnen Personen oder Personengruppen gemacht werden ,[6] setzt der Tatbestand des § 16 Abs. 1 weiterhin voraus, dass sie in öffentlichen Bekanntmachungen oder Mitteilungen an einen größeren Kreis von Personen geäußert werden. Dabei ist das Verbot nicht auf Angaben vor dem Geschäftsabschluss beschränkt, es erfasst auch Angaben, die bei oder nach dem Geschäftsabschluss gemacht werden.[7]

Verweis auf § 5 UWG (Irreführende geschäftliche Handlungen)

§ 5 UWG – Irreführende geschäftliche Handlungen

(1) Unlauter handelt, wer eine irreführende geschäftliche Handlung vornimmt. Eine geschäftliche Handlung ist irreführend, wenn sie unwahre Angaben enthält oder sonstige zur Täuschung geeignete Angaben über folgende Umstände enthält:

1. die wesentlichen Merkmale der Ware oder Dienstleistung wie Verfügbarkeit, Art, Ausführung, Vorteile, Risiken, Zusammensetzung, Zubehör, Verfahren oder Zeitpunkt der Herstellung, Lieferung oder Erbringung, Zwecktauglichkeit, Verwendungsmöglichkeit, Menge, Beschaffenheit, Kundendienst und Beschwerdeverfahren, geographische oder betriebliche Herkunft, von der Verwendung zu erwartende Ergebnisse oder die Ergebnisse oder wesentlichen Bestandteile von Tests der Waren oder Dienstleistungen;

---

4 BGH, Urt. v. 15.12.1971 – 2 StR 566/71 = GRUR 1972, 479 f.
5 Köhler/Bornkamm/*Bornkamm*, § 16 Rn 2.2.
6 Köhler/Bornkamm/*Bornkamm*, § 16 Rn 2.16.
7 Köhler/Bornkamm/*Bornkamm*, § 16 Rn 2.26.

2. den Anlass des Verkaufs wie das Vorhandensein eines besonderen Preisvorteils, den Preis oder die Art und Weise, in der er berechnet wird, oder die Bedingungen, unter denen die Ware geliefert oder die Dienstleistung erbracht wird;

3. die Person, Eigenschaften oder Rechte des Unternehmers wie Identität, Vermögen einschließlich der Rechte des geistigen Eigentums, den Umfang von Verpflichtungen, Befähigung, Status, Zulassung, Mitgliedschaften oder Beziehungen, Auszeichnungen oder Ehrungen, Beweggründe für die geschäftliche Handlung oder die Art des Vertriebs;

4. Aussagen oder Symbole, die im Zusammenhang mit direktem oder indirektem Sponsoring stehen oder sich auf eine Zulassung des Unternehmers oder der Waren oder Dienstleistungen beziehen;

5. die Notwendigkeit einer Leistung, eines Ersatzteils, eines Austauschs oder einer Reparatur;

6. die Einhaltung eines Verhaltenskodexes, auf den sich der Unternehmer verbindlich verpflichtet hat, wenn er auf diese Bindung hinweist, oder

7. Rechte des Verbrauchers, insbesondere solche auf Grund von Garantieversprechen oder Gewährleistungsrechte bei Leistungsstörungen.

(2) Eine geschäftliche Handlung ist auch irreführend, wenn sie im Zusammenhang mit der Vermarktung von Waren oder Dienstleistungen einschließlich vergleichender Werbung eine Verwechslungsgefahr mit einer anderen Ware oder Dienstleistung oder mit der Marke oder einem anderen Kennzeichen eines Mitbewerbers hervorruft.

(3) Angaben im Sinne von Absatz 1 Satz 2 sind auch Angaben im Rahmen vergleichender Werbung sowie bildliche Darstellungen und sonstige Veranstaltungen, die darauf zielen und geeignet sind, solche Angaben zu ersetzen.

(4) Es wird vermutet, dass es irreführend ist, mit der Herabsetzung eines Preises zu werben, sofern der Preis nur für eine unangemessen kurze Zeit gefordert worden ist. Ist streitig, ob und in welchem Zeitraum der Preis gefordert worden ist, so trifft die Beweislast denjenigen, der mit der Preisherabsetzung geworben hat.

Von den in § 5 Abs. 1 aufgezählten Merkmalen sind in der Praxis der Anlass des Ver- **6** kaufs der Ware und die Art und Weise der Berechnung des Preises am häufigsten Gegenstand von Strafanzeigen. Der Verkaufsanlass, der Verbraucher am meisten anzieht und deshalb als Mitteilung oft herausgestellt wird, ist der Total-Ausverkauf eines Geschäftes, was besonders im Teppichhandel gang und gäbe ist. Daneben ist die Preisbildung ein in der Werbung immer wieder verwendetes Merkmal, wobei naturgemäß mit einem früher verlangten höheren Preis, also mit durchgestrichenen Preisen, geworben wird.

Die Angaben müssen inhaltlich nachprüfbar und objektiv unwahr sein, was **7** dem Täter durch die Ermittlungsbehörden nachzuweisen ist. Dabei ist nach heute herrschender Meinung ein objektiver Prüfungsmaßstab anzuwenden, der einen Rückgriff auf die Durchschnittsauffassung der angesprochenen Verbraucherkreise verbietet.[8] Damit ist freilich noch nichts gewonnen. Die Unwahrheit einer Angabe muss und kann im Zweifel nur unter Heranziehung der Anforderungen beurteilt werden, welche die zivilgerichtliche Rechtsprechung an die Vollständigkeit, Klarheit und Wahrheit der entsprechenden Werbeaussagen stellt und die ständigen Änderungen unterworfen sind.

8 Die inhaltlichen Anforderungen an die Angaben sollen an den Kriterien verdeutlicht werden, die in der Praxis das größte Konfliktpotenzial aufweisen.

a) Angaben über wesentliche Merkmale der Ware am Beispiel der Pkw-Werbung

9 Aus einer unendlichen Zahl an möglichen Aussagen über wesentliche Merkmale einer Ware werden regelmäßig nur solche zum Gegenstand einer Strafanzeige, die bei dem Verbraucher besonders hohe Erwartungen wecken und deren Nichterfüllung als finanzieller Schaden empfunden wird. Dies betrifft vor allem die Werbung für den Absatz von Pkws, wobei hier die Merkmale „fabrikneu" und der für ein Modell verkündete Kraftstoffverbrauch von größerer Bedeutung sind.

aa) Neuheit

10 Als „fabrikneu" darf ein Fahrzeug nur bezeichnet werden, wenn dasselbe Modell zur Zeit des Kaufabschlusses weiterhin unverändert in Ausstattung und technischer Ausführung hergestellt wird, wenn es nicht benutzt worden ist und wenn es infolge längerer Standzeit keine Mängel (z.B. Roststellen) aufweist.[9] Auslaufende Modelle sind besonders zu kennzeichnen.

11 Unschädlich ist es, wenn ein als „fabrikneu" bezeichnetes Fahrzeug für wenige Tage auf den Händler zugelassen war,[10] d.h. der Zulassungsakt berührt die Neuwageneigenschaft nicht. Auch ein reimportiertes Fahrzeug darf ohne weiteres als „Neuwagen mit Garantie" bezeichnet werden, wenn sich für den Käufer keine sonstigen Nachteile ergeben" und solange die Herstellergarantie gewährleistet ist.[11]

bb) Kraftstoffverbrauch

12 In jedem Verkaufsprospekt für einen hierzulande vertriebenen Pkw wird der Kraftstoffverbrauch angesprochen und oft als ein besonders positives Merkmal bei den Betriebskosten herausgestellt. Der tatsächliche Verbrauch im Alltagsbetrieb liegt aber mitunter erheblich höher als die Werte in der Werbung, was manchen Käufer

---

8 Köhler/Bornkamm/*Bornkamm*, § 16 Rn 11.
9 So zuletzt BGH, Urt. v. 15.10.2003 – VIII ZR 227/02 = NJW 2004, 160 f.
10 BGH, Urt. v. 12.1.2005 – VIII ZR 109/04 = NJW 2005, 1422.
11 BGH, Urt. v. 15.7.1999 – I ZR 44/97 = GRUR 1999, 1122.

veranlasst, den Vorwurf der strafbaren Werbung oder sogar des Betruges zu erheben.

Dass es sich bei dem Kraftstoffverbrauch um ein wesentliches Merkmal der 13 Ware handelt (§ 16 Abs. 1 Nr.1 UWG), kann nicht zweifelhaft sein. Dabei sind die Gerichte unterschiedlicher Auffassung, ob es sich bei den Verbrauchsangaben im Prospekt um eine „Beschaffenheitsvereinbarung" i.S.v. § 434 Abs. 1 BGB handelt. Selbst wenn dies bejaht wird, wofür immer eine Individualabrede verlangt wird, wird ein Sachmangel nur dann angenommen, wenn der Verbrauch um mindestens 10% über den Herstellerangaben liegt.[12]

Daraus folgt aber keine Sollbeschaffenheit in dem Sinne, dass die beworbenen 14 Verbrauchswerte im Alltagsgebrauch erreicht werden müssten. Als Maßstab für den tatsächlichen Verbrauch dient niemals das einzelne Fahrzeug im Rahmen der Nutzung durch den konkreten Besitzer. Die Angaben im Prospekt beziehen sich nach übereinstimmender Rechtsprechung nur auf den Verbrauch nach einem bestimmten Messverfahren[13]. Der nach individueller Fahrweise tatsächlich ermittelte Verbrauch hat mit diesen „Laborwerten" nichts zu tun und ist mit diesen nicht vergleichbar. So sind die Verbrauchsangaben des Herstellers niemals in Beziehung auf ein konkret erworbenes Einzelfahrzeug zu verstehen und dies sei auch dem Verbraucher bewusst.[14]

Danach beziehen sich (Werbe-)Angaben nur auf den in einem standardisierten 15 Messverfahren ermittelten Verbrauch und können auch nur mit diesem Inhalt Vertragsgegenstand geworden sein. Wenn überhaupt von einer Beschaffenheitszusage oder einer zugesicherten Eigenschaft die Rede sein kann, dann nur mit dem Inhalt, dass das Fahrzeug den Prospektangaben entspricht und diese nur unter identischen Labor-Bedingungen ermittelt werden dürfen. Beim Kraftstoffverbrauch von Fahrzeugen ist also zwischen dem im Prospekt genannten „Laborwert" und dem tatsächlichen Verbrauch zu unterscheiden, dieser wird niemals als Gradmesser für einen Sachmangel herangezogen.

Damit scheiden die Prospektangaben als Vergleichsgröße für den unter Alltags- 16 bedingungen gemessenen Kraftstoffverbrauch gänzlich aus. Die objektive Unwahrheit solcher Angaben ist nur unter völlig identischen Messbedingungen zu ermitteln. Dies wird aber niemals Aufgabe der Ermittlungsbehörden im Rahmen der Prüfung des Anfangsverdachtes sein können.

Für eine Strafbarkeit wegen Betruges fehlt es schon an einer Täuschung der 17 Verantwortlichen in Bezug auf den Verbrauch, der sich – wie ausgeführt – niemals

---

12 BGH, Urt. v. 18.6.1997 – VIII ZR 52/96 = NJW 1997, 2590 ff.
13 Richtlinie 80/1268/EWG des Rates vom 16.12.1980 zur Angleichung der Rechtsvorschriften der Mitgliedstaaten über den Kraftstoffverbrauch von Kraftfahrzeugen
14 OLG Frankfurt, Urt. v. 22.12.2011 – 25 U 162/10 = BeckRS 2012, 08965; OLG Hamm, Urt. v. 7.2.2013 – I-28 U 94/12 = BeckRS 2013, 04091.

an den individuellen Werten eines Fahrzeughalters orientiert. Daneben wird es auch immer an einem Schaden fehlen, denn der Käufer hat keinen Anspruch darauf, dass der erworbene Pkw in der Praxis die gemessenen Laborwerte einhält. Selbst wenn man die erhöhten Kraftstoffkosten als Schaden ansehen wollte, fehlte es immer an einem stoffgleichen Vermögensvorteil auf der Verkäuferseite. Der angestrebte Vorteil kann nur der Kaufpreis selbst sein, dieser stellt aber gerade nicht die Kehrseite des bei dem Käufer eingetretenen Vermögensschadens dar.

b) Angaben über den Anlass des Verkaufs
aa) Insolvenzverkauf

18 Wenn damit geworben wird, dass es sich um einen Insolvenzverkauf handelt, müssen die Waren aus einem Vermögen stammen, über das tatsächlich das Insolvenzverfahren eröffnet ist. Es kann sich richtigerweise nur um eine freihändige Verwertung beweglicher Gegenstände durch den Insolvenzverwalter nach § 166 InsO handeln, andernfalls ist die Angabe unwahr. Wenn das Insolvenzverfahren nicht eröffnet wurde, z.B. mangels Masse, oder die Waren bereits vom Insolvenzverwalter veräußert worden waren, also aus zweiter oder dritter Hand stammen, ist der Hinweis auf die Insolvenz unwahr.[15]

bb) Totalausverkauf

19 Besonders im Teppichhandel wird häufig in Farbprospekten mit Totalausverkäufen wegen Geschäftsaufgabe geworben. Mitbewerber beobachten diese Werbung sehr aufmerksam und stellen mitunter fest, dass entweder das Geschäft unter anderer Firmierung fortgeführt wird oder dieselbe Ware bereits in früheren Ausverkäufen an anderen Orten angeboten worden war. Damit die Werbung mit Totalausverkauf wahr ist, bedarf es grundsätzlich einer endgültigen Aufgabe der gesamten Geschäftstätigkeit. Dennoch kann jeder Kaufmann, falls er die Tätigkeit dennoch fortsetzt, behaupten, er habe seine Pläne geändert, ohne dass dies den abgewickelten Räumungsverkauf zu einer missbräuchlichen Irreführung macht. Da ein Fortsetzungsverbot im Gesetz nicht vorgesehen ist, wird sich eine unwahre Angabe bei geschickter Einlassung des Veranstalters selbst dann nicht nachweisen lassen, wenn der Verkauf an gleicher Stelle fortgesetzt wird, was ohnehin kaum jemals der Fall sein wird.

20 Oftmals werden im Rahmen eines Räumungsverkaufs Waren nachgeschoben, also von anderen Verkaufsstellen eingebracht, was ebenfalls eine Irreführung darstellt.[16] Nach altem Recht mussten die betroffenen Waren mit der Anmeldung des

---

15 Köhler/Bornkamm/*Bornkamm*, § 5 Rn 6.4.
16 Köhler/Bornkamm/*Bornkamm*, § 5 Rn 6.10.

Brandau

Räumungsverkaufs angezeigt werden, und die Industrie- und Handelskammern hatten die Befugnis, die Einhaltung dieser Angaben zu überwachen. Am zuverlässigsten lässt sich das Nachschieben von Waren und damit die Unwahrheit der Werbung mit Ausverkaufsware dadurch beweisen, indem die Übereinstimmung der tatsächlich angebotenen Waren mit solchen in Prospekten aus anderweitigen Ausverkäufen festgestellt wird. In der Praxis kann dies bei den üblichen Prospekten für Teppichhandelsgeschäfte nachvollzogen werden, in denen vielfach – schon aus Kostengründen – immer die gleichen Teppiche abgebildet sind. Die Übereinstimmung zwischen den schon früher abgebildeten und jetzt vorhandenen Stücken kann in aller Regel nur durch einen Sachverständigen gerichtsfest bestätigt werden. Erst wenn dadurch feststeht, dass Waren im Angebot sind, die schon andernorts in einem Räumungsverkauf beworben wurden, ist der Nachweis geführt, dass in Bezug auf bestimmte Stücke eine unwahre Angabe über den Anlass des Verkaufs vorliegt.

Angaben, die eine besondere Herkunft der Ware suggerieren, die allgemein mit **21** günstig assoziiert wird, wie z.B. aus Messebeständen oder Restposten aus Wanderlager, zählen ebenso zu den Kriterien, die als unwahr überprüfbar sind.

c) Angaben über den Warenvorrat

Zu den Angaben, die eine Irreführung des Verbrauchers verursachen können, zäh- **22** len jene, die den Vorrat an angebotenen Waren betreffen. Es gilt die Regel, dass Waren, für die öffentlich geworben wird, in einer solchen Menge vorhanden sein müssen, dass die zu erwartende Nachfrage gedeckt ist. Besteht kein angemessener Warenvorrat, liegt eine Irreführung vor, die als Unterfall der sog. Lockvogelwerbung gilt.[17]

Als unzureichend wird die Bevorratung angesehen, wenn der Vorrat für weniger **23** als zwei Tage ausreicht, wobei es besonders auf die Verbrauchererwartung ankommt, was dazu führen kann, dass die Nachfrage auch für mehr als zwei Tage gedeckt werden muss. Die Irreführung kann allerdings durch aufklärende Hinweise auf die konkret vorhandene Warenmenge ausgeschlossen werden.

Auch bei der Werbung im Internet gilt der Grundsatz, dass die beworbene Ware **24** verfügbar ist, also nach der Bestellung unverzüglich versandt werden kann.[18] Auf bestehende Lieferfristen ist hinzuweisen, wobei es genügen soll, wenn der Hinweis erst auf einer „Produktseite" erscheint, wenn auf diese deutlich hingewiesen wird.[19] Wenn ein Versandhändler gelegentlich eine Rabattaktion bewirbt (20% auf alle Waren), die aber wegen Beschaffungsschwierigkeiten erst mit einiger Verzögerung aus-

---

17 Köhler/Bornkamm/*Bornkamm*, § 5 Rn 8.2.
18 BGH, Urt. v. 4.5.2005 – I ZR 127/02 = GRUR 2005, 692ff.
19 BGH, Urt. v. 4.5.2005 – I ZR 127/02 = GRUR 2005, 692ff.

geliefert werden, ist es nicht irreführend, wenn in den AGBs auf eine entsprechende verlängerte Lieferfrist hingewiesen wird.

25   Wenn ein Unternehmen für ein Produkt wirbt, das nur innerhalb einer kurzen Reaktionszeit gekauft werden kann, was im Online-Verkauf häufig vorkommt (ein günstiger Preis gilt nur innerhalb eines kleinen Zeitfensters), dann muss es gewährleisten, dass der Verbraucher es auch tatsächlich innerhalb des versprochenen Zeitraums erwerben kann. Trotz des Hinweises auf „limitierte Stückzahl" muss das Produkt für eine angemessene Zeit auch im Online-Shop erhältlich sein und darf nicht schon wenige Minuten nach Öffnung des Zeitfensters ausverkauft sein, ansonsten ist die Werbung unzulässig.[20] Bei einer Aktionswerbung, die alle Filialen einer Einzelhandelskette einbezieht, ist der Hinweis auf den begrenzten Warenvorrat nicht ausreichend, wenn das Produkt bereits am Vormittag des ersten Angebotstags nicht mehr erhältlich ist. Der bloße Formalhinweis auf den begrenzten Warenvorrat reicht nicht aus, um die verbotene Irreführung des Publikums auszuschließen, der Händler muss auch auf die relevanten Tatsachen selbst einwirken, indem ein ausreichender Warenbestand vorgehalten wird.[21]

d) Angaben über die Preisbemessung

26 Von allen Angaben, die als Werbeaussagen Verwendung finden, sind diejenigen, die den Preis und die Art seines Zustandekommens, also die Preisbemessung, betreffen, von zentraler Bedeutung, sie werden in der strafrechtlichen Praxis auch am häufigsten zum Gegenstand von Strafanzeigen. Die insbesondere durch die Rechtsprechung konkretisierten Anforderungen an die Preiswahrheit sind dem Tatbestand des § 5 Abs. 1 zu entnehmen.

27   Darüber hinaus sind die Anforderungen an die Preisklarheit durch die Preisangabenverordnung (PAngV) geregelt. Danach hat jeder Kaufmann bei dem Angebot von Waren oder Dienstleistungen oder bei der Werbung mit Preisangaben gegenüber Verbrauchern die Endpreise und bei Krediten den effektiven Jahreszins anzugeben. Damit sollen optimale Preisvergleichsmöglichkeiten gewährleistet und es soll verhindert werden, dass sich der Verbraucher seine Preisvorstellungen anhand von untereinander nicht vergleichbaren Preisen bildet.[22] Eine praktisch bedeutsame Folge dieses Gebotes ist, dass bei Waren neben dem konkreten Packungspreis stets der sich daraus ergebende Preis der maßgebenden Gewichts- oder Volumeneinheit angegeben werden muss, z.B. der Kilopreis.[23] Soweit die Preisangabenverordnung

---

20 OLG Koblenz, Urt. v. 2.12.2015 – 9 U 296/15.
21 BGH, Urt. v. 17.9.2015 – I ZR 92/14 = GRUR 2016, 395 ff.
22 BGH in ständiger Rspr, Nachweise bei Köhler/Bornkamm/*Bornkamm*, § 5 Rn 7.4.
23 BGH, Urteil vom 2.2.1995 – I ZR 13/93 = GRUR 1995, 274, 275.

Brandau

nicht eingreift, besteht keine Pflicht zur Preisangabe, somit liegt in der Werbung ohne Preisangabe keine Irreführung durch Verschweigen,[24] entsprechende Angaben sind demzufolge auch nicht unwahr i.S.v. § 16 Abs. 1.

aa) Unwahre Angaben über die Preisbemessung

Es gilt der Grundsatz, dass der Unternehmer in seiner Preisgestaltung frei ist, er darf 28 den Preis einer Ware oder Dienstleistung nach eigenem Ermessen frei bilden und seine Preise nach Belieben erhöhen oder senken. Nicht zulässig ist aber die sogenannte Preisschaukelei, das systematische Herauf- und Heruntersetzen von Preisen, um damit zu verschleiern, dass überhöhte Preise verlangt werden.[25] Generell gilt: Wenn mit Sonderangeboten geworben wird, ist es irreführend und unwahr, wenn sich der als besonders günstig herausgestellte Preis nicht von dem üblicherweise geforderten Preis unterscheidet.[26]

Immer dann wenn Preise einander gegenüber gestellt werden, wird das Gebot 29 der Preiswahrheit am häufigsten verletzt. Bei dem in Bezug genommenen Preis kann es sich einmal um eine Preisempfehlung des Herstellers handeln. Solche Preisempfehlungen sind grundsätzlich zulässig, wenn sie vom Hersteller als unverbindlich bezeichnet werden. Allein die systematische Durchsetzung einer Preisempfehlung verstößt gegen das Kartellrecht.

Die Bezugnahme auf den empfohlenen Preis muss klar und bestimmt sein, ins- 30 besondere muss deutlich werden, dass es sich um die aktuelle unverbindliche Preisempfehlung des Herstellers handelt. Mit nicht mehr gültigen Preisempfehlungen darf nicht geworben werden, da nur ein Vergleich mit aktuellen Verkaufspreisen für gleiche oder gleichartige Waren am Markt eine sachgerechte Orientierung über das Ausmaß der Preisherabsetzung bietet.[27]

Auch der Vergleich mit Preisen der Konkurrenten ist – anders als früher – wett- 31 bewerbsrechtlich zulässig. Er ist aber unzulässig, wenn sich die preisrelevanten Konditionen der Wettbewerber unterscheiden, z.B. in der Qualität, und auf diese Unterschiede nicht deutlich und unmissverständlich hingewiesen wird. Es darf auch nur der jeweils aktuelle Preis des Mitbewerbers für den Vergleich herangezogen werden.[28]

Schwierig zu beurteilen ist immer die Werbung unter Gegenüberstellung von 32 aktuellen mit eigenen früher verlangten höheren Preisen, da dieser Werbung, die meist mit durchgestrichenen Preisen erfolgt, ein erhebliches Irreführungspotenzial

---

24 Köhler/Bornkamm/*Bornkamm*, § 5 Rn 7.4.
25 BGH, Urt. v. 13.3.2003 – I ZR 212/00 = GRUR 2003, 627, 628.
26 BGH, Urt. v. 8.12.1978 – I ZR 57/77 = GRUR 1979, 474, 475.
27 Köhler/Bornkamm/*Bornkamm*, § 5 Rn 7.56.
28 Köhler/Bornkamm/*Bornkamm*, § 5 Rn 7.63.

anhaftet.[29] Wenn der ursprüngliche Preis niemals gefordert wurde, eine Preisherabsetzung also nur vorgetäuscht wird, liegt die Irreführung auf der Hand, die Preisangabe ist dann auch unwahr i.S.v. § 16. Dies gilt z.B. wenn Waren mit Preisschildern versehen werden, auf denen ein früherer Preis bereits im Druck durchgestrichen und ein neuer Preis aufgedruckt ist. Selbst wenn der frühere höhere Preis sich zwar in Ankündigungen findet, aber niemals ernsthaft verlangt worden ist, steht dies einem niemals verlangten Preis gleich.[30] Die Vorlage von wenigen Rechnungen, in denen der angeblich herabgesetzte Preis ausgewiesen ist, dürfte dazu nicht ausreichen.

33   Eine irreführende und unwahre Angabe liegt auch dann vor, wenn der ursprüngliche Preis nur für eine unangemessen kurze Zeit oder für eine kurze Zeit sogenannte Mondpreise gefordert wurden. Darunter sind Preise zu verstehen, die den auf dem Markt üblichen Durchschnittspreis für ein Produkt derart übersteigen, dass der Preis nur eine Fantasiegröße darstellt.[31] Was eine „unangemessen kurze Zeit" ist, richtet sich nach der Art der Ware oder Dienstleistung und der Marktsituation. Bei Orientteppichen wurde die Werbung mit einer 50%igen Preissenkung als irreführend angesehen, wenn der höhere Preis zuvor nicht für mindestens sechs Monate lang verlangt worden war, bei Möbeln wird eine Frist von mindestens einem Monat vorausgesetzt.[32]

34   Bei Händlern, die das beworbene Produkt selbst herstellen oder einen Alleinvertrieb unterhalten, ist der Nachweis, dass der durchgestrichene Preis nie oder nie ernsthaft gefordert wurde, naturgemäß erschwert, besonders dann, wenn es für die Produkte keinen überschaubaren Markt gibt. Wenn mit der Preisherabsetzung für dasselbe Produkt allerdings schon in früheren Prospekten geworben wurde, stellt sich der scheinbar aktuell gesenkte Preis als irreführend und damit als unwahre Angabe dar.[33]

bb) Beweislastumkehr

35   Für den Fall der Werbung mit Preisherabsetzungen hat die UWG-Novelle 2004 in § 5 Abs. 4 eine Beweislastumkehr eingeführt, wodurch Mitbewerbern die Durchsetzung von Abwehransprüchen erleichtert werden soll, was in der Praxis bis dahin große Schwierigkeiten bereitete. Da weder Mitbewerber noch Wettbewerbsvereine in der Lage sind, verdächtige Preisbewegungen eines Kaufmanns zu beobachten oder zu dokumentieren, wird in § 5 Abs. 4 S. 1 zunächst vermutet, dass die Werbung mit der

---

29 Köhler/Bornkamm/*Bornkamm*, § 5 Rn 7.69.
30 Köhler/Bornkamm/*Bornkamm*, § 5 Rn 7.72.
31 BGH, Urt. v. 5.1.1966 – Ib ZR 23/64 = BGHZ 45, 115.
32 Köhler/Bornkamm/*Bornkamm*, § 5 Rn 7.74.
33 Köhler/Bornkamm/*Bornkamm*, § 5 Rn 7.20.

Herabsetzung eines Preises irreführend ist, wenn der Preis nur für eine unangemessen kurze Zeit gefordert wurde. Die Vermutung ist widerlegbar. Darüber hinaus sieht § 5 Abs. 4 S. 2 vor, dass wenn streitig ist, ob und in welchem Zeitraum der herabgesetzte Preis gefordert worden ist, dies von demjenigen zu beweisen ist, der mit der Herabsetzung geworben hat.

Die Regel wird für ungeeignet angesehen, da sie den Mitbewerber nötigt, Klage **36** zu erheben, um den Werbenden zu bewegen, die Karten auf den Tisch zu legen. Stellt sich erst im Prozess heraus, dass die Zeit angemessen war, bleibt dem Kläger nur die kostenpflichtige Klagerücknahme. Selbst eine Erledigungserklärung kann die Kostenlast nicht von ihm nehmen, da unter solchen Umständen die Klage von Anfang an unbegründet war. Dieses Risiko ließe sich nur durch einen außergerichtlichen Auskunftsanspruch abwenden, der aber gerade nicht besteht. Hilfreich für den Kläger wäre es nur, wenn die gesetzliche Regel auch als eine Umkehr der Darlegungslast verstanden werde, da die gesetzliche Beweislastumkehr erst dann greift, wenn es nach wechselseitigem Vortrag streitig ist, wie lange der Preis verlangt wurde. Dazu müsse der Kläger aber erst einmal Tatsachen vortragen, die regelmäßig außerhalb seiner Kenntnis lägen.[34]

Wie auch immer man die gesetzliche Beweislastumkehr bewerten mag, sie greift – **37** wie auch andere Beweislastregeln, z.B. zur 30 Tage-Frist in §§ 125, 126 UrhG,[35] – nicht im Strafprozess. Damit gilt die Regel, dass dem Täter sämtliche Tatbestandsmerkmale von Amts wegen nachzuweisen sind, auch für den Umstand, dass die Preisherabsetzung wegen Nichtforderns des früheren Preises unwahr ist.

2. Subjektiver Tatbestand

Der Täter muss mit dolus directus 1. Grades handeln, er muss anstreben, den An- **38** schein eines besonders günstigen Angebotes hervorzurufen.[36] Die Absicht muss darauf gerichtet sein, den Anschein eines besonders günstigen Angebots hervorzurufen, das sich auf den Abschluss eines **entgeltlichen Vertrags** bezieht. Es genügt irgendein tatsächlicher oder vermeintlicher Vorteil, der das Angebot in besonders günstigem Licht erscheinen lässt, wobei es gleichgültig ist, worin das Günstige des Angebots besteht. Es kann im Preis, der Güte der Ware, in der Herkunft oder in der Leistungsfähigkeit des Anpreisenden bestehen.[37] Die Vorteile müssen sich aber auf die angebotene Ware oder Dienstleistung beziehen, deshalb reichen ideelle Gesichtspunkte, z.B. die Eigenschaft als Blindenware oder „mit dem Fuße gezeichnet"

---

34 Zum Ganzen Köhler/Bornkamm/*Bornkamm*, § 5 Rn 7.77, 7.80.
35 OLG Frankfurt, Stellungnahme v. 17.12.1996 – 1 Ws 260/94.
36 Köhler/Bornkamm/*Bornkamm*, § 16 Rn 17.
37 Köhler/Bornkamm/*Bornkamm*, § 16 Rn 17.

nicht aus. Selbst wenn wahrheitswidrig mit dieser Produktionsweise geworben wird, liegt der Anschein eines besonders günstigen Angebots nicht vor, es sein denn, dass solche Waren in der Qualität oder in anderen Eigenschaften vorzuziehen wären.[38] Ein günstiges Angebot ist auch dann nicht anzunehmen, wenn lediglich der übliche Preis verlangt wird, mag er auch als besonders günstig herausgestellt werden.[39]

3. Tätereigenschaft

39   Täter kann jeder sein, es wird keine besondere Eigenschaft, etwa als Mitbewerber, verlangt. Bei juristischen Personen, die nicht schuldhaft handeln können, haften die Organe, falls sie die Werbung zu verantworten haben, ansonsten kommt eine strafrechtliche Haftung aus Unterlassen in Betracht, da von einer Garantenstellung des Inhabers oder Organs auszugehen ist.[40]

4. Rechtsfolgen

40   Die Tat wird von Amts wegen verfolgt, Anklage ist aber nur zu erheben, wenn es im öffentlichen Interesse liegt, §§ 374 Abs. 1 Nr. 7, 376 StPO. Die Verweisung auf den Privatklageweg ist nach Ziff. 260 RiStBV nur zulässig, wenn der Verstoß leichter Art ist und die Interessen eines eng umgrenzten Personenkreises berührt.

41   Die Anordnung des Verfalls nach § 73 StGB ist möglich, wenn durch die irreführende Werbung ein Vermögensvorteil erzielt wurde.

42   Der Tatbestand der strafbaren Werbung kann zusammentreffen mit Betrug, ohne dass er dadurch verdrängt oder konsumiert würde.

43   Ein Vertrag, der aufgrund unwahrer Werbung angeschlossen wurde, ist regelmäßig anfechtbar. § 16 ist Schutzgesetz i.S.d. § 823 Abs. 2 BGB, sodass Verbraucher, die unmittelbar keine Ansprüche aus dem UWG geltend machen können, im Falle der Verurteilung des Werbenden auch Unterlassung und Schadensersatz fordern können.[41]

---

38 Köhler/Bornkamm/*Bornkamm*, § 16 Rn 17.
39 Fezer/*Rengier*, § 16 Rn 105.
40 Köhler/Bornkamm/*Bornkamm*, § 16 Rn 21.
41 Köhler/Bornkamm/*Bornkamm*, § 16 Rn 29.

Brandau

5. Praxisproblem: Werbung für scheinbar kostenlose Leistungen

In einer solchen Werbung liegt in der Praxis oftmals ein erhebliches Konflikpoten- **44** tial, was besonders die interne Zuständigkeit der Sachbearbeitung betrifft. Die typischen Fälle sind dadurch gekennzeichnet, dass eine Leistung, meistens die Eintragung eines Unternehmens in einem Online-Register, als unentgeltlich beworben wird, während an versteckter Stelle die Kostenpflichtigkeit bestimmt oder sogar ein entgeltliches Abonnement ausgelöst wird, das erst nach gewissem Zeitablauf kündbar ist. Da die Kostenpflichtigkeit gezielt verborgen wird, sind, wenn der Besteller diesen Umstand bemerkt, oft die Kündigungsfristen bereits verstrichen (sog. Abo-Falle).

Nach h.M. fehlt es in solchen Fällen schon am Anschein eines besonders güns- **45** tigen Angebots. Für den Verbraucher ergibt sich der Eindruck eines kostenlosen aber nicht der eines entgeltlichen aber besonders günstigen Angebots, was nicht vom Tatbestand des § 16 Abs. 1 erfasst wird.[42] Der Werbende legt es vielmehr darauf an, dass der Verbraucher eine kostenlose Leistung erwartet, während diese nur gegen Entgelt zu haben ist. Allerdings dürfte in solchen Fällen ein durch konkludente Täuschung bewirkter Betrug vorliegen.[43]

Wenn der Werbende eine Leistung verspricht, die er nicht erbringen kann oder **46** will, liegt nicht der Anschein eines besonders günstigen Angebots vor, sondern eine Täuschung über die Vertragstreue, die allein durch den Betrugstatbestand sanktioniert werden kann.[44]

Werbung für Verkaufsfahrten

Nach dem Tatbestand des § 16 Abs. 1 muss es sich um ein Angebot handeln, das auf **47** den Absatz einer Ware abzielt. Damit scheiden alle Arten von Geschenkversprechen aus, mit denen von bestimmten Unternehmen für die Teilnahme an Verkaufsveranstaltungen (Kaffeefahrten) geworben wird. Selbst wenn feststeht, dass die Geschenke nicht oder nicht im versprochenen Umfang ausgefolgt werden, liegt nicht der Anschein eines besonders günstigen Angebots vor. Dieses Merkmal setzt voraus, dass der Abschluss eines entgeltlichen Vertrags angestrebt wird, bei dem der Leistung des einen, des Käufers, eine besonders günstige Gegenleistung gegenüber steht. Wenn einseitig eine unentgeltliche Leistung versprochen wird, fehlt es an der Gegenseitigkeit, die für das Angebot i.S.v. § 16 vorausgesetzt wird.

Wenn aber für die Ausflugsfahrt ein noch so geringes Entgelt verlangt und für **48** die Teilnahme mit dem falschen Versprechen von Gewinnen oder auch nur „kosten-

---

42 MünchKommUWG/*Brammsen*, § 16 Rn 18a.
43 OLG Frankfurt, Beschl. v. 17.12.2010 – 1 Ws 29/09 – Abo-Falle = GRUR 2011, 249 ff.
44 BGH, Urt. v. 26.10.1977 – 2 StR 432/77 = NJW 1978, 173 f.

losem Mittagessen" geworben wird, liegt der Zusammenhang zwischen der irreführenden Werbung und dem Anschein eines besonders günstigen Angebots vor.[45] Dabei legt die Rechtsprechung einen durchaus strengen Maßstab an: Die neben der eigentlichen Fahrt versprochenen Zusatzleistungen seien für die Entscheidung des Verbrauchers von Bedeutung und sind, falls sie nicht oder nur rudimentär ausgegeben werden, als unwahre Angaben im Sinne des Tatbestands zu werten.

49 Auch wenn das Geschenk- oder Gewinnversprechen nur für den Fall des Kaufs eines überteuerten Gegenstands abgegeben wird, wie dies oft auf Kaffeefahrten oder im Versandhandel der Fall ist, wird der vom Gesetz verlangte Zusammenhang zwischen der unwahren Werbeaussage und dem beworbenen Produkt bejaht. Wenn die Entscheidung des Empfängers für einen Warenkauf von der Gewinnmitteilung unter wirtschaftlichen Gesichtspunkten beeinflusst werden soll (wirtschaftlicher Zusammenhang), liegt ein einheitliches Gesamtangebot vor. Sofern für den Empfänger der Eindruck erweckt wird, durch einen Gewinn schon begünstigt worden zu sein, erscheint vor diesem Hintergrund auch die Ware günstiger, weil der Kunde für sein Geld vermeintlich mehr erhält als nur diese. Dies gilt selbst dann, wenn die Warenbestellung nicht zur Bedingung für die (vorgetäuschte) Gewinnauszahlung gemacht wird.[46]

50 In vielen Fällen ist die Teilnahme an der Gewinnvergabe oder -ausspielung von einem Anruf unter einer Servicenummer abhängig, dessen Gebühr zu einem Teil dem werbenden Unternehmen zukommt. Damit stellt die Inanspruchnahme der Mehrwertdienstenummer die einzige entgeltliche Leistung dar, für die in irreführender Weise geworben werden kann. Selbst unter der Prämisse, dass der ausgelobte Gewinn nicht zur Auszahlung kommt, werden aber die durch den Anruf entstandenen Kosten nicht von der Vorschrift des § 16 erfasst, denn die üblichen Kosten für die Übermittlung der Teilnahmeerklärung stehen in keinem rechtlichen oder wirtschaftlichen Zusammenhang mit einem Erwerbsgeschäft. Dies mag anders zu beurteilen sein, wenn feststeht, dass durch die Art der Gesprächsführung die Kosten für die telefonische Teilnahmeerklärung systematisch in die Höhe getrieben werden sollen.

II. Progressive Kundenwerbung (§ 16 Abs. 2)

Wer es im geschäftlichen Verkehr unternimmt, Verbraucher zur Abnahme von Waren, Dienstleistungen oder Rechten durch das Versprechen zu veranlassen, sie würden entweder vom Veranstalter selbst oder von einem Dritten besondere Vorteile erlangen, wenn sie andere zum Abschluss gleichartiger Geschäfte veranlassen, die ihrerseits

---

45 BGH, Urt. v. 15.8.2002 – 3 StR 11/02 = NStZ 2003, 39 f.
46 BGH, Urt. v. 30.5.2008 – 1 StR 166/07 = BGHSt 52, 227.

nach der Art dieser Werbung derartige Vorteile für eine entsprechende Werbung weiterer Abnehmer erlangen sollen, wird mit Freiheitsstrafe bis zu zwei Jahren oder mit Geldstrafe bestraft.

Die Vorschrift ist angelehnt an den alten § 6c UWG, durch den alle Erscheinungs- 51 formen der Werbung für den Absatz von Waren und anderen Leistungen durch die Einschaltung von Laien verboten waren. In der Neufassung durch die UWG-Novelle von 2004 wurde der geschützte Personenkreis auf Verbraucher eingegrenzt, während er zuvor alle Nichtkaufleute umfasste.

Das Typische der progressiven Kundenwerbung liegt darin, dass Laien in den 52 Vertrieb des werbenden Unternehmens eingebunden werden, indem sie aus dem Status des Abnehmers in den des Werbenden wechseln. Für die Anwerbung weiterer Abnehmer, die ihrerseits gleichartige Verträge wie der Laie abschließen, werden ihm besondere Vorteile in Aussicht gestellt, wobei jeder geworbene Kunde weitere Abnehmer zum Abschluss gleichartiger Verträge gewinnen soll, denen ihrerseits dieselben Vorteile für eine Werbung weiterer Abnehmer versprochen werden. So wird dieses Versprechen besonderer Vorteile als Anreiz für erfolgreiche Werbung auf alle weiteren Abnehmer in der Kette weitergereicht, worin das missbilligte progressive Element zu sehen ist.

1. Erscheinungsformen

Die Erscheinungsformen des Progressionssystems sind vielfältig, wobei aber oft 53 fälschlich dazu Spielarten gezählt werden, denen das im Tatbestand des § 16 Abs. 2 vorausgesetzte progressive Element gerade nicht eigen ist.

a) Schneeballsysteme

Das sogenannte Schneeballsystem richtet sich an Abnehmer, in der Regel Endver- 54 braucher, die mit dem Veranstalter Erwerbsgeschäfte abschließen, bei denen ihnen für die Anwerbung neuer Kunden Vergünstigungen, üblicherweise in der Form von Rabatten auf den Einstandspreis, versprochen werden. Der Veranstalter nutzt diese Kunden vornehmlich als Multiplikator, ohne ein besonderes Interesse am Aufbau einer dauerhaften Geschäftsbeziehung zu zeigen. Schneeballsysteme bilden deshalb selten längerfristige Vertriebsketten sondern bilden in der Regel eher einfache flache als mehrstufig-tiefe Vertriebsketten heraus.[47]

---

47 MünchKommUWG/*Brammsen*, § 16 Rn 84.

55   In der strafrechtlichen Praxis wird unter dem Begriff Schneeballsystem inzwischen jede Form des Absatzes von Waren oder Finanzprodukten verstanden, bei denen der Veranstalter die Aufwendungen für die Altkunden aus den Zahlungen der Neukunden bestreitet, wobei dies systemimmanent deshalb erfolgen muss, da er entweder die Waren zu billig, etwa unter dem Einstandspreis, verkauft oder eine unrealistisch hohe Rendite für Anlagen versprochen hat, die nicht zu erwirtschaften ist. Soweit dadurch die behördeninterne Einordnung eines Falles unter den Tatbestand des § 16 Abs. 2 erfolgt, ist dies unzutreffend, denn es fehlt in aller Regel an dem darin vorausgesetzten Progressionssystem.

b) Ponzi-Systeme

56 Als eine Spielart des Schneeballsystems, das vorwiegend in der Finanz- und Investmentbranche angesiedelt ist, wird das Ponzi-System angesehen. Benannt ist es nach dem Italo-Amerikaner Charles Ponzi, der in den USA Anfang 1920 seinen Kunden bis zu 100% Verzinsung für Kapitalanlagen versprach, die er mit Währungsspekulationen auf europäische Rückportoscheine erwirtschaften wollte. Schon nach wenigen Monaten konnte er die Rückforderungsansprüche nur noch mit dem Geld der Neuinvestoren bedienen, woraufhin sein System alsbald zusammenbrach und für ca. 40.000 Kunden einen Schaden von 15 Millionen US-Dollar hinterließ.

57   Obwohl Ponzi-Systeme wie Schneeballsysteme funktionieren und mit wachsender Teilnehmerzahl immer größere Verluste produzieren, stellen sie kein Progressionssystem i.S.v. § 16 Abs. 2 UWG dar. Solche Systeme leben von der Werbung des Veranstalters oder der schon im System gefangenen Anleger. Diese werden aber nicht durch das Versprechen besonderer Vorteile für die Werbung neuer Anleger in die Vertriebsarbeit einbezogen, wie es für die Systeme des § 16 Abs. 2 vorausgesetzt ist. Die Expansion eines Schneeball- oder Ponzi-Systems beruht allein auf dem Versprechen einer hochrentierlichen Verzinsung von Kapitalanlagen, nicht aber auf dem Progressionselement durch das Versprechen besonderer Vorteile im Falle der Werbung neuer Anleger.[48]

58   Eine Investitionstätigkeit findet bei solchen Geldanlagen regelmäßig nicht statt. Die Renditen der Altanleger oder die Beschaffung der bereits verkauften Waren werden aus dem Geld der Neukunden bezahlt, wobei das Geschäftsmodell naturgemäß nur so lange funktioniert, wie es neue Kunden gibt, aus deren Zahlungen die Altverbindlichkeiten oder Gewinnausschüttungen bestritten werden können. Den Kunden ist zumeist nicht bewusst, dass sie in ein Schneeballsystem investieren. Dies erklärt auch den schnell wachsenden Zulauf an Teilnehmern in der Anfangs-

---

48 MünchKommUWG/*Brammsen*, § 16 Rn 101.

phase, da hier die Gewinnausschüttungen noch aus den Neueinzahlungen bezahlt werden können.

Ein solches System muss zwangsläufig zusammenbrechen, wenn eine größere 59 Zahl von Altanleger ihre Anlage zurückfordert und keine Neukunden mehr zu gewinnen sind. Sowohl beim Vertrieb von Finanzprodukten als auch von Waren liegt darin stets eine Täuschung des Kunden über die Werthaltigkeit seines Rückzahlungs- oder Lieferungsanspruchs, der eine konkrete Vermögensgefährdung zur Folge hat und deshalb den Tatbestand des Betruges erfüllt.[49]

Obwohl die rechtliche Bewertung eines Verkaufs- oder Kapitalanlagemodells 60 nach Art eines Schneeballsystems insofern außer Zweifel steht, als es kein Progressionselement aufweist, kommt es in der Praxis der Verfolgungsbehörden allein durch die Benennung „Schneeballsystem" häufig zu fragwürdigen Zuständigkeitsbestimmungen, als das Schwergewicht des Verfahrens nicht in dem Vermögensdelikt sondern in einem Wettbewerbsdelikt nach § 16 Abs. 2 gesehen wird, was die interne Sachbearbeitung maßgebend bestimmt. Selbst wenn ein Kapitalanlagemodell erwiesenermaßen nach dem Prinzip eines Schneeballsystems funktioniert, steht doch die Täuschung über die konkrete Gefährdung der versprochenen Rückzahlung klar im Vordergrund, wobei in solchen Fällen von vornherein ein Schaden im Umfang der gesamten hingegebenen Leistung begründet ist.[50]

In keinem Fall stellt ein so funktionierendes Schneeballsystem ein Progres- 61 sionssystem im Sinne des § 16 Abs. 2 UWG dar.

c) Pyramidensystem

Bei dem sogenannten Pyramidensystem sind die vom Veranstalter geworbenen 62 Erstkunden aufgefordert, ihrerseits mit weiteren von ihnen zu werbenden Kunden gleichartige Verträge abzuschließen, denen wieder ein Vorteil für das Werben weiterer Kunden versprochen wird. Durch das Kettenelement erlangt diese Werbung einen von Stufe zu Stufe fortschreitenden progressiven Charakter.[51] Zwar kann es in der Werbung um den Absatz von Waren, Dienstleistungen oder Rechten gehen. In der strafrechtlichen Praxis dominieren die Fälle, in denen keine werthaltigen Produkte oder Dienstleistungen angeboten werden. Es wird allein das Recht der Teilnahme am System beworben und verkauft, wobei die damit verknüpfte Gewinnchance letztlich ausschlaggebend ist.

Der Teilnehmer hat eine Beitrittsgebühr an denjenigen zu zahlen, der ihn ge- 63 worben hat. Bei den in den 90er Jahren bundesweit bekannt gewordenen Systemen wie „Life", „Jump" oder „Titan" lag dieser Einstandspreis stets bei ca. 4.000 DM. Ei-

---

49 BGH, Beschl. v. 18.2.2009 – 1 StR 731/08 = BGHSt 53, 199.
50 BGH, Beschl. v. 18.2.2009 – 1 StR 731/08 = BGHSt 53, 199.
51 Köhler/Bornkamm/*Bornkamm*, § 16 Rn 32.

nen kleinen Teil der Beitrittsgebühr erhält der Werber als teilweisen Ausgleich für die von ihm selbst gezahlte Gebühr, während der größere Teil an die in der Kette vor ihm stehenden Personen, immer aber auch an den Veranstalter selbst fließt. Schon um die gezahlte Beitrittsgebühr wieder zu verdienen, ist jeder Teilnehmer angehalten, neue Mitglieder zu werben. Nur für den, der eine ausreichende Zahl neuer Teilnehmer geworben hat, amortisiert sich der eigene Mitgliedschaftsbeitrag, und erst ab dann können durch Werbung weiterer Teilnehmer Gewinne erzielt werden. Erst durch die Werbung neuer Teilnehmer ist auch der Aufstieg auf eine höhere Vertriebsstufe möglich, welche die Partizipation an den eingeworbenen Beitrittsgebühren der darunter stehenden Vertriebsmitarbeiter ermöglicht.

64   Dazu muss aber die Zahl der Neumitglieder exponentiell wachsen, und damit hängt die Möglichkeit einer Amortisation von der recht schnell eintretenden Marktverengung ab, d.h. jeder neue Teilnehmer riskiert, bei gesättigtem Markt die ihm versprochene Amortisation zu verfehlen, weil nicht mehr ausreichend neue Mitglieder geworben werden können. Da ein Neumitglied den Sättigungsgrad des Marktes nicht beurteilen kann und so immer den Totalverlust seiner Eintrittsgebühr riskiert, liegt in dieser Vertriebsform ein aleatorisches, lotterieähnliches Moment, das neben der irreführenden Wirkung die Verbotsnorm rechtfertigt.[52]

65   Anders als bei Schneeballsystemen erfolgt der Geldfluss immer über bzw. zum Werbenden, dem Absatzmittler, d.h. die Verträge mit neu geworbenen Endkunden oder Systemeinsteigern werden von den Anwerbern selbst abgeschlossen, die ihrerseits die Beitrittsgebühr an die in der Hierarchie darüber stehenden Personen abzuführen haben.

d) Schenkkreise

66   Einen Unterfall des Pyramidensystems stellen die sogenannten Schenkkreise dar, bei denen das neue Mitglied einen Geldbetrag, verbrämend Geschenk genannt, an die Person an der Spitze der Pyramide zu zahlen hat, wofür es einen Platz auf der untersten Ebene einnimmt. Auf dieser Stufe befinden sich die zuletzt geworbenen Teilnehmer, meist acht an der Zahl, die alle an die Person an der Spitze zu leisten haben. Erst wenn diese Spitze von allen unteren Plätzen ihr „Geschenk" erhalten hat, scheidet sie aus dem System aus, welches dann geteilt wird, so dass danach die beiden Personen, die zuvor die zweithöchste Stufe innehatten, nun jeweils eine neue Pyramide anführen. Damit rücken dann auch die zuvor acht Mitglieder eine Stufe höher, auf der sich nur vier Plätze befinden. Der Weg an die Spitze setzt zwangsläufig voraus, dass von allen Mitgliedern der „neuen" Pyramide wieder acht neue Teilnehmer geworben werden, die zunächst ihren Einstiegsbeitrag an die ak-

---

52 Ohly/Sosnitza/*Sosnitza*, § 16 Rn 33.

Brandau

tuelle Spitzenperson leisten, worauf es wieder zur Teilung kommt. Auch bei dieser Erscheinungsform ist dem Neumitglied nicht bewusst, wie sehr der ohnehin enge Markt schon gesättigt ist.

Ob das vom Tatbestand des § 16 Abs. 2 vorausgesetzte Handeln im geschäftli- **67** chen Verkehr vorliegt, ist von den Umständen abhängig: Wenn die Initiatoren sich darauf beschränken, das Spiel in Gang zu setzen und die Zuweisung der Plätze innerhalb der Pyramide den Teilnehmern überlassen, ist ein geschäftlicher Verkehr zu verneinen. Anders wenn sich die Initiatoren aktiv an der Werbung beteiligen und sogar Werbeveranstaltungen organisieren und leiten.[53]

e) Kettenbriefsysteme

Auch das Kettenbriefsystem stellt sich als Spielart eines Progressionssystems dar, **68** wobei es von vorneherein nicht um den Absatz von Waren sondern allein von Gewinnchancen geht. In diesem System hat jeder neue Teilnehmer an die Person an der Spitze einen Geldbetrag zu zahlen und kann sich nach Streichung dieser Person an das Ende der Liste einsetzen.

Obwohl auch hier die Werbung neuer Teilnehmer, denen die systemtypischen **69** Vorteile versprochen werden, das Geschehen prägt, sind die Teilnehmer bei einem selbstverwalteten Kettenbrief (Selbstläufer) nicht strafbar, da kein Handeln im geschäftlichen Verkehr vorliegt, sofern sich die Tätigkeit darauf beschränkt, das System lediglich am Laufen zu halten und eine Kontrolle auf den Spielfluss nicht stattfindet. Der bloße Erwerb, die Weitergabe der Namenslisten sind nicht tatbestandsmäßig, da es um private Rechtsbeziehungen und nicht um ein geschäftlichen Verkehr geht.[54]

Daraus folgt im Umkehrschluss, dass bei dem Veranstalter eines Kettenbriefsys- **70** tems, der eigene wirtschaftliche Zwecke verfolgt, indem er etwa am Absatz beteiligt ist, gegen eine Gebühr den Spielverlauf verwaltet oder überwacht, ein Handeln im geschäftlichen Verkehr vorliegt.[55] Ob damit schon die Strafbarkeit begründet ist, entscheidet sich an der Frage, ob der Veranstalter den Teilnehmern auch einen „besonderen Vorteil" für die Werbung neuer Mitglieder in Aussicht stellt.

f) Multi-Level-Marketing

Die Unterscheidung zwischen einem illegalen Schneeballsystemen und dem legalen **71** Strukturvertrieb oder Multi-Level-Marketing ist nicht immer leicht zu treffen, zumal es durchaus Ähnlichkeiten in der Vertriebsform gibt. Bei zulässigem Multi-Level-

---

53 Köhler/Bornkamm/*Bornkamm*, § 16 Rn 35.
54 BGH, Beschl. v. 29.9.1986 – 4 StR 148/86 = BGHSt 34, 171.
55 Köhler/Bornkamm/*Bornkamm*, § 16 Rn 35 m.w.N.

Marketing wird das Produkt hauptsächlich an Verbraucher vertrieben, die Teil des Vertriebssystems werden, indem sie aufgefordert sind, das Produkt an weitere Verbraucher zu vertreiben, wofür ihnen regelmäßig Vorteile, z.B. Nachlässe beim eigenen Einstandspreis oder Aufstiegsmöglichkeiten innerhalb der Struktur, versprochen werden. Der Veranstalter profitiert bei diesem System durch die Einsparung von Kosten für Warentransport, Werbung und sonstigen betrieblichen Aufwendungen (Lohnnebenkosten, Mieten von Geschäftsräumen usw.). Insbesondere die Lagerhaltung verbleibt bei dem Konsumenten, der nach Abnahme einer größeren Warenmenge durchaus unter Druck steht, diese Waren abzusetzen.

72   Solange der Warenabsatz im Vordergrund steht, ist auch eine vorab gezahlte Vergütung an den Veranstalter unschädlich. Wenn der in ein Strukturvertriebssystem eintretende Mitarbeiter für seine Aufnahme keinen Einsatz zu zahlen sondern nur die mit seinem Geschäftsbetrieb verbundenen Kosten zu tragen hat, ist das System nicht als sittenwidrig zu qualifizieren.[56]

73   Wenn eine Amortisation der Einstandsgebühr ausschließlich über die Anwerbung neuer Mitglieder möglich ist, handelt es sich um ein Progressionssystem im Sinne des § 16 Abs. 2.[57] Dieses liegt auch dann vor, wenn der Käufer das Entgelt für die erstandene Ware nur durch die Werbung einer bestimmten Zahl weiterer Kunden, die ihrerseits unter denselben Bedingungen in das System eingegliedert werden, wieder hereinholen kann.[58]

2. Täter und Opfer

74   Täter ist jeder, der einen anderen dazu veranlasst, dem System als Teilnehmer beizutreten, dies ist in jedem Fall der unmittelbare Werber, selbst wenn dieser selbst nur einfaches Mitglied ist.[59] Aber auch die oft im Hintergrund bleibenden Gründer oder Veranstalter können nach den allgemeinen Teilnahmeregeln erfasst werden, wobei sich die Form der Anstiftung aufdrängt.[60]

75   Bei dem geschützten Personenkreis handelt es sich um Verbraucher, wobei es immer auf dessen Status im Zeitpunkt der Anwerbung ankommt. Wenn ein Verbraucher nach erfolgter Anwerbung als „Existenzgründer" tätig wird und in gewerblicher Weise weitere Teilnehmer wirbt und an den Veranstalter vermittelt, ist dies unschädlich.[61]

---

56 OLG Frankfurt, Urt. v. 2.3.2000 – 3 U 40/99.

57 Ohly/Sosnitza/*Sosnitza*, § 16 Rn 35.

58 OLG Frankfurt, Urt. v. 2.3.2000 – 3 U 40/99.

59 Ohly/Sosnitza/*Sosnitza*, § 16 Rn 36.

60 Köhler/Bornkamm/*Bornkamm*, § 16 Rn 34.

61 BGH, Beschl. v. 24.2.2011 – 5 StR 514/09 = GRUR 2011, 941 ff.

Das unter den systemkonformen Bedingungen geworbene neue Mitglied ist als 76 notwendiger Teilnehmer straflos bis zu dem Zeitpunkt, da es selbst durch aktive Werbung tätig wird.

3. Tathandlung

Tathandlung ist das Veranlassen, also die psychische Beeinflussung des angespro- 77 chenen Verbrauchers verbunden mit dem Versprechen besonderer Vorteile. Ein Taterfolg, etwa eine verbindliche Anwerbung einer Person, muss nicht eingetreten sein. Jede Form der werbenden Ansprache durch den Veranstalter oder Dritte erfüllt den Tatbestand. Aufgrund der Ausgestaltung des Straftatbestandes als Unternehmensdelikt ist die Tat bereits vollendet, wenn der Täter versucht, das Werbe- und Vertriebssystem in Gang zu setzen.[62]

Wenn zum Zwecke der Werbung mehrere Präsentationsveranstaltungen durch- 78 geführt werden, die jeweils einen Fall der progressiven Kundenwerbung darstellen, so wird der Tatbestand nur einmal verwirklicht, wenn sämtliche Veranstaltungen im Rahmen eines einheitlichen Absatzkonzepts stattfinden und sich auf dasselbe Produkt beziehen.[63] Auch wenn der Einzelvorgang einer progressiven Kundenwerbung zur Verurteilung oder zu einer Einstellung nach § 153a StPO durch die Staatsanwaltschaft geführt hat, ist dies in Beziehung auf die Veranstalter eine andere prozessuale Tat und nicht mehr Teil des Organisationsdelikts, weshalb ein Strafklageverbrauch ausscheidet.[64]

Weitere strafbare Handlungen, die durch eine Verurteilung nicht erfasst wer- 79 den, die wegen des Sachzusammenhangs mit der abgeurteilten Tat zusammen aber als eine Handlung im Rechtssinne gewertet werden müssten, sind als neue selbständige Taten zu würdigen, wenn sie erst nach der Verurteilung begangen worden sind.[65]

a) Handeln im geschäftlichen Verkehr

Die Tathandlung muss im geschäftlichen Verkehr erfolgen. Darunter ist jede selb- 80 ständige wirtschaftlichen Zwecken dienende Tätigkeit zu verstehen, wobei eine eigennützige Gewinnerzielungsabsicht die Regel ist. Daran fehlt es bei dem Veranstal-

---

62 BGH, Beschl. v. 24.2.2011 – 5 StR 514/09 = GRUR 2011, 941 ff.
63 OLG Thüringen, Beschl. v. 14.2.2006 – 1 Ss 211/04.
64 BGH, Beschl. v. 24.2.2011 – 5 StR 514/09 = GRUR 2011, 941 ff.
65 LG Berlin, Beschl. v. 6.4.2004 – (514) 5 Wi Js 608/99 (17/03) = wistra 2004, 317.

ter eines Kettenbriefsystems fehlen, solange er keine über dessen Weiterverbreitung hinausgehende Interessen verfolgt.[66]

b) Besondere Vorteile für die erfolgreiche Kundenwerbung

81 Die für die Kundenwerbung versprochenen Vorteile können in Prämien, Provisionen oder anderen vermögenswerten Leistungen bestehen. Der Vorteil braucht kein unbedingt zu leistendes Entgelt sein, er kann nach erfolgtem Kauf in der Ermäßigung des Kaufpreises oder im unentgeltlichen oder verbilligten Bezug weiterer Waren liegen.[67]

82 Es muss sich um einen besonderen Vorteil handeln, der nicht mit den erworbenen Waren, Leistungen oder Rechten identisch ist, er muss ein zusätzliches Lockmittel darstellen und er muss geeignet sein, den Empfänger dahin zu bringen, planmäßig weitere Kunden anzuwerben.[68] Dafür reichen nicht die üblichen Provisionen für eine erfolgreiche Laienwerbung bei Buchclubs oder Mengenrabatte bei Abnahme großer Warenmengen aus. Es muss sich um einen Vorteil handeln, der unter der (oft verschleierten) Bedingung des Anwerbens neuer Abnehmer steht, da nur so das Element der personalen Erweiterung erfasst wird, das den Hauptumsatz des Systems generiert.[69]

83 Die versprochenen Vorteile muss der Veranstalter nicht selbst gewähren, es genügt, wenn sie von Dritten, insbesondere von dem zu werbenden neuen Teilnehmer geleistet werden, wie es für die großen Pyramidensysteme typisch ist.

84 Über das Erfordernis der Nichtidentität zwischen Ware und Vorteil herrschen in Rechtsprechung und Lehre unterschiedliche Auffassungen, wenn es um reine Geldsysteme geht, die dem Teilnehmer nichts anderes als die Chance bieten, die gezahlte Einstiegsgebühr durch Werbung neuer Teilnehmer zu amortisieren. Am Beispiel des bundesweit verbreiteten Progressionssystems „Life" hat der BGH darauf abgestellt, dass dort Mitgliedschaftsrechte vertrieben wurden, die neben der Aussicht auf Gewinn auch Ansprüche des Teilnehmers auf organisatorische Dienstleistungen (z.B. Schulungen für den Vertrieb) enthielten. Davon zu unterscheiden sei der erfolgsbedingte Anspruch auf Zahlung von Provision oder Folgeprovision, und dieser Vorteil „Werbeprämie oder Provision" sei es, der den entscheidenden Anreiz für den Erwerb des Mitgliedschaftsrechts abgebe.[70] Demgegenüber haben die Oberlandesgerichte Rostock und Brandenburg den nicht vorhandenen wirtschaftlichen Wert des

---

66 Köhler/Bornkamm/*Bornkamm*, § 16 Rn 35.
67 Köhler/Bornkamm/*Bornkamm*, § 16 Rn 38.
68 MünchKommUWG/*Brammsen*, § 16 Rn 124.
69 MünchKommUWG/*Brammsen*, § 16 Rn 124
70 BGH, Beschl. v. 22.10.1997 – 5StR 223/97 = BGHSt 43, 270; OLG Bamberg, Beschl. v. 5.12.1996 – Ws 390/96 = wistra 1997, 114.

Mitgliedschaftsrechts herausgestellt. Das vom Veranstalter verlangte Entgelt werde nur für die Chance auf Werbeprovisionen gezahlt. Darüber hinaus fehle es dem Geschäft an dem im UWG vorausgesetzten wettbewerbsrechtlichen Bezug. Ein solches Gewinnspiel werde von keinem redlichen Wettbewerber angeboten, der durch die progressive Werbung benachteiligt sein könne, was letztlich den Schutzzweck der Strafvorschrift ausmache.[71]

Obwohl in der Literatur die vom BGH praktizierte Aufspaltung zwischen Mit- **85** gliedschaftsrecht und Gewinnchance i.S.v. „besonderer Vorteil" für gekünstelt erklärt wird, da das Recht für sich weder absetzbar noch verkehrsfähig ist, besteht doch weitgehend Übereinstimmung, dass die reinen Geldgewinnsysteme trotz nur rudimentärer Rechteverschaffung dem Tatbestand des § 16 Abs. 2 UWG unterliegen.[72]

Da schon nach dem Wortlaut des Gesetzes das erworbene Recht nicht identisch **86** sein darf mit dem versprochenen besonderen Vorteil, fallen sämtliche Systeme aus dem Anwendungsbereich heraus, bei denen allein die Gewinnchance gekauft wird, wie es bei veranstaltergesteuerten Kettenbriefen der Fall ist. (Bei den von selbst laufenden Kettenbriefen fehlt es schon am „geschäftlichen Verkehr"). Ist nämlich die vom Veranstalter verkaufte Gewinnchance Voraussetzung für die Annahme des Begriffs Ware, gewerbliche Leistung oder Recht, so kann sie nicht gleichzeitig ein besonderer Vorteil im Sinn des Tatbestands sein.[73] In Strukturen, in denen nicht einmal ansatzweise eine Dienstleistung oder ein Recht veräußert wird, ist selbst die nur durch Kettenwerbung neuer Mitspieler erreichbare Gewinnchance nicht ausreichend, denn fehlt es am „besonderen Vorteil" für die Abnahme von Rechten oder Dienstleistungen.

Auch jedes andere System, bei dem die Waren oder Ausschüttungen der Alt- **87** kunden aus den Einzahlungen der Neukunden finanziert werden (so beim Ponzi-Scheme), bei dem aber das Vorteilsversprechen als progressives Werbemoment fehlt, fällt von vornherein nicht unter den Tatbestand des § 16 Abs. 2, selbst wenn es in der Praxis beharrlich als Schneeballsystem bezeichnet wird.

Der Umstand, dass die besonderen Vorteile nur unter der aufschiebenden Be- **88** dingung gewährt werden, dass der Geworbene andere zum Abschluss derartiger Verträge veranlasst, ist systemimmanent und sorgt dafür, dass die Ausbreitung des Systems gefördert wird.

Auch wenn der besondere Vorteil vom Kauf einer Leistung (Teilnahme an Moti- **89** vations- und Ausbildungsseminaren) zur Bedingung dafür gemacht wird, dass der Umworbene in den Genuss des Vorteils kommt (Seminare gegen Provisionen vertreiben), liegt das Kettenelement vor. Dabei wird nämlich ein Schneeballsystem

---

71 OLG Rostock, Beschl. v. 31.3.1998 – I Ws 9/97 = NStZ 1998, 467.

72 Fezer/*Rengier*, § 16 Rn 155; Teplitzky/Pfeifer/Leistner/*Wolters* § 17 Rn 75; MünchKomm UWG/ *Brammsen*, § 17 Rn 125.

73 BayObLG, Beschl. v. 21.3.1990 – RReg. 4 St 226/89 = BayObLGSt 1990, 26, 30.

dergestalt begründet, dass der Vertriebsmitarbeiter ein Produkt erwerben muss und sich nur durch die Einwerbung neuer Kunden refinanzieren kann.[74]

4. Subjektiver Tatbestand

90 Für den subjektiven Tatbestand ist Vorsatz erforderlich, dolus eventualis ist ausreichend.

91 Für die Strafverfolgung ist kein Antrag erforderlich, d.h. Delikte nach § 16 Abs. 2 werden von Amts wegen verfolgt. Anklage wird aber nur erhoben, wenn es im öffentlichen Interesse liegt (§ 373 Abs. 1 Nr. 7, 376).

5. Zivilrechtliche Rechtsfolgen

92 Die zivilrechtlichen Abreden zwischen dem Veranstalter eines Progressionssystems und einem Teilnehmer, aber auch zwischen Teilnehmern untereinander, sind nach § 134 BGB nichtig. Der von einem Teilnehmer geworbene neue Teilnehmer kann seinen an diesen geleisteten Einsatz wegen der Nichtigkeit des Geschäftes von dem Werber unmittelbar zurückfordern, sofern er über die Risiken und Verlustgefahren im Unklaren gelassen wurde. Diesem Anspruch steht auch nicht die Kondiktionssperre des § 817 S. 2 BGB entgegen.[75]

III. Verrat von Geschäfts- und Betriebsgeheimnissen (§ 17 UWG)

(1) Wer als eine bei einem Unternehmen beschäftigte Person ein Geschäfts- oder Betriebsgeheimnis, das ihr im Rahmen des Dienstverhältnisses anvertraut worden oder zugänglich geworden ist, während der Geltungsdauer des Dienstverhältnisses unbefugt an jemand zu Zwecken des Wettbewerbs, aus Eigennutz, zugunsten eines Dritten oder in der Absicht, dem Inhaber des Unternehmens Schaden zuzufügen, mitteilt, wird mit Freiheitsstrafe bis zu drei Jahren oder mit Geldstrafe bestraft.

(2) Ebenso wird bestraft, wer zu Zwecken des Wettbewerbs, aus Eigennutz, zugunsten eines Dritten oder in der Absicht, dem Inhaber des Unternehmens Schaden zuzufügen,

1. sich ein Geschäfts- oder Betriebsgeheimnis durch

    a) Anwendung technischer Mittel,

    b) Herstellung einer verkörperten Wiedergabe des Geheimnisses oder

---

74 BGH, Beschl. v. 24.2.2011 – 5 StR 514/09 = GRUR 2011, 941 ff.

75 BGH, Urt. v. 22.4.1997 – XI ZR 191/96 = NJW 1997, 2314.

Brandau

c) Wegnahme einer Sache, in der das Geheimnis verkörpert ist, unbefugt verschafft oder sichert oder

2. ein Geschäfts- oder Betriebsgeheimnis, das er durch eine der in Absatz 1 bezeichneten Mitteilungen oder durch eine eigene oder fremde Handlung nach Nummer 1 erlangt oder sich sonst unbefugt verschafft oder gesichert hat, unbefugt verwertet oder jemandem mitteilt.

(3) Der Versuch ist strafbar.

(4) In besonders schweren Fällen ist die Strafe Freiheitsstrafe bis zu fünf Jahren oder Geldstrafe. Ein besonders schwerer Fall liegt in der Regel vor, wenn der Täter

1. gewerbsmäßig handelt,

2. bei der Mitteilung weiß, dass das Geheimnis im Ausland verwertet werden soll, oder

3. eine Verwertung nach Absatz 2 Nr. 2 im Ausland selbst vornimmt.

(5) Die Tat wird nur auf Antrag verfolgt, es sei denn, dass die Strafverfolgungsbehörde wegen des besonderen öffentlichen Interesses an der Strafverfolgung ein Einschreiten von Amts wegen für geboten hält.

(6) § 5 Nr. 7 des Strafgesetzbuches gilt entsprechend.

Der Straftatbestand schützt das geistige Eigentum in seinem ureigensten Sinn, näm- 93
lich das Wissen (Know-How) über unternehmenswichtige Daten oder Prozesse, also alles was für das operative Geschäft eines Unternehmens von Bedeutung ist. Was unter einem Geheimnis zu verstehen ist, wird vom Gesetz nicht näher bestimmt. Da es um den Schutz des redlichen Wettbewerbs geht, ist der Schutzzweck des § 17 UWG dahin zu verstehen, dass die Geheimhaltung einer Tatsache nicht nur dem Willen des Berechtigten entspricht sondern auch für dessen Wettbewerbsfähigkeit von Bedeutung, insbesondere von wirtschaftlichem Wert ist.[76]

1. Geschäftsgeheimnis

Der Begriff des Geschäftsgeheimnisses wird durch objektive und subjektive Merk- 94
male näher bestimmt. Geschäfts- oder Betriebsgeheimnisse eines Unternehmens sind alle nicht offenkundigen, den Betrieb oder die Geschäftstätigkeit betreffenden Tatsachen, hinsichtlich derer das Unternehmen ein wirtschaftliches Interesse an der Geheimhaltung hat und die nach seinem offen erklärten oder erkennbaren Willen auch geheim bleiben sollen.[77]

---

76 Teplitzky/Pfeifer/Leistner/*Wolters*, § 17 Rn 4 ff.
77 Genauer zum Begriff BVerfG: Beschl. v. 14.3.2006 – 1 BvR 2087, 2111/03 = BVerfGE 115, 205; ständige Rechtsprechung seit BGH, Urt. v. 15.3.1955 – I ZR 111/53 – Möbelpaste = GRUR 1955, 424, 425; zuletzt BGH, Urt. v. 27.4.2006 – I ZR 126/03 – Kundendatenprogramm = GRUR 2006, 1044, 1046.

95   Das Geheimhaltungsinteresse muss wirtschaftlicher Natur und für die Wettbewerbsfähigkeit von Bedeutung sein. Das Geheimnis muss keinen bestimmten Stan-
dard erfüllen, es muss nicht schriftlich oder ähnlich fixiert sein, auch eine gegenwärtige Nutzung ist nicht erforderlich. Insbesondere muss es keinen Vermögenswert
haben, es genügt, dass sich die Kenntnis eines Wettbewerbers nachteilig auswirken
kann.[78]

a) Beispiele

96   Unter den Begriff Geschäftsgeheimnisse fallen an erster Stelle Daten, die für das
operative Geschäft, also im Wettbewerb, von zentraler Bedeutung sind. Beispiele
aus der Rechtsprechung dafür sind:[79]
- Adressverzeichnisse und Namenslisten (gleich ob Bezugsquellen, Lieferanten
  oder Kunden)
- Entwicklungs- und Forschungsprojekte
- Geschäftsbücher
- Konditionen
- Konstruktionspläne o.ä.
- Unterlagen zu Umsätzen, Ertragslage, steuerlichen Verhältnissen oder Kredit-
  würdigkeit
- Markt- oder Werbestrategien
- Rezepturen und Produktbestandteile
- Patentanmeldungen
- Preiskalkulationen
- Verhandlungstaktiken und Ergebnisse

97   Allgemein gesprochen zählen dazu die unternehmensinternen Umstände wie
(Preis-)Kalkulationen, die innere Organisation, insbesondere auch Methoden zur
Erfassung und Bewertung wirtschaftlich komplexer Sachverhalte wie auch deren
Verkörperungen, z.B. eigens entwickelte Formulare. Aus dem Bereich der Außen-
kontakte, also den geschäftlichen Beziehungen zu Kunden sind die erzielten Umsätze, Namen und Position der Ansprechpartner zu nennen. Geschützt sind ebenso
Daten von prospektiven Kunden oder Interessenten, die insbesondere für Personal-
vermittler die geschäftliche Basis darstellen. Selbst im Zusammenhang mit dem
schon vertriebenen Produkt kann es Geschäftsgeheimnisse geben, nämlich immer
dann, wenn das Produkt mit einer Software oder einem Code ausgestattet ist, deren
Daten versteckt und nicht für den Erwerber bestimmt sind, so z.B. das Codierpro-

---

78 BGH, Urt. v. 27.4.2006 – I ZR 126/03 – Kundendatenprogramm = GRUR 2006, 1044, 1046.
79 Ullmann/*Ernst*, § 17 Rn 19 ff.

gramm für einen Pay TV-Sender,[80] die SIM Lock-Sperre bei Mobiltelefonen[81] oder das Programm eines Geldspielautomaten.[82]

Selbst wenn das Geheimnis Straftaten oder Gesetzesverstöße des Unterneh- **98** mensinhabers beweist, es also einen sitten- oder gesetzeswidrigen Inhalt hat, lässt dies den strafrechtlichen Schutz nicht entfallen.[83] Damit unterfällt auch die Offenbarung von Steuerhinterziehungen, der Produktion unter Verstoß gegen Umweltvorschriften oder einer verdeckt praktizierten Schmiergeldpraxis dem Tatbestand des § 17, zumal hier am Geheimhaltungsinteresse des Inhabers nicht zu zweifeln ist. Allerdings kann die Offenbarung des Geheimnisses im Einzelfall gerechtfertigt sein, z.B. nach § 34 StGB. Es kann sogar eine Rechtspflicht zum Offenbaren bestehen, zum Beispiel wenn bei einem Unternehmensverkauf geschönte Umsatzzahlen präsentiert werden. Hier kann das Verschweigen eine betrugsrelevante Täuschung in Form eines Unterlassens darstellen.

Obwohl die Unterscheidung ohne Bedeutung und nicht immer klar zu ziehen ist, **99** beziehen sich Geschäftsgeheimnisse auf den kaufmännischen Geschäftsverkehr, hingegen Betriebsgeheimnisse auf den technischen Betriebsablauf. Als Betriebsgeheimnis sind alle Tatsachen einzustufen, die einen Unternehmensbezug aufweisen und als die Gesamtheit aller nicht patentierten praktischen Kenntnisse aus Erfahrungen und Versuchen, kurzum als Know-how, beschrieben werden können.[84] Damit muss es weder die Anforderungen an gewerbliche Schutzrechte erfüllen noch irgendein innovatives Element aufweisen, es kann lediglich den Stand der Technik wiedergeben.[85] Selbst ein in der Branche eingeführtes Verfahren kann also ein Betriebsgeheimnis darstellen, wenn der Wille des Berechtigten dahin geht, die Anwendung des Verfahrens vor den Wettbewerbern geheim zu halten. Ein Betriebsgeheimnis stellen insbesondere Computerprogramme einschließlich der Programmcodes dar.[86] Diese sind in der Praxis recht häufig das Ziel von Ausspähungen.

b) Offenkundigkeit

Das Geheimnis darf nicht offenkundig, also nicht jedermann bekannt oder ohne **100** weiteres zugänglich sein. Eine allgemeine Bekanntheit liegt vor, wenn jeder Interessierte sich unschwer mit lauteren Mitteln Kenntnis von dem Geheimnis verschaffen

80 OLG Frankfurt, Urt. v. 13.6.1995 – 6 U 14/95 = NJW 1996, 246 f.
81 Busch/Giessler MMR 2001, 586 ff.
82 BayObLG, Urt. v. 28.8.1990 – RReg. 4 St 250/89 = NJW 1991, 438 ff.
83 H.M., z.B MünchKommUWG/*Brammsen*, § 17 Rn 24.
84 Köhler/Bornkamm/*Köhler*, § 17 Rn 12.
85 BGH, Urt. v. 7.11.2002 – I ZR 64/00 = GRUR 2003, 356.
86 Köhler/Bornkamm/*Köhler* § 17 Rn 12a.

kann.[87] So sind Unternehmenszahlen wie Umsätze, Erträge oder Verluste offenkundig, wenn sie aus allgemein zugänglichen Quellen wie veröffentlichten Geschäftsberichten zu entnehmen sind. Datenbanken, deren Quellen zwar allgemein zugänglich sind, sind dann nicht offenkundig, wenn die Zusammenführung der Daten nur unter erheblichem Zeit- und Kostenaufwand möglich ist.[88] Auch die Anlagestrategie für ein Finanzprodukt, z.B. einen Aktienfond, und deren Abhängigkeit von Parametern des Finanzmarktes sind nicht offenkundig, selbst wenn die Wertentwicklung anhand des veröffentlichten Kursverlaufs allgemein bekannt ist.

101 Der Geheimnischarakter wird auch nicht dadurch in Frage gestellt, dass die relevanten Unterlagen einem begrenzten – wenn auch unter Umständen größeren – Personenkreis zugänglich waren, etwa den aufgrund des Arbeitsvertrags zur Verschwiegenheit verpflichteten Betriebsangehörigen oder auch bestimmten Kunden und Lieferanten. Nichts anderes gilt, soweit die Unterlagen den mit der Prüfung eines (Zulassungs-)Antrags dienstlich befassten Personen bekannt geworden sind.[89] Eine allgemeine Bekanntheit liegt auch nicht deshalb vor, dass das Geheimnis ausgewählten Kunden vorgeführt worden ist. Selbst die Kenntnis durch Außenstehende ist unschädlich, wenn diese durch Gesetz (Patentanwalt) oder Vertrag (Softwarelizenz-Vertrag) zur Geheimhaltung verpflichtet sind. Im Hinblick auf den Schutzzweck der Norm ist entscheidend, ob das Geheimnis gegenüber den Wettbewerbern gewahrt bleibt.[90]

102 Offenkundig ist die Tatsache dann, wenn sie der Öffentlichkeit zugänglich gemacht wird, z.B. durch Anmeldung als Patent oder Gebrauchsmuster, durch Veröffentlichung in einer Fachzeitschrift oder durch Ausstellung auf einer Messe. Auch eine leichte Zugänglichkeit der Tatsache führt zum Verlust ihrer Geheimnisqualität. Selbst mit der Auslieferung eines Produkts wird ein darin wirkendes Geheimnis nur dann allgemein offenkundig, wenn es der mit Fachwissen ausgestattete Betrachter schon durch bloßen Inaugenscheinnahme erkennen kann Das gleiche gilt für Fälle der Nachkonstruktion (reverse engineering), d.h. die Tatsache bleibt auch dann ein Geheimnis, wenn sie von einem Fachmann nur mit größerem Zeit-, Arbeits- und Kostenaufwand erschlossen werden kann.[91] Dies rechtfertigt es, selbst Messeexponaten den Geheimnisschutz zuzubilligen, solange es einen vor der Öffentlichkeit geheim gehaltenen Wirkungsmechanismus gibt, von dem sich der Besucher nur durch unlautere Mittel Kenntnis verschaffen kann.

---

87 BayObLG, Urt. v. 28.8.1990 – RReg. 4 St 250/89 = GRUR 1991, 694 ff.
88 BGH, Urt. v. 13.12.2007 – I ZR 71/05 = GRUR 2008, 727 ff.; Köhler/Bornkamm/*Köhler*, § 17 Rn 8.
89 BGH, Urt. v. 23.2.2012 – I ZR 136/10 – Movicol = GRUR 2012, 1048 ff.
90 Teplitzky/Pfeifer/Leistner/*Wolters*, § 17 Rn 23.
91 BayObLG, Urt. v. 28.8.1990 – RReg. 4 St 250/89 = GRUR 1991, 694 ff.; Teplitzky/Pfeifer/Leistner/ *Wolters*, § 17 Rn 25.

c) Geheimhaltungsinteresse

Der Unternehmensinhaber muss darüber hinaus den Willen zur Geheimhaltung ha- **103** ben, dieser Wille muss erklärt oder zumindest erkennbar sein. Es genügt, wenn die fraglichen Tatsachen nach dem Willen des Betriebsinhabers aufgrund eines berechtigten wirtschaftlichen Interesses geheim gehalten werden sollen. Für Kundendaten und alle sonstigen Interna, die nicht offenkundig sind, ist dieser Geheimhaltungswille zu vermuten.[92] Der Täter oder Verletzer muss das Gegenteil beweisen,[93] was sich aber nur auf die Rechtsverfolgung im Zivilprozess beziehen kann. Aus strafrechtlicher Sicht ist dem Täter immer die Rechtsverletzung in allen Tatbestandsmerkmalen nachzuweisen. Allerdings wird die Ansicht als zu eng abgelehnt, dass im Strafprozess der Geheimhaltungswille tatsächlich kundgetan und nachgewiesen werden muss.[94] Den Vorzug verdient die Auffassung, dass aus dem objektiven Geheimhaltungsinteresse des Berechtigten dessen Geheimhaltungswille abzuleiten und es daher nicht erforderlich ist, diesen Willen für jedes Geheimnis positiv nachzuweisen, zumal dieser Wille nicht als eigenständiges Tatbestandsmerkmal zu verstehen sei.[95]

Wenn sich die Tat auf abgeschlossene geschäftliche Vorgänge bezieht, kann das **104** Geheimhaltungsinteresse zweifelhaft sein. Dann ist auf die wettbewerbliche Relevanz abzustellen. Das Interesse ist nur zu bejahen bei Tatsachen, deren Offenbarung (oder Sicherung) geeignet ist, die Position eines Konkurrenten im Wettbewerb zu verbessern und/oder die eigene Stellung im Wettbewerb zu verschlechtern.[96] Einem geschäftlichen Projekt, z.B. ein Unternehmenskauf, das der Unternehmer endgültig aufgegeben hat, dürfte kaum noch für dessen Wettbewerbsfähigkeit von Bedeutung sein.

Im Strafverfahren gilt die Verteidigungsstrategie erfahrungsgemäß an erster **105** Stelle dem Bestreiten der Geheimnisqualität. Zu diesem Zweck werden Veröffentlichungen des betroffenen Unternehmens, speziell im Internet, herangezogen, aus denen sich die Offenkundigkeit ergeben soll. Dabei kommt es entscheidend darauf an, ob sich aus einer publizierten Einzeltatsache das Geheimnis in seiner Gesamtheit erschließt. Nur dann ist Offenkundigkeit anzunehmen.

---

92 BGH, Urt. v. 27.4.2006 – I ZR 126/03 – Kundendatenprogramm = GRUR 2006, 1044 ff.
93 Köhler/Bornkamm/*Köhler*, § 17 Rn 10.
94 Fezer/*Rengier*, § 17 Rn 10.
95 MünchKommUWG/*Brammsen*, § 17 Rn 23.
96 MünchKommUWG/*Brammsen*, § 17 Rn 22 m.w.N.

2. Mitteilung und Täter nach Abs. 1

106 Als klassischer Anwendungsbereich wird in § 17 Abs. 1 die Mitteilung von Interna durch einen Betriebsangehörigen an einen Außenstehenden angesprochen. Die Mitteilung muss während der Dauer des Anstellungsverhältnisses erfolgen und sie muss sich auf Umstände beziehen, die dem Mitteiler gerade durch seine betriebliche Zugehörigkeit bekannt geworden sind, diese muss ursächlich für die Kenntniserlangung sein. Dabei ist es ohne Bedeutung, ob er tatsächlichen Umgang mit dem Geheimnis hatte und ob der Umgang auch arbeitsvertraglich erlaubt war, d.h. das Verbot des § 17 Abs. 1 umfasst auch verbotenerweise erlangte (ausgespähte) Interna. Täter kann allerdings nur ein Beschäftigter sein, wobei der Begriff weit auszulegen ist, auch Vorstandsmitglieder oder Geschäftsführer einer GmbH gehören zum Täterkreis, da eine weisungsabhängige Tätigkeit nicht vorausgesetzt wird.[97] Damit ist § 17 Abs. 1 ein echtes Sonderdelikt, bei dem der Beschäftigtenstatus ein besonderes persönliches Merkmal im Sinne von § 14 Abs. 1 StGB ist, das die Strafbarkeit begründet (§ 28 Abs. 1 StGB). Ein nicht im Unternehmen Beschäftigter kann lediglich wegen Teilnahme bestraft werden.[98] Aus allem folgt, dass der Inhaber eines Unternehmens nicht Täter sein kann, denn er kann mit dem Betriebsvermögen, wozu auch das Know How zählt, unter wettbewerbsrechtlichen Gesichtspunkten nach Belieben verfahren.

107   Die Tathandlung ist die Mitteilung an einen Dritten, entweder durch positives Tun (Äußerung Publikation, Übergabe) oder durch Unterlassen, wenn eine vertragliche Pflicht besteht zu verhindern, dass Nichtberechtigte das Geheimnis erfahren. Mitteilungsempfänger kann jeder beliebige Dritte sein, auch ein Angehöriger des geschützten Unternehmens selbst, ein Amtsträger oder ein Scheinaufkäufer als Lockspitzel. Die Mitteilung ist zwar empfangsbedürftig,[99] allerdings stellt die Entgegennahme des Geheimnisses durch den Dritten keine strafbare Teilnahme dar, da die Tatbestandsverwirklichung die Mitwirkung anderer begrifflich voraussetzt. Diese Mitwirkung ist als notwendige Teilnahme straflos.

108   Der Tendenz, gegen den Nutznießer des Geheimnisverrats, also den Empfänger der Mitteilung, wegen Anstiftung oder Beihilfe vorzugehen, (vor allem bei Verrat von Amtsgeheimnissen, um den Informanten zu enttarnen), ist das BVerfG klar entgegengetreten. Die bloße Veröffentlichung oder auch Benutzung des Geheimnisses durch den Empfänger der Mitteilung reicht nicht aus, um einen Verdacht der Beihilfe zu begründen.[100]

109   Der Tatzeitpunkt muss innerhalb der „Geltungsdauer des Dienstverhältnisses" liegen, d.h. eine Mitteilung nach dessen Beendigung, selbst wenn sie arbeitsrecht-

---

97 Köhler/Bornkamm/*Köhler*, § 17 Rn 60.
98 Teplitzky/Pfeifer/Leistner/*Wolter*, § 17 Rn 70.
99 Harte-Bavendamm/Henning-Bodewig/*Harte-Bavendamm*, § 17 Rn 10.
100 BVerfG, Urt. v. 27.2.2007 – 1 BvR 538/06 u.a. = NVwZ 2007, 685.

Brandau

lich verboten ist, ist nicht strafbar sondern löst allenfalls eine zivilrechtliche Haftung aus.[101] Das Dienstverhältnis muss zur Tatzeit entweder rechtlichen oder zumindest faktischen Bestand haben. Ein vertragswidriges Nichtantreten oder vorzeitiges Verlassen einer Arbeitsstelle ist ohne Bedeutung für den Tatbestand, anders aber wenn der Täter die Beendigung provoziert hatte, um danach einen Geheimnisbruch begehen zu können.[102] Die übliche vertragliche Verlängerung der Verschwiegenheitspflicht über das Ende der Beschäftigung hinaus verlängert nicht die Geltungsdauer des Dienstverhältnisses, ihre Verletzung bleibt ohne strafrechtliche Sanktion.[103]

Die tatbestandsmäßige Mitteilung muss aus bestimmten Motiven geschehen, **110** die vom Gesetz abschließend aufgeführt sind. Am leichtesten wird das Motiv „zu Zwecken des Wettbewerbs" nachzuweisen sein, denn dafür genügt es, wenn der eigene oder fremde Wettbewerb zum Nachteil des betroffenen Unternehmens in der Zukunft aufgenommen werden soll. Eine vorsorgliche Sicherung z.B. von Daten, die aus Tätersicht irgendeine geschäftliche Relevanz haben könnten, ist ausreichend, es bedarf keiner tatsächlichen Verwendung. Welcher Beweggrund vorliegt, wird sich in aller Regel aus den Umständen erschließen, kann im Einzelfall aber auch offenbleiben, wenn von mindestens zwei Motiven sicher auszugehen ist. Wenn der Dritte das Geheimnis schon kannte, ihn die Mitteilung nicht erreicht oder er sie nicht richtig verstanden hat, kommt für den Täter nur Versuch nach Abs. 3 in Betracht.

Rechtswidrigkeit

Die Mitteilung von betrieblichen Missständen, z.B. Bestechungspraktiken oder sat- **111** zungswidrigen Geldausgaben einer gemeinnützigen Institution, kann im Einzelfall gerechtfertigt sein, wenn damit ein besonderes öffentliches Informationsinteresse befriedigt wird.[104]

3. Betriebsspionage (Abs. 2 Nr. 1)

a) Tathandlungen

§ 17 Abs. 2 Nr. 1 UWG stellt verschiedene für den Geheimnisträger besonders gefähr- **112** liche Vorgehensweisen unter Strafe, nämlich die unbefugte Ansichnahme oder Sicherung des Geheimnisses, wodurch dieses zu einem greifbaren und transportablen

---

101 Köhler/Bornkamm/*Köhler*, § 17 Rn 22.
102 BGH, Urt. v. 16.11.1954 – I ZR 180/53 = GRUR 1955, 402ff.
103 Harte-Bavendamm/Henning-Bodewig/*Harte-Bavendamm*, § 17 Rn 13.
104 OLG München, Urt. v. 22.1.2004 – 29 U 4872/03 – Themenplacement = GRUR-RR 2004, 145, 147.

vor allem aber handelbaren Objekt werden kann. Erreicht wird damit eine Vorverlagerung des Geheimnisschutzes, da es nicht auf die spätere Verwertung oder Mitteilung des Geheimnisses ankommt. Der Täterkreis ist nicht begrenzt, es kann sich um Beschäftigte des Unternehmens oder auch um Außenstehende handeln.

113   Ein Sichverschaffen liegt vor, wenn der Täter das Geheimnis, sofern dieses in in einem Gegenstand verkörpert ist, in seine Verfügungsgewalt bringt, er also Gewahrsam an dem Gegenstand erlangt, bei dem es sich auch um Datenträger handeln kann.[105] Bei einem nicht verkörperten Geheimnis erfolgt das Sichverschaffen durch Kenntniserlangung, ansonsten durch Ansichnahme des Gegenstands oder Datenträgers, der das Geheimnis verkörpert.[106]

114   Ein **Sichern** des Geheimnisses setzt voraus, dass eine schon vorhandene Kenntnis genauer oder bleibend verfestigt wird, so dass auf das Geheimnis jederzeit, ohne Rückgriff auf das Gedächtnis, zurückgegriffen werden kann.[107] Das bereits vorhandene Wissen muss verfestigt oder materialisiert werden.[108] Als typisches Sichern ist die elektronische Speicherung auf einem Datenträger anzusehen, wobei dies nicht am betrieblichen Aufbewahrungsort, z.B. direkt am Server, geschehen muss. Auch der Versand einer Email mit geheimhaltungsbedürftigen Dateien im Anhang führt zu einer Sicherung auf dem Empfängerkonto, unabhängig davon ob dieses auf einem lokalen Rechner oder auf einem Server des Email-Providers eingerichtet ist.

115   Unter **Anwendung technischer Mittel** nach § 17 Abs. 2 Nr. 1a) fallen insbesondere die klassischen technischen Mittel der Ausspähung wie das Fertigen von Fotoaufnahmen, gleich ob das Bild elektronisch oder auf einem Film gespeichert wird, oder der Einsatz von Abhörvorrichtungen. Die wohl am häufigsten vorkommende Methode betrifft die computergestützte Informationsbeschaffung, besonders das Abrufen und die Darstellung von gespeicherten Daten auf Monitoren, daneben die Anwendung von Entschlüsselungsprogrammen zur Überwindung von Zugangssperren, Kopierschutzvorrichtungen oder codierten Datensignalen.[109]

116   Die **Herstellung einer verkörperten Wiedergabe** kann sowohl wieder durch technische Mittel als auch durch einfache manuelle Aufzeichnung oder Vervielfältigung (Fotokopien) vorgenommen werden, wobei die Verkörperung in einem mobilen Datenträger, einer Skizze (Blaupause) oder in einem Gerät liegen kann, sofern darin das Geheimnis wirkt. Erfolgt die Verkörperung des Geheimnisses unter Zuhilfenahme technischer Mittel, erfüllt dies zugleich die Variante des § 17 Abs. 2 Nr. 1a) und es kommt zu einer Überschneidung beider Tatbestandsalternativen. Damit unterfallen nur solche Verkörperungshandlungen allein dem Anwendungsbereich des

---

105 Teplitzky/Pfeifer/Leistner/*Wolter*, § 17 Rn 74.

106 Köhler/Bornkamm/*Köhler*, § 17 Rn 30.

107 BGH, Urt. v. 23.2.2012 – I ZR 136/10 – Movicol = GRUR 2012, 1048 ff.

108 Teplitzky/Pfeifer/Leistner/*Wolters*, § 17 Rn 76.

109 MünchKommUWG/*Brammsen*, § 17 Rn 88.

§ 17 Abs. 2 Nr. 1b), die nicht unter Zuhilfenahme technischer Mittel erfolgen.[110] Entscheidend für die Anwendbarkeit des Tatbestands ist, dass das Geheimnis in einen körperlichen Gegenstand transformiert wird, der zur Wiedergabe des Geheimnisses geeignet ist, so dass alle nichtverkörperten Darstellungen wie die Dateneingabe in einen Rechner oder die Speicherung von Emails auf dem Nutzerkonto nicht erfasst werden. Erfolgt die Verkörperung hingegen auf einem selbständigen Trägermedium wie z.B. einem USB-Stick, liegt die erforderliche verkörperte Wiedergabe vor.[111]

Unter der **Wegnahme einer Sache**, in der das Geheimnis verkörpert ist, wird **117** nach ganz h.M. – wie beim Diebstahl – der Bruch fremden und die Begründung neuen Gewahrsams verstanden.[112] Die Tathandlung kann darin liegen, dass der Gegenstand, in dem das Geheimnis wirkt, dem Berechtigten entzogen wird, sie dürfte aber in den heutigen Fällen immer auf die Wegnahme von Datenträgern hinauslaufen. Eine Wegnahme liegt nicht vor, wenn der Täter ihm überlassene und in seinem Alleingewahrsam befindliche Unterlagen oder Speichermedien nach seinem Ausscheiden aus dem Unternehmen gegen vertragliche Pflichten nicht zurückgibt.[113]

b) Rechtswidrigkeit

Die Tathandlung nach § 17 Abs. 2 muss in allen Tatbestandsvarianten unbefugt vor- **118** genommen sein, wobei nach h.M. die Unbefugtheit als allgemeines Verbrechens- und nicht als Tatbestandsmerkmal verstanden wird. Unbefugt handelt, wer dem erklärten oder mutmaßlichen Geheimhaltungsinteresse des Berechtigten zuwider sich das Geheimnis verschafft oder sichert.[114] Unbefugt handelt auch, wer sich die Zustimmung des Berechtigten durch Täuschung erschlichen oder auf unredliche Weise, z.B. durch Drohung, verschafft hat.[115]

Ohne Zweifel ist die Tathandlung unbefugt, wenn sie gegen arbeitsvertragliche **119** oder sonstige Vorschriften, besonders zum Umgang mit Daten, verstößt, sofern diese zumindest mittelbar dem Geheimhaltungsinteresse des Berechtigten dienen. Auch die Hausvorschrift z.B. eines Messeveranstalters, die ein Fotografierverbot statuiert, fällt darunter.

Die Rechtswidrigkeit entfällt nach h.M., wenn der Täter einen schuldrechtlichen **120** Anspruch auf Übergabe oder Mitteilung des verkörperten Geheimnisses hat. Selbst wenn er diesen durch ein tatbestandsmäßiges Verhalten durchsetzt durch die ei-

---

110 Teplitzky/Pfeifer/Leistner/Wolters, § 17 Rn 80.
111 MünchKommUWG/*Brammsen* § 17 Rn 90.
112 BayObLG, Beschl. v. 12.12.1991 – RReg. 4 St 158/91 = NJW 1992, 1777, 1779; Fezer/*Rengier*, § 17 Rn 59.
113 MünchKommUWG/*Brammsen*, § 17 Rn 59.
114 Fezer/*Rengier*, § 17 Rn 62.
115 MünchKommUWG/*Brammsen*, § 17 Rn 96, 97.

genmächtige Durchsetzung kein wettbewerbswidriger Zustand geschaffen.[116] Eine Rechtfertigung aufgrund eines gesetzlichen Auskunftsanspruchs, dem der Täter durch sein Vorgehen genügen will, tritt hingegen nicht ein, da eine solche Verpflichtung kein Eindringen in fremde Interessenssphären erlaubt.[117]

c) Subjektiver Tatbestand

121 Neben dem Vorsatz in Bezug auf die objektiven Tatbestandsmerkmale müssen alle Tathandlungen von denselben subjektiven Motiven getragen sein wie die Mitteilung in § 17 Abs. 1, wobei hier die Anforderungen an deren Nachweis im Einzelfall sogar höher zu veranschlagen sind. Spätere Verwertungshandlungen, obwohl sie vom Tatbestand nicht verlangt werden, sind gleichwohl als Indiz dafür wichtig, dass die entsprechende Absicht schon im Zeitpunkt des Verschaffens oder Sicherns vorlag. Sind die Daten nach dem Willen des Täters dazu bestimmt, zu gegebener Zeit im wirtschaftlichen Verkehr genutzt zu werden, dann genügt bereits das Speichern der Daten, um das vom Tatbestand vorausgesetzte Handeln zu Zwecken des Wettbewerbs anzunehmen.

122 Fehlt es an Anhaltspunkten für eine spätere Verwertung, werden an den Nachweis dieser Absicht mitunter hohe Anforderungen gestellt. So hat das Landgericht Frankfurt bei einem Angestellten, der die Kundendatei seines Dienstherrn vor seinem Ausscheiden an sein privates Mailkonto gesandt und alle von ihm betreuten Kunden aufgefordert hatte, ihn künftig nur noch über seine private Mail-Adresse anzuschreiben, keine der vier vorausgesetzten Motive erkennen können, da eine tatsächliche Verwendung der Daten nicht nachzuweisen war. Die Annahme, die Daten sollten bei passender Gelegenheit verwendet werden, sei, wenn sie nicht durch Fakten gestützt werde, nichts mehr als eine unbegründete Vermutung.[118]

123 Generell muss aber eines der vier besonderen subjektiven Merkmale dann angenommen werden, wenn es für das Verschaffen oder Sichern keinen betriebsbedingten Anlass gibt, der Täter etwa Daten auf sein privates Mailkonto verschickt, obwohl ihm das häusliche Arbeiten mit den Daten jederzeit und von jedem Ort durch betriebliche Vorkehrungen möglich ist.

4. Verwertung (§ 17 Abs. 2 Nr. 2)

124 Dieser Tatbestand stellt die unbefugte Verwertung des auf unredliche Weise erlangten Geheimnisses unter Strafe. Es handelt sich um ein zweiaktig angelegtes Delikt,

---

116 Teplitzky/Pfeifer/Leistner/*Wolters*, § 17 Rn 92; Fezer/*Rengier*, § 17 Rn 63.
117 Teplitzky/Pfeifer/Leistner/*Wolters*, § 17 Rn 91.
118 LG Frankfurt, Beschl. v. 1.3.2010 – 5/2 Qs 3/10.

wobei der Tatbestand alle Fälle von vorangegangener unbefugter Geheimniserlangung abdeckt. Die Vortat kann der Geheimnisverrat eines Beschäftigten nach § 17 Abs. 1 sein, sie kann auch in eigener oder fremder Betriebsspionage nach § 17 Abs. 2 Nr. 1 bestehen.

Täter kann sowohl derjenige sein kann, der sich das Geheimnis selbst durch **125** eine Handlung nach § 17 Abs. 2 Nr. 1 verschafft hat als auch derjenige, dem dieses durch eine Handlung nach § 17 Abs. 1 mitgeteilt oder übergeben wurde, wobei die letztgenannte Variante auch als Geheimnishehlerei bezeichnet wird.

Die Alternative des „sonst sich unbefugt Verschaffens" bedeutet, dass die Er- **126** langung des Geheimnisses nicht unter die Tatbestände des § 17 Abs. 1 oder § 17 Abs. 2 Nr. 1 fällt, aber einen vergleichbaren Unrechtsgehalt aufweist. Die Regel hat generalklauselartige Wirkung und soll alle Fälle des unbefugten Zugriffs auf ein Geheimnis erfassen, z.B. durch als Nötigung, Betrug, Erpressung, Bestechung eines Angestellten. Die Vortat muss nicht zwingend eine Strafvorschrift verletzen, sie kann auch in arbeitsvertragswidrigem oder innerbetrieblich unzulässigem Vorverhalten bestehen.[119]

Soweit sich das Merkmal „unbefugt" auf die Erlangung des Geheimnisses be- **127** zieht, wird es allgemein als echtes Tatbestandsmerkmal verstanden, dem in Bezug auf die Vortat eine Filterfunktion zukommt,[120] wodurch nur die unerlaubte oder unredliche Kenntniserlangung erfasst werden soll. Eine nicht missbilligte Kenntniserlangung scheidet dadurch als Vortat aus. In der Praxis am häufigsten wird die Vortat von Betriebsangehörigen verübt, wobei nur solche Handlungen kritisch sind, die nicht schon unter die Tatbestandsvarianten des § 17 Abs. 2 Nr. 1 fallen. Daher liegt bei dem Anfertigen von Listen oder Zeichnungen regelmäßig schon eine unbefugte Verkörperung nach § 17 Abs. 2 Nr. 1b) vor. Es bleiben damit nur noch solche Handlungen, die nicht zur Verkörperung des Geheimnisses geführt haben, z.B. das Auswendiglernen oder Einprägen von beliebig zugänglichen Daten oder Zeichnungen, aber auch der Zugriff auf tätigkeitsfremdes Material oder das gezielte Ausforschen von Arbeitskollegen.[121]

a) Verwertungshandlungen

Grundsätzlich setzt eine Verwertung mehr als ein bloßes Innehaben des Geheimnis- **128** ses voraus. So reicht es nicht aus, wenn die Maßnahme nur der Sicherung und Erhaltung des Geheimnisses dient.[122] Eine Verwertung kann in jeder Handlung liegen

---

119 Teplitzky/Pfeifer/Leistner/*Wolters*, § 17 Rn 105.
120 Teplitzky/Pfeifer/Leistner/*Wolters*, § 17 Rn 103.
121 MünchKommUWG/*Brammsen*, § 17 Rn 118.
122 Köhler/Bornkamm/*Köhler*, § 17 Rn 41.

durch die der Täter sich oder einem Dritten den im Geheimnis verkörperten Wert zunutze macht. Dabei wird es sich regelmäßig um eine wirtschaftliche Nutzung handeln, eine solche ist aber nicht zwingend. Was als tatbestandsmäßige Handlung anzusehen ist, wird nicht durch eine restriktive Auslegung des objektiven Tatbestandsmerkmals „Verwertung" umrissen, sondern durch die vier subjektiven Merkmale, die den Handlungszweck bestimmen müssen und so den Tatbestand einengen.[123]

129   Ohne Zweifel unterfällt jede Handlung zu Zwecken des Wettbewerbs dem Begriff der Verwertung. Darunter zählt immer die Kontaktaufnahme mit den Kunden des Geheimnisinhabers, wenn dies mit dem Ziel geschieht, diese zum Abschluss gleichartiger Verträge zu veranlassen oder diese schlicht abzuwerben.

130   Selbst wenn eine Handlung gegenüber Dritten nicht stattgefunden hat oder nicht nachweisbar ist, kann eine Verwertung vorliegen. Jede Nutzbarmachung, vor allem die eigengestaltete Kenntnisanwendung, die ihrer Art nach geeignet ist, das inkriminierte Wissen als Ertragspotential zu aktivieren, muss als Verwertungshandlung angesehen werden.[124] Eine solche Handlung muss noch keine Außenwirkung entfalten, es genügt wenn z.B. Kundendaten so aufbereitet werden, dass sie ohne weiteres zu Werbezwecken verwendet werden können, zum Beispiel indem sie in die eigene Kundendatei eingespeist werden.[125]

131   Die unbefugte Mitteilung des erlangten Wissens wird vom Gesetz per se als schadensvertiefend für den Geheimnisträger angesehen und ist deshalb zu einem selbständigen Tatbestand ausgestaltet.

b) Subjektiver Tatbestand

132 Insoweit ist erforderlich, dass der Täter mit mindestens bedingtem Vorsatz die Verwertungshandlung vornimmt, wobei diese von den vier besonderen Beweggründen des § 17 Abs. 2 S. 1 getragen sein muss. Der Vorsatz muss auch die tatbestandlichen Voraussetzungen der tauglichen Vortat umfassen.

c) Konkurrenzen

133 Die Tatbestände des Geheimnisverrats durch Beschäftigte, der Betriebsspionage und der Geheimnisverwertung sind eigenständige voneinander unabhängige Delikte, zwischen denen eine tateinheitliche Verknüpfung grundsätzlich ausgeschlossen ist.[126]

---

123 Harte-Bavendamm/Henning-Bodewig/*Harte-Bavendamm*, § 17 Rn 35.
124 MünchKommUWG/*Brammsen*, § 17 Rn 124.
125 OLG Saarbrücken, Urt. v. 24.7.2002 – 1 U 901/01 – Kundenlisten = GRUR-RR 2002, 359, 359.
126 Teplitzky/Pfeifer/Leistner/*Wolters*, § 17 Rn 121.

Tateinheit kann allenfalls bei sich überschneidenden Ausführungshandlungen vorliegen.[127]

Die Verschaffung des Geheimnisses und dessen anschließende Verwertung stel- 134 len rechtlich selbständige Handlungen dar, die zueinander im Verhältnis der Tatmehrheit stehen. Ist bei einer Geheimnisverwertung die Vortat (Betriebsspionage) vom selben Täter bereits mit Verwertungsabsicht begangen, tritt diese als mitbestrafte Vortat im Wege der Gesetzeskonkurrenz zurück.[128]

d) Einzelfälle

Wer sich durch die unbefugte Offenbarung von FIN-Nummern durch ein Autohaus 135 die Daten von Fahrzeugen und Fahrzeughaltern verschafft, um mit diesen vorteilhafte Kaufverträge über die entsprechenden PKWs abzuschließen, soll keine Verwertung der FIN im Sinne des § 17 vornehmen. Diese Daten ermöglichten nur das Herantreten an die jeweiligen Halter, daher fehle es an einem unmittelbar vermittelten Vermögenszuwachs, der erst durch den Kauf und die Übergabe der Fahrzeuge eintrete.[129] Diese Auffassung ist wenig überzeugend, es dürfte vielmehr an einem wettbewerbsrechtlichen Bezug fehlen.

An dem im Tatbestand vorausgesetzten wettbewerbsrechtlichen Bezug fehlt es 136 ebenso, wenn ein Berufsgeheimnisträger, z.B. ein mit der Erstellung von MPU-Gutachten befasster Psychologe, die bei der Untersuchung erhobenen Daten der Probanden gegen dienstvertragliche Regeln speichert, um sie an einem anderen Arbeitsplatz als Vorlage zu benutzen. Durch die unbefugte Sicherung der Daten kann kein Wettbewerbsvorteil erlangt werden, da es sich nicht um „Kunden" handelt, die zu Zwecken des Wettbewerbs angesprochen werden können.

Wann immer eine Leistung gegenüber einer Person oder Institution üblicher- 137 weise nur ein einziges Mal erbracht wird, so z.B. ein Gutachten, verschafft sich der Täter durch die (unbefugte) Sicherung der Personendaten oder des Dokuments in aller Regel keinen Vorteil im Wettbewerb, da das Referenzsubjekt oder -objekt dieselbe Leistung nicht mehr nachfragt.

5. Qualifikation (§ 17 Abs. 4)

§ 17 Abs. 4 stellt unter Nennung verschiedener Tatumstände einen Qualifikations- 138 tatbestand dar, der eine erhöhte Strafandrohung zur Folge hat. Wie auch bei den sonstigen Schutzrechtsverletzungen zählt dazu die gewerbsmäßige Handlungswei-

---

127 MünchKommUWG/*Brammsen*, § 17 Rn 142.
128 Teplitzky/Pfeifer/Leistner/*Wolters*, § 17 Rn 121.
129 LG Freiburg, Beschl. v. 9.5.2012 – 3 Qs 132/11 = wistra 2012, 361.

se, das Wissen des Mitteilers um die von Dritten beabsichtigte oder die eigenhändig vorgenommene Verwertung des Geheimnisses im Ausland.

6. § 17 Abs. 5 – Strafantrag

139 Diese Vorschrift beinhaltet das grundsätzliche Erfordernis eines Strafantrags für die Strafverfolgung, der aber durch ein besonderes öffentliches Interesse an der Strafverfolgung ersetzt werden kann. Es handelt sich also um ein relatives Antragsdelikt. Antragsberechtigt ist der Verletzte, in der Regel der Unternehmensinhaber als Inhaber des Geheimnisses oder der zur Nutzung Berechtigte. Kommt eine Mehrzahl von Personen als Verletzte in Betracht, ist jeder von ihnen antragberechtigt.[130] Da praktisch alle Verfahren auf einen Strafantrag des geschädigten Unternehmens zurückgehen, stellt sich insoweit höchstens die Frage nach dessen Rechtzeitigkeit, wobei die allgemeinen Grundsätze der §§ 77b StGB zu beachten sind.

140 Ein Strafantrag ist nicht erforderlich, wenn die Staatsanwaltschaft wegen eines besonderen öffentlichen Interesses ein Einschreiten von Amts wegen für geboten hält (§ 17 Abs. 5). Dies wird dann angenommen, wenn die Tat durch einen deutlich gesteigerten Unwertgehalt geprägt ist und Allgemeininteressen verletzt. Die Entscheidung darüber liegt im pflichtgemäßen Ermessen der Staatsanwaltschaft, wobei aber Nummer 260a Abs. 1 RiStBV besagt, dass ein besonderes öffentliches Interesse dann anzunehmen ist, wenn der Täter wirtschaftsrechtlich vorbestraft ist, ein erheblicher Schaden droht oder eingetreten ist oder die Tat Teil eines gegen mehrere Unternehmen gerichteten Vorgehens ist. In diesen Fällen kann das besondere öffentliche Interesse nur ausnahmsweise verneint werden (Nummer 260a Abs. 2 RiStBV).

141 Häufig kommt es vor, dass der Geschädigte, oftmals nach umfangreichen Ermittlungen, seinen Strafantrag zurücknimmt, was in aller Regel der Bestandteil einer zivilrechtlichen Einigung mit dem Täter ist. Die in diesem Zusammenhang oft vorgebrachte Erklärung, es bestehe kein Interesse mehr an der weiteren Strafverfolgung, ist nach allgemeiner Auffassung als Rücknahme des Strafantrags zu verstehen. Wenn die Rücknahme des Strafantrags zu einem Zeitpunkt erklärt wird, in dem nach oftmals umfänglichen Ermittlungen sich der hinreichende Tatverdacht verdichtet hat, muss der Eindruck aufkommen, dass die Ermittlungsbehörden letztlich instrumentalisiert worden sind. Sofern in diesen Fällen das besondere öffentliche Interesse an der Strafverfolgung zu begründen ist, wird zwar eine Anklageerhebung nicht mehr opportun, stattdessen aber eine Einstellung des Verfahrens unter Auflagen gemäß § 153a StPO in Betracht zu ziehen sein.

---

130 Teplitzky/Pfeifer/Leistner/*Wolters*, § 17 Rn 135.

Brandau

7. Nebenklage

Die Strafverfolgung wegen eines Vergehens nach § 17 UWG ist im Wege der Privat- 142 klage möglich (§ 374 Abs. 1 Nr. 7 StPO), wovon – wie generell – kein Gebrauch gemacht wird. Daneben ist der Anschluss als Nebenkläger möglich (§ 395 Abs. 1 Nr. 6 StPO), was dem geschädigten Unternehmen dringend zu raten,[131] im Interesse der Sachverhaltsaufklärung in vielen Fällen auch dringend geboten ist. Besonders in Fällen, in denen die **unbefugte** Verschaffung oder Sicherung des Geheimnisses in Frage steht, wird sich der Angeklagte auf betriebliche Übungen oder Duldungen berufen, die sein Handeln als völlig normal oder unbedenklich erscheinen lassen. Solche Einlassungen bleiben oft unwidersprochen, da weder Gericht noch Staatsanwalt darauf fundiert entgegnen können. Ein als Nebenkläger anwesender Vertreter des Unternehmens kann hierauf unmittelbar erwidern oder Vorhalte machen. Wenn wegen schwieriger Sachverhalte die öffentliche Klage erhoben wird, sollte dem Vertreter des Geschädigten stets die Anschlusserklärung als Nebenkläger angeraten werden.

8. Typische Problemfälle

a) Nutzung rechtmäßig erlangter Daten

Oft werden Unternehmensinterna, zumeist Kundendaten, die aufgrund eines Be- 143 schäftigungs- oder Vertragsverhältnisses rechtmäßig benutzt werden durften, nach Beendigung des Vertragsverhältnisses entgegen vertraglicher Verpflichtung nicht zurückgegeben sondern für eigene Zwecke weiterbenutzt. Eine geradezu klassische Fallgestaltung betrifft den Versicherungsagenten, der als selbständiger Handelsvertreter im Auftrag des Versicherungsunternehmens dessen Kunden betreut und nach Kündigung des Agenturvertrags dieselben Kunden anspricht, um sie zu einem Wechsel zu einem anderen Versicherer zu bewegen, für den er nun tätig ist (sogenannte Umdeckung). In solchen Fällen erweckt oft erst die systematische Ansprache früherer Kunden, also eine Verwertungshandlung im Sinne des § 17 Abs. 2 Nr. 2 UWG, den Verdacht, dass hierbei auf zurückbehaltene Kundendaten zugegriffen wird.

Zwar ist ein gekündigter Arbeitnehmer oder ausgeschiedener Handelsvertreter 144 wettbewerbsrechtlich nicht gehindert, die Daten, die ihm durch seine Tätigkeit bekannt geworden sind, auch nach deren Beendigung weiter zu verwenden. Dies gilt aber nur für Informationen, die er auf redliche Weise erlangt und in seinem Ge-

---

131 Harte-Bavendamm/Henning-Bodewig/*Harte-Bavendamm*, § 17 Rn 40.

dächtnis bewahrt hat,[132] wobei er sich die Daten nicht systematisch angeeignet haben, sie also nicht quasi auswendig gelernt haben darf.[133]

145   Das Verbot der Verwertung gilt aber in Bezug auf solche Informationen, die sich der ausgeschiedene Mitarbeiter zuvor *unbefugt* verschafft oder gesichert hatte. Wenn ein Mitarbeiter tätigkeitsbedingt auf Unterlagen zugreifen und sich Aufzeichnungen anfertigen darf, liegt kein unbefugtes Verschaffen vor. Selbst die vertragswidrige Nichtrückgabe solcher Aufzeichnungen beim Ausscheiden stellt kein unbefugtes Verschaffen oder etwa die Wegnahme der Sache dar, in der das Geheimnis verkörpert ist.[134] Allerdings ist in Fällen von zunächst befugter Verschaffung der Rückgriff auf privat verwahrte Unterlagen oder Speichermedien rechtlich missbilligt, wenn der Täter aus diesem Fundus ein Geschäftsgeheimnis des früheren Arbeitgebers entnimmt. Er verschafft sich damit das Geheimnis auf „sonst unbefugte Weise" im Sinne von § 17 Abs. 2 Nr. 2 UWG,[135] womit jede Form der unredlichen Kenntniserlangung oder Ansichnahme umfasst ist. Dabei ist nicht von Bedeutung, aufgrund welcher Umstände der Täter noch im Besitz der Unterlagen ist. Zwar dürfte insoweit immer eine Verletzung arbeitsvertraglicher Pflichten vorliegen, die aber für den Tatbestand des § 17 Abs. 2 Nr. 2 ohne Bedeutung ist. Man wird aus den Entscheidungen des BGH den Grundsatz ableiten können, dass der Zugriff auf ursprünglich einmal rechtmäßig gespeicherte Informationen zu einem unbefugten Sichverschaffen wird, sobald die Berechtigung zum Besitz, erst recht zur Nutzung dieser Informationen, weggefallen ist.

146   Diese Bewertung des Zugriffs auf Betriebs- und Geschäftsgeheimnisse schließt sowohl Angestellte des Geheimnisträgers als auch Personen ein, die in seinem Auftrag eine selbstständige Tätigkeit ausüben (§ 84 Abs 1 2 HGB), was für die Mehrheit der Versicherungsvertreter zutrifft. Sie ist auch in den Fällen anzuwenden, wenn der Inhaber des Geheimnisses, nachdem er das Recht zu dessen Nutzung verkauft oder auf sonstige Weise verloren hat, auf zurückbehaltene Unterlagen, z.B. mit Kundendaten, zugreift. Das aus dem unbefugten Verschaffen resultierende Verwertungsverbot gilt auch dann, wenn der Mitarbeiter, z.B. als Versicherungsvertreter, die Kunden während des Bestehens des Handelsvertreterverhältnisses selbst geworben hat.[136]

147   Der Nachweis, dass der Täter auf private zurückbehaltene Aufzeichnungen zugegriffen hat, setzt zwangsläufig das Auffinden solcher Aufzeichnungen oder von

---

132 BGH, Urt. v. 14.1.1999 – I ZR 2/97 = GRUR 1999, 934, 935.
133 BGH, Urt. v. 21.12.1962 – I ZR 47/61 = GRUR 1963, 367 ff.; BGH, Urt. v. 19.11.1982 – I ZR 99/80 = GRUR 1983, 179 ff.
134 MünchKommUWG/*Brammsen*, § 17 Rn 59.
135 BGH, Urt. v. 23.2.2012 – I ZR 136/10 – Movicol = GRUR 2012, 1048 ff. und BGH, Urt. v. 27.4.2006 – I ZR 126/03 – Kundendatenprogramm = GRUR 2006, 1044 ff.
136 BGH, Urt. v. 26.2.2009 – I ZR 28/06 – Versicherungsuntervertreter = GRUR 2009, 603 ff.

Datenträgern mit abgespeicherten Dateien voraus. Eine Durchsuchung mit dem Ziel der Sicherstellung solcher Beweismittel ist somit unumgänglich, wobei der mutmaßliche Aufbewahrungsort, vorwiegend die Wohnräume des Verdächtigen, als auch der Ort der mutmaßlichen aktuellen Verwendung, z.B. neue Geschäftsräume, einbezogen werden müssen. Dabei sind alle als Speichermedium in Frage kommenden Datenträger aber auch schriftliche Unterlagen sicherzustellen, besonders wenn das Eigentum an diesen zweifelhaft ist, was durchaus für Ordner mit Geschäftsunterlagen zutreffen kann. Auch wenn schriftliche Verkörperungen des Geheimnisses aufgefunden werden, z.B. Ausdrucke von Kundenlisten, was ein kaum noch zu erschütternder Beweis für deren aktuelle Verwertung zu sein scheint, sollten dennoch der Computer und sonstige Speichermedien sichergestellt werden. Wie die Erfahrung aus einschlägigen Strafverfahren zeigt, kann keine Erklärung für die Existenz solcher Ausdrucke so abenteuerlich sein, dass sie von einem Gericht nicht für unwiderlegbar angesehen wird. Der Nachweis, dass die ausgedruckten Daten auch ge*speichert waren*, mag derartigen Erklärungen mitunter den Boden entziehen.

aa) Verwertungshandlungen ohne festgestellte Aufzeichnungen

Wenn die Durchsuchung keine Beweise in Form von Aufzeichnungen oder Speichermedien liefert, dennoch aber Verwertungshandlungen, z.B. Kundenansprachen, vorgekommen sind, werden diese üblicherweise damit erklärt, Namen und Anschriften der Kunden seien dank intensiver persönlicher Betreuung oder regelmäßiger Besuche in Erinnerung geblieben. Auch wenn der Berufung auf herausragende Gedächtnisleistungen mit Skepsis zu begegnen ist,[137] kann, um eine solche Einlassung zu widerlegen, die (schriftliche) Befragung einer größeren Zahl von angesprochenen Kunden des vormaligen Unternehmens geboten sein. Dabei kommt es besonders auf den Grad oder die Intensität der persönlichen Bekanntschaft, die Häufigkeit der Besuche usw. an, die über eine übliche Geschäftsbeziehung hinausgehen sollten, damit der behaupteten Gedächtnisleistung getraut werden kann. Eine Maximal-Zahl von Kundennamen, die ohne Verdacht einer unzulässigen Quellennutzung aus dem Gedächtnis reproduziert werden kann, ist bislang von den Gerichten nicht festgelegt worden.

148

Generell gilt, dass die Anforderungen an den Nachweis des unredlichen Erwerbs nicht überspannt werden dürfen.[138] Zwar ist dieser Hinweis durch den BGH in Bezug auf die Darlegungs- und Beweislast des Geheimnisinhabers im Zivilprozess gegeben worden. Die Indizwirkung eines bestimmten Sachverhaltes ist aber auch im Strafprozess zu beachten. So darf aus einer erwiesenen Verwertungshandlung auf eine unredliche Kenntniserlangung geschlossen werden, wenn z.B. von einem Fax-

149

---

137 Harte-Bavendamm/Henning-Bodewig/*Harte-Bavendamm*, § 17 Rn 33.

138 Harte-Bavendamm/Henning-Bodewig/*Harte-Bavendamm*, § 17 Rn 33.

anschluss nacheinander 44 Kunden per Telefax unter Nummern angeschrieben werden, die den Fax-Nummern aus einer Kundenliste des vormaligen Unternehmens entsprechen.[139] Dies muss erst recht gelten, wenn dabei auch die vom vormaligen Unternehmen vergebenen Kundennummern verwendet werden. Wenn sich im Betrieb eines Wettbewerbers, zu dem mehrere Konstrukteure eines Armaturenherstellers übergewechselt sind, nahezu sämtliche Konstruktionsunterlagen des früheren Arbeitgebers wiederfinden, spricht der Anschein dafür, dass die ausgeschiedenen Mitarbeiter dieses Material unredlich eingesammelt und mitgenommen haben. Dasselbe gilt, wenn ein von einem ehemaligen Angestellten benutztes Computerprogramm in ca. 80% der Programmschritte mit dem betriebsinternen Computerprogramm des früheren Arbeitgebers identisch ist. Hier muss auf die unerlaubte Anfertigung des Programmausdrucks oder auf die Mitnahme eines entsprechenden Datenträgers geschlossen werden.[140]

150   Generell gilt, dass derjenige, der sich die Kenntnis des Geheimnisses auf unbefugte Weise verschafft hat, an der Ausnutzung dieses Wissens dauerhaft gehindert ist, es sei denn, das Geheimnis ist später ohne Zutun des Täters offenkundig geworden.[141]

bb) Aufzeichnungen ohne festgestellte Verwertungshandlungen

151 Wenn eine auf unzulässigen Aufzeichnungen gründende Kundenansprache nicht nachzuweisen, dennoch aber eine Speicherung von Unternehmensinterna erfolgt ist, kommt den Umständen der Speicherung besondere Bedeutung zu. Diese Frage ist immer dann virulent, wenn bei einer Durchsuchung Daten gefunden werden, die eindeutig dem vormaligen Auftrag- oder Arbeitgeber zuzuordnen sind, ihre Vorhandensein aber damit erklärt wird, sie seien versehentlich noch vorhanden, eine Verwendung habe weder stattgefunden noch sei sie beabsichtigt gewesen.

152   Damit kommt den Umständen, wie sich der Täter das Geheimnis verschafft hat, besondere Bedeutung zu. Das Sichverschaffen entspricht bei verkörperten Geheimnissen der Gewahrsamserlangung, bei nicht verkörperten Geheimnissen der Kenntniserlangung.[142] Soweit es um Daten geht, auf die der Täter während seiner Tätigkeit berechtigten Zugriff hatte und die er in jeder erforderlichen Weise be- und verarbeiten durfte, wird eine unbefugte Kenntniserlangung immer auszuschließen sein. Die Befugnis zur konkreten Datenanwendung kann im Einzelfall aber durch betriebliche Vorschriften oder allgemein durch fehlenden Bezug zum eigenen Aufgabenkreis eingeschränkt sein, so wenn der Täter betrieblich nicht veranlasste Handlungen

---

139 BGH, Urt. v. 27.4.2006 – I ZR 126/03 – Kundendatenprogramm = GRUR 2006, 1044 ff.; BGH, Urteil vom 14.1.1999 – I ZR 2/97 – Weinberater = GRUR 1999, 934 ff.
140 Harte-Bavendamm/Henning-Bodewig/*Harte-Bavendamm*, § 17 Rn 33.
141 Harte-Bavendamm/Henning-Bodewig/*Harte-Bavendamm*, § 17 Rn 34.
142 Köhler/Bornkamm/*Köhler*, § 17 Rn 30.

zum Zwecke der Kenntniserlangung vornimmt,[143] z.B. die Vorlage von Zahlenwerken verlangt, die über den eigenen Aufgabenkreis hinausgehen.

Auch eine ungewöhnliche Aufbereitung oder Selektion von Daten kann deren Be- **153** schaffung als unbefugt erscheinen lassen, so wenn von einem Versicherungsagenten vor seinem Ausscheiden ohne konkrete Veranlassung gezielt solche Versicherungsverträge ausgewählt und in Tabellenform zusammengestellt werden, die im Folgejahr auslaufen, wobei die Verträge nochmals nach dem Monat des Vertragsendes in aufsteigender Folge sortiert werden. Eine solche Zusammenstellung von Daten ist nicht mit dem laufenden Agenturgeschäft zu vereinbaren. Wenn eine redliche Verwendung der erlangten Kenntnisse praktisch undenkbar ist, muss deren Beschaffung als unbefugt betrachtet werden, auch wenn dem Täter der Zugriff auf den „Datenpool" ansonsten gestattet war. Mit anderen Worten: Ein Verhalten, für das es keine betriebliche Notwendigkeit gibt, ist stets ein Indiz für Unredlichkeit der Kenntniserlangung.[144]

Auch die Umstände der *Speicherung* aufgefundener Daten müssen kritisch ge- **154** würdigt werden, wobei der Speicherort von besonderer Bedeutung sein kann. Selbst wenn die Datenbearbeitung während des Vertragsverhältnisses grundsätzlich erlaubt ist, fehlt es für eine Speicherung von Vertragsdaten, deren Rechtsnatur als Geschäftsgeheimnis offensichtlich ist, auf mobilen Datenträgern wie USB-Sticks grundsätzlich an einem dienstlichen Anlass. Dies gilt umso mehr, wenn der Nutzer über einen dienstlichen Laptop verfügte und damit jederzeit von jedem Ort auf die relevanten Daten des Unternehmens zugreifen konnte, z.B. durch besonders eingerichtete Zugänge zum Unternehmensserver (VPN).

Unbefugt handelt, wer dem erklärten oder mutmaßlichen Geheimhaltungsinte- **155** resse des Berechtigten zuwider und ohne einen Rechtfertigungsgrund ein Geheimnis in seine Verfügungsgewalt bringt.[145] Besonders wenn Geschäftsgeheimnisse entgegen betrieblicher Vorschriften außerhalb der offiziellen Unternehmensregistratur oder Ablage verwahrt oder gespeichert werden, ist eine solche Speicherung per se unbefugt im Sinne von § 17 Abs. 2 Nr. 1 UWG. Die verletzte arbeitsvertragliche Vorschrift muss jedenfalls auch dem Schutz der Wirtschaftsgeheimnisse des Unternehmens dienen.[146] An dieser Zielrichtung ist nicht zu zweifeln, wenn es in einem Unternehmen explizit untersagt ist, geheimhaltungsbedürftige Daten auf privaten Medien zu speichern und dies auch durch technische Vorkehrungen sichergestellt wird, wozu die Stilllegung von USB-Ports an Rechnern oder die Beschränkung der Größe von Anhängen beim Versand von Emails gehören.

Aber auch ohne ein explizites Verbot verstößt die Speicherung von Vertragsdaten **156** auf privaten mobilen Medien gegen die Interessen des Unternehmens, denn damit

---

143 Harte-Bavendamm/Henning-Bodewig/*Harte-Bavendamm*, § 17 Rn 32.
144 Harte-Bavendamm/Henning-Bodewig UWG § 17 Rdn 32.
145 MünchKommUWG/*Brammsen*, § 17 UWG Rn 96; Fezer/*Rengier* § 17 Rn 62.
146 MünchKommUWG/*Brammsen*, § 17 Rn 105.

kann das Geheimnis aus dessen kontrollierbarem Schutzbereich entfernt werden, was die Gefahr einer unkontrollierten Verbreitung begründet. Das gleiche gilt für E-Mails, in deren Anhang Dateien mit Unternehmenszahlen versandt werden, zumeist vom dienstlichen auf eine beliebiges privates Mail-Konto. Der Versand von solchen Dateien ist niemals mit irgendeiner betrieblichen Notwendigkeit zu erklären.

157 Ist somit schon die Sicherung des Geheimnisses während der Beschäftigungszeit als unbefugt zu bewerten, kann die Frage nach der Verwertung im Grunde dahinstehen. Zwar muss die Sicherung von einer Absicht i.S.d. § 17 Abs. 1 getragen sein. Dazu genügen aber Indizien oder Feststellungen, die auf eine *beabsichtigte* Verwertung schließen lassen, die sich als Handlung im Wettbewerb darstellt.

b) Verwertung von Geheimnissen im Gerichtsverfahren

158 Eine in der strafrechtlichen Praxis nicht seltene Frage betrifft die Offenbarung eines Geschäftsgeheimnisses im Zuge eines Prozesses. Diese Konstellation tritt vor allem dann auf, wenn ein Beschäftigter klageweise Ansprüche gegen den Inhaber des Geheimnisses, zumeist den früheren oder aktuellen Arbeitgeber, geltend macht und zum Nachweis seiner Ansprüche Daten, z.B. Geschäftszahlen, vorlegt, die als geheimhaltungsbedürftig zu bewerten sind. Ungeachtet der Frage, ob diese Daten rechtmäßig erlangt sind, kann deren Vorlage in einem für das Gericht bestimmten Schriftsatz als „unbefugte Mitteilung" beanstandet und zur Anzeige gebracht werden. Dabei kommt eine tatbestandsmäßige Handlung nach § 17 Abs. 1 in Betracht, wenn im Zeitpunkt des Prozessvorbringens das Dienstverhältnis noch besteht. Als subjektiver Beweggrund liegt immer das Motiv „Eigennutz" nahe. Ist im Zeitpunkt der Mitteilung das Dienstverhältnis beendet, kommt eine unbefugte Mitteilung nach § 17 Abs. 2 Nr. 2 in Betracht, wobei der Tatbestand zusätzlich ein unbefugtes Verschaffen oder Sichern voraussetzt. Eine solche Handlung dürfte vorliegen, wenn der Täter nach seinem Ausscheiden auf das verbotswidrig zurückbehaltene Geheimnis zugreift[147] oder es durch eine fremde Handlung nach § 17 Abs. 2 Nr. 1 erlangt hat.

159 In beiden Fällen stellt sich die Frage, ob die Verwendung des Geheimnisses im Prozess als unbefugte Mitteilung zu werten ist. Obwohl dabei jeglicher Bezug zum Wettbewerb fehlt, und die Prozessbeteiligten, insbesondere das Gericht, ihrerseits an amtliche oder berufsrechtliche Geheimhaltungspflichten gebunden sind, wird diese Frage bejaht. Ist der Täter Zeuge oder Sachverständiger in einem Strafverfahren, schließt die Auskunftspflicht die Rechtswidrigkeit aus, es sei denn, der Täter ist ein Berufsgeheimnisträger, der die Pflicht zur Verschwiegenheit gegenüber jedermann hat, auch gegenüber einem Gericht.[148] Im Zivilprozess kann sich der Beschäf-

---

147 BGH, Urt. v. 26.2.2009 – I ZR 28/06 – Versicherungsuntervertreter = GRUR 2009, 603 ff.
148 BGH, Urt. v. 20.4.1983 – VIII ZR 46/82 = WM 1983, 653; KG, Urt. v. 7.10.1993 – 16 U 4836/93 = NJW 1994, 462 f.

tigte, wenn er als Zeuge vernommen werden soll, auf das Zeugnisverweigerungsrecht aus §§ 383, 384, 408 ZPO berufen.

Die Mitteilung der geheim zu haltenden Tatsache im Rahmen von Parteivorbringen ist grundsätzlich rechtswidrig, das Geschäftsgeheimnis darf ohne die Zustimmung des Berechtigten nicht vorgetragen werden. Als rechtfertigender Grund für die Mitteilung ist aber das berechtigte Interesse des Mitteilers an einer erfolgversprechenden Rechtsverfolgung oder -verteidigung anzusehen. Bei einer Verletzung des vergleichbaren Geheimhaltungstatbestand des § 85 GmbHG durch den Geschäftsführer wird eine Rechtfertigung nach den Grundsätzen des rechtfertigenden Notstandes (§ 34 StGB) angenommen, sofern der Täter eigene schutzwürdige Interessen gegenüber der Gesellschaft verfolgt und die Offenbarung des Geheimnisses erforderlich ist, um z.B. den Nachweis eines Anspruchs zu führen oder um sich in einem Strafverfahren erfolgreich verteidigen zu können.[149] 160

Auch für den Berufsgeheimnisträger gilt der Grundsatz, dass dessen Interesse an einer erfolgreichen Prozessführung das Geheimhaltungsinteresse des Mandanten überwiegt, insbesondere wenn es um Tatsachen geht, die zur Anspruchsbegründung, z.B. für eine Gebührenforderung, vorgetragen werden müssen.[150] Wenn also der Täter das Geschäftsgeheimnis zur Erfüllung seiner Darlegungs- und Beweislast mitteilt, ist ihm dies entsprechend § 193 StGB zur Wahrnehmung berechtigter Interessen in dem Umfang gestattet, in dem dies für eine hinreichende Substantiierung der Klage erforderlich ist.[151] Nur wenn es um die Durchsetzung minimaler oder offensichtlich unbegründeter Vergütungsansprüche geht, ist es nicht gerechtfertigt, Geheimnisse von hochrangiger Bedeutung offenzulegen bzw. mitzuteilen. 161

Besonders in den Fällen, in denen die Prozesspartei einen vertraglichen Anspruch auf die Kenntnis bestimmter Geschäftszahlen hat, z.B. weil diese für die Höhe einer Vergütung von Bedeutung sind, kann deren Mitteilung gegenüber dem Gericht selbst dann gerechtfertigt sein, wenn sie durch eine an sich unbefugte Handlung erlangt worden sind. Wenn der zivilrechtliche Anspruch auf Offenlegung von Geschäftsergebnissen nur unzureichend erfüllt wurde und der Anspruchsteller sie sich deshalb selbst oder von Dritten beschafft, entfällt die Rechtswidrigkeit der Kenntniserlangung.[152] Für den Tatbestand des § 17 Abs. 2 Nr. 2 hat dies zur Folge, dass auch die Mitteilung der so erlangten Daten gegenüber dem Gericht ein geradezu unvermeidlicher Akt im Rahmen der Rechtsverfolgung und deswegen trotz entgegenstehendem Willen des Geheimnisträgers nicht unbefugt ist. Dieser rechtfertigende Umstand gilt sowohl für den Mitteiler als auch für seinen Bevollmächtigten. 162

---

149 BGH, Urt. v. 9.10.1951 – 1 StR 159/51 = BGHSt 1, 366, 368.
150 Für Ärzte: BGH, Urt. v. 10.7.1991 – VIII ZR 296/90 = BGHZ 115, 129.
151 KG, Urt. v. 7.10.1993 – 16 U 4836/93 = NJW 1994, 462f.
152 BayObLG, Beschl. v. 9.5.1988 – RReg 4 St 275/87.

c) Verwertung von Kundendaten nach Unternehmensverkauf

163 Wenn der Inhaber sein Unternehmen durch Rechtsgeschäft verkauft, sind damit im Zweifel alle Vermögenswerte übertragen, wozu stets die Kundenbeziehungen und damit auch die Kundendaten gehören. Wenn der Verkäufer nach erfolgter Übertragung dieselben Kunden werbend anspricht, sei es als Inhaber oder als Angestellter eines anderen (neugegründeten) Unternehmens, kann darin die unbefugte Verwertung eines Geschäftsgeheimnisses liegen. Dem steht nicht entgegen, dass er als Inhaber über das Geheimnis nach Belieben verfügen, es auch in jeder Form sichern durfte. Wenn das Geheimnis in das Geschäftsvermögen fällt, erlangt der Erwerber in Bezug auf dieses Vermögensrecht die gleiche Rechtsstellung wie der vormalige Berechtigte. Die einem Angestellten gewährte Befugnis, nach seinem Ausscheiden ein Betriebsgeheimnis in begrenztem Umfang weiter zu benutzen, steht nicht einem Betriebsinhaber zu, der das Geheimnis zu einem Bestandteil seines Betriebsvermögens gemacht hat.[153]

164 Das Gleiche gilt, wenn ein Unternehmen in der Insolvenz durch den Insolvenzverwalter veräußert wird. Dieser ist berechtigt, mit bindender Wirkung gegenüber dem Gemeinschuldner Rechte zu übertragen, die einen Bestandteil des Geschäftsvermögens bilden und daher zur Masse gehören. Wäre dem Gemeinschuldner nach der Veräußerung durch den Insolvenzverwalter gestattet, das Geheimnis weiterhin zu nutzen, würde er es für den Erwerber völlig entwerten können, zumal er berechtigt bliebe, es auch anderen mitzuteilen Dem Erwerber steht daher das Recht zu, sowohl Dritten als auch dem Gemeinschuldner die Nutzung des Geheimnisses zu verbieten.[154]

165 In dem zitierten Fall hat der BGH zwar das ausschließliche Nutzungsrecht des Erwerbers eines Unternehmens, das über ein geheimes Herstellungsverfahren verfügte, anerkannt. Der BGH hat daraus dem Erwerber ein Verbotsrecht zugesprochen und dieses mit dem Schutz des eingerichteten Gewerbebetriebs begründet. Eine Strafbarkeit nach § 17 Abs. 2 UWG wurde als möglich genannt aber nicht näher ausgeführt.

166 Als tatbestandsmäßige Handlung im Sinne von § 17 Abs. 2 Nr. 2 UWG kommt hier nur eine Verwertung des Geheimnisses in Betracht, die zwar nach dem BGH-Urteil ohne Zweifel unbefugt ist, die aber als Vortat ein ebenfalls unbefugtes Verschaffen voraussetzt. Solange er Inhaber des Unternehmens war, durfte der (spätere) Verkäufer das Geheimnis in jeder Weise sichern und darüber verfügen. Mit der Übertragung des Unternehmens, sei es durch ihn selbst oder durch den Insolvenzverwalter, ist dieses Recht erloschen. Wenn der vormals Berechtigte zum Zwecke des Wettbewerbs auf Daten zurückgreift, die er einst rechtmäßig gesichert hatte, an denen er aber keine Rechte mehr hat, dann verschafft er sich das Geheimnis auf un-

---

153 BGH, Urt. v. 25.1.1955 – I ZR 15/53 = GRUR 1995, 383 ff.
154 BGH, Urt. v. 25.1.1955 – I ZR 15/53 = GRUR 1995, 383 ff.

befugte Weise.[155] Damit ist die Strafbarkeit des Veräußerers wegen unbefugter Verwertung anzunehmen.

d) Verwertung von Mandanten- oder Patientendaten nach Praxisübernahme

Im Zusammenhang mit der Übernahme einer Anwaltskanzlei oder Arztpraxis wird **167** häufig der Mandanten- oder Patientenstamm mitveräußert, wobei genau dieser Aspekt einen erheblichen Wertfaktor darstellt und den vom Erwerber gezahlten Kaufpreis entscheidend mitbestimmt. Probleme treten dann auf, wenn der Abgebende – meist entgegen einem vertraglichen Wettbewerbsverbot – seine früheren Mandanten oder Patienten anspricht und sie auffordert, ihm an seine neue Betriebsstätte zu folgen. Wenn dies in größerem Ausmaß erfolgt, liegt der Verdacht nahe, dass der Abgebende die mitverkaufte Patienten- oder Mandantendatei zurückbehalten hat und diese verwertet, was oft eine Strafanzeige des Erwerbers wegen unbefugter Verwertung von Geschäftsgeheimnissen zur Folge hat.

Auf den ersten Blick liegt tatsächlich eine strafbare Verwertung vor, denn die **168** Daten der Kunden eines Betriebes stellen per se Geschäftsgeheimnisse dar. Wenn diese Daten nach Erlöschen der Zugriffsberechtigung zu Zwecken des Wettbewerbs verwendet werden, dann hat sich der Täter diese in sonstiger Weise unbefugt verschafft im Sinne des § 17 Abs. 2 Nr. 2 UWG.[156] Der Zugriff auf ursprünglich einmal rechtmäßig gespeicherte Daten wird zu einem unbefugten Verschaffen sobald die Berechtigung zum Umgang mit den Daten weggefallen ist. Allerdings unterliegen die „Kundendaten" von Selbständigen, namentlich von Anwälten oder Ärzten, besonderen Schutzbestimmungen. Die Übertragung der Patientenkartei, auch im Falle einer Praxisveräußerung, ist ohne die eindeutige und unmissverständliche Einwilligung des Patienten oder Mandanten nicht zulässig, da sie das informationelle Selbstbestimmungsrecht des Patienten sowie die ärztliche Schweigepflicht verletzt.[157] Bloße vorherige oder begleitende Hinweise auf den Praxisübergang genügen nicht, um den Zugriff des Nachfolgers auf die bestehenden Patientendaten zu rechtfertigen. Die Berechtigung an der Nutzung der Daten ist streng zu unterscheiden von der Dokumentations- bzw. Aufbewahrungspflicht bzgl. der vorhandenen Patientenakten, die bei einer Praxisaufgabe stets auf den übernehmenden Arzt übergeht. Dieser hat die Aufzeichnungen, gleich ob in Papier- oder in digitaler Form, in Obhut zu nehmen, eine Einsichtnahme ist nur mit der Zustimmung des Patienten erlaubt, so § 10 Abs. 4 Muster-Berufsordnung für Ärzte:

---

155 BGH, Urt. v. 23.2.2012 – I ZR 136/10 = GRR 2012, 1048 ff.
156 BGH, Urt. v. 27.4.2006 – I ZR 126/03 – Kundendatenprogramm = GRUR 2006, 1044 ff. und BGH, Urt. v. 26.2.2009 – I ZR 28/06 – Versicherungsuntervertreter = GRUR 2009, 603 ff.
157 BGH, Urt. v. 11.12.1991 – VIII ZR 4/91 = BGHZ 116, 268.

(4) Nach Aufgabe der Praxis haben Ärztinnen und Ärzte ihre ärztlichen Aufzeichnungen und Untersuchungsbefunde gemäß Absatz 3 aufzubewahren oder dafür Sorge zu tragen, dass sie in gehörige Obhut gegeben werden. Ärztinnen und Ärzte, denen bei einer Praxisaufgabe oder Praxisübergabe ärztliche Aufzeichnungen über Patientinnen und Patienten in Obhut gegeben werden, müssen diese Aufzeichnungen unter Verschluss halten und dürfen sie nur mit Einwilligung der Patientin oder des Patienten einsehen oder weitergeben.

(5) Aufzeichnungen auf elektronischen Datenträgern oder anderen Speichermedien bedürfen besonderer Sicherungs- und Schutzmaßnahmen, um deren Veränderung, Vernichtung oder unrechtmäßige Verwendung zu verhindern. Ärztinnen und Ärzte haben hierbei die Empfehlungen der Ärztekammer zu beachten.

169 Mit der Pflicht zur Aufbewahrung ist jedenfalls kein Recht zur Nutzung der darin fixierten Patientendaten verbunden.

170   Der Schutz der Patientendaten geht soweit, dass sogar die Übermittlung von Behandlungsdaten an ärztliche Verrechnungsstellen ohne vorherige Einwilligung des Patienten wegen Verstoßes gegen § 134 BGB für unwirksam erklärt wird.[158]

171   Die entscheidende Frage, die schon bei der Prüfung des Anfangsverdachtes zu klären ist, ist demzufolge, woraus sich die ausschließliche Berechtigung des Anzeigenden an den Stammdaten ergibt. Die bloße vertragliche (Mit-)Übertragung im Rahmen des Praxisverkaufs stellt jedenfalls keine Grundlage für den Übergang der Rechtsinhaberschaft dar, ungeachtet dessen, dass die Pflicht zur Übergabe der Patientenkartei in einem Gegenseitigkeitsverhältnis zur Zahlung des Kaufpreises steht.[159] Eine wirksame Übertragung der Rechte an den Patientendaten setzt grundsätzlich die ausdrücklich erklärte Zustimmung eines jeden Patienten voraus. Einer ausdrücklichen Einverständniserklärung bedarf es allein dann nicht, wenn der Patient seine Zustimmung durch schlüssiges Verhalten zum Ausdruck bringt, sich z.B. dem Übernehmer zur Fortsetzung einer vom Vorgänger begonnenen Behandlung oder zur Aufnahme einer neuen Behandlung anvertraut.[160]

172   Für den Nachweis von Rechten an den Patientendaten ist demnach der Nachweis der schriftlichen oder mündlichen Zustimmung aller Patienten zu verlangen. Da eine ausdrücklich erklärte Zustimmung so gut wie niemals eingeholt wird, also auch nicht vorgelegt werden kann, kann die Zustimmung allein noch durch schlüssiges Verhalten des Patienten bewiesen werden, also durch sein Erscheinen in der Sprechstunde des Praxisübernehmers. Dies bedeutet, dass der Übernehmer Rechte nur in den Fällen erlangt hat, in denen der Patient inzwischen eine Behandlung bei

---

158 BHG, Urt. v. 10.7.1991 – VIII ZR 296/90 = NJW 1991, 2955 ff.; OLG Karlsruhe, Urt. v. 15.10.1997 – 13 U 8/96 = NJW 1998, 831 f.
159 BGH, Urt. v. 11.10.1995 – VIII ZR 25/94.
160 BGH, Urt. v. 11.12.1991 – VIII ZR 4/91 = NJW 1992, 737 ff.

ihm aufgenommen hat. Bei Patienten, bei denen dies nicht der Fall war, liegt es nahe, dass sie nicht die Absicht haben, den Praxisnachfolger aufzusuchen.[161] An wessen Daten welche Rechte bestehen, ist also vom Nachweis der Einverständniserklärung oder dem Besuch in der Sprechstunde des Übernehmers abhängig und muss vor der Aufnahme von Ermittlungen geklärt sein.

Wenn danach Rechte des Übernehmers bestehen, sollte weiter die Vorlage der 173 vollständigen Kundendatei im Zeitpunkt der Praxisübergabe verlangt werden. Deren unbefugte Verwertung wird nur durch einen Abgleich dieser Daten mit denjenigen Daten möglich sein, die bei der Kundenakquise des Angezeigten verwendet wurden.

Daneben sind die Strafvorschriften des Bundesdatenschutzgesetzes auf ihre 174 Anwendbarkeit zu prüfen.

e) Verwertung betriebsinternen Erfahrungswissens

Wenn ein Mitarbeiter nach langjähriger Tätigkeit ausscheidet, um sodann auf dem- 175 selben Arbeitsgebiet mit dem früheren Betrieb in Konkurrenz zu treten, wird bei gleichbleibender Arbeitsweise oftmals der Vorwurf erhoben, dies beruhe auf der Mitnahme und strafbaren Verwertung von Geschäfts- oder Betriebsgeheimnissen. Zwar besteht kein Zweifel, dass auch Herstellungsmethoden oder Kontrollverfahren als Betriebsgeheimnisse anzusehen sind.[162] Wenn das Wissen über Fertigungsprozesse verwendet wird, liegt der Verdacht einer unbefugten und damit strafbaren Verwertung eines Geheimnisses auf der Hand.

Wo es aber nicht um Herstellungs- oder Kontrollverfahren sondern die Erfas- 176 sung, Darstellung und Bewertung von Zuständen oder Schäden z.B. an Gebäuden oder Kraftfahrzeugen geht, was üblicherweise eine Aufgabe von freien Sachverständigen ist, ist die Geheimnisqualität weitaus schwieriger anzunehmen. So haben manche Sachverständige eigene Verfahren zur Erfassung und computergesteuerten Verarbeitung der Befundtatsachen entwickelt. Zu den wesentlichen Kriterien einer geordneten Erfassung gehören an erster Stelle eine einheitliche Systematik und Nomenklatur bei der Dokumentation, so dass eine leichte Verarbeitung der erhobenen Daten und deren Zuordnung zu einem Objekt oder Objektteilen möglich ist. Wenn sich auf diese Weise in einem Sachverständigenbüro ein spezielles Dokumentationssystem herausgebildet hat, liegt die Annahme nahe, es handele sich um ein Betriebsgeheimnis, dem strafrechtlicher Schutz vor unbefugter Übernahme zukommt. Dementsprechend wird häufig Strafanzeige erstattet, wenn ein ausgeschie-

---

161 BGH, Urt. v. 11.12.1991 – VIII ZR 4/91 = NJW 1992, 737 ff.
162 BGH, Urt. v. 21.12.1962 – I ZR 47/61 = GRUR 1963, 367 ff.; BGH, Urt. v. 7.11.2002 – I ZR 64/00 – Präzisionsmessgeräte = GRUR 2003, 356 ff.

dener Mitarbeiter sich derselben Systematik bei seiner nachfolgenden Berufsausübung bedient.

177   Die Frage, ob ein noch so effizientes oder ausgeklügeltes Dokumentationsverfahren als Betriebsgeheimnis zu bewerten ist, ist kritisch zu prüfen. Grundsätzlich stellen praktische Kenntnisse, die durch Erfahrungen und Versuche gewonnen werden und die nicht allgemein bekannt oder zugänglich sind, Know-how dar. Jedes Know-how soll ein Betriebsgeheimnis sein, aber nicht umgekehrt.[163] Dem steht nicht entgegen, dass die vom verdächtigten Verwender übernommene Vorgehensweise auf logischem Denken oder anerkannten Ordnungsprinzipien beruht. Jede Beschreibung eines komplexen aus Einzeleinheiten bestehenden Objektes muss nach einem Ordnungssystem erfolgen, dem regelmäßig alltägliche Regeln zugrunde liegen, z.B. dass man Einzelteile mit Nummern versieht und bei ihrer Erfassung einem einfachen Prinzip folgt, z.B. sie im Uhrzeigersinn oder dementgegen aufnimmt. Diese Verfahrensweise muss nicht neu oder einzigartig sein, insbesondere muss sie weder die Anforderungen an gewerbliche Schutzrechte erfüllen noch irgendein innovatives Element aufweisen, sie kann auch nur dem Stand der Technik entsprechen.[164] Selbst ein an sich bekanntes Verfahren kann ein Betriebsgeheimnis darstellen, wenn der Wille des Berechtigten dahin geht, die Anwendung des Verfahrens vor den Wettbewerbern geheim zu halten.[165] Entscheidend ist, dass das angewandte Verfahren die Wettbewerbsfähigkeit des Gutachters steigert und von ihm deshalb als geheimhaltungsbedürftig eingestuft wird. Somit kann auch einfachen Verfahrensweisen die Eigenschaft eines Betriebsgeheimnisses zukommen.

178   Wenn aber aus dem fertigen Produkt, dem Gutachten, ohne größeren Aufwand auf die Systematik bei der Sachverhaltsaufnahme geschlossen werden kann, ist entsprechend den Grundsätzen zum sogenannten reverse engineering das angewandte Verfahren leicht zu entschlüsseln und damit offenkundig oder zumindest leicht zugänglich.[166] Die Geheimnisqualität ist damit zu verneinen. Dies setzt freilich voraus, dass das Endprodukt Gutachten öffentlich zugänglich ist, was bei Privatgutachten oder auch behördlich veranlassten Gutachten eher selten anzunehmen ist.

179   Aber auch unter der Annahme, dass ein spezielles Begutachtungsverfahren ein Betriebsgeheimnis darstellt, kann demjenigen, der es gegen den Willen des „Erfinders" verwendet, der Grundsatz zugutekommen, wonach ein ehemaliger Beschäftigter zwar zur Verschwiegenheit über Geschäfts- und Betriebsgeheimnisse verpflichtet, ihm die spätere Verwertung von betrieblichem Erfahrungswissen aber

---

163 Köhler/Bornkamm/*Köhler*, § 17 Rn 4b.
164 BGH, Urt. v. 7.11.2002 – I ZR 64/00 – Präzisionsmessgeräte = GRUR 2003, 356 ff.
165 BGH, Urt. v. 1.7.1960 – I ZR 72/59 = GRUR 1961, 40, 43.
166 Köhler/Bornkamm/*Köhler*, § 17 Rn 8.

uneingeschränkt gestattet ist.[167] Diesen Standpunkt vertritt auch der BGH in gefestigter Rechtsprechung, wofür insbesondere die Erwägung spreche, dass die Arbeitnehmer ihre redlich erworbenen beruflichen Kenntnisse grundsätzlich sollen verwerten dürfen sowie weiter der Gesichtspunkt, dass eine sichere Abgrenzung von Geheimnis und Erfahrungswissen nur schwer möglich ist.[168] Entscheidend ist aber, dass der ehemalige Beschäftigte sich dieses Wissen nicht unbefugt gesichert hat, etwa durch die Mitnahme geheimer Dokumente.

Wenn also ein ehemaliger Mitarbeiter ein Verfahren weiterverwendet, das ihm **180** durch langjährige Übung vertraut geworden ist, lässt dies regelmäßig den Schluss zu, dass es nicht durch unbefugte Sicherung von Dokumenten sondern durch bloße Gedächtnisleistung reproduziert werden kann. Damit entfällt grundsätzlich die Notwendigkeit einer unbefugten Sicherung. Unter diesen Umständen dürfte auch der Anfangsverdacht einer strafbaren Geheimnisverwertung zu verneinen sein, wenn dieser allein auf die Verwendung des Verfahrens gestützt wird. Dies mag anders zu beurteilen sein, wenn das Verfahren nur mit Hilfe eines Computerprogramms angewandt werden kann, an dem der Anzeigeerstatter die alleinigen Nutzungsrechte innehat und er dessen unrechtmäßige Verwendung durch den ehemaligen Mitarbeiter darlegen kann.

9. Probleme des Ermittlungsverfahrens

a) Prüfung des Anfangsverdachtes

Ermittlungsverfahren wegen Geheimnisverrats gehen nahezu ausschließlich auf **181** private Strafanzeigen zurück, namentlich von dem durch die Straftat betroffenen Inhaber des Geheimnisses oder dessen anwaltlichem Vertreter. Es obliegt dabei dem Anzeigeerstatter, einen schlüssigen Sachverhalt darzulegen, der den nach § 152 Abs. 2 StPO erforderlichen Anfangsverdacht beinhaltet. Bei der Entscheidung dieser Frage gesteht die höchstrichterliche Rechtsprechung dem Staatsanwalt einen Spielraum bei der Würdigung und eine gewisse Freiheit bei der Bildung seiner Auffassung zu.[169] Es unterliegt seinem Beurteilungsspielraum, ob ein Verdacht wegen einer Straftat „zureichend" im Sinne des § 152 Abs. 2 StPO ist.

Erfüllt eine Strafanzeige nicht diese Anforderungen, ist dem Anzeigeerstatter **182** unter Benennung der Lücken oder Mängel Gelegenheit zur Ergänzung zu geben. Besonders wo es um Umstände geht, die in der Sphäre des Geschädigten angesiedelt sind und die dessen ureigener Wahrnehmung unterliegen, trifft diesen hierfür die

---

167 BAG, Urt. v. 16.3.1982 – 3 AZR 83/79 = NJW 1983, 134 ff.; BAG, Urt. v. 15.12.1987 – 3 AZR 474/86 = NJW 1988, 1686 f.
168 BGH, Urt. v. 3.5.2001 – I ZR 153/99 – Spritzgießwerkzeuge = GRUR 2002, 91 ff.
169 BGH, Urt. v. 21.4.1988 – III ZR 255/86 = NStZ 88, 510, 511.

alleinige Darlegungs- und Beweislast. Wenn z.B. angeforderte Unterlagen oder Akten auf Anforderung nicht freiwillig herausgegeben werden, ist die Entscheidung auf der verbleibenden Tatsachengrundlage zu treffen. Die Anwendung irgendwelcher Zwangsmittel ist bei der Prüfung des Anfangsverdachts nicht zulässig,[170] so dass etwa eine Durchsuchung beim Geschädigten gänzlich ausscheidet. Ebenso wenig ist es Aufgabe der Staatsanwaltschaft, den fehlenden Anfangsverdacht in einer privaten Strafanzeige durch Ermittlungen von Amts wegen nachzuholen.

183   Eine Vielzahl der angezeigten Vorfälle hat bekanntlich den unberechtigten Zugriff auf Unternehmensdaten zum Gegenstand. Oft ist es erst die nachfolgende Verwertung der Daten, die den Berechtigten alarmiert und durch die der Verdacht ihrer strafbaren Erlangung aufkommt. Auf diese Verwertung, besonders wenn sie in gezielten Anschreiben von Kunden durch den Verdächtigen besteht, wird oft genug der entsprechende Verdacht in der Strafanzeige gestützt. Selbst wenn solche Anschreiben mit der Anzeige vorgelegt werden, ist damit noch nicht die Rechtsinhaberschaft des Anzeigeerstatters an den verwendeten Daten bewiesen. Daher ist diesem aufzugeben, den Nachweis zu führen, dass die Kundendaten seinem Unternehmen entstammen und der Angezeigte daran keine Rechte innehatte.

184   Wenn ein Angestellter das Unternehmen verlässt und zu einem direkten Konkurrenten wechselt, gehört es inzwischen zur Routine, dass dessen letzte Aktivitäten am Arbeitsplatzrechner, besonders sein betrieblicher E-Mail-Account, einer kritischen Prüfung unterzogen werden. Besondere Aufmerksamkeit gilt dabei den letzten Zugriffen auf geheimhaltungsbedürftige Dateien oder dem Versand von Mails mit großen Anhängen an eine private Mail-Adresse. Besonderen Verdacht erweckt es, wenn ein mobiles Speichermedium wie ein USB-Stick an den Arbeitsplatzrechner angeschlossen war, was vom System regelmäßig protokolliert wird oder die Datei zu einer ungewöhnlichen Zeit, z.B. an einem arbeitsfreien Tag, geöffnet wurde. Sofern derartige Feststellungen zum Gegenstand der Strafanzeige gemacht werden und die Geheimnisqualität der Daten plausibel gemacht ist, begründet dies regelmäßig den erforderlichen Anfangsverdacht. Es ist aber zu raten, die verdachtsbegründenden Feststellungen wie Zugriffsprotokolle, E-Mail-Versandverzeichnisse usw. in gespeicherter Form vom Anzeigeerstatter zu verlangen, denn oftmals sind dies die einzigen oder wichtigsten Tatnachweise.

b) Prüfung des hinreichenden Tatverdachts

185 Ein noch so schlüssiger und durch Zeugen belegter Anzeigevortrag kann in einer Hauptverhandlung erschüttert werden, wenn die elektronischen Tatnachweise nicht im Anfangsstadium gesichert und den Ermittlungsbehörden frühzeitig überlassen

---

170 Rundverfügung des Generalstaatsanwaltes des Landes Brandenburg v. 21.8.1998 in der Fassung v. 10.11.2008.

wurden. Letztlich handelt es sich nur um Indizien, denn auch ein EDV-Sachverständiger kann aus Systemprotokollen regelmäßig nur Schlüsse ziehen. Dies gilt umso mehr, wenn die gesuchte entwendete Datei weder auf der Festplatte noch auf sonstigen Speichermedien bei dem Beschuldigten zu finden war. Mitunter findet sich als einzige Spur noch ein Systemeintrag auf dessen Rechner, demzufolge eine bestimmte Datei, die auf einem externen Medium gespeichert war, auf dem Rechner zu einem bestimmten Datum geöffnet wurde. Der Name der geöffneten Datei wird dabei ebenfalls protokolliert. Diese Systemeinträge erfolgen automatisch und sind laut EDV-Sachverständigen nicht zu manipulieren. Die Indizienkette ist aber nur dann sicher geschlossen, wenn der Dateiname mit dem übereinstimmt, der auf dem Arbeitsplatzrechner des Beschuldigten unter den versandten oder letztmals geöffneten Dateien erscheint. Damit ist die Übertragung der Datei nach außen nachgewiesen.

Ein oft vorgebrachter Einwand des Beschuldigten gegen diesen Nachweis ist, **186** dass ihm die Übertragung von Dateien auf private Medien durch den Arbeitsvertrag erlaubt war. In aller Regel steht diese Vorab-Gestattung aber unter dem Vorbehalt der „betrieblichen Notwendigkeit". Mag diese auch behauptet werden, so ist jedenfalls die Notwendigkeit, eine umfängliche Kundendatei in der Freizeit oder unmittelbar vor dem Ausscheiden aus dem Unternehmen noch zu kopieren, grundsätzlich nicht zu erkennen.

Eine fast routinemäßige Verteidigung gegen den Vorwurf des Geheimnisverrats **187** liegt im Bestreiten der Geheimnisqualität. Während bei Kundendaten und Umsatzzahlen diese Eigenschaft nach ständiger Rechtsprechung außer Zweifel steht (siehe Nachweise oben), kann sie bei Anlagekonzepten einer Investmentbank oder Fertigungsprozessen eines Industrieunternehmens durchaus zweifelhaft sein. Insoweit wird oftmals die allgemeine Zugänglichkeit der Informationen behauptet. Selbst wenn dies in Einzelbereichen zutreffen sollte, ist doch die Bündelung oder Komprimierung der Informationen zu einem Ganzen grundsätzlich als geheimhaltungsbedürftige Tatsache zu werten.

Darüber hinaus sollte im Auge behalten werden, dass das Kopieren einer unter- **188** nehmensbezogenen Datenbank, selbst wenn diese nicht als Geschäftsgeheimnis anzusehen ist, eine strafbare Urheberrechtsverletzung nach § 108 Abs. 1 Nr. 8 UrhG darstellen kann. Eine tatbestandsmäßige Verwertung liegt danach schon in einem nach § 87b UrhG unzulässigen Vervielfältigen, jedenfalls dann, wenn es sich um wesentliche Teile einer elektronischen Datenbank handelt.

c) Fragen der örtlichen Zuständigkeit

Soweit es um den „Datendiebstahl" eines Mitarbeiters bei einem Unternehmen geht, **189** den dieser am Arbeitsplatz begangen haben soll, wird die Strafanzeige in aller Regel bei der Staatsanwaltschaft am Sitz des betroffenen Unternehmens zur Anzeige gebracht.

Brandau

190   Wenn der Anfangsverdacht einer Übertragung oder Sicherung der Daten nach § 17 Abs. 2 UWG zu bejahen ist, begründet dies einen Tatort am Ort der Handlung. Die für den Unternehmenssitz zuständige Staatsanwaltschaft ist also grundsätzlich gehalten, die Ermittlungen aufzunehmen. Gerichtsfeste Beweise für die Verbringung der Daten nach außen und insbesondere für deren unbefugte Verwendung sind aber nur dort zu erlangen, wo die Daten in Gebrauch sind. Falls dies in einem anderen Gerichtsbezirk geschieht, ist durch die Verwendung ein weiterer Tatort gegeben, womit sich sofort die Frage nach der für den Gesamtkomplex zuständigen Ermittlungsbehörde stellt. Häufig kommt es darüber zu einem negativen Kompetenzkonflikt zwischen zwei Staatsanwaltschaften, wobei die Akten hin- und her gesandt werden. Bis zu einer Klärung vergeht oft wertvolle Zeit, wodurch der Schaden durch die unbefugte Datenverwertung noch vertieft wird.

191   In einem solchen Fall hat die Generalstaatsanwaltschaft Frankfurt für die hessischen Staatsanwaltschaften eine Zuständigkeitsentscheidung von grundlegender Bedeutung getroffen: Sofern die Straftat, im konkreten Fall die Sicherung und Verwertung von Geschäftsgeheimnissen, den Bezirk von zwei oder mehreren Staatsanwaltschaften berührt, sind die Ermittlungen von jener Behörde zu führen, in deren Zuständigkeitsbereich ein Schwerpunkt der weiteren Ermittlungshandlungen festzustellen ist. Als solche Handlungen kommen in Betracht:

192   Die Durchsuchung der Wohn- oder Geschäftsräume des Beschuldigten, die Vernehmung des Beschuldigten oder von Zeugen.

193   Diese Entscheidung entspricht voll und ganz der Zuständigkeitsregel von Ziff. 26 RiStBV, der zufolge die örtliche Zuständigkeit am Schwerpunkt des Verfahrens anzusiedeln ist. Auf konkrete Nachfrage haben sämtliche Generalstaatsanwaltschaften der Bundesrepublik Deutschland erklärt, eine entgegenstehende Entscheidung bisher nicht getroffen zu haben.

194   Die Bearbeitung durch die Ermittlungsbehörden am Verwertungsort und nicht am Sitz des geschädigten Unternehmens ist auch deswegen sinnvoll, als es in Bezug auf die Geheimniserlangung infolge der Tataufklärung durch den Geschädigten meist nichts mehr zu ermitteln gibt, denn fast immer ist der Verdächtige schon nicht mehr in dem Unternehmen beschäftigt. Von weitaus größerer Bedeutung ist die Aufklärung der Verwertungshandlungen und dies sollte nicht aus der Ferne, unter der Regie einer örtlich weit entfernten Behörde geschehen. Daraus kann sowohl für Anzeigeerstatter als auch für erstbefasste Staatsanwaltschaften folgende Empfehlung abgeleitet werden:

195   Bei der Anzeigeerstattung wegen Sicherung und Verwertung von Geschäftsgeheimnissen ist die (erste) Tathandlung, also die unbefugte Datensicherung oder -übertragung, durch eine ausführliche, beweisfeste Darstellung des Sachverhalts darzulegen, z.B. durch eine schriftliche Erklärung des Mitarbeiters, der die Tat aufgedeckt hat. Hierin sind auch dessen vollständige Personalien und Sachkunde zu belegen. Vorhandene Sachbeweise, z.B. Tätigkeitsprotokolle des vom Beschuldigten benutzten Computers, sind vorzulegen und zu erläutern. Die mutmaßliche Verwer-

tungshandlung ist auszuführen, die für erforderlich gehaltenen Ermittlungshandlungen sind zu skizzieren.

Ist auf diese Weise der erforderliche Anfangsverdacht einer Straftat nach § 17 **196** UWG begründet worden, sollte bei gleichermaßen begründetem Verdacht einer Verwertung der Geheimnisse an anderem Ort das Verfahren an die für die Verwertungshandlung zuständige Behörde abgegeben werden. Dies mag unter Hinweis auf die zitierte Entscheidung der Generalstaatsanwaltschaft Frankfurt erfolgen.

d) Die Beteiligung des Geschädigten an Durchsuchungen

In praktisch allen Fällen von Ermittlungen wegen Straftaten nach § 17 UWG ist eine **197** Durchsuchung zwecks Auffinden von Beweismitteln erforderlich, die heutzutage kaum noch aus Schriftstücken sondern fast immer aus Daten bestehen, die in jeder erdenklichen Form gespeichert sein können. z.B. auf Festplatten von Computern, USB-Sticks oder CDs.

Wenn es um die Sicherstellung von individuell entwickelten Computerprogram- **198** men oder Unterlagen über technische Verfahren, von gefälschten Markenprodukten, Datenträgern, Bild- oder Tonträgern geht, ist die Sachkunde der Ermittler oft nicht ausreichend, um die Beweisrelevanz vieler Objekte zu beurteilen. Zur Lösung dieses Problems bedient sich die polizeiliche Praxis gerne der Teilnahme eines sachkundigen Vertreters des Geschädigten. Dessen Beteiligung verspricht nicht nur eine große Hilfe für die Ermittlungsbeamten, namentlich bei der Auswahl und Bewertung der sicherzustellenden Beweismittel. Sie ist auch geeignet, die Belange des Beschuldigten zu schonen. Der Umfang der sicherzustellenden Beweismittel kann durch die (Mit-)Sichtung durch den Geschädigten vor Ort auf ein erträgliches Maß beschränkt werden. Ansonsten bleibt nur die Möglichkeit, alle für bedeutsam angesehenen Beweismittel sicherzustellen.

Die Unterstützung der Durchsuchungskräfte durch den Geschädigten ist daher **199** sinnvoll, sie wird vom Geschädigten oder seinen Vertretern auch in aller Regel angeboten und angeregt. Dabei stellt sich immer wieder die Frage, ob der Beschuldigte dem Geschädigten das Betreten der zu durchsuchenden Räume aus Gründen des Hausrechts verbieten darf und ob die Polizei ein solches Verbot hinzunehmen hat.

Die Teilnahme des Geschädigten bereitete in der Praxis lange keine Probleme **200** bis in einem Fall die Vertreter des Geschädigten wesentlich aktiver durchsuchten als die Polizeibeamten, wodurch der Beschuldigte sein eigenes Geheimhaltungsinteresse gefährdet sah. Dessen Beschwerde gegen die Teilnahme des Anzeigeerstatters wurde mit folgender Begründung stattgegeben:

Der Kreis der Personen, die an einer Durchsuchung teilnehmen dürfen, ist in **201** der StPO nicht abschließend geregelt. So können Angestellte des Anzeigeerstatters als sachkundige Helfer hinzugezogen werden. Ihre Zuziehung kann sogar geboten sein, z.B. wenn Diebesgut zu identifizieren ist. Aus Auftrag und Stellung der Staats-

anwaltschaft folgt aber ihre Verpflichtung zur Unparteilichkeit, es darf kein Anschein von Parteilichkeit aufkommen.[171]

202   Es ist weithin anerkannt und in Fällen, in denen Spezialwissen des Geschädigten gefragt ist und keine neutralen Sachverständigen zur Verfügung stehen, auch
geboten, dass sachkundige Personen von der Seite des Geschädigten an der Durchsuchung teilnehmen, z.B. bei spezifischen Urheberrechtsverletzungen oder Indust-
riespionage.[172] Es steht außer Zweifel, dass die Polizei nach freiem Ermessen eine
Privatperson, z.B. einen Sachverständigen, zur Unterstützung bei einer Durchsuchung hinzuziehen und dessen Zutritt zu den zu durchsuchenden Räumlichkeiten
auch gegen den Willen des Hausrechtinhabers durchsetzen darf. Dies gilt grundsätzlich auch für den Geschädigten. So können er selbst oder Angestellte als sachkundige Helfer hinzugezogen werden. Wenn der Geschädigte im Wettbewerb mit
dem durchsuchten Unternehmen steht, muss aber dessen Interesse an der Geheimhaltung seiner geschäftlichen Daten beachtet werden. Es müssen die Geschäftsgeheimnisse des zu durchsuchenden Unternehmens vor fremden Einblicken geschützt
bleiben. Wenn beweisrelevante Objekte, z.B. entwendete Dateien, bereits in das
EDV-System des Beschuldigten eingearbeitet und als solche nicht mehr zu separie-
ren oder zu identifizieren sind, wird dem Geschädigten der Einblick in das System
wie auch der Zutritt in die systemrelevanten Räume zu versagen sein.

203   Um zeitraubende Auseinandersetzungen zu vermeiden, sollte auf Antrag der
Staatsanwaltschaft die Teilnahme eines Vertreters des Geschädigten für zulässig
erklärt werden. Es empfiehlt sich daher, ihn gesondert in die richterliche Durchsuchungsanordnung aufnehmen zu lassen. Nur so kann sein Zutritt in die betroffenen
Räume gegen den Willen des Beschuldigten durchgesetzt werden. Aber selbst dann
muss das Interesse des Beschuldigten an der Geheimhaltung seiner geschäftlichen
Daten beachtet werden.

204   Gegen die Teilnahme des Geschädigten bei der behördlichen Auswertung von
sichergestellten Gegenständen oder Dateien können keine Einwände erhoben werden, sie ist sogar mitunter unabdingbar. Im Regelfall nimmt der Geschädigte an der
Sichtung nur unterstützend teil. Wenn es um die Bewertung einer Vielzahl von be-
weiserheblichen Dateien geht, z.B. von Email-Nachrichten, können diese dem Geschädigten auf Datenträgern zur häuslichen Auswertung überlassen werden, sofern
dem Beschuldigten dieselben Datenträger ebenfalls zur Bewertung zur Verfügung
gestellt werden.

---

171 OLG Hamm, Beschl. v. 16.1.1986 – 1 VAs 94/85 = NStZ 86, 326.
172 *Mahnkopf/Funk*, NStZ 2001, 519 ff.

e) Auswertung von elektronischen Speichermedien

Die Auswertung der Beweismittel in Form von Speichermedien, stellt die Ermitt- 205
lungsbehörden regelmäßig vor große Probleme, besonders wenn große Datenmengen zu sichten sind. Zwar werden bei der Durchsuchung und der Sicherstellung die
Beamten des Fachkommissariats regelmäßig durch Spezialisten der IT-Abteilung
unterstützt. Deren Hilfe bei der Auswertung beschränkt sich aber regelmäßig nur
auf die Suche nach Dateien anhand von Schlüsselbegriffen, deren Auswahl allein
der Sachbearbeiter trifft. Die Treffsicherheit dieser Suchverfahren ist mehr vom Zu-
fall, nämlich von der (Um-)Benennung der Datei durch den neuen Verwender abhängig. Wenn es nur um das Auffinden einer Datei geht, die durch bestimmte Merkmale wie Namen, Adressen usw. definiert ist, mag diese Art der Suche dennoch
zielführend sein.

Wenn allerdings die Übereinstimmung von mutmaßlich kopierten Dateien oder 206
Datenbanken mit den Originaldatensätzen zu beurteilen ist, stößt die polizeiliche
Auswertung sehr oft an ihre Grenzen, abgesehen davon, dass die Auswertung eine
unvertretbar lange Zeit in Anspruch nimmt. Wenn die Speichermedien in einem Unternehmen beschlagnahmt wurden, wird auf den Widerspruch der Betroffenen
durch das Gericht oftmals eine Frist bestimmt, bis zu deren Ende die Auswertung
erfolgt sein muss, ansonsten die weitere Beschlagnahme aufgehoben wird. Aber
auch wenn keine Rückgabe von Speichermedien an den Beschuldigten zu besorgen
ist, die zu untersuchenden Dateien z.B. gesichert, also auf behördeneigene Speicher
kopiert wurden, stellt sich immer die Frage, ob ein monatelanger Verfahrensstill-
stand wegen Wartens auf die Datenauswertung zu verantworten ist.

Eine Möglichkeit, eine Verzögerung zu vermeiden ist sicher die Beauftragung 207
eines externen Sachverständigen für Datenanalyse, von der in Fällen von besonderer Bedeutung auch Gebrauch gemacht werden sollte. Angesichts der hohen Kosten,
die dadurch entstehen, kann dies aber nicht zum Regelfall werden, erst recht nicht,
wenn die zu erwartenden Kosten, (regelmäßig zwischen 3.000 und 5.000 €) nicht in
Relation zur Schwere des Vorwurfs stehen. Besonders wenn der Vorwurf der unbefugten Datensicherung vom Beschuldigten substantiiert bestritten wird, scheint es
nicht gerechtfertigt, den Anzeigeerstatter, der in aller Regel auch finanzielle Ansprüche verfolgt, zu Lasten der Staatskasse von jedem Kostenrisiko freizustellen,
das eine technisch aufwendige Sachverhaltsaufklärung in sich birgt.

aa) Lösung: Privatklageweg

Dieses Risiko und die oftmals völlig widersprüchlichen Darstellungen von Anzeigeer- 208
statter und Beschuldigten, lassen eine Lösung mitunter unumgänglich erscheinen:
Die Verweisung auf den Privatklageweg.

Zwar setzt dies voraus, dass die Straftat nicht über den Lebenskreis der Beteilig- 209
ten hinausreicht, was oft schon zu Beginn der Ermittlungen hätte festgestellt werden können. Die Tatsache, dass dennoch Ermittlungen durchgeführt wurden, steht

dem Verweis auf die Privatklage aber nicht entgegen.[173] Auch soll gemäß Ziffer 87 Abs. 2 RiStBV in schwierigen Fällen die Staatsanwaltschaft die Beweise erheben, wenn der Geschädigte die Straftat nicht selbst aufklären kann, wovon in den Fällen von Geheimnisverrat immer auszugehen ist. Im Übrigen soll nach einer durchaus beachtlichen Auffassung die Staatsanwaltschaft die Verfolgung von Wettbewerbsverstößen (immer) dann übernehmen, wenn sie offenkundig und gravierend sind und sie nicht auf die Definition fachlich kompetenter Institutionen angewiesen ist.[174] In den hier beschriebenen Fällen ist der Verstoß gerade nicht offenkundig und ohne die Einschaltung externer Institutionen (Sachverständige) nicht zu klären.

210   Wenn die Verweisung auf den Privatklageweg gewählt wird, kann dennoch eine Auswertung der Daten erfolgen, indem die sichergestellten Datenträger einem unabhängigen vereidigten Sachverständigen überlassen werden, der im Auftrag und auf Kosten des Anzeigeerstatters tätig wird. Diese Option sollte dem Anzeigeerstatter vor der förmlichen Bescheidung in schriftlicher Form eröffnet werden, wobei besonders auf den Zeitverlust hinzuweisen ist, den eine behördliche Auswertung von Datenträgern unvermeidlich zur Folge hat. Die Erfahrung zeigt, dass für den Geschädigten ein schnelles beweiskräftiges Ergebnis durchweg einen hohen Wert hat.

211   Mit der Verweisung auf den Privatklageweg ist dem Anzeigeerstatter zugleich eine Frist zu setzen, nach deren Ablauf die in noch amtlicher Verwahrung befindlichen Beweismittel entweder dem Beschuldigten zurückgegeben oder gelöscht werden. Falls daraufhin durch den Geschädigten ein privater Gutachter beauftragt wird, sind diesem die zu untersuchenden Datenträger mit der Maßgabe auszuhändigen, sie keiner Partei zu überlassen und sie nach Erstellung des Gutachtens wieder in amtliche Obhut zurückzugeben. Dem Geschädigten als dem Auftraggeber sollte zur Auflage gemacht werden, der Staatsanwaltschaft das Gutachten zur Kenntnis zu bringen. Wenn der Sachverständige darin zu eindeutigen Feststellungen kommt, die ein größeres Ausmaß an Geheimnisverrat oder sogar einen besonders schweren Fall des Geheimnisverrats im Sinne von § 17 Abs. 4 UWG beweisen, kann sich die Frage einer Verfolgung von Amts wegen (§ 376 StPO) in einem völlig anderen Licht stellen. Bei einer so veränderten Sachlage ist auch nach Verweisung auf die Privatklage die Wiederaufnahme der Ermittlungen durchaus statthaft und möglicherweise sogar geboten. Wenn die Bejahung des besonderen öffentlichen Interesses an der Strafverfolgung im gerichtlichen Verfahren oder sogar noch in der Revisionsinstanz nachgeholt werden kann,[175] dann muss dies erst recht im Ermittlungsverfahren möglich sein, wenn sich die Umstände nach einer früheren Ablehnung verändert haben.

212   Gegen die Entscheidung, mit der die Verweisung auf den Privatklageweg verfügt wird, kann das Rechtsmittel der Beschwerde eingelegt werden. Da es sich bei § 17

---

173 Löwe-Rosenberg/*Hilger*, § 376 Rn 16.

174 SK-StPO/Velten, § 376 Rn 28.

175 Löwe-Rosenberg/*Hilger*, § 376 Rn 22; SK-StPO/Velten, § 377 Rn 5, 8.

UWG um ein Privatklagedelikt handelt, ist die förmliche Beschwerde gemäß § 171 Abs. 2 S. 3 StPO zwar unzulässig, die Verweisung auf den Privatklageweg kann gleichwohl im Wege der Dienstaufsicht von der vorgesetzten Behörde überprüft werden. Ob die Beschwerde unter diesen Umständen Erfolg hat, die vorgesetzte Behörde den Bescheid also aufhebt, ist davon abhängig, ob der Rechtsfrieden über den Lebenskreis der Betroffenen hinaus gestört und die Strafverfolgung ein gegenwärtiges Anliegen der Allgemeinheit ist (Ziff. 86 Abs. 2 RiStBV). In den Fällen des § 17 UWG kommt es entscheidend auf den wirtschaftlichen Wert des Geheimnisses und dem Ausmaß des durch die Verwertung drohenden Schadens an. In dem wohl bekanntesten Fall der Nachkriegsgeschichte (I. Lopez, der als Manager zuerst bei der Adam Opel AG dann bei der Volkswagen AG tätig war und dort seine zuvor erworbenen Kenntnisse über Zulieferer und deren Konditionen verwendet haben soll) wäre angesichts der Bedeutung und des Ausmaßes der möglichen wirtschaftlichen Schäden eine Verweisung der Anzeigeerstatterin, der Adam Opel AG, auf den Privatklageweg auf eine Beschwerde schon wegen Nr. 260a Nr. 1 und 2 RiStBV sicher der Aufhebung anheimgefallen. Die Schwierigkeiten, die sich allein daraus ergaben, dass die für den Erlangungsort zuständige Staatsanwaltschaft die Ermittlungen führte, während die Verwertung der Betriebsgeheimnisse am neuen Beschäftigungsort erfolgt sein soll, dürfte zu der außerordentlich langen Dauer des Verfahrens beigetragen haben.

bb) Lösung: Selbständiges Beweisverfahren nach § 485 ZPO

§ 485 ZPO – Zulässigkeit

(1) Während oder außerhalb eines Streitverfahrens kann auf Antrag einer Partei die Einnahme des Augenscheins, die Vernehmung von Zeugen oder die Begutachtung durch einen Sachverständigen angeordnet werden, wenn der Gegner zustimmt oder zu besorgen ist, dass das Beweismittel verloren geht oder seine Benutzung erschwert wird.

(2) Ist ein Rechtsstreit noch nicht anhängig, kann eine Partei die schriftliche Begutachtung durch einen Sachverständigen beantragen, wenn sie ein rechtliches Interesse daran hat, dass

1. der Zustand einer Person oder der Zustand oder Wert einer Sache,

2. die Ursache eines Personenschadens, Sachschadens oder Sachmangels,

3. der Aufwand für die Beseitigung eines Personenschadens, Sachschadens oder Sachmangels festgestellt wird. Ein rechtliches Interesse ist anzunehmen, wenn die Feststellung der Vermeidung eines Rechtsstreits dienen kann.

(3) Soweit eine Begutachtung bereits gerichtlich angeordnet worden ist, findet eine neue Begutachtung nur statt, wenn die Voraussetzungen des § 412 erfüllt sind.

Wenn weder die Beauftragung eines externen Sachverständigen mit der Datenaus- **213** wertung noch der Verweis auf den Privatklageweg in Frage kommen, kann dem Anzeigeerstatter zu einem selbständigen Beweisverfahren (früher: Beweissicherungsverfahren) geraten werden. Dies ist ein gerichtliches Verfahren, das dem eigentlichen Zivilprozess, dem Hauptsacheverfahren, durch einen entsprechenden Antrag vorgeschaltet werden kann, um in Fällen mit einer gewissen Eilbedürftigkeit eine Beweissicherung zu gewährleisten, wenn hieran ein rechtliches Interesse besteht oder auch zu dem Zweck, aufgrund der gewonnenen Ergebnisse ein weiteres streitiges Gerichtsverfahren zu verhindern.

214   Es hat den Vorteil, dass ein ohnehin notwendiger Sachverständiger für die Datenanalyse durch das Gericht bestellt wird, während ein von einer Partei eingeschalteter Gutachter nicht die Gewähr der Unabhängigkeit bietet wie ein gerichtlich bestellter Gutachter. Ein Privatgutachten ist leichter Angriffen der Gegenpartei ausgesetzt und wird u.U. vor Gericht nicht als Beweismittel zugelassen sondern nur als qualifizierter Parteivortrag.

215   Deshalb mag der Hinweis sinnvoll sein, dass die Einleitung eines selbständigen Beweisverfahrens für den Anzeigeerstatter den Vorzug hat, dass ein Sachverständigengutachten denselben Wert hat wie ein gerichtlich angeordnetes Gutachten im Verletzungsprozess und nicht als Privatgutachten behandelt wird.[176]

216   Voraussetzung für die einseitige Beantragung ist der drohende Verlust eines Beweismittels, was in Bezug auf Beweismaterial, das sich in amtlicher Verwahrung befindet, absurd anmutet. Da aber für die Vorenthaltung und Auswertung von Datenträgern wie Laptops usw. nur eine begrenzte Zeit eingeräumt wird, deren Dauer zumeist durch den Ermittlungsrichter bestimmt wird, kann der drohende Beweisverlust mit der drohenden Rückgabe der Speichermedien an den früheren Besitzer begründet werden. Eine weitere Voraussetzung ist, dass eine Partei ein rechtliches Interesse daran hat, dass der Zustand einer Person oder der Zustand einer Sache festgestellt wird, was auf die unbekannten Inhalte eines Datenträgers anwendbar ist. (§ 485 Abs. 2 Satz 1 Nr. 1 ZPO, die übrigen Voraussetzungen kommen bei den hier relevanten Beweismitteln nicht zum Tragen).

cc) Lösung: Einführung in anhängigen Arbeitsrechtsstreit

217   Wenn die Entdeckung eines Geheimnisverrats eines Angestellten zur (Verdachts-) Kündigung durch den Arbeitgeber geführt hat, ist die Kündigung oftmals schon Gegenstand eines Zivil-oder Arbeitsrechtsstreits, noch bevor die Ermittlungen irgendeinen Beweis für die Straftat erbracht haben, die im anhängigen Prozess oft massiv bestritten und durch den Arbeitgeber nicht zu beweisen ist. In einer solchen Situation kann der Anzeigeerstatter die Kündigung nur mit Tatsachen rechtfertigen, die sich aus der Auswertung der bei dem Arbeitnehmer sichergestellten Datenträger ergeben. Wenn dies an der langen behördlichen Bearbeitungsdauer zu scheitern

---

176   So auch Cepl/Voß Vor § 485 ZPO Rn 36.

Brandau

droht, bleibt dem beklagten Arbeitgeber der Ausweg, den Nachweis der Straftat als Sachverständigenbeweis im Wege der Auswertung des Datenmaterials anzubieten. Das Ergebnis mag zu diesem Zeitpunkt völlig ungewiss und nichts als eine Hoffnung sein. Mit einem solchen Beweisantritt wird aber die Entscheidung des Rechtsstreits genau auf diese Frage ausgerichtet, das Zuwarten auf die Ergebnisse des Ermittlungsverfahren entfiele damit.

Folgt das Gericht dem Beweisangebot, würde ein gerichtlich bestellter Sachver- 218 ständiger tätig werden, dessen Ergebnis uneingeschränkt für das Ermittlungsverfahren verwendet werden kann.

f) Darstellung von Datenauswertungen

Unabhängig davon, ob sichergestellte Dateien durch die Ermittlungsbehörden oder 219 externe Sachverständige ausgewertet werden, hat der Geschädigte häufig das Interesse, diese Daten selbst einzusehen, daneben ist seine sachkundige Beurteilung wichtig und regelmäßig unverzichtbar. Dennoch können jedenfalls geschäftliche Daten nicht dem Geschädigten zwecks Untersuchung durch eigenes Personal übergeben werden, denn dies könnte die Interessen des Beschuldigten an der Geheimhaltung seiner Geschäftsinterna verletzen, die durchaus involviert sein können. Eine unangreifbare Lösung kann nur darin liegen, dem Geschädigten unter polizeilicher Aufsicht die Daten einsehen zu lassen und über seine Bewertung eine Aussage zu protokollieren. Dabei ist es von größter Bedeutung, dass die inkriminierten Daten in einer eigenen neu anzulegenden Datei zusammengestellt, elektronisch gespeichert und davon Ausdrucke für die Akte hergestellt werden. Diese Ausdrucke müssen mit dem unbefugt kopierten Original abgleichbar sein, deshalb sollten auch von der Originaldatei Ausdrucke gefertigt und zur Akte genommen werden. Die Erfahrung lehrt, dass die Gerichte gerade bei der Entscheidung über die Eröffnung des Hauptverfahrens auf diesen Abgleich großen Wert legen und es beanstanden, wenn dieser Abgleich nur anhand elektronisch sichtbarer Dateien, also am Computer, möglich ist. Im Einzelfall kann dies darauf hinauslaufen, dass Ausdrucke von Dateien, die aus einer Vielzahl von Spalten bestehen, nebeneinander gelegt zu verbinden sind. Der Ort, an dem die inkriminierten Daten auf dem Computer des Beschuldigten gespeichert war, ist zu beschreiben und sichtbar zu machen, z.B. durch Ausdrucke des Verzeichnispfades des Speichermediums, ebenso der letzte vom System protokollierte Zugriff auf die Daten.

In der Hauptverhandlung können unbefugt kopierte Dateien mit den Original- 220 vorlagen durchaus auch in elektronischer Form präsentiert und verglichen werden, was aber eine bildgebende Darstellung, z.B. durch Beamer, erfordert. Für die Präsentation sollte unbedingt derjenige als Beweisperson benannt werden, der die Dateien ausgewertet hat, also der externe oder der polizeiliche Sachverständige.

IV. Verwertung von Vorlagen (§ 18 UWG)

221 Die Vorschrift geht zurück auf Klagen des Stickerei- und Spitzengewerbes über missbräuchliche Verwendung anvertrauter Schablonen[177] und ergänzt den Geheimnisschutz nach § 17 UWG. Der Tatbestand wurde vormals als Vorlagenfreibeuterei bezeichnet.

222 Die Vorschrift schützt Know-how, das in Vorlagen verkörpert oder technischen Vorschriften ausgedrückt ist, gegen eine Verwertung oder Offenlegung, die auf Vertrauensbruch beruht.[178]

223 Allen Tatobjekten ist gemein, dass sie vertraglich oder im Rahmen von Vertragsverhandlungen mit der ausdrücklich oder konkludent auferlegten Verpflichtung überlassen wurden, sie nur im Interesse des Anvertrauenden zu verwenden.[179] Dieses Anvertrauen muss sich im „geschäftlichen Verkehr" abspielen, d.h. der Anvertrauende muss Unternehmer sein, während diese Eigenschaft für die Gegenpartei nicht vorausgesetzt wird. Täter kann also ein Freiberufler oder auch ein Privater sein, z.B. im Verhältnis zwischen Architekt und Bauherrn.[180] Der innerbetriebliche Verkehr mit eigenen Beschäftigten scheidet aus dem Anwendungsbereich aus, dieser wird nur durch § 17 Abs. 1 UWG erfasst. Ein Anvertrautsein liegt nur dann vor, wenn die Vorlage nicht offenkundig ist,[181] da ansonsten ein Wettbewerbsvorteil durch die Verwendung ausgeschlossen ist.

224 Als Tatobjekte kommen Vorlagen in Betracht, die als Vorbild für die Herstellung von Gegenständen oder Dienstleistungen dienen sollen.[182] Die Beispiele, die das Gesetz aufführt, „Zeichnungen, Modelle, Schablonen, Schnitte", sind nicht abschließend, es fallen auch Werbe- oder Kommunikationskonzepte darunter. Bei der Vorlage kann es sich um eine konkrete gegenständliche Verkörperung oder um eine bloße Abbildung oder Zeichnung handeln, sie muss aber körperlich fixiert sein, eine mündliche Beschreibung reicht nicht aus.[183] Die Vorlage muss weder ein Betriebsgeheimnis darstellen noch muss sie einen neuen technischen Gedanken enthalten, es genügt, wenn das verkörperte Wissen weder dem Täter noch der Allgemeinheit ohne größere Schwierigkeiten oder Opfer zugänglich war.[184] Der Verletzer kann sich daher nicht damit verteidigen, er hätte durch eigene Arbeit ähnliche Gegenstände herstellen können, wenn er sich durch die Verwendung der Vorlage den damit verbundenen Zeit- und Kostenauf-

---

177 Köhler/Bornkamm/*Köhler*, § 18 Rn 1.
178 Ohly/Sosnitza/Ohly, § 18 Rn 1.
179 OLG Hamm, Urt. v. 1.9.1992 – 4 U 107/92 = WRP 1993, 36.
180 Köhler/Bornkamm/*Köhler*, § 18 Rn 12.
181 BGH, Urt. v. 17.12.1981 – X ZR 71/80 = BGHZ 82, 369.
182 KG, Urt. v. 9.6.1987 – 5 U 6153/85 = GRUR 1988, 702f.
183 Köhler/Bornkamm/*Köhler*, § 18 Rn 9.
184 BGH, Urt. v. 17.5.1960 – I ZR 34/59 – Handstrickverfahren = GRUR 1960, 554ff.

wand erspart hat. Die Werthaltigkeit oder Wertlosigkeit der Vorlage kann nur beim Schadensersatzanspruch oder bei der Strafzumessung berücksichtigt werden.[185]

Der Zeitraum, in dem die Tat begangen werden kann, wird bestimmt durch die **225** Dauer des Anvertrautseins. Er endet nicht mit der Beendigung des Vertragsverhältnisses oder dem Scheitern der Vertragsverhandlungen, ansonsten könnte deren Abbruch provoziert werden, um danach die Vorlage straflos verwerten zu können. Es besteht zwischen den Parteien eine nachwirkende Treuepflicht.[186]

Der Tatbestand ist nur vorsätzlich zu verwirklichen, daneben müssen die ge- **226** nannten Absichten „zu Zwecken des Wettbewerbs" oder „aus Eigennutz" vorliegen.

Die Vorschrift kommt in der Praxis kaum zur Anwendung, da die Gegenstände, **227** die anhand von Vorlagen eines Auftraggebers gefertigt werden, zumeist nach anderen Vorschriften geschützt sind, z.B. nachdem Designgesetz. Als Beispiel für eine aktuelle Anwendung des Straftatbestands mag der Nachbau eines Messestandes gemäß einer vom Auftraggeber überlassenen Konstruktionszeichnung genannt werden.

V. Verleitung und Erbieten zum Verrat (§ 19 UWG)

Mit Absatz 1 wird der erfolglose Versuch einer Anstiftung zum Geheimnisverrat er- **228** fasst, was nach den allgemeinen strafrechtlichen Vorschriften nur im Falle eines Verbrechens unter Strafe steht (§ 30 Abs. 1 StGB). Hatte die Anstiftung Erfolg, tritt § 19 hinter die allgemeinen Regeln (§§ 17, 18, 26 StGB) zurück.

In Absatz 2 werden die sonstigen Vorbereitungshandlungen, nämlich das Sich- **229** bereiterklären oder das Annehmen des Erbietens eines anderen oder die Verabredung zum Geheimnisverrat unter Strafe gestellt. Auch dies ist nach den Tatbeständen des StGB als versuchte Teilnahme nur im Falle eines Verbrechens strafbar (§ 30 Abs. 2 StGB).

Wer also einem Dritten anbietet, Geschäftsgeheimnisse zu offenbaren, wozu es **230** aber nicht kommt, oder wer ein solches Angebot annimmt, ohne dass es zum Geheimnisverrat kommt, ist strafbar nach Abs. 2. Unerheblich ist, ob das Erbieten ernstlich gemeint war oder ob der Erbieter objektiv zum Geheimnisverrat in der Lage war.[187]

Auch diesem Tatbestand kommt in der Praxis keine Bedeutung zu, denn erfolg- **231** lose Anstiftungen oder erfolgloses Anbieten zum Geheimnisverrat kommen praktisch nie zur Kenntnis der Ermittlungsbehörden.

---

185 Köhler/Bornkamm/*Köhler*, § 18 Rn 9.
186 Köhler/Bornkamm/*Köhler*, § 18 Rn 13.
187 BGH, Urt. v. 4.10.1957 – 2 StR 366/57 = BGHSt 10, 388.

Kapitel 3
Urheberrecht

I. Eingriffe in Urheberrechte

§ 106 Unerlaubte Verwertung urheberrechtlich geschützter Werke

(1) Wer in anderen als den gesetzlich zugelassenen Fällen ohne Einwilligung des Berechtigten ein Werk oder eine Bearbeitung oder Umgestaltung eines Werkes vervielfältigt, verbreitet oder öffentlich wiedergibt, wird mit Freiheitsstrafe bis zu drei Jahren oder mit Geldstrafe bestraft.

(2) Der Versuch ist strafbar.

1. Die tatbestandlichen Voraussetzungen des § 106

a) Voraussetzungen der Schutzfähigkeit: Werksqualität

Als Tatobjekt des § 106 kommt ausschließlich ein Werk in Betracht, wobei für den 1 Werksbegriff die Definition des § 2 Abs. 2 maßgebend ist, d.h. es muss eine „persönliche geistige Schöpfung" oder ein Computerprogramm vorliegen, das einem Sprachwerk gleichgestellt ist. Auch für das Computerprogramm ist die generelle Anforderung einer geistigen Schöpfung maßgebend, sie wird in § 69a Abs. 3 nochmals ausdrücklich hervorgehoben.

Geschützt sind nur Werke, die ein Mensch geschaffen hat. Das Produkt einer 2 Maschine oder auch eines Tieres, und sei es noch so kunstvoll, genügt dem nicht, ebenso sind Zufallserzeugnisse nicht schutzfähig.[1] Als Realakt kann ein Werk von jedem Menschen geschaffen werden, unabhängig von dessen Alter und Geisteszustand und ungeachtet der Frage, ob es von einem Künstler oder einem Laien herrührt. Das Recht an dem Werk entsteht kraft Gesetzes.

Das Werk muss als Produkt einer individuellen Schöpfung erscheinen, es muss 3 eine geistige Leistung darin zum Ausdruck kommen, wodurch es sich von einem rein handwerksmäßigen Erzeugnis abhebt. Das Werk muss als solches nicht neu sein, aber es muss sich durch Individualität von vorhandenen älteren Werken unterscheiden.

Eine weitere Anforderung an das Werk folgt aus dem ebenfalls vorausgesetzten 4 Merkmal der Gestaltungshöhe, womit eine quantitative Abstufung der Individualität des Werkes gemeint ist. Je geringer diese Ausprägung, desto weniger kommt dem Erzeugnis Schutz zu. So soll ein alltäglicher Anwaltsschriftsatz mit den üblichen

---

1 Wandtke/Bullinger/*Bullinger*, § 2 Rn 15.

juristischen Formulierungsmustern nur geringe persönliche Züge des Autors aufweisen und deshalb die erforderliche Gestaltungshöhe nicht erreichen.[2] Speziell bei
Zeichnungen oder Plänen, die nach § 2 Abs. 1 Nr. 7 Urheberschutz genießen, kann
zwar ein hohes Darstellungsniveau in technischer Hinsicht vorliegen, eine persönliche geistige Schöpfung liegt darin aber nur dann, wenn die Form der Darstellung
eine schöpferische Eigenart aufweist.[3] Damit fallen Zeichnungen usw., die nur technische oder planerische Vorgaben umsetzen, z.B. ein Bebauungsplan, erst recht
aber schablonenmäßige Darstellungen, aus dem Schutzbereich heraus.

5   Die früher geltende Unterscheidung zwischen Werken der zweckfreien bildenden Kunst und jenen der angewandten Kunst, worunter vor allem Gebrauchsgegenstände fallen, hat neuerdings an Bedeutung verloren. Wurden vordem an die Werke
der angewandten Kunst höhere Anforderungen für den Urheberrechtsschutz gestellt, hat der BGH diese Schutzanforderungen nunmehr gesenkt,[4] wobei aber weiterhin zu beachten ist, dass Gebrauchsgegenstände nur dann schutzfähig sind,
wenn sie über ihre von der Funktion vorgegebene Form hinaus künstlerisch gestaltet sind und dabei eine Gestaltungshöhe erreicht wird, die den Urheberrechtsschutz
rechtfertigt.

6   Aber auch bei Werken der bildenden Kunst wird eine künstlerische Leistung gefordert, durch die der Urheber seinen schöpferischen Geist in origineller Weise zum
Ausdruck bringt, wobei eine nicht zu geringe Gestaltungshöhe zu verlangen ist.[5]
Generell kommt es wesentlich auf den Grad der Individualität an, so dass nach wie
vor auch durchschnittliche Werke urheberrechtlichen Schutz genießen.

7   Es kommt für die Entstehung des Urheberrechtes nicht darauf an, ob das Werk
in körperlicher oder unkörperlicher Form vorliegt, es muss nur wahrnehmbar sein.
Der mit der Herstellung des Werkes verbundene Aufwand ist nicht entscheidend,
auch nicht sein Umfang, d.h. auch kurze prägnante Aussagen aus der Werbung,
Wortschöpfungen oder Buchtitel können die nötige Schöpfungshöhe erreichen.[6]

8   Das Recht entsteht auch dann, wenn der Urheber bei der Erzeugung des Werkes
oder durch seinen Inhalt die Rechte Dritter verletzt. So können ein Sprachwerk mit
beleidigendem Inhalt oder ein verbotenerweise angebrachtes Graffiti als Werke urheberrechtlichen Schutz genießen, was deren Bekämpfung oder Entfernung durch
den Betroffenen aber nicht hindert.[7]

---

2 Wandtke/Bullinger/*Bullinger*, § 2 Rn 23.
3 BGH, Urt. v. 15.12.1978 – I ZR 26/77 – Flughafenpläne = GRUR 1979, 464 ff.
4 BGH, Urt. v. 13.11.2013 – I ZR 143/12 = GRUR 2014, 175 ff.
5 BGH, Urt. v. 13.11.2013 – I ZR 143/12 = GRUR 2014, 175 ff.
6 Wandtke/Bullinger/*Bullinger*, § 2 Rn 27 f.
7 Wandtke/Bullinger/*Bullinger*, § 2 Rn 31 f.

b) Schutz von Homepage oder Web-Seite

Grundsätzlich ist eine Webseite als Sprachwerk schutzfähig nach dem UrhG, soweit 9
sich dies aus der Verwendung von Sprache ergibt und die sprachliche Gestaltung
die erforderliche Schöpfungshöhe nach § 2 Abs. 2 UrhG aufweist. Die Tatsache, dass
das Gesamtwerk nur in digitaler Form vorliegt, ist unbeachtlich. Für die Schutzfähigkeit gelten die allgemeinen Grundsätze:

Es kommt auf Art und Umfang des Textes und die Ausdrucksweise an. Ist der 10
Inhalt des Sprachwerks frei erfunden, kommt ihm eher die Gestaltungshöhe zu als
bei einem Text, dessen Inhalt durch die Bedienfunktionen der Seite oder andere
Kriterien organisatorischer Art geprägt ist.[8] Je mehr Text die Seite aufweist, desto
größer ist der Spielraum für eine schöpferische sprachliche Prägung.

Besonders wenn die Individualität des Textes durch gezielte Verwendung von 11
Sprache oder nur dadurch zum Vorschein kommt, dass die Seite in Suchmaschinen
unter den ersten Ergebnissen erscheint, liegt ein geschütztes Sprachwerk vor.[9]

Daneben kann eine Webseite auch als Multimediawerk geschützt sein, wenn sie 12
eine optisch ansprechende Menüführung aufweist und Effekte z.B. durch Kurzfilme
erzeugt werden.[10] Auch einzelne Elemente der Homepage wie Fotos, die als Lichtbildwerke oder einfache Lichtbilder oder Videosequenzen, die als filmähnliche Werke oder einfache Laufbilder in Betracht kommen, können für sich Urheberschutz
genießen, ohne dass dadurch die Seite als Gesamtkunstwerk schutzfähig ist. Auch
Diagramme, Übersichten, Skizzen und Tabellen können bei entsprechender Schöpfungshöhe als wissenschaftliche oder technische Darstellungen Schutz genießen
nach § 2 Abs. 1 Nr. 7.

Kein Urheberrechtsschutz besteht für allein graphische Gestaltungselemente 13
wie die Umrahmung vorgegebener Bilder, Designs, Logos oder Texte oder die bloße
farbige Unterlegung von Texten oder Bedienfunktionen.[11] Soweit also die Aufmachung einer Webseite nicht über die übliche, auch durch den Werbezweck geprägte
Gestaltung hinausgeht, wird der Urheberrechtsschutz grundsätzlich zu versagen
sein.

Ungeachtet des urheberrechtlichen Schutzes der aufgenommenen Elemente 14
kann die Webseite als Datenbankwerk i.S.v. § 4 Abs. 2 einzustufen sein, sofern in ihr
Beiträge auch unterschiedlicher Werkarten gesammelt und die Auslese bzw. Anordnung der Beiträge eine persönlich-geistige Schöpfung darstellt.[12] Fehlt es an dieser
Voraussetzung kann zumindest eine Datenbank nach § 87a UrhG vorliegen, zumal
in viele Webseiten Datenbanken, z.B. Veranstaltungskalender, eingebunden sind.

---

8 LG Köln, Urt. v. 12.8.2009 – 28 O 396/09.
9 OLG Rostock, Beschl. v. 27.6.2007 – 2 W 12/07 = CR 2007, 737.
10 Dreier/Schulze/*Schulze*, § 2 Rn 101.
11 Dreier/Schulze/*Schulze*, § 2 Rn 101; Wandtke/Bullinger/*Marquardt*, § 4 Rn 13.
12 *Hoeren*, Online-Skript Internetrecht, S. 106.

15   Im Ergebnis kann das Kopieren einer Webseite als Verletzung eines geschützten Sprachwerks (§ 2 Abs. 1 Nr. 1), eines Werkes der angewandten Kunst (§ 2 Abs. 1 Nr. 4), oder eines Datenbankwerkes (§ 4 Abs. 2) nach § 106 UrhG strafbar sein.

2. Die Tathandlung des Vervielfältigens

§ 16 Vervielfältigungsrecht

(1) Das Vervielfältigungsrecht ist das Recht, Vervielfältigungsstücke des Werkes herzustellen, gleichviel ob vorübergehend oder dauerhaft, in welchem Verfahren und in welcher Zahl.

(2) Eine Vervielfältigung ist auch die Übertragung des Werkes auf Vorrichtungen zur wiederholbaren Wiedergabe von Bild- oder Tonfolgen (Bild- oder Tonträger), gleichviel, ob es sich um die Aufnahme einer Wiedergabe des Werkes auf einen Bild- oder Tonträger oder um die Übertragung des Werkes von einem Bild- oder Tonträger auf einen anderen handelt.

16 Der strafrechtlich relevante Begriff des Vervielfältigens entspricht dem zivilrechtlichen des § 16. Der Tatbestand setzt einen Erfolg voraus, es handelt sich um ein Erfolgsdelikt.

17   Das Vervielfältigungsrecht stellt neben anderen Verwertungsrechten ein selbständiges und wichtiges Verwertungsrecht dar, das ausschließlich dem Urheber zugewiesen ist, über dessen Gebrauch er allein zu entscheiden hat. Er kann es durch einfache oder ausschließliche Lizenz (§ 31 Abs. 1 und Abs. 2) auf bestimmte Personen übertragen, wobei in letzterem Fall von anderen Personen hergestellte Vervielfältigungsstücke rechtswidrig sind und nicht verbreitet werden dürfen.[13]

18   Jede körperliche Festlegung eines Werkes, die geeignet ist, das Werk den menschlichen Sinnen auf irgendeine Art mittelbar oder unmittelbar wahrnehmbar zu machen, stellt eine Vervielfältigung i.S. des. § 16 Abs. 1 dar.[14] Die Vervielfältigung setzt eine körperliche Fixierung des Werkes voraus. Dabei muss aber nicht zwingend ein körperlicher Gegenstand hervorgebracht werden. Die Verkörperung muss das Werk als solches wiedergeben, die Form der Wiedergabe kann eine andere sein.[15] Dabei sind das Verfahren und das Medium, auf dem die körperliche Festlegung erfolgt, gleichgültig. Ebenso wenig kommt es auf die Größenverhältnisse an. Selbst wenn ein Werk drastisch verkleinert wiedergegeben wird, z.B. durch Mikroverfilmung, Nachbau in kleineren Abmaßen oder durch Verwendung verkleinerter

---

13 Dreier/Schulze/*Schulze*, § 16 Rn 4.
14 BGH, GRUR 1983, 238, 29.
15 BeckOK UrhR/*Kroitzsch/Götting* UrhG § 16 Rn 13.

Abbildungen auf einer Internetseite, sog. Thumbnails, liegt eine rechtlich erhebliche Vervielfältigung vor.[16]

Eine Vervielfältigung liegt auch vor, wenn das Werk in einen anderen Werkstoff 19 oder in eine andere Dimension übertragen wird, z.B. wenn ein dreidimensionales Kunstwerk bildhaft wiedergegeben wird, z.B. durch fotografische oder filmische Wiedergabe. Somit kann der Urheber oder Nutzungsberechtigte das Fotografieren eines im Museum ausgestellten Werkes generell untersagen oder von einer besonderen Erlaubnis abhängig machen. Erst recht stellen das Nachbilden oder Nachbauen eines Kunstwerkes, z.B. der Baukunst, das Ausführen von Plänen und Entwürfen, aber auch die Wiederherstellung eines zerstörten Werkes eine Vervielfältigung dar.[17]

Hat der Berechtigte einem Dritten die Befugnis zur Verbreitung eines Werkes oder 20 Werkstückes erteilt, z.B. im Rahmen eines Gewerbes, dann schließt dies die Werbung für das Produkt und damit auch dessen fotografische Abbildung in Werbeprospekten usw. ein. Derjenige, der urheberrechtlich berechtigt ist, die Ware zu vertreiben, soll diese im Interesse der Verkehrsfähigkeit der Ware auch bildlich zu Werbezecken nutzen dürfen, ohne dass er einer gesonderten Rechteeinräumung bedarf.[18]

Ein Werk kann nicht nur durch bloßes Abschreiben, Fotokopieren usw. sondern 21 auch in digitaler Form vervielfältigt werden, z.B. durch Übertragung auf Datenträger wie Festplatte, CD oder Online-Speicher, obwohl es dadurch nicht unmittelbar wahrnehmbar ist.[19] Auch das Herunterladen aus dem Internet oder das Hochladen auf eine Homepage oder ein Portal stellen Vervielfältigungshandlungen dar.[20] Insbesondere bei den Tauschbörsen im Internet ist jeder Download eine Vervielfältigung, während das Anbieten von Dateien zum Download unter das von § 19a erfasste Zugänglichmachen fällt.

Auch ein Unterfall des Digitalisierens, das Scannen eines Werkes, stellt immer 22 eine Vervielfältigung dar.[21] Wenn bei dem Versand von E-Mails urheberrechtlich geschützte Daten als Anhang übermittelt werden, kommt es zwar bei dem Empfänger zu einer dauerhaften Speicherung. Dabei sei es allein der Absender der Mail, der die relevante Vervielfältigung begeht, denn er setze einen Ablauf in Gang, der zur Speicherung der Daten auf der Festplatte des Empfängers führt.[22] Dies mag bei üblicher Mailkorrespondenz zutreffen. Wenn die Datei aber im Einvernehmen mit dem Empfänger versandt wird oder dieser sie bestellt oder erbeten hat, muss er nach den allgemeinen Grundsätzen zumindest als Teilnehmer oder eigenverantwortlicher Täter

---

16 BGH, Urt. v. 29.4.2010 – I ZR 69/08 = GRUR 2010, 628 ff.
17 Dreier/Schulze/*Schulze*, § 16 Rn 11.
18 BGH, Urt. v. 4.5.2000 – I ZR 256/97 – Parfumflakon = GRUR 2001, 51 ff.
19 BGH NJW 2001, 3558.
20 Dreier/Schulze/*Schulze*, § 16 Rn 7.
21 Wandtke/Bullinger/*Heerma*, § 16 Rn 13.
22 Wandtke/Bullinger/*Heerma*, § 16 Rn 13.

der Vervielfältigungshandlung betrachtet werden. Die bloße Wiedergabe eines Werkes am Bildschirm stellt keine Vervielfältigung dar, denn es erfolgt keine neue verkörperte Festlegung.[23]

23   Auch eine teilweise Vervielfältigung unterfällt dem Ausschließlichkeitsrecht des Urhebers, jedenfalls soweit die vervielfältigten Teile selbst die erforderliche Gestaltungshöhe aufweisen.[24] Bei Spielfilmen reichen dafür Szenen von einer Minute oder auch nur wenigen Sekunden Dauer aus.[25] Die Übernahme (und damit Vervielfältigung) von kleinen Tonfolgen ist zwar urheberrechtlich zulässig, denn das Werk darf teilweise vervielfältigt werden, solange der abgetrennte Teil keine Werksqualität hat. Die Übernahme fremder Klangteile (sog. Sampling), selbst einer nur zweisekündigen Tonsequenz, kann aber die Rechte des Herstellers des ursprünglichen Tonträgers verletzen.[26]

24   Auch die von vielen Hotels oder Veranstaltern geübte Praxis, zwecks leichterer Auffindbarkeit des Hauses Ausschnitte von Landkarten oder Stadtplänen in die eigene Web-Seite einzubauen, stellt eine (Teil-)Vervielfältigung dar und bedarf der Einwilligung dessen, der über die entsprechenden Urheberrechte verfügt.[27]

a) Fragen der Werknutzung

25 Im Zusammenhang mit der (elektronischen) Nutzung eines Werkes ist folgendes zu beachten:

26   Es gilt der Grundsatz, dass die bloße Nutzung eines Werkes urheberrechtlich nicht relevant ist,[28] so dass der bloße rezeptive Werkgenuss auch bei Verwendung rechtswidriger Vervielfältigungstücke, z.B. von illegalen Ton- oder Bildträgern, erlaubt ist. Wenn die Nutzung aber mit einer auch nur vorübergehenden Vervielfältigung einhergeht, ist der Grundsatz des freien Werkgenusses dahin eingeschränkt, dass dies nur für die Benutzung eines rechtmäßig hergestellten Werksstückes gilt.

b) Computerprogramme

27 Für Computerprogramme folgt schon aus § 69c Nr. 1, dass auch die temporäre Übernahme in den Arbeitsspeicher eine relevante Vervielfältigung darstellt.[29] Die Nutzung

---

23 Schricker/Löwenheim § 106 Rn 8.

24 H.M.: BGH, Urt. v. 21.4.1953 – I ZR 110/52 = GRUR 1953, 299 ff.

25 OLG Hamburg, Urt. v. 15.5.1997 – 3 U 153/95 = GRUR 1997, 822, 825.

26 BGH, Urt. v. 20.11.2008 – I ZR 112/06 = GRUR 2009, 403; BGH, Urt. v. 13.12.2012 – I ZR 182/1120.11 (Metall auf Metall); aufgehoben und zurückverwiesen durch Urteil des BVerfG vom 31.5.2016 – 1 BvR 1585/13.

27 *BGH*, Urt. v. 23.6.2005 – I ZR 227/02 = CR 2005, 852 ff.

28 BGH, Urt. v. 20.1.1994 – I ZR 267/91 = NJW 1994, 1216 ff.

29 OLG Hamburg, Urt. v. 22.2.2001 – 3 U 247/00 – Roche Lexikon Medizin = GRUR 2001, 831 f.; Wandtke/Bullinger/*v. Welser*, § 44a Rn 25.

eines Computerprogramms, das auf einem raubkopierten Datenträger gespeichert ist, ist durch den Rechteinhaber niemals gestattet. Mit der Installation wird das Programm auf der Festplatte gespeichert und damit vervielfältigt. Selbst wenn keine Installation erforderlich ist wie z.B. bei Spiele-CDs kommt es durch das bloße Abspielen zu einem Laden in den Arbeitsspeicher, was als eine Vervielfältigung anzusehen und nach § 106 strafbar ist, wenn es sich um ein illegales Vervielfältigungsstück handelt.

c) Streaming

Anders ist die Rechtslage bei On-Demand-Diensten oder dem Streamingverfahren: **28** Streaming wird definiert als das Empfangen und gleichzeitige Wiedergeben von Audio- und Videodateien, wobei Server und Zielrechner während der gesamten Übertragung miteinander kommunizieren. Dem Nutzer wird dabei ein andernorts gespeichertes Datenpaket oder eine Live-Sendung auf den eigenen Rechner übertragen. Technisch unabdingbar ist, dass die empfangenen Daten in einem „Puffer" zwischengespeichert werden, was ein flüssiges Abspielen garantieren und das berüchtigte Ruckeln bei der Wiedergabe (Starvation) verhindern soll.[30] Zwar werden die wiedergegebenen Teilstücke alle wieder gelöscht, zuvor war aber die gesamte Mediendatei sukzessive in vollem Umfang auf dem Empfangsrechner gespeichert.

Nach absolut herrschender Auffassung stellt das reine Anzeigen der gestream- **29** ten Daten auf dem Bildschirm keine Vervielfältigung dar.[31] Da der Abruf z.B. eines Filmes nur zu einer vorübergehenden Kopie auf dem Rechner führt, die beiläufig im Zuge eines technischen Verfahrens entsteht, ist dies eine begleitende Vervielfältigung, der keine „eigenständige wirtschaftliche Bedeutung" zukommt. Sie stellt deshalb nach § 44a Nr. 2 UrhG eine zulässige Nutzung dar. Dabei soll es nicht darauf ankommen, ob die Quelle des Datenstroms als illegal anzusehen ist, da es nur um bloßen Werkgenuss geht. Wollte man dies anders bewerten, dann stellte auch das Ansehen (Browsen) von Webseiten mit urheberrechtswidrigen Inhalten eine unzulässige Vervielfältigung dar, da auch hierbei Datenpakete in den Zwischenspeicher (Cache) übertragen werden. Dies verstieße aber gegen die von § 44a bezweckte Privilegierung des Browsens, der auf eine zwingende Schrankenbestimmung aus Art. 5 der Richtlinie 2001/29 EG zur Harmonisierung[32] bestimmter Aspekte des Urheberrechts und der verwandten Schutzrechte in der Informationsgesellschaft zurückgeht.[33] Wird eine gestreamte Datei hingegen im Speicher so festgelegt, so dass sie mehr als einmal abrufbar ist, liegt eine Vervielfältigung vor, was § 44a Abs. 2 für Bild- und Tonträger ausdrücklich bestimmt.

---

30 *Kurose/Ross*, S. 120.
31 Wandtke/Bulliger/*Heerma*, § 16 Rn 13.
32 RL 2001/29/EG v. 22.5.2001, ABl EG Nr. L 167 S. 10 ff.
33 Wandtke/Bullinger/*v. Welser*, § 44a Rn 24.

30   In der Praxis stellt sich die Frage der urheberrechtswidrigen Nutzung eines Werkes sehr selten und zumeist nur dann, wenn nach Aufdeckung eines Vertreibers gefälschter Software gegen die Abnehmer der rechtswidrig hergestellten Datenträger ermittelt wird. Die Strafbarkeit des Abnehmers setzt den Nachweis einer Speicherung, zumindest aber der Nutzung des Programms voraus, der nur durch Durchsuchung der Wohnräume und Untersuchung des Computers zu führen ist. Dies dürfte aber angesichts des Vorwurfs, der regelmäßig nur den Erwerb eines illegalen Vervielfältigungsstückes zum Gegenstand hat, dem Grundsatz der Verhältnismäßigkeit widersprechen.

d) Unzulässige Mehrfachnutzung

31 Hingegen kommt es aufgrund von Strafanzeigen von Softwareherstellern oft zu Ermittlungsverfahren gegen Unternehmen, denen die unzulässige Mehrfachnutzung eines Programms zur Last gelegt wird. Dabei geht es darum, dass durchaus vorhandene rechtmäßig betriebene Programme auf mehr Rechnern als vertraglich erlaubt benutzt werden, sei es im Rahmen eines Firmennetzwerkes oder durch Kopieren des Programms auf die Festplatten von Einzelplatzrechnern. Während die letztgenannte Handlung zwanglos als unerlaubte Vervielfältigung anzusehen und damit strafbar ist, stellt der Anschluss an ein Netzwerk in erster Linie einen Verstoß gegen die Lizenzbestimmungen dar. Darin wird regelmäßig die Zahl der Arbeitsplätze beschränkt, an denen das Programm benutzt werden darf. Die Strafbarkeit der unerlaubten Mehrfachnutzung ist nur dadurch zu begründen, dass der normale Ablauf des Programms, auch auf dem Netzwerk-Rechner, ein Laden in den Arbeitsspeicher bedingt und dieser Vorgang eine strafbare Vervielfältigung darstellt, soweit die Zahl der rechtmäßigen Nutzer überschritten ist.

32   Ermittlungsverfahren wegen unzulässiger Mehrfachnutzung können nur durch eine Durchsuchung der entsprechenden Geschäftsräume zu einem Ergebnis führen. Dabei sind Art und Zahl der auf jedem Einzelplatzrechner installierten oder nutzbaren Programme festzustellen. Die Auswertung dieser Feststellungen ist dem Rechteinhaber zu überlassen, der allein deren Vereinbarkeit mit der Zahl der vergebenen Lizenzen zuverlässig bewerten kann.

3. Die Tathandlung des Verbreitens

§ 17 Verbreitungsrecht

(1) Das Verbreitungsrecht ist das Recht, das Original oder Vervielfältigungsstücke des Werkes der Öffentlichkeit anzubieten oder in Verkehr zu bringen.

(2) Sind das Original oder Vervielfältigungsstücke des Werkes mit Zustimmung des zur Verbreitung Berechtigten im Gebiet der Europäischen Union oder eines anderen Vertragsstaates des Abkommens über den Europäischen Wirtschaftsraum im

Wege der Veräußerung in Verkehr gebracht worden, so ist ihre Weiterverbreitung mit Ausnahme der Vermietung zulässig.

(3) Vermietung im Sinne der Vorschriften dieses Gesetzes ist die zeitlich begrenzte, unmittelbar oder mittelbar Erwerbszwecken dienende Gebrauchsüberlassung. Als Vermietung gilt jedoch nicht die Überlassung von Originalen oder Vervielfältigungsstücken

1. von Bauwerken und Werken der angewandten Kunst oder

2. im Rahmen eines Arbeits- oder Dienstverhältnisses zu dem ausschließlichen Zweck, bei der Erfüllung von Verpflichtungen aus dem Arbeits- oder Dienstverhältnis benutzt zu werden.

Das Verbreitungsrecht ist neben dem Vervielfältigungsrecht eines der wichtigsten **33** Verwertungsrechte des Urhebers, das ihm als ausschließliches Recht zugewiesen ist. In der strafrechtlichen Praxis geht es fast ausschließlich um illegale also verbotswidrig hergestellte Werkexemplare, denn die unzulässige Verbreitung rechtmäßig hergestellter Stücke kommt einer Vertragsverletzung gleich und wird allenfalls zivilrechtlich verfolgt.

a) Tatobjekte

Die Tathandlung des Verbreitens muss sich auf die Verwertung des Werkes in kör- **34** perlicher Form beziehen, entweder auf das Werkoriginal oder auf ein Vervielfältigungsstück, gleich ob dieses rechtmäßig oder unrechtmäßig hergestellt worden ist.[34] Kein Verbreiten stellt die Übermittlung von Daten dar, auch gegenüber einer Vielzahl von Empfängern, da es an der erforderlichen körperlichen Form fehlt.

Die Tathandlung des Verbreitens muss sich an die Öffentlichkeit richten, d.h. **35** der Anbietende oder Veräußerer muss aus der privaten Sphäre, die durch gegenseitige persönliche Beziehungen untereinander abgegrenzt ist, an die Öffentlichkeit treten. Eine kommerzielle Motivation wird nicht vorausgesetzt, denn anders als es das bis 1965 geltende Recht vorsah ist das Verbreitungsrecht nicht auf die gewerbsmäßige Verbreitung beschränkt[35] d.h. es genügen auch ideelle oder sonstige Beweggründe. Im Gegenzug ist die private Weitergabe an Dritte, zu denen eine persönliche Beziehung besteht, kein tatbestandsmäßiges Verbreiten.

b) Inverkehrbringen

Als Unterfall des Verbreitens wird in § 17 Abs. 1 das Inverkehrbringen des verkörperten **36** Werksstückes aufgeführt. Nach einem im Schrifttum heftig kritisierten Urteil des

---

34 Dreyer/Kotthoff/Meckel/*Dreyer*, § 17 Rn 3.
35 Dreyer/Kotthoff/Meckel/*Dreyer*, § 17 Rn 7.

EuGH setzt der Begriff „Verbreitung" stets die Übertragung des Eigentums an einem Gegenstand voraus, womit das im Streitfall relevante Vermieten oder Verleihen nicht erfasst würde.[36] Der BGH hat diese Auffassung unter Aufgabe seiner früheren Rechtsprechung übernommen. Danach ist das Bereitstellen von Werksstücken (es ging um urheberrechtlich geschützte Möbel-Klassiker von „Le Corbusier") zum Gebrauch durch die Öffentlichkeit, zur Besichtigung oder zur Dekoration kein Inverkehrbringen, sofern dem keine Eigentumsübertragung im Sinne der Richtlinie[37] zugrunde liegt.[38]

37   Gemäß dem Urteil des EuGH fallen aber auch andere Verwertungshandlungen unter das Verbreitungsrecht, wenn dies in einer anderen Richtlinie bestimmt ist. In diesem Zusammenhang ist die Vermiet- und Verleihrichtlinie[39] einschlägig. Da gemäß Art. 3 Abs. 1 dieser Richtlinie dem Urheber das ausschließliche Recht vorbehalten ist, die Vermietung oder den Verleih des Originals oder von Vervielfältigungstücken seines Werkes zu erlauben oder zu verbieten, sind solche Verwertungshandlungen als Verbreitung i.S.v. § 17 Abs. 1 UrhG[40] oder als eigenständige Sonderfälle der Verwertung zu verstehen.[41] Eine Legaldefinition des Vermietens und Verleihens findet sich in § 17 Abs. 3 UrhG, der mit Art. 2 Abs. 1 Ziff. a der Vermiet- und Verleihrichtlinie übereinstimmt.

38   Nach herkömmlicher Auffassung ist für das Merkmal des Verbreitens keine Eigentumsübertragung erforderlich. Noch in seinem Vorlagebeschluss an den EuGH neigte der BGH dazu, ein Inverkehrbringen anzunehmen, wenn urheberrechtlich geschützte Werkstücke der Öffentlichkeit zur Benutzung zur Verfügung gestellt werden, auch wenn dies nicht mit einer Verschaffung der tatsächlichen Verfügungsgewalt über die Werkstücke verbunden ist.[42] Demnach umfasste das Inverkehrbringen auch die bloße Besitzüberlassung.

39   In den Verkehr gebracht wird ein Werkstück immer durch Überlassung des Besitzes. In jedem Fall muss ein Wechsel in der Verfügungsgewalt über einen Gegenstand dergestalt vorliegen, dass diese nach dem Übertragungsakt bei einem Dritten liegt. Die Tat ist ein Erfolgsdelikt und erst dann vollendet, wenn der Dritte tatsächlich die Verfügungsgewalt an der Sache erlangt hat.[43]

40   Das Urteil des EuGH, wonach das Verbreiten zwingend eine Eigentumsübertragung zum Ziel haben müsse, hat so gut wie keine strafrechtliche Relevanz. Es be-

---

36 EuGH, Urt. v. 17.4.2008 – C-456/06 = GRUR 2008, 604 ff.

37 Art. 4 Abs. 1 der (Harmonisierungs-)Richtlinie 2001/29.

38 BGH, Urt. v. 22.1.2009 – I ZR 247/03 – Le-Corbusier-Möbel II = GRUR 2009, 840 ff.

39 Richtlinie 2006/115/EG des Europäischen Parlaments und des Rates vom 12.12.2006 zum Vermietrecht und Verleihrecht sowie zu bestimmten dem Urheberrecht verwandten Schutzrechten im Bereich des geistigen Eigentums.

40 Dreyer/Kotthoff/Meckel/*Dreyer*, § 17 Rn 12.

41 Wandtke/Bullinger/*Heerma* § 17 Rn 5.

42 BGH, Beschl. v. 5.10.2006 – I ZR 247/03 – Le Corbusier-Möbel = GRUR 2007, 51 ff.

43 Wandtke/Bullinger/*Hildebrand/Reinbacher*, § 106 Rn 17.

zieht sich auf eine seltene Fallgestaltung, in der es um die vorübergehende Überlassung des Besitzes an rechtsverletzenden Gegenständen geht. Wenn dem keine durch die Richtlinie erfasste Vermietung zugrunde liegt, liegt keine Verbreitung i.S.v. § 17 vor.[44]

Ein Inverkehrbringen ist danach jede Art der Besitzübertragung, die auf einen **41** dauerhaften Eigentumsübergang abzielt, sei es durch Kauf, Schenkung oder Tausch. Auch die vorübergehende Besitzüberlassung stellt eine Verbreitung dar, sofern sie auf Miete oder Leihe beruht. Danach soll das Vermieten eines Hotelzimmers, das mit unerlaubten Nachbauten von urheberrechtlich geschützten Möbelklassikern eingerichtet ist, eine relevante Verbreitung darstellen.[45] Dem steht aber Art. 3 Abs. 2 der Vermiet- und Verleihrichtlinie entgegen, wonach die Vermietung oder der Verleih von Bauwerken oder Werken der angewandten Kunst, zu diesen zählen Designer-Möbel, nicht dem Verbotsrecht des Urhebers unterliegt. An diesem Beispiel wird die Divergenz zwischen Unionsrecht und nationalem Urheberrecht deutlich. Da das europäische Recht einen viel engeren Verbreitensbegriff als das deutsche UrhG vorsieht, müsste in letzter Konsequenz das deutsche Recht als europarechtswidrig angesehen werden.[46]

Die Besitzübertragung kann zwar immer nur als Einzelverbreitung erfolgen, die- **42** se muss aber in der Öffentlichkeit stattfinden, d.h. der Übertragungsakt muss sich außerhalb der internen Sphäre des Übertragenden abspielen. Wenn ein Werkexemplar im privaten Kreis verschenkt, verkauft oder verliehen wird, liegt keine Verbreitungshandlung i.S.v. § 17 vor.[47] Privat ist der Vorgang, wenn der Kreis der Personen durch bestimmte Kriterien abgegrenzt ist und sie durch gegenseitige Beziehungen oder durch Beziehung zum Verbreiter persönlich untereinander verbunden sind.[48]

Eine bestimmte Anzahl von Werkstücken ist nicht erforderlich, es genügt für die **43** Verbreitung, wenn nur ein Testexemplar verkauft wird.[49] Wenn illegale Vervielfältigungsstücke exportiert werden sollen, kommt es nicht darauf an, ob sie den bestimmungsgemäßen Empfänger und Endabnehmer im Ausland erreicht haben. Selbst wenn illegal gepresste Tonträger schon im Herstellungswerk sichergestellt werden, liegt ein Inverkehrbringen vor, wenn die Stücke für den Export bestimmt und zum Transport bereitgestellt waren.[50]

Auch das (unerlaubte) Zurschaustellen oder Zeigen eines Werkes in der Öffent- **44** lichkeit erfüllt nicht den Begriff des Inverkehrbringens, obwohl ein Bedürfnis

---

44 Wandtke/Bullinger/*Heerma*, § 17 Rn 5.
45 Dreier/Schulze/*Schulze*, § 17 Rn 15.
46 Wandtke/Bullinger/*Hildebrand*/*Reinbacher*, § 106 Rn 16b.
47 BGH, Urt. v. 13.12.1990 – I ZR 21/89 = GRUR 1991, 316, 317.
48 Dreier/Schulze/*Schulze*, § 17 Rn 8.
49 BGH, Urt. v. 7.12.1979 – I ZR 157/77 = m. Anm. *Nordemann*, GRUR 1980, 227, 230.
50 BGH, Urt. v. 3.3.2004 – 2 StR 109/03 – Tonträgerpiraterie durch CD-Export = GRUR 2004, 421 ff.

durchaus anerkannt wird, die öffentliche Wahrnehmbarkeit von illegal hergestellten Vervielfältigungsstücken durch ein Verbotsrecht im Sinne des Urhebers zu regeln.[51] Eine in der Praxis durchaus häufige Konstellation betrifft Fälle, in denen der rechtlich relevante Eigentumsübergang sich im Ausland vollzieht und eine Tathandlung im Inland scheinbar nicht vorliegt. Diese Ausgestaltung wird regelmäßig bei der Einfuhr von Nachbauten berühmter Möbelklassiker (Bauhaus, Le Corbusier) gewählt, die in Italien hergestellt und vertrieben werden, da dort jedenfalls kein durchsetzbarer urheberrechtlicher Schutz besteht. Der Verkauf und die Eigentumsübertragung werden daher in Italien abgewickelt, der Besitz aber erst in Deutschland übertragen, wobei der Käufer (zum Schein) den Transport selbst in Auftrag gibt. Tatsächlich unterliegen die am Import der Möbelimitate Beteiligten der deutschen Strafverfolgung, denn die Verbreitung reicht vom Abschluss des Kaufvertrags bis zu dessen Erfüllung durch Auslieferung. Es genügt, dass eine dem Händler zuzurechnende Vertriebshandlung in Deutschland stattfindet. Dazu ist weder ein Eigentumsübergang noch ein Wechsel der Verfügungsgewalt in Deutschland erforderlich.[52] Mit diesem Urteil wurde die Verurteilung eines deutschen Spediteurs wegen Beihilfe zur gewerbsmäßigen Verbreitung urheberrechtlich geschützter Werke durch das LG München II bestätigt. Auf ein Vorabentscheidungsersuchen des BGH hat der EuGH für Recht erkannt, dass eine „Verbreitung an die Öffentlichkeit" in dem Mitgliedstaat stattfindet, in dem die Lieferung erfolgt und dass einer Strafverfolgung durch diesen Staat nicht die unionsrechtlich garantierte Freiheit des Warenverkehrs entgegen steht.[53] Beim Transit findet ein Inverkehrbringen in Deutschland grundsätzlich nicht statt, denn es muss ein Umsatz- oder Veräußerungsgeschäft im Sinne des Handelsverkehrs stattfinden, sei es im Inland oder durch Ausfuhr ins Ausland.[54] Allerdings können zur Durchfuhr bestimmte illegale Vervielfältigungsstücke nach Art. 1 EG-VO Nr. 3295/94[55] in jedem Mitgliedsstaat beschlagnahmt werden.

45   Ein Inverkehrbringen liegt auch dann vor, wenn das Werk online übermittelt wird und diese Übermittlung die Übersendung eines Datenträgers ersetzt. Bei dem Empfänger wird das Werk vervielfältigt, dadurch erhält dieser eine dauerhafte Kopie, die er nach Belieben abrufen kann. Deshalb soll es sich um ein Verbreiten handeln.[56] Die bei dem Weiterverkauf von online erworbenen Computerprogrammen auftretenden Fragen werden im Zusammenhang mit der Erschöpfung des Verbreitungsrechtes erörtert.

---

51   Dreyer/Kotthoff/Meckel/*Dreyer*, § 17 Rn 15.
52   BGH, Urt. v. 11.10.2012 – 1 StR 213/10 = BGHSt 58, 15.
53   EuGH, Urt. v. 21.6.2012 – C-5/11 = GRUR 2012, 817 ff.
54   Dreier/Schulze/*Schulze*, § 17 Rn 18.
55   VO 3295/94/EG v 30.12.1994, ABl. EG Nr. L 341.
56   Wandtke/Bullinger/*Heerma*, § 17 Rn 12.

c) Anbieten

Ob das in § 17 Abs. 1 genannte Anbieten des Werkoriginals oder von Vervielfälti- 46
gungsstücken als Tathandlung i.S.v. § 106 zu gelten hat, ist streitig. Dagegen wird
eingewandt, dass § 106 keinen Verweis auf § 17 enthalte und es gegen das Analogieverbot des Art. 103 Abs. 2 GG verstoße, da die Verbreitungshandlung sich immer nur
auf eine Verkörperung des Werkes beziehe.[57] Auch in Art. 4 Abs. 1 der Harmonisie-
rungs-Richtlinie wird das Anbieten nicht als Form der Verbreitung aufgeführt.

Die h.M. sieht das Anbieten als eine gegenüber dem Inverkehrbringen selbstän- 47
dige Verbreitungshandlung an, dies auch wegen der zivilrechtlichen Akzessorietät
des Urheberstrafrechts.[58] Entsprechend den oben dargestellten Unterfällen des Verbreitens ist nicht nur das Anbieten zum Eigentumserwerb sondern auch das Anbieten zum Mieten oder Entleihen, zum Leasing oder Kauf auf Probe davon umfasst.[59]

Der Begriff des Anbietens ist nicht zivilrechtlich sondern wirtschaftlich zu ver- 48
stehen. Es handelt sich um ein reines Tätigkeitsdelikt. Das Angebot muss gegenüber
der Öffentlichkeit erfolgen, d.h. es muss sich an Personen richten, die nicht durch
gegenseitige Beziehungen oder durch Beziehung zum Anbietenden verbunden sind.
Es kann in Form von Werbung jeglicher Art geschehen, also durch Prospekte, Anzeigen, Kataloge oder Internetangebote. Das Ausstellen von Gegenständen in einem
Verkaufsraum oder im Schaufenster stellt ohne Zweifel ein öffentliches Anbieten
dar, desgleichen wenn dies auf einer Verkaufsmesse erfolgt. Werbemaßnahmen für
Produkte, die im Ausland zulässigerweise hergestellt worden sind, in Deutschland
aber als urheberrechtswidrig nicht vertrieben werden dürfen (z.B. Nachbauten von
Bauhaus-Klassikern) sind in Deutschland unzulässig, selbst wenn damit nur der
Vertrieb im Ausland beworben wird, wo er erlaubt ist.[60]

In diesen Fällen liegt nach Auffassung des EuGH eine selbständige Verbrei- 49
tungshandlung in der gezielten öffentlichen Werbung für den Erwerb eines Vervielfältigungsstücks, selbst wenn es nicht zu einem Eigentumsübergang kommt. Damit
stellt auch die Werbung eines ausländischen Händlers durch einen Internetauftritt,
der sich an inländische Verbraucher richtet, eine unzulässige Verbreitung im Inland
dar, wenn es um Vervielfältigungsstücke geschützter Werke geht.[61]

Es liegt dann eine unzulässige Verbreitung im Inland in Form des Anbietens 50
vor.

Für ein Anbieten gegenüber der Öffentlichkeit genügt schon ein Einzelangebot 51
an einen Dritten, zu dem keine persönlichen Beziehungen bestehen.[62] Wer also einer

---

57 Wandtke/Bullinger/*Hildebrandt*, § 17 Rn 18.
58 BGH, Urt. v. 15.2.2007 – I ZR 114/04 = GRUR 2007, 871 ff.
59 Dreyer/Kotthoff/Meckel/*Dreyer*, § 17 Rn 5; BGH, Urt. v. 7.6.2001 – I ZR 21/99 = WRP 2001, 1231.
60 Dreier/Schulze/*Schulze*, § 17 Rn 11.
61 EuGH, Urt. v. 13.5.2015 – C-516/13 = GRUR 2015, 665 ff.; BGH, Urt. v. 5.11.2015 – I ZR 91/11.
62 BGH, Urt. v. 13.12.1990 – I ZR 21/89 = BGHZ 113, 161.

einzigen Person, die nicht seiner Privatsphäre zuzurechnen ist, ein körperliches Werkstück zum Kauf anbietet, z.B. durch Übersenden einer Titelliste mit Filmen oder Computerspielen via Internet, verletzt das Verbreitungsrecht.[63] Demgemäß ist es ein öffentliches Anbieten, wenn nach einem Internetverkauf einer Spielkonsole der Verkäufer dem ihm nicht bekannten Käufer dazu passende Raubkopien von Computerspielen gegen Entgelt herzustellen und zu liefern verspricht.[64]

52   Der Tatbestand des § 17 setzt nicht voraus, dass der Anbieter über einen Vorrat an Werkstücken, z.B. Raubkopien, verfügt. Es reicht aus, wenn er diese auf Bestellung herstellt.[65] Auch müssen die Werkstücke nicht schon im Angebot hinreichend bestimmt oder konkretisiert sein, es genügt, wenn der Angebotsempfänger erkennt, welche Werke gemeint sind.[66]

53   Schwieriger zu beurteilen und in der Praxis häufig sind die Fälle, dass ein konspiratives und dem Publikum nicht zugängliches Lager betrieben wird, in dem große Mengen von Raubkopien aufgefunden werden. Ein Anbieten zum Zwecke des Erwerbes, also zur Eigentumsübertragung, ist darin nicht zu sehen, da es an der erforderlichen Hinwendung an die Öffentlichkeit fehlt. Auch die Einlassung, es handele sich um unverkäuflich gewordene Kopien, die zur Vernichtung vorgesehen waren, wird sich nur anhand konkreter Indizien widerlegen lassen. Ein wichtiges Indiz für ein Anbieten kann aber darin liegen, dass die gelagerten Stücke gleichzeitig an anderer Stelle, z.B. in einem Ladenlokal oder auf einer Internetseite des Lagerhalters, zum Kauf angeboten werden. Ebenso sind versandfertige Behältnisse mit Raubkopien in einem solchen Lager ein Indiz dafür, dass damit laufende Umsätze getätigt und insoweit auch Angebote abgegeben werden. Insofern wird man ein Anbieten gegenüber der Öffentlichkeit annehmen können.

d) Grundsatz der Erschöpfung

54   Eingeschränkt wird das Verbreitungsrecht des Urhebers durch den in § 17 Abs. 2 UrhG festgeschriebenen Erschöpfungsgrundsatz. Dieser besagt, dass der Rechtsinhaber durch eigene Benutzungshandlungen das ihm gesetzlich zustehende ausschließliche Verwertungsrecht ausgenutzt und damit verbraucht hat.[67] Danach ist eine Weiterverbreitung dann zulässig, wenn das Original oder Vervielfältigungsstücke des Werkes mit Zustimmung des zur Verbreitung Berechtigten im Wege der Veräußerung in den Verkehr gebracht worden ist. Das ausschließliche Verbreitungsrecht des Urhebers erschöpft sich also mit dem erstmaligen Verkauf. Eine weitere

---

63 Dreyer/Kotthoff/Meckel/*Dreyer*, § 17 Rn 9.
64 AG Frankfurt, Urt. v. 17.8.2012 – 7430 Js 212200/12 – 911 CS.
65 Dreier/Schulze/*Schulze*, § 17 Rn 13.
66 Dreyer/Kotthoff/Meckel/*Dreyer*, § 17 Rn 9.
67 Dreier/Schulze/*Schulze*, § 17 Rn 24.

Verbreitung fällt nicht mehr unter das Schutzrecht, was dem Interesse der Allgemeinheit an einem freien Warenverkehr zu dienen bestimmt ist. Der Berechtigte kann die Erschöpfungswirkung nicht durch Beschränkung des Nutzungsrechtes beim ersten Inverkehrbringen einschränken.[68]

Die Wirkung der Erschöpfung beschränkt sich auf das jeweils veräußerte Werkexemplar und dies in seiner konkreten körperlichen Verbreitungsform,[69] was im Ergebnis bedeutet, dass derjenige, der berechtigt ist ein Sprachwerk als Taschenbuch zu verbreiten, dieses nicht als gebundene (Hardcover- oder Luxus-)Ausgabe vertreiben darf.[70] **55**

Eine in Deutschland oder dem EWR hergestellte DVD kann nach ihrem Kauf sowohl in privatem als auch öffentlichem Rahmen weiterverkauft werden. Kritisch wird es bei dem Verkauf einer DVD außerhalb des Gebiets, für die sie hergestellt wurde. Dabei gilt der Grundsatz, dass ein Werk, das für einen Nicht-EU-Wirtschaftsraum hergestellt wurde, nicht zu einer Erschöpfung des inländischen Verbreitungsrechts führen kann. Die Begründung liegt darin, dass der Urheber die Verbreitung seines Werkes territorial einschränken darf. Das Verbreitungsrecht des Urhebers erschöpft sich demnach erst dann, wenn er einer Verbreitung in der fraglichen Region zugestimmt hat. In letzter Konsequenz bedeutet dies, dass ausländische und für einen außereuropäischen Markt bestimmte Vervielfältigungsstücke weder nach Deutschland eingeführt noch ohne Zustimmung des Berechtigten, z.B. eines inländischen Lizenznehmers, in den Verkehr gebracht werden dürfen. Schon der Import nach Deutschland ist als Verbreitungshandlung anzusehen.[71] **56**

aa) Erschöpfung beim Online-Erwerb

Der Erschöpfungsgrundsatz gilt auch für Computerprogramme, wobei er in § 69c Nr. 3 nochmals speziell geregelt ist. Dies ist unproblematisch, solange das Programm auf einem Datenträger (DVD) veräußert wurde. Dieser kann vom Ersterwerber ungestört weiterveräußert werden, sofern ihm danach keine Nutzungsmöglichkeit an dem Programm mehr verbleibt, ansonsten keine Erschöpfung an dem Datenträger eingetreten ist.[72] Das Risiko der unrechtmäßigen Zweifachnutzung eines nur einmal in den Verkehr gebrachten Werksstücks ist damit auf den Zweiterwerber verlagert, gegen den der Hersteller Unterlassungsansprüche geltend machen kann. Wenn der Verkäufer das Programm trotz der Veräußerung des Programmträgers weiter nutzt, ist das Nutzungsrecht nicht wirksam übertragen, da ein gutgläubiger Erwerb eines **57**

---

68 BGH, Urt. v. 11.12.2014 – I ZR 8/13 = GRUR 2015, 772ff.
69 Dreier/Schulze/*Schulze*, § 17 Rn 24.
70 BGH, Urt. v. 12.12.1991 – I ZR 165/89 = GRUR 1992, 310, 311.
71 Dreier/Schulze/*Schulze*, § 17 Rn 15.
72 EuGH Urt. v. 3.7.2012 – C-128/11 – UsedSoft I= GRUR 2012, 904.

Rechtes nicht möglich ist. In einem solchen Fall liegen bei dem Verkäufer eine unzulässige Vervielfältigung und bei dem Erwerber eine unrechtmäßige Nutzung vor, die auch strafrechtlich relevant sind, wobei sich aber in der Praxis der Vorsatz der rechtswidrigen Vervielfältigung gegenüber dem Erwerber kaum nachweisen lassen dürfte, es sei denn, er habe Grund gehabt, an der Aufgabe der Programmnutzung durch den Verkäufer zu zweifeln.

58   Der Erschöpfungsgrundsatz gilt aber auch dann, wenn der Ersterwerber das Programm und damit das Nutzungsrecht nur online, also durch Herunterladen von einer Webseite, erhalten hat und die körperliche Programmkopie erst von ihm hergestellt wurde. Für die vom Nutzer selbst hergestellten Vervielfältigungstücke wurde von der Rechtsprechung bis zum Urteil des EuGH kein Bedürfnis nach Erhaltung ihrer Verkehrsfähigkeit angenommen wie es für die vom Hersteller in Verkehr gebrachten Vervielfältigungsstücke besteht. Nach dem Urteil des EuGH sind hingegen die Veräußerung eines Programms auf DVD mit dem Verkauf durch Herunterladen aus dem Internet wirtschaftlich vergleichbar, sodass mit dem rechtmäßigen Herunterladen das Verbreitungsrecht des Herstellers erschöpft ist. Ein Zweiterwerber darf das Programm unter der Voraussetzung rechtmäßig nutzen und zu diesem Zweck auch vervielfältigen, dass der Ersterwerber es nicht weiter nutzt und seine eigene Kopie unbrauchbar gemacht hat.[73] Dies gilt selbst dann, wenn der Nacherwerber die verkaufte Programmkopie nicht vom Ersterwerber erhält, sondern selbst von der Internetseite des Rechtsinhabers herunterlädt.[74] Es gilt aber wieder der Grundsatz, dass es durch den Verkauf nicht zu einer Zunahme von Vervielfältigungsstücken des Programms kommen darf.

59   Der Ersterwerber muss also seine eigene Kopie im Zeitpunkt des Verkaufs unbrauchbar gemacht haben, damit es durch den Weiterverkauf nicht zu einer unzulässigen Zunahme der gleichzeitig nutzbaren Programmkopien kommt. Ansonsten verletzt der Nacherwerber durch die Installation oder das Laden des Programms in den Arbeitsspeicher das Vervielfältigungsrecht des Programmurhebers. Während im Zivilprozess der Nacherwerber oder Zwischenhändler die Beweislast dafür trägt, dass der Ersterwerber seine eigenen Kopien des verkauften Programms unbrauchbar gemacht hat,[75] setzt seine strafrechtliche Verfolgung wieder den Nachweis des Vorsatzes in Bezug auf die unrechtmäßige Weiternutzung des Programms durch den Verkäufer voraus.

60   Sofern dies nicht geschehen sein sollte, stellen sich dieselben Probleme wie bei dem Verkauf der Software-CD, wenn der Verkäufer eine Kopie des Programms zurückbehält und weiter nutzt.

---

73 EuGH Urt. v. 3.7.2012 – C-128/11 – UsedSoft = GRUR 2012, 904.
74 BGH, Urt. v. 17.7.2013 – I ZR 129/08 = GRUR 2014, 264 ff.
75 BGH, Urt. v. 17.7.2013 – I ZR 129/08 = GRUR 2014, 264 ff.

Brandau

bb) Erschöpfung bei Produktschlüsseln (Product Keys)

Nach dem Urteil des EuGH, das der BGH inhaltlich übernommen hat, ist die Über- 61
gabe einer selbstgefertigten „erschöpften" Kopie des Programms nicht erforderlich,
vielmehr erfasst die Erschöpfung sogar den isolierten Weiterverkauf eines Produkt-
schlüssels, mittels dessen sich der Nacherwerber die auf der Internetseite des Programmherstellers angebotene Fassung herunterladen kann. Näheres dazu unter
Rn 169 ff.

Der beschriebene Grundsatz kommt selbst in Bezug auf sogenannte Volumen- 62
Lizenzen zur Geltung, d.h. wenn der Ersterwerber eine Anzahl von mehreren eigenständigen Kopien eines Computerprogramms veräußert, die er nicht mehr benötigt.
Der Nacherwerber, der nach Bekanntgabe des Lizenzschlüssels die Kopie von der Internetseite des Herstellers herunterlädt und entsprechend der Zahl der erworbenen
Lizenzen vervielfältigt, kann sich auf die Erschöpfung in Bezug auf diese selbst gefertigten Kopien dann berufen, wenn der Ersterwerber die entsprechende Kopienzahl
unbrauchbar gemacht hat.[76] Die Darlegungs- und Beweislast dafür trägt, wer sich
darauf beruft,[77] was für den Zivilprozess das übliche Kriterium darstellt. In einem
Strafverfahren gegen den Zweiterwerber kommt es wieder darauf an nachzuweisen,
dass der Ersterwerber die verkaufte Zahl von Lizenzen nicht unbrauchbar gemacht
und der Zweiterwerber diesen Umstand kannte oder damit rechnen musste.

Wenn das urheberrechtliche Verbreitungsrecht an einem Werkstück er- 63
schöpft ist, ist grundsätzlich auch das Recht aus der Marke erschöpft, die durch
eine unzulässige Verbreitung eines gekennzeichneten Produktes praktisch immer
tateinheitlich mitverletzt ist.

cc) Erschöpfung bei sonstigen digitalen Werken

Durch den rechtmäßigen Download einer Musikdatei und deren anschließender 64
Festlegung auf Datenträger tritt keine Erschöpfung ein, so dass die Weiterveräuße-
rung des Datenträgers das Verbreitungsrecht des Tonträgerproduzenten verletzt,
was auch für den Online-Vertrieb von Hörbüchern gilt.[78] Dem wird aber in Fachkreisen unter Verweis auf das Urteil des EuGH zum Online-Erwerb von Software entschieden widersprochen. Es gebe keine Gründe, die Reichweite des Erschöpfungsgrundsatzes bei anderen digital veräußerten Werken anders zu bewerten als bei
Computerprogrammen.

Dies kann aber nur bedeuten, dass der Erwerber eines digitalisierten Werkes 65
dieses nur einmal rechtmäßig veräußern kann, und dies nur unter der Voraussetzung, dass er keine Kopie davon zurückbehält. Wird das Werk an mehr als eine Per-

---

76 BGH, Urt. v. 11.12.2014 – I ZR 8/13 = GRUR 2015, 772 ff.
77 BGH, Urt. v. 11.12.2014 – I ZR 8/13 = GRUR 2015, 772 ff.
78 OLG Stuttgart, Urt. v. 3.11.2011 – 2 U 49/11 = K&R 2012, 294, 295.

son verkauft, liegt immer eine unrechtmäßige Vervielfältigung vor, die nach § 106 strafbar ist.

e) Vermietrecht

66 Von der Erschöpfung ausgenommen ist das Vermietrecht, das als gesondertes Nutzungsrecht an dem Werk oder dem Werkstück begriffen wird. Es wird nicht mit der Veräußerung der Sache quasi miterworben, sondern muss gesondert erworben werden, denn hinsichtlich des Vermietrechts ist keine Erschöpfung eingetreten. Einer Vermietung muss der Urheber immer zustimmen, da ihm hier ein separater Vergütungsanspruch zusteht. Ohne Zustimmung verstößt die Vermietung – auch in Videotheken – gegen das Urheberrecht. Das Vermietrecht ist erst durch die Umsetzung einer EG-Richtlinie im Jahr 1995 als ausschließliches Recht im Sinne eines Verbotsrechts eingeführt worden.[79]

67   Darüber hinaus kann das Verbreitungsrecht auch inhaltlich beschränkt, z.B. nur für bestimmte Vertriebsformen oder Vertriebskanäle übertragen werden, sofern diese als klar abgrenzbare selbständige Nutzungsarten anzusehen sind, was schon für Hardcover- und Taschenbuchausgaben zutrifft, wobei es also auf Art und Aufmachung der Werkexemplare ankommt.[80] Die Überschreitung solcher beschränkten (Vertriebs-)Rechte ist unzulässig und kann als strafbare Handlung verfolgt werden. Allerdings kann nur die Erstverbreitung nach Art und Umfang durch den Rechteinhaber beschränkt werden: Wenn ein Werkstück mit seiner Zustimmung in die Öffentlichkeit gelangt ist, ist das ihm zustehende ausschließliche Verwertungsrecht verbraucht oder erschöpft, weitere Verwertungshandlungen unterliegen dann nicht mehr seiner Zustimmung.

68   Der Erschöpfungsgrundsatz gilt ausdrücklich nur für das Verbreitungs- und nicht für das Vervielfältigungsrecht oder andere Nutzungsarten, z.B. in Form des Online-Vertriebs (näheres siehe unter Rn 57 ff.).

4. Die Tathandlung der öffentlichen Wiedergabe

§ 15 Allgemeines

(2) Der Urheber hat ferner das ausschließliche Recht, sein Werk in unkörperlicher Form öffentlich wiederzugeben (Recht der öffentlichen Wiedergabe). Das Recht der öffentlichen Wiedergabe umfasst insbesondere
1. das Vortrags-, Aufführungs- und Vorführungsrecht (§ 19),
2. das Recht der öffentlichen Zugänglichmachung (§ 19a),

---

79 Dreier/Schulze/*Schulze*, § 17 Rn 41.
80 Dreier/Schulze/*Schulze*, § 17 Rn 22.

3. *das Senderecht (§ 20),*
4. *das Recht der Wiedergabe durch Bild- oder Tonträger (§ 21),*
5. *das Recht der Wiedergabe von Funksendungen und von öffentlicher Zugänglichmachung (§ 22).*

(3) Die Wiedergabe ist öffentlich, wenn sie für eine Mehrzahl von Mitgliedern der Öffentlichkeit bestimmt ist. Zur Öffentlichkeit gehört jeder, der nicht mit demjenigen, der das Werk verwertet, oder mit den anderen Personen, denen das Werk in unkörperlicher Form wahrnehmbar oder zugänglich gemacht wird, durch persönliche Beziehungen verbunden ist.

a) Allgemeines (§ 15)

Das Recht der öffentlichen Wiedergabe umfasst verschiedenste Formen der unkör- **69** perlichen Verwertung, die alle in der bloßen Wahrnehmung des Werkes bestehen. Darunter fallen nach § 19 das Vortragsrecht, das sich auf Sprachwerke bezieht, das Aufführungsrecht, das sich auf Werke der Musik bezieht sowie das Vorführungsrecht, das sich auf Lichtbilder und Filme bezieht. Daneben stehen das Recht der öffentlichen Zugänglichmachung, das in erster Linie durch die Bereitstellung und den Abruf von Inhalten von Onlineportalen erfolgt, das Senderecht, das Recht der Wiedergabe durch Bild- oder Tonträger sowie das Recht der Wiedergabe von Funksendungen.

Nicht zu diesen Verwertungsrechten zählt das Ausstellungsrecht nach § 18, das **70** sich nur auf unveröffentlichte Werke bezieht, womit im Gegenschluss feststeht, dass ein einmal veröffentlichtes Werk jederzeit und an allen Orten der Öffentlichkeit zur Besichtigung dargeboten werden kann, sofern sich der Urheber, z.B. beim Verkauf, dieses Recht nicht vorbehalten hat.

Während die Tathandlungen des Vervielfältigens und Verbreitens Erfolgsdelikte **71** darstellen, handelt es sich bei der öffentlichen Wiedergabe um ein reines Tätigkeitsdelikt.[81] Für alle Formen der Wiedergabe gilt, dass gem. § 96 Abs. 1 rechtswidrig hergestellte Vervielfältigungsstücke nicht öffentlich wiedergegeben werden dürfen.

Für alle in Abs. 2 genannten Nutzungsarten gilt, dass sie sich an die Öffentlich- **72** keit wenden müssen, wobei die Definition von Öffentlichkeit in Abs. 3 zu finden ist. Diese Begriffsbestimmung wird aber als zu weitgefasst verstanden. Sie müsse richtlinienkonform dahin ausgelegt werden, dass sich die Wiedergabe an eine unbestimmte Zahl möglicher Adressaten wendet und diese Zahl muss „ziemlich groß" sein.[82] Nichtöffentlich ist danach die Wiedergabe von Radiomusik im Wartezimmer

---

81 Dreier/Schulze/*Dreier*, § 106 Rn 5.
82 EuGH, Urt. v. 19.11.2015 – C-325/14 = GRUR 2016, 60 ff.

einer Zahnarztpraxis, da sie sich nur an den sehr begrenzten Kreis der gleichzeitig anwesenden Personen richtet.[83]

73   Eine technische Dienstleistung bei der Weiterleitung z.B. von Rundfunksendungen an verschiedene Empfangsgeräte oder eine Transmitterstation, ist keine Werknutzung im Sinne einer eigenverantwortlichen Vermittlung des Werkes an einen neuen Empfängerkreis, wie dies eine öffentliche Wiedergabe konstituiert. Die rein technisch veranlasste Übertragung von Signalen, z.B. von einer Gemeinschaftsantennenlage auf eine Vielzahl von Endgeräten, stellt daher unabhängig von der Zahl der angeschlossenen Nutzer keine öffentliche Wiedergabe dar. Zwar erfüllt der nicht bestimmbare Empfängerkreis durchaus den Begriff der Öffentlichkeit.[84] Vielmehr liegt nach anderer Ansicht keine Werknutzung vor, weil das Werk nicht einem Publikum vermittelt sondern nur im technischen Sinne übertragen wird.[85]

b) Vortragsrecht

§ 19

(1) Das Vortragsrecht ist das Recht, ein Sprachwerk durch persönliche Darbietung öffentlich zu Gehör zu bringen.

(2) Das Aufführungsrecht ist das Recht, ein Werk der Musik durch persönliche Darbietung öffentlich zu Gehör zu bringen oder ein Werk öffentlich bühnenmäßig darzustellen.

74   Das Sprachwerk, bei dem es sich um ein veröffentlichtes Buch oder ähnliches handeln kann, muss durch persönliche Darbietung zu Gehör gebracht werden, bei der die Anwesenden die Darbietung unmittelbar hören.[86] Es muss sich bei den Hörern um die „Öffentlichkeit" handeln, also um eine Mehrheit von Zuhörern, die nicht durch persönliche Beziehungen miteinander verbunden sind. Es ist dem Urheber vorbehalten, sein Werk öffentlich darzubieten (vorzutragen), also zu Gehör zu bringen oder auf der Bühne darzustellen. Eine rechtmäßige Darbietung setzt damit – theoretisch – dessen Erlaubnis voraus, wobei das Vortragsrecht an erschienenen Werken von der Verwertungsgesellschaft VG Wort wahrgenommen wird. Durch die Einbringung der Rechte in die Verwertungsgesellschaft ist das individuelle Verbotsrecht ausgeschlossen (§ 11 UrhWG). Der Berechtigte kann aber weiterhin den Vortrag

---

83 EuGH, Urt. v. 15.3.2012 – C-135/10 = GRUR 2012, 593 ff.; ihm folgend BGH, Urt. v. 18.6.2015 – I ZR 14/14 = GRUR 2016, 278 ff.

84 Anders BGH, Urt. v. 17.9.2015 – I ZR 228/14 = GRUR 16, 71 ff. der hier die Zugehörigkeit der Nutzer zu einer „privaten Gruppe" annimmt.

85 *v. Unger-Sternberg*, GRUR 2016, 324 ff.

86 Dreier/Schulze/*Dreier*, § 19 Rn 3.

selbst veranstalten oder bei entsprechender Benachrichtigung der Verwertungsgesellschaft dies Dritten gestatten.[87]

Eine Verletzung des Vortragsrechts ist demnach denkbar, wenn ein anderer als 75 der Verfasser ein Buch o.ä. ohne dessen Erlaubnis öffentlich vorträgt, sofern das Urheberrecht noch nicht durch Zeitablauf (70 Jahre, § 64) erloschen ist. Öffentliche Dichterlesungen sind also nur statthaft mit Zustimmung der VG Wort oder in Bezug auf Werke, die gemeinfrei geworden sind.

c) Aufführungsrecht

Das Aufführungsrecht umfasst das Recht, ein Werk der Musik oder Werke aller Art, 76 z.B. ein wortdramatisches oder musikalisch-dramatisches Werk, das ursprünglich nicht für die Bühne geschaffen worden war, durch persönliche Darbietung zu Gehör zu bringen. Die Unterscheidung ist im Hinblick auf die Lizenzierung von zentraler Bedeutung, denn das auch als kleines Recht bezeichnete Recht der öffentlichen Musikdarbietung und das große Recht der bühnenmäßigen Darstellung werden von unterschiedlichen Gesellschaften wahrgenommen, letztere von dem Urheber selbst oder seinem Bühnenverleger.[88]

Die musikalischen Aufführungsrechte werden in Deutschland von der Gesell- 77 schaft für musikalische Aufführungsrechte und mechanische Vervielfältigungsrechte (GEMA) als alleiniger Verwertungsgesellschaft wahrgenommen. Für jede öffentliche Wiedergabe eines urheberrechtlich geschützten Werkes ist gemäß § 13b UrhWG durch den Veranstalter vor der Veranstaltung die Einwilligung der Verwertungsgesellschaft einzuholen. Diese hat aufgrund des Kontrahierungszwangs aus § 11 UrhWG gegen eine Nutzungsgebühr die entsprechende Erlaubnis zur Vorführung zu erteilen. In der Praxis wird aber eine ausdrückliche Einwilligung von der Verwertungsgesellschaft weder erteilt noch erwartet. Der Veranstalter genügt seinen Verpflichtungen aus § 13b UrhWG, wenn er die Veranstaltung vorher anzeigt unter Angabe aller Umstände, die der Verwertungsgesellschaft die Bestimmung des Tarifs ermöglichen. Der Abschluss eines vorherigen (Lizenz-)Vertrags oder eine ausdrückliche Bestätigung der Verwertungsgesellschaft ist nicht nötig.[89]

Wer es als Veranstalter versäumt, die öffentliche Wiedergabe von geschützten 78 Werken im vorhinein anzuzeigen, wobei die Angabe der einzelnen zur Wiedergabe gelangenden Stücke noch nicht erforderlich ist, schuldet der Verwertungsgesellschaft in der Regel den doppelten Tarif.[90] Daneben kann er auf Unterlassung, Auskunft und Schadensersatz in Anspruch genommen werden.[91]

---

87 Wandtke/Bullinger/*Erhardt*, § 19 Rn 8.
88 Fromm/Nordemann/*Dustmann*, § 19 Rn 11.
89 Loewenheim/*Melichar*, S. 843 Rn 8.
90 Loewenheim/*Melichar*, S. 843 Rn 8.
91 Dreier/Schulze/*Schulze*-UrhWG § 11 Rn 4.

79   Ob neben dieser zivilrechtlichen Sanktionierung auch die strafrechtliche Haftung aus § 106 UrhG begründet ist, scheint nahe zu liegen, da die Aufführung ohne die vorherige Zustimmung der Berechtigten erfolgt ist. Allerdings wird die Zustimmung zur Werknutzung mit der Anmeldung bei der Verwertungsgesellschaft fingiert und diese Fiktion bleibt selbst im Falle der Nichtanmeldung erhalten, da diese Säumnis allein ein erhöhtes Nutzungsentgelt auslöst. Der übliche niedrige GEMA-Tarif gilt nur für die erlaubte Nutzung und soll die Nutzer motivieren, sich rechtmäßig zu verhalten.[92]

80   Eine – strafbare – Verletzung der Urheberrechte durch eine ungenehmigte öffentliche Wiedergabe ist deshalb zweifelhaft, weil bei Werken, hinsichtlich deren Nutzungsrecht ein Abschlusszwang besteht, die Rechteeinräumung vielfach auf Gesetz beruht, was an folgendem Beispiel deutlich wird:

81   Hält der Nutzer die von der GEMA gestellten Bedingungen (Zahlung einer bestimmten Vergütung für die Einräumung der einfachen Nutzungsrechte) nicht für angemessen, kann er dennoch vor der Nutzung die erforderlichen Rechte erwerben. Die Rechte gelten mit der Zahlung des vom Nutzer anerkannten Betrags als eingeräumt, sofern er den darüber hinaus gehenden Betrag zumindest zugunsten der Verwertungsgesellschaft hinterlegt, § 11 Abs. 2 UrhWG. Diese Möglichkeit hat der Gesetzgeber deshalb vorgesehen, damit ein Veranstalter auch ohne die Einwilligung der Verwertungsgesellschaft rechtmäßig urheberrechtlich geschützte Werke nutzen kann ohne sich schadenersatzpflichtig zu machen. Die gesetzliche Rechteeinräumung soll den Nutzungsvorgang legalisieren.[93] Im Umkehrschluss begeht derjenige eine Urheberrechtsverletzung, der das Werk oder die Leistung nutzt, ohne die Nutzung zuvor angezeigt oder den Sockelbetrag an die Verwertungsgesellschaft gezahlt und den streitigen Betrag hinterlegt zu haben.[94] Diese Rechtsverletzung ist damit auch strafrechtlich relevant.

82   Wenn also eine Musikgruppe bei einem öffentlichen Auftritt andere als selbstkomponierte Stücke zu Gehör bringt und diese Aufführung nicht vorab bei der GEMA als zuständiger Verwertungsgesellschaft angemeldet hat, liegt eine öffentliche Wiedergabe vor, es sei denn, die Schutzfrist der aufgeführten Titel wäre abgelaufen.[95] Eine Ausnahme vom Zustimmungserfordernis sieht § 52 Abs. 1 UrhG vor: Danach ist die öffentliche Wiedergabe eines Werkes zustimmungsfrei, wenn sie keinen Erwerbszwecken des Veranstalters dient, die Teilnehmer ohne Entgelt zugelassen werden und die ausübenden Künstler keine besondere Vergütung erhalten. Für die Wahrnehmung dieses gesetzlichen Nutzungsrechts ist dem Berechtigten eine

---

92 Dreier/Schulze/*Schulze*-UrhWG § 11 Rn 24.
93 Dreier/Schulze/*Schulze*-UrhWG § 11 Rn 24.
94 Dreier/Schulze/*Schulze*-UrhWG § 11 Rn 27.
95 So ausdrücklich Hildebrandt, S. 307, der den Gastwirt als Veranstalter sowie den „Kapellmeister" als Täter der Urheberrechtsverletzung ansieht.

angemessene Vergütung zu zahlen, die sich an den Tarifen der Verwertungsgesellschaften ausrichtet.[96] Der Grund für die Privilegierung dürfte darin liegen, dass es sich um eine Form der Werknutzung handelt, die durch die Flüchtigkeit der Wahrnehmung geprägt ist.

§ 52 Öffentliche Wiedergabe

(1) Zulässig ist die öffentliche Wiedergabe eines veröffentlichten Werkes, wenn die Wiedergabe keinem Erwerbszweck des Veranstalters dient, die Teilnehmer ohne Entgelt zugelassen werden und im Falle des Vortrags oder der Aufführung des Werkes keiner der ausübenden Künstler (§ 73) eine besondere Vergütung erhält. Für die Wiedergabe ist eine angemessene Vergütung zu zahlen. Die Vergütungspflicht entfällt für Veranstaltungen der Jugendhilfe, der Sozialhilfe, der Alten- und Wohlfahrtspflege, der Gefangenenbetreuung sowie für Schulveranstaltungen, sofern sie nach ihrer sozialen oder erzieherischen Zweckbestimmung nur einem bestimmt abgegrenzten Kreis von Personen zugänglich sind. Dies gilt nicht, wenn die Veranstaltung dem Erwerbszweck eines Dritten dient; in diesem Fall hat der Dritte die Vergütung zu zahlen.

(2) Zulässig ist die öffentliche Wiedergabe eines erschienenen Werkes auch bei einem Gottesdienst oder einer kirchlichen Feier der Kirchen oder Religionsgemeinschaften. Jedoch hat der Veranstalter dem Urheber eine angemessene Vergütung zu zahlen.

(3) Öffentliche bühnenmäßige Darstellungen, öffentliche Zugänglichmachungen und Funksendungen eines Werkes sowie öffentliche Vorführungen eines Filmwerks sind stets nur mit Einwilligung des Berechtigten zulässig.

Mit den Rechten nach Abs. 1 und Absatz 2 ist durch die Regelung des Abs. 3 das **83** Recht verknüpft, die Darbietung außerhalb des Raumes, in dem sie stattfindet, durch technische Mittel, z.B. Lautsprecher, Videoübertragung usw., öffentlich wahrnehmbar zu machen. Es handelt sich um ein Annexrecht, das getrennt von dem eigentlichen Recht vergeben werden kann.[97]

d) Vorführungsrecht

Das Recht auf öffentliche Vorführung ist dem Urheber für Werke der bildenden **84** Künste, Lichtbildwerke und Filmwerke ausschließlich vorbehalten. Praktisch am bedeutsamsten ist das Recht zur Vorführung von Filmwerken, dessen Umfang insoweit strittig ist, als es um die gleichzeitig wiedergegebene Filmmusik geht, was aber letztlich eine Frage der Lizenzierung ist.[98]

---

96 Schricker/Loewenheim/*Melichar*, § 52 Rn 21.
97 Dreier/Schulze/*Dreier*, § 19 Rn 14.
98 Wandtke/Bullinger/*Erhardt*, § 19 Rn 52.

85   Eine Verletzung dieses Rechtes ist z.B. unter der Voraussetzung denkbar, dass ein Film entgegen den Bestimmungen des Verleihvertrags auf einem öffentlichen Platz anstelle eines Lichtspielhauses vorgeführt wird. Generell haben Verletzungen des Vorführrechts keine Bedeutung in der strafrechtlichen Praxis.

86   Die Wiedergabe muss in allen Fällen des § 19 öffentlich sein, d.h. der Empfängerkreis, dem das Werk wahrnehmbar gemacht wird, muss an einem Ort versammelt sein, eine Zusammenrechnung von einzelnen Empfängern, die sich an verschiedenen Orten aufhalten, darf nicht vorgenommen werden.[99]

e) Recht der öffentlichen Zugänglichmachung (§ 19a)

Das Recht der öffentlichen Zugänglichmachung ist das Recht, das Werk drahtgebunden oder drahtlos der Öffentlichkeit in einer Weise zugänglich zu machen, dass es Mitgliedern der Öffentlichkeit von Orten und zu Zeiten ihrer Wahl zugänglich ist.

87 Durch die Vorschrift erhält der Urheber das ausschließliche Recht, sein Werk dadurch zu nutzen, dass es im Internet oder sonstigen Netzwerken von „Mitgliedern der Öffentlichkeit an Orten und Zeiten ihrer Wahl" abgerufen und auf Endgeräten wahrgenommen werden kann.

88   Die praktische Bedeutung dieses Rechtes liegt in der Nutzung von Werken in elektronischen Netzen, namentlich im Internet.

89   Dazu muss das Werk immer auf einem Server abgelegt werden, was einen Akt der Vervielfältigung darstellt,[100] der aber allgemein als nur untergeordnete Vorbereitungshandlung zum Zugänglichmachen angesehen wird und keine selbständige als solche lizenzierbare Nutzungsart darstellt. Für die Strafverfolgung kann dieser Akt dennoch Bedeutung erlangen, wenn für den Upload des Werkes auf den Server und die anschließende Bereitstellung unterschiedliche Personen verantwortlich sind, deren Tathandlungen entsprechend unterschiedlich zu bewerten sind. Handelt es sich aber um dieselben Personen, wird man eine einheitliche Verwertungshandlung annehmen müssen, deren Schwerpunkt auf dem Zugänglichmachen liegt.[101]

aa) Tathandlung

90 Die Tathandlung besteht allein darin, dass das geschützte Werk für den interaktiven Abruf bereitgestellt wird. Der schwierig zu führende Nachweis, dass es von Nutzern

---

99 Dreier/Schulze/*Dreier*, § 19 Rn 18.
100 BGH, Urt. v. 29.4.2010 – I ZR 69/08 – Vorschaubilder = GRUR 2010, 628 ff.
101 Dreier/Schulze/*Dreier*, § 19a Rn 1 m.w.N.

abgerufen und gespeichert wurde, ist nicht erforderlich.[102] Die für jeden Fall eines elektronischen Abrufs erforderliche Übermittlung der Daten an den Abrufenden wird vom Tatbestand mitumfasst und hat keinen eigenständigen Verletzungs- oder Verwertungscharakter.[103] Täter ist derjenige, der für die Zugänglichmachung verantwortlich oder dem sie zuzurechnen ist.

Das Zugänglichmachen kann drahtgebunden oder drahtlos erfolgen. Es dürfte 91 sich zwar überwiegend im Internet abspielen, ist aber darauf nicht beschränkt, d.h. die Rechteeinräumung umfasst auch andere Technologien. An Beispielen für ein Zugänglichmachen seien genannt:

–   der Abruf aus einer Datenbank
–   das Einstellen von Werken in zentralen oder dezentralen File-Sharing-Systemen, also sogenannten Tauschbörsen,
–   das Anbieten von Werken auf allen Arten von Webservern, wobei es keinen Unterschied macht, ob die Nutzer den Datenstrom nur in Echtzeit genießen (streamen) oder darüber hinaus auch speichern können. Darunter fallen also legale On-Demand-Dienste wie auch illegale Anbieter (sog. Releasegruppen), die sich häufig nur den Kinofilmen widmen, siehe dazu den gesonderten Beitrag.

Zu der vom Tatbestand vorausgesetzten Öffentlichkeit gehört jeder, der nicht mit 92 demjenigen, der das Werk verwertet (befugt oder unbefugt) durch persönliche Beziehungen verbunden ist. Innerhalb eines familiären oder auch Firmennetzwerks können also Werke zugänglich gemacht werden, ohne dass dies einen Eingriff in das Verwertungsrecht nach § 19a darstellt. Rein technische Verbindungen einzelner vernetzter Teilnehmer untereinander, etwa in Filesharing-Systemen oder sonstigen Peergroups reichen für eine persönliche Verbundenheit nicht aus und stellen das Merkmal der Öffentlichkeit nicht in Frage.[104]

Die Zugänglichkeit von Orten und zu Zeiten der Wahl verlangt, dass das Werk 93 auf individuellen Abruf zugänglich ist und dies für jeden Abrufer in vollem Umfang. Es muss das Recht auf Zugänglichmachung vom Senderecht unterschieden werden, wobei der wesentliche Unterschied darin besteht, dass gesendete Inhalte nicht jederzeit wahrgenommen und vor allem nicht beliebig erneut abgerufen werden können.

Hinsichtlich der Werke, die der Urheber selbst zugänglich gemacht hat, tritt kei- 94 ne Erschöpfung ein, da dieser Grundsatz nur in Bezug auf konkrete Werkstücke zur Wirkung kommt. Daher dürfen z.B. Filme, die der Berechtigte in einer Mediathek zum Abruf anbietet, nicht ohne Erlaubnis von Dritten öffentlich zugänglich gemacht werden.

---

102 Wandtke/Bullinger/*Bullinger*, § 19a Rn 11.
103 Dreier/Schulze/*Dreier*, § 19a Rn 1.
104 Dreier/Schulze/*Dreier*, § 19a Rn 7.

bb) Verlinken auf andere Internetseiten

95 Eine in der Rechtsprechung lange streitige Frage betrifft das Setzen von Links, die in den eigenen Internetauftritt derart eingebunden werden, dass beim Aufruf der Seite Inhalte einer anderen Seite hinzugeladen werden, ohne dass der Aufrufende dies erkennen kann (sog. embedded links).

96 Auf vielen Internetseiten wird der Nutzer durch Anklicken eines Links direkt auf weitergehende Inhalte geführt. Manche Seiten wie z.B. Youtube bieten eine Funktion an, mit der ein von dort stammendes Video in die eigene Seite eingebunden wird, so dass der Eindruck entsteht, es handele sich um eigene Inhalte und nicht solche, die von einer fremden Seite übernommen und auch dort gespeichert sind. Bei dem Link handelt es sich um die zumeist nicht sichtbar hinterlegte Fundstelle einer andernorts gelagerten Datei, die durch bloßes Anklicken des Schlüsselsymbols oder -wortes abgerufen und sichtbar wird. Damit stellt sich die Frage, inwieweit sich der Verwender des Links strafbar macht, wenn er z.B. auf Videos oder sonstige Inhalte verlinkt, die bereits urheberrechtswidrig auf eine Seite wie Youtube o.ä. hochgeladen wurden.

97 Die Einbettung eines auf einer Website öffentlich zugänglichen geschützten Werkes in eine andere Website mittels eines Links unter Verwendung der Framing-Technik, stellt für sich genommen keine öffentliche Wiedergabe i.S.v. § 19a UrhG (oder Art. 3 Abs. 1 RL 2001/29) dar, soweit das betreffende Werk weder für ein neues Publikum noch nach einem speziellen technischen Verfahren wiedergegeben wird, das sich von demjenigen der ursprünglichen Wiedergabe unterscheidet.[105]

98 Auch stellt das Verlinken keine unzulässige Vervielfältigung dar, denn durch die bloße Verknüpfung zu einer anderen Datei entsteht keine Kopie oder Dublette. Es ist der Nutzer, der durch Anklicken des Links eine Kopie der Datei auf seinem Rechner herstellt, nicht derjenige, der den Link gesetzt hat.[106] Das Setzen eines Links greift auch nicht in das Recht der öffentlichen Zugänglichmachung bzgl. des geschützten Werkes ein, denn es handelt sich nicht um eine urheberrechtliche Nutzungshandlung sondern um einen Verweis, der eine leichteren Zugriff auf das bereits zugänglich gemachte Werk ermöglicht. Durch den Link wird das Werk weder selbst zum Abruf veröffentlicht noch auf Abruf an Dritte übermittelt. Der Linksetzende ist auch nicht als Störer anzusehen, sofern das Werk schon zugänglich gemacht worden war. Dabei

---

105 EuGH, Beschl. v. 21.10.2014 – C-348/13 = GRUR 2014, 1196 ff.
106 BGH, Urt. v. 17.7.2003 – I ZR 259/00 – Paperboy = GRUR 2003, 958 ff. Nach Urteil des EuGH vom 8.9.2016 – C-160/15 – handelt es sich um eine (erlaubnispflichtige) öffentliche Wiedergabe, wenn auf eine Web-Site verlinkt wird, auf der urheberrechtsverletzende Inhalte, z.B. Fotoaufnahmen, ohne Erlaubnis des Urhebers veröffentlicht sind. Keine öffentliche Wiedergabe liegt vor, wenn die Links ohne Gewinnerzielungsabsicht durch jemanden gesetzt wurden, der die Rechtswidrigkeit der Veröffentlichung der Werke auf der anderen Website nicht kannte oder vernünftigerweise nicht kennen konnte. Wenn die Links allerdings mit Gewinnerzielungsabsicht bereitgestellt wurden, ist diese Kenntnis zu vermuten. Bei Privaten kommt es darauf an, ob die Person wusste oder wissen musste, dass er eine Urheberrechtsverletzung verlinkt.

Brandau

macht es keinen Unterschied, ob das Werk vom Berechtigten oder von einem Unberechtigten auf einen Webserver gespeichert worden ist. Mit der Bereitstellung des Werkes zur öffentlichen Ansicht ist es für jeden zugänglich gemacht, der die Web-Adresse kennt. Nur derjenige, der das Werk ins Internet gestellt hat, hat die Verfügungsmacht über dessen Verbleib; wird die Webseite mit dem Werk gelöscht, geht der Link ins Leere. Was aber bereits öffentlich zugänglich gemacht war, gleich ob berechtigt oder nicht, kann nicht noch einmal zugänglich gemacht werden. Zwar wird einem Nutzer, der die Fundstelle im Internet noch nicht kennt, der Zugang durch den Link erst ermöglicht, dies ist aber nicht anders zu behandeln als eine Fußnote, die ebenfalls das Auffinden fremder Texte ermöglicht.[107] Anderenfalls würde nämlich der Verwender eines Links unter schärferen Voraussetzungen haften als z.B. die Videoplattform, auf der das verlinkte Werk hinterlegt ist. Der Betreiber eines solchen Portals haftet für nutzergenerierte Inhalte – wie oben dargelegt – grundsätzlich nur als Störer, dementsprechend kann der Linksetzer nur als Mitstörer angesehen werden.[108] Eine Strafbarkeit wegen Linksetzung scheidet damit aus.

Anders ist die Lage zu beurteilen, wenn der Berechtigte das ihm gehörende Werk **99** durch technische Schutzmaßnahmen vor direkten Zugriffen geschützt hat. Dann greift das Setzen eines Hyper- oder Deep-Links, der unter Umgehung der Schutzmaßnahme das geschützte Werk direkt, z.B. ohne Umwege über eine Startseite, abrufbar macht, in das Recht der öffentlichen Zugänglichmachung aus § 19a UrhG ein. Bei der technischen Schutzmaßnahme muss es sich nicht um eine im Sinne des § 95a UrhG handeln, es reicht aus, wenn sie den Willen des Berechtigten erkennbar macht, den öffentlichen Zugang zu dem geschützten Werk nur auf dem vorgesehenen Weg zu ermöglichen.[109] Im Falle einer solchen Umgehung läge auch eine strafbare Handlung nach §§ 106 oder 108 i.V.m. § 19a UrhG vor.

Die Freiheit des Verlinkens geht jedenfalls nur so weit, als das verlinkte Werk nicht **100** durch technische Maßnahmen gegen den freien Zugriff geschützt ist. Daraus folgt, dass ein Link, der eine technische Schutzmaßnahme des fremden Seitenbetreibers umgeht, dessen Recht der öffentlichen Zugänglichmachung seines Werkes verletzt.[110]

f) Senderecht (§ 20)

Das Senderecht ist das Recht, das Werk durch Funk, wie Ton- und Fernsehrundfunk, Satellitenrundfunk, Kabelfunk oder ähnliche technische Mittel, der Öffentlichkeit zugänglich zu machen.

---

107 BGH, Urt. v. 29.4.2010 – I ZR 39/08 – Session-ID.
108 So auch OLG Hamburg, Urt. v 14.7.2004 – 5 U 160/03 = MMR 2004, 822 ff.
109 BGH, Urt. v. 29.4.2010 – GRUR 2011, 56 ff.
110 BGH, Urt. v. 29.4.2010 – I ZR 39/08 – Session-ID = GRUR 2011, 56 ff.

101 Das Senderecht ist ein dem Urheber vorbehaltenes Nutzungsrecht, das darin besteht, dass Endnutzer ein Werk im Rahmen eines vom Sendeunternehmen festgelegten Programms gleichzeitig empfangen können, im Zeitpunkt des Empfangs jedoch nicht an einem Ort versammelt sein müssen. Dem Senderecht unterfällt der sogenannte terrestrische Rundfunk ebenso wie eine an die Öffentlichkeit gerichtete Sendung per Kabel oder Satellit.[111] Die Übertragung kann durch elektromagnetische Wellen erfolgen, was den herkömmlichen analogen Rundfunk kennzeichnet. Das Senderecht umfasst aber auch leitergebundene Sendungen wie Kabelfernsehen, sowie Internetradio oder Internetfernsehen. Bei den Abrufdiensten, bei denen keine kontinuierliche Signalübertragung erfolgt, vielmehr das Programm auf Abruf durch den Nutzer übermittelt wird, liegt kein Senden sondern ein öffentliches Zugänglichmachen vor.[112]

102 Eine Verletzung des Senderechtes ist unter der Voraussetzung denkbar, dass ein Werk, z.B. ein Kinofilm, ohne Erlaubnis des Urhebers oder sonst Berechtigten ausgestrahlt oder entgegen der Rechteeinräumung mehrfach gesendet wird. Derartige Rechtsverletzungen sind weder in der Gerichts- noch in der Praxis der Strafverfolgung bekannt geworden, sie müssen daher hier nicht vertieft werden. Hingegen ist die Verletzung der Rechte des Sendeunternehmens an den von ihm ausgestrahlten Sendungen (§ 108 Abs. 1 Nr. 6, 87 UrhG) ein häufiger auftretendes Phänomen, das an anderer Stelle intensiver behandelt wird, siehe unter Rn 337 ff.

g) Recht der Wiedergabe durch Bild- oder Tonträger (§ 21)

Das Recht der Wiedergabe durch Bild- oder Tonträger ist das Recht, Vorträge oder Aufführungen des Werkes mittels Bild- oder Tonträger öffentlich wahrnehmbar zu machen. § 19 Abs. 3 gilt entsprechend.

103 Die Vorschrift des § 21 ergänzt das Recht der unmittelbaren Werkwiedergabe aus § 19, indem es dem Urheber das ausschließliche Recht einräumt zu entscheiden, ob sein auf Ton- oder Bildträger fixiertes Werk öffentlich wahrnehmbar gemacht werden darf. Dabei kommt es nicht darauf an, ob die auf dem Bildträger fixierte Aufführung öffentlich war oder nicht.[113] Die Fixierung selbst, z.B. von einer Musik- oder Bühnenaufführung, unterliegt eigenen Regeln und mag ohne Kenntnis oder Zustimmung des Urhebers des aufgeführten Werkes erfolgt sein. An der öffentlichen Verwertung des dabei entstandenen Bildträgers soll der Urheber jedenfalls wirtschaftlich beteiligt werden.

---

111 Dreier/Schulze/*Dreier*, § 20 Rn 1.
112 Wandtke/Bullinger/*Erhardt*, § 20 Rn 12.
113 Dreier/Schulze/*Dreier*, § 21 Rn 5.

Die von § 21 dem Urheber vorbehaltene Wahrnehmbarmachung setzt – ebenso **104** wie bei §§ 19 und 22 – voraus, dass das Werk vom Bildträger unmittelbar für die menschlichen Sinne wiedergegeben wird, deshalb muss der Empfängerkreis an einem Ort versammelt sein.[114]

Die Vorschrift hat ihre praktische Bedeutung vor allem bei der Wiedergabe ur- **105** heberrechtlich geschützter Musik oder von Filmwerken mittels Trägermedien an Orten, die der Öffentlichkeit zugänglich sind, wie z.B. Hotellobbys, Diskotheken oder Kaufhäusern, wo sie zur Unterhaltung des Publikums abgespielt werden. Die Rechte aus § 21 werden als sogenannte Zweitverwertungsrechte weitgehend von Verwertungsgesellschaften wie GEMA, VG Wort usw. wahrgenommen. Auch insoweit gilt, dass die der Verwertungsgesellschaft eingeräumten Rechte trotz deren Kontrahierungszwangs nicht ihren Charakter als Verbotsrechte verlieren, so dass eine Urheberrechtsverletzung vorliegt, wenn die in § 21 genannten Bildträger ohne die erforderlichen Rechte in der Öffentlichkeit wahrnehmbar gemacht werden.[115]

In der strafrechtlichen Praxis kommen derartige Rechtsverletzungen nicht **106** vor, denn die Verwertungsgesellschaften verfolgen die von ihnen wahrzunehmenden Rechte, hinsichtlich derer sogar ein Wahrnehmungszwang besteht (§ 6 Abs. 1 UrhWG), ausschließlich auf dem Zivilrechtsweg.

h) Recht der Wiedergabe von Funksendungen und von öffentlicher Zugänglichmachung (§ 22)

Das Recht der Wiedergabe von Funksendungen und der Wiedergabe von öffentlicher Zugänglichmachung ist das Recht, Funksendungen und auf öffentlicher Zugänglichmachung beruhende Wiedergaben des Werkes durch Bildschirm, Lautsprecher oder ähnliche technische Einrichtungen öffentlich wahrnehmbar zu machen. § 19 Abs. 3 gilt entsprechend.

Die Vorschrift besagt, dass allein dem Urheber, dessen Werk in einer Funksendung **107** ausgestrahlt wird, das Recht vorbehalten ist, die Sendung, sei es direkt oder zeitversetzt, durch Bildschirm, Lautsprecher oder ähnliche technische Einrichtungen öffentlich wahrnehmbar zu machen.

Die auch in der strafrechtlichen Praxis wichtigsten Fälle des § 22 sind die Wie- **108** dergabe von Rundfunksendungen in Gaststätten, Hotels, Kaufhäusern, wobei die Empfänger wegen der erforderlichen unmittelbaren Wahrnehmbarkeit an einem Ort versammelt sein müssen. Die öffentliche Wiedergabe z.B. eines im Fernsehen ausgestrahlten Spielfilms in einer Gaststätte steht damit unter dem Vorbehalt der Ge-

---

114 Dreier/Schulze/*Dreier*, § 21 Rn 7.
115 Dreier/Schulze/*Schulze*-UrhWG, § 11 Rn 4.

stattung durch den Urheber des Films. Zwar sind solche Fälle heute nahezu bedeutungslos geworden. Was aber an Bedeutung gewinnt und zunehmend Gegenstand der Strafverfolgung geworden ist, sind die Fälle, in denen Live-Übertragungen von Sportereignissen, ohne Erlaubnis des Sendeunternehmens in einer Gaststätte dem Publikum gezeigt werden. Da ein diesbezügliches Verbotsrecht des Sendeunternehmens nur dann besteht, wenn für den Zugang ein Eintrittsgeld erhoben wird (§ 87 Abs. 1 Nr. 3), kommt es für den Schutz der Livesendung, deren Wahrnehmung dem Publikum ohne Eintrittsgeld ermöglicht wird, entscheidend darauf an, dass ihm die Rechte als Urheber der Sendung zukommen, da der Schutz aus § 22 nur dem Urheber, nicht aber dem Sendeunternehmen als bloßem Inhaber eines Leistungsschutzrechts aus § 87 gewährt wird. Zu den Einzelheiten dieser Fragestellung sei auf den gesonderten Beitrag unter Rn 362ff. verwiesen.

5. Weitere Voraussetzungen, subjektiver Tatbestand

109   Sämtliche Tatbestandsvarianten des § 106 stehen unter der Einschränkung der gesetzlich zugelassenen Fälle, in denen auch ohne die Einwilligung des Berechtigten die ansonsten ausschließlich dem Urheber vorbehaltenen Rechte der Vervielfältigung, Verbreitung und der öffentlichen Wiedergabe vorgenommen werden dürfen. Es handelt sich dabei um negative Tatbestandsmerkmale.[116] Die gesetzlich zugelassenen Fälle sind in den §§ 45–60 geregelt, die als abschließende Aufzählung der Schranken des Urheberrechts restriktiv auszulegen sind. Besondere Regeln für Kopien für den Privatgebrauch sind dem § 53, solche für Softwareprodukte sind dem § 69c zu entnehmen.

110   Keine Strafbarkeit begründet die Nichterfüllung von schuldrechtlichen Ansprüchen, z.B. aus Nutzungs- oder Lizenzverträgen. Auch die bloße zivilrechtliche Störerhaftung löst keine Strafbarkeit aus.[117] Für alle Tathandlungen nach § 106 setzt der subjektive Tatbestand wegen § 15 StGB Vorsatz voraus, wobei bedingter Vorsatz ausreichend ist.

6. Gewerbsmäßige unerlaubte Verwertung (§ 108a)

111   Bei § 108a handelt es sich einen Qualifikationstatbestand, der sich auf alle Verwertungshandlungen in Bezug auf Urheberrechte oder verwandte Schutzrechte bezieht. Bis 1990, mit Inkrafttreten des Produktpirateriegesetzes, war der Tatbestand des § 108a auf Vervielfältigungs- und Verbreitungshandlungen beschränkt.

---

116 Fromm/Nordemann/*Ruttke/Scharringhausen*, § 106 Rn 3.
117 Dreier/Schulze/*Dreier*, § 106 Rn 6.

Der Begriff der Gewerbsmäßigkeit ist ebenso auszulegen wie in den anderen 112
Strafvorschriften. Danach handelt gewerbsmäßig, wer die Absicht hat, sich durch
wiederholte Tatbegehung eine nicht nur vorübergehende Einnahmequelle von einigem Umfang zu verschaffen.[118] Der Täter muss gerade das Begehen von Straftaten
zum Zweck seiner wirtschaftlichen Betätigung machen.[119]

Bei dem Merkmal „gewerbsmäßig" handelt es sich um ein strafschärfendes per- 113
sönliches Merkmal im Sinne von § 28 Abs. 2 StGB.[120] Dem Geschäftsführer einer juristischen Person kann deren Gewinnerzielungsabsicht weder über § 28 Abs. 2 noch
über § 14 Abs. 1 StGB zugerechnet werden da es sich nicht um ein objektiv-täter-
schaftliches Merkmal handelt und § 108a strafschärfend und nicht – wie von § 14
StGB vorausgesetzt – strafbegründend wirkt.[121] Dieses Abstellen auf persönliche Motive kann im Ergebnis dazu führen, dass der Betreiber einer Webseite, auf der Links
zum illegalen aber unentgeltlichen Download von Filmen veröffentlicht sind, wegen
der darauf geschalteten Werbung und der dadurch erzielten Einnahmen der gewerbsmäßigen Beihilfe schuldig ist, während bei den Haupttätern und Anbietern der
Filme, bei denen die Gewinnerzielungsabsicht fehlt, nur eine einfache Urheberrechtsverletzung vorliegt.

Dem Täter muss es darauf ankommen, durch die Tat Einnahmen zu erzielen, 114
ohne dass dies die Haupteinnahmequelle sein muss, es reicht ein nicht ganz geringfügiger Nebenerwerb aus.[122] Demzufolge liegt das Merkmal „gewerbsmäßig" nicht
vor, wenn sich der Täter durch die Rechtsverletzung lediglich Aufwendungen ersparen will, z.B. durch den Betrieb von Software auf einer Anzahl von Rechnern, die
den Umfang der Lizenz übersteigt.[123]

Allein dass die Tat im Rahmen eines Gewerbebetriebs begangen wurde, also ein 115
gewerbliches Handeln vorliegt, erfüllt nicht das Merkmal der „Gewerbsmäßigkeit".[124]

Die gewerbsmäßige Begehung macht die Tat zum Offizialdelikt, da das Erfor- 116
dernis eines Strafantrags in § 109 sich nur auf die Grundtatbestände der §§ 106, 108
bezieht.

Der Strafrahmen wird gegenüber dem Grunddelikt auf fünf Jahre Freiheitsstrafe 117
angehoben. Anders als im Markengesetz (dort seit 1. Juli 2013) ist die Mindeststrafe
bei gewerbsmäßigem Handeln nicht auf drei Monate Freiheitsstrafe angehoben worden.

---

118 BGH, Urt. v. 8.11.1951 – 4 StR 563/51 = BGHSt 1, 383.
119 Möhring/Nicoline/*Spautz*, § 108a Rn 2.
120 BGH, Urt. v. 3.3.2004 – 2 StR 109/03 = BGHSt 49, 111.
121 BGH, Urt. v. 3.3.2004 – 2 StR 109/03 = BGHSt 49, 111.
122 Wandtke/Bullinger/*Hildebrandt*, § 108a Rn 1.
123 A.A. BeckOK UrhR/*Sternberg-Lieben* UrhG, § 108a Rn 2.
124 Möhring/Nicoline/*Spautz*, § 108a Rn 2; Dreyer/Kotthoff/Meckel, § 108a Rn 2.

7. Bearbeitungen von geschützten Werken

118 Neben dem Werk an sich sind gegen unerlaubte Verwertungen auch die Bearbeitungen oder Umgestaltungen des Werkes geschützt, deren Verletzung in der Praxis zwar selten vorkommt, aber mitunter schwierige rechtliche Fragen aufwirft.

§ 3 Bearbeitungen
  Übersetzungen und andere Bearbeitungen eines Werkes, die persönliche geistige Schöpfungen des Bearbeiters sind, werden unbeschadet des Urheberrechts am bearbeiteten Werk wie selbständige Werke geschützt. Die nur unwesentliche Bearbeitung eines nicht geschützten Werkes der Musik wird nicht als selbständiges Werk geschützt.

119 Die Bearbeitung stellt eine Abwandlung des Werkes dar, die ihrerseits die notwendige Schöpfungshöhe besitzt und damit selbst gem. § 3 urheberrechtlichen Schutz genießt und dies unbeschadet des Urheberrechtes am bearbeiteten Werk. Daneben kommt der Bearbeitung oder Umgestaltung auch der strafrechtliche Schutz aus § 106 zu.

120 Eine Bearbeitung eines Werkes beinhaltet in der Regel eine Änderung des Ausgangswerkes, des sogenannten vorbestehenden Werkes. Setzt z.B. ein Autor einen Roman in ein Theaterstück um, so erbringt er eine eigene, urheberrechtlich geschützte schöpferische Leistung, die als Bearbeitung nach § 3 anzusehen ist.[125] Das gleiche gilt, wenn ein Roman oder ein sonstiges Sprachwerk verfilmt oder ein geschütztes Bauwerk durch einen Umbau seinen prägenden Charakter verliert. Ein bekanntes Beispiel für eine solche Veränderung ist die durch den Architekten Martin Elsässer 1928 errichtete Frankfurter Großmarkthalle, die durch den Umbau zur EZB gewaltige bauliche Veränderungen erfahren hat.

a) Zulässigkeit der Umgestaltung

§ 23 S. 1 Bearbeitungen und Umgestaltungen
  Bearbeitungen oder andere Umgestaltungen des Werkes dürfen nur mit Einwilligung des Urhebers des bearbeiteten oder umgestalteten Werkes veröffentlicht oder verwertet werden.

121 Gegenstand einer Bearbeitung kann jedes urheberrechtlich geschützte Werk sein, wobei wohl Sprachwerke, Musikwerke und Werke der bildenden Kunst als Objekte einer inhaltlichen oder künstlerischen Auseinandersetzung dominieren. Eine Bearbeitung liegt z.B. bei der Übersetzung in eine andere Sprache vor. Ohne Bedeutung ist es, ob das bearbeitete Werk am Ende in einem anderen Medium, in anderer Ge-

---

125 KG, Urt. v. 16.5.2000 – 5 U 213/99 = NJW-RR 2001, 125 f.

stalt oder Technik wiedergegeben wird, solange der schöpferische Gehalt des Originalwerks erkennbar bleibt.[126]

Während durch § 106 UrhG auch die Bearbeitung eines Werkes in den Schutzbereich einbezogen ist, ist damit noch nichts über die Zulässigkeit der Bearbeitung als solche gesagt, diese wird durch § 23 geregelt. **122**

Trotz der Herausstellung des Erlaubnisvorbehalts konstituiert § 23 die Bearbeitung- und Umgestaltungsfreiheit in Bezug auf ein fremdes Werk. Jedermann darf ein Originalwerk nach Belieben verändern, solange er das geänderte Werk nicht veröffentlicht oder verwertet. Die Freiheit der Herstellung einer Umgestaltung schließt die Freiheit der körperlichen Festlegung ein. Die Gestaltungsfreiheit wäre substanzlos, wenn sie nur die gedankliche Auseinandersetzung mit dem Werkoriginal erlaubte. Die körperliche Festlegung ist aber nur in Bezug auf ein einziges Exemplar zulässig; die Herstellung von Kopien wäre eine Vervielfältigung (des bearbeiteten Originals) und damit eine erlaubnispflichtige Verwertung.[127] Der Zweck der Herstellung und der ersten Festlegung ist gleichgültig, diese kann aus kulturellem oder auch wirtschaftlichem Interesse erfolgen.[128] **123**

Jedermann darf also, mit welcher Absicht auch immer, Werke umgestalten oder bearbeiten, solange er dies in seiner Privatsphäre betreibt und Verwertungshandlungen unterlässt. Wer beispielsweise einen urheberrechtlich geschützten Roman umschreibt oder auf der Grundlage eines Romans ein Drehbuch anfertigt, verhält sich rechtmäßig im Einklang mit der Bestimmung des § 23 S. 1.[129] Die Vorschrift eröffnet somit jedermann die Möglichkeit, sich mit urheberrechtlich geschützten Vorlagen gestalterisch auseinanderzusetzen, indem er diese verändert und umgestaltet.[130] Die Herstellungsfreiheit gilt für alle Werkarten, allein die Veröffentlichung oder sonstige Verwertung des umgestalteten Werkes steht unter dem Vorbehalt der Einwilligung des Urhebers des benutzten Werkes. Gegenstand der Rechteeinräumung ist das Originalwerk, nicht das Ergebnis der Bearbeitung, hieran hat der Urheber keine Rechte, sofern dieses die erforderliche Schöpfungshöhe erreicht.[131] **124**

Die durch den Urheber nicht erlaubte Bearbeitung seines Werkes stellt keine Straftat dar,[132] wohl aber dessen unbefugte Verwertung, sei es in ursprünglicher oder in unschöpferisch oder auch schöpferisch abgeänderter Fassung.[133] Wenn durch die

---

126 Schricker/Loewenheim/*Loewenheim*, § 23 Rn 3.
127 Fromm/Nordemann/*Nordemann*, 23 Rn 15.
128 Fromm/Nordemann/*Nordemann*, § 23 Rn 16.
129 OLG München UFITA 60 (1971) 317, 319 – Vorstufen zum Drehbuch.
130 Wandtke/Bullinger/*Bullinger*, § 23 Rn 9.
131 Dreier/Schulze/*Schulze*, § 23 Rn 15.
132 Schricker/Löwenheim § 106 Rn 12.
133 Wandtke/Bullinger/*Hildebrandt/Reinbacher*, § 106 Rn 10; Schricker/Loewenheim/*Loewenheim*, § 23 Rn 3, 19; a.A. BeckOK UrhR/*Sternberg-Lieben* UrhG, § 106 Rn 22, der wegen der zusätzlichen geistigen Leistung eine Vervielfältigung ablehnt.

Umbearbeitung ein neues Werkexemplar entsteht, kann schon die Herstellung in das Vervielfältigungsrecht des Urhebers des älteren Werkes eingreifen, sofern dieses in der Bearbeitung oder Umgestaltung enthalten ist.[134] Dennoch liegt eine Vervielfältigung nach § 106 nicht vor, denn die Herstellung der Bearbeitung ist privilegiert und stellt keine relevante Verwertungshandlung dar, sie ist also ein „gesetzlich zugelassener Fall" i.S.v. § 106.[135] Eine strafbare Vervielfältigung kann in Bezug auf das Ausgangswerk vorliegen, wenn die Bearbeitung ohne Einwilligung von dessen Urheber auf einem Trägermedium dupliziert wird oder in Bezug auf die Bearbeitung, wenn diese ihrerseits ohne die erforderliche Einwilligung verwertet wird, was aber voraussetzt, dass sie die notwendige Schöpfungshöhe im Sinne von § 3 Satz 1 UrhG aufweist.

125   Die Herstellungsfreiheit des § 23 S. 1 gilt nicht für Computerprogramme, insoweit unterliegt schon wegen § 69c Nr. 2 die Bearbeitung oder Umarbeitung der Zustimmung des Rechtsinhabers. Aber auch die unzulässige Umgestaltung eines Computerprogramms führt nicht zur Strafbarkeit.[136]

b) Freie Benutzung (§ 24)

(1) Ein selbständiges Werk, das in freier Benutzung des Werkes eines anderen geschaffen worden ist, darf ohne Zustimmung des Urhebers des benutzten Werkes veröffentlicht und verwertet werden.

(2) Absatz 1 gilt nicht für die Benutzung eines Werkes der Musik, durch welche eine Melodie erkennbar dem Werk entnommen und einem neuen Werk zugrunde gelegt wird.

126 Von der Bearbeitung ist die freie Benutzung eines Werkes nach § 24 Abs. 1 zu unterscheiden. Die Unterscheidung erfolgt nach dem Grad der Übereinstimmung oder Anlehnung an das benutzte Werk, dabei werden strenge Maßstäbe angelegt. Entscheidend ist, welche geschützten Elemente des älteren Werkes in dem neuen Werk vorhanden sind, wobei bei hoher Individualität oder Komplexität des Ausgangswerkes der notwendige Abstand zu diesem schwerer erreichbar ist als bei Werken, die am unteren Rand der Gestaltungshöhe angesiedelt sind.[137] Für Persiflagen gilt als Faustregel: Je deutlicher und weitgehender die Übernahmen aus dem benutzten Werk sind, desto stärker müssen sich Satire und Karikatur mit dem älteren Werk künstlerisch auseinandersetzen, wobei die Kunstfreiheit und die Kunst als Aus-

---

134 Wandtke/Bullinger/*Bullinger*, § 23 Rn 25.
135 Wandtke/Bullinger/*Bullinger*, § 23 Rn 25.
136 Schricker/Löwenheim § 106 Rn 12.
137 Wandtke/Bullinger/*Bullinger*, § 23 Rn 10.

drucksmittel der politischen Auseinandersetzung nicht unbotmäßig beschränkt werden dürfen.[138]

Liegt eine freie Benutzung vor, darf das neu entstandene Werk ohne Zustim- 127 mung des Urhebers des benutzten Werkes veröffentlicht und verwertet werden, womit auch die Strafbarkeit einer Verwertung ausgeschlossen ist.

aa) Ausnahmen von der freien Bearbeitung

Einer besonderen Zustimmung des Urhebers des benutzten Werkes bedarf es aus- 128 nahmsweise schon für die Bearbeitung in den Fällen des § 23 S. 2.

§ 23 S. 2 Bearbeitungen und Umgestaltungen

Handelt es sich um eine Verfilmung des Werkes, um die Ausführung von Plänen und Entwürfen eines Werkes der bildenden Künste, um den Nachbau eines Werkes der Baukunst oder um die Bearbeitung oder Umgestaltung eines Datenbankwerkes, so bedarf bereits das Herstellen der Bearbeitung oder Umgestaltung der Einwilligung des Urhebers.

Danach dürfen Werke nur verfilmt, Pläne und Entwürfe von Werken der bildenden 129 Künste nur umgesetzt und Werke der Baukunst nur nachgebaut oder Datenbankwerke nur bearbeitet oder umgestaltet werden, wenn der Urheber des Originalwerkes zugestimmt hat. Der Gesetzgeber wollte mit § 23 S. 2 einer Missbrauchsgefahr der Herstellungsfreiheit begegnen. Die Ausnahmen beziehen sich auf Fallgruppen, bei denen eine Veröffentlichung oder eine Werkverwertung ohne Zustimmung des Urhebers wahrscheinlich und für den Urheber besonders schwerwiegend ist bzw. mit der Bearbeitung oder Umgestaltung eine gewerbliche Verwertung bereits intendiert ist.[139]

Das Verfilmungsverbot, das *nicht* strafrechtlich sanktioniert ist, betrifft schon 130 die Filmherstellung, nicht erst die Verwertung des fertiggestellten Filmes durch den Hersteller. Vorgelagerte Bearbeitungen des Originalwerkes, z.B. eines Romans, durch die Abfassung eines Drehbuchs sind aber zulässig. Damit kann der Autor eines Romans, der von dessen unerlaubter Verfilmung erfährt, auf zivilrechtlichem Weg die Unterlassung dieser Form der Bearbeitung verlangen oder auch nur in die Bearbeitung seines Werkes einwilligen ohne zugleich ein Nutzungsrecht einzuräumen. Eine derart isolierte Einwilligung ist möglich und hat für den Urheber den Vorteil, dass er über eine Verwertung erst entscheiden muss, wenn er das bearbeitete Werk zur Kenntnis genommen hat.[140]

Während generell die Umgestaltung eines Werkes nicht die Rechte des Urhebers 131 verletzt, kann dies anders zu beurteilen sein, wenn durch die Bearbeitung ein neues

---

138 BGH, Urt. v. 11.3.1993 – I ZR 264/91 – Asterix-Persiflage = GRUR 1994, 191, 194.

139 Wandtke/Bullinger/*Bullinger*, § 23 Rn 13.

140 Wandtke/Bullinger/*Bullinger*, § 23 Rn 14.

Werkexemplar entsteht. So entsteht bei dem Verfilmen eines urheberrechtlich geschützten Werkes ein Filmstreifen, der als Vervielfältigungsstück anzusehen ist und dessen Herstellung grundsätzlich das Vervielfältigungsrecht des Romanautors tangiert.[141] Unabhängig davon, ob das Verfilmen des Romans zivilrechtlich gestattet ist, liegt aber eine strafbare Vervielfältigung noch nicht vor, denn die *Herstellung* **einer** Bearbeitung ist privilegiert und stellt keine relevante Verwertungshandlung dar. Allerdings überschreitet schon die Fertigung einer Sendekopie, erst recht von Verleihkopien eines (erlaubt oder unerlaubt hergestellten) Filmes das auf den Privatbereich beschränkte Herstellungsrecht des § 23 Satz 1. Daraus folgt, dass die unerlaubte Verwertung eines Werks, sei es in unveränderter Form oder in schöpferisch abgeänderter Fassung, als Bearbeitung, eine strafbare Handlung nach § 106 darstellt. Erst recht gilt dies für die Veröffentlichung oder Verwertung des umgestalteten Werkes, z.B. der Filmkopie. Wer eine Bearbeitung verwertet, bedarf dazu der Einwilligung sowohl des Inhabers der Rechte am bearbeiteten Werk als auch der Rechte des Bearbeiters, selbst wenn es eine unerlaubte Bearbeitung sein sollte.[142]

bb) Einzelfälle: (Lebens-)geschichtliche Daten

132 Das Verfilmen der Lebensgeschichte einer berühmten Persönlichkeit stellt keine Bearbeitung einer zu dieser Person vorbestehenden Biografie dar, selbst wenn die Lebensfixpunkte entlang der Biografie dargestellt werden, denn biografische Daten wie auch sonstige Tatsachen unterfallen nicht dem geschützten Bereich des Urheberrechts.[143]

133 Die für Werke der bildenden Kunst aufgenommene Einschränkung der Herstellungsfreiheit hat geringe praktische Bedeutung. Sie bringt wegen der Abgrenzungsfragen Rechtsunsicherheit mit sich. Es bereitet Schwierigkeiten zu bestimmen, wann ein Werk nach den Plänen oder Entwürfen eines anderen Urhebers ausgeführt wurde oder Skizzen in zulässiger Weise für eine Bearbeitung benutzt wurden.[144]

134 Unter den erlaubnispflichtigen Nachbau eines Werkes der Baukunst fallen nach dem Zweck der Vorschrift nur Gebäude, nicht aber Modelle zu Bauwerken. Architekturmodelle sind von der Herstellungsfreiheit des § 23 S. 1 erfasst. Dies bedeutet, dass allein Nachbauten eines Originalbauwerks der urheberrechtlichen Erlaubnis und zugleich der Strafbarkeit unterliegen, da dann eine Vervielfältigung i.S.v. § 106 vorliegt. Die eingangs erwähnte bauliche Veränderung eines bestehenden Bauwerkes unterliegt zwar dem Erlaubnisvorbehalt des § 23 S. 2, sie ist aber selbst bei fehlender Erlaubnis des Urhebers nicht strafbar, da kein neues Werkexemplar geschaffen wird.

---

141 Wandtke/Bullinger/*Bullinger*, § 23 Rn 25.
142 Dreier/Schulze/*Dreier*, § 106 Rn 9.
143 BGH, Urt. v. 26.11.1954 – I ZR 266/52 = GRUR 1955, 201 ff.
144 Wandtke/Bullinger/*Bullinger*, § 23 Rn 16.

Brandau

Was den Umbau der Frankfurter Großmarkthalle betrifft, unterlag die Neuge- 135 staltung des Bauwerks nach Ansicht der Erben des Architekten Martin Elsässer dem Änderungsverbot nach dem Urheberrecht und bedurfte ihrer Zustimmung als derzeitigen Rechteinhaber, da das Urheberrecht an der Gestaltung der Halle erst 70 Jahre nach dem Tode des Urhebers erlischt. Ungeachtet des Umstands, dass zwischen Martin Elsässer und der Stadt Frankfurt 1932 eine vertragliche Vereinbarung getroffen wurde, wonach Änderungen an der Bausubstanz der Halle zulässig sind,[145] einigten sich im Jahr 2008 die Erben Elsässers mit der Stadt Frankfurt und der Europäischen Zentralbank über die Realisierung des Entwurfs, wofür ein nicht geringer Geldbetrag geflossen sein soll.

Entstellende und beeinträchtigende Eingriffe in Originalwerke sind aufgrund 136 des Entstellungverbots des § 14 unzulässig, dies gilt auch für Änderungen oder Umgestaltungen des Werkes.[146]

§ 14 Entstellung des Werkes

Der Urheber hat das Recht, eine Entstellung oder eine andere Beeinträchtigung seines Werkes zu verbieten, die geeignet ist, seine berechtigten geistigen oder persönlichen Interessen am Werk zu gefährden.

Die Entstellung oder Beeinträchtigung eines Werkes stellt zwar eine Urheberrechts- 137 verletzung dar,[147] die als solche aber nach § 106 nicht strafbar ist, es sei denn, das abgeänderte Werk wird darüber hinaus verwertet, z.B. durch die Herstellung von Vervielfältigungsstücken.

II. Strafrechtliche Probleme mit Computerprogrammen

1. Verkauf von Sicherungs-CD

Ein Verkäufer wirbt auf Ebay mit dem folgenden Angebot
- *Windows XP Professional SP 2 Version 2006*
- *Auf jedem Rechner installierbar. Die Ware ist NEU und in Folie eingeschweißt. Die Software ist ursprünglich mit einem Fujitsu-Siemens-Rechner verkauft worden. Da es den Computer nicht mehr gibt kann nun die Software weg.*

Der Vertrieb von raub- im Sinne von selbst kopierten CDs mit Computerprogrammen 138 kommt in der Praxis der Strafverfolgung schon seit längerem nicht mehr vor, es dürf-

---

145 https://de.wikipedia.org/wiki/Gro%C3%9Fmarkthalle_(Frankfurt_am_Main).
146 Dreier/Schulze/*Schulze*, § 23 Rn 26.
147 Dreier/Schulze/*Schulze*, § 14 Rn 43.

ten solche selbstgebrannten Datenträger auf Portalen wie Ebay auch nicht mehr absetzbar sein. Stattdessen ist ein anderes Phänomen seit geraumer Zeit zu beobachten: der Verkauf von Sicherungs-CDs. Die Sicherungskopie enthält die bereits auf dem Computer installierten Programme, regelmäßig das Betriebssystem und zumeist ein Textverarbeitungsprogramm (z.B. Word) und wird beim Kauf eines Rechners mitgeliefert oder dem Käufer online zur Verfügung zur Verfügung gestellt. Diese Datenträger stammen aus der Fabrikation des Programmherstellers, sie stellen Originale dar und sind durch ihre Kennzeichnung, u.a. mit dem Logo, äußerlich als solche erkennbar.

139   Die Beigabe der Sicherungs-CD beruht auf der Regelung des § 69d Abs. 2 UrhG, in der die Ausnahmen von den zustimmungsbedürftigen Handlungen normiert sind.

§ 69d Ausnahmen von den zustimmungsbedürftigen Handlungen

(1) Soweit keine besonderen vertraglichen Bestimmungen vorliegen, bedürfen die in § 69c Nr. 1 und 2 genannten Handlungen nicht der Zustimmung des Rechtsinhabers, wenn sie für eine bestimmungsgemäße Benutzung des Computerprogramms einschließlich der Fehlerberichtigung durch jeden zur Verwendung eines Vervielfältigungsstücks des Programms Berechtigten notwendig sind.

(2) Die Erstellung einer Sicherungskopie durch eine Person, die zur Benutzung des Programms berechtigt ist, darf nicht vertraglich untersagt werden, wenn sie für die Sicherung künftiger Benutzung erforderlich ist.

140   Danach ist der rechtmäßige Nutzer eines Programms, also auch der Computerkäufer, berechtigt, zur Behebung künftiger Fehler eine Sicherungs-CD zu erstellen, ohne dass dies das Vervielfältigungsrecht des Programmherstellers (§ 69c Ziff. 1 UrhG) verletzt. Die mitgelieferte Sicherungs-CD soll dem Käufer nur das eigenhändige Kopieren der Programme auf CD ersparen. Das damit verliehene Recht ist aber ausschließlich jenes aus § 69d Abs. 1, es besteht allein in dem Umfang, der zur Nutzung des Programmes notwendig ist. Daraus folgt: Die Sicherungs-CD beinhaltet kein eigenständiges Recht zur Verbreitung oder zum Verkauf. Sie verleiht kein originäres Nutzungsrecht, denn dieses ist abhängig (akzessorisch) vom Bestand des Nutzungsrechtes an dem Originalwerkstück. Ihr Verkauf ist nur gestattet mit dem Original-Programm, das es beim Computerkauf regelmäßig nicht in verkörperter Form gibt. Wenn das Programm auf dem Rechner vorinstalliert ist, verschafft eine Trennung beider Teile kein neues oder separates Recht zur Nutzung der CD. Der Verkauf der Sicherungs-CD verletzt somit das Verbreitungsrecht des Programmherstellers und stellt eine strafbare Handlung nach § 106 UrhG dar.[148]

---

[148] OLG Düsseldorf, Urt. v. 29.6.2009 – 20 U 247/08 – Vorinstallierte Software = GRUR-RR 2010, 4 f.; OLG Frankfurt, Urt. v. 22.6.2010 – 11 U 13/10 = MMR 2010, 681 ff.; Fromm/Nordemann/*Czychowski*, § 69c Rn 57.

Dagegen berufen sich Beschuldigte oftmals auf die OEM-Rechtsprechung des 141
BGH[149], die angeblich die getrennte Verwertung von Hardware und Software gegen
den Willen des Herstellers gestatte. Die Abkürzung OEM steht für Original Equip-
ment Manufacturer, womit der Hersteller des Computers gemeint ist, dem der Programmhersteller zwecks Ausbaus seiner Marktstellung einfachere und günstigere
Programmversionen zur Erstausstattung neuer Computer überlässt. Diese werden
von den Programmherstellern entweder unmittelbar oder über Zwischenhändler an
den Hardwarehersteller ausgeliefert. In dem BGH-Fall hatte der Zwischenhändler
diese Versionen außerhalb der ihm vorgeschriebenen Vertriebswege verkauft, also
an vertraglich nicht gebundene Händler. Wenn diese die Daten-CDs weiterverkau-
fen, z.B. an Endverbraucher oder an andere Zwischenhändler, sind alle nachfolgenden Verkäufe rechtmäßig, was schon zwingend aus dem Grundsatz der Erschöpfung
des § 69c Ziff. 3 UrhG folgt:

*Wird ein Vervielfältigungsstück eines Computerprogramms mit Zustimmung des Rech-
teinhabers im Gebiet der Europäischen Union oder eines anderen Vertragsstaates des
Abkommens über den Europäischen Wirtschaftsraum im Wege der Veräußerung in
Verkehr gebracht, so erschöpft sich das Verbreitungsrecht in Bezug auf dieses Vervielfältigungsstück mit Ausnahme des Vermietrechts.*

Im Grunde geht es bei dem OEM-Urteil des BGH um vertragswidrige Verkäufe eines 142
in die Lieferkette eingebundenen Händlers, bei dem das Interesse am freien Warenverkehr dem Interesse des Herstellers an einem reglementierten und kontrollierten
Vertriebssystems für übergeordnet erklärt wurde. Dass der Zwischenhändler diese
Software nur durch Verstoß gegen Vertriebsbindungen veräußern kann, ist für den
Eintritt der Erschöpfung ohne Bedeutung. Zwar wird damit die Trennung von Hardware und Programmnutzungsrecht gestattet, aber nur für sehr spezielle Konstella-
tionen. Das Urteil ist daher nicht als Freibrief für eine schrankenlose Verwertung
von Sicherungs-CDs zu verstehen.

Daraus folgt: OEM-Versionen sind nicht mit Sicherungs-CDs gleichzusetzen. 143
Eine Erschöpfung des Verbreitungsrechtes kann allenfalls bzgl. der Hardware angenommen werden, auf der das Programm gespeichert ist. Ohne gleichzeitige Weitergabe des Computers oder zumindest der Festplatte ist der Vertrieb der vorinstallier-
ten Software per Sicherungs-CD unzulässig und damit strafbar.[150]

Wenn wie im Ausgangsfall der Computer angeblich nicht mehr vorhanden oder 144
untergegangen ist, das vorinstallierte Programm also nicht mehr genutzt werden
kann, gilt dasselbe. Ohne die Übertragung des Originaldatenträgers kann ein Nutzungsrecht an der Sicherungs-CD nicht übertragen werden. Dies folgt auch daraus,

---

149 BGH, Urt. v. 6.7.2000 – I ZR 244/97 = BGHZ 145, 7.
150 OLG Düsseldorf, Urt. v. 29.6.2009 – I-20 U 247/08 = MMR 2009, 629 f.

dass die Erschöpfung des Verbreitungsrechts sich nur auf das konkrete Werkstück bezieht, dessen Verkehrsfähigkeit durch die Urheberrechte an dem in ihm verkörperten Werk nicht behindert werden soll. Ansonsten wäre das geschützte Werk unabhängig von seiner Verkörperung in jeder Form der Verbreitung frei.[151] Anders noch das LG Düsseldorf als Vorinstanz,[152] das die Veräußerung der Sicherungs-CD nach vollständiger Löschung der Installation auf dem Computer des Verkäufers für rechtmäßig erklärt hatte.

145   Die Tatsache, dass es sich um einen Original-Datenträger des Herstellers handelt, spielt dabei keine Rolle. Der Verkauf einer Sicherungs-CD verletzt das Verbreitungsrecht des Herstellers und ist nach § 106 UrhG strafbar. Er kann auch eine Strafbarkeit wegen Betruges begründen, da dem Käufer das versprochene Nutzungsrecht am Programm nicht verschafft werden kann. Dies setzt freilich den Nachweis einer entsprechenden Kenntnis des Verkäufers voraus.

146   Hingegen gilt der Erschöpfungsgrundsatz (§ 69c Nr. 3) uneingeschränkt, wenn ein Programm, das mit Zustimmung des Herstellers auf einer CD verkauft wurde, **weiterveräußert wird.**

147   Wenn eine fremdsprachige OEM-Version verkauft werden soll, wird oftmals eine selbstgebrannte CD mitgeliefert, die als „Sprach-Upgrade" bezeichnet wird, auf der sich aber die Vollversion des Programms in deutscher Sprache befindet. Damit liegt eine unbefugt hergestellte Kopie der geschützten Vollversion und zugleich eine strafbare Vervielfältigung, zumindest aber eine strafbare Verbreitung nach § 106, bei einer Verwendung der Herstellerlogos auch eine Kennzeichenverletzung nach § 143 MarkenG vor.

2. Verkauf gebrauchter Lizenzen

148 Lange umstritten war die Frage, ob der Erwerb eines Programms durch Download aus dem Internet dem Kauf eines Datenträgers gleichzusetzen ist was die Frage der Erschöpfung betrifft. Der BGH neigte dazu, ein solches Vervielfältigungsrecht des Erwerbers zu verneinen, hatte aber diese Frage dem EuGH zur Entscheidung vorgelegt.

149   Die wirtschaftliche Bedeutung liegt vor allem darin, dass manche Unternehmen nicht mehr benötigte Lizenzen z.B. aus Insolvenzen aufkaufen und diese günstig zum Weiterverkauf anbieten. Die dazugehörige Software kann sich der Käufer von der Seite des Herstellers herunterladen. Dieser Download des Programms wird auch praktiziert, wenn Volumenlizenzen aufgespalten und als Einzellizenzen verkauft werden. In all diesen Fällen existieren keine physischen Vervielfältigungsstücke,

---

151 OLG Düsseldorf, Urt. v. 29.6.2009 – I-20 U 247/08 = MMR 2009, 629 f.
152 LG Düsseldorf, Urt. v. 26.11.2008 – 12 O 431/08 = BeckRS 2008, 25162.

auf denen das Programm gespeichert ist, dieses muss per Download von der Homepage des Herstellers bezogen werden.

Auf Vorlagebeschluss des Bundesgerichtshofs vom 3.2.2011 stellte der Europäi- 150 sche Gerichtshof fest, dass der Handel mit gebrauchten Softwarelizenzen unter bestimmten Umständen zulässig sein kann. Dem folgte im Juli 2013 der BGH, indem er feststellte, dass der Handel mit Gebraucht-Software rechtmäßig ist und anders lautende Lizenzvereinbarungen ungültig sind.[153] Danach ist das Verbreitungsrecht an der vom Ersterwerber aus dem Internet bezogenen Programmkopie erschöpft, wenn

- der Urheber seine Zustimmung gegen Zahlung eines Entgelts erteilt hat, das es ihm ermöglichen soll, eine dem wirtschaftlichen Wert der Kopie seines Werkes entsprechende Vergütung zu erzielen;
- der Urheber/Rechteinhaber dem Ersterwerber ein Recht eingeräumt hat, die Kopie ohne zeitliche Begrenzung zu nutzen;
- Verbesserungen und Aktualisierungen, die das vom Nacherwerber heruntergeladene Computerprogramm gegenüber dem vom Ersterwerber heruntergeladenen Computerprogramm aufweist, von einem zwischen dem Urheber/Rechteinhaber und dem Ersterwerber abgeschlossenen Wartungsvertrag gedeckt sind;
- der Ersterwerber seine Kopie unbrauchbar gemacht hat.

Der Weiterverkauf der von der Internetseite des Urheber/Rechteinhabers herunterge- 151 ladenen Programmkopie setzt nicht voraus, dass der Nacherwerber einen Datenträger mit der „erschöpften" Kopie des Computerprogramms erhält; vielmehr reicht es aus, wenn der Nacherwerber die Kopie des Computerprogramms von der Internetseite des Urheber/Rechteinhabers auf seinen Computer herunterlädt. Das dem Nacherwerber der „erschöpften" Kopie eines Computerprogramms durch § 69d UrhG vermittelte Recht zu dessen bestimmungsgemäßer Benutzung kann nicht durch vertragliche Bestimmungen ausgeschlossen werden, die dieses Recht dem Ersterwerber vorbehalten. Anders lautende Klauseln in Lizenzverträgen wurden für unwirksam erklärt, denn das einmal eingeräumte Recht zur „bestimmungsgemäßen Benutzung" dürfe nicht durch solche vertraglichen Bestimmungen ausgeschlossen werden.

Daraus folgt: Der Ersterwerber eines online erworbenen Nutzungsrechtes an ei- 152 nem Programm ist befugt, dieses in gleicher Weise weiterzuveräußern. Der Rechteerwerb ist wirksam, wenn der Verkäufer seine (heruntergeladene) Kopie des Programms unbrauchbar gemacht hat.

Zugleich wurde über das sogenannte „Aufspaltungsverbot", entschieden, auf 153 das sich die Hersteller bislang gerne beriefen: Verboten ist demnach nur die Aufspaltung einzelner Lizenzen, nicht aber die von Lizenzpaketen, wie beispielsweise Volumenlizenzen. Die hierin enthaltenen Einzellizenzen dürfen auch als solche wei-

---

153 BGH, Urt. v. 17.7.2013 – I ZR 129/08 = GRUR 2014, 264 ff.

terverkauft werden. Nur dürfen am Ende nicht mehr Lizenzen entstehen, als ursprünglich im Paket vorhanden waren.

3. Verkauf von Updates anstelle der Vollversion

154 Ein Verkäufer bietet auf Ebay fortgesetzt ein hochwertiges Grafik-Programm zum Kauf an, das er so beschreibt:

- *„Creative Suite 2 Premium Windows Vollversion OVP"*
- *„Software ist uneingeschränkte Vollversion, kein OEM und natürlich upgradefähig"*

155 Tatsächlich wird dem Käufer eine CD mit einer Upgrade-Version des Programms zugesandt zusammen mit einer Lizenznummer. Der Verkäufer macht sich dabei die Tatsache zunutze, dass ein Update immer das volle Programm und nicht etwa nur Ergänzungen der Vorversion beinhaltet. Es kann also tatsächlich uneingeschränkt wie eine Vollversion genutzt werden, setzt aber, da bedeutend billiger, den Besitz der Vorversion voraus. Ist diese auf dem Rechner installiert, wird sie von dem Update erkannt und durch das neue Programm ersetzt. Ist die Vorversion nicht vorhanden, wird bei der Installation die Angabe des Lizenzcodes der Vorversion verlangt und muss eingegeben werden. Ein Nutzungsrecht am Update entsteht also nur, wenn ein solches Recht an der Vorversion im Sinne einer Basis-Lizenz bestand. Deswegen liefert der Verkäufer mit der CD immer eine Lizenznummer, womit faktisch eine Vollversion zum Preis eines Updates zur Verfügung gestellt wird. Ohne eine Installation der Vorversion, zumindest ohne Angabe des Lizenzcodes irgendeiner Vorversion, war dieses Update aber nicht lauffähig.

156 Tatsächlich kennt der Markt ein echtes Vollversionsbundle, dies setzt sich zumeist zusammen aus einer älterer Vorversion und aktueller Upgrade-Version. Dies ist rechtlich unbedenklich, sofern es aus zwei vollständigen Lizenzen besteht. Hiergegen stehen den Rechteinhabern keine Maßnahmen zu, da das Verbreitungsrecht an beiden Produkten erschöpft ist (§ 69c Nr. 3 S. 2 UrhG).

157 Im Ausgangsfall wird aber anstelle der Vorversion nur die Lizenznummer einer Vorversion mitgeteilt, entweder auf der Rechnung oder der CD-Hülle. Diese Nummern waren größtenteils von Adobe selbst vergeben, teils aber auch selbst generiert. Damit kann das Update wie eine Vollversion genutzt werden, denn es hat dieselbe Funktionalität. Zwar handelt es sich bei dem verkauften Update-Programm um ein echtes Softwareprodukt, an dem das Verbreitungsrecht erschöpft war. Für die Nutzung sind aber zwei Lizenzen erforderlich, vor allem eine solche für die Vorversion, an der es dem Käufer regelmäßig fehlt.

158 Die Überlassung einer Lizenznummer begründet kein Nutzungsrecht an dem Programm für den Erwerber. Der Lizenzcode ist keine Verkörperung der Lizenz, dazu gehören der Datenträger selbst sowie das Handbuch. Die Installation des Pro-

gramms auf dem Rechner des Käufers stellt eine Vervielfältigung des Programms dar, § 69c Ziff. 1 S. 1, die der Zustimmung des Rechteinhabers, also einer Lizenz, bedarf. Die bloße Verschaffung der tatsächlichen Möglichkeit zur Installation des Programms begründet keine rechtliche Befugnis zur Nutzung. Unabhängig davon ob die Käufer von ihrer fehlenden Befugnis wussten oder nicht, wird ihnen bei der beschriebenen Verfahrensweise durch den Verkäufer die Installation und Vervielfältigung des Programms gestattet.

Da im Ergebnis ein anderer als der Urheber einem Dritten ein Recht zur Verviel- **159** fältigung einräumt, wird das urheberrechtliche Gestattungsrecht aus § 69c UrhG verletzt.[154]

§ 69c S. 1 Nr. 1 Zustimmungsbedürftige Handlungen

Der Rechteinhaber hat das ausschließliche Recht, folgende Handlungen vorzunehmen oder zu gestatten:
1. *die dauerhafte oder vorübergehende Vervielfältigung, ganz oder teilweise, eines Computerprogramms mit jedem Mittel und in jeder Form. Soweit das Laden, Anzeigen, Ablaufen, Übertragen oder Speichern des Computerprogramms eine Vervielfältigung erfordert, bedürfen diese Handlungen der Zustimmung des Rechteinhabers;*

Der Verkäufer veranlasst im Ergebnis die Rechtsverletzungen der Käufer, denn er **160** gestattet die Vervielfältigung des Programms auf deren Rechnern. Eine Strafbarkeit nach § 106 UrhG liegt darin aber nicht, denn der Tatbestand umfasst als Tathandlung nur das Vervielfältigen oder Verbreiten, was eine Begehung als Täter oder als Teilnehmer einschließt. Nicht erfasst wird durch den Tatbestand aber die Variante des Gestattens dieser Handlungen,[155] die auch nicht im weitesten Sinne als Teilnahme verstanden werden kann. Eine analoge oder erweiternde Auslegung würde gegen das strafrechtliche Analogieverbot verstoßen. Sofern der Käufer eines solchen Upgrades davon ausgeht, dass ihn dieses zur Nutzung des Programms berechtige, was nach hM einen Tatbestandsirrtum darstellt,[156] kommt bei dem Verkäufer allenfalls eine Strafbarkeit aus § 106 UrhG in mittelbarer Täterschaft in Betracht, sofern bei ihm Tatherrschaft kraft überlegenen Wissens angenommen werden kann.[157]

Selbst wenn die Lizenzcodes tatsächlich vom Programmhersteller (Adobe) aus- **161** gestellt und von dem Verkäufer auf ungeklärte Weise erworben sein sollten (angeblich zusammen mit dem Programm, eher aber durch Kauf im Internet), verschafft ihr Erwerb keinerlei Nutzungsrechte am Programm. Es handelt sich dabei nicht um eine

---

154 So auch LG Frankfurt, Urt. v. 19.11.2008 – 2/6 O 437/08 = CR 2009, 142 ff.
155 *Hansen/Wolff-Rojczyk/Eifinger*, CR 2011, 336 ff.
156 Schricker/Loewenheim/*Haß*, § 106 Rn 28 m.w.N.
157 *Hansen/Wolff-Rojczyk/Eifinger*, CR 2011, 336 ff.

Verkörperung des Programmes, sondern um Einzelbestandteile, an denen keine Erschöpfung im Sinne von § 69c Nr. 3 eingetreten kann. Zwar ist der Verkauf urheberrechtlich unbedenklich, weil mit dem Lizenzcode nicht das Werk selbst verbreitet wird. Es handelt sich vielmehr um Kennzeichnungsmittel, die ursprünglich mit der Verpackung der Programm-CD eine Einheit bildeten. Auch die Verpackung mit ihren Hinweisen auf Herkunft und Echtheit gehört zu den charakteristischen Sacheigenschaften der Ware.[158] Wenn wie hier die Einheit zwischen Produkt und Verpackung aufgehoben und das Programm ohne den es verkörpernden Datenträger und ohne rechtliche Befugnis zur Nutzung vertrieben wird, verletzt dies die Produktidentität, der durch den Rechteinhaber garantierte Originalzustand der Ware ist beeinträchtigt. Dies stellt eine Markenverletzung dar, die der Rechteinhaber nicht zu dulden braucht.[159] Demzufolge liegt im Verkauf von Lizenzschlüsseln oder Product Keys, die aus der Originalverpackung herausgelöst wurden, zumindest eine strafbare Kennzeichenverletzung nach § 143 MarkenG.

4. Verkauf von OEM-Software mit fremden Echtheitszertifikaten

162 Hier geht um den Handel mit Gebrauchtsoftware, bei der gebrauchte Computer mit der Recovery- oder Sicherungs-CD erworben werden, wobei aber nicht die Computer selbst sondern nur die dazu gehörenden CDs weiterveräußert werden sollen. Der Computer wird zumeist verschrottet. Um die Echtheit sowie das Nutzungsrecht an der CD zu dokumentieren, und sie damit verkehrsfähig zu machen, bringt der Händler auf der CD jene Echtheitszertifikate an, die von den zuvor erworbenen Computern abgelöst wurden. Ein solches Zertifikat, auch CoA (Certificate of Authenticity) genannt, wird üblicherweise vom Computerhersteller auf dem Computer angebracht, auf dem ein Programm, z.B. das Betriebssystem, als OEM-Version vorinstalliert ist. Das Echtheitszertifikat, in der Regel ein 2×7 cm großer Aufkleber, soll die Authentizität des aufgespielten Programms belegen. Zum Schutz vor Fälschungen enthält es Sicherheitsmerkmale wie schwer imitierbare Strichcodes oder holografisch gestaltete Elemente. Es bezieht sich nur auf die Programmkopie, die auf dem Computer (vor-)installiert ist. Das Zertifikat enthält zwar Angaben, die zur Aktivierung des Programms benötigt werden, z.B. den Lizenzschlüssel oder Product Key. Es verkörpert aber kein Nutzungsrecht am Programm.[160] Das Echtheitszertifikat (CoA) ist ein Kennzeichnungsmittel im Sinne von § 14 Abs. 4 Nr. 1 MarkenG, an dem keine

---

158 BGH, Urt. v. 14.12.1995 – I ZR 210/93 = NJW 1996, 994 ff.

159 LG Frankfurt Urt. v. 19.11.2008 – 2/6 O 437/08 = CR 2009, 142 ff.; *Hansen/Wolff-Rojczyk/Eifinger*, CR 2011, 336, 337.

160 *Hansen/Wolff-Rojczyk/Eifinger*, CR 2011, 336 ff.

Erschöpfung eintreten kann, weil sich § 24 Abs. 1 MarkenG nur auf Waren und nicht auf Kennzeichnungsmittel bezieht.[161]

a) Urheberrechtsverletzung

Im Vertrieb solcher Programm-CDs liegt zunächst eine Urheberrechtsverletzung 163 (§ 106 UrhG). Obwohl die CD als auch der Computer mit Zustimmung der Berechtigten in den Verkehr gebracht wurden, ist keine Erschöpfung eingetreten, da die CD zum einen nicht im Wege der Veräußerung in Verkehr gebracht wurde, zum anderen als bloßes Sicherungsinstrument keine eigenen Nutzungsrechte verkörpert. Als Sicherungskopie darf sie – rechtlich – nicht von der Arbeitskopie, dem Original, abgespalten werden. Ein Verbreitungsrecht an der Sicherungskopie besteht gem. § 69d Abs. 2 auch dann nicht, wenn der Nutzer diese selbst erlaubterweise hergestellt hat.

b) Kennzeichenverletzung

Es liegt aber auch eine strafbare Kennzeichenverletzung nach § 143 MarkenG vor, 164 denn der Vertrieb von Waren, die ein Dritter mit einem Echtheitszertifikat versehen hat, das zwar als solches vom Markeninhaber stammt, aber nicht der konkreten Ware zugeordnet war, ist markenrechtswidrig. Es liegt zunächst eine Entbündelung und dann eine Neubündelung von Datenträger und Zertifikat vor. Die Strafbarkeit dieses sog. Rebundling kann mit der Zusammensetzung von Datenträgern mit den Echtheitszertifikaten (§ 14 Abs. 3 Nr. 1), dem Anbieten solcher Produktbündel (§ 14 Abs. 3 Nr. 2 Alt. 1), dem Besitz zu diesem Zweck (§ 14 Abs. 3 Nr. 2 Var. 3) oder deren Ein- oder Ausfuhr (§ 14 Abs. 3 Nr. 4 Alt. 1 oder 2) begründet werden.

Dem Vertrieb dieser Neuzusammenstellung kann sich der Markeninhaber nach 165 § 24 Abs. 2 MarkenG widersetzen, weil die Kennzeichnung mit dem Zertifikat nicht von ihm stammt, der Verkehr aber diese Verbindung so verstehen muss, dass die so gekennzeichnete Ware unter seiner Kontrolle hergestellt sei und er für ihre Echtheit einstehe. Mit der Verbindung von Zertifikat und Datenträger nimmt der Händler ein nur dem Markeninhaber zustehendes Kennzeichnungsrecht für sich in Anspruch, wobei der unzutreffende Eindruck erweckt wird, die in der Verknüpfung zum Ausdruck kommende Herkunftsgarantie sei dem Markeninhaber zuzurechnen.[162] Für die Strafbarkeit nach § 143 MarkenG ist es essentiell, dass der Markeninhaber sich überhaupt der Benutzung der Marke durch den Vertrieb der Ware widersetzt, da ansonsten die Voraussetzungen des § 24 Abs. 2 MarkenG nicht vorliegen und die Benutzungshandlung nicht widerrechtlich i.S.v. § 143 MarkenG ist. Das Merkmal „Widersetzen" umfasst nicht nur zivilrechtliche sondern auch strafrechtliche Maßnahmen, also die

---

161 OLG Frankfurt, Urt. v. 12.11.2009 – 6 U 160/08, BeckRS 2011, 15928.
162 BGH, Urt. v. 6.10.2011 – I ZR 6/10 – Echtheitszertifikat = GRUR 2012, 392ff.

Strafanzeige oder der Strafantrag im anstehenden Verfahren, wobei es genügt, wenn eine Benutzungsart vorliegt, der sich der Markeninhaber bereits in der Vergangenheit, wenn auch in Bezug auf andere Produkte, aber solche derselben Art, widersetzt hat.[163]

166   Wenn eine fremdsprachige OEM-Version verkauft werden soll, wird oftmals eine selbstgebrannte CD mitgeliefert, die als „Sprach-Upgrade" bezeichnet wird, auf der sich aber die Vollversion des Programms in deutscher Sprache befindet. Damit liegt eine unbefugt hergestellte Kopie der geschützten Vollversion und zugleich eine strafbare Vervielfältigung, zumindest aber eine strafbare Verbreitung nach § 106, bei einer Verwendung der Herstellerlogos auch eine Kennzeichenverletzung nach § 143 MarkenG vor.

c) Urkundenfälschung

167 Das Zusammenführen eines Datenträgers (DVD), der ein geschütztes Programm enthält, mit einem fremden Echtheitszertifikat kann auch als Urkundenfälschung strafbar sein, was zunächst voraussetzt, dass das Zertifikat als solches den strafrechtlichen Urkundenbegriff erfüllt. Dies wird zwar unter Hinweis auf den erkennbaren Aussteller, der den Softwarehersteller ausweist, und die ihm innewohnende Beweisfunktion bejaht.[164] Dem kann aber nicht ohne weiteres zugestimmt werden. Die Gedankenerklärung, die jede Urkunde beinhalten muss, erfährt das Zertifikat erst durch seine dauerhafte Verbindung mit dem Datenträger. Nur in Bezug auf dieses Produkt kommt dem Zertifikat die Erklärung und Beweisbestimmung zu, dass es einer autorisierten Herstellung entstammt und dass der Hersteller die Garantie für seine Echtheit übernimmt. Dabei kann es nicht auf die Qualität der Sicherheitsmerkmale ankommen, die seine Fälschung erschweren sollen. Bei dem Zertifikat handelt es sich um ein Beweiszeichen, das seine Beweisbestimmung erst in Bezug auf einen anderen Gegenstand, den Datenträger, erhält, also um eine zusammengesetzte Urkunde.[165] Eine zusammengesetzte Urkunde kann durch das Auswechseln des Bezugsobjektes verfälscht werden.[166] Der Tatbestand des § 267 StGB soll nach einem alten Urteil des BGH nicht vorliegen, wenn eine Ware widerrechtlich mit einem geschützten Warenzeichen versehen wird, auch wenn das Warenzeichen den Firmennamen enthält. Dies soll aber nicht gelten, wenn „außer dem Warenzeichen noch Erklärungen des angeblichen Erzeugers auf der Ware angebracht werden, denen eine Urkundeneigenschaft zukommt, z.B. eine Kontrollnummer".[167] Im Ergebnis ist wird durch das An-

---

163 *Bomba*, GRUR 2013, 1004, 1010.
164 *Kettner*, S. 195.
165 *Bomba*, GRUR 2013, 1004, 1011.
166 *Fischer*, § 267 Rn 35 m.w.N.
167 BGH, Urt. v. 27.5.1952 – 1 StR 382/51.

Brandau

bringen des Echtheitszertifikats auf einem nicht verkehrsfähigen Datenträger, was für die Sicherungs-CD zutrifft, eine unechte zusammengesetzte Urkunde hergestellt.

d) Betrug

Wenn so gekennzeichnete Datenträger als echt angeboten und verkauft werden, liegt 168
regelmäßig auch der Tatbestand des Betruges zum Nachteil des Käufers vor, da dieser das konkludent versprochene vertragliche Nutzungsrecht am Programm nicht erwirbt.

5. Verkauf von Lizenzschlüsseln (Product Keys)

Eine aktuelle Erscheinungsform von Softwarepiraterie stellt der bloße Verkauf von 169
Product Keys dar, bei dem eine Übergabe des Datenträgers nicht mehr stattfindet. Die Händler müssen keine gefälschten Datenträger vorhalten oder importieren und schließen so das Risiko einer Grenzbeschlagnahmung durch den Zoll aus. Auch im Fall einer Durchsuchung werden keine gefälschten Datenträger, sondern allenfalls Listen mit Product Keys gefunden. Diese stammen vielfach aus Volumenlizenzen für Bildungseinrichtungen, so auch in China, wo ie illegal kopiert und vertrieben werden, meist ohne Wissen der eigentlichen Lizenznehmer. Die 25-stelligen Zeichenketten für die Aktivierung von Windows oder Office werden dann benötigt, wenn der Abnehmer bereits über das Programm verfügt, z.B. durch den Download von der Homepage des Herstellers oder durch den Besitz einer Testversion, ihm aber für die Aktivierung der Lizenzcode fehlt. Sie werden über das Internet als angebliche Lizenzen verkauft.

Die rechtliche Zulässigkeit dieser Vertriebsform liegt in dem von EuGH und BGH 170
weit verstandenen Erschöpfungsgrundsatz begründet. Danach muss es der Programmhersteller hinnehmen, wenn ein Programm, das er online, also durch Herunterladen von seiner Webseite, anbietet, dadurch weiterveräußert wird, dass der Ersterwerber dem Käufer lediglich die Lizenz überträgt und dieser sich das Programm als solches von der Internetseite des Rechtsinhabers herunterlädt. Es muss noch nicht einmal eine selbst hergestellte körperliche Programmkopie übergeben werden. Für die vom Nutzer selbst hergestellten Vervielfältigungstücke wurde von der Rechtsprechung bis zum Urteil des EuGH kein Bedürfnis nach Erhaltung ihrer Verkehrsfähigkeit angenommen wie es für die vom Hersteller in Verkehr gebrachten Vervielfältigungsstücke anerkannt ist besteht. Nach dem Urteil des EuGH ist die Veräußerung eines Programms auf DVD mit dem Verkauf durch Herunterladen aus dem Internet wirtschaftlich vergleichbar, sodass mit dem rechtmäßigen Herunterladen das Verbreitungsrecht des Herstellers erschöpft ist. Der Download einer Werkkopie sowie die damit einhergehende Rechteeinräumung stellen nach Ansicht des EuGH ein unteilbares Ganzes dar. Der Download wird somit der Übergabe einer

physischen Werkskopie gleichgestellt und als Verschaffung des Eigentums an einer Werkkopie angesehen, die einer Erstverbreitung des Werkes gleichsteht.[168]

171   Ein Zweiterwerber darf das Programm unter der Voraussetzung rechtmäßig nutzen und zu diesem Zweck auch vervielfältigen, dass der Ersterwerber es nicht weiter nutzt und seine eigene Kopie unbrauchbar gemacht hat.[169] Dies gilt selbst dann, wenn der Nacherwerber die verkaufte Programmkopie nicht vom Ersterwerber erhält, sondern selbst von der Internetseite des Rechtsinhabers herunterlädt.[170] Es gilt aber der Grundsatz, dass es durch den Verkauf nicht zu einer Zunahme von Vervielfältigungsstücken des Programms kommen darf.

172   Der beschriebene Grundsatz kommt sogar in Bezug auf sogenannte Volumen-Lizenzen zur Geltung, d.h. wenn der Ersterwerber eine Anzahl von mehreren selbstständigen Kopien eines Computerprogramms veräußert, die er nicht mehr benötigt. Der Nacherwerber, der nach Bekanntgabe des Lizenzschlüssels die Kopie von der Internetseite des Herstellers herunterlädt und entsprechend der Zahl der erworbenen Lizenzen vervielfältigt, kann sich auf die Erschöpfung in Bezug auf diese selbst gefertigten Kopien dann berufen, wenn der Ersterwerber die entsprechende Kopienzahl unbrauchbar gemacht hat.[171] Tatsächlich verkörpern weder der separat verkaufte Lizenzcode noch das Echtheitszertifikat irgendein Nutzungsrecht, wenn dieses Recht nicht durch ein Rechtsgeschäft vom Programmhersteller erworben wurde. Dem steht nicht entgegen, dass der Code (Product Key) den faktischen Zugriff auf das Programm und dessen Nutzung ermöglicht. Für einen wirksamen Erwerb einer „gebrauchten" Lizenz ist der Nachweis des originär erworbenen Nutzungsrechtes seitens des Verkäufers erforderlich. Fehlt es daran, trägt der Käufer das Risiko, eine rechtlich unwirksame und damit angreifbare Nutzungsmöglichkeit erworben zu haben.

173   Die Strafbarkeit des Verkäufers von Lizenzcodes (Product Keys) nach dem **Urheberrecht** scheitert daran, dass dieser das geschützte Werk, das Programm, weder vervielfältigt noch verbreitet. Es wird allerdings das in § 69c normierte ausschließliche Recht des Urhebers verletzt, Dritten eine Vervielfältigung oder Verbreitung des Werkes zu gestatten.[172] Der Verkäufer eines Lizenzcodes räumt dem Abnehmer entweder ausdrücklich oder konkludent das Recht ein, das Programm zu installieren und damit zu vervielfältigen. Dazu ist er ohne Zustimmung des Urhebers nur berechtigt, wenn der Lizenzcode als Verkörperung des Nutzungsrechts anzusehen und dieses Nutzungsrecht durch das vorherige Inverkehrbringen des Programms erschöpft wäre. Da ein Einzelbestandteil des Programmpakets wie z.B. der Lizenzcode, nicht das Nutzungsrecht verkörpert sondern nur ein Kennzeichnungsmittel dar-

---

168 EuGH, Urt. v. 3.7.2012 – C-128/11 – UsedSoft = GRUR 2012, 904.

169 EuGH, Urt. v. 3.7.2012 – C-128/11 – UsedSoft = GRUR 2012, 904.

170 BGH, Urt. v. 17.7.2013 – I ZR 129/08 = GRUR 2014, 264 ff.

171 BGH, Urt. v. 11.12.2014 – I ZR 8/13 = GRUR 2015, 772 ff.

172 LG Frankfurt, Urt. v. 19.11.2008 – 2/6 O 437/08 = CR 2009, 142 ff.

stellt, die Erschöpfung aber nur an einem Werkstück eintreten kann.[173] kommt eine Erschöpfung (des Verbreitungsrechts) nicht in Betracht.

Die Strafnorm des § 106 umfasst allerdings nur die Handlung des Vervielfältigens oder Verbreitens nicht die Gestattung dieser Handlungen. Eine erweiternde Auslegung würde die Wortlautgrenze überschreiten und zu einer Tatbestandsentgrenzung führen, die nach dem Urteil des BVerfG zum Schadensbegriff des § 263 StGB gegen Art. 103 Abs. 2 GG verstieße.[174] Eine Strafbarkeit des Verkäufers kann allenfalls unter dem Aspekt der Teilnahme an der rechtswidrigen Vervielfältigung des Programms durch den Käufer begründet werden, wobei eine Beteiligung als Mittäter,[175] Anstifter oder Gehilfe, oder, wenn dem Käufer das fehlende Nutzungsrecht nicht bewusst war, aus mittelbarer Täterschaft in Betracht kommt.[176] Sämtliche Varianten setzen aber Ermittlungen bei dem Käufer hinsichtlich dessen Verwendung des Lizenzcodes und über dessen Kenntnis oder Unkenntnis des fehlenden Nutzungsrechtes voraus, was in der strafrechtlichen Praxis kaum durchführbar ist.

Die Strafbarkeit des Verkäufers kann nur aus **§§ 143, 143a MarkenG** begründet werden, da er Einzelbestandteile einer Verpackungseinheit vertreibt, die ohne Zustimmung des Markeninhabers nicht getrennt voneinander vertrieben werden dürfen. Damit ist die Einheit zwischen Ware und Verpackung aufgehoben, was zu einer Verschlechterung des Originalzustands führt, der sich der Markeninhaber § 24 Abs. 2 MarkenG widersetzen kann. Dies gilt erst recht, wenn die Veränderung dazu führt, dass das Programm widerrechtlich genutzt wird.[177] Auch im Falle des Online-Vertriebs von Product Keys, bei denen es keine Verpackungseinheit gibt, stellen diese nicht das Produkt, das Programm, sondern nur ein Kennzeichnungsmittel dar. Wenngleich sie nur als bloße Zahlenreihe ohne jedes Markenzeichen oder Logo verkauft werden, genügt der Hinweis im Angebot des Verkäufers, dass es sich um Lizenzcodes für das Programm XY handelt, denn ohne den Hinweis auf das markenrechtlich geschützte Originalprodukt wären die Codes nicht verkäuflich.

Der **Nachweis**, dass der Täter ungültige Lizenzen oder Product Keys verkauft hat, setzt zunächst voraus, dass bei ihm keine Belege für den rechtmäßigen Erwerb von Online- oder Volumen-Lizenzen vom Originalhersteller oder offiziellen Vertriebspartnern gefunden wurden. Daneben sind Hinweise auf die tatsächliche Herkunft der Lizenzcodes sowie deren Bewertung durch den Hersteller von großer Indizkraft. Dabei ist zu bedenken, dass selbst Originallizenzen, die vom Hersteller in andere z.B. asiatische Wirtschaftsgebiete vergeben wurden, nicht in den Wirtschaftsraum der EU verbracht werden dürfen. insoweit ist nach § 24 Abs. 1 MarkenG keine

---

173 OLG Frankfurt, Urt. v. 12.11.2009 – 6 U 160/08, BeckRS 2011, 15928.

174 BVerfG, Beschl. v. 7.12.2011 – 2 BvR 2500/09 = NStZ 2012, 496 ff.

175 So OLG Frankfurt. Beschl. v. 30.1.2014 – 11 W 34/12.

176 *Hansen/Wolff-Rojczyk/Eifinger*, CR 2011, 336 ff.

177 OLG Frankfurt. Beschl. v. 30.1.2014 – 11 W 34/12.

Erschöpfung des Verbreitungsrechtes eingetreten. Besonders wenn konspirative Bestell-, Zahlungs- oder Lieferwege gewählt wurden, spricht dies dafür, dass aus illegalen Quellen bezogen wurde und dem Täter dies bewusst war.

Soweit dem Täter der Vorwurf des Betruges wegen des Verkaufs ungültiger Lizenzen gemacht wird, kommt es für den Nachweis des Irrtums bei den Abnehmern auf deren Vorstellung an, die maßgeblich vom Inhalt des Angebotes geprägt ist. Da kein Käufer, erst recht nicht ein gewerblicher Wiederverkäufer, sich bewusst dem Risiko einer zivilrechtlichen oder strafrechtlichen Verfolgung wegen des Verkaufs ungültiger Lizenzen aussetzen wird, muss der Täter den von ihm verkauften Zahlencodes den Anschein rechtsgültiger Online-Lizenzen geben. Demgemäß sind die Angebote, mit denen der Verkauf der Product Keys beworben wurde, meistens auf Ebay-Seiten oder unter eigenem Shop, auf ihre Aussage zu bewerten.

6. Verkauf von Testversionen

174 Vielfach werden über Verkaufsplattformen Testversionen von mitunter hochwertigen Computerprogrammen verkauft, die zuvor von der Homepage des Herstellers heruntergeladen und auf CDs gebrannt wurden. Üblicherweise erlauben solche Programme die Nutzung nur für einen beschränkten Zeitraum und sind nach dessen Ablauf nicht mehr funktionsfähig, zumeist sind sie auch nur mit einem verringerten Inhalt ausgestattet. Ihre programm-immanente Abschaltung nach Zeitablauf wird dadurch umgangen, dass sie auf einen Datenträger kopiert werden, was regelmäßig den Nutzungsbestimmungen zuwiderläuft. Diese räumen dem Anwender üblicherweise nicht das Recht zur Vervielfältigung ein, was eine zulässige Beschränkung darstellt, da es sich bei Testversionen um eine wirtschaftlich eigenständige Nutzungsart handelt, hinsichtlich derer solche Beschränkungen durch § 31 Abs. 1 S. 2 gestattet sind.[178] Dem steht auch nicht der Erschöpfungsgrundsatz entgegen, demzufolge Programme, die per Download in den Verkehr gebracht wurden, durch den Ersterwerber weiterverbreitet werden dürfen.[179] Eine Erschöpfung des Verbreitungsrechtes des Rechteinhabers kann nämlich nur unter der Voraussetzung eintreten, dass der Datenträger durch *Veräußerung* in den Verkehr gebracht wurde (§ 69c Nr. 3), was für eine Testversion regelmäßig nicht zutrifft.

175 Demgemäß stellen das Kopieren und der Verkauf einer Testversion auf Datenträger eine unzulässige und strafbare Vervielfältigung und Verbreitung eines geschützten Werkes dar. Wenn der Datenträger noch mit dem Namen und der Marke des Herstellers versehen ist, liegt zugleich eine Kennzeichenverletzung nach § 143

---

178 KG, Urt. v. 23.5.2000 – 5 U 9674/98.
179 BGH, Urt. v. 17.7.2013 – I ZR 129/08 = GRUR 2014, 264 ff.

MarkenG vor, in aller Regel auch ein Betrug, da dem Käufer keine Nutzungsrechte an der Vollversion verschafft werden können.

7. Installieren eines Programms durch Werkstätte ohne Übergabe des Datenträgers

In Strafanzeigen wird oftmals vorgebracht, dass ein Reparaturbetrieb eine „gefälsch- **176** te" Version eines Programms, zumeist des Betriebssystems, auf den zur Reparatur gebrachten heimischen Rechner überspielt habe, was regelmäßig durch entsprechende Warnhinweise auf dem Bildschirm nach der Wiederinbetriebnahme sichtbar wurde. Tatsächlich neigen viele solcher Betriebe (vielfach sich PC Docs nennend) dazu, Funktionsstörungen durch das Entfernen und Neuaufspielen des Betriebssystems zu beheben, wobei keineswegs gefälschte Software zum Einsatz kommt. Vielmehr wird ein betriebseigenes Originalprogramm verwendet, das „natürlich" in dem Betrieb verbleibt, und dem Kunden kein Datenträger überlassen wird, der normalerweise als Beleg für einen wirksamen Erwerb der Nutzungsrechte dient. Dies wirft zwangsläufig die Frage auf, ob es sich hierbei um eine unzulässige Vervielfältigung handelt.

Dabei muss aber differenziert werden: Wird dasselbe Programm aufgespielt, **177** das vom Hersteller installiert war, ist der Besitzer nach wie vor berechtigt, das Programm zu nutzen. Im Falle einer Zerstörung des Programms dient die zumeist mitgelieferte Sicherungskopie der Wiederherstellung, sie verkörpert das weiterbestehende Recht zur Programmnutzung. Wenn keine Sicherungskopie mitgeliefert wurde, verspricht der Programmhersteller regelmäßig, eine solche im Bedarfsfall offline per E-Mail oder das Programm online zu überspielen. Die entscheidende Frage ist dann allein, ob dem Nutzer zuzumuten ist, den Zeitverzug bis zu einer Übersendung der Sicherungskopie hinzunehmen. Dies wird in der Literatur am Beispiel der eigenmächtig, also ohne Erlaubnis des Herstellers, gefertigten Sicherungskopie unterschiedlich beurteilt, wobei es auf die Erforderlichkeit im Hinblick auf eine ungehinderte Programmnutzung ankommen soll. Wenn der Reparaturbetrieb die Funktionsfähigkeit des Computers nur durch Installation eines neuen Programms wiederherstellen kann, muss die Erforderlichkeit angenommen werden, unabhängig davon, durch welches Medium die neue Kopie auf den Rechner gelangt ist.[180] Eine unrechtmäßige und strafbare Vervielfältigung liegt nur dann vor, wenn der nutzbare Datenbestand (ohne Rechtfertigung) verdoppelt wird.[181] Die Rechtfertigung liegt in solchen Fällen darin, dass dem Nutzer nur der Datenbestand wieder verschafft wird, den er ohne die Störung rechtmäßig nutzen durfte.

Selbst wenn bei der Reparatur eine aktualisierte Version des Programms aufge- **178** spielt wurde, kann sich an diesem Ergebnis nichts ändern. Sofern der Hersteller

---

180 Dreier/Schulze/*Dreier*, § 69d Rn 16.
181 Wandtke/Bullinger/*Grützmacher*, § 69c Rn 36.

dem Nutzer üblicherweise kostenlose Updates zur Verfügung stellt, wird ihm durch das Aufspielen kein Mehr an Rechten verschafft, als er ohnehin aufgrund des Lizenzvertrags hätte erlangen können. Auf die Überlassung eines Datenträgers zum Nachweis der Nutzungsberechtigung kommt es dabei nicht an. Dementsprechend fehlt es am Anfangsverdacht einer rechtswidrigen Vervielfältigung.

179   Für die Rechtmäßigkeit des Vorgangs kommt es freilich in beiden Fällen darauf an, dass der Reparaturbetrieb ein lizenziertes Programm zum Überspielen verwendet. Wenn der Anzeigeerstatter von Hinweisen seines Rechners berichtet, die auf eine unlizenzierte Kopie schließen lassen, liegt zumindest der Anfangsverdacht einer strafbaren Vervielfältigung vor, der strafprozessuale Maßnahmen gegen den Inhaber des Betriebs nahelegt.

III. Typische Ermittlungsprobleme im Urheberrecht

1. Erwerb oder Besitz von illegalen Datenträgern mit urheberrechtlich geschützten Inhalten

180 Wann immer gegen einen Vertreiber von Datenträgern mit raubkopierten Computerprogrammen oder sonstigen geschützten Inhalten ermittelt wird, gilt besondere Aufmerksamkeit der Aufklärung und systematischen Erfassung seiner Verkäufe. Dies dient nicht nur der notwendigen Aufklärung des Tatumfangs sondern auch der Ermittlung der Käufer solcher Produkte, deren Strafbarkeit unabhängig von der des Verkäufers zu prüfen ist. Folgerichtig werden im Zuge der strafrechtlichen Aufarbeitung der Verkäufe regelmäßig gesonderte Verfahren gegen die Käufer eingeleitet und an die für den Wohnsitz zuständige Staatsanwaltschaft abgegeben.

181   Dabei stellt sich als erstes die Frage nach dem Anfangsverdacht für eine Straftat nach dem UrhG. Als Tathandlung nach der zentralen Strafvorschrift des § 106 UrhG kommt nur ein Vervielfältigen oder Verbreiten in Betracht, für die jedenfalls bei einem bloßen Erwerb eines Datenträgers keine Anhaltspunkte vorliegen. Anders jedoch wenn ein Straftatbestand an den Erwerb als solchen anknüpft, wie es bei § 261 StGB der Fall ist.

a) Strafbarkeit wegen Geldwäsche (§ 261 Abs. 1 Nr. 4b, Abs. 2 StGB)

§ 261 Geldwäsche; Verschleierung unrechtmäßig erlangter Vermögenswerte

(1) Wer einen Gegenstand, der aus einer in Satz 2 genannten rechtswidrigen Tat herrührt, verbirgt, dessen Herkunft verschleiert oder die Ermittlung der Herkunft, das Auffinden, den Verfall, die Einziehung oder die Sicherstellung eines solchen Gegenstandes vereitelt oder gefährdet, wird mit Freiheitsstrafe von drei Monaten bis zu fünf Jahren bestraft. Rechtswidrige Taten im Sinne des Satzes 1 sind

1. *Verbrechen,*
2. *Vergehen nach*
   a) *den §§ 108e, 332 Absatz 1 und 3 sowie § 334,*
   b) *§ 29 Abs. 1 Satz 1 Nr. 1 des Betäubungsmittelgesetzes und § 19 Abs. 1 Nr. 1 des Grundstoffüberwachungsgesetzes,*
3. *Vergehen nach § 373 und nach § 374 Abs. 2 der Abgabenordnung, jeweils auch in Verbindung mit § 12 Abs. 1 des Gesetzes zur Durchführung der Gemeinsamen Marktorganisationen und der Direktzahlungen,*
4. *Vergehen*
   a) *nach den §§ 152a, 181a, 232 Abs. 1 und 2, § 233 Abs. 1 und 2, §§ 233a, 242, 246, 253, 259, 263 bis 264, 266, 267, 269, 271, 284, 326 Abs. 1, 2 und 4, § 328 Abs. 1, 2 und 4 sowie § 348,*
   b) *nach § 96 des Aufenthaltsgesetzes, § 84 des Asylgesetzes, nach § 370 der Abgabenordnung, nach § 38 Absatz 1 bis 3 und 5 des Wertpapierhandelsgesetzes sowie nach den §§ 143, 143a und 144 des Markengesetzes, den §§ 106 bis 108b des Urheberrechtsgesetzes, § 25 des Gebrauchsmustergesetzes, den §§ 51 und 65 des Designgesetzes, § 142 des Patentgesetzes, § 10 des Halbleiterschutzgesetzes und § 39 des Sortenschutzgesetzes,*

   die gewerbsmäßig oder von einem Mitglied einer Bande, die sich zur fortgesetzten Begehung solcher Taten verbunden hat, begangen worden sind, und
5. *Vergehen nach den §§ 89a und 89c und nach den §§ 129 und 129a Abs. 3 und 5, jeweils auch in Verbindung mit § 129b Abs. 1, sowie von einem Mitglied einer kriminellen oder terroristischen Vereinigung (§§ 129, 129a, jeweils auch in Verbindung mit § 129b Abs. 1) begangene Vergehen.*

   Satz 1 gilt in den Fällen der gewerbsmäßigen oder bandenmäßigen Steuerhinterziehung nach § 370 der Abgabenordnung für die durch die Steuerhinterziehung ersparten Aufwendungen und unrechtmäßig erlangten Steuererstattungen und -vergütungen sowie in den Fällen des Satzes 2 Nr. 3 auch für einen Gegenstand, hinsichtlich dessen Abgaben hinterzogen worden sind.

   (2) Ebenso wird bestraft, wer einen in Absatz 1 bezeichneten Gegenstand
1. *sich oder einem Dritten verschafft oder*
2. *verwahrt oder für sich oder einen Dritten verwendet, wenn er die Herkunft des Gegenstandes zu dem Zeitpunkt gekannt hat, zu dem er ihn erlangt hat.*

   (3) Der Versuch ist strafbar.

   (4) In besonders schweren Fällen ist die Strafe Freiheitsstrafe von sechs Monaten bis zu zehn Jahren. Ein besonders schwerer Fall liegt in der Regel vor, wenn der Täter gewerbsmäßig oder als Mitglied einer Bande handelt, die sich zur fortgesetzten Begehung einer Geldwäsche verbunden hat.

   (5) Wer in den Fällen des Absatzes 1 oder 2 leichtfertig nicht erkennt, daß der Gegenstand aus einer in Absatz 1 genannten rechtswidrigen Tat herrührt, wird mit Freiheitsstrafe bis zu zwei Jahren oder mit Geldstrafe bestraft.

Brandau

(6) Die Tat ist nicht nach Absatz 2 strafbar, wenn zuvor ein Dritter den Gegenstand erlangt hat, ohne hierdurch eine Straftat zu begehen.

(7) Gegenstände, auf die sich die Straftat bezieht, können eingezogen werden. § 74a ist anzuwenden. § 73d ist anzuwenden, wenn der Täter gewerbsmäßig oder als Mitglied einer Bande handelt, die sich zur fortgesetzten Begehung einer Geldwäsche verbunden hat.

(8) Den in den Absätzen 1, 2 und 5 bezeichneten Gegenständen stehen solche gleich, die aus einer im Ausland begangenen Tat der in Absatz 1 bezeichneten Art herrühren, wenn die Tat auch am Tatort mit Strafe bedroht ist.

(9) Nach den Absätzen 1 bis 5 wird nicht bestraft, wer

1. *die Tat freiwillig bei der zuständigen Behörde anzeigt oder freiwillig eine solche Anzeige veranlaßt, wenn nicht die Tat in diesem Zeitpunkt ganz oder zum Teil bereits entdeckt war und der Täter dies wußte oder bei verständiger Würdigung der Sachlage damit rechnen mußte, und*

2. *in den Fällen des Absatzes 1 oder 2 unter den in Nummer 1 genannten Voraussetzungen die Sicherstellung des Gegenstandes bewirkt, auf den sich die Straftat bezieht.*

Nach den Absätzen 1 bis 5 wird außerdem nicht bestraft, wer wegen Beteiligung an der Vortat strafbar ist.

182 Auf den ersten Blick erscheint es absurd, den Tatbestand der Geldwäsche auf den einfachen Vorgang des Erwerbs eines gefälschten Werksstücks, z.B. eines Daten- oder Tonträgers anwenden zu wollen. Seit der Einführung des Geldwäschetatbestands im Jahr 1992 ist dessen Anwendungsbereich aber vielfach erweitert worden, wobei es längst nicht mehr um bemakeltes Geld aus einer vom Gesetz bestimmten rechtswidrigen Vortat geht. Tatobjekt im Sinne des § 261 StGB können grundsätzlich alle vermögenswerten Gegenstände, aber auch Forderungen, Grundstücke, dingliche Rechte und Beteiligungen an Unternehmen sein.[182] Von daher nimmt es nicht Wunder, dass durch das Schwarzgeldbekämpfungsgesetz mit Wirkung vom 3.5.2011 auch solche Gegenstände zu tauglichen Tatobjekten wurden, die aus einer Straftat nach den §§ 106 bis 108b des Urheberrechtsgesetzes herrühren. Damit sollen bemakelte Gegenstände dem geschäftlichen Verkehr entzogen oder zu nicht verkehrsfähigen Gütern gemacht werden. Das Ziel des Gesetzes wird für den Geldverkehr trotz des immensen Aufwands für rundum gescheitert erklärt.[183] Im Bereich der Schutzrechtsverletzungen könnte es hingegen ein effektives Instrument sein, denn es schließt Lücken, die durch den Tatbestand des Spezialgesetzes, der nur auf bestimmte Nutzungen abzielt, bewusst in Kauf genommen wurden.

---

182 *Fischer*, § 261 Rn 6.
183 *Fischer*, § 261 Rn 4a.

Der Gegenstand muss aus einer Vortat herrühren, diese muss rechtswidrig und **183** in gewerbsmäßiger oder bandenmäßiger Weise begangen worden sein. Auf dem Gebiet des Urheberrechts kommt in der Mehrzahl der Fälle das Vervielfältigen oder Verbreiten von illegalen Vervielfältigungsstücken, also eine Tat nach § 106 in Betracht. Diese Tat hat in Beziehung auf die Täter praktisch immer gewerbsmäßigen Charakter im Sinne von § 108a, da der Handel mit Raubkopien, z.B. im Internet, sich niemals auf Einzelstücke bezieht, es vielmehr um ein Massengeschäft geht.

Die Vortat muss in ihren wesentlichen tatsächlichen Merkmalen festgestellt **184** werden, dies muss das Gericht, das über den Vorwurf der Geldwäsche urteilt, selbstständig prüfen und darzulegen. Die bloße Bezugnahme auf rechtskräftige Verurteilungen der Vortäter reicht nicht aus.[184]

In den Fällen, in denen die Erwerber von Gegenständen i.S.d. § 261 Abs. 1 Nr. 4b **185** im Zuge von Ermittlungen gegen den Verkäufer identifiziert wurden, bereitet die Feststellung der Vortat keine Probleme, denn zuerst steht einmal die Vortat fest. Anders wenn die Herkunft der Gegenstände nicht ermittelt werden kann: Da aber Gegenstände, die aus einer Tat nach den §§ 106 bis 108 UrhG hervorgegangen sind – im Gegensatz zu Bargeld – zwangsläufig immer aus einer rechtswidrigen Vortat herrühren, wird man keine schärferen Anforderungen an den Umfang der Feststellungen erheben können als bei der Hehlerei. Dort ist anerkannt, dass eine bestimmte Vortat für die Verurteilung nicht festgestellt werden muss.[185] Es reicht die Feststellung, dass überhaupt ein Delikt gegeben ist, das als Vortat für § 259 StGB geeignet ist.[186]

In Fällen des Internetversands, gleich ob aus dem In- oder Ausland, lässt sich **186** die Vortat am besten durch das Angebot auf der Web-Seite beschreiben, wobei ein vorhandenes elektronisches Bestell- und Bezahlsystem zugleich für die Gewerbsmäßigkeit der Vortat spricht.

Als Tathandlung kommen hier alle Varianten des § 261 Abs. 2 StGB in Betracht, **187** wobei das Sichverschaffen immer dann einschlägig sein wird, wenn der Erwerbsvorgang bekannt ist. Unter dem Sichverschaffen wird die Begründung eigener Verfügungsgewalt auf abgeleitetem Weg verstanden,[187] d.h. der Erwerbsvorgang muss konkret dargelegt und unter Beweis gestellt werden. Wenn nicht festgestellt werden kann, auf welche Weise der Gegenstand in den Besitz des Täters gelangt ist, kann die Tathandlung des eigen- oder fremdnützigen Verwahrens in Betracht kommen. Verwahren ist das bewusste Ausüben des Gewahrsams. Dazu reicht aber nicht die Feststellung, dass der Gegenstand auf nicht bekannte Weise in den Herrschaftsbereich einer Person gelangt ist. Wenn der bezeichnete Gegenstand ohne Zutun des

---

184 KG, Beschl. v. 13.6.2012 – (4) 121 Ss 79/12 (138/12) = NStZ-RR 2013, 13.
185 SK-StGB/*Hoyer*, § 259 Rn 6; LK-StGB/*Walter*, § 259 Rn 13.
186 BeckOK StGB/*Ruhmannseder* § 259 Rn 10.
187 BGH, Urt. v. 4.2.2010 – 1 StR 95/09 = BGHSt 55, 36.

Täters in seinen Herrschaftsbereich gelangt und eine wie auch immer geartete Übernahmehandlung, durch die sein Wille zur Sachherrschaft zum Ausdruck käme, nicht erkennbar ist, kann allein das Vorhandensein des inkriminierten Gegenstandes im Zugriffsbereich des Täters kein tatbestandsmäßiges Verhalten darstellen.[188] Ein Verwenden setzt bestimmungsgemäßen Gebrauch voraus, was auf die Hinterlegung von Geld immer zutreffen soll,[189] was bei den Gegenständen nach Nr. 4b aber immer vom Einzelfall abhängig ist. Wenn das auf einem raubkopierten Datenträger vorhandene Computerprogramm auf der Festplatte des heimischen Rechners installiert ist, wird unabhängig von den Umständen des Erwerbs regelmäßig eine bestimmungsgemäße Verwendung angenommen werden müssen.

188   Da die Tathandlung, z.B. des Sichverschaffens oder auch Verwendens keine weiteren Einschränkungen kennt, ergeben sich dort Wertungswidersprüche, wo das speziellere Gesetz dieselbe Handlung für nicht tatbestandsmäßig erklärt. So ist z.B. in § 108b Abs. 2 UrhG der Erwerb eines Umgehungswerkzeugs nicht vom Tatbestand erfasst, es werden dort nur Handlungen aufgeführt, die dem *Inverkehrbringen* eines solchen Werkzeugs dienen.

189   In § 261 Abs. 2 StGB steht das Sichverschaffen desselben Gegenstands unter Strafe, sofern nur die Vortat eine gewerbsmäßige Urheberrechtsverletzung darstellt, was für den geschäftsmäßigen Verkauf eines solchen Werkzeugs nach § 108b Abs. 2 immer zutrifft, wobei in § 108b Abs. 3 UrhG die Verkaufs- und sonstigen Verbreitungshandlungen von der Strafschärfung wegen Gewerbsmäßigkeit gerade ausgenommen sind.

190   Noch krasser tritt der Widerspruch beim Ausschalten des Kopierschutzes, z.B. bei einer Film-DVD, zutage. Zwar stellt dies die Umgehung einer Schutzvorrichtung und damit an sich eine tatbestandsmäßige Handlung nach § 108b Abs. 1 dar, die aber, wenn sie ausschließlich zum eigenen privaten Gebrauch des Täters erfolgt, straflos und nach h.M. schon nicht tatbestandsmäßig ist.[190] Hat ein solcher Täter das Werkzeug, z.B. das Computerprogramm zum Ausschalten des Kopierschutzes, von einem gewerbsmäßig handelnden Verkäufer erworben, so ist auch der private Gebrauch des Programms eine „bestimmungsgemäße Verwendung" i.S.v. § 261 Abs. 2 Nr. 2 StGB, wobei es für die Kenntnis der rechtswidrigen Herkunft nur auf den Zeitpunkt des Erwerbs ankommt.

191   Während das UrhG allein rechtswidrige Verwertungen und nur bestimmte durch Rechtsbruch ermöglichte Nutzungen eines Werkes verbietet oder unter Strafe stellt, werden durch § 261 StGB schon der Erwerb und das bloße Verwahren von illegalen Werkstücken oder Werkzeugen zur Straftat erklärt. Zwar sollen durch § 261 Abs. 6 StGB die Tathandlungen des § 261 Abs. 2 StGB dahingehend eingeschränkt

---

188 BGH, Beschl. v. 26.1.2012 – 5 StR 461/11 = NStZ 2012, 321 f.
189 OLG Frankfurt, Beschl. v. 10.3.2005 – 2 Ws 66/04 = NJW 2005, 1727, 1733.
190 BeckOK UrhR/*Sternberg-Lieben* UrhG, § 108b Rn 8 m.w.N.

werden, dass Erwerbsvorgänge nicht erfasst werden, die als solche in anderen Vorschriften mit Strafe bedroht sind und deren Unrechtsgehalt hierdurch vollständig erfasst ist, wovon besonders der Erwerb von Betäubungsmitteln zum Eigenverbrauch betroffen ist.[191]

In Fortführung dieses Rechtsgedankens wird man Erwerbsvorgänge, die durch **192** andere Vorschriften für straffrei erklärt sind, aus dem Tatbestand des § 261 Abs. 2 StGB herausnehmen müssen. Eine (ober-)gerichtliche Bestätigung dieser Rechtsauffassung ist bislang nicht ersichtlich und sollte angestrebt werden.

Subjektiver Tatbestand

Vorsatz ist bei allen Tathandlungen nach § 261 Abs. 1 oder 2 StGB erforderlich, wobei **193** bedingter Vorsatz genügt. Nach § 261 Abs. 5 StGB genügt es, dass der Täter die Herkunft des Gegenstands aus einer Vortat nach § 261 Abs. 2 StGB leichtfertig nicht erkannt. Dabei handelt es sich insgesamt um ein Fahrlässigkeitsdelikt.[192]

Beim Kauf von illegal hergestellten Vervielfältigungsstücken wird je nach den **194** Umständen, ähnlich wie bei der Hehlerei, bedingten Vorsatz in Bezug auf die rechtswidrige Vortat, zumindest aber Leichtfertigkeit bei Unkenntnis annehmen müssen.

b) Strafbarkeit nach dem Urheberrechtsgesetz

Keine Indizien für eine Urheberrechtsverletzung liegen vor, wenn bei einer Person **195** selbstgebrannte CDs gefunden werden, die häufig als Zufallsfunde bei einer Durchsuchung sichergestellt werden. Gleich ob auf den CDs Kopien von Computerprogrammen, Filme oder Musikaufnahmen gespeichert sind: der bloße Erwerb oder Besitz eines rechtswidrig hergestellten Vervielfältigungsstückes ist nicht strafbar.

Sofern keine Anhaltspunkte dafür vorliegen, dass der Besitzer der CDs diese **196** selbst hergestellt, also den Inhalt vervielfältigt hat, ist der bloße Besitz urheberrechtlich nicht von Belang. Selbst wenn die Herstellung des Datenträgers durch den Besitzer nachweisbar ist, liegt im Zweifel eine nach § 53 Abs. 1 erlaubnisfreie Vervielfältigung zum Privatgebrauch vor, die nur dann strafrechtlich relevant ist, wenn eine offensichtlich rechtswidrige Vorlage benutzt wurde, was dem Besitzer nachgewiesen werden muss.

Gegen den Erwerber oder Besitzer eines illegal hergestellten Datenträgers ist ein **197** (Anfangs-)Verdacht nur dann zu begründen, wenn dieser den Datenträger verwendet und damit zugleich vervielfältigt hat, was nur bei Computerprogrammen ein ablaufbedingtes Verfahren darstellt. Technisch erfordert nämlich die Benutzung des Programms ein Laden in den Arbeitsspeicher des Computers, was nach § 69c Nr. 1

---

191 *Fischer*, § 261 Rn 31.
192 *Fischer*, § 261 Rn 42.

eine zumindest vorübergehende Vervielfältigung bedeutet, die ohne Zustimmung des Rechteinhabers nicht gestattet ist. Es versteht sich von selbst, dass diese Zustimmung nur bei Verwendung eines Original-Datenträgers erklärt ist, niemals aber bei einer Raubkopie. So wie das Abspeichern eines Programms auf einen mobilen Datenträger wie Diskette, CD oder USB-Stick eine Vervielfältigungshandlung bedeutet, gilt dies nach h.M. auch für das Laden in den Arbeitsspeicher, da eine dauerhafte Vervielfältigung vom Gesetz nicht gefordert wird.[193]

198   Selbst wenn bei dem Besitzer der Raubkopie eines Computerprogramms der Originaldatenträger nicht vorhanden ist, ist dies kein Beweis für eine eigene täterschaftliche Vervielfältigung, solange der (straflose) Erwerb von Dritten nicht auszuschließen ist. Eine strafbare Vervielfältigung durch den Besitzer ist nur dadurch zu beweisen, dass das vorgefundene auf CD gebrannte Programm auch auf der Festplatte gespeichert, also installiert worden ist. Dies allein ist der Nachweis, dass das Programm in rechtswidriger Weise vervielfältigt wurde, wobei der Computerbesitzer als Tatnächster anzusehen ist.

199   Die Strafbarkeit des Besitzers eines rechtswidrigen Vervielfältigungsstückes, auf dem ein Computerprogramm gespeichert ist, setzt demnach den Nachweis voraus, dass der Datenträger benutzt wurde, z.B. durch die dauerhafte Installation des Programms auf dem Rechner. Dieser Nachweis wird zuverlässig nur durch die Sicherstellung des Rechners zu führen sein, was eine Durchsuchung der Wohnräume des Käufers voraussetzt. Eine derartige Maßnahme kommt aber im Regelfall mangels Verhältnismäßigkeit nicht in Betracht. Es bleibt also nur die Befragung des Käufers nach der Verwendung des Datenträgers, die entweder durch die Polizei oder in Form einer schriftlichen Anhörung erfolgen mag. Zwar dürfte dies in aller Regel keinerlei Erfolg haben, denn selbstbelastenden Angaben sind selbst von einem nicht anwaltlich vertretenen Beschuldigten kaum zu erwarten. Allein die Tatsache, dass dieser den anrüchigen Kauf der Programmkopie und deren mögliche strafbare Verwendung als entdeckt erkennt, dürfte aber einen spezialpräventiven Effekt haben, der die offizielle Befragung des Verdächtigen rechtfertigen mag.

200   Soweit sich auf sichergestellten Datenträgern Filme oder Musikaufnahmen befinden, spricht zunächst die gesetzliche Vermutung des § 53 Abs. 1 UrhG dafür, dass es sich um erlaubte Vervielfältigungen zum privaten Gebrauch handelt. Dabei spielt es keine Rolle, ob das vervielfältigte Werkstück, also die Kopiervorlage, im Eigentum des Besitzers steht. Es kann also – anders als bei Computerprogrammen – auch ein fremdes Werkstück erlaubterweise kopiert werden.[194] Privater Gebrauch liegt dann vor, wenn die Vervielfältigung der Befriedigung rein persönlicher Bedürfnisse ohne beruflichen oder wirtschaftlichen Hintergrund dienen soll. Die Privatsphäre

---

193 Wandtke/Bullinger/*Grützmacher*, § 69c Rn 5; LG München, Urt. v. 13.3.2008 – 7 O 16829/07 = MMR 2008, 839 ff.
194 Wandtke/Bullinger/*Lüft*, § 53 Rn 14.

umfasst nicht nur die Familie sondern auch (enge) Freunde,[195] sodass auch die Vervielfältigung durch Freunde oder für Freunde statthaft ist. Eine zahlenmäßige Beschränkung der Kopien ist dem Gesetz nicht konkret zu entnehmen, erlaubt sind jedenfalls nur einzelne Vervielfältigungsstücke. In einer älteren Grundsatzentscheidung hat der BGH sich zwar nicht festgelegt, eine Anzahl von mehr als sieben Vervielfältigungsstücken aber für unzulässig gehalten.[196] Eine starre Orientierung an dieser Zahl erscheint verfehlt. Es kommt auf den Einzelfall an, so dass die Herstellung von nur zwei Vervielfältigungsstücken schon den erlaubten Rahmen ausschöpfen kann, während in anderen Fällen sogar zehn Stücke zulässig sein können.[197] Der Besitz selbst einer großen Zahl von raubkopierten CDs mit Filmen oder Musikaufnahmen begründet also im Regelfall niemals den Anfangsverdacht einer Straftat nach § 108 Abs. 1 Nr. 5 oder Nr. 7.

Ausnahme

Die erlaubte Vervielfältigung zum privaten Gebrauch steht unter der Einschränkung, dass nicht eine offensichtlich rechtswidrig hergestellte oder ein öffentlich zugänglich gemachte Vorlage verwendet wird. Dabei ist auf die Sicht des Nutzers abzustellen, so dass die Beschränkung nur in eindeutigen Fällen zu Anwendung kommt, z.B. die Vervielfältigung von offensichtlich illegalen Konzertmitschnitten (§ 53 Abs. 7). **201**

Weitaus häufiger werden als Vorlage die im Internet kursierenden Dateien aus diversen Tauschbörsen verwendet, wobei es dann bei der Frage der Rechtmäßigkeit der Vorlage auf die Erlaubnis zum Zugänglichmachen dieser Dateien ankommt. Da das Zugänglichmachen im Internet (§§ 85, 19a UrhG) eine besonders intensive und schadenträchtige Form der Verwertung von Musikstücken darstellt, kann eine Quelle, die das kostenlose Herunterladen von Musikdateien ermöglicht, nach wohl allgemeiner Kenntnis niemals rechtmäßig sein. Dies gilt umso mehr für Filme. **202**

Wenn demnach Filme und Musikaufnahmen praktisch niemals aus rechtmäßigen Quellen heruntergeladen werden können, ist dennoch der Besitz von mobilen Datenträgern mit derartigen Dateien für sich genommen kein Nachweis für eine strafbare Vervielfältigung. Wenn sich der Besitzer der Datenträger nicht zu deren Herstellung äußert, kann nicht unterstellt werden, er selbst habe diese Werke heruntergeladen und auf eine CD kopiert. **203**

Anders ist es zu beurteilen, wenn Musik- oder Filmdateien auf der Festplatte eines privaten Rechners abgespeichert sind. Hier ist grundsätzlich der Besitzer des **204**

---

195 Wandtke/Bullinger/*Lüft*, § 53 Rn 21.
196 BGH, Urt. v. 14.4.1978 – I ZR 111/76 = m. Anm. *Lehmpfuhl*, GRUR 1978, 474 ff.
197 Wandtke/Bullinger/*Lüft*, § 53 Rn 12.

Rechners für das verantwortlich, was an Inhalten auf der Festplatte abgespeichert ist. Zwar muss für jedes kopierte Werk die rechtswidrige Herkunft nachgewiesen, werden, was anhand bestimmter Dateiendungen (torrent, rip, warez) für den Fachmann leicht zu erkennen ist. Insofern empfiehlt sich eine Strukturierung der kopierten Werke nach ihrer Art (Film oder Musik) und der jeweiligen Internetquelle, darüber hinaus eine Beschränkung der Strafverfolgung auf namhafte oder aktuelle Filme oder Musikalben.

2. Anbieten von geschützten Werken über File-Hoster zum Download

205 Eine verbreitete Form der kostenlosen Aneignung insbesondere von aktuellen Filmen stellt das Herunterladen dieser Werke von Online-Speicher-Diensten, sogenannten Filehostern, dar. Filehoster sind Dienstleister, die entweder gegen Entgelt oder unentgeltlich Speicherplatz auf Webservern zur Verfügung stellen, mitunter also vermieten. Auf diesem Speicher können, entweder durch den Mieter oder – je nach Zugangsgestaltung – durch beliebige Dritte Daten abgelegt, d.h. online hochgeladen werden. Das Vermieten von Online-Speicherplatz hat sich inzwischen zu einem gängigen Geschäftsmodell entwickelt, wobei diese Dienstleistung entweder in legaler Weise oder von vornherein zu illegalen Zwecken betrieben werden kann. Während klassische Webspace-Anbieter wie etwa Microsofts Skydrive ihren Kunden meist ein eigenes virtuelles Laufwerk mit fixer Größe und Passwortschutz zur Verfügung stellen, verzichten die meisten Filehoster auf jeglichen Sicherheitsaufwand. Bereits auf der Startseite ist die Upload-Funktion, die es ermöglicht, mit einem Klick eine Datei auf dem Online-Server abzulegen, weshalb diese Unternehmen auch als One-Click-Hoster bezeichnet werden.

206 Ebenso einfach ist der Download: Hat man eine Datei beim Filehoster hochgeladen, wird dies mit einer individuellen URL, also einem Hinweis auf den Speicherort, quittiert. Ein Klick darauf startet den Download der Datei, oder – je nach Dateityp – auch einen Film-Stream. Eine Anmeldung oder ein Einloggen ist in aller Regel nicht erforderlich, es sei denn, der Zugang zum Server ist von vornherein nur einem geschlossenen Mitgliederkreis gestattet. Jeder der die spezifische Adresse des Speicherortes kennt, kann die Datei nun herunterladen. Damit die Datei möglichst große Verbreitung findet, wird ihre Adresse als Link auf einer der zahlreichen Linksammlungen (auch **Streaming- oder Warez-Seiten** genannt) platziert, die das Dateiangebot wie einen Katalog auflisten. Damit sind die eingestellten Dateien nicht nur von jedem abrufbar, sondern können auch von Suchmaschinen gefunden werden. So gibt es mittlerweile zahlreiche Suchmasken, die das Netz ganz gezielt nach solchen Links auf gehostete Dateien durchsuchen, bei denen es in allen Fällen um urheberrechtsgeschützte Filme, Musikalben oder Software gehen dürfte. Die Betreiber der oft riesigen Linkverzeichnisse, die auf illegal gespeicherte Werke hinweisen, bewegen sich in einer rechtlichen Grauzone: sie können sich aber auf das Suchmaschinen-Privileg berufen, wonach derjenige, der nur den Fundort einer Datei nennt, nicht für deren Inhalt verantwortlich ist.

Völlig anders ist die rechtliche Situation zu bewerten, wenn der Betreiber ei- 207 ner Linksammlung praktisch dazu aufruft, die URL einer rechtswidrig bei einem Filehoster gespeicherten Datei in das Linkverzeichnis einzustellen. Diese Variante ist durch die Ermittlungen der Generalstaatsanwaltschaft Dresden gegen die Betreiber des Portals „kino.to" bundesweit bekannt geworden. Diese hatten die aktuellen Filme nicht etwa selbst ins Netz gestellt, sondern konnten auf ein großes Netzwerk von Helfern zurückgreifen, die sogenannten Uploader. Diese verschickten komplette Filme auf ihre persönlichen Accounts bei externen Filehostern und reichten die Links an „kino.to" weiter, das erst durch seinen immensen Umfang und seine Bekanntheit zur Verbreitung der Filme beitrug. Daneben sollen die Betreiber von „kino.to" auch eigene Online-Dateispeicher zu diesem Zweck eingerichtet haben.

Es liegt auf der Hand, dass derjenige, der eine Filmdatei auf den Online-Spei- 208 cher hochlädt, eine Vervielfältigung eines urheberrechtlich geschützten Werkes herstellt, was die Strafbarkeit nach § 108 Abs. 1 Nr. 7 begründet. Damit ist die Datei aber noch nicht öffentlich zugänglich gemacht, denn ohne den dazugehörigen Link sind Dateien bei Filehostern nicht auffindbar: Eine Suchfunktion oder ähnliche Zugriffsmöglichkeiten auf die Filehoster-Archive gibt es nicht, denn der Speicheranbieter darf die gespeicherten Inhalte nicht einsehen.

Allerdings verletzt der Betreiber einer Verzeichnisseite wie „kino.to" das aus- 209 schließliche Recht des Filmherstellers, sein Werk öffentlich wiederzugeben, wovon auch das Recht der öffentlichen Zugänglichmachung nach § 19a umfasst ist.[198] Ihm steht auch nicht das Privileg eines Suchmaschinenbetreibers zur Seite, demzufolge die Veröffentlichung eines gewöhnlichen Links keine Vervielfältigung darstellt. Die angebotenen Filme können nämlich auf den externen Hostservern nicht im Internet aufgefunden werden, sondern sind nur über die Suche auf einer Link- oder Verzeichnisseite, z.B. „kino.to", überhaupt sichtbar und abrufbar. Dadurch erst werden die bei unterschiedlichen Filehostern abgelegten Filme überhaupt einem breiten Publikum zugänglich gemacht. Die vorsätzliche Rechtsverletzung des Verzeichnisanbieters folgt schon daraus, dass ihm die Links mitsamt den darunter erreichbaren Inhalten von den Uploadern mitgeteilt werden. Schon der Inhalt, z.B. ein Filmtitel, weist zwangsläufig auf einen rechtswidrigen Speichervorgang hin. Darüber wurden von den Verantwortlichen von „kino.to" Vorkehrungen getroffen, dass nur solche Links auf ihrer Seite eingestellt wurden, die ihren Ansprüchen in Bezug auf Qualität und leichte Abspielbarkeit genügten, was die Kenntnis der Inhalte voraussetzt.

---

198 BGH, Urt. v. 14.5.2013 – VI ZR 269/12 = NJW 2013, 2348 ff.

210   Da das Herunterladen, der Downloadvorgang, für den Nutzer grundsätzlich kostenlos ist, stellt sich die Frage, aus welchen Gründen solche strafbaren Angebote überhaupt gemacht werden. Es sind jedenfalls keine altruistischen Gründe, wie die bekanntgewordenen Erlöse der Betreiber von „kino.to" belegen. Der Gratisdownload von einem Hostserver unterliegt nämlich Beschränkungen: Meist wird das Übertragungstempo gedrosselt, so dass der Download großer Film-Dateien viel länger dauert, als es die schnellen DSL-Leitungen der meisten Nutzer erlauben würden. Das lässt sich mit einem Premium-Account bei dem Filehoster ändern, der meist nur wenige Euro im Monat kostet und den Download in nur wenigen Minuten und nicht wie sonst üblich erst nach Stunden ermöglicht. Diese Premium-Dienste sind oft die einzige Einnahmequelle der Filehoster und stellen diese in eine geschäftliche Nähe zum Anbieter der Inhalte. Manche Anbieter locken Nutzer, die besonders nachgefragte Filme oder Dateien anbieten, sogar ganz unverhohlen mit finanziellen Belohnungen. Dies stellte auch das z.B. von „kino.to" betriebene System dar: Die Uploader bekamen für jeden Link, den sie zeitnah bei „kino.to" einreichten, Geld und wurden so für ihre Dienste bezahlt.

211   Daneben werden Einnahmen auch durch Werbung erzielt, die auf den Seiten mit den Download-Links platziert sind, z.B. für Glücksspiele oder Pornos. Jeder Klick auf eine solche Seite wird von dem Betreiber der Seite erfasst und mit dem Werbetreibenden abgerechnet. Der Erlös wird nach einem Bonussystem mit dem Anbieter geteilt, so dass ein häufiges Anklicken der Linkseiten, auf denen jeder Film einzeln aufgeführt ist, auch zu entsprechenden Erlösen des Filmanbieters führt. Sowohl bei dem Uploader einer Datei als auch bei dem Speicherdienstleister liegt damit Gewinnerzielungsabsicht vor, die ihre Urheberrechtsverletzung zu einer gewerbsmäßig begangenen Straftat hochstuft.

212   Während der Fall „kino.to" in seinem Umfang wohl eine absolute Ausnahme darstellt, kommt es in der Praxis weit häufiger vor, dass eine Person oder eine Gruppe von Personen, sich selbst oft Release-Group nennend, sowohl das Hochladen der Filme auf beliebige Server als auch die Link-Veröffentlichung in einer Hand betreibt. Damit die Seite, auf der die Links zu sehen sind, möglichst oft besucht wird, werden in speziellen Chat-Foren gezielt Hinweise oder Links auf die Verzeichnis-Seite platziert. Der erste und zumeist einzige Ermittlungsansatz besteht in solchen Fällen darin, über den Download-Link den Speicher-Server und dessen Standort zu erforschen. Vom Serverbetreiber ist der Kunde, der den Speicherplatz für die Filme gemietet hat, festzustellen. Um dessen Daten zu beschaffen, bedarf es einer Beschlagnahme- mitunter auch einer Durchsuchungsanordnung, wobei sich die Frage stellt, ob der Serverbetreiber als Verdächtiger oder als Dritter anzusehen ist.

213   Bei den Betreibern der Speicherdienste, die in keiner besonderen Nähe zu Uploadern stehen, z.B. Rapidshare, ist diese Frage leicht zu beantworten. Zwar werden auch dort in großem Umfang illegale Inhalte hochgeladen, dennoch ist das Geschäftsmodell grundsätzlich keinen rechtlichen Bedenken ausgesetzt. Zunächst ist davon auszugehen, dass ein Werk erst dann öffentlich zugänglich gemacht ist,

wenn der zugehörige Link auf den Speicherort, z.B. bei Rapidshare, in einer Link-
sammlung im Internet uneingeschränkt zur Verfügung gestellt worden ist. Anbietern von Speicherplatz im Internet sei es nicht verlässlich möglich, urheberrechtlich
zulässige von unzulässigen Speichervorgängen zu unterscheiden, ohne in die Rechts-
positionen des Nutzers einzugreifen.

a) Strafbarkeit wegen Veröffentlichen des Downloadlinks

Erst die Veröffentlichung des Links, die das Werk beliebigen Dritten zum Download   214
anbietet, stellt ein urheberrechtswidriges Zugänglichmachen i.S.d. § 19a UrhG dar.[199]
Nur wenn massenhafter Zugriff auf einzelne Dateien erfolgt, muss sich die Begehung von Urheberrechtsverletzungen aufdrängen, die dem Betreiber des Speicher-
dienstes Prüf- und Handlungspflichten auferlegen, damit weitere Rechtsverletzungen verhindert werden. Zwar darf er nicht auf bei ihm gespeicherte Inhalte
zugreifen, falls dies überhaupt technisch möglich ist. Vielmehr muss er die ihm bekannten rechtsverletzenden Downloadlinks löschen, z.B. durch den Einsatz von
Wortfiltern, die in den einschlägigen Link-Sammlungen auf seinen Server hinfüh-
ren. Darüber hinaus ist er verpflichtet, bei begründetem Verdacht, z.B. durch Hinweise des verletzten Rechteinhabers, gezielt nach weiteren Links zu suchen, über
die ein geschütztes Werk, das auf seinen Servern abgelegt (gehostet) ist, zugänglich
gemacht wird.[200] Sofern der Hostanbieter (z.B. Rapidshare) diese zumutbare Prüfung
nicht leistet, kann er zivilrechtlich als Störer auf Unterlassung in Anspruch genommen werden.

Daraus folgt, dass ohne weitere Anhaltspunkte der Serverbetreiber nicht als   215
Verdächtiger sondern als Dritter anzusehen, ein Durchsuchungsbeschluss also auf
§ 103 StPO zu stützen ist. Für die strafrechtliche Haftung des Speicheranbieters, die
bekanntlich Vorsatz voraussetzt, folgt daraus weiter, dass ihm allenfalls die Verletzung einer Prüfungs- oder Handlungspflicht vorzuwerfen ist, was aber üblicherweise nur einen Fahrlässigkeitsvorwurf begründet. Ein vorsätzliches Zugänglichmachen eines Werkes ist demzufolge nur anzunehmen, wenn der Speicherbetreiber auf
gezielte Hinweise oder Abmahnungen nicht in gebotener Weise reagiert hat.

Es ist danach festzuhalten: Wer geschützte Inhalte auf einen externen Server   216
hochlädt, begeht eine strafbare Vervielfältigung eines Werkes. Wer die gespeicherten Inhalte Dritten durch Veröffentlichung eines speziellen Links zum Download
anbietet, macht die Werke in strafbarer Weise zugänglich.[201]

---

199 OLG Hamburg Urt. v. 14.3.2012- 5 U 87/09, bestätigt durch BGH, Urt. v. 15.8.2013 – I ZR 80/12 =
NJW 2013, 3245 ff.
200 So zuletzt BGH, Urt. v. 15.8.2013 – I ZR 80/12 = NJW 2013, 3245 ff.
201 LG Leipzig Urt. v. 11.4.2012 – 11 KLs 390 Js 183/11; LG Leipzig, Urt. v. 14.6.2012 – 11 KLs 390 Js
191/11.

b) Ermittlungen gegen Anbieter von Downloads oder Linksammlungen

217 Die Einrichtung und die ständige Aktualisierung einer Link-Sammlung wie „kino.to" stellt längst keine Ausnahmeerscheinung mehr da, allenfalls die Zahl der illegal dort angebotenen Filme stellte bislang die Spitze dar. Die Betreiber der Link-Seiten sind diejenigen, die am intensivsten in die Rechte der Film-Hersteller eingreifen und deshalb im Ziel der Strafverfolgung stehen müssen. Diese Seiten sind schon wegen ihres Geschäftsmodells wie eine normale Web-Seite ständig abrufbar, der Verantwortliche ist über den Betreiber des Servers, auf dem die Seiten gespeichert, also gehostet sind, zu ermitteln. Da der Betreiber als Anbieter von Inhalten anzusehen ist, bestimmen sich die Auskunftsansprüche nach § 14 Abs. 2 TMG, wobei zwischen zwei Arten von personenbezogenen Daten – Bestandsdaten und Nutzungsdaten – unterschieden wird.

218 Bestandsdaten sind Daten, die für die Begründung, inhaltliche Ausgestaltung oder Änderung eines Vertragsverhältnisses zwischen dem Diensteanbieter und dem Nutzer über die Nutzung von Telemedien erforderlich sind (§ 14 Abs. 1 TMG). Dazu zählen Name und Anschrift des Nutzers sowie Nutzername bzw. -kennung („User-ID"). Diese Daten betreffen keinen konkreten Kommunikationsvorgang, sondern lediglich die vertraglichen Rahmenbedingungen für die legale Nutzung eines Telemediendienstes. Die Bestandsdaten nach dem TMG unterliegen jedoch keinerlei Echtheits-Prüfung durch den Diensteanbieter. Da die Eröffnung eines Kontos sowohl bei kostenlosen als auch entgeltlichen Diensten online erfolgt und nur die Angabe einer Email-Adresse für den Kontakt erforderlich ist, ist die Aussagekraft dieser Bestandsdaten zumeist sehr begrenzt. Auch eine E-Mail-Adresse führt regelmäßig nicht zu einer existenten Person, da bei der Eröffnung eines Mail-Kontos ebenso wenig eine Echtheitsprüfung stattfindet. Allenfalls anhand der Kontoverbindung, über die Kosten und Erlöse abgewickelt werden, kann der Seitenbetreiber ermittelt werden. Die Abfrage der Bestandsdaten ist jedenfalls aufgrund der Ermittlungsgeneralklauseln der §§ 161, 163 StPO möglich, da sie nicht zu den näheren Umständen der Telekommunikation gehören und nicht unter den Schutzbereich des Fernmeldegeheimnisses des Art. 10 GG fallen.

219 Ansonsten ist die Erhebung von Daten erforderlich, die unabhängig von einer Prüfung durch den Diensteanbieter automatisch bei jeder Nutzung anfallen. Hierzu zählen die Nutzungsdaten, die auch von den Telemedienanbietern erfasst werden, soweit sie erforderlich sind, um die Inanspruchnahme von Telemedien zu ermöglichen und abzurechnen (§ 15 Abs. 1 TMG). Von Interesse für die Strafverfolgungsbehörden sind solche Daten, welche die Identifikation des Nutzers anhand seiner dynamischen IP-Adresse ermöglichen, unter der er sich auf der Seite eingeloggt hat. Auf diese Nutzungsdaten können die Ermittlungsbehörden durch ein einfaches Auskunftersuchen gem. §§ 161, 163 StPO i.V.m. §§ 15 Abs. 5 S. 4, 14 Abs. 2 TMG zugreifen und damit auch Login-IP-Adressen des Nutzers erhalten, die sich freilich auf Seitenzugriffe in der Vergangenheit beziehen.

220 Diese IP-Adresse, die zu den Verkehrsdaten nach § 96 TKG zählt, ist bei dem Access-Provider mit den Bestandsdaten des Kunden zusammenzuführen, wozu ein

Auskunftsersuchen nach § 100j StPO genügt. Der ursprüngliche Regelfall einer Speicherung von IP-Adressen mit Beginn und Ende der jeweiligen Verbindung zur Entgeltabrechnung (§ 97 TKG), wird aufgrund der inzwischen meist vorhandenen „Flatrate"-Verträge nicht mehr praktiziert. Die Verkehrsdaten werden lediglich noch zur Störungs- und Missbrauchsbekämpfung (§ 100 TKG) gespeichert, wobei die Gerichte insoweit eine siebentägige Speicherfrist der Diensteanbieter für zulässig erachten,[202] welche von der Deutschen Telekom voll ausgeschöpft wird. Angesichts der kurzen Speicherfristen sind Ermittlungshandlungen, die auf die Erlangung von Verkehrsdaten abzielen oder unter deren Verwendung erfolgen, stets eilbedürftig, weil die Daten innerhalb kurzer Frist von den Providern gelöscht werden.

Wenn die Rückverfolgung einer IP-Adresse nicht zum Ziel führt, weil sie im Zeit- 221 punkt ihrer Mitteilung bereits veraltet ist, müssen die Zugriffe des Speichermieters bei dem Betreiber in Echtzeit ermittelt werden, was nur durch eine Anordnung nach § 100g StPO möglich ist. § 100g Abs. 1 StPO stellt eine allgemeine Befugnis zur Erhebung von Verkehrsdaten dar, die keine bestehende Kommunikationsverbindung voraussetzt. Gem. § 100g StPO können auch Diensteanbieter wie Access-Provider, verpflichtet werden, während der laufenden Session/Verbindung Verkehrsdaten zu erheben und in Echtzeit auszuleiten, selbst wenn sie normalerweise solche Verkehrsdaten weder erheben noch speichern. Die Anwendung des § 100g StPO wird auch in Bezug auf Telemediendienste für zulässig erachtet,[203] sodass auch Betreibern von Telemediendiensten wie Hostprovider oder Foren gem. § 100g StPO verpflichtet werden können, Verkehrsdaten (also IP-Adressen) in Echtzeit zu erheben und an die Strafverfolgungsbehörden auszuleiten.

Der Antrag ist darauf zu richten, die in der Zukunft liegenden Zugriffe des Nut- 222 zers auf seinen Speicherort oder eine bestimmte, zugangsgeregelte Webseite nach Datum, Uhrzeit und IP-Adresse zu erfassen. Ein Muster für eine solche Anordnung wird im Anhang zur Verfügung gestellt. Es ist darauf zu achten, dass die Erhebung und Ausleitung der Verkehrsdaten in Echtzeit zur Klarstellung in den Beschlusstext aufgenommen wird.

Die Überwachung eines externen Servers in Echtzeit kann nur durch Fach- 223 dienststellen der Polizei geleistet werden, die dafür besondere Computer bereithalten. Sollten, wie es bei geschlossenen Verteilergruppen (sog. Releasegruppen) oft der Fall ist, diese Einwahldaten durch Zwischenschaltung eines sogenannten Entry-bouncers verschleiert werden, muss dieser lokalisiert und dann wieder in Echtzeit auf Einwahlen der Nutzer hin überwacht werden. Nur so lassen sich die IP-Adressen der Up- und Downloader ermitteln, wobei damit auch der eigentliche Speicherort der Inhalte festgestellt werden kann, denn auf diesen werden sämtliche Log-Ins der Nutzer weitergeleitet.

---

202 BGH, Urt. v. 13.1.2011 – III ZR 146/10 = MMR 2011, 341 ff.
203 KK-StPO/*Bruns*, § 100a Rn 12.

224   Erfahrungsgemäß erklären sich kleinere Diensteanbieter zur Erhebung und umso mehr zur Ausleitung der Verkehrsdaten aus technischen Gründen außerstande, was einen Beschluss ins Leere laufen lässt. In solchen Fällen ist zumindest auf eine z.B. im Drei-Tage- oder Wochen-Turnus stattfindende Prüfung und sofortige Mitteilung der IP-Adressen zu dringen, was von allen Anbietern geleistet werden kann.

225   Sind Speicherort und -betreiber einmal festgestellt, müssen die dort zum Download abgelegten Inhalte, also Filme, mp3-Dateien usw., zu Beweiszwecken gesichert werden. Da das vollständige Herunterziehen dieser Inhalte auf polizeiliche Speichermedien wegen der Größe der Dateien zumeist nicht in Frage kommt, ist ein Verzeichnis aller abgelegten Daten im Wege des Screen-Shots aufzunehmen und zu sichern. Dies setzt freilich den Zugriff auf den tätereigenen Account und die Kenntnis der Zugangsdaten voraus. Wenn diese nicht beim Verdächtigen erhoben werden können, ist der Speicher- oder Seitenbetreiber zur Herausgabe aufzufordern. Auch das Passwort zählt zu den Nutzungsdaten, zu deren Herausgabe der Betreiber gem. §§ 161, 163 StPO i.V.m. § 15 TMG verpflichtet ist.

226   Scheitert diese Ermittlungsmethode, z.B. weil sich der Speicherserver im Ausland befindet, und der Betreiber auf das Herausgabeverlangen nicht reagiert, kann es zur Beweiserhebung unumgänglich werden, den Server, also die Hardware, im Wege der Rechtshilfe sicherzustellen, damit die auf dem Account gespeicherten Inhalte wie auch die Uploads der Nutzer ausgewertet werden können. Bei diesen Servern handelt es sich in aller Regel um gewöhnliche PCs mit großer Speicherkapazität, die in einem größeren Serverzentrum untergebracht sind und dort überwacht werden, wofür immer Mieten und Gebühren zu zahlen sind. Dieser PC ist fast immer von einem Verantwortlichen des Systems dorthin verbracht worden, seine Sicherstellung greift deshalb weder in das Eigentum des Serverzentrums ein, noch führt es zu dessen Betriebsausfall, da es lediglich um ein separates Laufwerk geht, das unter der Adresse des Zentrums erreichbar ist. Da die Zentrumsbetreiber diese Personen, die den Standplatz gemietet und die fälligen Zahlungen zu leisten haben, schon aus Kostengründen erfassen, sind deren Daten dort erhältlich. Sie führen in aller Regel zu den Verantwortlichen des Systems, das die geschützten Inhalte im Netz zur Verfügung stellt. Sofern die sicherstellende Polizei am (ausländischen) Standort des Servers zu dessen systematischer Auswertung nicht willens oder in der Lage scheint, sollte schon im Rechtshilfeersuchen darum ersucht werden, dass die sichergestellten PCs an die ermittelnde deutsche Polizeibehörde ausgehändigt werden, was die Teilnahme deutscher Beamter an der Maßnahme schon deshalb erforderlich macht.

227   Selbst wenn die zum Download bereitgestellten Inhalte bekannt und gesichert sind, stellt sich die Frage, was mit diesen am Speicherort zu geschehen hat. Solange die Verzeichnisseiten, von denen es viele gibt, noch diese Inhalte ausweisen, können die Dateien weiterhin von Nutzern heruntergeladen, also rechtswidrig vervielfältigt werden. Die weitere Nutzung zu verhindern, ist zwar aus Beweisgründen nicht erforderlich, fällt aber zweifellos in den polizeilichen Aufgabenbereich. Wenn

das tätereigene Laufwerk physisch sichergestellt worden ist, sind damit auch die Download-Dateien vom Netz genommen, was aber selten vorkommen dürfte. Weit häufiger besteht nur die Möglichkeit eines Online-Zugriffs auf die Dateien, die nur auf demselben elektronischen Weg ihres Uploads auch wieder entfernt werden können. Diese Handlung kann zuallererst der Speichermieter selbst vornehmen, der die Rechte an dem gemieteten Speicherplatz aus Vertrag innehat. Diese Rechtsposition ist aber nicht schützenswert, da sie ausschließlich zur Begehung von Straftaten gebraucht wurde. Mit dieser Rechtsposition sind aber oftmals auch Vermögenswerte verknüpft, nämlich ein Guthaben, das dem Täter aus den kostenpflichtigen früheren Downloads vom Speichervermieter, der daran verdient hatte, eingeräumt wurde. Dieses Guthaben kann gem. § 73 StGB für verfallen erklärt werden, demgemäß kann es vorläufig gem. § 111d StPO im Wege des dinglichen Arrestes eingezogen werden. Die Arrestanordnung ist auf die gespeicherten Dateien zu erstrecken, bei denen es sich um selbständig erreichbare (Unter-)Domains handelt. Selbst wenn dieser Weg nicht bestritten werden soll, können die Download-Inhalte aus präventiv-polizeilichen Gründen online gelöscht, also dauerhaft vom Netz genommen werden. Eine weitaus einfachere Möglichkeit, künftige Downloads zu verhindern, liegt darin, die Verzeichnisseiten zu löschen, womit die Inhalte unauffindbar werden. Dies ist aber nur dann umfassend erfolgreich, wenn sämtliche Verzeichnisseiten bekannt sind, was zwar mit der Seite „kino.to" der Fall war, ansonsten aber die Ausnahme sein dürfte.

Eine letzte Möglichkeit der Unterbindung weiterer Downloads besteht darin, **228** den Betreiber der Verzeichnisseite und den Betreiber des Servers, auf dem die rechtswidrig gespeicherten Inhalte liegen, auf diese Sachverhalte in förmlicher Weise aufmerksam zu machen. Damit entsteht für diese Betreiber die Pflicht, die rechtwidrigen Inhalte zu löschen bzw. vom Netz zu nehmen, andernfalls greift für sie die zivilrechtliche Störerhaftung, wobei sie auch in strafrechtlicher Hinsicht wegen Beihilfe für künftige Downloads verantwortlich gemacht werden können.

3. Strafbarkeit der Nutzer von Streaming-Angeboten

Obwohl die Strafverfolgung der Nutzer eines Dienstes wie „kino.to" keine prakti- **229** sche Relevanz hat und in der Praxis an der nicht mehr möglichen Verfolgung der Verbindungsdaten scheitert, ist diese Frage dennoch hier zu beantworten. Wenn der Nutzer, sofern dies technisch möglich war, den heruntergeladenen Film auf seinen Rechner gespeichert hat, liegt darin ohne jeden Zweifel eine Vervielfältigung, die angesichts der fehlenden Erlaubnis des Rechteinhabers strafbar ist nach § 108 Abs. 1 Nr. 6 UrhG.

Hat sich der Nutzer hingegen auf das bloße Streaming beschränkt, also auf die **230** reine Betrachtung des Filmes, besteht eine rechtliche Grauzone, bei der folgende Umstände Bedeutung erlangen:

231   Die bloße Wiedergabe eines Werkes auf einen Bildschirm stellt keine Vervielfältigung dar, da das Werk nicht in einem den Anforderungen des § 16 UrhG entsprechendem Maße verkörperlicht wird.[204]

232   Bei der Nutzung von „kino.to" oder einem ähnlichen Angebot werden die bild-
gebenden Daten in einem kontinuierlichen Datenstrom an den Empfänger gesendet,
bis die Daten vollständig übertragen sind oder die Verbindung abgebrochen wird.
Dabei ist es gleichgültig, ob es sich um einen Live-Stream handelt, bei dem der Datenstrom an eine Vielzahl von Empfängern und zu einer einheitlichen Zeit (in Echtzeit) erfolgt, was einer Rundfunkübertragung gleichkommt oder ob der einzelne
Nutzer den Datenstrom nach seinem Belieben startet oder beendet, wobei eine individuelle Übertragung auf den Rechner des Empfängers erfolgt (sogenanntes On-
Demand-Streaming).

233   In beiden Varianten kommt es auf dem Rechner des Nutzers zu Zwischenspeicherungen des angeforderten Filmes, die sich je nach Übertragungsverfahren nur in
Häufigkeit und Dauerhaftigkeit unterscheiden. Dabei werden entweder Einzelteile
des Filmes oder auch das gesamte Werk im Arbeitsspeicher (RAM/Caches) sowie im
Browser-Cache abgelegt, was eine kontinuierliche Wiedergabe ermöglichen soll.
Zwar sind diese Speicherungen nur temporärer Natur, d.h. sie werden nach Beendigung des Programms oder spätestens mit dem Herunterfahren des Computers gelöscht. Dennoch ist eine ständige Speicherung einzelner Dateien des Filmes oder
sonstigen Werkes aus technischen Gründen zwingend erforderlich.

234   Damit liegt eine Vervielfältigung im Sinne von § 16 Abs. 1 UrhG vor. Diese Spei-
chervorgänge sind zwar Vervielfältigungen zum eigenen Gebrauch, aber nach § 53
Abs. 1 UrhG nur erlaubt, wenn keine offensichtlich rechtswidrig hergestellte oder
öffentlich zugänglich gemachte Vorlage verwendet wird. Angesichts der Aktualität
der Kinofilme auf „kino.to" dürfte für jeden Nutzer die Eigenschaft als „Raubkopie"
erkennbar gewesen sein.

235   Allerdings folgt aus dem Umstand, dass es sich um flüchtige Vervielfältigungen
handelt, die ein integraler und wesentlicher Bestandteil eines technischen Verfahrens sind, eine andere rechtliche Bewertung. Zugunsten des Nutzers greift § 44a
UrhG ein, der nach seiner Gesetzesbegründung ausdrücklich jene Handlungen
rechtfertigen soll, die für das Caching und Browsing im Internet erforderlich sind.
Nichts anderes stellt auch das Ansehen von Inhalten dar, selbst wenn sie über
rechtsverletzende Seiten wie „kino.to" heruntergeladen wurden. Zwar muss nach
dem Wortlaut des § 44a auch die Nutzung des Werkes rechtmäßig sein. Allerdings
stellt das Betrachten eines Filmes nur den rezeptiven Genuss eines Werkes und keine Vervielfältigung dar, ist also eine Form der rechtmäßigen Nutzung gem. § 44a
Nr. 2 UrhG. Diese soll den Ausschließlichkeitsrechten des Urhebers aber wie das

---

204 BGH, Urt. v. 20.1.1994 – I ZR 267/91 – Holzhandelsprogramm = GRUR 1994, 363 ff.

Brandau

Anschauen eines Filmes im Fernsehen von vornherein nicht unterfallen.[205] Dass die Bereitstellung der Streamingdaten unrechtmäßig war, es sich also um eine unrechtmäßige Quelle handelt, kann ebenso wie beim Hören raubkopierter Musik keine Strafbarkeit begründen.[206]

Als Ergebnis bleibt festzuhalten, dass sich derjenige, der unrechtmäßig bei einem Filehoster gespeicherte Dateien auf seinen Rechner lädt und sich, ohne diese zu speichern, auf das bloße Betrachten beschränkt, keiner Urheberrechtsverletzung strafbar macht. 236

IV. Unzulässiges Anbringen der Urheberbezeichnung (§ 107)

Der Tatbestand des § 107 stellt nicht die unzulässige Verwertung eines Werkes sondern das unzulässige Anbringen der Signatur an einem Kunstwerk unter Strafe. Er schützt das dem Urheber allein vorbehaltene Recht aus § 13 S. 2, das Werk mit seiner Bezeichnung zu versehen. Damit wird einerseits dessen Persönlichkeits- oder Namensnennungsrecht als auch das Interesse des kunstinteressierten Publikums an der Beweiskraft der Signatur und der Lauterkeit des Kunsthandels geschützt.[207] Als Tatobjekt kommen allein Werke der bildenden Kunst im Sinne von § 2 Abs. 1 Nr. 4 in Betracht, wozu Gemälde, Zeichnungen, Stiche, Plastiken und Skulpturen zählen, wobei an die Werkhöhe anders als bei Objekten der angewandten Kunst geringere Anforderungen gestellt werden.[208] Weitere Voraussetzung ist, dass das betreffende Werk noch urheberrechtlichen Schutz genießt, was dann nicht der Fall ist, wenn die Schutzfrist nach § 64 abgelaufen ist. 237

Die Tathandlung besteht nach nicht ganz unumstrittener Auffassung allein darin, dass auf einem Werk, das zuvor keinerlei Urheberbezeichnung aufgewiesen hatte, die Urheberbezeichnung nach § 10 angebracht wird, wobei diese auch in einem Kürzel oder Pseudonym bestehen kann. Die Bezeichnung muss auf dem Original angebracht werden, die Anbringung auf dem Rahmen oder dem Sockel einer Skulptur genügt nicht, es sei denn, dass der betreffende Urheber seine Bilder regelmäßig auf der Rückseite oder dem sogenannten Künstlerrahmen signiert.[209] Daraus wird deutlich, dass es um die Beweiskraft der Signatur als einem vom Urheber selbst stammenden Herkunftsausweis geht. 238

---

205 So EuGH, Urt. v. 4.10.2011 – C-403/08, C-429/08; a.A.: AG Leipzig, Urt. v. 21.12.2011 – Az. 200 Ls 390 Js 184/11.
206 So auch die Stellungnahme der Bundesregierung BT-Drucks. 18/246.
207 Dreier/Schulze/*Dreier*, § 107 Rn 1.
208 Dreier/Schulze/*Schulze*, § 2 Rn 153.
209 Dreier/Schulze/*Dreier*, § 107 Rn 6.

239   Der Tatbestand erfasst hingegen nicht den Fall der Kunstfälschung, wenn ein nicht vom Künstler geschaffenes Werk mit dessen Namenszug versehen wird. Selbst wenn auf dem Werk eines Auftragsfälschers die Bezeichnung eines anderen (natürlich bekannten) Künstlers angebracht wird, erfüllt dies nicht den Tatbestand, da eine fremde Bezeichnung und nicht die des wahren Urhebers verwandt wird.[210] Somit gewährt die Vorschrift nur lückenhaften Schutz gegen Kunstfälschungen, wobei allerdings das Anbringen einer falschen Signatur regelmäßig die Strafbarkeit wegen Urkundenfälschung oder Betruges begründet. Von daher kann es nicht erstaunen, dass der Tatbestand des § 107 in der strafrechtlichen Praxis so gut wie keine Rolle spielt, so dass schon seine ersatzlose Streichung gefordert wird. Daran ändert sich nichts, wenn auf das ebenfalls als Tathandlung genannte Verbreiten abgestellt wird, denn diese muss sich wieder auf ein Werk beziehen, dass unzulässigerweise mit der Bezeichnung des Urhebers versehen wurde, die es zuvor nicht getragen hatte.

§ 107 Abs. 1 Nr. 2 UrhG

240   Eher zur Bekämpfung von Kunstfälschungen kann der Tatbestand des § 107 Abs. 1 Nr. 2 UrhG dienen, von dem die Anbringung der Urheberbezeichnung auf einem Vervielfältigungsstück erfasst wird, wenn die Art und Weise der Anbringung geeignet ist, ihm den Anschein eines Originals zu geben. Dies betrifft nicht nur Reproduktionen sondern auch Bearbeitungen und Umgestaltungen, bei denen, obgleich sie oft selbst eigenen Schutz nach § 3 genießen, wieder der Anschein erweckt wird, es handele sich um fremdes unbearbeitetes und unverändertes Original. Maßstab für die Beurteilung des Anscheins des Originaleindrucks ist nicht der Kunstsachverständige sondern der in Kunstdingen interessierte Laie.[211]

241   Die Vorschrift des § 107 ist subsidiär, wenn die Tat in anderen Vorschriften mit schwererer Strafe bedroht ist, wobei insbesondere Urkundenfälschung und Betrug in Betracht kommen. Obwohl eine inhaltliche Nähe zu jenen Straftatbeständen zu bestehen scheint, erfasst § 107 gerade nicht den Fall, dass ein Kunstwerk fälschlich und in Täuschungsabsicht einem fremden Urheber zugeschrieben wird. Der Schutzbereich umfasst allein dessen Recht, über die Anbringung der urheberrechtlichen Identität selbst zu bestimmen.

---

210 Dreier/Schulze/*Dreier*, § 107 Rn 3.
211 Dreier/Schulze/*Dreier*, § 107 Rn 12.

Brandau

V. Eingriffe in verwandte Schutzrechte (§ 108 UrhG)

1. Verwertung wissenschaftlicher Ausgaben (Abs. 1 Ziff. 1)

Die Vorschrift schützt nach allgemeiner Auffassung nur verwertungsrechtliche Be- **242**
fugnisse,[212] es werden die Rechte insbesondere der Produzenten von Werkerzeugnis-
sen geschützt, die sich aus Beiträgen verschiedener Urheber zusammensetzen und
deren Gesamtkomposition vom Gesetz als eigene Leistung für schützenswert erachtet wird. Daneben wird die Verwertung von Werken unter Strafe gestellt, die bis dahin nicht oder nicht mehr geschützt waren (§ 108 Abs. 1 Nr. 1 und 2). Allen Tatbeständen ist gemein, dass nicht eine originär schöpferische sondern eine Leistung
geschützt werden soll, die mehr oder weniger eine unternehmerische ist.

Die Strafbarkeit nach einem der Tatbestände des § 108 setzt eine Verletzung der **243**
zivilrechtlichen Leistungsschutzrechte voraus, auf welche die jeweilige Strafvorschrift Bezug nimmt. Ausgestaltung und Umfang dieser Schutzrechte sind deshalb
bei dem entsprechenden Tatbestand zu erörtern.

Wissenschaftliche Ausgaben (Abs. 1 Nr. 1)

Wer in anderen als den gesetzlich zugelassenen Fällen ohne Einwilligung des Be-
rechtigten eine wissenschaftliche Ausgabe (§ 70) oder eine Bearbeitung oder Umge-
staltung einer solchen Ausgabe vervielfältigt, verbreitet oder öffentlich wiedergibt,

§ 70 Wissenschaftliche Ausgaben

(1) Ausgaben urheberrechtlich nicht geschützter Werke oder Texte werden in ent-
sprechender Anwendung der Vorschriften des Teils 1 geschützt, wenn sie das Ergebnis
wissenschaftlich sichtender Tätigkeit darstellen und sich wesentlich von den bisher
bekannten Ausgaben der Werke oder Texte unterscheiden.

(2) Das Recht steht dem Verfasser der Ausgabe zu.

(3) Das Recht erlischt fünfundzwanzig Jahre nach dem Erscheinen der Ausgabe,
jedoch bereits fünfundzwanzig Jahre nach der Herstellung, wenn die Ausgabe inner-
halb dieser Frist nicht erschienen ist. Die Frist ist nach § 69 zu berechnen.

Die Vorschrift erfasst die wissenschaftliche Bearbeitung urheberrechtlich nicht ge- **244**
schützter Werke, besonders alter Manuskripte oder Inschriften, deren Nachdruck
zwar keine schöpferische Leistung im Sinne von § 2 darstellt, aber vielfach histori-
sche Genauigkeit erfordert. Die Voraussetzungen der Schutzfähigkeit sind in § 70
bestimmt. Unter den Begriff der wissenschaftlichen Ausgabe fällt z.B. die wertende
Zusammenstellung handschriftlicher Rohfassungen von alten Werken der Literatur.
Das Gesetz verlangt eine „wissenschaftlich sichtende Tätigkeit", die nicht schon

---

212 Wandtke/Bullinger/*Hildebrandt/Reinbacher*, § 108 Rn 2.

darin liegt, dass allein die handschriftlichen Manuskripte des Dichters abgedruckt werden. Verlangt wird zusätzlich eine Auseinandersetzung mit dem Quellenmaterial, die über eine bloße Wiedergabe hinausgeht, z.B. eine Erläuterung des Entstehungsprozesses des Werkes anhand der Änderungen des Verfassers. Nicht erfasst wird von § 70 die Ausgabe eines noch urheberrechtlich geschützten Werkes, hierfür kommt allein der Schutz nach § 2 in Betracht, vorausgesetzt dass es sich um eine schöpferische Leistung handelt.[213]

245 Der Begriff „Ausgabe" ist nicht im verlagstechnischen Sinn zu verstehen, gemeint ist vielmehr das Ergebnis der Leistung des Wissenschaftlers, die nicht auf eine textliche Festlegung beschränkt ist, sondern auch sonstige Träger wie CD oder Datenspeicher umfasst.[214]

246 Der Schutz bezieht sich allein auf die erarbeitete Ausgabe, also nicht auf das Werk selbst. Dieses kann also auch weiterhin erlaubnisfrei unter Benutzung desselben Quellenmaterials bearbeitet werden, wobei die nachfolgende Ausgabe ein eigenständiges Schutzrecht aber nur dann erlangt, wenn sie sich wesentlich von bisher bekannten Ausgaben unterscheidet (§ 70 Abs. 1).

247 Soweit die Ausgabe eigenschöpferische Züge aufweist, z.B. durch Anmerkungen, Kommentierungen oder ein Nachwort, erwirbt der Verfasser neben dem Leistungsschutzrecht nach § 70 an diesen Teilen zugleich ein Urheberrecht.[215]

248 Die Dauer der Schutzfrist ist – abweichend von § 64 – auf 25 Jahre beschränkt und beginnt bereits mit der Herstellung der Ausgabe und nicht etwa erst mit deren Veröffentlichung oder Erscheinen.

249 Die Tathandlungen umfassen – wie bei einem urheberrechtlich geschützten Werk – das Vervielfältigen, Verbreiten und die öffentliche Wiedergabe.

250 Der Tatbestand kommt in der strafrechtlichen Praxis äußerst selten vor. In den wenigen Fällen, in denen unter Berufung auf § 70 eine Strafanzeige erstattet wird, kommt es besonders darauf an, die „wissenschaftlich sichtende Tätigkeit" des Verfassers der Ausgabe zu prüfen, was deren Vorlage und Prüfung im Original unabdingbar macht.

2. Verwertung eines nachgelassenen Werkes (§ 108 Abs. 1 Nr. 2)

Wer in anderen als den gesetzlich zugelassenen Fällen ohne Einwilligung des Berechtigten

2. ein nachgelassenes Werk oder eine Bearbeitung oder Umgestaltung eines solchen Werkes entgegen § 71 verwertet,

---

213 Dreier/Schulze/*Dreier*, § 70 Rn 1.
214 Dreier/Schulze/*Dreier*, § 70 Rn 6.
215 Dreier/Schulze/*Dreier*, § 70 Rn 3.

§ 71 Nachgelassene Werke

(1) Wer ein nicht erschienenes Werk nach Erlöschen des Urheberrechts erlaubterweise erstmals erscheinen läßt oder erstmals öffentlich wiedergibt, hat das ausschließliche Recht, das Werk zu verwerten. Das gleiche gilt für nicht erschienene Werke, die im Geltungsbereich dieses Gesetzes niemals geschützt waren, deren Urheber aber schon länger als siebzig Jahre tot ist. Die §§ 5 und 10 Abs. 1 sowie die §§ 15 bis 24, 26, 27, 44a bis 63 und 88 sind sinngemäß anzuwenden.

(2) Das Recht ist übertragbar.

(3) Das Recht erlischt fünfundzwanzig Jahre nach dem Erscheinen des Werkes oder, wenn seine erste öffentliche Wiedergabe früher erfolgt ist, nach dieser. Die Frist ist nach § 69 zu berechnen

Die Vorschrift des § 71, auf die der Straftatbestand Bezug nimmt, schützt diejenige **251** Leistung, die damit verbunden ist, dass ein bisher unbekanntes oder nur mündlich überliefertes Werk, dessen Schutzfrist abgelaufen ist oder das in Deutschland niemals geschützt war, der Öffentlichkeit erstmals durch Erscheinen zugänglich gemacht wird.[216] Es handelt sich also um eine Tätigkeit, die derjenigen eines Herausgebers am meisten gleicht und auch so zu verstehen ist.

Anders als § 70 setzt der Tatbestand des § 71 keine wissenschaftliche Leistung **252** voraus. Der Schutz entsteht nur durch die Ausgabe eines nachgelassenen Werkes, nicht aber hinsichtlich sonstigen ungeschützten Materials. Dafür erstreckt er sich nicht nur auf die konkrete Ausgabe sondern auf das Werk schlechthin,[217] das durch die Neu- oder Erstausgabe wieder oder erstmals urheberrechtlichen Schutz erlangt.

In der Praxis ist § 71 vor allem im Bereich der Musik von Bedeutung, der Schutz **253** entsteht durch das erstmalige öffentliche Erscheinen eines Werkes oder durch dessen erstmalige öffentliche Wiedergabe, wozu auch ein Erscheinen im Internet ausreicht.[218] Das Werk muss nicht im Geltungsbereich des UrhG erschienen sein.

Andererseits muss das Werk erlaubterweise erscheinen, entgegenstehende pri- **254** vatrechtliche Schranken können das Entstehen des Schutzrechtes verhindern. Wer also ein dem Eigentümer entwendetes bisher unveröffentlichtes Werkexemplar erscheinen lässt oder dessen Inhalt abredewidrig erstmals öffentlich wiedergibt, erlangt nicht den Schutz des § 71.[219]

Der Tatbestand des § 108 Abs. 1 Nr. 2 kommt in der strafrechtlichen Praxis so gut **255** wie nicht vor, weitergehende Erläuterungen erübrigen sich daher.

---

216 Dreier/Schulze/*Dreier*, § 71 Rn 1.
217 Dreier/Schulze/*Dreier*, § 71 Rn 13.
218 Dreier/Schulze/*Dreier*, § 71 Rn 7.
219 Dreier/Schulze/*Dreier*, § 71 Rn 8.

3. Verwertung eines Lichtbildes (§ 108 Abs. 1 Nr. 3)

Wer in anderen als den gesetzlich zugelassenen Fällen ohne Einwilligung des Berechtigten in Lichtbild (§ 72) oder eine Bearbeitung oder Umgestaltung eines Lichtbildes vervielfältigt, verbreitet oder öffentlich wiedergibt,

§ 72 Lichtbilder

(1) Lichtbilder und Erzeugnisse, die ähnlich wie Lichtbilder hergestellt werden, werden in entsprechender Anwendung der für Lichtbildwerke geltenden Vorschriften des Teils 1 geschützt.

(2) Das Recht nach Absatz 1 steht dem Lichtbildner zu.

(3) Das Recht nach Absatz 1 erlischt fünfzig Jahre nach dem Erscheinen des Lichtbildes oder, wenn seine erste erlaubte öffentliche Wiedergabe früher erfolgt ist, nach dieser, jedoch bereits fünfzig Jahre nach der Herstellung, wenn das Lichtbild innerhalb dieser Frist nicht erschienen oder erlaubterweise öffentlich wiedergegeben worden ist. Die Frist ist nach § 69 zu berechnen.

256 Der Tatbestand nimmt Bezug auf die Vorschrift des § 72, in der Lichtbildern derselbe Schutz von Lichtbildwerken nach Teil 1 des Gesetzes, also von urheberrechtlich geschützten Werken, zugesprochen wird.

257 Das Gesetz unterscheidet demnach zwischen Lichtbildwerken, die bei Erreichen der erforderlichen Gestaltungshöhe als persönliche geistige Schöpfung anzusehen und deshalb nach § 2 Abs. 1 Nr. 5 geschützt sind und einfachen Lichtbildern, denen diese Eigenschaft fehlt. Der Unterschied schlägt sich in dem anzuwendenden Straftatbestand nieder. Während den einfachen Lichtbildern nur ein Leistungsschutzrecht zukommt und deshalb § 108 anzuwenden ist, genießen Lichtbildwerke den Schutz als urheberrechtliches Werk mit der Schutzdauer des § 64, die 70 Jahre beträgt. Ihr strafrechtlicher Schutz folgt dementsprechend aus § 106. Der Unterschied in der Schutzdauer, hier 50 dort 70 Jahre, kommt in der Praxis so gut wie nicht zum Tragen. Solange nämlich die kürzere Schutzfrist des § 72 noch nicht abgelaufen ist, kann es dahinstehen, ob ein Foto als Lichtbild oder als Lichtbildwerk anzusehen ist. Der Schutzumfang bleibt in beiden Fällen derselbe, denn jedes Lichtbildwerk genießt zumindest den Schutz als Lichtbild.

a) Schutzgegenstand

258 Lichtbilder im Sinne des § 72 sind Fotos jeglicher Art, ungeachtet des Motivs und der Aufnahmetechnik. Eine schöpferische Leistung wird nicht vorausgesetzt, so dass auch sogenannte Knipsbilder von Personen, Landschaften oder Gegenständen darunter fallen. Weiter zählen dazu Erzeugnisse, die wie Lichtbilder hergestellt werden, also Fotokopien, Computerbilder, Röntgenaufnahmen oder Computerkompositio-

nen.[220] Schutzfähig ist die rein technische Leistung des Fotografierens, die zu einem eigenständigen Foto führt, aber keine qualitativen Voraussetzungen an das Ergebnis stellt. So genießen auch die Fotos aus einem Werbekatalog wie alle einfachen Fotografien den Lichtbildschutz. Manche online verfügbaren Fotos, z.B. von PKWs, sind für nichtkommerzielle Nutzungen erlaubnisfrei, so dass es für die Strafbarkeit auf die konkrete Verwendung des übernommenen Fotos ankommt.

Der Umfang des strafrechtlichen Schutzes umfasst wie generell das Vervielfälti- 259 gen und Verbreiten sowie die öffentliche Wiedergabe des Fotos. Nicht nur körperliche, auch unkörperliche Nutzungen, z.B. Verwertungshandlungen im Internet, fallen in den Schutzbereich. So stellt die Verwendung eines Fotos aus dem Online-Shop eines Markenherstellers zur Illustration einer privaten Verkaufsanzeige auf Ebay eine erlaubnispflichtige Vervielfältigung und keinen Privatgebrauch dar, selbst wenn es sich um eine einmalige Aktion handelt, die noch nicht als geschäftlicher Verkehr i.S.v. § 143 MarkenG anzusehen ist. Abgesehen davon liegt mit der Verwendung des Fotos auf einer Internetseite eine öffentliche Wiedergabe vor, die nach § 53 Abs. 6 die erlaubte private Nutzung überschreitet.

Die Rechte des Lichtbildners unterliegen wie alle Urheber- oder Leistungs- 260 schutzrechte den Schranken der privaten Nutzungsfreiheit. Danach sind Vervielfältigungen von Fotoaufnahmen zum privaten Gebrauch zulässig (§ 53 Abs. 1), nicht jedoch wenn sie beruflichen oder Erwerbszwecken dienen, sei es unmittelbar oder mittelbar.[221]

Für Einzelbilder oder Standaufnahmen von Filmen gelten die Bestimmungen 261 des § 89, wonach der Filmhersteller die Rechte an den bei der Filmherstellung entstehenden Lichtbildern im Zweifel für alle Nutzungsarten erwirbt.

Die Rechte an einem Lichtbild stehen allein dem Fotografen zu, nicht demjeni- 262 gen, der die Aufnahmen bestellt hat oder hat herstellen lassen (Abs. 2). Dennoch kann es in diesem Zusammenhang zu Streitfragen kommen. Wurde der Fotograf gegen Entgelt tätig, so ist zwischen dem Werklohn für die Herstellung der Aufnahmen und dem Entgelt für die Vergabe der Nutzungsrechte zu unterscheiden. Grundsätzlich werden mit der Übertragung des Eigentums an einer Fotoaufnahme keine Nutzungsrechte eingeräumt. Es gilt die Zweckübertragungslehre, wonach der Fotograf an jeder Nutzung seiner Fotos wirtschaftlich angemessen zu beteiligen ist und die Rechte grundsätzlich beim Urheber verbleiben, wenn sie dem Nutzer nicht ausdrücklich eingeräumt sind oder sich ihre Einräumung nicht aus Sinn und Zweck des Vertrages, z.B. aus der Höhe der gezahlten Vergütung, ergibt.[222]

Eine Ausnahme hiervon gilt bei Bildnissen von Personen: War der Fotograf be- 263 auftragt, Aufnahmen von Personen zu machen, erwirbt der Besteller nach § 60 das

---

220 Dreier/Schulze/*Schulze*, § 72 Rn 6, 7.
221 Wandtke/Bullinger/*Lüft*, § 53 Rn 20.
222 Dreier/Schulze/*Schulze*, § 72 Rn 21, BGH, Urt. v. 20.3.1986 – I ZR 179/83 = GRUR 1986, 885 ff.

Recht, diese zu vervielfältigen und zu verbreiten, vorausgesetzt, die Verbreitung erfolgt unentgeltlich und nicht zu gewerblichen Zwecken. Es darf weder dem Verbreitenden noch dem Besteller und auch nicht dem Abgebildeten ein Entgelt zufließen. Ein gewerblicher Zweck der Verbreitung liegt bereits dann vor, wenn der Abgebildete mit seinem Bildnis mit wirtschaftlicher Zielsetzung wirbt.[223] Die Verwendung von Portraitfotos auf einer kommerziellen Internetseite des Abgebildeten ist auch dann unzulässig, wenn der Auftraggeber dieses Vorhaben bei der Auftragserteilung erwähnt hat.[224]

b) Rechte am Fotoobjekt

264 Ansonsten sind bei der Verwertung von Personenaufnahmen besonders die Bildnisrechte der abgebildeten Personen aus § 22 KUG zu beachten. Eine Ausnahme von dessen generellem Verbot einer Veröffentlichung ohne Erlaubnis findet sich in § 45 Abs. 2, wonach Gerichte und Behörden zum Zwecke der öffentlichen Sicherheit Bildnisse (Steckbriefe) vervielfältigen lassen dürfen.

265 Aufnahmen von Werken der bildenden Kunst oder der Baukunst dürfen – ungeachtet der Rechte des Fotografen – nur dann in Form von Lichtbildern verwertet werden, wenn diese sich dauerhaft an öffentlich zugänglichen Orten befinden (§ 59). Werden urheberrechtlich geschützte Gegenstände fotografiert, steht einer Verwertung der Aufnahme das Urheberrecht des Werkschöpfers entgegen, da es sich bei dem Foto um eine Vervielfältigung des Werkes handelt.[225]

c) Fragen der (strafrechtlichen) Praxis

266 In der strafrechtlichen Praxis stellt sich oft der Fall der Übernahme eines Fotos, um es zu eigenen gewerblichen Zwecken, z.B. in einem Online-Warenangebot, zu verwenden, was regelmäßig eine unerlaubte Vervielfältigung und ein öffentliches Zugänglichmachen darstellt.

267 Generell ist zu beachten, dass bei Lichtbildern das vorgegebene Motiv keinen Schutz genießt, d.h. es steht jedem frei, ein identisches Foto desselben Gegenstandes aus dem gleichen Blickwinkel zu fertigen.[226] Anderes kann aber gelten, wenn ein Motiv inszeniert oder auf besondere Art arrangiert wurde, es kann darin eine schöpferische Leistung und damit ein Werk i.S.v. § 2 vorliegen, so dass das Nachstellen des Fotos eine Urheberrechtsverletzung darstellen kann. Das Abfotografieren von

---

223 Dreier/Schulze/*Dreier*, § 60 Rn 8.
224 LG Köln, Urt. v. 20.12.2006 – 28 O 468/06 = MMR 2007, 465, 466.
225 Wandtke/Bullinger/*Thum*, § 72 Rn 26.
226 Wandtke/Bullinger/*Thum*, § 72 Rn 22.

Gemälden oder Kunstwerken stellt keine künstlerische sondern eine handwerkliche Tätigkeit dar, so dass nur ein Lichtbild und kein Lichtbildwerk entsteht.[227]

Bei einer genehmigten Verwertung eines Lichtbildes ist der Fotograf mit seinem **268** Namen und in seiner Eigenschaft als Fotograf so zu benennen, dass ihm das Lichtbild eindeutig zugeordnet werden kann, die Rechteinhaberschaft also für jedermann ersichtlich ist. Der fehlende Urhebervermerk führt zwar zu einem in der Regel hundertprozentigen Aufschlag der Lizenzgebühr,[228] ist aber, ebenso wie die Verletzung von bloßen Vergütungsansprüchen, nicht strafrechtlich sanktioniert.

d) Prüfung des Anfangsverdachtes

Ermittlungsverfahren wegen unerlaubter Verwertung eines Lichtbilds gehen aus- **269** schließlich auf private Strafanzeigen zurück, nahezu immer des Fotografen. Es obliegt dabei dem Anzeigeerstatter, einen schlüssigen Sachverhalt darzulegen, der den nach § 152 Abs. 2 StPO erforderlichen Anfangsverdacht begründet. Da bei der Verletzung von geistigen Schutzrechten weder die Verletzung als solche noch die individuelle Zuordnung des verletzten Rechtes sinnlich wahrnehmbar sind, müssen schon durch die Strafanzeige diese Voraussetzungen dargelegt und unter Beweis gestellt werden. Ansonsten kommt die Einleitung eines Ermittlungsverfahrens nicht in Betracht.[229]

Wenn die Verletzungshandlung in der Verwendung eines einzelnen Fotos be- **270** stehen soll, ist dem Antragsteller aufzugeben, die Serie von Fotos vorzulegen, aus der das anzeigegegenständliche Lichtbild entstammt, denn zumeist wird ein Fotograf von einem Motiv nicht nur ein Foto aufgenommen haben. Kann eine solche Serie vorgelegt werden, spricht im Zivilprozess ein erster Anschein dafür, dass das streitige Foto im Rahmen der Serie entstanden ist.[230] Dieser Anscheinsbeweis rechtfertigt auch die Annahme des Anfangsverdachts.

Im Falle der ungenehmigten Verwendung des Fotos eines Alltagsgegenstandes **271** für eine Verkaufsanzeige hat demnach der Geschädigte unter Darlegung seiner Rechte sowie konkreter Übereinstimmungs-Merkmale nachzuweisen, dass es sein Foto ist, das unberechtigt verwendet wurde. In jedem Fall ist zur Begründung des Anfangsverdachtes wegen einer Schutzrechtsverletzung die Vorlage des Originals und der benutzten Kopie zu verlangen und auf Übereinstimmung zu prüfen.

Bei Lichtbildern, die der Verdächtige durch Copy & Paste aus einer Internetseite **272** entnommen und auf andere Seiten übertragen, d.h. vervielfältigt, haben soll, sollte, wie oben ausgeführt, die Vorlage der gesamten Fotoserie oder ihrer wesentlichen

---

227 Dreier/Schulze/*Dreier*, § 72 Rn 12.
228 Dreier/Schulze/*Dreier*, § 72 Rn 27.
229 Meyer-Goßner/Schmitt/*Schmitt*, § 152 Rn 4.
230 *Hoeren* Internetrecht, S. 102 ff.

Elemente verlangt werden, damit die rechtliche Zuordnung gesichert ist. Der Inhaber der Rechte am Lichtbild ist ungeachtet seiner Werksqualität der Lichtbildner als natürliche Person. Beruft sich eine juristische Person im Zivilprozess auf Nutzungsrechte an Lichtbildern, ist der derivative Erwerb der Nutzungsrechte bis zurück auf den Lichtbildner vollständig nachzuweisen, d.h. es muss vorgetragen und unter Beweis gestellt werden, welche natürliche Person das Foto mittels welcher technischen Hilfsmittel aufgenommen hat und auf welche Weise von dieser das Nutzungsrecht auf die juristische Person übertragen worden ist.[231]

273   Für die Anforderungen, die an eine Strafanzeige zu stellen sind, kann nichts anderes gelten. Wird der Strafantrag von einer juristischen Person gestellt, ist zunächst deren Inhaberschaft an den Lichtbildrechten darzulegen, wobei Nachweise verlangt werden dürfen. Für die eigentliche Rechtsverletzung ist der Nachweis der Übereinstimmung zwischen verwendetem und veröffentlichtem Lichtbild zu fordern.

274   Wenn die ungenehmigte Verwendung von Lichtbildern damit erklärt wird, der Fotograf habe die digitalen Bilddaten gegen ein zusätzliches Entgelt übergeben, stellt dies keine konkludente Einwilligung in deren Verwertung dar. Sie soll dem Kunden regelmäßig nur die Möglichkeit zum hochauflösenden Ausdruck geben.[232]

4. Verwertung der Darbietung eines ausübenden Künstlers (§ 108 Abs. 1 Nr. 4)

Wer in anderen als den gesetzlich zugelassenen Fällen ohne Einwilligung des Berechtigten

(...)

4. die Darbietung eines ausübenden Künstlers entgegen den § 77 Abs. 1 oder Abs. 2 Satz 1, § 78 Abs. 1 verwertet,

§ 73 Ausübender Künstler

Ausübender Künstler im Sinne dieses Gesetzes ist, wer ein Werk oder eine Ausdrucksform der Volkskunst aufführt, singt, spielt oder auf eine andere Weise darbietet oder an einer solchen Darbietung künstlerisch mitwirkt.

§ 77 Aufnahme, Vervielfältigung und Verbreitung

(1) Der ausübende Künstler hat das ausschließliche Recht, seine Darbietung auf Bild- oder Tonträger aufzunehmen.

(2) Der ausübende Künstler hat das ausschließliche Recht, den Bild- oder Tonträger, auf den seine Darbietung aufgenommen worden ist, zu vervielfältigen und zu verbreiten. § 27 ist entsprechend anzuwenden.

---

231 Wandtke/Bullinger/*Thum*, § 72 Rn 58.
232 *Hoeren* Internetrecht, S. 102.

Brandau

§ 78 Öffentliche Wiedergabe

(1) Der ausübende Künstler hat das ausschließliche Recht, seine Darbietung

1. *öffentlich zugänglich zu machen (§ 19a),*
2. *zu senden, es sei denn, dass die Darbietung erlaubterweise auf Bild- oder Tonträger aufgenommen worden ist, die erschienen oder erlaubterweise öffentlich zugänglich gemacht worden sind,*
3. *außerhalb des Raumes, in dem sie stattfindet, durch Bildschirm, Lautsprecher oder ähnliche technische Einrichtungen öffentlich wahrnehmbar zu machen.*

(2) Dem ausübenden Künstler ist eine angemessene Vergütung zu zahlen, wenn

1. *die Darbietung nach Absatz 1 Nr. 2 erlaubterweise gesendet,*
2. *die Darbietung mittels Bild- oder Tonträger öffentlich wahrnehmbar gemacht oder*
3. *die Sendung oder die auf öffentlicher Zugänglichmachung beruhende Wiedergabe der Darbietung öffentlich wahrnehmbar gemacht wird.*

(3) Auf Vergütungsansprüche nach Absatz 2 kann der ausübende Künstler im Voraus nicht verzichten. Sie können im Voraus nur an eine Verwertungsgesellschaft abgetreten werden.

(4) § 20b gilt entsprechend.

Der Tatbestand schützt die Personen, die ein Werk in der Öffentlichkeit vorführen, **275** vor einer ungenehmigten Verwertung dieser Vorführung durch Bild- oder Tonaufnahmen. In den Schutzbereich der Norm fallen in erster Linie Live-Auftritte gleich welcher Art von Künstlern, wenn sie unberechtigt aufgezeichnet und die Mitschnitte sodann kommerziell verwertet werden.

Der Tatbestand verweist auf die Vorschrift des § 77, in der dem Künstler das **276** ausschließliche Verwertungsrecht an seiner Darbietung zugesprochen wird. Allein diese Regelung enthält Begriffe, die der Ausfüllung bedürfen und deshalb an anderer Stelle, in § 73, näher definiert sind. Der Gesetzeszweck liegt darin begründet, dass nicht nur der Urheber eines Werkes sondern auch derjenige, der es der Allgemeinheit durch seine Darbietung vermittelt, eine schutzwürdige Leistung vollbringt. Zwar kann in der Darbietung eines Werkes keine Schöpfung im eigentlichen Sinne gesehen werden, es handelt sich immer um eine Nachschöpfung.[233] Allein die Interpretation des Werkes in der Öffentlichkeit begründet den gesetzlichen Schutz.

a) Schutzgegenstand

Es muss zunächst eine Darbietung vorliegen, worunter die öffentliche Aufführung **277** oder Darstellung eines Werkes der Sprache, Musik oder Schauspiel- oder Volkskunst zu verstehen und die ihrem Wesen nach zur Aufnahme auf Bild- oder Tonträger oder

---

233 Dreier/Schulze/*Dreier*, § 73 Rn 1.

zur Sendung geeignet ist.[234] Ein Minimum an eigenpersönlicher künstlerischer Ausgestaltung wird vorausgesetzt, wenn auch eine künstlerische Gestaltungshöhe anders als für den Urheber nach § 2 Abs. 2 nicht erforderlich ist. So kann auch die Moderation eines Quizmasters in einer Quizshow als Darbietung in den Schutzbereich fallen.[235] Sprechleistungen, die z.B. beim Vortrag eines Sprachwerkes vorliegen, sind nur dann schutzfähig, wenn über den reinen Textinhalt hinaus Informationen in freier Gestaltung vermittelt werden. Dies trifft auf den Nachrichtensprecher einer Funksendung regelmäßig nicht zu[236] und dürfte ebenso wenig auf den Vortrag eines Festredners zutreffen. Der Inhalt des Vortrags kann seinerseits aber als Sprachwerk oder Rede im Sinne von § 2 Schutz genießen.

278   Wesentlich ist, dass die Aufführung in der Öffentlichkeit stattfindet, zumindest aber für Dritte wahrnehmbar bzw. an die Öffentlichkeit gerichtet ist. Auch Studiokünstler können „darbieten", ebenso wie eine Bühnen- oder Chorprobe zur Wiedergabe des Werkes als Darbietung anzusehen ist. Eine rein private Gesangsprobe, eine sog. Selbstdarbietung, fällt hingegen nicht in den Schutzbereich.

279   Inhalt der Darbietung muss ein Werk oder eine Ausdrucksform der Volkskunst sein, das aufgeführt, gesungen, gespielt oder auf eine andere Weise dargeboten wird. Es muss sich um ein Werk im Sinne des § 2 handeln, die nach § 2 Abs. 2 erforderliche Schöpfungshöhe wird allerdings nicht vorausgesetzt, die Schutzfähigkeit des Werkes ist ausreichend. Eine vorherige Festlegung oder Fixierung des Werkes ist nicht erforderlich.[237]

280   Als ausübender Künstler gilt nur die Person, die an der künstlerischen Interpretation des Werkes unmittelbar teilhat, sei es als Solist oder im Ensemble. Wer ein Werk ohne jede künstlerische Note mitteilt, z.B. als Sprecher oder Rezitierer, ist kein ausübender Künstler, ebenso nicht derjenige, dem die Musik nur mittels Playback unterlegt wird.[238] Auch Zirkusartisten, sogenannte Zauberkünstler und besonders Sportler zählen mangels Darbietung eines Werkes nicht zu den ausübenden Künstlern. Bei den Personen, die notwendige technische Beiträge erbringen, z.B. Toningenieur, Bühnenbildner usw. fehlt es an der künstlerischen Mitwirkung bei der Darbietung. Wenn die Darbietung aufgezeichnet wird, gilt dies ähnlich für die mit der Technik befassten Personen, diese wirken an der Aufnahme mit, nicht aber an der Darbietung selbst.

---

234 Dreier/Schulze/*Dreier*, § 73 Rn 10.
235 BGH, Urt. v. 14.11.1980 – I ZR 73/78 = GRUR 1981, 419 ff.
236 Wandtke/Bullinger/*Büscher*, § 73 Rn 7.
237 Wandtke/Bullinger/*Büscher*, § 73 Rn 4.
238 Dreier/Schulze/*Dreier*, § 73 Rn 12.

b) Verwertungshandlungen

Das Recht, die Darbietung auf Bild- oder Tonträger aufzunehmen, ist gem. § 77 281
Abs. 1 ausschließlich dem ausübenden Künstler vorbehalten. Dabei ist unter Aufnahme die erstmalige Fixierung einer geschützten Darbietung zu verstehen, gleich mit welchen technischen Mitteln dies geschieht. Die Darbietung muss durch die Fixierung wiederholbar gemacht worden sein.

Das Aufnahmerecht nach § 77 Abs. 1 schließt selbst den privaten Live-Mitschnitt 282
eines Konzertes für private Zwecke aus, auch wenn die Aufzeichnung nicht weiter vervielfältigt, verbreitet oder öffentlich wiedergegeben werden soll.[239] Somit bedarf die Erstaufnahme einer Live-Darbietung stets der Einwilligung des ausübenden Künstlers. Dieselbe Einschränkung findet sich in der Vorschrift des § 53 Abs. 7 wieder, obwohl in § 53 Abs. 1 Vervielfältigungen eines Werkes für den privaten Gebrauch grundsätzlich für zulässig erklärt werden. Dies gilt aber ausdrücklich nicht für die Aufnahme öffentlicher Vorträge, Aufführungen oder Vorführungen, die nur mit Einwilligung des Berechtigten zulässig ist. Zwar ist nach § 53 nur die Erstfixierung von diesem Aufnahmeverbot erfasst,[240] also der Mitschnitt im Konzertsaal, während die Aufnahme eines im Rundfunk gesendeten Livemitschnitts desselben Konzerts jedenfalls nach § 53 zulässig ist. Das Aufnahmerecht aus § 77 verlangt aber für die erstmalige Festlegung einer Darbietung auf einen Bild- oder Tonträger stets eine Rechteeinräumung durch den ausübenden Künstler, gleichgültig wie sich der Nutzer die bis dahin nicht fixierte Darbietung zugänglich gemacht hat. Da § 108 Abs. 1 Nr. 4 ausdrücklich auf § 77 Abs. 1 verweist, stellt schon die unerlaubte Aufnahme einer Darbietung eine strafbare Verwertung dar, was in der Praxis allerdings keine Bedeutung hat.

Das Recht der Vervielfältigung in § 77 Abs. 2 entspricht der Regelung in § 16 und 283
umfasst Vervielfältigungen jeglicher Art, insbesondere das Nachpressen von Tonträgern, gleich ob diese eine rechtmäßige und unberechtigt hergestellte Aufnahme der Darbietung enthalten. Letztere Variante beschreibt das Phänomen der Bootlegger, also den heimlichen Mitschnitt einer Darbietung, die dann als Vorlage für rechtswidrige Vervielfältigungen dient. Auch die erneute Aufnahme einer Funksendung, die auf einer rechtmäßigen Fixierung der Darbietung basiert, stellt eine Vervielfältigung dar,[241] die allerdings zum privaten Gebrauch unter den in § 53 genannten Voraussetzungen zulässig ist.

Das Recht zur Verbreitung umfasst das Anbieten und Inverkehrbringen der Ton- 284
aufnahmen einer geschützten Darbietung und ist in seinem Umfang deckungsgleich mit der Regelung in § 17. Davon wird insbesondere der Vertrieb unerlaubt hergestellter Konzertmitschnitte (bootlegs) auf Tonträgern erfasst.

---

239 Wandtke/Bullinger/*Büscher*, § 77 Rn 4.
240 Wandtke/Bullinger/*Lüft*, § 53 Rn 45.
241 Dreier/Schulze/*Dreier*, § 77 Rn 3.

Brandau

285   Als weitere strafbare Verwertungshandlung erfasst der Tatbestand des § 108 Abs. 1 Nr. 4 eine Verletzung der Rechte aus § 78 Abs. 1. In § 78 Abs. 1 Nr. 1 wird darin das Recht der öffentlichen Zugänglichmachung im Sinne des § 19a genannt, womit Internetnutzungen umschrieben sind, die darauf hinauslaufen, dass die Darbietung, in der Regel auf einem Web-Server, der Öffentlichkeit von beliebigen Orten und zu beliebigen Zeiten zugänglich, also abrufbar ist.

286   In § 78 Abs. 1 Nr. 2 wird dem ausübenden Künstler das ausschließliche Senderecht für seine Darbietung eingeräumt, das aber unter dem Vorbehalt steht, dass diese nicht bereits erlaubterweise auf Bild- oder Tonträger aufgenommen worden ist, die auch erschienen oder erlaubterweise öffentlich zugänglich gemacht worden sind. Ist dies der Fall, so steht dem Künstler kein Verbotsrecht sondern aus § 78 Abs. 1 Abs. 2 nur eine angemessene Vergütung zu.

287   Mit anderen Worten: Ein Sendeunternehmen kann die auf Tonträger erschienenen Aufnahmen eines Künstlers jederzeit ohne dessen Zustimmung ausstrahlen. Auf dieser gesetzlichen Grundlage beruhen alle Hörfunksendungen, deren Programm aus Musikaufnahmen besteht. Der Vergütungsanspruch aus § 78 Abs. 1 Abs. 2, der auch für die Künstler große wirtschaftliche Bedeutung hat, wird von der Gesellschaft zur Verwertung von Leistungsschutzrechten (GVL) wahrgenommen, seine Angemessenheit wird im Streitfall von einer Schiedsstelle beurteilt. Soll der Tonträger oder Bildträger in einen Werbespot aufgenommen werden, ist immer die Zustimmung des ausübenden Künstlers erforderlich.[242] Handelt es sich um Aufnahmen ausländischer Künstler, die von Tonträgern ausgestrahlt werden, genießen sie gem. § 125 Abs. 3 den Schutz nach § 78 Abs. 2, sofern der Tonträger erstmals im Inland oder innerhalb von 30 Tagen nach dem erstmaligen Erscheinen im Ausland erschienen ist.

288   Eine unerlaubte Verwertung liegt beim Senden offiziell hergestellter Tonträger also nicht vor. Eine strafbare Verwertung liegt nur dann vor, wenn die Darbietung unerlaubterweise live gesendet wird oder die Sendung auf der Grundlage einer unberechtigten oder berechtigten Aufzeichnung erfolgt, die aber weder erschienen oder bisher öffentlich zugänglich gemacht worden ist. All diese unerlaubten Verwertungen sind aber bei dem in Deutschland bestehenden Rundfunksystem, gleich ob öffentlich-rechtlich oder privater Natur, praktisch auszuschließen.

289   Eine (unerlaubte) Verwertung kann nach § 77 Abs. 1 Nr. 3 auch in der nicht genehmigten Übertragung der Darbietung durch Bildschirm oder Lautsprecher liegen, wobei diese Handlungen kaum denkbar sind, ohne dass sie der ausübende Künstler bemerkt und verhindert. In der Strafverfolgungspraxis kommen die Verwertungshandlungen nach Nr. 2 und Nr. 3 praktisch nicht vor.

290   Die Regelung des § 80, wonach die Rechte an der Darbietung bei gemeinsamer Mitwirkung allen ausübenden Künstlern zustehen, hat für die strafrechtliche Praxis

---

242 Wandtke/Bullinger/*Büscher*, § 78 Rn 20.

nur insofern Bedeutung, dass jedem einzelnen auch das Strafantragsrecht des § 109 zukommt.

Von Interesse ist schließlich, dass dem Veranstalter der Darbietung in § 81 die- 291 selben Rechte wie dem ausübenden Künstler zugesprochen werden, wobei diese Regelung aber nur zivilrechtliche Bedeutung hat, da der Tatbestand des § 108 eine unerlaubte Verwertung der Veranstalterrechte nicht aufführt und eine Erweiterung wegen des strafrechtlichen Analogieverbots ausgeschlossen ist.

Die Reche des ausübenden Künstlers an der Darbietung erlöschen gem. § 76 mit 292 dessen Tod, oder aber 50 Jahre nach der Darbietung, wenn der Künstler vor Ablauf dieser Frist verstorben ist. Dieselbe Frist gilt, wenn die Darbietung auf Bild- oder Tonträger aufgenommen ist, hinsichtlich der Rechte des Künstlers an diesen Tonträgern.

c) Zusammenfassung

Die Darbietung eines ausübenden Künstlers darf nur mit dessen Zustimmung aufge- 293 zeichnet und auf Trägermaterial fixiert werden, selbst wenn dies zu privaten Zwecken geschieht. Derart hergestellte Aufnahmen dürfen weder vervielfältigt, verbreitet oder öffentlich zugänglich gemacht werden, so z.B. auf Internetportalen wie Youtube. Die Verletzung eines dieser ausschließlichen Rechte stellt eine nach § 108 Abs. 1 Nr. 4 strafbare Handlung dar.

5. Verwertung eines Tonträgers (§ 108 Abs. 1 Nr. 5)

Wer in anderen als den gesetzlich zugelassenen Fällen ohne Einwilligung des Berechtigten einen Tonträger entgegen § 85 verwertet,

§ 85 Verwertungsrechte

(1) Der Hersteller eines Tonträgers hat das ausschließliche Recht, den Tonträger zu vervielfältigen, zu verbreiten und öffentlich zugänglich zu machen. Ist der Tonträger in einem Unternehmen hergestellt worden, so gilt der Inhaber des Unternehmens als Hersteller. Das Recht entsteht nicht durch Vervielfältigung eines Tonträgers.

(2) Das Recht ist übertragbar. Der Tonträgerhersteller kann einem anderen das Recht einräumen, den Tonträger auf einzelne oder alle der ihm vorbehaltenen Nutzungsarten zu nutzen. § 31 und die §§ 33 und 38 gelten entsprechend.

(3) Das Recht erlischt 70 Jahre nach dem Erscheinen des Tonträgers. Ist der Tonträger innerhalb von 50 Jahren nach der Herstellung nicht erschienen, aber erlaubterweise zur öffentlichen Wiedergabe benutzt worden, so erlischt das Recht 70 Jahre nach dieser. Ist der Tonträger innerhalb dieser Frist nicht erschienen oder erlaubterweise zur öffentlichen Wiedergabe benutzt worden, so erlischt das Recht 50 Jahre nach der Herstellung des Tonträgers. Die Frist ist nach § 69 zu berechnen.

(4) § 10 Abs. 1 und § 27 Abs. 2 und 3 sowie die Vorschriften des Teils 1 Abschnitt 6 gelten entsprechend.

294   Der Straftatbestand nimmt Bezug auf die Schutzregel des § 85, durch die dem Hersteller eines Tonträgers ausschließliche Rechte, d.h. Verbotsrechte, verliehen werden. Mit der Herstellung wird keine künstlerische sondern eine wirtschaftliche Leistung gewürdigt, für die der Hersteller das unternehmerische Risiko trägt.

a) Schutzgegenstand und Entstehung

295   Schutzgegenstand ist der Tonträger, auf den Tonmaterial aufgenommen worden ist oder genauer gesagt, das im Tonträger verkörperte Ergebnis der Leistung des Herstellers. Ein Tonträger ist nach der Legaldefinition des § 16 Abs. 2 eine Vorrichtung zur wiederholbaren Wiedergabe von Tonfolgen. Dazu zählen Schallplatten, Musikkassetten, CDs, MIDI-Files oder digitale Aufzeichnungsvorrichtungen wie Festplatten oder sonstige Datenspeicher. Woraus die Aufnahme besteht, ist ohne Bedeutung. Es zählen dazu alle künstlerischen Darbietungen oder sonstige Klangereignisse, die als solche keine Werksqualität haben müssen.[243]

296   Nur die erste Festlegung der Aufnahme ist vom Gesetz als Tonträger geschützt, also das Masterband, von dem aus die Vervielfältigungsstücke produziert werden. Bei dem Medium, auf dem die Aufnahme fixiert ist, handelt es sich zwar kaum noch um ein Magnettonband, sondern meistens um ein digitales Speichermedium. Der Begriff der Erstaufnahme bedeutet nicht, dass ein bestimmtes Werk oder eine Darbietung damit erstmals oder exklusiv aufgenommen wurde. Wenn dasselbe Musikstück mehrfach dargeboten und jede Darbietung von verschiedenen Personen unabhängig voneinander aufgenommen wird (was zwar lebensfremd ist), so entsteht an jeder Aufnahme ein selbständiges Tonträgerherstellerrecht.[244]

297   An dem Inhalt des Tonträgers, sei es eine Musikaufnahme oder ein Sprachwerk, entstehen bei der Einspielung gesonderte Rechte, vor allem die des ausübenden Künstlers (§ 77 Abs. 1 und 2), die ebenfalls ausschließliche sind und deren Wahrnehmung den Interessen des Herstellers zuwiderlaufen kann. In der Praxis lässt sich der Hersteller von den Künstlern umfassende Nutzungsrechte an den verkörperten Aufnahmen einräumen, für die er im Gegenzug Lizenzzahlungen leistet, die sich zumeist an der Zahl der verkauften Tonträger orientieren.[245]

---

243 Wandtke/Bullinger/*Schaefer*, § 85 Rn 3.

244 Dreier/Schulze/*Schulze*, § 85 Rn 20.

245 Wandtke/Bullinger/*Schaefer*, § 85 Rn 25.

b) Herstellerbegriff

Hersteller ist derjenige, der die organisatorische Leitung der Aufnahme innehat, insbesondere die Verträge mit den beteiligten Künstlern, dem Aufnahmestudio und sonstigen Mitwirkenden schließt. Dieser technische und wirtschaftliche Aufwand und das mit der Aufnahme verbundene unternehmerische Risiko sollen durch das dem Hersteller gewährte Leistungsschutzrecht kompensiert werden. Wenn, wie bei der klassischen Plattenfirma, diese Leistungen einschließlich Künstlerbetreuung, Marketing und Vertrieb der Tonträger in einer Hand liegen, dann ist ein solches Unternehmen traditionell auch Tonträgerhersteller.[246]

Demgegenüber ist das (Press-)Werk, in dem die Tonträger körperlich hergestellt werden, kein Hersteller im Sinne des § 85. Es arbeitet in aller Regel auf der Grundlage eines Werkvertrags und hat in Bezug auf die herzustellenden Tonträger eigene Prüfungspflichten, insbesondere ob der Auftraggeber die erforderlichen Vervielfältigungsrechte innehat.[247] Da, wie § 85 Abs. 1 S. 3 klarstellt, das Leistungsschutzrecht nicht durch die bloße Vervielfältigung des Tonträgers entsteht, kann durch die bloße körperliche Herstellung von Vervielfältigungsstücken kein Leistungsschutzrecht erworben werden.

Welcher Aufwand mit der Aufnahme verbunden ist, ist grundsätzlich ohne Bedeutung. Da aber Schutzgegenstand die wirtschaftliche, organisatorische und technische Leistung bei der Herstellung des Tonträgers ist, muss ein Mindestmaß an technischer Leistung verlangt werden, auch muss der entstandene Tonträger zum Vertrieb aus technischer Sicht geeignet sein.[248] Aus diesem Grund kann bei dem erstmaligen Mitschnitt einer Live-Sendung im Rundfunk, obwohl dies zu einem Tonträger mit einer Erstfixierung führt, kein Herstellerrecht entstehen, weil der für die Schutzfähigkeit verlangte technische Mindestaufwand nicht erbracht ist.[249]

Ohne Bedeutung ist es, ob die Aufnahme rechtmäßig zustande gekommen ist, ob sie z.B. die Rechte eines Komponisten oder eines ausübenden Künstlers verletzt. Dies bedeutet, dass sogar ein Tonträger, der einen unerlaubten Konzertmitschnitt enthält, gegen unbefugte Vervielfältigung geschützt ist.[250] Auch wenn der Künstler selbst diesen Tonträger vervielfältigt, ist dies unzulässig, solange er nicht die Rechte von dem (unberechtigt handelnden) Hersteller erworben hat.[251] Dem Interpreten bleibt es in einem solchen Fall überlassen, gegen die Verbreitung von Tonträgern seiner Darbietung vorzugehen, die sein originäres Schutzrecht an der Aufnahme aus § 77 verletzen.

298

299

300

301

---

246 Wandtke/Bullinger/*Schaefer*, § 85 Rn 8.
247 BGH, Urt. v. 3.3.2004 – 2 StR 109/03 = BGHSt 49, 93.
248 Schricker/Loewenheim/*Vogel*, § 85 Rn 29.
249 Dreier/Schulze/*Schulze*, § 85 Rn 26.
250 Schricker/Loewenheim/*Vogel*, § 85 Rn 40.
251 Dreier/Schulze/*Schulze*, § 85 Rn 19.

c) Bearbeitungen alter Aufnahmen

302 Das Herstellerrecht kann zwar nicht durch die bloße Vervielfältigung eines vorhandenen Tonträgers erworben werden. Allerdings kann durch die Bearbeitung von vorhandenem Material ein neuer Tonträger entstehen, an dem das Herstellerrecht originär begründet ist. Durch die Bearbeitung alter Schallplattenaufnahmen, z.B. durch technische Verbesserung oder Übertragung auf andere Trägermedien, sog. Remastering, entsteht keine neue erstmalige Aufnahme. Wenn bestehende Aufnahmen oder Teile hiervon neu zusammengestellt werden, sog. Remix, bleibt es ebenfalls bei der vorhandenen Erstaufnahme.[252] Anders hingegen, wenn das Klangbild verändert wird, z.B. durch das Zusammenfügen oder das Hinzufügen neuer Tonspuren. Wenn das neue Klanggebilde in dieser Form erstmals aufgenommen wird, soll es einer Parallelversion des Stückes gleichstehen, die sich von der Hauptversion unterscheidet und deshalb einen neuen Tonträger darstellt.[253] Auch bei den sogenannten Coverversionen, auch Remakes genannt, wird dasselbe Musikstück in veränderter Weise neu dargeboten und damit erstmalig aufgenommen, so dass ein neues Herstellerrecht entsteht.

d) Verwertungsrechte

303 Die dem Tonträgerhersteller zugewiesenen Rechte sind in § 85 abschließend geregelt. Das Vervielfältigungsrecht[254]) verliert zwar wegen des größer werdenden Online-Angebots an Musikaufnahmen im Hinblick auf körperliche Vervielfältigungsstücke an Bedeutung. Dasselbe Bild zeigt sich auf dem Gebiet der Tonträgerpiraterie: der physische Tonträger als Produkt einer illegalen Vervielfältigung spielt praktisch keine Rolle mehr. Gleichwohl werden Tonträger, wenn überhaupt, dann in fabrikmäßiger Weise unerlaubt nachgepresst, wobei sowohl der Verantwortliche des Presswerks als auch der Auftraggeber der unerlaubten Pressung als Täter in Betracht kommen.[255]

304 Jede auch nur partielle Nutzung eines Tonträgers ist von der Zustimmung des Herstellers abhängig. Die unerlaubte Entnahme selbst kleiner Tonsplitter aus einem Tonträger, um diese in eine neue Aufnahme zu integrieren (sogenanntes Sampling) soll das Vervielfältigungsrecht des Herstellers ebenso verletzen wie eine vollständige Übernahme der Aufnahme.[256] Dem wird entgegengehalten, dass damit das Leistungsschutzrecht größeren Schutz genieße als das Urheberrecht an einem Werk, denn das Werk darf teilweise vervielfältigt und wahrnehmbar gemacht werden, solange der ab-

---

252 Dreier/Schulze/*Schulze*, § 85 Rn 22.
253 Wandtke/Bullinger/*Schaefer*, § 85 Rn 15; Dreier/Schulze/*Schulze*, § 85 Rn 22.
254 Siehe Erläuterung zu § 16.
255 BGH, Urt. v. 4.3.2004 – 3 StR 218/03 = BGHSt 49, 112.
256 BGH, Urt. v. 20.11.2008, GRUR 2009, 403 ff.; BGH, Urt. v. 13.12.2012 – I ZR 182/11 BGH (Metall auf Metall).

getrennte Teil keine Werksqualität hat. Die Frage ist durch Urteil des Bundesverfassungsgerichts dahin geklärt, dass es sich bei der Entnahme von Tonschnipseln (hier: eine zweisekündige Rhythmussequenz) um erlaubnisfreies Sampling handelt, das der Hersteller des Originaltonträgers im Interesse der Kunstfreiheit und der kulturellen Fortentwicklung hinzunehmen hat.[257] Das Verbreitungsrecht des Herstellers bezieht sich auf den Vertrieb des Tonträgers in körperlicher Form. Das Verbreitungsrecht schließt insbesondere das Inverkehrbringen von Tonträgern ein, wobei ein Inverkehrbringen bereits dann anzunehmen ist, wenn die Vervielfältigungsstücke den konzerninternen Bereich verlassen. Bei dem Export rechtswidrig hergestellter Tonträger liegt dies schon beim Absenden in Deutschland vor, z.B. bei der Übergabe der Ware an den Transporteur. Auf die Ankunft bei dem Endabnehmer und die mitunter schwierig zu beurteilende Rechtslage im Bestimmungsland kommt es daher nicht an.[258]

Eine weitere Form der Verwertung von Tonträgern, die dem Hersteller vorbehalten ist, ist die des öffentlichen Zugänglichmachens i.S.v. § 19a. Dazu zählt besonders der Online-Vertrieb, eine unkörperliche Verwertung, die sich zur bedeutendsten Form der Erstverwertung von Tonträgermusik entwickelt hat.[259] Es sind verschiedene Abrufdienste im Markt, von denen die Musikaufnahme gegen Entgelt auf den Rechner des Kunden heruntergeladen werden kann, wo sie gespeichert, also vervielfältigt wird. **305**

e) Fragen der Strafbarkeit

Während das Kopieren eines physischen Tonträgers, durch das neue illegale Vervielfältigungsstücke entstehen, zwanglos als Eingriff in das Vervielfältigungsrecht des Herstellers aus § 85 zu verstehen ist, wirft die unerlaubte Verwertung *der fixierten Aufnahme* desselben Tonträgers andere Fragen auf. **306**

Die Rechte des Herstellers aus § 85 UrhG erwirbt bekanntlich derjenige, der die wirtschaftliche, organisatorische und technische Leistung erbringt, das Tonmaterial erstmalig auf einem Tonträger aufzuzeichnen.[260] Anders als das so definierte Schutzgut und anders als der Wortlaut des Gesetzes vermuten lässt, ist nicht etwa nur das Trägermedium, das von beliebiger Art sein kann,[261] gegen unerlaubte Vervielfältigungen geschützt. Es ist vielmehr die auf dem Trägermedium fixierte Auf- **307**

---

257 Urteil des BVerfG vom 31.5.2016 – 1 BvR 1585/13, durch das die vorgenannten Urteile des BGH aufgehoben wurden. Beide Streitsachen wurden zurückverwiesen mit der Maßgabe, die neu aufgestellten Kriterien der Kunstfreiheit zu beachten.
258 BGH, Urt. v. 4.3.2004 – 3 StR 218/03 = BGHSt 49, 112.
259 Wandtke/Bullinger/*Schafer*, § 85 Rn 21.
260 Schricker/Loewenheim/*Vogel*, § 85 Rn 31.
261 Wandtke/Bullinger/*Schaefer*, § 85 Rn 3.

nahme, die gegen eine unerlaubte Übernahme geschützt ist.[262] Dabei umfasst der Schutz nicht nur die vollständige Aufnahme, selbst die Entnahme kleinster Tonpartikel (hier: Rhythmusgefüge zweier Takte) stellt einen Eingriff in die durch § 85 Abs. 1 Satz 1 UrhG geschützte Leistung des Tonträgerherstellers dar, denn Schutzgegenstand des § 85 Abs. 1 S. 1 UrhG ist nicht der Tonträger oder die Tonfolge selbst, sondern die zur Festlegung der Tonfolge auf dem Tonträger erforderliche wirtschaftliche, organisatorische und technische Leistung des Herstellers. Selbst der kleinste Teil einer Tonfolge verdankt seine Festlegung auf dem Tonträger der unternehmerischen Leistung des Herstellers und in diese unternehmerische Leistung greift auch derjenige ein, der einem fremden Tonträger kleinste Tonfetzen entnimmt. Allerdings ist nach dem Urteil des BVerfG die Verwendung und Neuvermischung von Tonschnipseln im Interesse der Kunstfreiheit zulässig.[263]

308 Wann immer eine Ton- oder Musikaufnahme in körperlicher oder unkörperlicher Weise verwertet wird, kommt eine Strafbarkeit aus § 106 als auch nach § 108 in Betracht, wobei § 106 die Verletzung von Urheberrechten, § 108 die Verletzung des Leistungsschutzrechts des Tonträgerherstellers voraussetzt. Es ist davon auszugehen, dass alle Musikaufnahmen im Zeitpunkt ihrer Herstellung auf einem beliebigen Trägermedium fixiert werden, was die Rechte des Herstellers des Tonträgers aus § 85 begründet. Daneben fließen in jede Musikaufnahme auch die Beiträge der Komponisten und Texter wie auch des ausübenden Künstlers ein, die als gemeinsame Mit-Urheber der Aufnahme im Sinne von § 8 UrhG anzusehen sind. Ein nach § 2 Abs. 1 Nr. 2 schutzfähiges Werk der Musik liegt nicht nämlich nur dann vor, wenn es in Noten oder Partituren niedergelegt oder in einem Tonträger verkörpert ist. Auch die nur akustisch wahrnehmbare Aufführung eines Musikstückes wie es die Studioaufnahme darstellt, erfüllt den Werksbegriff, eine Fixierung ist nicht erforderlich.[264] Mit dem Einspielen des Musikstücks sind jedenfalls noch weitere Rechte an der Aufnahme entstanden.

309 Dabei kann das Verhältnis zwischen dem Recht des Tonträger-Herstellers zu dem der Urheber des Musikstücks dahinstehen. In aller Regel erwirbt der Tonträgerhersteller die Urheberrechte am Musikstück von einer Verwertungsgesellschaft, sie haben danach keine selbständige Bedeutung mehr.

310 Jede unerlaubte körperliche oder unkörperliche Verwertung einer – vordem auf Tonträger fixierten – Musikaufnahme stellt eine strafbare Verletzung der Rechte der Urheber dar, daneben auch eine Verletzung der Rechte dessen, der die Aufnahme erstmals als Hersteller organisiert hat. Dessen Recht wird auch durch die unerlaubte Verwendung *der Aufnahme* verletzt, wobei es nicht darauf ankommt, ob der Tonträger als solcher die Quelle der Verwertung ist. Auch eine unverkörperte Version der

---

262 BGH, Urt. v. 20.11.2008 – I ZR 112/06 – Metall auf Metall = GRUR 2009, 403 ff.
263 Urteil des BVerfG vom 31.5.2016 – 1 BvR 1585/13.
264 Wandtke/Bullinger/*Bullinger*, § 2 Rn 69.

Aufnahme, z.B. eine elektronische Audio-Datei, unterfällt dem Schutzbereich des § 85, gleich ob sie auf rechtmäßige oder unrechtmäßige Weise entstanden ist. Deshalb stellt die elektronische Verwertung der Aufnahme, z.B. durch Onlineangebote, eine Rechtsverletzung dar, entweder in der Form der Vervielfältigung oder durch öffentliches Zugänglichmachen.

Zwar werden die Verwertungsrechte der Urheber und Hersteller hierzulande **311** ausschließlich von Verwertungsgesellschaften wie der GEMA und der GVL wahrgenommen. Dies schließt aber nicht aus, dass der Urheber oder der ausübende Künstler einer Musikaufnahme die Verletzung seines Rechtes durch Strafanzeige geltend macht, woran er durch die Übertragung seiner Verwertungsrechte auf den Hersteller des Tonträgers nicht gehindert ist.

Bei Bewertung der wirtschaftlichen Bedeutung der verschiedenen Beiträge zu **312** einer Musikaufnahme wird man der Leistung des Herstellers einer kommerziell verwerteten Aufnahme das größere Gewicht beimessen müssen, so dass die Strafverfolgung sich auf die Verletzung von dessen Leistungsschutzrechten beschränken kann.

Wenn die unerlaubte Verwertung nicht in gewerbsmäßiger Weise erfolgt, setzt **313** die Strafverfolgung immer einen Strafantrag des Verletzten voraus. Diese Eigenschaft kommt sowohl dem Hersteller des Tonträgers als auch den Urhebern und dem ausübenden Künstler der fixierten Aufnahme zu. Ein Strafantrag ist entbehrlich, wenn wegen des besonderen öffentlichen Interesses ein Einschreiten von Amts wegen geboten ist (§ 109). Dies wird selbst bei einer nichtkommerziellen Verwertung wie es das öffentliche Zugänglichmachen im Internet darstellt regelmäßig angenommen werden können.

Wenn sowohl die Verletzung von Urheberrechten als auch die Verletzung des **314** Herstellerrechtes gegeben ist und verfolgt werden soll, stehen die Tatbestände des § 106 und § 108 zueinander im Verhältnis der Idealkonkurrenz.[265]

f) Fragen der Erschöpfung

Wenn der Hersteller seinen Tonträger gegen Entgelt online verwertet, also einen **315** kostenpflichtigen Download anbietet, so liegt darin keine Zustimmung zu einer weiteren Online-Nutzung durch den Käufer. Durch den rechtmäßigen Download einer Musikdatei oder eines anderen geschützten Werkes tritt aber auch keine Erschöpfung des Verbreitungsrechts im Sinne von § 17 Abs. 2 UrhG ein, denn der Gesichtspunkt der Erschöpfung bezieht sich nur auf ein in einem Vervielfältigungsstück körperlich festgelegtes Werk.[266] Selbst die nach rechtmäßigem Download vertraglich erlaubte Fixierung der Datei auf einen Datenträger verleiht dem Nutzer nicht das

---

265 Wandtke/Bullinger/*Hildebrandt/Reinbacher*, § 106 Rn 69.
266 OLG Stuttgart, Urt. v. 3.11.2011 – 2 U 49/11 – Online-Hörbuch = CR 2012, 299 ff.

Recht, diesen Datenträger zu verbreiten oder die Datei nun selbst öffentlich zugänglich zu machen.[267]

316   Dem wird aber unter Verweis auf das Urteil des EuGH vom 3.7.2012 zum Online-Erwerb von Software[268] entschieden widersprochen. Es gebe keine Gründe, die Reichweite des Erschöpfungsgrundsatzes bei anderen digital veräußerten Werken anders zu bewerten als bei Computerprogrammen.

317   Nach der „UsedSoft"-Rechtsprechung tritt Erschöpfung auch dann ein, wenn der Ersterwerber von dem Rechteinhaber kein Vervielfältigungsstück der Software erhält, sondern sich die Software von der Website des Rechteinhabers herunterlädt und er auf Grund eines Lizenzvertrags zur entgeltlichen unbefristeten Nutzung der heruntergeladenen Software berechtigt ist. Infolge der Erschöpfung ist der Ersterwerber nicht nur berechtigt, die ihm übergebene oder von ihm selbst hergestellte Programmkopie weiterzugeben, darüber hinaus kann eine nach Eintritt der Erschöpfung zulässige Weitergabe auch dadurch erfolgen, dass sich der Zweiterwerber im Zuge des Weiterverkaufs der Lizenz seinerseits die Software unmittelbar bei dem Softwarehersteller herunterlädt.

318   Um eine den Rechteinhaber schädigende Zweifachnutzung derselben Programm- oder Musikdatei zu verhindern, muss der Ersterwerber zum Zeitpunkt des Weiterverkaufs seine eigene Kopie unbrauchbar machen. Der Weiterverkauf des Nutzungsrechts muss stets mit der Unbrauchbarmachung der heruntergeladenen Programmkopie verbunden sein.[269]

319   Ob diese Grundsätze für alle online bezogenen Inhalte, insbesondere auf Unterhaltungsinhalte, anwendbar sind, ist bislang nicht höchstrichterlich geklärt. Allerdings hat das OLG Hamm entschieden, dass die Veräußerung von Audiodateien über das Internet, bei der dem Käufer die Möglichkeit geboten wird, die entsprechenden Dateien herunterzuladen und auf dem eigenen Datenträger zu speichern, nicht den Tatbestand des Verbreitens i.S.v. § 17 UrhG erfüllt. Eine Erschöpfung des Verbreitungsrechts an Audiodateien bzw. an ihren Kopien trete deswegen nicht ein. Die Rechtsprechung des EuGH und die dem folgende Rechtsprechung des BGH zur Software seien nicht anwendbar. Deshalb seien auch entsprechende allgemeine Geschäftsbedingungen des Anbieters von Hörbüchern, die eine solche Online-Erschöpfung ausschließen, nicht zu beanstanden.[270]

320   Damit könnten Hersteller von online vertriebenen urheberrechtlich geschützten Werken mit Unterhaltungsinhalten die Erschöpfungswirkung nach § 17 Abs. 2 durch AGBs faktisch ausschließen. Der Käufer eines durch Download erworbenen Hör-

---

267 Dreier/Schulze/*Schulze*, § 17 Rn 30.
268 EuGH, Urt. v. 3.7.2012 – C-128/11 – UsedSoft I = GRUR 2012, 904 ff.
269 BGH, Urt. v. 17.7.2013 – I ZR 129/08 – Usedsoft II = GRUR 2014, 264 ff.
270 OLG Hamm, Urt. v. 15.5.2014 – 22 U 60/13 = GRUR 2014, 853 ff.; ebenso LG Berlin, Urt. v. 11.3.2014 – 16 O 73/13 = BeckRS 2014, 07447.

buchs verstieße durch eine Weitergabe des Inhalts, sei es in physischer Form als CD oder digital als Datei, gegen das bei dem Rechteinhaber verbliebene Verbreitungsrecht. Damit wäre die Verkehrsfähigkeit von online vertriebenen Inhalten gegenüber der physischen (Print-)Version erheblich eingeschränkt.

Wenn eine online erworbene Datei mehrfach verkauft wird, gleich in welcher 321 Form, stellt dies stets eine unzulässige Vervielfältigung bzw. bei Verwendung von Datenträgern eine Verbreitung dar.

Die Weiterverbreitung von rechtmäßig hergestellten und in den Verkehr ge- 322 brachten Tonträgern kann aufgrund des Grundsatzes der Erschöpfung (§ 17 Abs. 2) nicht verhindert werden, wobei sich der Grundsatz auf die gesamte EU und den EWR erstreckt. Eine räumliche Beschränkung des Vertriebs von Tonträgern innerhalb eines Wirtschaftsraums ist nicht möglich, allenfalls eine Aufspaltung der Vertriebskanäle, was aber für die strafrechtliche Praxis keine Relevanz hat.

g) Unkörperliche Verwertung

Der Inhaber verwandter Schutzrechte, wie es der Tonträgerhersteller ist, genießt 323 keinen Schutz gegen die unkörperliche Verwertung seiner Leistungen, weder durch das Senden im Rundfunk[271] noch durch die öffentliche Wiedergabe, z.B. in Diskotheken oder an sonstigen öffentlichen Orten. Die Aufzählung seiner ausschließlichen Rechte in § 85 ist abschließend. Wenn ein Tonträger gesendet oder öffentlich wiedergegeben wird, hat der Hersteller wegen dieser Nutzung lediglich einen Beteiligungsanspruch, der voraussetzt, dass der Tonträger erschienen ist und die Darbietung eines ausübenden Künstlers enthält.[272] Der Anspruch ergibt sich aus § 86 und richtet sich gegen den ausübenden Künstler, dem wegen der öffentlichen Wahrnehmbarmachung seiner Darbietung ein Vergütungsanspruch aus § 78 Abs. 2 zusteht. Die aus dieser (Zweit)Verwertung entstehenden Vergütungsansprüche werden generell von der GVL (Gesellschaft zur Verwertung von Leistungsschutzrechten) wahrgenommen. Ein Verbotsvorbehalt gegen die unkörperliche Verwertung des Tonträgers ergibt sich daraus nicht. Die Regeln über das Wiedergabe-und Senderecht (§§ 15 Abs. 2, 20) verschaffen nur dem Urheber lückenlosen Schutz gegen eine unkörperliche Verwertung seines Werkes.

Die Schutzdauer des Herstellerrechtes beträgt nach § 85 Abs. 3 50 Jahre, wobei 324 an das Erscheinen des Tonträgers angeknüpft wird (§ 6 Abs. 2).

---

271 Dreier/Schulze/*Schulze*, § 15 Rn 30.
272 Dreier/Schulze/*Schulze*, § 85 Rn 38.

6. Verwertung von Funksendungen (§ 108 Abs. 1 Nr. 6)

Wer in anderen als den gesetzlich zugelassenen Fällen ohne Einwilligung des Berechtigten

6.   eine Funksendung entgegen § 87 verwertet,

§ 87 Sendeunternehmen

   (1) Das Sendeunternehmen hat das ausschließliche Recht,

1.   *seine Funksendung weiterzusenden und öffentlich zugänglich zu machen,*

2.   *seine Funksendung auf Bild- oder Tonträger aufzunehmen, Lichtbilder von seiner Funksendung herzustellen sowie die Bild- oder Tonträger oder Lichtbilder zu vervielfältigen und zu verbreiten, ausgenommen das Vermietrecht,*

3.   *an Stellen, die der Öffentlichkeit nur gegen Zahlung eines Eintrittsgeldes zugänglich sind, seine Funksendung öffentlich wahrnehmbar zu machen.*

   (2) Das Recht ist übertragbar. Das Sendeunternehmen kann einem anderen das Recht einräumen, die Funksendung auf einzelne oder alle der ihm vorbehaltenen Nutzungsarten zu nutzen. § 31 und die §§ 33 und 38 gelten entsprechend.

   (3) Das Recht erlischt 50 Jahre nach der ersten Funksendung. Die Frist ist nach § 69 zu berechnen.

   (4) § 10 Abs. 1 sowie die Vorschriften des Teils 1 Abschnitt 6 mit Ausnahme des § 47 Abs. 2 Satz 2 und des § 54 Abs. 1 gelten entsprechend.

   (5) Sendeunternehmen und Kabelunternehmen sind gegenseitig verpflichtet, einen Vertrag über die Kabelweitersendung im Sinne des § 20b Abs. 1 Satz 1 zu angemessenen Bedingungen abzuschließen, sofern nicht ein die Ablehnung des Vertragsabschlusses sachlich rechtfertigender Grund besteht; die Verpflichtung des Sendeunternehmens gilt auch für die ihm in Bezug auf die eigene Sendung eingeräumten oder übertragenen Senderechte. Auf Verlangen des Kabelunternehmens oder des Sendeunternehmens ist der Vertrag gemeinsam mit den in Bezug auf die Kabelweitersendung anspruchsberechtigten Verwertungsgesellschaften zu schließen, sofern nicht ein die Ablehnung eines gemeinsamen Vertragsschlusses sachlich rechtfertigender Grund besteht.

a) Rechtsentstehung

325   Die Vorschrift stellt die unerlaubte Verwertung von Funksendungen unter Strafe und nimmt Bezug auf § 87 UrhG, der den Sendeunternehmen ein eigenes ausschließliches Leistungsschutzrecht an seinen Funksendungen einräumt. Der Schutzbereich umfasst sowohl die öffentlich-rechtlichen als auch die privaten Sendeunternehmen, ungeachtet dessen, ob die Programme frei empfangbar sind oder nur verschlüsselt gesendet werden. Auf den Inhalt der Sendung kommt es dabei nicht an, insbesondere muss dieser keine Werksqualität im Sinne von § 2 aufweisen. Das Schutzrecht aus § 87 tritt neben die Rechte am gesendeten In-

halt.[273] Wenn das Sendeunternehmen z.B. einen Spielfilm als Eigenproduktion herstellt und sendet, stehen ihm auch die Rechte des Filmherstellers zu. Daneben kommen auch die Rechte des Herstellers von Tonträgern in Betracht, wenn z.B. die Live-Darbietung von Musikern aus dem Studio oder dem Konzertsaal übertragen und gleichzeitig aufgezeichnet wird. Die Tonaufnahmen können bekanntlich auf jede erdenkliche Weise fixiert werden, es müssen nicht die handelsüblichen Tonträger sein.

Da es für das Entstehen des Senderechts aus § 87 auf die Rechte am Inhalt nicht   326
ankommt, sind auch Sendeunternehmen und deren Programme geschützt, die lediglich fremde Inhalte übernehmen, so z.B. Nachrichtenkanäle und Wetterdienste.[274] Hingegen wird das Senderecht nicht durch das zeitgleiche und unveränderte Weitersenden einer fremden Sendung erworben, auch die zeitversetzte erneute Ausstrahlung lässt kein neues Senderecht entstehen.[275]

b) Rechtsinhaber

Als Sendeunternehmen wird das Unternehmen angesehen, das eine Funksendung   327
i.S.v. § 20 durchführt und für die Ausstrahlung eines eigenen Programms organisatorisch und wirtschaftlich verantwortlich ist, die Programminhalte müssen nicht selbst produziert worden sein.[276] Kein Sendeunternehmen i.S.v. § 87 sind diejenigen, die das Sendesignal nur transportieren oder die technischen Voraussetzungen für den Empfang schaffen, z.B. Kabelunternehmen, ebenso solche Anbieter, deren Inhalte nur über das Internet zu empfangen sind, wie z.B. On-Demand-Dienste.[277]

c) Schutzgegenstand

Der Begriff der Funksendung wird in zweifachem Sinn verwendet: einmal im Sinne   328
von Ausstrahlung als funktechnischer Vorgang der Übermittlung von Programminhalten mittels Hertz'scher Wellen. Zum anderen wird unter Funksendung auch der Gegenstand der Übertragung, der Programminhalt oder das Sendegut, verstanden. Dennoch ist unter Funksendung i.S.d. § 87 Abs. 1 Nr. 2 nur der ausgestrahlte Sendeinhalt zu verstehen, denn Abs. 1 Nr. 2 schützt das Sendeunternehmen nicht gegen die Vervielfältigung und Verbreitung der Bild- und/oder Tonträger, auf die der Sendeinhalt vor seiner Ausstrahlung aufgezeichnet ist, sondern nur gegen die Auf-

---

273 Wandtke/Bullinger/*Manegold/Czernik*, § 94 Rn 14.
274 Wandtke/Bullinger/*Ehrhardt*, § 87 Rn 9, 10.
275 *Hoeren*, MMR 2008, 139 ff; Schricker/Loewenheim/*v. Ungern-Sternberg*, § 87 UrhG Rn 24.
276 Dreier/Schulze/*Dreier*, § 87 Rn 5.
277 Wandtke/Bullinger/*Ehrhardt*, § 87 Rn 12.

nahme der ausgestrahlten Funksendung auf Bild- oder Tonträger und gegen deren
weitere Vervielfältigung und Verbreitung.[278]

329   In Bezug auf den funktechnischen Inhalt schließt der Begriff sowohl die draht-
lose als auch die drahtgebundene Übermittlung von programmtragenden Signalen
ein. Das daran anknüpfende Senderecht beinhaltet das Recht, das Sendegut durch
Funk der Öffentlichkeit zugänglich zu machen, d.h. es muss von einem unbestimmten Personenkreis gleichzeitig empfangen werden können.[279] Auch ein Programm,
das über Internet-Radio oder Internet-TV ausgestrahlt wird, unterfällt dem Begriff
der Funksendung. Kann aber der Endverbraucher zu einem selbst gewählten Zeitpunkt Rundfunksendungen aus dem Internet abrufen, wie z.B. bei On-Demand-
Diensten, liegt keine Funksendung sondern ein öffentliches Zugänglichmachen im
Sinne von § 19a vor.[280]

330   Der Schutz erstreckt sich auf den Inhalt der Funksendung, das Sendegut, dies
aber nur bezogen auf eine einzelne Ausstrahlung, die an die Öffentlichkeit gerichtet
sein muss.

d) Inhalt der Schutzrechte

331 Zu den in § 87 geschützten ausschließlichen Rechten zählt nach § 87 Abs. 1 Nr. 1 das
Recht der Weitersendung, worunter die zeitgleiche unveränderte Simultanausstrahlung zu verstehen ist, die in der Regel durch ein anderes Sendeunternehmen erfolgt
wie z.B. bei Eurovisionssendungen. Es muss also eine Nutzung im Sinne des § 20
vorliegen, bei der das Werk einer Öffentlichkeit durch funktechnische Mittel zugänglich gemacht wird, was die Einspeisung in Kabelnetze einschließt. Eine erlaubnispflichtige Weitersendung liegt auch dann vor, wenn das Sendesignal zunächst
mittels Antenne empfangen und nach einer digitalen Aufbereitung zeitversetzt über
das Internet auf einen Internet-Videorecorder weitergeleitet wird, auf dem sich die
Kunden einen privaten Speicherplatz einrichten und die Sendung sodann von überall abrufen können. Entscheidend ist, dass die Weitersendung zeitgleich mit dem
Empfang erfolgt und in ihrer Bedeutung als Werknutzung anderen durch öffentliche
Wiedergabe erfolgten Werknutzungen entspricht.[281]

332   Dass die Kunden die Sendesignale nicht sogleich, sondern erst nach deren Aufzeichnung, Aufbereitung und Übermittlung wahrnehmen können ist unschädlich,
denn § 20 setzt nur voraus, dass das Werk einer Öffentlichkeit zugänglich gemacht
wird; zu welchem Zeitpunkt die Empfänger das Werk wahrnehmen können, ist nicht

---

278 BeckOK UrhR/*Hillig* UrhG, § 87 Rn 14.
279 Dreier/Schulze/*Dreier*, § 21 Rn 9.
280 Loewenheim/*Schwarz/Reber*, § 21 Rn 79.
281 Vgl. BGH, Urt. v. 22.4.2009 – I ZR 216/06 – Internet-Videorecorder I.

von Bedeutung.[282] Die Zeitgleichheit von Erstsignal und weitergesendetem Signal ist für den Begriff der Weitersendung entscheidend, daneben wird eine unbestimmte Zahl potentieller Adressaten verlangt,[283] ansonsten eine öffentliche Wiedergabe nicht vorliegt.

Wird eine Sendung zeitversetzt wieder gesendet, liegt keine Weitersendung vor. **333** Vielmehr setzt dies ihre vorherige Aufzeichnung voraus, womit ein anderes ausschließliches Recht des Sendeunternehmens berührt ist, nämlich das der Festlegung der Sendung auf einen Bild- oder Tonträger, § 87 Abs. 1 Nr. 2. Das Sendeunternehmen hat weiter das Recht, von der Aufnahme einer Funksendung Vervielfältigungsstücke herzustellen, diese zu verbreiten und Lichtbilder der Sendung herzustellen. Wer unbefugt eine dieser Handlungen vornimmt, begeht eine strafbare Rechtsverletzung nach § 106 Abs. 1 Nr. 6.

Das Recht der öffentlichen Zugänglichmachung (§ 19a) bezieht sich in erster Li- **334** nie auf das Aufzeichnen der Sendung in Datenbanken oder Web-Servern, um diese sodann zum beliebigen Abruf ins Internet zu stellen. Von dieser Möglichkeit machen die Sendeunternehmen inzwischen selbst Gebrauch, indem sie Mediatheken zum Abruf verpasster Sendungen anbieten. Es liegt auf der Hand, dass eine von dritter Seite eingerichtete Abrufmöglichkeit in dieses Recht eingreift.

Die Aufnahme der Sendung auf Speichermedien, deren Vervielfältigung und **335** Verbreitung sowie die Herstellung von Lichtbildern der Sendung und deren Vervielfältigung und Verbreitung zählen nach § 87 Abs. 1 Nr. 2 zu den Rechten, die ausschließlich dem Sendeunternehmen vorbehalten sind. Die Aufzeichnung einer Sendung stellt immer eine Vervielfältigung dar, die selbst dann erlaubnispflichtig ist, wenn sie nicht zu kommerziellen Zwecken erfolgt.[284] Ohne Erlaubnis des Sendeunternehmens sind nur Mitschnitte zum privaten oder sonstigen Gebrauch zulässig (§ 53), diese dürfen nach § 53 Abs. 6 aber weder verbreitet noch zu öffentlichen Wiedergaben verwendet werden.

Das Recht der öffentlichen Wahrnehmbarmachung aus § 87 Abs. 1 Nr. 3 betrifft **336** die Wiedergabe der Sendung in der Öffentlichkeit, also auf Straßen, Plätzen oder in geschlossenen Räumen. Solange hierfür kein Entgelt verlangt wird, steht diese Form der Verwertung jedermann frei. Wenn aber der Öffentlichkeit nur gegen ein Eintrittsgeld Zugang gewährt wird, ist diese Verwertung von der Erlaubnis des Senders abhängig, ansonsten verletzt sie dessen Rechte. Die öffentliche Wahrnehmbarmachung von Sportereignissen (public viewing) ist demnach erlaubt, solange hierfür kein Eintritt verlangt wird.

---

282 Vgl. BGH, Urt. v. 22.4.2009 – I ZR 216/06 – Internet-Videorecorder I.
283 EuGH, Urt. v. 7.3.2013 – C-607/11 = GRUR 2013, 500, 502.
284 BeckOK UrhR/*Hillig* UrhG, § 87 Rn 30.

e) Strafbare Verwertungshandlungen
aa) Unbefugte Signal-Übernahme (Signal-Piraterie) zum Nachteil inländischer Sendeunternehmen

337   Ein um sich greifender Eingriff in das Senderecht, der durch eine zunehmende Zahl von Strafanzeigen auch die Strafverfolgungsbehörden beschäftigt, stellt die unzulässige Übernahme und Weiterverbreitung von Programminhalten eines Sendeunternehmens durch Dritte dar. Dabei ist wegen der unterschiedlichen Schutzvoraussetzungen danach zu unterscheiden, wo das betroffene Sendeunternehmen seinen Sitz hat.

338   Der Leistungsschutz nach § 87 gilt für inländische Sendeunternehmen und solche, die ihnen gleichgestellt sind, die also ihren Sitz innerhalb der EU haben, wobei es nicht darauf ankommt, wo das Programm ausgestrahlt wird.[285]

339   Von den in Deutschland ansässigen Senderunternehmen sind von einer unbefugten Übernahme des Sendesignals praktisch nur diejenigen betroffen, die besondere Sportereignisse gegen Bezahlung anbieten, also die Pay-TV-Sender wie z.B. Sky. Deren verschlüsselt ausgestrahltes Fernsehsignal wird decodiert, die unverschlüsselten Bilder werden sodann von einem Server als Live-Stream, praktisch in Echtzeit, über das Internet zur Verfügung gestellt, wobei diese Handlungen aber – soweit bekannt – im Ausland begangen werden.

340   Ob eine Übernahme und Weiterleitung des Sendesignals über das Internet als Weitersenden i.S.v. § 87 zu werten ist, war lange umstritten. Gegen die Annahme einer Weitersendung spricht, dass es sich bei dem Internetfernsehen nicht um eine klassische Funksendung handelt, die mittels radioelektrischer Wellen ausgestrahlt wird. Andererseits soll es sich bei der Weiterleitung einer Rundfunksendung über das Internet durch ein anderes Unternehmen bereits deshalb um eine weitere öffentliche Wiedergabe i.S.v. § 15 Abs. 2 UrhG handeln, weil sich das eingesetzte technische Verfahren von der ursprünglichen Wiedergabe unterscheidet.[286] Demnach kommt es auf die angewandte Technologie nicht an, solange sich die Sendung an die Öffentlichkeit richtet. Die zeitgleiche, unveränderte und vollständige Weiterverbreitung einer Funksendung über das Internet oder ein Kabelnetz greift in das Senderecht ein, stellt also eine erlaubnispflichtige Weitersendung dar. Dies gilt selbst dann, wenn die ursprüngliche Sendung im Sendegebiet auch drahtlos zu empfangen wäre, der Zielraum der Weitersendung sich also mit dem Versorgungsbereich des Ursprungsunternehmens deckt.[287]

341   Wenn das Sendesignal unerlaubt angezapft und sodann über Internet an eine Vielzahl von Nutzern weitergeleitet wird, stellt dies eine strafbare Verletzung des ausschließlichen Senderechtes aus § 87 dar. Die Tathandlungen zum Nachteil in-

---

285 Wandtke/Bullinger/*Ehrhardt*, § 87 Rn 4.
286 EuGH, Urt. v. 7.3.2013 – C-607/11 = GRUR 2013, 500 ff.
287 EuGH, Urt. v. 7.3.2013 – C-607/11 = GRUR 2013, 500 ff.

ländischer Unternehmen werden typischerweise im Ausland vorgenommen, die Verantwortlichen sind daher fast nie zu belangen.

bb) Unbefugte Signal-Übernahme (Signal-Piraterie) zum Nachteil ausländischer Sendeunternehmen

Auf dem deutschen Markt sind inzwischen zahlreiche Anbieter vertreten, welche die 342 von einem ausländischen Sendeunternehmen produzierten und im Heimatland ausgestrahlten Sendungen in vollem Umfang übernehmen, wobei zumeist das Fernseh-Vollprogramm eines im Heimatland populären Senders in digitaler Fassung über das Internet an Kunden im Inland weitergereicht wird. Diese Sendungen, auch soweit sie nur verschlüsselt ausgestrahlt sind, werden empfangen bzw. ausgelesen und unverändert in der Originalsprache (Russisch, Türkisch, Arabisch usw.) über einen Server ins Internet eingespeist. Auf eigens dafür eingerichteten Portalen werden diese Sendungen dann als Programmpakete angeboten. Von den Kunden sind sie auf der Basis eines Abonnements oder durch ein besonders zu erwerbendes Empfangsgerät (Set Top Box) abrufbar. Der Kunde kann zumeist aus einer großen Palette von Programmen verschiedenster Sendeunternehmen eine persönliche Auswahl treffen und so seine bevorzugten Programme zu einem individuellen Paket zusammenstellen, das unter Nutzung eines zentralen Zugangs bei einem Anbieter erhältlich ist. Die bereitgestellten Inhalte können entweder als Live-Stream, also praktisch zeitgleich mit dem Erstsignal, oder zu beliebiger Zeit aus einem Archiv des Portalbetreibers abgerufen werden.

Solange die Übernahme des Sendesignals eines ausländischen Sendeunter- 343 nehmens auf vertraglicher Grundlage erfolgt, ist die Welt in Ordnung. In zunehmendem Maße sind aber Strafanzeigen zu verzeichnen, in denen das rechtswidrige Weitersenden ausländischer Funksendungen behauptet wird, die über das Internet verbreitet werden und die vor allem in den einschlägigen Migrantenkreisen ihre Abnehmer finden. Für die Aufnahme von Ermittlungen muss eine nach dem deutschen UrhG strafbare Rechtsverletzung möglich sein. Es gilt das Schutzlandprinzip, d.h. Inhalt und Umfang des Schutzes, den eine ausländische Funksendung genießt, entscheiden sich nach den Vorschriften des deutschen Urheberrechts.[288] Dabei kann der Schutz aus § 87 UrhG nur dann gewährt werden, wenn die Bestimmung des § 127 dies vorsieht.

§ 127 Schutz des Sendeunternehmens

(1) Den nach § 87 gewährten Schutz genießen Sendeunternehmen mit Sitz im Geltungsbereich dieses Gesetzes für alle Funksendungen, gleichviel, wo sie diese ausstrahlen. § 126 Abs. 1 Satz 3 ist anzuwenden.

---

[288] BGH, Urt. v. 22.1.2009 – I ZR 247/03 – Le-Corbusier-Möbel II = GRUR 2009, 840 ff.

Brandau

(2) Sendeunternehmen ohne Sitz im Geltungsbereich dieses Gesetzes genießen den Schutz für alle Funksendungen, die sie im Geltungsbereich dieses Gesetzes ausstrahlen. Der Schutz erlischt spätestens mit dem Ablauf der Schutzdauer in dem Staat, in dem das Sendeunternehmen seinen Sitz hat, ohne die Schutzfrist nach § 87 Abs. 3 zu überschreiten.

(3) Im Übrigen genießen Sendeunternehmen ohne Sitz im Geltungsbereich dieses Gesetzes den Schutz nach Inhalt der Staatsverträge. § 121 Abs. 4 Satz 2 gilt entsprechend.

(1) Schutz des Senderechtes

344　Wenn das anzeigende Unternehmen keinen Sitz im Inland hat (§ 127 Abs. 1), kann unter der Voraussetzung Schutz gewährt werden, dass die Funksendungen im Inland ausgestrahlt werden, wobei es auf das Vorhandensein inländischer Sendeeinrichtungen und nicht auf die Möglichkeit des Empfangs im Inland ankommt.[289] Sofern die ohne Erlaubnis verwertete Funksendung nicht von deutschem Territorium ausgestrahlt wurde, was typischerweise nicht der Fall ist, kann Inländerschutz gem. § 127 Abs. 3 nur noch nach dem Inhalt der Staatsverträge gewährt werden. Als einschlägige Verträge kommen das Internationale Abkommen über den Schutz ausübender Künstler, der Hersteller von Tonträgern und der Sendeunternehmen vom 26.10.1961 (Rom-Abkommen) und das Europäische Abkommen zum Schutz der Fernsehsendungen vom 22.6.1960 (Straßburger Fernseh-Abkommen) in Betracht.

345　Nach Art. 13a) des Rom-Abkommens haben die Sendeunternehmen zwar das Recht, die Weitersendung ihrer Sendungen zu verbieten. Als eine Weitersendung gilt nach Art. 3f) Rom-Abkommen aber nur die Ausstrahlung mittels elektromagnetischer Wellen. Die drahtgebundene Weitersendung, wie sie typisch ist für das Internetfernsehen, wird davon nicht erfasst, was einhellig als Schutzlücke verstanden wird, die es zu schließen gilt, die aber trotz entsprechender Konferenzen noch immer existiert.[290]

346　Den Schutz nach dem Straßburger Fernseh-Abkommen genießen nur Angehörige der Vertragsstaaten, d.h. alle Mitgliedsländer der EU, zu denen z.B. Russland, erst recht aber außereuropäische Staaten, nicht gehören.

(2) Schutz aus dem Vervielfältigungsrecht

347　Der Schutz für Funksendungen kann sich dennoch aus dem Rom-Abkommen ergeben, allerdings nur, wenn die Sendungsinhalte zum Zwecke des späteren Abrufes (z.B. per On-Demand-Streaming) unerlaubt auf Servern gespeichert und bereitge-

---

289　Dreier/Schulze/*Dreier*, § 127 Rn 4; Schricker/Loewenheim/*Katzenberger*, § 127 Rn 4.
290　H.M., vgl. *Flechsig*, GRURInt. 2011, 813 ff.; *Hoeren*, MMR 2008, 139 ff.

stellt werden. Der Abruf bereits ausgestrahlter Inhalte setzt die Fixierung der Sendung und ihre Vervielfältigung in Dateiform zwingend voraus. Diese Handlungen verletzen das in Art. 13b) und c) des Rom-Abkommens niedergelegte Recht des Sendeunternehmens, eine Festlegung oder Vervielfältigung seiner Sendungen zu erlauben oder zu verbieten. In Bezug auf diese Handlungen sind auch Sendeinhalte eines außereuropäischen Unternehmens nach § 127 Abs. 3 UrhG geschützt, wodurch – wie für inländische Unternehmen – der Schutzbereich des § 87 Abs. 1 Nr. 2 eröffnet ist. Zu den Mitgliedsstaaten des Rom-Abkommens zählen inzwischen alle namhaften Staaten mit Ausnahme von China, Indien und den USA. Auch Russland ist seit 26.5.2003 Unterzeichnerstaat des Rom-Abkommens.

Rom-Abkommen[291]

Art. 13. *Die Sendeunternehmen genießen das Recht, zu erlauben oder zu verbieten:*
a) *die Weitersendung ihrer Sendungen;*
b) *die Festlegung ihrer Sendungen;*
c) *die Vervielfältigung*
   (i) *der ohne ihre Zustimmung vorgenommenen Festlegungen ihrer Sendungen;*
   (ii) *der auf Grund der Bestimmungen des Artikels 15 vorgenommenen Festlegungen ihrer Sendungen, wenn die Vervielfältigung zu anderen als den in diesen Bestimmungen genannten Zwecken vorgenommen wird;*

Eine Verletzung des Senderechtes, die im Inland verfolgbar ist, kommt also dann in 348 Frage, wenn die Sendung aufgezeichnet wurde und die gespeicherten Inhalte aus dem Inland abrufbar sind, wenn also eine Art von Mediathek für frühere Sendungen eingerichtet ist.

Die Strafverfolgung setzt in diesen Fällen allerdings voraus, dass die Verant- 349 wortlichen für die Festlegung oder die Vervielfältigung der Sendung entweder im Inland gehandelt haben und/oder im Inland ihren Aufenthalt haben.

(3) Urheberschutz als Filmwerk
Da ein außereuropäisches Sendeunternehmen den Inländerschutz weder für seine 350 technisch-wirtschaftliche Leistung durch Ausstrahlung der Sendung (§ 87 UrhG) noch für eine etwaige Leistung als Filmhersteller (§ 94 UrhG) erlangen kann, kann ihm dieser Schutz nur noch unter der Voraussetzung zukommen, dass ihm in Bezug auf bestimmte Sendungen die Rechte eines Urhebers zukommen, welcher – anders als der Inhaber von Leistungsschutzrechten – über § 121 umfassender geschützt ist.

---

291 BGBl. II 1965 S. 1245.

Dazu muss eine ausgestrahlte Funksendung als Filmwerk (§ 2 Abs. 1 Nr. 6, Abs. 2) einzustufen sein, also die dafür erforderliche Werksqualität aufweisen. Dass eine konkret zu benennende Funksendung diese Werkhöhe erreicht, hat die Strafanzeige durch substantiierte Angaben darzulegen und einem Beweis zugänglich zu machen. Zwar kann Urheber immer nur eine natürliche, niemals aber eine juristische Person sein,[292] und so regelt § 121 auch nur den Schutz ausländischer Staatsangehöriger, also von natürlichen Personen.

351   Wenn dem Sendeunternehmen aber durch den Urheber des gesendeten Filmes ein ausschließliches Nutzungsrecht eingeräumt wurde, kann es dennoch in den Schutzbereich einer internationalen Konvention und damit unter den § 121 Abs. 4 UrhG fallen. Filmwerke werden sowohl nach dem Welturheberabkommen als auch durch die Revidierte Berner Übereinkunft (RBÜ) auf internationaler Ebene geschützt. Sowohl Deutschland als auch Russland sind diesen Abkommen beigetreten. Da sich der Schutz aus der RBÜ gem. Art. 5 Abs. 1 auch auf urheberrechtliche Verwertungsrechte erstreckt, begründet ein solches Nutzungsrecht eine Position, die der eines Urhebers gleichkommt, der über § 121 Abs. 4 den Inländerschutz genießt. Vor allem kann aufgrund eines eingeräumten Nutzungsrechtes gegen Rechtsverletzungen auch im Ausland, so z.B. in Deutschland, vorgegangen werden, was sogar die Verfolgung von Handlungen einschließt, zu deren Vornahme der Lizenznehmer im Verhältnis zum Urheber selbst nicht berechtigt ist.[293]

§ 121 Ausländische Staatsangehörige

(4) Im Übrigen genießen ausländische Staatsangehörige den urheberrechtlichen Schutz nach Inhalt der Staatsverträge. Bestehen keine Staatsverträge, so besteht für solche Werke urheberrechtlicher Schutz, soweit in dem Staat, dem der Urheber angehört, nach einer Bekanntmachung des Bundesministers der Justiz im Bundesgesetzblatt deutsche Staatsangehörige für ihre Werke einen entsprechenden Schutz genießen.

Berner Übereinkommen zum Schutz von Werken der Literatur und Kunst[294]
Pariser Fassung vom 24. Juli 1971

Art. 5. *(1) Die Urheber genießen für die Werke, für die sie durch diese Übereinkunft geschützt sind, in allen Verbandsländern mit Ausnahme des Ursprungslandes des Werkes die Rechte, die die einschlägigen Gesetze den inländischen Urhebern gegenwärtig gewähren oder in Zukunft gewähren werden, sowie die in dieser Übereinkunft besonders gewährten Rechte.*

---

292 Wandtke/Bullinger/*Thum*, § 7 Rn 6.
293 BGH, Urt. v. 29.4.1999 – I ZR 65/96 = GRUR 1999, 984 ff.
294 BGBl. II 1973 S. 1071, BGBl. II 1985 S. 81.

(2) Der Genuß und die Ausübung dieser Rechte sind nicht an die Erfüllung irgendwelcher Förmlichkeiten gebunden; dieser Genuß und diese Ausübung sind unabhängig vom Bestehen des Schutzes im Ursprungsland des Werkes. Infolgedessen richten sich der Umfang des Schutzes sowie die dem Urheber zur Wahrung seiner Rechte zustehenden Rechtsbehelfe ausschließlich nach den Rechtsvorschriften des Landes, in dem der Schutz beansprucht wird, soweit diese Übereinkunft nichts anderes bestimmt.

(3) Der Schutz im Ursprungsland richtet sich nach den innerstaatlichen Rechtsvorschriften. Gehört der Urheber eines aufgrund dieser Übereinkunft geschützten Werkes nicht dem Ursprungsland des Werkes an, so hat er in diesem Land die gleichen Rechte wie die inländischen Urheber.

cc) Übernahme von ausländischen und im Inland unter Lizenz ausgestrahlten Sendungen

Inzwischen bieten auch in Deutschland ansässige Unternehmen fremdsprachige 352 Programme an, die auf vertraglicher Grundlage von ausländischen Sendeunternehmen zwecks Ausstrahlung im Inland erworben wurden. Diese zu Programmpaketen gebündelten Inhalte, darunter viele Sportkanäle aus dem Ursprungsland, sind in aller Regel nur gegen Bezahlung zu empfangen. Es handelt sich also um Pay-TV, das verschlüsselt ausgestrahlt wird. Diese Inhalte werden abgefangen, decodiert und dann dem Endkunden als Live-Stream über das Internet zur Verfügung gestellt.

Wenn wegen solcher unerlaubten Programmübernahmen Strafanzeigen er- 353 stattet werden, stellt sich zunächst die Frage, wessen Rechte diese Signalpiraterie verletzt. Es kommen sowohl Rechte des Erstanbieters, also des ausländischen Sendeunternehmens, oder solche des inländischen Lizenznehmers in Betracht. Wie oben ausgeführt, genießt ein außereuropäisches Sendeunternehmen für seine Funksendungen aber keinen Leistungsschutz, wenn diese im Inland zeitgleich über das Internet weiterverbreitet werden, da das Rom-Abkommen nur ein Weitersenden im Sinne des klassischen Rundfunks unter Erlaubnisvorbehalt stellt. Uneingeschränkter Schutz kommt jeder Funksendung aber gegen eine Vervielfältigung zu, so dass eine Aufzeichnung für den späteren Abruf das Senderecht des Erstsenders verletzt.

Daneben kommt als Geschädigter und Strafantragsberechtigter auch das inlän- 354 dische Unternehmen in Betracht, das die Programme des ausländischen Unternehmens kraft Lizenz überträgt.

Ob dadurch der Leistungsschutz eines Sendeunternehmens nach § 87 UrhG be- 355 gründet wird, ist zweifelhaft, da dieser als Äquivalent für den technisch-wirtschaftlichen Aufwand begriffen wird. Wer nur die Funksendung des lizenzierenden Unternehmens übernimmt und weitergibt, hat keinen Sendeaufwand zu leisten. Durch die unveränderte Simultanausstrahlung einer Funksendung können nach herr-

schender Auffassung keine eigenständigen Rechte entstehen.[295] Auch durch die
Übertragung des Senderechtes auf das im Inland ansässige Unternehmen wird kein
Leistungsschutz begründet, ansonsten könnte ein Sendeunternehmen für Sendema-
terial, das nach der Bestimmung des § 127 im Inland nicht geschützt ist, diesen
Schutz durch bloße Rechteübertragung an einen inländischen Lizenznehmer erlan-
gen.[296]

356   Entscheidend ist aber, dass ein und derselbe Inhalt von zwei verschiedenen
Sendeunternehmen ausgestrahlt und dadurch die Sendung einem neuen Publikum
zugänglich gemacht wird. Es liegt zwar eine „einfache" Weitersendung vor, die sich
aber an ein anderes Publikum richtet und die Erwerbszwecken dient. Diese Kriterien
hat der EuGH zunächst für die Beantwortung der Frage herangezogen, ob eine weitere öffentliche Wiedergabe vorliegt, die sich von der ursprünglichen Wiedergabe
unterscheidet.[297] Diese Auslegung kann aber auch für die Frage dienlich gemacht
werden, ob unterschiedliche Funksendungen vorliegen. Soweit sich das eingesetzte
spezifische technische Verfahren von der ursprünglichen Wiedergabe unterscheidet, liegt schon deshalb eine weitere öffentliche Wiedergabe vor, wobei es auf die
zuvor herausgestellten Kriterien wie „neues Publikum" oder „Handeln zu Erwerbszwecken" nicht mehr ankommt.[298]

357   Sowohl der erhebliche technische und finanzielle Aufwand, den die Übertragung audiovisueller Inhalte im Internet erfordert, als auch der Umstand, dass der
Zweitverwerter letztlich für die Einspeisung des Signals in das inländische Über-
tragungsnetz verantwortlich ist, rechtfertigen es, die Verbreitung des von ihm
übernommenen also nur weitergesendeten Materials als (neue) Funksendung zu
bewerten und ihm deshalb die Rechte eines Sendeunternehmens zuzubilligen. Der
Umstand, dass er die Programmsignale nur verschlüsselt sendet (Pay-TV), ändert
daran nichts. Im Ergebnis wird der über das Internet angebotenen Simultansen-
dung ein Leistungsschutz aus § 87 zuerkannt.[299] Unter dieser Prämisse genießt auch
der Zweitverwerter den Schutz für eine aus dem Ausland übernommene Funksendung, da sie im Geltungsbereich des Gesetzes ausgestrahlt wird (§ 127 Abs. 1 oder
Abs. 2).

358   Daraus folgt, dass die unerlaubte zeitgleiche unveränderte Einspeisung einer
Funksendung, auch in Kabelnetze, eine Rechtsverletzung darstellt, selbst wenn die
Sendung ihrerseits von einem Dritten übernommen wurde und von den Endab-
nehmern auch drahtlos zu empfangen wäre. Es liegt damit eine unzulässige Weitersendung vor, die nicht nur terrestrische Mittel umfasst. Das gilt erst recht für die

---

295 Dreier/Schulze/*Dreier*, § 87 Rn 6.
296 BGH, Urt. v. 3.3.2004 – 2 StR 109/03 = BGHSt 49, 93.
297 EuGH, Urt. v. 15.3.2012 – C-162/10 = GRUR 2012, 597 ff.
298 EuGH, Urt. v. 7.3.2013 – C-607/11 = GRUR 2013, 500 ff.
299 Dreier/Schulze/*Dreier*, § 87 Rn 9.

nahezu in Echtzeit erfolgende Übertragung von Fernsehbildern unzulässig ent-
schlüsselter Pay-TV-Programme auf Internetportalen oder über Peer-to-Peer-Netzwerke.[300] Das Erfordernis, dass sich die Sendung an die Öffentlichkeit richten muss,
ist auch dann erfüllt, wenn der Empfang der Sendung von einer Registrierung abhängig ist.[301]

f) Ermittlungsverfahren und Anfangsverdacht

Wenn das anzeigende Unternehmen – wie üblich – nur Nutzungsrechte an den un- 359
erlaubt weitergesendeten Filmwerken hat, ist die Rechteübertragungskette bis zum
ursprünglichen Schöpfer lückenlos darzulegen und zu beweisen. Wenn ihm diese
Rechte selbst nur von einem anderen Verwerter übertragen wurden, ist nach dem
Schutzlandprinzip für die Wirksamkeit dieser Übertragung nach § 34 Abs. 1 zwingend die Zustimmung der originären Urheber erforderlich, ansonsten konnte das
anzeigende Unternehmen keine Nutzungsrechte wirksam erwerben. Zwar kann bei
entsprechender Branchenübung auch von einer stillschweigenden Zustimmung
ausgegangen werden, fehlt diese aber und kann auch nicht aus den Umständen hergeleitet werden, ist die Weiterübertragung schwebend unwirksam.[302]

Bei Strafanzeigen von Anbietern ausländischer Fernsehprogramme ist also zu- 360
nächst zu prüfen, wo das erstausstrahlende Sendeunternehmen seinen Sitz hat. Ist
es Vertragsstaat des Straßburger Fernseh-Abkommens, was für alle Mitgliedsländer
der EU zutrifft, genießt es Inländerbehandlung. Für den Nachweis der zumeist abgeleiteten Senderechte genügt die Vorlage des Lizenzvertrags in Übersetzung.

Was die angezeigte Verletzungshandlung betrifft, so wird häufig pauschal eine 361
vollständige Übernahme des Programms des Erstausstrahlers behauptet. Der Leistungsschutz des § 87 bezieht sich aber auf die konkrete Sendung, den Programminhalt. Deshalb kann die Strafverfolgung oder eine Anklage allein die unerlaubte Verwertung konkreter Inhalte zum Gegenstand haben. Es ist daher vom Anzeigeerstatter
die Angabe konkreter Sendungen zu verlangen, die durch das verdächtige Unternehmen unerlaubt weitergesendet wurden. Die pauschale Behauptung, das gesamte
Programmangebot werde – auch jetzt noch – übernommen, genügt nicht dem Kon-
kretisierungsgebot und wird vor allem nicht dem Schutzumfang gerecht, dem nur
eine bereits ausgestrahlte Funksendung unterfällt.

---

300 Dreier/Schulze/*Dreier*, § 87 Rn 13.
301 EuGH, Urt. v. 7.3.2013 – C-607/11 = GRUR 2013, 500 ff.
302 Wandtke/Bullinger/*Wandtke/Grunert*, § 34 Rn 10.

aa) Öffentliche Wiedergabe der Liveübertragungen von Sportereignissen

362 Eine strafbare Urheberrechtsverletzung kann darin begründet sein, dass eine Liveberichterstattung von einem Sportereignis öffentlich wiedergegeben wird, z.B. in einer Gaststätte, obwohl das Sendeunternehmen diese Form der Verwertung nur gegen entgeltlichen Erwerb der Rechte gestattet. Insbesondere das Unternehmen Sky Deutschland GmbH geht gezielt mit Strafanzeigen gegen Gastwirte vor, die in ihren Räumen die exklusiv von Sky in Echtzeit übertragenen Fußballspiele der Bundesliga oder europäischer Wettbewerbe öffentlich ausstrahlen, ohne eine vertragliche Gestattung innezuhaben. Die öffentliche Wiedergabe ist nur dann gestattet, wenn der jeweilige Nutzer über einen Abonnementvertrag für Gewerbe und Vereine (kurz: Sky-Gastro Vertrag) verfügt.

363 Die dabei an erster Stelle zu klärende Frage ist, ob die Liveberichterstattung von einem Sport- oder sonstigen Ereignis oder überhaupt den Schutz des Urheberrechts genießt. Da es sich um eine Funksendung im klassischen Sinn handelt, ist in erster Linie an das Leistungsschutzrecht des Sendeunternehmens aus § 87 zu denken, dessen Verletzung in § 108 Abs. 1 Nr. 6 unter Strafe gestellt ist. Bei Nutzung des Sendesignals in einer Gaststätte handelt es sich zwar um eine öffentliche Wahrnehmbarmachung, die aber nur dann das Recht des Sendeunternehmens tangiert, wenn die Öffentlichkeit nur gegen Zahlung eines Eintrittsgeldes Zugang erhält (§ 87 Abs. 1 Nr. 3) was bei Gaststätten auszuschließen ist. Die unentgeltliche öffentliche Wiedergabe einer Funksendung ist hingegen erlaubnisfrei, sie führt noch nicht einmal zu einer Vergütungsanspruch des Sendeunternehmens, da die Vergütungsvorschrift des § 86 nur für die Wiedergabe von Tonträgern greift. Das Leistungsschutzrecht des Sendeunternehmens ist damit nicht berührt.

364 Damit ist auch die Frage nach der Zulässigkeit der verbreiteten Form der öffentlichen Wiedergabe von Großereignissen beantwortet, für die sich der Begriff des „Public-Viewing" durchgesetzt hat, wobei es zumeist um Fußballspiele geht. Da die internationalen UEFA und FIFA-Turniere bislang nur von den öffentlich-rechtlichen Sendeanstalten übertragen werden, kommt als rechtliche Grundlage für eine mögliche Gestattungspflicht von Public-Viewing-Veranstaltungen wieder nur § 87 UrhG in Betracht. Nur diese Vorschrift bestimmt den Umfang der ausschließlichen Rechte an einer Funksendung. Wo z.B. Fußball gezeigt wird, ohne dass für den Zutritt ein Eintrittsgeld gefordert wird, kann auch die öffentliche Wiedergabe nicht von einer Gestattung durch das Sendeunternehmen abhängig gemacht werden. Eine Pflicht zum Erwerb einer Lizenz für die öffentliche Wiedergabe seitens der Veranstalter besteht nicht.

365 Ein absoluter Schutz gegen die öffentliche Wiedergabe kann hingegen nur aus dem Urheberrecht hergeleitet werden, was voraussetzt, dass die ausgestrahlte Funksendung als Werk i.S.d. § 2 UrhG anzusehen ist, wobei allein die Einordnung als Filmwerk nach § 2 Abs. 1 Nr. 6 in Betracht kommt. Nur der Urheber eines Werkes hat das ausschließliche Recht zu entscheiden, ob oder unter welchen Bedingungen das Werk öffentlich wiedergegeben oder wahrnehmbar gemacht werden darf (§ 15 Abs. 2

Nr. 5, Abs. 3). Zwar kann Urheber immer nur eine natürliche, niemals aber eine juristische Person sein.[303] Bei der Live-Aufnahme eines Sportgeschehens können dies, wie generell bei Filmen nur der (Bild-)Regisseur und die Kameraleute sein,[304] deren Rechte qua Gesetz (§ 89 Abs. 1) und auch Arbeitsvertrag an das herstellende Unternehmen abgetreten sind.

Was den Inhalt der Berichterstattung (des Filmwerkes) betrifft, so hat der EuGH **366** verneint, dass ein Fußballspiel eine eigene geistige Schöpfung eines Urhebers und als „Werk" im Sinne des Urheberrechts anzusehen ist.[305]

Dies ist schon deswegen selbstverständlich, weil nur ein sportliches oder sonstiges **367** Geschehen eins zu eins abgefilmt und wiedergegeben wird. Der Liveübertragung z.B. einer Theateraufführung oder einer Bundestagsdebatte wird deswegen die erforderliche Gestaltungshöhe immer abzusprechen sein. Allein wegen der aufwendigen technischen Herstellung, der Bildregie, der Kommentierung der Bilder sowie der Nahaufnahmen und Zeitlupen wird den Aufzeichnungen der Bundesligaspiele Urheberrechtsschutz als Filmwerk zugestanden.[306] Entscheidend ist, dass besondere gestalterische Leistungen der Regie zum Livegeschehen hinzutreten, wodurch dessen bloße Aufzeichnung, die als solche die nach § 2 erforderliche Gestaltungshöhe nicht erreicht, gewissermaßen aufgewertet wird.

Auch den von dem Sender Sky ausgestrahlten (Live-)Übertragungen von Fuß- **368** ballspielen wird von den Gerichten – geradezu selbstverständlich – urheberrechtlicher Schutz zugebilligt, überwiegend als Filmwerk im Sinne von § 2 Abs. 1 Nr. 6,[307] zumindest aber nach dem Grundsatz der kleinen Münze. Dagegen wird zwar eingewandt, dass mangels der urheberrechtlich erforderlichen Schöpfungshöhe kein Filmwerkschutz, sondern lediglich Laufbildschutz nach § 95 UrhG bestehe, der sich nicht auf das Recht der Wiedergabe von Funksendungen und von öffentlicher Zugänglichmachung aus § 22 UrhG erstreckt. Da die Zivilgerichte jedoch einheitlich diesen Übertragungen den Urheberrechtsschutz zusprechen, kann für die strafrechtliche Beurteilung nichts anderes angenommen werden. Dies kann auch für die von den öffentlich-rechtlichen Anstalten gesendeten Live-Übertragungen von Fußballspielen nicht anders gesehen werden, da deren Herstellungsaufwand nicht geringer einzuschätzen ist, so dass diesen an sich derselbe Urheberschutz zukommt, den die Sender aber, was die öffentliche Wiedergabe angeht, nicht geltend machen.

Der Sender Sky leitet sein Nutzungsrecht an den Live-Bildern der Fußball-Bun- **369** desliga von der Deutschen Fußball Liga GmbH (DFL) ab, einer Tochtergesellschaft

---

303 Wandtke/Bullinger/*Thum*, § 7 Rn 6.
304 Schricker/Loewenheim/*Loewenheim*, § 2 Rn 121.
305 EuGH, Urt. v. 4.10.2011 – C-403/08.
306 Wandtke/Bullinger/*Bullinger*, § 2 Rn 123.
307 So OLG Hamm, Urt. v. 9.2.2012 – 22 U 164/11; OLG Nürnberg, Beschl. v. 22.10.2012 – 3 U 1273/ 12.

des Fußballverbands „Die Liga e.V.", die mit der Vermarktung der 1. Bundesliga und der 2. Bundesliga beauftragt ist, wozu besonders die Vergabe der Fernseh- und Hörfunkübertragungsrechte gehört. Im Auftrag der DFL wird von der Sportcast GmbH mittels modernster Kamera- und Übertragungstechnik jedes Spiel gefilmt. Das so entstandene Filmwerk wird als Nullkopie gespeichert und als Basis-Sendesignal live an die Lizenznehmer der DFL weltweit gesendet, so auch an, die dieses Signal wiederum live in ihren Lizenzgebieten verwenden.

370   Daneben können zugunsten des Sendeunternehmens auch Leistungsschutzrechte bestehen. Obwohl die Fernsehdirektübertragung als Filmwerk angesehen wird, greift die bei der Verletzung von Filmherstellerrechten speziellere Vorschrift des § 108 Abs. 1 Nr. 7 UrhG nicht, da diese Rechtsverletzung die vorherige Fixierung auf einen Bildträger erfordert, so dass für Livesendungen kein Schutz aus § 94 besteht.[308]

bb) Wiedergabe ohne Erlaubnis

371 Durch die ohne Gestattung vorgenommene Ausstrahlung eines Sportereignisses, z.B. in einer Gaststätte, wird das ausschließliche Recht des Senders aus § 15 Abs. 2 auf öffentliche Wiedergabe seiner Sendung verletzt. Die Strafbarkeit folgt aus § 106 UrhG, da wie ausgeführt die Live-Berichterstattung als urheberrechtlich geschütztes Filmwerk angesehen wird, wobei es auf eine körperliche und dauerhafte Festlegung nicht ankommt.[309] Ist also die Live-Sendung als das geschützte Werk anzusehen, so hat der Sender als dessen Urheber das Recht, über die Verwertung in Form der öffentlichen Wiedergabe zu bestimmen. Die Besonderheit liegt darin, dass das Werk nur in unkörperlicher Form existiert und auch nur so wahrnehmbar ist, seine öffentliche Wiedergabe praktisch die einzige kommerziell bedeutsame Art der Verwertung darstellt. Dieses Recht aus § 15 Abs. 2 kann der Sender zur Nutzung durch Dritte übertragen (§ 31 Abs. 1 und 2), und nur die unberechtigte Nutzung stellt eine strafbare Rechtsverletzung dar.

372   Die Ermittlungsverfahren gegen Gastronomen wegen unerlaubter öffentlicher Wiedergabe von Live-Übertragungen gehen ausschließlich auf Strafanzeigen der Fa. SKY zurück, die bestimmte Gaststätten immer wieder von freiberuflichen Mitarbeitern überprüfen lässt. Es kommen dadurch auch Mehrfachverstöße gegen das Wiedergaberecht zur Anzeige, wobei die Kontrolltage oft zeitlich weit auseinanderliegen. Die Strafverfolgung wird sich mangels weiterer Nachweise auf die festgestellten Spieltage beschränken müssen. Dabei kann bei datumsmäßiger Benennung der Tage, an denen Live-Übertragungen erkannt wurden, von Tatmehrheit ausgegangen werden, was bei Hervorhebung einzelner Verstöße sogar näher liegt. Sprechen Indizien

---

308 Wandtke/Bullinger/*Manegold/Czernik*, § 94 Rn 22.
309 Dreier/Schulze/*Schulze*, § 2 Rn 205.

Brandau

aber dafür, dass in der Gaststätte über einen längeren Zeitraum, also auch zwischen den Kontrolltagen, Live-Übertragungen ohne Erlaubnis angeboten wurden, liegt die Annahme *einer* Tat im Sinne natürlicher Handlungseinheit näher, wobei der Tatumfang, also der lange Tatzeitraum, den Unrechtsgehalt entscheidend bestimmt.

Was die rechtliche Bewertung angeht hat in einem Strafverfahren erstmals ein 373 Oberlandesgericht sich der zivilgerichtlichen Sichtweise angeschlossen und die Strafbarkeit eines Gastwirtes wegen unerlaubter Verwertung urheberrechtlich geschützter Werke auf dessen Sprungrevision bestätigt.[310]

Obwohl die Bezahlsender im In- und Ausland exklusive Rechte für die Live- 374 Übertragungen von Fußballspielen in ihrem Sendegebiet haben, verstoßen laut EuGH diese territorialen Exklusivitätsvereinbarungen bei der Übertragung von Fußballspielen nicht gegen EU-Recht. Im konkreten Fall hatte ein Gastwirt sich mittels einer ausländischen Decoderkarte die Livebilder aus dem eigenen Land von einem ausländischen Sender beschafft, was für ihn weitaus günstiger war. Dies wurde als eine Verletzung des Wiedergaberechts des lizenzierten Sendeunternehmens verstanden und verfolgt. Der EuGH stellt hingegen fest, dass nationale Rechtsvorschriften, die die Einfuhr, den Verkauf und die Verwendung ausländischer Decoderkarten untersagen, gegen den freien Dienstleistungsverkehr verstoßen.[311]

Dennoch ist die Benutzung einer ausländischen Decoderkarte zum Zwecke der 375 öffentlichen Wiedergabe nicht erlaubt, denn soweit es um Live-Übertragungen der Fußball-Bundesligen geht, hat der Sender Sky von der DFL die exklusiven Rechte der öffentlichen Wiedergabe auf dem Territorium der Bundesrepublik Deutschland erworben.

cc) Umgehung von Schutzmaßnahmen

Recht einfach ist die rechtliche Lage zu bewerten, wenn das Fernsehsignal, das nur 376 unter Verwendung eines Decoders zu empfangen ist, auf sonstige nicht rechtmäßige Art empfangen wird. Hat ein Sender die Bildrechte an einem Sportereignis erworben und ermöglicht er nur über einen entsprechenden Decoder den Zugang zu den Übertragungsbildern, so stellt der Decoder eine technische Schutzmaßnahme nach § 95a Abs. 2 UrhG dar. Umgeht der Gastronom diese technische Schutzmaßnahme, z.B. durch eine Decodierung, so stellt dies eine Urheberrechtsverletzung nach § 95a Abs. 1 UrhG dar, die eine Strafbarkeit nach § 108b UrhG zur Folge hat. Auf diese Strafbarkeit wird in den Strafanzeigen immer ausdrücklich hingewiesen. Die Praxis zeigt aber, dass kaum ein Gastronom sich den Fernsehempfang durch derartige Umgehungsmaßnahmen verschafft, sondern in aller Regel durch Verwendung einer privaten Smartcard, die aber nur den Empfang für nichtgewerbliche Zwecke gestattet. Damit liegt

---

310 OLG Frankfurt, Beschl. v. 13.4.2016 – 1 Ss 59/16.
311 EuGH, Urt. v. 4.10.2011 – C-403/08.

allein der Grundtatbestand des § 106 UrhG in der Form der unerlaubten öffentlichen Wiedergabe vor, wofür allgemein der Begriff des „Schwarzsehers" verwendet wird.

g) Schutzrechte an Sportveranstaltungen

377 Die allgemein bekannte Tatsache, dass Sendeunternehmen, die Fußballspiele oder sonstige Sportereignisse direkt oder auch als Aufzeichnung übertragen, eine Lizenz des Veranstalters benötigen, wirft die Frage auf, welche Schutzrechte in Bezug auf Sportveranstaltungen existieren. Allein die wiederkehrenden Verhandlungen um die Kosten der Bildrechte lässt vermuten, dass es hierbei um Rechte geht, die einen ausschließlichen Zuweisungsgehalt aufweisen und im Bereich des geistigen Eigentums angesiedelt sind.

378 Ein absoluter Schutz eines Fußballspiels gegen unbefugte Übertragung könnte sich allein aus dem Urheberrechtsgesetz ergeben, was allerdings voraussetzt, dass es sich bei derartigen Sportveranstaltungen um Werke im Sinne von § 2 UrhG handelt. Ein Fußballspiel oder sonstiger Sportwettkampf wird aber nicht durch ein schöpferisches Tätigwerden der Akteure geprägt sondern durch Regeln, die das Geschehen bestimmen. Demgemäß ist es allgemein anerkannt, dass Sportereignisse weder urheberrechtlichen Schutz noch sonstigen Schutz aus dem Bereich des geistigen Eigentums genießen.[312] Dabei kommt es auch nicht darauf an, wer als Veranstalter gilt und in dieser Funktion die wesentlichen organisatorischen Leistungen bei der Durchführung erbringt. Weder der teilnehmende Verein noch etwa der übergeordnete Verband erwerben dadurch Rechte hinsichtlich der Aufzeichung des Sportgeschehens noch an der Verwertung solcher Aufzeichnungen. Auch sind die Sportler nicht als ausübende Künstler im Sinne des § 73 anzusehen, folglich können dem Veranstalter auch nicht die Rechte aus § 81 zukommen, da eine planwidrige Regelungslücke im Urheberrecht für Sportveranstaltungen nicht besteht.[313]

379 Da also keine sondergesetzliche Grundlage für den Schutz von Sportveranstaltungen existiert, wird dem Veranstalter allein ein deliktsrechtlicher Schutz aus dem Hausrecht (§§ 823, 1004 BGB) zuerkannt. Das Hausrecht wird auf diese Weise als Abwehrrecht des Veranstalters verstanden, das es ihm erlaubt, Videoaufnahmen in seiner Sportstätte gänzlich zu untersagen oder nur gegen Entgelt zu gestatten. Das bestehende Lizenzsystem kann sich daher nicht auf „Rechte an Bildern" stützen sondern allein auf das Hausrecht, das für alle Vereine auch von einem Verband, z.B. der DFL, wahrgenommen werden kann. Diese Rechtsposition birgt aber auch die Schwäche in sich, dass der Veranstalter aus dem Hausrecht nicht dagegen vorgehen kann, wenn unerlaubt hergestellte Aufnahmen außerhalb der Sportstätte verwertet werden, was umso mehr für spätere Nutzer oder Verwerter solcher Aufnahmen

---

312 EuGH, Urt. v. 4.11.2011 – Rs C 403/08 und C 429/08.
313 BGH, Urt. v. 28.10.2010 – I ZR 60/09 – Hartplatzhelden.de = m. Anm. *Ohly*, GRUR 2011, 436 ff.

gilt.[314] Schon gar nicht kann der Veranstalter gegen Aufnahmen von Sportveranstaltungen vorgehen, die außerhalb eines Stadions stattfinden, z.B. Laufwettbewerbe wie Marathon.

Damit ist weder eine Strafbarkeit wegen unerlaubter Aufzeichnung von Sporter- **380** eignissen noch hinsichtlich deren späterer Verwertung, gleich in welchem Medium, zu begründen.

Allenfalls stehen den Spielern Unterlassungsansprüche aus dem Persönlich- **381** keitsrecht gegen unerlaubte Filmaufnahmen zu. Auch kann die mediale Verwertung dieser Aufnahmen das Recht am eigenen Bild verletzen und so zu einer Strafbarkeit nach § 33 KUG führen. Diese steht freilich unter der Einschränkung, dass populäre Fußballspieler oder Sportler als Personen der Zeitgeschichte auch ohne Erlaubnis bei Ausübung ihrer beruflichen Tätigkeit in der Öffentlichkeit aufgenommen werden und die Aufnahmen öffentlich zur Schau gestellt werden dürfen. In keinem Fall kann aber die Verletzung von Individualrechten zu einer Stärkung der Rechtsposition des Veranstalters führen, der die Aufnahmen von dem Sportereignis gewinnbringend vermarkten möchte.

7. Verwertung eines Bild- oder Bild- und Tonträgers (§ 108 Abs. 1 Nr. 7)

(1) Wer in anderen als den gesetzlich zugelassenen Fällen ohne Einwilligung des Berechtigten

(...)

7.   einen Bildträger oder Bild- und Tonträger entgegen §§ 94 oder 95 in Verbindung mit § 94 verwertet

§ 94 Schutz des Filmherstellers

(1) Der Filmhersteller hat das ausschließliche Recht, den Bildträger oder Bild- und Tonträger, auf den das Filmwerk aufgenommen ist, zu vervielfältigen, zu verbreiten und zur öffentlichen Vorführung, Funksendung oder öffentlichen Zugänglichmachung zu benutzen. Der Filmhersteller hat ferner das Recht, jede Entstellung oder Kürzung des Bildträgers oder Bild- und Tonträgers zu verbieten, die geeignet ist, seine berechtigten Interessen an diesem zu gefährden.

(2) Das Recht ist übertragbar. Der Filmhersteller kann einem anderen das Recht einräumen, den Bildträger oder Bild- und Tonträger auf einzelne oder alle der ihm vorbehaltenen Nutzungsarten zu nutzen. § 31 und die §§ 33 und 38 gelten entsprechend.

(3) Das Recht erlischt fünfzig Jahre nach dem Erscheinen des Bildträgers oder Bild- und Tonträgers oder, wenn seine erste erlaubte Benutzung zur öffentlichen Wie-

---

314   BGH, Urt. v. 28.10.2010 – I ZR 60/09 – Hartplatzhelden.de = m. Anm. *Ohly*, GRUR 2011, 436 ff.

dergabe früher erfolgt ist, nach dieser, jedoch bereits fünfzig Jahre nach der Herstellung, wenn der Bildträger oder Bild- und Tonträger innerhalb dieser Frist nicht erschienen oder erlaubterweise zur öffentlichen Wiedergabe benutzt worden ist.

(4) § 10 Abs. 1 und die §§ 20b und 27 Abs. 2 und 3 sowie die Vorschriften des Abschnitts 6 des Teils 1 sind entsprechend anzuwenden.

§ 95 Laufbilder

Die §§ 88, 89 Abs. 4, 90, 93 und 94 sind auf Bildfolgen und Bild- und Tonfolgen, die nicht als Filmwerke geschützt sind, entsprechend anzuwenden.

a) Entstehung des Schutzrechtes

382   Der Tatbestand nimmt Bezug auf die Vorschrift des § 94, in der die ausschließlichen Verwertungsrechte des Filmherstellers am Filmträger bestimmt sind. Diese gehen über den Umfang der anderen Leistungsschutzrechte aus §§ 85, 87 hinaus, z.B. bleibt dem Hersteller das Recht der öffentlichen Vorführung oder der Funksendung als ausschließliches Recht vorbehalten. § 94 verschafft ihm eine Schlüsselstellung für die kommerzielle Verwertung des Filmes, die auf der organisatorischen, technischen und wirtschaftlichen Leistung der Filmherstellung basiert. Es wird damit eine unternehmerische Leistung anerkannt, die neben den schöpferischen Beiträgen der Filmurheber steht und von diesen unabhängig ist.

383   Das Gesetz unterscheidet zwischen den Urheberrechten am Film und den Leistungsschutzrechten am Filmträger, eine Unterscheidung, die anderen Rechtsordnungen fremd ist. Während das deutsche Urheberrecht am Schöpferprinzip festhält, wonach nur der Urheber ist, der das Werk tatsächlich geschaffen hat,[315] bei einem Film sind es die Darsteller, der Regisseur, der Drehbuchautor usw., macht insbesondere die angloamerikanische Rechtsordnung diesen Unterschied nicht und gesteht dem Produzenten eine originäre Filmurheberschaft zu.[316] Damit ist auch zu erklären, dass es keine internationale Konvention zum Schutz der Filmhersteller gibt: Da diese in vielen nationalen Rechtsauffassungen als Urheber des Filmes angesehen werden, bedarf es keines besonderen Leistungsschutzes für die Filmherstellung, der Schutz als Urheber genügt auf internationaler Ebene.[317]

384   Daneben besteht zugunsten des Filmherstellers noch die gesetzliche Vermutung der Rechteeinräumung nach § 89, die diesem die umfassende Verwertung des Filmträgers sicherstellen soll. Im Zweifel räumen alle, die sich vertraglich zur Mitwirkung an der Herstellung des Films verpflichtet haben, soweit sie ein Urheberrecht am Filmwerk erworben haben sollten, dem Hersteller das ausschließliche Nutzungs-

---

315   Dreier/Schulze/*Schulze*, vor §§ 88 ff. Rn 1.
316   Dreier/Schulze/*Schulze*, § 94 Rn 2.
317   Wandtke/Bullinger/*Manegold/Czernik*, § 94 Rn 6.

Brandau

recht an dem Film und etwaigen Bearbeitungen ein. Der Hersteller verfügt kraft dieser Auslegungsregel über das Urheberrecht am Filmwerk, das zwar von den tatsächlichen Filmschaffenden abgeleitet ist, ihm aber umfassende Verwertungsrechte sichert. Ob der Hersteller die erforderlichen Rechte für die Filmaufnahmen hatte oder dadurch andere Rechte, z.B. solche aus § 23, verletzt hat, ist für das Entstehen des Leistungsschutzes ohne Bedeutung.[318]

b) Filmbegriff

Ein Filmwerk ist ein Film mit Werkcharakter, wobei das Leitbild der Kinofilm ist. **385** Voraussetzung für die Annahme eines Filmwerks ist der schöpferische Einsatz filmischer Gestaltungsmittel wie Bildausschnitt, Perspektive, Zooms, Kameraschwenks usw.[319] Fehlt dem Film der Werkcharakter, liegt nach der gesetzlichen Definition nur eine bewegte Bildfolge vor, die als Laufbilder (engl. motion pictures) bezeichnet werden, aber durch § 95 denselben Schutz gegen unberechtigte Verwertung genießen. Typische Laufbilder sind Aufnahmen, die ein vorgegebenes Geschehen lediglich abfilmen, selbst wenn dieses Geschehen urheberrechtlichen Schutz, z.B. als künstlerische Darbietung genießt, wie es z.B. bei Aufzeichnungen von Konzerten, Schauspielen usw. der Fall ist.[320] Damit scheiden Nachrichtenbeiträge, Interviews, Talkshows aus dem Filmbegriff heraus, es sei denn, dass die Aufnahme durch den Einsatz filmischer Mittel eigenschöpferischen Charakter hat.[321]

Als Filmwerk werden insbesondere Spiel- oder Fernsehfilme angesehen, dar- **386** über hinaus auch Industriefilme, Dokumentarfilme, Werbefilme aber auch Filme von Sportereignissen, sofern der Inhalt eine schöpferische Leistung aufweist.

Entscheidend für beide Erscheinungsformen ist, dass beim Betrachter der Ein- **387** druck bewegter Bilder entsteht.[322] Der Schutzumfang für Laufbilder ist etwas geringer, weil § 95 nicht auf sämtliche Bestimmungen für Filmhersteller verweist.[323] Auch ein Video- oder Computerspiel ist wegen seiner grafischen und klanglichen Bestandteile als Werk geschützt, das ähnlich wie ein Filmwerk geschaffen ist.[324]

Auf die Rechtmäßigkeit der Aufnahme kommt es nicht an, d.h. der Schutz be- **388** steht auch dann, wenn durch die Herstellung des Films fremde Urheber- oder Leistungsschutzrechte verletzt wurden.[325]

---

318 Dreier/Schulze/*Schulze*, § 94 Rn 25.
319 Wandtke/Bullinger/*Manegold/Czernik*, § 95 Rn 19.
320 Wandtke/Bullinger/*Manegold/Czernik*, § 95 Rn 7.
321 Wandtke/Bullinger/*Manegold/Czernik*, § 95 Rn 6.
322 Wandtke/Bullinger/*Manegold/Czernik*, § 95 Rn 6.
323 Wandtke/Bullinger/*Manegold/Czernik*, § 95 Rn 23.
324 EuGH, Urt. v. 23.1.2014 – C-355/12 = GRUR 2014, 255 ff.
325 Dreier/Schulze/*Schulze*, § 94 Rn 25.

c) Schutzgegenstand

389 Schutzgegenstand ist der Bildträger oder Bild- und Tonträger, auf den das Filmwerk erstmals aufgenommen worden ist. Es muss eine Fixierung auf einem beliebigen Träger stattgefunden haben. Filmträger und damit Schutzobjekt des § 94 ist nur die erste Fixierung, die Nullkopie, die den Film in seiner endgültigen Form festlegt. Werden hiervon Kopien gezogen, handelt es sich um Vervielfältigungsstücke, die zwar in den Schutzbereich des § 94 fallen, die aber gegenüber der Erstfixierung keinen selbständigen Leistungsschutz genießen.[326] Es kann daraus der Grundsatz abgeleitet werden, dass durch die Herstellung von Videokassetten oder Homevideo-DVDs kein eigenes Leistungsschutzrecht begründet wird.

390 Die bloße Restaurierung oder Digitalisierung alter Aufnahmen, Schnittbearbeitungen usw. stellen keine Erstfixierung eines neuen Films dar. Neben dem unternehmerischen Aufwand kommt es im Einzelfall auf das Verhältnis von neugeschaffenem Filmmaterial zu vorhandenem an.[327] Bei dem digitalen Bild- und Filmsampling, etwa zur Herstellung eines Videoclips, kommt es auf die Erkennbarkeit und Individualisierbarkeit der übernommenen Leistung an, solange diese gegeben ist, stellt sich die neue Aufnahme als eine Verwertung des verwendeten Filmträgers dar und bedarf der Rechteinräumung.

391 Bei einer Live-Ausstrahlung wird kein Filmträger hergestellt, so dass auch kein Leistungsschutz aus § 94 entsteht, es sei denn, es wird vor oder zeitgleich mit der Live-Ausstrahlung eine (digitale) Kopie des Sendematerials angefertigt, an der ein Herstellerrecht des Senders entstehen kann. Selbst wenn ein solche Sendung von Privaten mitgeschnitten und damit erstmals fixiert wird, entsteht dadurch kein Schutz aus § 94, da keine Herstellerleistung erbracht wird.[328]

392 Anderes gilt für die Synchronfassung eines ausländischen Filmes, diese ist nach ganz h.M. ein neuer von der Erstkopie unabhängiger Filmträger an dem der Hersteller ein originäres Recht erwirbt. Erst durch die Verbindung der vorhandenen Bildspur mit der neuen Tonspur wird aber die Voraussetzung der erstmaligen Herstellung eines neuen Bild- und Tonträgers erfüllt.[329]

393 Nicht nur der Film als Ganzes unterfällt dem Schutz des § 94, auch Ausschnitte eines Filmträgers fallen unter den Leistungsschutz des § 94, ebenso die einzelnen Standbilder.[330]

394 Die Schutzdauer des Herstellerrechtes beträgt 50 Jahre ab dem Erscheinen des Filmes, also dem Zeitpunkt, in dem der Bildträger erstmals angeboten oder in den

---

326 Dreier/Schulze/*Schulze*, § 94 Rn 26.
327 Wandtke/Bullinger/*Manegold/Czernik*, § 94 Rn 24, 25.
328 Dreier/Schulze/*Schulze*, § 94 Rn 21.
329 Wandtke/Bullinger/*Manegold/Czernik*, § 94 Rn 23.
330 OLG Köln, Urt. v. 1.10.2004 – 6 U 115/04 = ZUM 2005, 233, 235.

Verkehr gebracht wurde (§ 6 Abs. 2), es sei denn, dass der Film schon vorher erlaubterweise öffentlich wiedergegeben wurde.

d) Hersteller

Hersteller ist die natürliche oder juristische Person, die die Herstellung der Erstkopie 395
des Filmes inhaltlich und organisatorisch steuert, wirtschaftliche verantwortet und die
zur Filmherstellung erforderlichen Immaterialgüterrechte sowie zumindest vorübergehend auch die Auswertungsrechte am Film erwirbt.[331] Es wird damit keine künstle-
risch-schöpferische Leistung anerkannt sondern die Übernahme der finanziellen Verantwortung sowie der organisatorischen Tätigkeit.[332] Bei einer echten Auftragsproduktion ist der Auftragnehmer als selbständiger Werkunternehmer auch Filmhersteller,
und zwar selbst dann, wenn das wirtschaftliche Risiko der Verwertung und die Finan-
zierung von Dritten, z.B. einem Filmfonds, abgenommen wurden.[333] Bei einer unechten
Auftragsproduktion ist der Produzent in umfänglicher Weisungsabhängigkeit vom
Auftraggeber, der auch das finanzielle Risiko trägt und den fertigen Film abnimmt.[334]

    Hersteller kann auch ein Sendeunternehmen sein, wenn es den Film selbst pro- 396
duziert, was aber in der Praxis die Ausnahme ist.

e) Rechteumfang

Die ausschließlichen Rechte des Filmherstellers sind in § 94 abschließend aufge- 397
führt, als da sind die Verbreitung, die Vervielfältigung, die öffentliche Vorführung
sowie das Recht, den Film per Rundfunk auszustrahlen, also zu senden. Der Schutz
besteht nur gegen die unmittelbare Übernahme des Filmstreifens, was die bei Werken ansonsten mögliche freie Benutzung fremden Filmmaterials ausschließt.[335]

    Von besonderer Bedeutung ist das Recht der öffentlichen Zugänglichmachung, 398
das die Verwertung des Filmträgers durch Abrufdienste wie Video-On-Demand oder
die Spielfilmangebote der Telekommunikationsunternehmen einschließt.

    Sämtliche Ausschnitte eines Filmträgers fallen unter den Leistungsschutz, sogar 399
einzelne Standbilder.[336] Nach den allgemeinen Vorschriften (§ 51) ist allerdings die
Verwertung eines Filmausschnittes als Filmzitat zulässig, sofern dies zum Zwecke
einer erklärenden oder künstlerischen Auseinandersetzung mit dem Inhalt des zitierten Werkes geschieht.[337]

---

331 Wandtke/Bullinger/*Manegold/Czernik*, § 94 Rn 30.
332 Dreier/Schulze/*Schulze*, § 94 Rn 4.
333 Wandtke/Bullinger/*Manegold/Czernik*, § 94 Rn 33.
334 Wandtke/Bullinger/*Manegold/Czernik*, § 94 Rn 34.
335 Dreier/Schulze/*Schulze*, § 94 Rn 33.
336 Dreier/Schulze/*Schulze*, § 94 Rn 29.
337 Dreier/Schulze/*Dreier*, § 51 Rn 4.

f) Fragen der Strafbarkeit

400 Während das Kopieren eines physischen Bild- und Tonträgers, durch das neue illegale Vervielfältigungsstücke entstehen, zwanglos als Eingriff in das Vervielfältigungsrecht des Herstellers aus § 94 UrhG zu verstehen ist, wirft die unerlaubte Verwertung des darauf fixierten Films andere Fragen auf.

401 Die Rechte des Herstellers aus § 94 UrhG erwirbt bekanntlich derjenige, der die wirtschaftliche, organisatorische und technische Leistung erbringt, der das Filmwerk erstmalig auf einem Trägermedium aufzeichnet.

402 Anders als das so definierte Schutzgut und anders als der Wortlaut des Gesetzes vermuten lässt, ist nicht etwa nur das Trägermedium, das von beliebiger Art sein kann,[338] gegen unerlaubte Vervielfältigungen geschützt. Es ist vielmehr die auf dem Trägermedium aufgezeichnete Aufnahme, die gegen eine unerlaubte Übernahme geschützt ist.[339]

403 Jede körperliche oder unkörperliche Verwertung eines – vordem auf Bild- und Tonträger fixierten Films stellt eine strafbare Verletzung der Rechte der Urheber dar, daneben auch eine Verletzung der Rechte dessen, der den Film hergestellt hat. Dessen Recht wird durch die unerlaubte Verwendung des Films verletzt, wobei es nicht darauf ankommt, ob der Bild-und Tonträger als solcher die Quelle der Verwertung ist. Auch eine unverkörperte Version des Films, z.B. eine elektronische Video-Datei, unterfällt dem Schutzbereich des § 94, gleich ob sie auf rechtmäßige oder unrechtmäßige Weise entstanden ist. Deshalb stellt die elektronische Verwertung der Aufnahme, z.B. durch Onlineangebote, eine Rechtsverletzung dar, entweder in der Form der Vervielfältigung oder durch öffentliches Zugänglichmachen.

g) Relevanz der Unterscheidung zwischen §§ 94, 95 UrhG

404 Ein Unterschied im strafrechtlichen Schutz zwischen Filmwerk und Laufbildern besteht angesichts des Verweises in § 95 nicht. Bei der am häufigsten vorkommenden illegalen Verwertung eines Films, dem Zugänglichmachen zum Download von einem Webserver, werden sowohl die Urheberrechte als auch die Rechte des Herstellers verletzt, der anhand des Vorspanns auf jeder Filmkopie leicht zu erkennen ist.

405 Der Unterschied zwischen Filmwerken und Laufbildern erfährt aber dann Bedeutung, wenn mangels Werkhöhe des Films allein der Herstellerschutz aus §§ 95, 94 in Betracht kommt und der Hersteller seinen Sitz nicht im Inland hat. Es greift dann der urheberrechtliche Schutz aus den Staatsverträgen, insbesondere der RBÜ, nicht ein, während die Rechte der Filmhersteller durch internationale Konventionen nicht geschützt sind. Dieser Fall kann insbesondere bei Pornofilmen eintreten, de-

---

338 Wandtke/Bullinger/*Schaefer*, § 85 Rn 3.
339 BGH, Urt. v. 20.11.2008 – I ZR 112/06 – Metall auf Metall = GRUR 2009, 403 ff.

nen oftmals die erforderliche Qualität einer persönlichen geistigen Schöpfung und damit die Werkhöhe abgesprochen wird. Wo lediglich sexuelle Vorgänge in primitiver Weise gezeigt werden, kann kein Filmwerk angenommen werden, womit auch kein Schutz aus § 94 in Frage kommt.[340] Es liegen dann, wie bei allen Filmen ohne Werkqualität, nur sogenannte Laufbilder vor, was aber die Rechteinhaber oder -verwerter nicht hindert, wegen ihrer Zugänglichmachung in Filesharing-Netzwerken Abmahnungen auszusprechen oder Strafanzeigen zu erstatten. Damit muss ein Ersterscheinen der Laufbilder in Deutschland bzw. ein Nacherscheinen in Deutschland innerhalb von 30 Tagen dargelegt werden (§§ 128 Abs. 2, 126 Abs. 2). Dieser Nachweis ist in den Abmahnfällen (oder zur Begründung des Anfangsverdachts einer Rechtsverletzung) von dem zu führen, der die Rechtsverletzung behauptet und daraus Ansprüche herleitet.[341]

h) Probleme mit illegalen Ton- und Bildträgern ausländischer Herkunft

Die Ermittlungen von Urheberrechtsverletzungen müssen immer die Feststellung **406** des konkret verletzten Werkes zum Ziel haben. Da das geschützte Rechtsgut das Werk oder das Werkstück ist, muss dieses zur Unterscheidung von anderen Tatobjekten mit seinem Titel oder Namen benannt werden. Eine Anklage, die nur eine Zahl von DVD unter pauschaler Behauptung von rechtswidrigen Filmkopien aufführt, würde gegen das Bestimmtheitsgebot des § 200 StPO verstoßen.

Bei den häufig vorkommenden Sicherstellungen von mutmaßlich raubkopierten **407** Bild- und Tonträgern sind somit die handelsüblichen Titel oder Bezeichnungen der originalen Werkstücke zu ermitteln, wobei auch deren Verkaufspreis von Bedeutung ist. Ist eine große Menge sichergestellten Trägermaterials zu sichten, kommt eine vollständige Auswertung wegen des damit verbundenen Aufwands meist nicht in Betracht. Es sollten dann nur die am häufigsten vorkommenden Vervielfältigungsstücke in ihrer Gesamtzahl erfasst werden, wobei auch die genaue Zahl mitunter nur auf durch eine Schätzung ermittelt werden kann. Wenn die CDs z.B. auf Spindeln aufgezogen sind, genügt es, deren Zahl auf einer Spindel festzustellen und diese mit der Zahl der Spindeln zu multiplizieren.

Die betroffenen Rechteinhaber sind an den Ermittlungen spätestens dann zu be- **408** teiligen, wenn es um die Begutachtung der mutmaßlich gefälschten Bildträger geht. Zwar kommt ihrem Befund nicht die Rechtsqualität eines Sachverständigengutachtens zu. Für den Nachweis der Fälschung bedarf es aber grundsätzlich keiner Sachverständigen im Sinne der StPO, wobei die Sachkunde eines solchen auch noch amtlich testiert sein müsste. Man mag die Befunde der Rechtevertreter als Expertisen bezeichnen, ihre Verfasser sind stets namentlich als sachverständige Zeugen für

---

340 LG München, Beschl. v. 29.5.2013 – 7 O 22293/12.
341 LG München, Beschl. v. 29.5.2013 – 7 O 22293/12.

ein Hauptverfahren anzubieten. Dabei sollte sich der Befund nicht nur auf das Ergebnis „Fälschung" beschränken sondern auch die Merkmale benennen, die das Ergebnis tragen.

409   Besondere Schwierigkeiten ergeben sich, wenn DVDs mit ausländischen Inhalten zu untersuchen sind, für die es im Inland keine Rechtevertreter gibt. Da insbesondere indische Filme nicht nur im Herkunftsland sondern auch in den Nachbarländern hoch geschätzt sind, werden diese Filme vorwiegend in den Nachbarländern massenhaft illegal kopiert und die rechtswidrigen Vervielfältigungsstücke auf illegale Weise nach Deutschland und dort in den Handel gebracht. Es handelt sich aktuell um die in der Praxis am häufigsten vorkommende Form der Bild- und Tonträgerpiraterie.

410   Bei den Ermittlungen gegen die Vertreiber solchen Filmmaterials sind auch Geschäftsunterlagen zu Herkunft und Verkäufen auszuwerten. Erfahrungsgemäß werden in den Ein- und Ausgangsrechnungen nur die reinen Stückzahlen und der Einzelpreis pro DVD genannt, niemals aber die Werktitel. Zwar kann schon aus den Einkaufs- und Verkaufspreisen regelmäßig geschlossen werden, dass es sich um Raubkopien gehandelt haben muss. Diese werden nämlich zu Preisen veräußert, die im Großhandel unter einem Euro, im Einzelhandel bei maximal zwei Euro liegen, während nach Aussage eines vor dem Amtsgericht Frankfurt gehörten Sachverständigen die Abgabepreise für Original-DVDs selbst in Indien bei ca. zehn Euro liegen sollen.

411   Auch bei ausländischen Filmen ist wegen des Konkretisierungsgebots des § 200 StPO der rechtswidrig kopierte Film mit Titelangabe und zwar des Originaltitels zu benennen. Daher müssen sichergestellte Filmträger im Hinblick auf ihre Echtheit begutachtet werden. Da viele Hersteller ausländischer vor allem indischer Filme weder Vertretungen noch einen Vertrieb in Deutschland haben und auch sonst keine sachkundigen Personen im Inland vorhanden sind, kommen für die Begutachtung nur Vertreter des Britischen Phonografischen Verbands (BPI) in Frage, die hierfür laut Selbstdarstellung die nötige Sachkunde aufweisen. Tatsächlich handelt es sich bei den Gutachtern zumeist um Personen indischen oder pakistanischen Ursprungs, die sogar den Status eines Sachverständigen im Sinne der StPO erfüllen. Da die Untersuchung stets in Großbritannien erfolgt, muss in solchen Fällen besonders auf eine repräsentative Auswahl der zu begutachtenden Exemplare und auf eine genaue Dokumentation der Auswahl geachtet werden. Die von der BPI erstellten Gutachten verhalten sich zwar regelmäßig nur zu den Filmen, deren Produzenten ihre Rechte in Großbritannien von dieser Organisation vertreten lassen, während hinsichtlich der übrigen zwar mitunter die Titel, die Rechteinhaber aber oft nicht genannt werden.

412   Selbst wenn auf diesem Weg nicht sämtliche Rechteinhaber an den Filmen aufgelistet werden sollten, ist dies unschädlich. Auf den zumeist industriell hergestellten illegalen DVDs sind die Filme immer originalgetreu kopiert worden, was auch den Vorspann einschließt, aus dem sich, wie in einer Originalkopie, der Produzent ohne weiteres ersehen lässt. Da im gesamten angelsächsischen Rechtskreis, zu dem auch Indien zählt, wie oben ausgeführt, nicht zwischen Filmurheber und Filmhersteller unterschieden wird, vielmehr der Hersteller auch als Urheber gilt, kommt es nicht auf Herstellerrechte an, die keinen Schutz durch internationale Konventionen genießen. Das Recht des Filmproduzenten wird durch die RBÜ geschützt, der inzwischen 162 Staaten, darunter auch Indien, angehören:

Berner Übereinkommen zum Schutz von Werken der Literatur und Kunst[342]
Pariser Fassung vom 24. Juli 1971

Art. 1. *Die Länder, auf die diese Übereinkunft Anwendung findet, bilden einen Verband zum Schutz der Rechte der Urheber an ihren Werken der Literatur und Kunst.*

Art. 2. *(1) Die Bezeichnung „Werke der Literatur und Kunst" umfaßt alle Erzeugnisse auf dem Gebiet der Literatur, Wissenschaft und Kunst, ohne Rücksicht auf die Art und Form des Ausdrucks, wie: Bücher, Broschüren und andere Schriftwerke; Vorträge, Ansprachen, Predigten und andere Werke gleicher Art; dramatische oder dramatischmusikalische Werke; choreographische Werke und Pantomimen; musikalische Kompositionen mit oder ohne Text, Filmwerke einschließlich der Werke, die durch ein ähnliches Verfahren wie Filmwerke hervorgebracht sind; Werke der zeichnenden Kunst, der Malerei, der Baukunst, der Bildhauerei, Stiche und Lithographien; fotografische Werke, denen Werke gleichgestellt sind, die durch ein der Photographie ähnliches Verfahren hervorgebracht sind; Werke der angewandten Kunst; Illustrationen, geographische Karten; Pläne, Skizzen und Darstellungen plastischer Art auf den Gebieten der Geographie, Topographie, Architektur oder Wissenschaft.*

Art. 3. *(1) Aufgrund dieser Übereinkunft sind geschützt:*
a) die einem Verbandsland angehörenden Urheber für ihre veröffentlichten und unveröffentlichten Werke

Als verletztes Recht kann damit nur das Urheberrecht an dem jeweiligen Film angesehen werden, das bei allen Filmen aus dem angelsächsischen Rechtskreis bei dem Filmhersteller liegt und das durch die RBÜ auch in Deutschland den Schutz wie ein inländisches Werk genießt (§ 121 Abs. 4). Eine Anklage muss sich deshalb auf die Verletzung der Urheberrechte am Film stützen und die eindeutig definierten Filme mit ihrem Herstellungsjahr benennen. Das Risiko, dass in einer Hauptverhandlung 413

---

342 BGBl 1973 II S. 1071, 1985 II S. 81.

hinsichtlich etwaiger ungeklärter Filme z.B. der Ablauf der Schutzfrist behauptet wird, sollte vermieden werden.

414 Die mit der Erstellung des Gutachtens befasste Person ist als Sachverständiger zu benennen, einer Ladung zur Hauptverhandlung durch das Gericht wird erfahrungsgemäß immer Folge geleistet. Da der Sachverständige auch zu den weit höheren Verkaufspreisen der Original-Filmträger aussagen kann, lässt sich aus sichergestellten Rechnungen, welche die üblichen Raubkopie-Preise ausweisen, zuverlässig auf den Tatbestandsvorsatz schließen.

415 Obwohl der Erwerb wie auch der Besitz von rechtsverletzenden Vervielfältigungsstücken nicht unter den Tatbestand des § 106 fallen, können Unterlagen, Quittungen o.ä., die den Ankauf oder die Einfuhr von Raubkopien belegen, auch für entsprechende Verbreitungshandlungen beweiskräftig sein, wenn zur Überzeugung des Gerichts feststeht, dass die erworbenen Kopien im Rahmen eines vom Täter betriebenen Gewerbes weiterveräußert worden sind.[343]

416 Daneben ist bei einem Besitzer von raubkopierten Filmträgern stets die Strafbarkeit des Erwerbs nach § 261 Abs. 1 Nr. 4b) StGB in der Form des Sichverschaffens von Gegenständen aus einer gewerbsmäßigen Urheberrechtsverletzung zu bedenken.

Teilnahme am Verkäuferhandeln

417 Wenn Beweise allein für den Ankauf von Raubkopien, nicht aber für deren Verkauf vorhanden sind, mag zwar der Gedanke an eine Strafbarkeit des Erwerbers wegen Teilnahme an der Verbreitungshandlung des Verkäufers aufkommen. Eine solche Beteiligung ist aber aus dem Grundsatz der notwendigen Teilnahme straflos, denn wenn die Verbreitung eine auf Eigentums- oder Besitzübertragung gerichtete Handlung voraussetzt, ist auf der Gegenseite eine dieses Angebot annehmende Partei zwingend erforderlich.

i) Vertrieb von Bild- und Tonträgern mit Videomaterial ausländischer Sender

418 Bestimmten Bevölkerungsgruppen, vor allem solche aus dem fernöstlich-asiatischen Raum, denen der direkte Empfang von Funksendungen aus dem Heimatland nicht möglich ist, wird vielfach Video-Material mit Fernsehunterhaltung aus dem Heimatland angeboten, welches im Inland durch spezielle Geschäfte vertrieben wird. Dabei überträgt der Sender gegen eine Lizenzgebühr das Recht, seine bereits ausgestrahlten Sendungen auf Speichermedien, DVD oder Videokassette, zu übertragen und in Deutschland zu vertreiben, wofür regelmäßig exklusive Rechte vergeben werden. Das für das Kopieren nötige Ursprungsmaterial wird zumeist in Form eines Bild- und Tonträgers vom Sender auf dem Luftweg zur Verfügung gestellt.

---

343 AG Frankfurt, Urt. v. 15.5.2002 – 92 Js 12359.2/98 – 918 Ls.

Die Exklusivität des Vertriebs wird zuweilen durch Konkurrenten gestört, die **419** sich auf unbekannte Weise in den Besitz desselben Sendematerials gebracht haben, hiervon ebenfalls Kopien herstellen und diese dann günstiger vertreiben. Der lizenzierte Vertriebsberechtigte erstattet dann Strafanzeige wegen strafbarer Verletzung seiner Verwertungsrechte.

Für die Frage, ob überhaupt Ermittlungen gegen den Verkäufer dieser unlizen- **420** zierten Kopien von Sendematerial aufzunehmen sind, kommt es darauf an, wessen Rechte verletzt sind. Eigene Rechte des inländischen Lizenznehmers können nur durch die Herstellung der Bild- und Tonträger (Videokassetten, DVDs) begründet werden, d.h. aus dieser Tätigkeit müsste ein originäres Schutzrecht entstanden sein. Dies ist aber nicht der Fall. Durch das bloße Kopieren eines schon aufgenommenen Filmes wird das Schutzrecht des § 94 nicht (erneut) begründet. Der Hersteller von Video-Kassetten oder DVDs erwirbt durch die bloße Übertragung von Filmen usw. kein eigenes Schutzrecht.[344]

Somit kann sich ein inländischer Lizenznehmer allenfalls auf abgeleitete **421** Schutzrechte berufen. Dabei gilt aber der Grundsatz, dass durch eine Übertragung von Herstellungs- und Vertriebsrechten, die zwar nach § 87 Abs. 2 S. 1 zulässig ist, der Schutzbereich des deutschen Leistungsschutzrechts noch nicht eröffnet wird. Ansonsten könnte ein Sendeunternehmen für Sendematerial, das nach der Bestimmung des § 127 im Inland nicht geschützt ist, diesen Schutz durch bloße Rechteübertragung an einen inländischen Lizenznehmer erlangen.[345] Damit eine durch das deutsche Urheberrecht geschützte Sendung vorliegt, muss für das ursprünglich produzierende Unternehmen der Schutzbereich des § 127 UrhG eröffnet sein.

Entscheidend ist demnach, ob das ausschließliche Recht des Sendeunterneh- **422** mens auf Herstellung und Verbreitung von Bild- und Tonträgern seiner Funksendung aus § 87 Abs. 1 Nr. 2 in Bezug auf eine konkrete Funksendung verletzt ist. Dabei kommt es in erster Linie darauf an, wo das Sendeunternehmen seinen Sitz hat. Liegt dieser Sitz im Inland oder in einem Mitgliedsstaat der EU, kommt der Schutz aus § 87 uneingeschränkt zum Tragen (§ 127 Abs. 1). Ansonsten kommt ein ausländisches Sendeunternehmen dann in den Schutz der Leistungsschutzrechte des § 87, wenn die Funksendung im Inland ausgestrahlt wurde (§ 127 Abs. 2), was zumindest den Betrieb von Sendeeinrichtungen im Inland voraussetzt.[346]

Ansonsten kann Schutz für ausländische Fernsehsendungen in Deutschland **423** nur durch Staatsverträge erlangt werden. Abgesehen von der EU-Regelung genießt ein ausländisches Sendeunternehmen den Inländerschutz gem. §127 Abs. 2 und Abs. 3, wenn es seinen Sitz in einem Staat hat, der einem internationalen Abkommen beigetreten ist. Als solches kommt für Sendeunternehmen das Rom-Abkommen

---

344 Schricker/Loewenheim/*Katzenberger*, § 94 Rn 12.
345 BGH, Urt. v. 3.3.2004 – 2 StR 109/03 = BGHSt 49, 93.
346 Dreier/Schulze/*Dreier*, § 127 Rn 4.

in Betracht, das in Deutschland am 21.10.1966 in Kraft getreten und dem inzwischen die Mehrzahl aller Staaten mit Ausnahme der USA, China und Indien beigetreten ist. Der inhaltliche Schutz gleicht dem des § 87: durch die unerlaubte Vervielfältigung einer Fernsehsendung wird das exklusive Recht des Sendeunternehmens als Erstausstrahler verletzt. Danach ist in den meisten Fällen von unerlaubter Verbreitung von Videomaterial mit ausländischen Funksendungen der Schutz des § 87 eröffnet.

Nichtanwendbarkeit des Rom-Abkommens

424 Sofern das Sendeunternehmen seinen Sitz nicht in einem Vertragsstaat des Rom-Abkommens hat, kann es den Inlandsschutz für seine Funksendung nur unter der Voraussetzung erlangen, dass dem Sendematerial urheberrechtlicher Schutz zukommt, es also Werksqualität besitzt, und das Sendeunternehmen daran Urheberrechte innehat. Dies wird vor allem auf Filmwerke oder Dokumentationen zutreffen. Der wichtigste Schutz, den der Urheber eines Werkes erlangen kann, ist jener aus der **RBÜ**, bei der es sich um einen Staatsvertrag handelt, den 164 Staaten[347] unterzeichnet haben. Durch die Regelungen der RBÜ hat das den gleichen Schutzgegenstand betreffende Welturheberrechtsabkommen (WUA) stark an Bedeutung verloren. Für Werke, deren Ursprungsland ein RBÜ-Verbandsland ist, kommt der RBÜ der Vorrang zu.[348] Beide Staatsverträge verschaffen Inländerbehandlung, dies bedeutet denselben Schutz durch die gegenwärtigen und künftigen Normen des Urheberrechts, der auch Inländern zugutekommt. Der sachliche Schutzbereich umfasst alle Werke, wie sie in dem Abkommen in Art. 2 Abs. 1, 3 und 5 aufgeführt sind, darunter fallen insbesondere auch Filmwerke. Der persönliche Schutz umfasst alle Werke, deren Urheber in einem RBÜ-Mitgliedsland ihren Wohnsitz haben oder, falls diese Voraussetzung nicht zutrifft, deren Werk in einem RBÜ-Mitgliedsland erstmals veröffentlicht werden.

425 Der Schutzbereich ist aber dadurch beschränkt, dass sich die RBÜ wie auch das WUA nur auf Urheberrechte und nicht auf Leistungsschutzrechte bezieht. Die Leistungsschutzrechte der Filmhersteller scheiden damit als Schutzgegenstand aus.

426 Eine entscheidende Voraussetzung für den weltweiten Schutz einer ausländischen Fernsehsendung ist demnach, ob es sich bei dem Inhalt um ein Filmwerk handelt und ob das Sendeunternehmen auch als Urheber des Filmwerks und nicht nur als Hersteller anzusehen ist. Als Filmwerk gelten bewegte Bildfolgen, bei denen Sprach- und Musikwerke ins Bildliche umgewandelt sind. Urheber des Filmwerks ist derjenige, der gestalterische Leistungen erbringt, dazu zählen insbesondere Regie, Bildgestaltung und Schnitt. An die Gestaltungshöhe als Voraussetzung der Schutz-

---

347 Mitgliedsstaaten siehe unter www.wipo.int/treaties/en/ip/berne.
348 Dreier/Schulze/*Dreier*, § 121 Rn 11.

fähigkeit sind bei Filmen allgemein geringere Anforderungen zu stellen.[349] Auch Fernsehsendungen können dem Werkbegriff des § 2 Abs. 1 Nr. 6 unterfallen, sofern eine persönliche geistige Schöpfung vorliegt, was bei Spielfilmen, Kultur- und Dokumentarfilmen regelmäßig zu bejahen ist.[350] Abzulehnen ist aber der Werkcharakter bei reiner Berichterstattung, die sich mit aktuellen Geschehnissen befasst, bei politischen Diskussionen oder Interviews.[351]

Um den nach der RBÜ garantierten Inländerschutz auf hier vertriebene Medien 427 mit ausländischen Fernsehsendungen anwenden zu können, muss also in jedem Einzelfall zumindest der Inhalt ermittelt und bewertet werden. Selbst wenn die Werksqualität von Fernsehfilmen im Regelfall zu bejahen ist, muss das Sendeunternehmen auch als Urheber feststehen. Schon bei Filmproduktionen heimischer Sender ist dies nicht immer einfach zu beantworten, umso mehr gilt dies für ausländische Fernsehfilme. Selbst wenn sich der Sender als Urheber bezeichnet, muss dem mit Vorsicht begegnet werden, da der Urheber nach Schutzlandprinzip bestimmt wird und es nach Art. 14 bis Abs. 2 RBÜ dem Recht des Landes vorbehalten bleibt, den Inhaber des Urheberrechts zu bestimmen. Sowohl nach deutschem Recht wie auch nach den Regelungen der RBÜ kommen als originäre Urheber nur natürliche Personen in Betracht, womit ein Sendeunternehmen als Schöpfer eines Filmwerkes ausschiede.

Muss die Anwendbarkeit der RBÜ auf das fragliche Sendematerial wegen sol- 428 cher Zweifel verneint werden, kommt der Inländerschutz nur noch aufgrund des Leistungsschutzrechts als Filmhersteller in Betracht, der neben dem des Sendeunternehmens bestehen kann. Inländerschutz für seine Filmträger genießt ein im Ausland ansässiges Unternehmen, auch ein Sendeunternehmen, gem. §§ 128 Abs. 2, 126 Abs. 2 und 3 dann, wenn die Bild- und Tonträger mit dem Film erstmals in Deutschland oder innerhalb von 30 Tagen nach ihrem Ersterscheinen (im Ausland) in Deutschland erschienen sind. Daneben wird der Inländerschutz solchen Unternehmen gewährt, wenn dies durch einen Staatsvertrag geregelt ist (§ 126 Abs. 3) oder die Gewährleistung der Gegenseitigkeit des Schutzes formal vom Bundesministerium der Justiz festgestellt ist (§§ 126 Abs. 3 S. 2, 121 Abs. 4 S. 1). Für die Filmhersteller wie auch für die Sendeunternehmen bestehen aber hinsichtlich der verwandten Schutzrechte, wie sie in § 108 aufgeführt sind – im Gegensatz zu den Tonträgerherstellern – keine internationalen Verträge. Ausländische Hersteller sind in Deutschland also schutzlos oder auf die von den Urhebern abgeleiteten Urheberrechte am Filmwerk angewiesen. Tatsächlich berufen sich die Filmhersteller regelmäßig auf diese Rechte, die ihnen von den Urhebern der Filmwerke abgetreten worden sind.[352] Eine

---

349 Dreier/Schulze/*Schulze*, § 2 Rn 208, 211.
350 Schricker/Loewenheim/*Loewenheim*, § 2 Rn 191.
351 Wandtke/Bullinger/*Bullinger*, § 2 Rn 122.
352 Dreier/Schulze/*Dreier*, § 128 Rn 5, 6.

Bekanntmachung der Gegenseitigkeit ist für Filmhersteller hinsichtlich ihrer Rechte aus §§ 94, 95 bislang ebenfalls nicht erfolgt.

429 Sofern es also mit dem betreffenden Herkunftsland des Sendematerials keine staatliche Übereinkunft gibt, ist für jeden Bildträger gesondert festzustellen, wo dieser erstmals erschienen ist und, sofern dies im Ausland geschah, dass das Nacherscheinen in Deutschland innerhalb von 30 Tagen nach dem Ersterscheinen im Ausland erfolgt ist.

430 Nicht entscheidend ist dabei, wann die aufgezeichnete Sendung erstmals ausgestrahlt wurde, denn für den Begriff des Erscheinens gilt die Legaldefinition des § 6 Abs. 2. Danach ist ein Werk erschienen, wenn mit Zustimmung des Berechtigten Vervielfältigungsstücke des Werkes in genügender Anzahl der Öffentlichkeit angeboten und in Verkehr gebracht worden sind. Es kommt also auf die Festlegung des Werkes und dessen Zugänglichmachen in verkörperter Form an. Bei Erstausstrahlungen eines Senders, der in seinem Heimatland keine Bild- und Tonträger des Filmes angeboten hat, hat demnach das Datum des Erscheinens der von seinem Lizenznehmer kopierten Videokassetten oder DVDs in Deutschland keine Bedeutung, solange diese Vervielfältigungstücke bis dahin nirgendwo erschienen sind. Der betreffende Filmträger ist in diesem Fall in Form der vom Lizenznehmer hergestellten Kopien in Deutschland erstmals erschienen. Ist der Film hingegen im Heimatland des Senders oder in einem anderen Land schon auf Träger erschienen, kommt Inländerschutz nur dann in Betracht, wenn das Erscheinen der Kassetten, DVDs usw. im Inland innerhalb von 30 Tagen nach dem Ersterscheinen im Ausland erfolgt. Dies ist für jedes Filmwerk gesondert nachzuweisen, ansonsten kommt ein Schutz nach § 94 nicht in Betracht. Auf die Frage, auf welche Weise ein Verdächtiger in den Besitz des von ihm kopierten Sendematerials gelangt ist, kommt es unter keinen Umständen an.

431 Unter den Begriff des Erscheinens i.S.v. § 6 Abs. 2 wird aber auch das Angebot von Video-on-Demand subsumiert, was bei Fernsehsendungen inzwischen eine weit häufiger vorkommende Form des Vertriebs durch das Senderunternehmen ist. In Betracht kommt zwar nur eine analoge Anwendung des Erscheinensbegriffs, diese wird aber in der Literatur für zulässig gehalten.[353] Wenn das herstellende Sendeunternehmen die in Frage kommenden Sendungen über Video-On-Demand abrufbar gemacht hat, kommt es für die Schutzfähigkeit im Inland darauf an, dass die Vervielfältigungsstücke nicht später als 30 Tage nach der erstmaligen Abrufbarkeit der Sendung im Ausland in Deutschland erschienen sind.

432 Während im Zivilprozess derjenige, der ein früheres Erscheinen im Ausland, also den Ablauf der 30-Tage-Frist, behauptet, dafür auch die Beweislast trägt,[354] ist im Strafprozess die Beweislastregel des § 126 Abs. 2 nicht dahin anzuwenden, dass der Beschuldigte den Fristablauf und damit die Nichtschutzfähigkeit des von ihm

---

353 Dreier/Schulze/*Dreier*, § 6 Rn 16, a.A. Schricker/Loewenheim/*Katzenberger*, § 6 Rn 56.
354 Fromm/Nordemann/*Nordemann-Schiffel*, § 121 Rn 6.

Brandau

verwerteten Filmes nachzuweisen hätte. Vielmehr ist demjenigen, der einer unzulässigen Verwertung eines ausländischen Filmes verdächtig ist, nachzuweisen, dass der Ton- und Bildträger nicht früher als 30 Tage vor dem Erscheinen im Inland im Ausland erschienen ist.[355] Diese Erfordernisse laufen im Ergebnis darauf hinaus, dass für jede Videokassette oder DVD der Inhalt festzustellen ist, nämlich ob es sich um einen Film bzw. um Laufbilder handelt, wer der Hersteller und wo der Filmträger erstmals erschienen ist, was bei einer großen Zahl an Videomaterial einen erheblichen Aufwand darstellen dürfte.

Zusammenfassung

Im Ergebnis ist die Strafbarkeit der unerlaubten Verwertung des Filmmaterials eines **433** ausländischen Senders nach § 121 Abs. 1 und Abs. 4 immer dann gegeben, wenn der Film Werksqualität hat, der Sender zugleich Urheber des Filmes und seinen Sitz in einem Mitgliedsland der RBÜ hat. Dabei ist beachten, dass die angloamerikanische Rechtsordnung keinen Unterschied zwischen Filmhersteller und Filmurheber macht und deshalb dem Produzenten eine originäre Filmurheberschaft zugesteht.[356] Damit unterfallen im Ergebnis die Fernsehfilme US-amerikanischen Ursprungs dem Urheberrecht mit der Folge, dass sie in den inländischen Schutzbereich für Filmwerke einbezogen sind.

Wenn – ausnahmsweise – diese Bedingungen nicht erfüllt sind, der ausländi- **434** sche Sender also nur als Hersteller des Filmes anzusehen ist, kommt es darauf an, dass der Film, fixiert auf Bild- und Tonträger, erstmals in Deutschland oder innerhalb von 30 Tagen nach dessen Ersterscheinen im Ausland in Deutschland erschienen ist. Dies ist für jedes Filmwerk gesondert nachzuweisen, ansonsten kommt ein Schutz nach § 94 nicht in Betracht.

8. Verwertung einer Datenbank (§ 108 Abs. 1 Nr. 8)

(1) Wer in anderen als den gesetzlich zugelassenen Fällen ohne Einwilligung des Berechtigten
8. eine Datenbank entgegen § 87b Abs. 1 verwertet,

§ 87a Begriffsbestimmungen

(1) Datenbank im Sinne dieses Gesetzes ist eine Sammlung von Werken, Daten oder anderen unabhängigen Elementen, die systematisch oder methodisch angeordnet

---

355 LG Frankfurt, Beschl. v. 3.8.1994 – 5/29 KLs 92 Js 23680/92; bestätigt durch OLG Frankfurt, Stellungn. v. 17.12.1996 – 1 Ws 260/94.
356 Dreier/Schulze/*Schulze*, § 94 Rn 2.

und einzeln mit Hilfe elektronischer Mittel oder auf andere Weise zugänglich sind und deren Beschaffung, Überprüfung oder Darstellung eine nach Art oder Umfang wesentliche Investition erfordert. Eine in ihrem Inhalt nach Art oder Umfang wesentlich geänderte Datenbank gilt als neue Datenbank, sofern die Änderung eine nach Art oder Umfang wesentliche Investition erfordert.

(2) Datenbankhersteller im Sinne dieses Gesetzes ist derjenige, der die Investition im Sinne des Absatzes 1 vorgenommen hat.

§ 87b Rechte des Datenbankherstellers

(1) Der Datenbankhersteller hat das ausschließliche Recht, die Datenbank insgesamt oder einen nach Art oder Umfang wesentlichen Teil der Datenbank zu vervielfältigen, zu verbreiten und öffentlich wiederzugeben. Der Vervielfältigung, Verbreitung oder öffentlichen Wiedergabe eines nach Art oder Umfang wesentlichen Teils der Datenbank steht die wiederholte und systematische Vervielfältigung, Verbreitung oder öffentliche Wiedergabe von nach Art und Umfang unwesentlichen Teilen der Datenbank gleich, sofern diese Handlungen einer normalen Auswertung der Datenbank zuwiderlaufen oder die berechtigten Interessen des Datenbankherstellers unzumutbar beeinträchtigen.

(2) § 10 Abs. 1, § 17 Abs. 2 und § 27 Abs. 2 und 3 gelten entsprechend.

435 Der Tatbestand nimmt Bezug auf die Vorschrift des § 87b, in der die ausschließlichen Rechte des Datenbankherstellers aufgeführt sind, die inhaltlich mit anderen Leistungsschutzrechten identisch sind, nämlich das Recht der Vervielfältigung, Verbreitung und der öffentlichen Wiedergabe umfassen.

436 Der Schutz geht zurück auf die EG-Richtlinie 96/9,[357] mit der ein „völlig neues Recht" (sui generis) kreiert wurde, da man den bisherigen Schutz von Datenbanken für unzureichend hielt.

437 Zwar waren und sind Datenbanken als Sammlung von Daten oder sonstigen Elementen nach § 4 Abs. 2 urheberrechtlich schutzfähig, sofern die Auswahl oder Anordnung ihrer Elemente eine persönliche geistige Schöpfung darstellt, die nicht durch Sachzwänge diktiert ist. Die schöpferische Leistung liegt in der individuellen Auswahl und Anordnung der Elemente sowie dem Bereitstellen spezieller Abfragesysteme.[358] Damit besteht der urheberrechtliche Schutz nur gegen Übernahme dieser schöpferischen Auswahl oder Anordnung, während eine Übernahme des Inhaltes der Datenbank – auch in anderer Gestalt – aus Gründen des Urheberrechtes nicht verhindert werden kann.

---

357 RL 96/9/EG v. 11.3.1996, ABl Nr. L 77 S. 20–28.
358 BeckOK UrhR/*Ahlberg*/*Götting* UrhG, § 4 Rn 32.

Brandau

a) Leistungsschutzrecht

Durch das Leistungsschutzrecht des § 87b soll die Investition des Herstellers der **438** Datenbank geschützt werden. Das Recht steht demjenigen zu, der eine wesentliche Investition für die Beschaffung, Überprüfung oder Darstellung der Elemente getätigt hat, die nicht unbedingt finanzieller Natur sein muss, sondern auch im Einsatz von Zeit, Arbeit und Energie bestehen kann.[359] Unter den Begriff wesentliche Investition fallen insbesondere Aufwendungen für die Aufbereitung und Erschließung des Datenbankinhalts durch die Erstellung von Tabellen und die Einrichtung von Abfragesystemen,[360] nicht hingegen für die Datenerzeugung.

Der Schutz aus § 87a besteht unabhängig von dem urheberrechtlichen Schutz am **439** Datenbankwerk aus § 4 Abs. 2 und vor allem unabhängig von eventuellen Rechten an einzelnen Elementen der Datenbank, die durchaus für sich schutzfähig sein können,[361] besonders dann, wenn sie von unabhängigen Nutzern eingestellt werden.

Eine Datenbank i.S.v. § 87 liegt dann vor, wenn Daten, sonstige Elemente oder **440** sogar physische Objekte unabhängig voneinander systematisch oder methodisch angeordnet und darüber hinaus die Elemente einzeln mit Hilfe elektronischer Mittel oder auf andere Weise zugänglich sind. Darunter fallen demnach nicht nur elektronisch zugängliche Datensammlungen sondern auch solche in Printform, da es auf den Zugriffskomfort nicht ankommt. Ohne Bedeutung sind auch die Mittel, die eingesetzt werden, um die Elemente zu erzeugen, aus denen der Inhalt der Datenbank besteht.

Nicht in den Schutzbereich fallen mangels systematischer Aufbereitung die so- **441** genannten Rohdaten, obwohl deren Gewinnung oft mit erheblichem Aufwand verbunden ist. Geschützt durch § 87a ist allein der Aufwand bei der Datenbearbeitung, die Daten selbst müssen auf andere Weise, z.B. wettbewerbsrechtlich, gegen eine Übernahme geschützt werden.[362]

Die Beispiele für Datenbanken i.S.v. § 87a sind unerschöpflich, dazu zählt jed- **442** wede Anordnung von Information, bei der das Einzelelement durch eine Such- oder Indexfunktion unabhängig von den anderen abrufbar oder lesbar ist. Hierunter fallen Sammlungen von Hyperlinks, online abrufbare Anzeigen, Fahrpläne, Flugpläne und -preise sowie Bewertungsdatenbanken, selbst wenn diese von den Nutzern mit Inhalten gefüttert werden.[363] Der früher mangels Werkhöhe abgelehnte Schutz von Telefonteilnehmerverzeichnissen (D-Info 2.0) wird nunmehr ebenfalls durch deren Einordnung als Datenbank i.S.v. § 87a einhellig bejaht.[364]

---

359 Dreier/Schulze/*Dreier*, § 87a Rn 12.
360 *Hoeren*, Internetrecht, S. 130.
361 Dreier/Schulze/*Dreier*, vor §§ 87a ff. Rn 8.
362 Dreier/Schulze/*Dreier*, § 87a Rn 7.
363 *Hoeren*, Internetrecht S. 129 m.w.N.
364 *Hoeren*, Internetrecht, S. 129.

b) Tathandlung

443 Verboten ist nach § 87b die unerlaubte Entnahme, d.h. die Übertragung eines wesentlichen Teils der Datenbank, während die Nutzung unwesentlicher Teile, erst recht einzelner Datensätze, durch jedermann zulässig ist. Die Auslegung dieses Kriteriums ist der Rechtsprechung überlassen, wobei wegen seiner Unschärfe verfassungsrechtlich begründete Zweifel aus Art. 103 Abs. 2 GG an der Bestimmtheit des Straftatbestands aufkommen.[365] Bezugsgröße für die Wesentlichkeit soll jedenfalls die gesamte Datenbank sein. Umfasst diese mehrere Untergruppen, so ist die Bezugsgröße nicht die Gesamtdatenbank sondern die jeweilige Untergruppe, der die Daten entnommen wurden. Eine quantitativ geringe Datenmenge, die entnommen wurde, kann die Verwertung eines wesentlichen Teils der Datenbank durch den Hersteller beeinträchtigen. Die Übernahme von zehn Prozent einer Bewertungsdatenbank soll noch nicht wesentlich sein.[366] Auch einzelne Datensätze stellen keine wesentlichen Teile einer Datenbank dar, sie abzurufen und weiterzuverwenden stellt keine Rechtsverletzung nach § 87b dar.[367] Nicht zu den Elementen einer Datenbank gehören auch die Computerprogramme, mit denen das Abfragesystem der Datenbank betrieben wird.[368]

444 Das von vielen Suchmaschinen angewandte Verfahren des Web- oder Screen-Scraping, womit das gezielte Extrahieren von Daten aus einer fremden Webseite zum Zwecke der Beantwortung von Anfragen z.B. nach den günstigsten Flugpreisen verstanden wird, ist auch dann rechtlich nicht zu beanstanden, wenn das ausgeforschte Unternehmen, z.B. die Fluggesellschaft, diese Auskunftserteilung oder diesen Vertriebsweg nicht wünscht.[369] Die Abfrage einer öffentlich zugänglichen Datenbank zu Informationszwecken greift nicht in das Recht des Herstellers ein, sofern nicht die Abfrage zu einer ständigen oder vorübergehenden Übertragung der Gesamtheit oder eines wesentlichen Teils der Datenbank auf einen anderen Datenträger führt.[370]

c) Prüfung des Anfangs- bzw. des hinreichenden Tatverdachtes

445 Ermittlungsverfahren wegen unerlaubter Verwertung einer Datenbank gehen ausschließlich auf private Strafanzeigen zurück, namentlich des Betreibers der Datenbank oder dessen anwaltlichem Vertreter. Es obliegt dabei dem Anzeigeerstatter, einen Sachverhalt schlüssig darzulegen, der den nach § 152 Abs. 2 StPO erforderlichen Anfangsverdacht begründet. In nahezu allen Fällen wird in der Strafanzeige auf die weitgehende Übereinstimmung der dem Anzeigeerstatter gehörenden Datenbank mit dem Inhalt einer fremden Datenbank verwiesen.

---

365 Dreier/Schulze/*Dreier*, § 87b Rn 8.
366 OLG Köln, Urt. v. 14.11.2008 – 6 U 57/08 (n.rk.) = MMR 2009, 191 ff.
367 Dreier/Schulze/*Dreier*, § 87b Rn 6.
368 Dreier/Schulze/*Dreier*, § 87a Rn 4.
369 OLG Frankfurt, Urt. v. 5.3.2009 – 6 U 221/08.
370 EuGH, Urt. v. 9.10.2008 – C 304/07.

Damit ist zwar ein Sachverhalt dargetan, der „tatsächliche Anhaltspunkte" für **446** eine Straftat nach § 108 Abs. 1 Nr. 8 UrhG bietet. Zureichend sind diese Anhaltspunkte aber erst, wenn die behauptete Übereinstimmung belegt, also unter Beweis gestellt ist. Zwar könnte die Übereinstimmung auch von den Ermittlungsbehörden geprüft und gegebenenfalls nachgewiesen werden, was aber nur mit Hilfe von Sachverständigen oder ansonsten nur unter größtem Aufwand zu leisten ist.

Wenn ein Datenbankhersteller geltend macht, dass ein Dritter wesentliche Teile **447** seiner Datenbank sich angeeignet und in eine eigene Datenbank integriert habe, so obliegt dem Verletzten die Darlegungs- und Beweislast hinsichtlich der Identität der integrierten Daten und ihrer Wesentlichkeit.[371] Diese Regelung ist zwar auf eine zivilrechtliche Inanspruchnahme zugeschnitten. Für die Begründung des strafprozessualen Anfangsverdachtes kann nichts anderes gelten. Es ist nicht Aufgabe der Staatsanwaltschaft, den noch fehlenden Anfangsverdacht für eine Verletzung immaterieller Schutzrechte durch aufwändige Ermittlungen nachzuholen, zumal es um Umstände geht, die in der Sphäre des Geschädigten angesiedelt sind und die dessen ureigener Wahrnehmung und Bewertung unterliegen.

Dem Geschädigten oder Anzeigeerstatter ist daher die Vorlage von Vergleichs- **448** material aufzugeben. Dazu bedarf es nicht des kompletten Ausdrucks der (beiden) fraglichen Datenbanken. Es genügen Auszüge, in denen signifikante Übereinstimmungen bei Fehlern, überholten Informationen oder frei wählbaren Formulierungen bestehen. Derartige Merkmale sind ein Anscheinsbeweis dafür, dass die Übereinstimmungen auf der Übernahme der (älteren) Datenbank und nicht auf eigenen Ermittlungen des Verdächtigen beruhen.[372] Daneben ist die Rechtinhaberschaft an der angeblich übernommenen Datenbank durch die Benennung und Bezifferung der Aufwendungen für die Einrichtung und den Betrieb des Inhaltes darzulegen und nachzuweisen.

Wenn angeforderte Unterlagen oder Akten auf Anforderung nicht freiwillig oder **449** rechtzeitig herausgegeben werden, ist die Prüfung des Anfangsverdachts auf der verbleibenden Tatsachengrundlage zu treffen. Die Anwendung irgendwelcher Zwangsmittel ist nicht zulässig,[373] so dass etwa eine Durchsuchung beim Geschädigten gänzlich ausscheidet.

Selbst wenn sich die Datenbank aus Beiträgen verschiedener Autoren der Ein- **450** zelelemente zusammensetzt, die sich die Rechte an ihren Beiträgen vorbehalten und diese widerrufen und anderweitig abgetreten haben, stellt dies den Leistungsschutz an der Gesamtheit „Datenbank" nicht in Frage, sofern dessen Hersteller die notwendige Investition vorgenommen hat und diese nachweisen kann.

---

371 Wandtke/Bullinger/*Thum/Hermes*, § 87b Rn 60.
372 Wandtke/Bullinger/*Thum/Hermes*, § 87b Rn 61.
373 Rundverfügung des Generalstaatsanwaltes des Landes Brandenburg v. 21.8.1998 in der Fassung v. 10.12.2008.

451   Für die Anklageerhebung ist die Frage nach dem verletzten Rechtsgut von entscheidender Bedeutung, denn es kommen sowohl Urheberrechte aus § 4 Abs. 1 als auch die Leistungsschutzrechte an der Datenbank als verletzte Rechtsgüter in Betracht. Für den Urheberschutz kommt es nicht auf die einzelnen Datensätze sondern auf deren systematische oder methodische Anordnung sowie die Schöpfungshöhe der bereitgestellten Verknüpfungs- und Abfragemöglichkeiten an.[374] Demzufolge muss für den Nachweis einer Urheberrechtsverletzung die Übereinstimmung in puncto Anordnung und Abfragesystem zwischen der inkriminierten und der Original-Datenbank nachgewiesen werden, wobei es auf die Identität einzelner Datensätze nicht ankommt.

452   Bezieht sich der strafrechtliche Vorwurf hingegen auf die Übernahme von Elementen der Datenbank, also von einzelnen Datensätzen, kommt nur ein Eingriff in das Recht des Herstellers aus § 87b in Betracht, dem das ausschließliche Recht der Vervielfältigung, Verbreitung oder der öffentlichen Wiedergabe vorbehalten ist. Die entscheidende Tathandlung liegt dabei immer in dem Bereitstellen der Datenbank im Internet, also ihrer öffentlichen Wiedergabe nach § 19a. Der entsprechende Tatnachweis ist aber so gut wie niemals zu führen, wenn die Datenbank auf außereuropäischen Servern liegt und nur dort die Zugriffe der Betreiber zu erfassen sind. Dennoch muss das Auffinden der kompletten Datenbank auf dem privaten Rechner eines Verdächtigen als Nachweis einer unbefugten Vervielfältigung genügen, selbst wenn der Verdächtige früher einmal rechtmäßigen Zugriff auf die Originaldatenbank hatte, z.B. als Angestellter des Betreiberunternehmens. Die Speicherung einer kompletten Datenbank auf einem privaten Rechner stellt sowohl eine unbefugte Vervielfältigung nach § 87b UrhG als auch eine unbefugte Sicherung von Unternehmensgeheimnissen nach § 17 Abs. 2 Nr. 2a) oder b) UWG dar, da eine Zusammenführung solcher Daten nur unter erheblichem Zeit- und Kostenaufwand möglich ist, womit die Geheimnisqualität einer Datenbank nahezu immer feststeht.[375]

453   Wenn die privat gespeicherte Datenbank mit dem Original insgesamt oder wesentlich identisch ist, zudem gegen Zugriffe sehr effektiv gesichert war und solche Zugriffe durch den Verdächtigen regelmäßig erfolgten, ist es nicht zu vertreten, allein auf die (frühere) möglicherweise *rechtmäßige* Vervielfältigung der Originaldatenbank abzustellen, schon gar nicht, wenn es an tatsächlichen Anhaltspunkten für die Herstellung einer Sicherungskopie fehlt.[376] Für die Rechtmäßigkeit der Ver-

---

374 Dreier/Schulze/*Dreier*, § 4 Rn 29.

375 BGH GRUR 2008, 727; Köhler/Bornkamm § 17 Rn 8.

376 Entgegen LG Frankfurt, Beschl. v. 28.4.2016 – 5/26 Qs 13/16, das ohne Begründung als einzige Verletzungshandlung i.S.v. § 87b eine Beteiligung des Verdächtigen an der öffentlichen Wiedergabe der Datenbank erörtert und aus tatsächlichen Gründen ablehnt. Die Möglichkeit der vorgelagerten unerlaubten Vervielfältigung der Datenbank auf ein privates Speichermedium wird nur rudimentär diskutiert.

vielfältigung einer Datenbank durch einen Unternehmensangehörigen müssen dieselben Grundsätze gelten, die auch für die Frage der Befugnis zur Sicherung eines
Betriebs- oder Geschäftsgeheimnisses auf einem privaten Speichermedium Bedeutung haben.

9. Erscheinungsformen strafbarer Internet- oder Mediennutzung

a) Straftaten bei der Nutzung von Youtube
aa) Beschreibung und Nutzungsbedingungen

YouTube ist ein Internet-Videoportal der Google Inc. mit Sitz in San Bruno, Kalifor- 454
nien, auf dem die Benutzer kostenlos Video-Clips ansehen, bewerten und hochladen können. Auf der Internetpräsenz befinden sich Film- und Fernsehausschnitte,
Musikvideos sowie selbstgedrehte Filme. In seinen Anfängen wohl mehr als Plattform für privat erstellte Videos mit eher skurrilen Inhalten gedacht, wird das Portal
inzwischen in großem Maße als Zugriff auf Musikinhalte genutzt, die mit Videoaufnahmen der Künstler oder sonstigen beliebigen Bildern untermalt sind. Dies kann
so weit gehen, dass zu einer abrufbaren Tonaufnahme lediglich Standbilder oder
das Bild eines abspielenden Schallplattenspielers gezeigt werden, was den Bedingungen von Youtube an sich zuwiderläuft. Die aktive Nutzung ist nämlich ausdrücklich auf das Übermitteln von Videomaterial mit textlichen Anmerkungen beschränkt, worunter z.B. Standbilder nicht fallen dürften.

Während das Hochladen von Inhalten nur angemeldeten Nutzern über deren 455
Konto möglich ist, können die Inhalte von jedermann online als Stream eingesehen werden. Inzwischen ist eine riesige Zahl an Musikaufnahmen auf dem Portal
zu sehen, die allesamt von Nutzern eingestellt worden sind und die zu großen Teilen urheberrechtlichen Schutz genießen. Obwohl nach den Nutzungsbedingungen
nur solche Inhalte hochgeladen werden dürfen, an denen der Nutzer die Rechte
innehat, trifft dies für eine große Zahl von Musikclips nicht zu, d.h. deren Bereitstellung ist ohne Zustimmung der Rechtinhaber erfolgt und stellt demzufolge eine
Urheberrechtsverletzung dar. In den USA hatte ein Medienunternehmen die Fa.
Google deshalb bereits auf Entfernung von ca. 100.000 Musikvideos verklagt, die
Klage wurde in erster Instanz zurückgewiesen. In Deutschland befand sich die
Verwertungsgesellschaft GEMA mit der Niederlassung von Google in einem jahre-
langen Rechtsstreit, in dem es um die aus Sicht der GEMA rechtswidrige Nutzung
von urheberrechtlich geschützten Werken auf der reichweitestärksten Online-
Video-Plattform ging. Nach langwierigen Verhandlungen hat sich die GEMA mit
YouTube am 1. November 2016 auf einen Lizenzvertrag geeinigt. Durch diesen Abschluss werden die Mitglieder der GEMA für die Nutzung ihrer Werke eine Vergütung erhalten.

Damit entfallen auch die sogenannten Sperrtafeln, mit denen YouTube ca. 60%
der meistgefragten Musikvideos belegt hatte, weil sie Repertoire der GEMA enthiel-

ten, für die Youtube bislang nicht bezahlen wollte. Der Abruf sämtlicher Musikvideos ist nunmehr möglich, obwohl weiterhin unterschiedliche Rechtsauffassungen zwischen YouTube und der GEMA darüber bestehen, ob YouTube oder die Uploader für die Lizenzierung der genutzten Musikwerke verantwortlich sind.

bb) Strafrechtliche Haftung der Nutzer

456 Die strafrechtliche Verantwortung für die Bereitstellung von geschützten Inhalten kann sowohl denjenigen treffen, der sie übermittelt, also auf den Youtube-Server hochgeladen hat, als auch die Betreiber des Portals. Das Hochladen durch private Nutzer, die in wohl allen Fällen ohne Erlaubnis des Produzenten der Musikaufnahme erfolgt, stellt eine Vervielfältigung nach § 16 Abs. 2 UrhG dar, da das Werk auf Vorrichtungen zur wiederholten Wiedergabe von Bild- oder Tonfolgen übertragen wird. Sofern nicht die für Tonaufnahmen geltende Schutzfrist von 50 Jahren (§ 85 Abs. 3 UrhG) abgelaufen ist, besteht kein Zweifel, dass das Hochladen auf den Server unerlaubt ist, da es die Rechte des Tonträgerherstellers verletzt. Damit liegt auch eine Strafbarkeit nach § 108 Abs. 1 Nr. 5 UrhG vor. Wenn der Videoclip als solcher bereits existiert hatte, z.B. als Werbemittel des Produzenten, handelt es sich um einen Bild- und Tonträger, so dass sich die Strafbarkeit nach § 108 Abs. 1 Nr. 7 bestimmt. Wurde der Videoclip im Fernsehen ausgestrahlt und aufgezeichnet, was nur zum privaten Gebrauch zulässig ist (§ 53 Abs. 1 UrhG), wird durch das Hochladen eine Funksendung unerlaubt nach § 87 Abs. 1 Nr. 2 vervielfältigt, da dies nicht dem privaten Gebrauch dient. Damit liegt die Strafbarkeit aus § 108 Abs. 1 Nr. 6 vor. Zugleich wird durch die Bereitstellung des Videos der Inhalt öffentlich zugänglich gemacht, was eine strafbare Verwertung darstellt.

457 Eine strafrechtliche Haftung dessen, der sich Inhalte auf Youtube ansieht, ist nicht gegeben, da eine kontinuierliche Datenübertragung zwischen dem sendenden Server und dem empfangenden Endgerät stattfindet. Die empfangenen Daten werden mittels eines Plug-In-Players im Browser des Nutzers, z.B. dem RealPlayer, sofort und unmittelbar abgespielt. Ein solcher Stream führt zu keiner Vervielfältigung auf einem Speichermedium.

458 Anders ist der Vorgang zu beurteilen, wenn der Nutzer die Tonspur des Videos mittels einer Software ausliest, in ein abspielbares Format, z.B. MP3, konvertiert und dann auf der Festplatte seines Computers speichert, wozu die Videoclips in vielen Fällen genutzt werden. Damit liegt keine vorübergehende Vervielfältigung mehr vor, die als notwendige Begleiterscheinung der Programmnutzung nach § 44a UrhG erlaubt ist. Wohl handelt es sich um eine dem privaten Gebrauch dienende Vervielfältigung, die nach § 53 UrhG erlaubt ist, solange die Vorlage (das YouTube Video) weder offensichtlich rechtswidrig hergestellt noch offensichtlich rechtswidrig öffentlich zugänglich gemacht worden ist. Die entscheidende Frage ist demnach, ob das Video mit Zustimmung des Rechteinhabers als Online-Angebot eingestellt worden ist. Bei den YouTube Videos kann das nicht gänzlich

ausgeschlossen werden, weil inzwischen viele Musikinterpreten dieses Portal dazu nutzen, ihre Aufnahmen bekannt zu machen und damit der Öffentlichkeit kostenlos anzubieten, wenn auch nur zu Werbezwecken. Dem privaten Nutzer kann daher nicht zugetraut werden, alle derzeitigen Lizenz-Vereinbarungen zwischen YouTube und den verschiedenen Verwertungsgesellschaften zu kennen oder zu überprüfen. Im Übrigen ist es die Aufgabe des Betreibers, rechtswidrig öffentlich zugänglich gemachte Videos zu entfernen. Der Nutzer darf sich also auf die urheberrechtliche Zulässigkeit des Online-Angebots auf Youtube verlassen. Eine gegenteilige Beurteilung wird bislang nicht vertreten, entsprechende (zivilrechtliche) Urteile sind nicht bekannt. Anderes muss gelten, wenn zum Beispiel das auf YouTube angebotene Musikstück bereits vor der offiziellen Veröffentlichung hochgeladen wurde. Dann ist das Merkmal der offensichtlichen Rechtswidrigkeit, das subjektiv nach dem Kenntnis- und Bildungsstand des jeweiligen Nutzers zu bestimmen ist,[377] zweifelsfrei für jeden Nutzer erkennbar.

Ein Konvertierung und Speicherung der Audiospuren eines YouTube-Videos ist **459** daher – mangels entgegenstehender Urteile oder Gesetzeslage – ebenso zum privaten Gebrauch erlaubt wie die Aufzeichnung von Musikaufnahmen im Fernsehen oder im (Internet) Radio.

cc) Strafrechtliche Haftung des Betreibers

Die strafrechtliche Haftung des Portalbetreibers Youtube für rechtsverletzende In- **460** halte ist davon abhängig, ob dieser sich diese Inhalte zu eigen macht. Dem steht entgegen, dass schon eine redaktionelle Kontrolle der auf ihre Server geladenen Videos durch Youtube nicht stattfindet, d.h. dass eine inhaltliche Prüfung der übermittelten Videos nicht durchgeführt wird. Da Youtube die von den Nutzern hochgeladenen Videos vor ihrer Freischaltung nicht prüft, was angesichts der Masse der laufend auf die Plattform geladenen Videos auch kaum zu bewerkstelligen wäre, fällt dem Betreiber auch keine inhaltliche Verantwortung für die eingestellten zugeordneten Videos zu, was selbst dann gilt, wenn eine Strukturierung der Inhalte vorgenommen wird und die Videos unter den üblichen Logo-Fenstern von Youtube präsentiert werden.[378]

Eine Haftung des Portalbetreibers für rechtsverletzende Inhalte ist nach gefes- **461** tigter Rechtsprechung nur in zivilrechtlicher Hinsicht aufgrund Störerhaftung begründet. Störer ist nach der Rechtsprechung des BGH bei der Verletzung absoluter Rechte jeder der – ohne Täter oder Teilnehmer zu sein – in irgendeiner Weise willentlich und adäquat kausal zur Verletzung des geschützten Rechts beiträgt.

---

377 BT-Drucks. 16/1828, S. 26.
378 OLG Hamburg, Urt. v. 29.9.2010 – 5 U 9/09; ebenso LG Hamburg, Urt. v. 20.4.2012 – 310 O 461/10.

462   Als Beitrag zur Verletzung eines geschützten Rechts kann auch die Unterstützung oder Ausnutzung der Handlung eines eigenverantwortlich handelnden Dritten genügen, sofern er die rechtliche Möglichkeit zur Verhinderung dieser Handlung hatte.[379]

463   Als Konsequenz dieser Rechtsauffassung wurde Youtube auf Antrag der GEMA dazu verurteilt, bestimmte rechtsverletzende Videos von seinen Seiten zu entfernen. Eine strafrechtliche Bedeutung kann diesem Judiz dann zukommen, wenn Youtube auf entsprechende konkrete Hinweise keine Maßnahmen zur Entfernung der Rechtsverletzung vornimmt. In einem solchen Fall wird eine täterschaftliche Urheberrechtsverletzung in der Form des strafbaren Zugänglichmachens einer Musikaufnahme anzunehmen sein, wobei allerdings eine individuelle Verantwortlichkeit nur schwer festzustellen sein dürfte.

b) Tonträgerpiraterie und Filesharing

464   Die Erscheinungsformen der Tonträgerpiraterie sind unerlaubte Mitschnitte von Live-Konzerten, Verwendung populärer Tonträger für neue Zusammenstellungen (Raubkoppelungen) oder Identfälschungen, die ein Original-Medium exakt nachbilden.

465   Die heute am häufigsten vorkommende illegale Verwertung von Tonträgern vollzieht sich im Internet, indem Musikaufnahmen ohne Erlaubnis der Berechtigten entweder zum bloßen Anhören oder zum Download bereitgestellt werden. Dies berührt das ausschließliche Online-Nutzungsrecht des Herstellers, das der öffentlichen Zugänglichmachung (§ 19a), welches als dritte Verwertungshandlung in § 85 Abs. 1 genannt ist. Dieses Recht umfasst sämtliche Tonträger des Herstellers, unabhängig davon, ob sie erschienen sind und welchen Inhalt sie haben. Aufnahmen, von denen keine Vervielfältigungsstücke erhältlich sind, z.B. die DFB-Hymne, dürfen nicht online bereitgestellt werden, wobei es nicht darauf ankommt, ob nur ein Anhören (sog. Streaming) oder das Herunterladen ermöglicht wird, auf den tatsächlichen Abruf kommt es nicht an.[380]

466   Die Tathandlung des Zugänglichmachens wird typischerweise von Nutzern sogenannter Tauschbörsen oder Filesharing-Systeme erfüllt, indem diese – programmbedingt – ihre auf dem Rechner gespeicherten Aufnahmen zum Download für andere Nutzer öffnen (siehe dazu den speziellen Beitrag). In der Regel werden als Quelle für die Titel, die zugänglich gemacht werden, keine physischen Tonträger verwendet, solche müssen auch nicht zur Verfügung stehen. Der Herstellerschutz nach § 85 UrhG bleibt auch dann erhalten, wenn nur digitale Kopien des Tonträgers verwendet werden.

467   Der bloße *Genuss der Aufnahme* von einer rechtswidrig hergestellten Vervielfältigung ist – wie generell – keine relevante Verwertungshandlung, steht also nicht unter dem Vorbehalt des Berechtigten. Verbreitung sowie öffentliche Wiedergabe

---

379 BGH, Urt. v. 17.8.2011 – I ZR 57/09 – Stiftparfum = GRUR 2011, 1038 ff.

380 Dreier/Schulze/*Schulze*, § 85 Rn 40.

Brandau

eines rechtswidrig hergestellten physischen Tonträgers sind immer verboten (§ 96 Abs. 1). Bei Produkten der Tonträgerpiraterie ist allenfalls die digitale oder körperliche Vervielfältigung zum privaten Gebrauch nach § 53 Abs. 1 erlaubt. Diese Vorschrift regelt zwar dem Wortlaut nach allein die Erlaubnis zum Vervielfältigen eines Werkes, die Regelung schließt aber auch Lichtbilder und Objekte von Leistungsschutzrechten ein.[381] Für alle zu kopierenden Werkstücke gilt, dass die Vervielfältigung nicht zulässig ist, wenn eine offensichtlich rechtswidrig hergestellte Vorlage verwendet wird. Für die Frage der Offensichtlichkeit ist auf die Sicht des Nutzers abzustellen. Bei dem Kopieren von öffentlich zugänglich gemachten Musikstücken aus Internet-Tauschbörsen sei es für den Nutzer regelmäßig nicht erkennbar, ob die verwendete Vorlage rechtmäßig oder rechtswidrig hergestellt wurde.[382] Allerdings spricht die Lebenserfahrung dafür, dass populäre Musikaufnahmen auch im Internet nicht unentgeltlich zu erwerben sind, sondern aus illegalen Quellen kommen. Da es aber nach § 53 Abs. 1 nicht darauf ankommt, ob die Vorlage rechtmäßig öffentlich wiedergegeben oder zugänglich gemacht sondern nur, dass sie nicht rechtswidrig hergestellt wurde, ist die Offensichtlichkeit mitunter tatsächlich schwierig nachzuweisen. Die geforderte offensichtliche Rechtswidrigkeit der Vorlage wird nur in den Fällen verneint werden müssen, in denen für das Kopieren Identfälschungen des originalen Tonträgers benutzt wurden,[383] die heute kaum noch anzutreffen sind.

Wenn die Vorlage offensichtlich rechtswidrig ist, ist auch die Vervielfältigung **468** zum privaten Gebrauch untersagt und strafbar.

Zuweilen wird zum Zwecke der industriellen Fertigung von illegalen Tonträgern **469** die Lizenz der GEMA oder einer ausländischen Verwertungsgesellschaft vorgelegt, um das Presswerk von der Rechtmäßigkeit der Vervielfältigung zu überzeugen. So wurden im Ausgangsfall zu BGHSt 49, 93[384] Lizenzen einer bulgarischen Verwertungsgesellschaft vorgewiesen, die erhebliche Zweifel an der Rechteeinräumung aufkommen ließen, die aber letztlich dahinstehen konnte. Selbst eine wirksame Rechteeinräumung, auch durch die GEMA, verschafft nur die Rechte der Musikurheber, nicht aber die erforderlichen Vervielfältigungsrechte der Tonträgerhersteller. Ohne diese bleibt der neu gepresste Tonträger ein illegales Vervielfältigungsstück und darf nicht verbreitet werden.

aa) Schutz ausländischer Tonträger

Der Inlandsschutz gilt für deutsche Staatsangehörige oder Unternehmen mit Sitz in **470** Deutschland (§ 126 Abs. 1 S. 1) sowie für EU-Angehörige (§ 126 Abs. 1 S. 2). Ausländi-

---

381 Wandtke/Bullinger/*Schaefer*, § 85 Rn 13.
382 Wandtke/Bullinger/*Schaefer*, § 85 Rn 15.
383 Wandtke/Bullinger/*Schaefer*, § 85 Rn 40.
384 BGH, Urt. v. 3.3.2004 – 2 StR 109/03 = BGHSt 49, 93.

sche Tonträgerhersteller fallen dann in den Schutzbereich des Gesetzes, genießen also den Schutz vollen Inländerschutz, wenn der Staat, in dem sie ihren Sitz haben, dem Genfer Tonträgerabkommen (GTA) beigetreten ist, was für die Bundesrepublik Deutschland am 18.5.1974 der Fall ist. Dabei kommt es nicht darauf an, wo die Erstaufnahme entstanden oder produziert worden ist, was bei alten Aufnahmen mitunter nur mit großem Aufwand festzustellen ist.

Genfer Übereinkommen zum Schutz der Hersteller von Tonträgern gegen die unerlaubte Vervielfältigung ihrer Tonträger (TontrSchÜ)
vom 29. Oktober 1971

Art. 1
Für die Zwecke dieses Übereinkommens versteht man unter
a) *„Tonträger" jede ausschliesslich auf den Ton beschränkte Festlegung der Töne einer Darbietung oder anderer Töne;*
b) *„Hersteller von Tonträgern" die natürliche oder juristische Person, die zum ersten Mal die Töne einer Darbietung oder andere Töne festlegt;*
c) *„Vervielfältigungsstück" einen Gegenstand, der einem Tonträger unmittelbar oder mittelbar entnommene Töne enthält und der alle oder einen wesentlichen Teil der in dem Tonträger festgelegten Töne verkörpert;*
d) *„Verbreitung an die Öffentlichkeit" jede Handlung, durch die Vervielfältigungsstücke eines Tonträgers der Allgemeinheit oder einem Teil der Allgemeinheit unmittelbar oder mittelbar angeboten werden.*

Art. 2
Jeder Vertragsstaat schützt die Hersteller von Tonträgern, die Angehörige anderer Vertragsstaaten sind, gegen die Herstellung von Vervielfältigungsstücken ohne Zustimmung des Herstellers des Tonträgers und gegen die Einfuhr solcher Vervielfältigungsstücke, sofern die Herstellung oder die Einfuhr zum Zweck der Verbreitung an die Öffentlichkeit erfolgt, und auch gegen die Verbreitung solcher Vervielfältigungsstücke an die Öffentlichkeit.

Für die Strafverfolgung bedarf es aber nicht der Feststellung des konkreten Herstellers, weil es als ausgeschlossen angesehen werden kann, dass irgendein Tonträgerhersteller seinen Sitz in einem Land nimmt, in dem er nicht den Schutz des Genfer Tonträgerabkommen genießt.[385] Dies hätte nämlich zur Folge, dass er der Tonträgerpiraterie schutzlos ausgeliefert wäre.

---

385 BGH, Urt. v. 3.3.2004 – 2 StR 109/03 = BGHSt 49, 93.

Brandau

Wenn die Rechteeinräumung nur durch eine urheberrechtliche Verwertungs- 471
gesellschaft in Frage oder auch in Zweifel steht, so im Ausgangsfall zur eben angesprochenen BGH-Entscheidung, ist es ratsam, die Rechts- und auch die Strafverfolgung allein auf die Verletzung von Tonträgerherstellerrechten zu stützen. Im
Interesse einer effektiven Strafverfolgung sollte generell, wenn der Schutz einer Aufnahme leichter durch das Recht des ausübenden Künstlers oder der Urheber zu begründen ist als durch ein zweifelhaftes Herstellerrecht (oder umgekehrt), die Strafverfolgung auf die leichter nachweisbare Rechtsverletzung beschränkt werden.[386]

In den Fällen, in denen deutsche (Tochter-)Firmen für den Tonträgerhersteller 472
dessen Rechte wahrnehmen und dabei, wie üblich, auch die Herstellung und den
Vertrieb im Inland besorgen, liegt dem zumeist eine Rechteübertragung zugrunde,
die nach § 85 Abs. 2 S. 1 möglich ist. Allein diese Rechteübertragung begründet nicht
den Schutz aus § 126 i.V.m. dem GTA, entscheidend ist allein, dass der ursprüngliche Hersteller selbst Angehöriger eines Mitgliedslandes ist. Damit das deutsche
Leistungsschutzrecht aus § 85 anwendbar ist, muss für ihn der personelle Schutzbereich des § 126 eröffnet sein.[387]

Nach dem GTA ist die Vervielfältigung von Tonträgern unter der Voraussetzung 473
strafbar, dass die Herstellung (von Raubkopien) zum Zweck der Verbreitung in der
Öffentlichkeit erfolgt, was sich schon aus der Anzahl der illegal gepressten Tonträger ergeben kann. Maßgebend ist der Ort der Herstellung. Wenn dies in Deutschland
geschieht und auch der Originalhersteller seinen Sitz in einem Mitgliedsland des
GTA hat, ist die Raubpressung nach deutschen Urheberrecht rechtswidrig, gleichgültig, für welchen Markt die Kopien bestimmt waren.

bb) Verwertung von Tonträgern durch Funksendungen

Nicht zu den ausschließlichen Rechten des Herstellers zählt das Senden von Tonträ- 474
gerinhalten sowie deren Wiedergabe in der Öffentlichkeit, so z.B. in Kaufhäusern,
Gaststätten oder Diskotheken. Das Gesetz erlaubt in § 86 generell die öffentliche
Wiedergabe von erschienenen oder erlaubtermaßen öffentlich zugänglich gemachten Tonträgern, wofür dem Hersteller ein Anspruch auf Beteiligung an der Vergütung zugesprochen wird, die dem Künstler aus § 78 Abs. 2 zusteht. Es handelt sich
um einen schuldrechtlichen Anspruch, der aber nur in Bezug auf solche Tonträger
besteht, die mit seiner Zustimmung auf den Markt gekommen sind. Werden hingegen noch nicht erschienene Tonträger gesendet, hat der Hersteller – anders als der
darbietende Künstler – hiergegen kein Verbotsrecht sondern hat dies hinzuneh-

---

386 Wandtke/Bullinger/*Schaefer*, § 85 Rn 39.
387 BGH, Urt. v. 3.3.2004 – 2 StR 109/03 = BGHSt 49, 93.

men.[388] In der Praxis spielt der Beteiligungsanspruch des Tonträgerherstellers keine Rolle, da sowohl die Künstler ihre Vergütungsansprüche aus § 78 Abs. 2 als auch die Tonträgerhersteller ihre Beteiligungsansprüche in die Gesellschaft zur Verwertung von Leistungsschutzrechten (GVL) eingebracht haben, die für beide Seiten die Rechte wahrnimmt, wobei die Künstler in aller Regel die Verwertungsrechte an ihren Darbietungen umfassend an die Tonträgerhersteller abgetreten haben.[389]

475   Wenn es sich bei dem durch Funk ausgestrahlten Programm um Musikaufnahmen handelt, sind auch die Rechte der Urheber, also der Komponisten, tangiert. Diesen steht nach § 20 das Senderecht bezüglich ihrer Werke als ausschließliches Recht zu, das in der Praxis von einer Verwertungsgesellschaft, der GEMA, wahrgenommen wird. Es besteht eine in der Rechtsprechung anerkannte GEMA-Vermutung, wonach zugunsten der GEMA angesichts ihres umfassenden Inlands- und Auslandsrepertoires die tatsächliche Wahrnehmungsbefugnis für die Aufführungsrechte an in- und ausländischer Unterhaltungsmusik besteht.[390] Die Vermutung erstreckt sich auch darauf, dass die Werke urheberrechtlich geschützt sind. Im Falle der Inanspruchnahme des Nutzers ist es dessen Sache, diese Vermutung zu entkräften, wobei der Gegenbeweis für sämtliche genutzten Werke zu führen ist.[391] Daraus folgt, dass für jedes Werk der Unterhaltungsmusik, das durch eine Funksendung genutzt wird, das Senderecht bei der GEMA einzuholen ist, wofür eine Gebühr zu zahlen ist, deren Höhe sich nach der Reichweite des Senders richtet. Das Sendeunternehmen hat auch die genutzten Werke zu dokumentieren und zu Abrechnungszwecken vorzulegen. Das Ausstrahlen von Musikstücken ohne Innehabung des Senderechtes durch eingeführte Sendeunternehmen ist in der Praxis zwar kaum vorstellbar, es würde aber eine auch strafbare Urheberrechtsverletzung darstellen.

476   Bei anderen Musikarten (E-Musik und F-Musik) greift die Vermutung nicht, es kann nur der jeweils berechtigte Urheber Ansprüche über sein musikalisches Eigentum gegenüber dessen Nutzern geltend machen (§ 32 UrhG), jedoch nicht die GEMA.

477   Im Ergebnis dürfen also in körperlicher Form erschienene oder nach § 19a öffentlich zugänglich gemachte Tonträger zwar ohne Erlaubnis des Herstellers gesendet werden, hierfür hat der Veranstalter, z.B. das Sendeunternehmen, aber der Verwertungsgesellschaft (GVL) eine angemessene Vergütung zu zahlen. Wenn ein Werk der Unterhaltungsmusik gesendet wird, unterfällt dies dem Senderecht des Urhebers, das bei der Verwertungsgesellschaft GEMA einzuholen ist. Eine Nutzung des Musikwerkes ohne deren Rechteeinräumung stellt eine Urheberrechtsverletzung dar.

---

388 Dreier/Schulze/*Schulze*, § 86 Rn 5.
389 Wandtke/Bullinger/*Schaefer*, § 85 Rn 1.
390 Ständige Rspr, BGH, Urt. v. 24.6.1955 – I ZR 178/53 = BGHZ 17, 376, 378; BGH, Urt. v. 28.11.1961 – I ZR 56/60 = BGHZ 36, 171, 181.
391 BGH, Urt. v. 13.6.1985 – I ZR 35/83 = GRUR 1986, 66, 68.

Brandau

cc) Nutzung von Tonträgern durch Web-Radios

Umstritten ist zunächst, ob das Betreiben eines der zahlreicher werdenden Web- **478** Radios als Funksendung nach § 20 oder als eine Form der öffentlichen Zugänglichmachung nach § 19a zu bewerten ist. Dafür kommt es entscheidend darauf an, welches technische Verfahren zur Anwendung kommt.

Webradio oder Internetradio im weitesten Sinn meint das Einspeisen von akus- **479** tischen Datenströmen in das Internet und seinen Anwendungen (insbesondere WWW), die von Datenträgern stammen und von den Nutzern mit einem Client-Programm zeitgleich (live), also ohne Herunterladen und Wartezeiten, empfangen werden können. Voraussetzung ist ein ununterbrochener Datenfluss vom Server zum Nutzer und eine entsprechend schnelle Interaktion und Verarbeitung. Ein Plug-In oder ein Player dekomprimieren die übermittelten Daten und spielen sie gleichzeitig ab. Dabei wird das technische Verfahren des „**Streaming**" oder „**Webcasting**" angewandt. Ein Webcasting-System benötigt zwingend einen Streaming-Server, der die Daten speichert und sie über das Internet sendet und auf der Client-Seite einen Player für das Abspielen des Streams. Er fordert die Datei vom Server an und dekodiert sie. Um aus dem Internet Streaming-Dateien zu empfangen und abzuspielen, ist nur der Player notwendig. Für das Bereitstellen von Sounddateien im Netz wird auf der Senderseite neben speziellen Programmen zum Komprimieren der Daten ein Server benötigt. Derjenige der Hörfunkprogramme ausschließlich im Internet verbreitet, bedarf zwar keiner Zulassung, er hat aber das Angebot der zuständigen Landesmedienanstalt anzuzeigen (§ 20b Rundfunkstaatsvertrag in der Fassung des zwölften Rundfunkänderungsstaatsvertrages).

Die rechtliche Einordnung richtet sich nach der Unterscheidung zwischen inter- **480** aktivem und reinem Webradio, bei dem, ähnlich wie beim klassischen Rundfunk, die Inhalte in digitaler Form angeboten werden. Sofern der Nutzer die Abfolge selbst bestimmen oder Titel beliebig oft abspielen kann, was wesentliche interaktive Elemente sind, wird eine Funksendung und damit eine öffentliche Wiedergabe übereinstimmend abgelehnt.[392] Wenn aber die Musikstücke im Webradio ähnlich dem Rundfunk linear ausgestrahlt werden, besteht für den Nutzer nicht die Möglichkeit, einen Titel zu einem Zeitpunkt „seiner Wahl" wie es § 19a erfordert zu hören, was dafür spricht, das Webradio als Sendung im Sinne des § 20 einzuordnen.[393] Dem steht nicht entgegen, dass bei der Streamingtechnik neben der Initialanforderung für jeden Datenstrom zwischen Sender und Nutzer ein eigener Kanal geöffnet wird, durch den der Sendeinhalt jedem Empfänger individuell übermittelt wird (sog. Packaging).

Wenn man das Webradio, wie der BGH es tut, einer Funksendung gleichstellt, **481** ist dessen Sendebetrieb bei öffentlicher Wiedergabe von Tonträgern nicht von einer

---

392 Wandtke/Bullinger/*Schaefer*, § 86 Rn 7.
393 So BGH, Urt. v. 29.1.2004 – I ZR 135/00 – Musikmehrkanaldienst = GRUR 2004, 669 ff.

Gestattung des Tonträgerherstellers abhängig, sondern nur den Vergütungsansprüchen der Künstler und Tonträgerhersteller nach §§ 78, 86 unterworfen. Der Tonträgerhersteller kann damit die Verwendung seiner Aufnahmen durch einen noch so missliebigen Radiobetreiber nicht verhindern.

482　　Da aber praktisch jedes Webradio populäre Titel der Unterhaltungsmusik verwendet, für die die GEMA-Vermutung greift, hat der Betreiber sich die Senderechte der Urheber von der allein zuständigen Verwertungsgesellschaft GEMA zu beschaffen, andernfalls liegt eine Verletzung von deren Urheberrechten vor.[394]

483　　Im Internet wird unter den Betreibern von Webradios, die Musik bestimmter Sparten 24 Stunden täglich über das Internet ausstrahlen und sehr oft Laien oder Privatleute sind, eine Diskussion darüber geführt, ob die von der GVL oder der GEMA geforderten Vergütungen dadurch zu umgehen sind, dass man sich der technischen Infrastruktur eines ausländischen Unternehmens bedient und als dessen Streamingkanal auftritt. So wirbt ein in Kanada ansässiges Unternehmen (SoniX-Cast) mit einem kostengünstigen Streamingservice sowie dem Umstand, dass der Kunde, gleich in welchem Land, nicht den Vergütungsansprüchen der nationalen Verwertungsgesellschaften unterliege, da das Unternehmen der verantwortliche Radiobetreiber sei und eine weltweit gültige Sendelizenz erworben habe.

484　　Zwar ist diese Werbung laut LG Hamburg[395] unwahr und irreführend, da es für die Vergütungspflicht aus §§ 78, 86 UrhG auf den Ort ankommt, von dem die Musikdateien abgerufen werden. Für die Sendung ist derjenige verantwortlich, unter dessen Kontrolle und Verantwortung die Aussendung der programmtragenden Sendesignale erfolgt.[396] Bei einem Webradio ist der „Sendende" somit der in Deutschland ansässige Veranlasser der Ausstrahlung, nicht der ausländische Host.[397]

485　　Für den tatsächlichen Nachweis sind Merkmale wie das Auftreten einer Person als DJ oder Moderator und vor allem die Auswahl der Musiktitel und Aktivierung der sog. Playlist heranzuziehen. Demgegenüber ist der im Ausland ansässige Unternehmer nur Dienstleister, der die technische Infrastruktur bereitstellt.[398]

486　　Dennoch wird von manchem Radiobetreiber unter Berufung auf die unzutreffende Rechtsmeinung des Unternehmens die Zahlung der Vergütung verweigert, womit er ohne das erforderliche Senderecht ein (vergütungspflichtiges) Programm im Internet ausstrahlt.

487　　Für die Strafverfolgung stellt sich die Frage nach dem Umfang der Verletzung des Senderechtes. Dieser Nachweis wird nur durch die Beschaffung der Playlists, also der gesendeten Musikstücke zu führen sein, was aber deren Dokumentation

---

394　OLG München, Beschl. v. 21.4.2015 – 29 U 4432/14.
395　LG Hamburg, Beschl. v. 10.1.2013 – 315 O 540/12 = ZUM 2013, 226.
396　BGH, Urt. v. 12.11.2009 – I ZR 160/07 – Regio-Vertrag = GRUR 2010, 530 ff.
397　OLG München, Beschl. v. 21.4.2015 – 29 U 4432/14.
398　LG München, Urt. v. 16.10.2014 – 7 O 10077/14.

über einen längeren Zeitraum voraussetzt, woran es auch bei den anzeigenden Verwertungsgesellschaften nahezu immer fehlt. Wenn der Tatvorwurf wie so oft dahin geht, dass der Betreiber des Webradios über lange Zeit eine Vielzahl von Musiktiteln ohne die erforderlichen Senderechte genutzt hat, bleibt die Vorlage einer Playlist, die nur einen Tag oder wenige Tage des Sendebetriebs abdeckt, hinter dem tatsächlichen Tatumfang weit zurück. Zwar werden von der Verwertungsgesellschaft im Zivilprozess fast immer nur wenige gesendete Titel aufgeführt, was dort für die Zuerkennung des Unterlassungs- und Auskunftsanspruchs ausreicht. Selbst wenn die Auskunft vollständig erteilt wird, dürfen diese Erkenntnisse gem. § 101 Abs. 8 UrhG, soweit sie sich auf vorangegangene Straftaten beziehen, nur mit Zustimmung des Verpflichteten verwertet werden, die kaum jemals erteilt werden dürfte.

Dabei gilt aber zu berücksichtigen, dass kaum ein Webradio-Betreiber in Bezug **488** auf die zu sendenden Musikstücke ohne Vervielfältigungsakte auskommt.[399] Ob solche Handlungen erforderlich sind, hängt entscheidend von dem Serviceangebot des Unternehmens ab, das den Streamingserver betreibt.

Wenn das Unternehmen dem Radiobetreiber anbietet, das Sendematerial aus **489** dem eigenem Datenbestand auszuwählen, um daraus das eigene Sendeprogramm zu erstellen, der Radiobetreiber also nur Playlisten aus fremdem Repertoire erstellt, kommt es zu keiner Vervielfältigung von Musikdateien. Diese liegen an einem unbekannten Speicherort und werden gemäß der Auswahl des Radiobetreibers auf dessen Webseite per Live-Stream ins Netz gestellt. Dies stellt keine erlaubnispflichtige Verwertung der verwendeten Tonträger dar. Zwar macht der Radiobetreiber die Aufnahmen öffentlich zugänglich, aber nicht im Sinne des § 19a, denn der Nutzer hat keine Möglichkeit, die Aufnahmen nach seinem Belieben zu hören.

Eine andere Technik, die zu sendenden Dateien auf den Streamingserver zu be- **490** fördern, ist durch eigenen Stream des Radiobetreibers, indem dieser die Dateien durch kontinuierlichen Datenstrom vom eigenen PC dem Server zur Verfügung stellt, von dem sie zeitgleich ins Netz gestellt werden. Dies setzt aber auf Seiten des Radiobetreibers eine sehr leistungsfähige Internetverbindung voraus, die rund um die Uhr störungsfrei arbeitet. Bei diesem Verfahren, das in der Praxis kaum Anwendung finden dürfte, finden ebenfalls keine Vervielfältigungsakte statt, denn es wird nichts gespeichert sondern nur öffentlich wiedergegeben, was nicht unter den Erlaubnisvorbehalt des Tonträgerherstellers fällt.

Das einzige Verfahren, bei dem es zu Vervielfältigungsakten kommt, ist jenes, **491** bei dem die Tonaufnahmen zunächst auf einem Computer, zumeist auf dem heimischen PC, gespeichert und von dort als Datenpaket auf den Server geleitet und von dort ins Netz gestellt, also „gesendet", werden. Diese Speicherung ist nur dann eine rechtmäßige Vervielfältigung, wenn der Betreiber dabei ein rechtmäßig hergestell-

---

399 Wandtke/Bullinger/*Schaefer*, § 86 Rn 7.

tes Vervielfältigungsstück oder eine rechtmäßige Vorlage verwendet. Nach der Lebenserfahrung verfügen aber viele private Radiobetreiber nicht über derart viele rechtmäßige Vorlagen, die zu einem 24 Stunden-Sendebetrieb erforderlich sind. Die meisten der von ihnen angebotenen Musikaufnahmen dürften aus illegalen Tauschbörsen im Internet heruntergeladen sein, was spätestens ihre Speicherung auf dem Web-Server zu einer unerlaubten Vervielfältigung macht.

492   Selbst wenn man zugunsten des Radiobetreibers davon ausgeht, dass er ausschließlich rechtmäßige Vorlagen für den Sendebetrieb verwendet, greift die gesetzliche Erlaubnis aus § 53 Abs. 1 zum Herstellen von Kopien nicht, welche auch die Speicherung von Inhalten auf elektronischen Datenträgern umfasst und gestattet.[400] Die Vervielfältigung darf nämlich nur zum privaten Gebrauch vorgenommen werden.

493   Diese Voraussetzung mag bei der ersten Speicherung der zu sendenden Musikaufnahmen auf dem heimischen Rechner noch vorliegen. Es dürfte auch noch zulässig sein, diese Aufnahmen auf einem externen Speicher („in der cloud") abzulegen, um sie von dort für privaten Hörgenuss abzurufen. Das Hochladen, also die Vervielfältigung, auf einen Web-Server erfolgt aber nicht mehr zum privaten Gebrauch, wenn die dort abgelegten Musikaufnahmen jedermann via Internet zum Download angeboten werden.[401] Nun werden beim Webcasting zwar keine Inhalte zum Download angeboten, diese werden vielmehr per Livestream ausgesendet, was aber ihre Speicherung durch den Empfänger ebenso wenig ausschließt. Von einem privaten Gebrauch der Vervielfältigung kann auch dann keine Rede sein, wenn die Dateien zum Streamen für den Empfang durch jedermann bereitgestellt werden. Damit ist spätestens die Speicherung auf dem Streamingserver als unerlaubte Vervielfältigung anzusehen.

494   Um dem Betreiber des Webradios dieses Hochladen nachzuweisen, muss das technische Verfahren nachvollzogen werden. Dazu muss zunächst die Herkunft der im Netz gestreamten Musikdateien ermittelt und dokumentiert werden, was durch Ermittlung der IP-Adresse des Streamingservers zu erfolgen hat. In letzter Konsequenz muss der heimische Computer des Radiobetreibers sichergestellt und der Datenverkehr zum Streamingserver ausgewertet werden.

495   Darüber hinaus wird vereinzelt auch eine Strafbarkeit des Webradiobetreibers wegen Betruges zum Nachteil der Verwertungsgesellschaft angenommen. Die Täuschung liege darin, dass der Betreiber sich als ausländisches Webradio ausgebe, das aus dem Ausland betrieben werde und deshalb nicht vergütungspflichtig sei. Darin ist aber keine Täuschung über Tatsachen zu sehen, denn wo der Betreiber seinen Sitz im rechtlichen Sinne hat, ist eine Rechtsfrage ebenso die Frage, ob der Sendebetrieb zu Vergütungsansprüchen im Inland führt.

---

400 Wandtke/Bullinger/*Lüft*, § 53 Rn 11.
401 Wandtke/Bullinger/*Lüft*, § 53 Rn 21.

dd) Teilnahme an Tauschbörsen (P2P-Netzwerken)

Die Verfolgung von Internetnutzern, die in sogenannten Filesharing-Netzwerken 496
geschützte Inhalte, vorwiegend Musikaufnahmen, herunterladen oder zum Download anbieten, stellte bis 2008 die Strafverfolgungsbehörden vor große Probleme.
Die Rechteinhaber ließen diese Netzwerke durch spezielle Dienstleister auf Angebote aus ihrem Repertoire durchsuchen, stellten die IP-Adresse des Anbieters fest und
erstatteten unter Vorlage einer Vielzahl von IP-Adressen Strafantrag gegen die dahinter stehenden Nutzer. Der Staatsanwaltschaft oblag es sodann, den jeweiligen
Zugangsprovider durch eine Anordnung nach § 112 TKG aufzufordern, die Namen
der Anschlussinhaber, denen die IP-Adresse zugeordnet war, zum Zwecke der Strafverfolgung bekanntzugeben. Diese Daten, deren Rechtsnatur durchaus umstritten
war, mussten den Rechteinhabern zur Geltendmachung von Schadensersatzansprü-
chen herausgegeben werden.

Damit war das eigentliche Ziel der Anzeigeerstatter erreicht, an einer Strafver- 497
folgung hatten diese in den meisten Fällen kein Interesse, die Daten wurden allein
zum Zwecke der Verfolgung ihrer zivilrechtlichen Ansprüche verwendet. Bei den
Staatsanwaltschaften bestand nahezu bundesweit Übereinstimmung, dass unter-
halb einer – unterschiedlich festgelegten – Grenze von rechtswidrigen Downloads
kein Interesse an der Strafverfolgung bestand. So wurden nur solche von den Rechteinhabern ermittelte Tauschbörsennutzer auch strafrechtlich zur Verantwortung
gezogen, bei denen mindestens einige Hundert rechtswidrig heruntergeladene und
gespeicherte Musikaufnahmen festgestellt worden waren. Gegen die weit überwiegende Zahl der Nutzer wurde gem. § 153 StPO von der Verfolgung abgesehen.

Es war daher nicht erstaunlich, dass auf Druck der überlasteten Strafverfol- 498
gungsbehörden den Rechteinhabern ein eigener Auskunftsanspruch (§ 101 Abs. 2
Nr. 3, Abs. 9 UrhG) gegen die Internetzugangsprovider zuerkannt wurde, der vor
den Zivilgerichten geltend zu machen ist und damit die Notwendigkeit von Strafanzeigen entfallen lässt.

(1) Funktionsweise der Netzwerke

Die früher gebräuchlichen Tauschsysteme, bei denen ein zentraler Indexserver die 499
einzelnen Dateien und ihre Anbieter genau lokalisierte, wodurch das gezielte Suchen und Kopieren von Dateien möglich wird, sind seit Jahren auf dem Rückzug, da
die Betreiber dieser zentralen Server in vielen Ländern der Strafverfolgung ausgesetzt waren, obwohl der Server selbst nicht mit den illegalen Daten in Berührung
kam. Beispielhaft sei hier der Napster-Server in den USA erwähnt, der auf Druck der
Tonträgerindustrie geschlossen wurde.

Anstelle der Server-basierten Filesharing-Systeme setzen sich in den letzten 500
Jahren immer mehr die **Peer-to-Peer-Netzwerke** durch, die von vornherein ohne
zentrale(n) Server funktionieren. Stattdessen liegt ein dezentral organisiertes Netzwerk vor, bei dem jeder Teilnehmer prinzipiell Client und Server, also Nutzer und

Anbieter, zugleich ist. Suchanfragen nach bestimmten Titeln werden über alle Teilnehmer hinweg gestartet, als Quellen für den Download kommen zumeist eine Vielzahl von Rechnern zusammen, wobei die Qualität der Netzverbindung als auch die der die gesuchten Aufnahme deren Auswahl bestimmt. Damit wird eine völlige Dezentralisierung des Netzwerkes erreicht, wodurch es auch keinen Hauptverantwortlichen für illegalen Datenverkehr gibt. Beispiele für diese Technik sind unter anderem *eMule*, *Gnutella2* und *Kazaa Lite*. Bei dem heute gebräuchlichen Filesharing kann jeder Teilnehmer Dateien auf seinem Computer freigeben und anderen zum Kopieren zur Verfügung stellen, vergleichbar mit der Datei-Freigabefunktion innerhalb eines lokalen Netzwerks. Vorwiegend werden in diesen Netzwerken Filme, Musikaufnahmen und Computerspiele angeboten, wobei manche dieser Systeme mehrere Millionen Teilnehmer und eine ungeheure Zahl an Dateien aufweisen.

501   Weit verbreitet ist heute die **BitTorrent**-Technik (Bit: kleinste Daten-Einheit, engl. torrent: reißender Strom od. Sturzbach, von lat. torrens), unter der ein Filesharing-Protokoll zu verstehen ist, das sich besonders für die schnelle Verteilung großer Datenmengen eignet. Im Gegensatz zu anderen Filesharing-Techniken setzt BitTorrent nicht auf ein übergreifendes Filesharing-Netzwerk, sondern baut für jede Datei ein separates Verteilnetz auf.

502   Im Vergleich zum herkömmlichen Herunterladen einer Datei mittels HTTP oder FTP (FileTransfer-Protocol) werden bei der BitTorrent-Technik die (ansonsten ungenutzten) Upload-Kapazitäten der Downloader mitgenutzt, auch wenn sie die Datei noch nicht vollständig heruntergeladen haben. Dateien werden also nicht von einem Server verteilt, sondern auch von Nutzer zu Nutzer (Peer-to-Peer oder P2P) weitergegeben. Bei populären Dateien verhindert diese Technik das Zusammenbrechen des Netzes infolge des Überschreitens der Kapazitätsgrenzen des Anbieters. Es führt aber im Endeffekt dazu, dass ein Nutzer, der im Begriff ist, einen Inhalt auf seinen Rechner herunterzuladen, die bereits gespeicherten Datei-Fragmente schon wieder zum Upload bereithält, also öffentlich zugänglich macht.

(2) Rechtliche Aspekte

503 Bei der Ermittlung von Rechtsverletzungen beschränken sich die Rechteinhaber auf die Nutzer, die Inhalte zum Download anbieten. Selbst wenn die auf dem Rechner des Nutzers abgelegte Kopie einer Musikaufnahme nach den Regeln über die Privatkopie (§ 53 Abs. 1) rechtmäßig hergestellt sein sollte, darf sie schon wegen der Regel des § 53 Abs. 6 nicht öffentlich wiedergegeben werden.

504   Das reine Herunterladen wird in der Praxis weder zivilrechtlich noch strafrechtlich verfolgt, was daran liegt, dass Streitwert und Unrechtsgehalt des Downloads als vergleichsweise gering im Vergleich zum Upload gewertet werden und es sich daher auch finanziell für die Rechteinhaber nur lohnt, Uploads zu verfolgen. Das Bereitstellen von geschützten Inhalten fördert hingegen die illegale Verbreitung und greift mit hoher Intensität in die ausschließlichen Verwertungsrechte der Inhaber ein und verursacht dadurch erhebliche wirtschaftliche Schäden.

Da die üblichen Filesharing-Programme den gesuchten Musiktitel von mehreren **505** Anbietern in Fragmenten herunterladen und auf dem Rechner des Empfängers zusammenfügen, kommt die Aufnahme zunächst nur in unvollständigen Partien an, wird aber sofort wieder zum Download bereitgestellt. Für die Verletzung der Tonträgerherstellerrechte spielt es aber keine Rolle, ob nur diese Ausschnitte des geschützten Tonträgers zugänglich gemacht wurden, die Strafbarkeit ist auch wegen des Anbietens von Ausschnitten einer geschützten Aufnahme begründet.[402]

Die Ermittlung der Anbieter erfolgt durch Programme, welche zunächst die Titel **506** eines Rechteinhabers wie ein normaler Nachfrager im Netzwerk aufspüren und mittels einer Verifizierung (sog. Hashwert) die Übereinstimmung mit dem geschützten Inhalt feststellen. Zu Beweiszwecken wird ein Teil der angebotenen Datei heruntergeladen, also gespeichert. Zugleich werden die IP-Adresse des Anbieters, der Zeitpunkt des Downloadvorgangs, der Dateiname, der Hashwert sowie die verwendete Filesharing-Software gespeichert und zur forensischen Beweisführung verwahrt.

Die so festgestellten Daten können sowohl für die zivilrechtliche als auch die **507** strafrechtliche Verfolgung des Anbieters genutzt werden. Der Eingriff in die Rechte des Tonträger- oder Filmherstellers besteht in dem verbotenen und strafbaren Zugänglichmachen eines Inhaltes nach § 19a UrhG, bei dem es sich um einen Unterfall des Verbreitungsrechtes handelt. In der Praxis wird jedoch kaum noch eine Strafanzeige wegen einer solchen Rechtsverletzung erstattet, es werden ausschließlich die zivilrechtlichen Ansprüche auf Unterlassung und Schadensersatz verfolgt. Dies setzt zunächst voraus, dass die für jede ermittelte IP-Adresse dem Anschlussinhaber festgestellt wird, dem sie zur Tatzeit zugeordnet war. In Bezug auf die Verfolgung des Auskunftanspruchs aus § 101 Abs. 9 UrhG war lange streitig, ob der Provider auch Auskunft bei einer „einfachen" Rechtsverletzung durch private Nutzer schuldet. Einige Land- und Oberlandesgerichte hatten dies unter Verweis auf das Erfordernis einer Rechtsverletzung in gewerblichem Ausmaß verneint. Diese Frage ist dahin entschieden dass der Anspruch auf Auskunft nach § 101 Abs. 2 UrhG keine Rechtsverletzung im gewerblichen Ausmaß voraussetzt.[403] Vielmehr seien auch Rechtsverletzungen im privaten Bereich erfasst. Denn das „gewerbliche Ausmaß" beziehe sich nur auf den Begriff des „Erbringens von Dienstleistungen", nicht jedoch auf das Wort „Rechtsverletzungen". Ansonsten werde der Rechteinhaber schutzlos gestellt, weil er nicht gegen den Verletzer vorgehen könne.

Dieses Vorgehen erfolgt im Wege der Abmahnung, wobei eine immer größer **508** werdende Zahl von Anwaltskanzleien auf diesem Sektor tätig ist. Mitunter lassen sich die Anwälte von selbst errichteten Unternehmen mandatieren, deren Ge-

---

402 AG München, Urt. v. 3.4.2012 – 161 C 19021/11.
403 BGH, Beschl. v. 19.4.2012 – I ZB 80/11 = GRUR 2012, 1026 ff.

schäftszweck ausschließlich in der Verfolgung von Urheberrechtsverletzungen besteht. Die Übertragung derart eingeschränkter Nutzungsrechte an geschützten Inhalten ist nach der Rechtsprechung zulässig. Im Wege der Abmahnung werden die Anbieter zur Unterlassung und Zahlung eines meist pauschalierten Schadensersatzes aufgefordert.

(3) Exkurs: Strafanzeigen gegen Abmahnanwälte

509 Proportional zu der steigenden Zahl von Abmahnungen, die wegen Urheberrechtsverletzungen ergehen, werden die Staatsanwaltschaften mit einer steigenden Zahl an Strafanzeigen überzogen, die wegen angeblich unberechtigter Abmahnungen gegen eben diese Rechtsanwälte erstattet werden. Dabei lautet der Vorwurf fast immer auf (versuchten) Betrug, da die sachliche Begründung für die Abmahnung, also die Rechtsverletzung, bestritten und damit eine rechtswidrige Bereicherung um die verlangte Entschädigung behauptet wird. Dabei wird mitunter in substantiierter Weise Beweis dafür angeboten, dass die Rechtsverletzung zum festgestellten Zeitpunkt nicht stattgefunden haben kann, z.B. weil der Abgemahnte zum Zeitpunkt der Rechtsverletzung ortsabwesend, der Computer also nicht in Betrieb oder überhaupt kein Computer vorhanden gewesen sei.

510 Dieses Vorbringen ist nicht geeignet, den zivilrechtlichen Vorwurf der Rechtsverletzung zu widerlegen, denn es spricht eine tatsächliche Vermutung dafür, dass der Anschlussinhaber für die Rechtsverletzung verantwortlich ist.[404] Diese Vermutung kann nur dadurch widerlegt werden, dass substantiiert und plausibel dargelegt wird, dass ein Dritter die Rechtsverletzung begangen hat, woraus sich zwar eine sekundäre Darlegungslast aber keine Umkehr der Beweislast des Abgemahnten ergibt, die von den Zivilgerichten inzwischen übereinstimmend zugrunde gelegt wird.[405] Das bloße Bestreiten der Rechtsverletzung ist zwar ungeeignet, diese tatsächliche Vermutung zu widerlegen. Ein substantiiertes Bestreiten genügt aber in aller Regel, um die persönliche Haftung als Täter der Rechtsverletzung auszuschließen. Hingegen kann mit Hinweis auf einen unbekannten Dritten nicht die Haftung als Störer ausgeschlossen werden, da von einem Missbrauch des Internetzugangs durch eine dritte Person auszugehen sei.[406]

511 Auch das bloße Bestreiten der Zuverlässigkeit der ordnungsgemäßen Ermittlung der IP-Adresse ist unbeachtlich, da nur konkrete Anhaltspunkte deren Richtigkeit in Zweifel ziehen können.[407] Anderes gilt hingegen, wenn sich der abgemahnte Anschlussinhaber damit verteidigt, nicht er selbst sondern ein im Haushalt lebendes

404 BGH, Urt. v. 12.5.2010 – I ZR 121/08 – Sommer unseres Lebens.
405 OLG Köln, Urt. v. 23.3.2012 – 6 U 71/11; LG Frankfurt, Urt. v. 6.2.2013 – 2-06 O 488/12.
406 OLG Köln, Urt. v. 23.3.2012 – 6 U 71/11; LG Frankfurt, Urt. v. 6.2.2013 – 2-06 O 488/12.
407 OLG Hamburg, Beschl. v. 3.11.2010 – 5 W 126/10.

minderjähriges Kind habe die Rechtsverletzung begangen. Wenn dies nicht widerlegbar ist, können die Eltern weder wegen Verletzung ihrer Aufsichtspflicht noch als Teilnehmer einer durch das Kind begangenen Urheberrechtsverletzung zum Schadensersatz verpflichtet werden, sofern sie das – einsichtsfähige – Kind über die Gefahren
einer Rechtsverletzung durch die Internetnutzung belehrt haben. Auch eine Haftung
als Störer, die ohne hin nur auf Unterlassung beschränkt wäre, komme nicht in Betracht, das diese die Verletzung von Prüfpflichten voraussetze, die aber bei minderjährigen Kindern denselben Inhalt und Umfang wie die Aufsichtspflicht habe.[408] Auch
für Rechtsverletzungen des (Ehe-)Partners haftet der Anschlußinhaber nur wenn es
dafür konkrete Anhaltspunkte gab,[409] d.h. eine anlasslose Prüfungs- oder Überwa-
chungspflicht gegenüber erwachsenen Haushaltsmitgliedern wird weithin verneint.

Für den oft erhobenen strafrechtlichen Vorwurf des Betruges wegen ungerecht- **512**
fertigter Abmahnung folgt daraus, dass nur eine erwiesen unrichtige Ermittlung
einer IP-Adresse geeignet ist, den Vorwurf der Rechtsverletzung zu widerlegen. Und
nur eine Häufung solcher Ermittlungsfehler kann geeignet sein, Zweifel bei dem ab-
mahnenden Anwalt hervorzurufen, die zur Annahme eines bedingten Täuschungsvorsatzes führen können. Dabei werden selbst vereinzelte nachgewiesene Unrich-
tigkeiten nicht die Zuverlässigkeit der Ermittlungssoftware insgesamt erschüttern
können, abgesehen davon, dass derartige Fehler bei der Ermittlung bislang nicht
bekanntgeworden sind. Auch ein Gutachten, das die Unzuverlässigkeit der Daten-
erhebung durch die Ermittlungssoftware beweist, ist bisher nicht bekannt.[410]

Dem Abgemahnten ist darüber hinaus die Möglichkeit versperrt, durch eine **513**
Auskunft des eigenen Providers den Nachweis zu führen, dass die ermittelte IP-
Adresse zur fraglichen Zeit ihm nicht zugewiesen war, denn Provider dürfen IP-
Adressen – wenn überhaupt – nur zeitlich begrenzt speichern. In der Regel werden
die Adresszuordnungen nach sieben Tagen gelöscht. Diese Frist wird im Fall eines
zivilrechtlichen Auskunftsverfahrens verlängert. Erhält ein Gericht im Antrag IP-
Adressen, bittet es den Provider, die Zuordnung zum Anschluss ausnahmsweise
länger aufzubewahren („Quick Freeze"). Ist der Antrag per Beschluss genehmigt
und die Auskunft an den Rechteinhaber erteilt, muss der Provider die Daten aber
sofort löschen. Für den Abgemahnten führt dies zu der bizarren Situation, dass er
im Unterschied zu den Rechteinhabern keine Möglichkeit mehr hat, auf die ihn betreffenden Daten im Nachhinein zuzugreifen.

Selbst wenn Gerichte vereinzelt die Zuverlässigkeit der Ermittlungssoftware in **514**
Zweifel gezogen haben,[411] ist letztlich die objektiv falsche Feststellung einer IP-
Adresse noch niemals nachgewiesen worden. Ob die verwendete Ermittlungssoft-

---

408 BGH Urteil vom 15.11.2012 – I ZR 74/12 – GRUR 2013, 511 – Morpheus.
409 OLG Frankfurt Beschl. v. 22.3.2013 – GRUR-RR 2013, 246.
410 Bleich/Heidrich/Stadler, c't 19/10, 138 ff.
411 OLG Köln, Beschl. v. 10.2.2011 – 6 W 5/11.

ware tatsächlich jede fehlerhafte Feststellung einer IP-Adresse ausschließt, lässt sich vermutlich nur im Wege eines großangelegten Feldversuchs ermitteln, der bislang nicht durchgeführt wurde.

515   Bis dahin wird der für die Annahme eines Betruges unabdingbare Täuschungsvorsatz des Abmahnanwaltes durch nichts zu belegen sein, so dass die Strafanzeigen gegen jene Anwälte sämtlich mangels hinreichenden Tatverdachts einzustellen sind. Beschwerden der Anzeigerstatter gegen diese Einstellungen nach § 170 Abs. 2 hat die Generalstaatsanwaltschaft Frankfurt bislang sämtlich verworfen.

516   Der Vorwurf des Betruges wird des Öfteren auch darauf gestützt, der Abmahnanwalt verlange überhöhte Gebühren für seine Tätigkeit. Zwar soll § 97a Abs. 2 UrhG die Höhe der Abmahnkosten gegenüber privaten Rechtsverletzern bei erstmaliger Abmahnung auf € 100,00 begrenzen. Dies gilt jedoch nur für einfach gelagerte Fälle mit einer nur unerheblichen Rechtsverletzung. Nach Auffassung verschiedenster Gerichte handelt es sich aber bei dem Zugänglichmachen von geschützten Inhalten über Filesharing-Netzwerke weder um einfach gelagerte Fälle noch um eine unerhebliche Rechtsverletzung, was der BGH durch Bejahung des Auskunftsanspruchs bei Rechtsverletzungen im privaten Bereich inzident bestätigt hat. Die vom Gesetzgeber angestrebte Deckelung der Abmahnkosten geht also bislang ins Leere.

517   Auch der Gegenstandswert, aus dem die Abmahnkosten errechnet werden, ist mitunter strafrechtlichen Angriffen ausgesetzt, die aber ebenso wenig verfangen. Für das Zugänglichmachen einer einzigen aktuellen Musikaufnahme wird von nahezu allen Anwälten ein Gegenstandswert von € 10.000 zugrunde gelegt, was vielfach gerichtliche Bestätigung gefunden hat. Inzwischen haben die Obergerichte jedenfalls den Wert des Unterlassungsanspruchs bei einem einzigen Musikstück auf ca. € 3.000 begrenzt, während das Zugänglichmachen eines kompletten aktuellen Albums einen Gegenstandswert von € 10.000 rechtfertige.[412]

518   Selbst wenn in den Abmahnungen weiterhin ein Gegenstandswert von € 10.000 zugrunde gelegt wird, begründet dies keinen Täuschungsvorsatz im Sinne des Betrugstatbestands noch den Vorsatz einer Gebührenüberhöhung (§ 352 StGB), denn die Geltendmachung von daran ausgerichteten Abmahnkosten stellt keine Täuschung über Tatsachen dar. Es handelt sich um das Vorbringen eines Rechtsstandpunkts, der vertretbar ist und im Falle des Bestreitens ohnehin der gerichtlichen Festsetzung bedarf.

(4) Abmahnungen wegen Streaming

519 Inzwischen werden auch Internet-Nutzer wegen des bloßen Anschauens von Filmen durch Streaming abgemahnt, wobei es sich in der Mehrzahl der bekannt geworde-

---

412 OLG Köln, Beschl. v. 17.11.2011 – 6 W 234/11; OLG Frankfurt, Urt. v. 21.12.2010 – 11 U 52/07, das bei einem einzigen Titel auf nur € 2.500 erkennt.

nen Fälle um Pornofilme handelte, die über eine frei zugängliche Webseite erreichbar waren. Dabei stellt sich bereits die Frage nach der Schutzfähigkeit solcher Filme, da besonders bei ihnen die erforderliche persönliche geistige Schöpfung und damit die Werkhöhe in Zweifel zu ziehen sind. Wo lediglich sexuelle Vorgänge in primitiver Weise gezeigt werden, kann kein Filmwerk angenommen werden, weshalb auch kein Schutz aus § 94 in Frage kommt.[413] Es liegen dann, wie allen Filmen ohne Werkqualität, nur sogenannte Laufbilder vor, die aber über § 95 denselben Schutz wie Filmwerke aus § 94 genießen.[414] Wenn – wie es häufig der Fall ist – der Hersteller solcher Filme seinen Sitz nicht im Inland hat, kommt der Schutz wegen des fehlenden internationalen Leistungsschutzes der Filmhersteller nur dann zum Tragen, wenn ein Ersterscheinen der Laufbilder in Deutschland bzw. ein Nacherscheinen in Deutschland innerhalb von 30 Tagen dargelegt ist (§§ 128 Abs. 2, 126 Abs. 2). Dieser Nachweis ist in den Abmahnfällen von dem zu führen, der die Rechtsverletzung behauptet und daraus Ansprüche herleitet.[415]

Hinsichtlich der rechtlichen Bewertung reinen Betrachtens eines Films auf einer **520** Internetseite, dem Streaming, besteht Uneinigkeit. Zwar ist die Ausgabe eines geschützten Inhaltes, selbst eines Computerprogramms, auf dem Bildschirm keine Vervielfältigung sondern eine unkörperliche Wiedergabe und damit eine erlaubte Werknutzung.[416] Insbesondere stellt der bloße rezeptive Werkgenuss nach herrschender Auffassung keine erlaubnispflichtige Nutzung dar,[417] was auf die Wiedergabe eines Films bei dem Streaming-Verfahren auf Abruf des Nutzers zutrifft, denn diese erfolgt regelmäßig ohne vorherigen Download des Filmes. Allerdings werden, um eine ruckfreie und kontinuierliche Wiedergabe zu ermöglichen, vorübergehende Zwischenspeicherungen der Filmdateien im Arbeitsspeicher (RAM/Cache) oder im Browser-Cache vorgenommen. Auch wenn diese Speicherungen nur temporärer Natur sind, werden ständig einzelne Dateien des Filmes gespeichert. Auch solche kurzfristigen Speicherungen sind Vervielfältigungen im Sinne von § 16 Abs. 1 UrhG.[418]

Dennoch wird damit nicht in das ausschließliche Vervielfältigungsrecht des Ur- **521** hebers eingegriffen. Zwar erfolgt eine vorübergehende Speicherung der Filmdaten wie es auch beim Browsen auf verschiedenen Internetseiten geschieht, die ebenfalls zum Zwecke der schnelleren Vor- und Zurückblätterns in den Zwischenspeicher geladen werden. Die Daten werden aber automatisch nach Beendigung der Sitzung oder nach einem bestimmten Zeitablauf gelöscht. Es liegt damit nur eine flüchtige Vervielfältigung vor, die lediglich begleitend ist, also automatisch während eines

---

413 LG München, Beschl. v. 29.5.2013 – 7 O 22293/12.

414 Dreier/Schulze/*Schulze*, § 94 Rn 23.

415 LG München, Beschl. v. 29.5.2013 – 7 O 22293/12.

416 BGH, Urt. v. 4.10.1990 – I ZR 139/89 – Betriebssystem = GRUR 1991, 449 ff.

417 Dreier/Schulze/*Dreier*, § 44a Rn 8.

418 OLG Hamburg, Urt. v. 22.2.2001 – 3 U 247/00 – Roche Lexikon Medizin = GRUR 2001, 831 f.

technischen Vorgangs entsteht. Zugunsten des Nutzers greift hier § 44a Nr. 2 UrhG ein, der nach seiner Gesetzesbegründung ausdrücklich jene Handlungen privilegieren soll, die für das Caching und Browsing im Internet erforderlich sind. Da der EuGH allein auf die Urheberrechtsfreiheit des Empfangs ungeachtet der Rechtswidrigkeit der vorgelagerten Sendung abstellt,[419] muss das Streaming-Verfahren als eine Form der rechtmäßigen Nutzung nach § 44a Nr. 2 UrhG gelten. Die Zwischenspeicherung hat jedenfalls keine eigenständige wirtschaftliche Bedeutung, sie ist temporär und integraler und wesentlicher Teil eines technischen Verfahrens. Die mit dem Streamen verbundene Vervielfältigung ist nach dieser Meinung keine erlaubnispflichtige Werknutzung, so dass sich die Frage nach der „offensichtlich rechtswidrigen" Quelle nicht stellt. Das reine Betrachten von Bildern selbst von rechtsverletzenden Seiten wie „kino.to" stellt – ebenso wie das Abspielen einer raubkopierten CD – einen rezeptiven Werkgenuss dar, der als solcher erlaubnisfrei ist.

522   Selbst man die Voraussetzungen des § 44a Nr. 2 UrhG für nicht gegeben hält, wäre eine Vervielfältigung, die bei Betrachten eines Videostreams erfolgt, unter den Voraussetzungen des § 53 Abs. 1 UrhG als sogenannte Privatkopie zulässig. Nach § 53 Abs. 1 UrhG sind nämlich einzelne Vervielfältigungen eines Werkes durch eine natürliche Person zum privaten Gebrauch erlaubt, sofern sie weder unmittelbar noch mittelbar Erwerbszwecken dienen. Allerdings darf zur Vervielfältigung keine offensichtlich rechtswidrig hergestellte oder öffentlich zugänglich gemachte Vorlage verwendet werden. Die offensichtliche Rechtswidrigkeit der öffentlichen Zugänglichmachung muss für den jeweiligen Nutzer erkennbar sein. Es obliegt dem Rechteinhaber zu beweisen, dass die vervielfältigte Vorlage offensichtlich rechtswidrig hergestellt oder unerlaubt öffentlich zugänglich gemacht worden ist, so dass in der Gesamtschau im bloßen Betrachten eines Videostreams keine Rechtsverletzung zu sehen ist.[420]

523   Da diese Rechtsauffassung nicht unumstritten ist, stellt die Abmahnung eines Streaming-Nutzers unter Behauptung einer Urheberrechtsverletzung jedenfalls keine Täuschung über Tatsachen im Sinne des Betrugstatbestands dar. Eine andere Frage ist es, wie der vermeintlich verletzte Rechteinhaber an die Daten des abgemahnten Nutzers gelangt ist. Anders als in den üblichen Filesharing-Netzwerken besteht beim Streaming nur eine Verbindung zwischen dem Rechner des Nutzers und dem Server des Videoportals, über den der kontinuierliche Datenstrom fließt. Es ist nicht ersichtlich, wie Dritte, z.B. die Rechteinhaber, an diese Daten gelangen können.

524   Um die Daten des Nutzers zu erhalten, muss der Verletzte in einem gerichtlichen Verfahren nach § 101 Abs. 9 eine richterliche Anordnung gegenüber dem Zugangsprovider auf Offenlegung der Verkehrsdaten beantragen, wobei die Tatsache der Urheberrechtsverletzung glaubhaft zu machen ist. Würde in dem Antrag wahrheitsgemäß vorgetragen, dass die Rechtsverletzung durch Streaming begangen

---

419 Nachweise bei Dreier/Schulze/*Dreier*, § 44a Rn 8.
420 So auch die Bundesregierung in BT-Drucks. 18/246.

worden ist, was nach herrschender Auffassung keine Rechtsverletzung darstellt, dürfte eine Anordnung nicht ergehen.

Wenn der abmahnende Anwalt gegenüber einem Nutzer apodiktisch eine 525 Rechtsverletzung behauptet, die aus Rechtsgründen nicht gegeben ist oder zumindest sehr zweifelhaft ist, und diesem bei Nichtzahlung des geforderten Schadensersatzes mit strafrechtlichen Konsequenzen droht, stellt dies nach herrschender Rechtsprechung[421] eine Nötigungshandlung dar. Wer seine Berufsbezeichnung als Anwalt einsetzt, um dadurch die Position der Adressaten als faktisch aussichtslos erscheinen zu lassen, stellt diese vor die Wahl, entweder – als kleineres Übel – die Forderungen sofort zu erfüllen oder andernfalls mit größeren Übeln rechnen zu müssen. Dabei reiche es für den Tatbestandsvorsatz aus, wenn dem Anwalt die zivilrechtlichen Beziehungen zwischen seinem Auftraggeber und dem Abmahngegner gleichgültig seien, eine strafbare Entstehung der geltend gemachten Ansprüche, z.B. durch Betrug, müsse er nicht vorgestellt haben.

Selbst wenn in den Abmahnungen wegen Urheberrechtsverletzungen so gut wie 526 nie mit einer Strafanzeige sondern „nur" mit der „Inanspruchnahme weiterer staatlicher Hilfe" oder mit einer einstweiligen Verfügung gedroht wird, werden damit empfindliche Übel in Aussicht gestellt, auf deren Eintritt der Abmahnende Einfluss zu haben vorgibt. Da ihm die Fragwürdigkeit wenn nicht sogar Unhaltbarkeit seiner zum Streaming vertretenen rechtlichen Wertung bekannt ist, der Abmahngegner aber durch die Autorität eines Organs der Rechtspflege zur Hinnahme dieser Wertung veranlasst werden soll, ist die Verquickung von Mittel und Zweck im Ergebnis als verwerflich zu werten.[422]

Unter der Prämisse, dass das abgemahnte Streaming eine urheberrechtsfreie 527 Nutzung eines Filmes darstellt, stellt sich die Forderung nach Ersatz von Abmahnkosten usw. als eine angestrebte rechtswidrige Bereicherung, mithin als versuchte Erpressung dar.

c) Phänomen Card-Sharing

Eine besondere Erscheinungsform von (Urheberrechts-)Verletzungen stellt der un- 528 berechtigte Zugriff auf kostenpflichtige Fernsehproramme dar, der zunehmend die Strafverfolgungsbehörden beschäftigt. Auch wegen der steigenden Nachfrage ausländischer Bevölkerungsgruppen nach Unterhaltungsprogrammen in ihrer Landessprache sind inzwischen viele Anbieter auf dem Markt, die Funksendungen aus dem Heimatland in Originalsprache (Russisch, Türkisch, Arabisch usw.) übertragen. Der Interessent kann aus einer großen Palette von Programmen eine persönliche Auswahl treffen und diese verschiedenen Programme oft im Paket unter Nutzung eines zentralen Zugangs bei einem Anbieter abrufen, wobei auch eine Auswahl

---

421 BGH, Beschl. v. 5.9.2013 – 1 StR 162/13 = NJW 2014, 401.
422 BGH, Beschl. v. 5.9.2013 – 1 StR 162/13 = NJW 2014, 401.

nach Themen wie Sport, Kinderprogramme usw. möglich ist. Die Übertragung dieser audiovisuellen Inhalte erfolgt entweder in digitaler Form über Satellit oder über das Internet, wofür in Abgrenzung zur terrestrischen Ausstrahlung der Begriff IPTV verwendet wird (Internet Protocol TeleVision). Die meisten Programme werden vom Erstanbieter verschlüsselt ausgestrahlt, wobei der Empfang nur bei Abschluss eines entgeltlichen Vertrags möglich ist. Dem Berechtigten wird zur Entschlüsselung eine physische Smartcard oder eine PIN für den elektronischen Zugang zur Verfügung gestellt. Beide Formen dieser Pay-TV-Programme sind Angriffen ausgesetzt, die darauf abzielen, das verschlüsselte Signal ohne Entgelt zu empfangen, um den so verschafften kostenfreien Empfang Dritten als entgeltliche Leistung anzubieten.

529   Eine verbreitete Variante dieser Angriffe ist unter dem Begriff Card-Sharing bekannt, worunter das Teilen einer (Smart)Card, also ein gemeinsamer Kartenzugriff verstanden wird. Dahinter verbirgt sich ein Verfahren, bei dem mehrere unberechtigte Empfänger unabhängig voneinander Zugang zu verschlüsselten, digital ausgestrahlten Pay-TV-Programmen erhalten.

aa) Übertragungsverfahren bei ordnungsgemäßem Ablauf

530 Beim ordnungsgemäßen Ablauf wird unter Verwendung eines vom Anbieter, z.B. Sky, autorisierten Receivers, einer Smartcard (einem Computer in Kleinformat) sowie weiterer Sicherungssysteme sichergestellt, dass ausschließlich der berechtigte Kunde in die Lage versetzt wird, diejenigen Sendungen, für deren Empfang er gemäß Vertrag berechtigt ist, auf seinem an den Receiver angeschlossenen Fernsehgerät wahrzunehmen.

531   Auf der Senderseite werden die Sendeinhalte technisch aufbereitet und vor der Ausstrahlung an das DVB-CSA-Sicherungssystem übergeben, das ein sogenanntes Kontrollwort generiert. Dabei handelt es sich um einen kryptographischen Schlüssel, der etwa alle zehn Sekunden geändert wird. Unter Verwendung des Kontrollwortes wird die Sendung verschlüsselt an das Sendesystem in verschlüsselter, gesicherter Form übergeben. Das Kontrollwort selbst wird an das Conditional Access System übergeben, das es seinerseits sichert. Diese Sicherung erfolgt ebenfalls durch Verschlüsselung, das Ergebnis wird als ECM (Entitlement Control Message) bezeichnet. Die so erzeugte ECM wird ebenfalls an das DVB-Sendesystem übergeben und von diesem mitgesendet.

532   Dadurch erzeugt das Sendesystem ein „gesichertes Sendesignal", letztlich ein Datenpaket, das aus dem verschlüsselten Sendeinhalt und dem verschlüsselten Kontrollwort (ECM) besteht. Dieses gesicherte Sendesignal wird an alle Empfangsgeräte übertragen, die an das jeweilige Übertragungsmedium angeschlossen sind. Dabei kann es sich um Satelliten oder Kabelübertragung handeln. Die vom Sender ausgestrahlten Video-Audio-Daten können zwar von jedem Receiver empfangen werden, allerdings nur in verschlüsselter Form. Ohne eine autorisierte Empfangs-

vorrichtung, die das Entschlüsseln der Datenpakete übernimmt, erscheint kein Bild auf dem Empfangsgerät.

Auf der Empfängerseite empfängt der Receiver das gesicherte Sendesignal und 533 zerlegt es in mindestens zwei Teile, das verschlüsselte Sendesignal (also den Sendeinhalt) und die ECM, die das Kontrollwort beinhaltet. Bei Verwendung eines autorisierten Receivers wird die ECM vom Sendesignal extrahiert und an die in den Receiver eingesteckte Smartcard übertragen. Diese prüft, ob der ihr zugeordnete Kunde berechtigt ist, die entsprechende Sendung zu sehen. Dies erfolgt anhand der in der Smartcard gespeicherten Berechtigungsdaten.

Im positiven Fall entschlüsselt die Smartcard das Kontrollwort und leitet dieses 534 an den Receiver zurück. Mithilfe des Kontrollwortes entschlüsselt der Receiver die verschlüsselte Sendung und leitet sie an den Bildschirm weiter. Erst nach diesem Vorgang wird auf dem Bildschirm die Sendung für den berechtigten Kunden angezeigt. Dieses Auslesen und Entschlüsseln der ECM-Daten erfolgt permanent, da von der Senderseite im zehn-Sekunden-Abstand ein neues Kontrollwort verwendet wird. Es müssen also die Datenpakete von der SmartCard in einem ständigen Dialog mit dem Receiver extrahiert und ausgelesen werden.

Im negativen Fall gibt die Smartcard kein Kontrollwort zurück, sondern ledig- 535 lich eine Information, dass der die Smartcard verwendende Kunde nicht berechtigt ist, die entsprechende Sendung zu sehen. Damit ist der Receiver nicht in der Lage, das gesicherte Sendesignal zu entschlüsseln und gibt nichts an den Bildschirm weiter, dieser bleibt schwarz.

bb) Rechtswidrige Nutzung des Sende-Signals

Beim rechtswidrigen Card-Sharing wird eine Original Smartcard mit einem Gerät, 536 dem sogenannten Card-Sharing-Server, verbunden, der das vom Sender ausgestrahlte Datenpaket nach erfolgter Entschlüsselung des Kontrollwortes (ECM) über eine Netzwerkverbindung an eine Vielzahl von Nutzern weitergibt. Dabei wird eine Software verwendet, die auf dem Empfangsgerät die Funktionalitäten der Original-Smartcard simuliert und die Kommunikation zwischen Server und Receiver regelt. Der Endnutzer verwendet dabei einen modifizierten Empfänger, der mit einer speziellen Software ausgerüstet ist, die das ausgesendete Datenpaket in das Sendesignal und in das Kontrollwort (ECM) aufspaltet, welches üblicherweise von der physischen Smartcard entziffert wird, die gerade nicht vorhanden ist. Nun wird der ECM-Code über eine Internetverbindung an den Card-Sharing-Server geleitet, an den eine Smartcard angeschlossen ist, die den Kontrollcode entschlüsselt und an den Server weiterleitet, der es an den Receiver des Nutzers zurückgibt. Der illegale Anbieter hält meist ein Smartcard-Terminal vor, in das mehrere echte Smartcards integriert sind, da er nicht nur ein Pay-TV Programm sondern mehrere im Angebot hat, für die jeweils eine gesonderte Smartcard benötigt wird.

537   Unter Verwendung des vom Cardserver erhaltenen Kontrollwortes entschlüsselt der Receiver nun das verschlüsselte Sendesignal und leitet es an den Bildschirm weiter, womit die Sendung unberechtigt empfangen werden kann, Da wie ausgeführt das Kontrollwort permanent im Rhythmus von etwa 10 Sekunden wechselt, bedarf es zum Empfang einer konstanten Verbindung zum Card-Sharing-Server, der die von der Smartcard ausgelesenen Decodier-Signale über eine schnelle Internetverbindung an die angeschlossenen unberechtigten Nutzer weiterleitet. Da die Decodiersignale dem zu entschlüsselnden Programm für einige Sekunden vorausgeschickt werden, kommen sie trotz des zusätzlichen Datenweges via Internet rechtzeitig am Empfangsgerät an.

538   Die Leistung des illegalen Anbieters besteht mithin in dem Betrieb eines Servers, der die von einer angeschlossenen echten Smartcard ausgelesenen Kontrollworte (ECM-Codes) an die angeschlossenen Nutzer weiterleitet. Je nach Angebot muss er die Smartcards verschiedener Sender bereithalten, die je nach Programmwahl durch den Nutzer von dessen manipuliertem Receiver abgerufen werden können. Auf diesem sind die Zugangsdaten des Cardsharing-Servers schon voreingestellt, der die Entschlüsselungscodes für das gewählte Programm übermittelt.

539   In den meisten Fällen übernimmt der illegale Anbieter auch den Verkauf der Hardware, also des Receivers, auf den er eine Software aufspielt und diese – je nach Programmwahl des Käufers – auf die zu wählende IP-Adresse des Servers einstellt. Damit ist gewährleistet, dass der Käufer genau den passenden Entschlüsselungs-Code für die gewählten Programme erhält, wodurch er das Programm zeitlich unbegrenzt empfangen kann. Der Zugang zum Server wird dem Kunden erst nach einer elektronischen Identifizierung ermöglicht, die üblicherweise – wie beim Originalanbieter – nur gegen Entgelt gewährt wird, das entweder schon beim Kauf der Hardware oder später in periodischen Zeitabständen zu entrichten ist. Wenn dabei keine Barzahlung geleistet wird, was bei einem großen Abnehmerkreis meist nicht möglich ist, lassen sich auf dem Konto des Betreibers anhand der Zahlungseingänge die Identitäten der Kunden ermitteln.

(1) Strafbarkeit der Beteiligten
(a) Urheberrechtsverletzung (§ 106 UrhG)

540 Das TV-Programm, d.h. die Bild-/Ton-Daten als Teil des gesendeten Sendesignals hat auch in seiner digitalisierten Form in weiten Teilen durchaus Werkcharakter, gleichgültig ob es sich um Spielfilme oder Live-Übertragungen von Fußballspielen handelt, beide sind als Filmwerke nach § 2 Abs. 1 Nr. 6 UrhG geschützt.

541   Das TV-Programm wird aber beim Cardsharing weder vervielfältigt noch verbreitet. In Betracht kommt allenfalls eine öffentliche Wiedergabe der Werke am Bildschirm, was aber angesichts der privaten Nutzung des Cardsharings so gut wie nie vorkommt.

Brandau

Es liegt auch keine Verletzung des Senderechtes des Sendeunternehmens nach 542
§ 87 Abs. 1 Nr. 1 UrhG in der Form des Weitersendens vor, das bei unbefugter Einspeisung des TV-Programms in Kabelnetze regelmäßig gegeben ist. Hier wird aber nur das Kontrollwort über ein Netzwerk verbreitet, das Sendesignal selbst empfängt der Nutzer auf seinem Receiver direkt vom Sender.

(b) Betrug (§ 263 StGB)

Der Betrugstatbestand setzt eine Täuschung über Tatsachen gegenüber einer natür- 543
lichen Person voraus. Die Täuschung kann anstelle einer Äußerung im engeren Sinne auch in einem konkludenten Verhalten bestehen, das einen bestimmten Erklärungswert hat, wobei hier nur eine Täuschung über die Vertragstreue in Betracht kommt.[423] Die Vertragstreue kann bei Dauerschuldverhältnissen wie es der Bezug von TV-Inhalten darstellt durchaus relevant sein.

Als Gegenstand einer Täuschung kommen beim Bezug von Pay-TV-Inhalten je- 544
denfalls die vom Anbieter zur Vertragsgrundlage gemachten AGBs in Betracht, die generell eine Weitergabe der Smartcard bzw. der von ihr decodierten Daten an Dritte klar und eindeutig ausschließen. Auch dem Betreiber des Servers, der sich die Original-Smartcard notwendigerweise beim Sendeanbieter beschaffen muss, ist bewusst, dass sich das Recht zum Bezug der TV-Inhalte nur auf ihn als konkreten Einzelkunden bezieht.

Der nicht zum Empfang des Pay-TV-Programms berechtigte Endnutzer gibt ge- 545
genüber dem TV-Anbieter keinerlei Erklärungen ab. Auch hat sein sonstiges Verhalten gegenüber den Verantwortlichen keinen Erklärungswert. Die reine Nutzung des über den Cardsharing-Server und den eigenen Receiver entschlüsselten Programms hat keinen Erklärungswert, da es mit keinerlei Kontaktaufnahme zu einer natürlichen Person verbunden ist. Irgendwelche Aufklärungspflichten gegenüber dem TV-Anbieter bestehen für den Nutzer mangels vertraglicher Bindung nicht.

Anderes gilt für den Serverbetreiber, der das Card-Sharing zum Geschäftsmodell 546
gemacht hat. Dieser muss mit dem TV-Anbieter einen Vertrag schließen, der ihm den Besitz und die Nutzung der Smartcard ermöglicht. In den AGB dieses Vertrags ist ihm die Weitergabe der durch die Smartcard erlangten Entschlüsselungsinformationen an Dritte ausdrücklich untersagt. Auch wenn davon ausgegangen werden kann, dass der Kunde bei Vertragsschluss schon entschlossen ist, diese Informationen vertragswidrig zu nutzen, dürfte eine dahingehende Aufklärungspflicht über ein beabsichtigtes vertragswidriges Verhalten kaum wirksam zu begründen sein, zumal eine entsprechende Aufklärungspflicht in den AGB nicht geregelt ist. Auch

---

423 BGH, Beschl. v. 20.12.2012 – 4 StR 580/11 = NJW 2013, 1017 f. zum Wettbetrug, wobei bei Manipulationsfreiheit zur notwendigen Bedingung erhoben ist.

dürfte das Verbot der Weitergabe der Informationen nur eine Nebenpflicht aus dem Abonnement-Vertrag darstellen.

547 Selbst wenn man eine konkludente Täuschung über die Nichtvornahme vertragswidriger Handlungen annehmen wollte, müsste diese zum Zeitpunkt des Vertragsschlusses vorliegen und auch nachweisbar sein, was in der Praxis regelmäßig fehlschlagen dürfte.

548 Der Tatbestand des Betruges scheidet daher regelmäßig aus.

(c) Computerbetrug (§ 263a StGB)
(aa) Verwendung von Daten

549 Als Angriffs- oder Tatobjekt müssen Daten vorliegen, die einer automatischen Verarbeitung zugeführt werden, dies setzt eine computergerecht codierte oder jedenfalls codierbare Form der Information voraus. Als solche Daten, deren Verarbeitung durch das Cardsharing beeinflusst wird, kommen die das Kontroll- oder Codewort bildenden Dateien in Betracht, die als Teil des verschlüsselten Sendesignals vom Sender ausgestrahlt werden. Auch die von einem Mittäter bereitgestellte echte Smartcard enthält Daten, die dessen Berechtigung zum Empfang der konkreten Sendung prüfen. Ebenso bestehen die verschlüsselt gesendeten Fernsehprogramme aus codierten Informationen und stellen damit Daten dar.

(bb) Datenverarbeitungsvorgang

550 Der Tatbestand setzt weiter einen Datenverarbeitungsvorgang voraus, darunter versteht man jeden elektronisch-technischen Vorgang, bei dem durch die Aufnahme von Daten und ihre Verknüpfung nach Programmen Arbeitsergebnisse erzielt werden.[424] Damit scheiden rein mechanische Abläufe aber auch bloße Datenübermittlungen aus, bei denen keine elektronische Verarbeitung erfolgt. Bei dem Entschlüsselungsvorgang handelt es sich um einen elektronischen Vorgang nur, bei dem der Datenstrom mit den verschlüsselten Daten entsprechend der Programmierung so umgewandelt wird, dass das Ergebnis durch einen Fernseher wiedergegeben werden kann.

551 Hier erfolgt durch den Receiver des Nutzers eine erste Verarbeitung, indem das Sendesignal in zwei Bestandteile zerlegt wird, was durch die auf dem Receiver installierte Software geleistet wird. Die an den Server angeschlossene Smartcard extrahiert das vom Receiver des Nutzers übermittelte Kontrollwort, was ebenfalls das Ergebnis einer Datenverarbeitung ist. Schließlich wird durch den Receiver mit Hilfe des vom Server zurückgesandten Kontrollwortes das TV-Programm entschlüsselt,

---

424 *Rengier*, § 14 Rn 3.

Brandau

wodurch die gesendeten Dateien erst sichtbar werden, auch dies ist das Ergebnis einer Datenverarbeitung.

(cc) Tathandlung

Von den vier möglichen Tathandlungen des § 263a StGB scheiden die unrichtige **552** Gestaltung des Programms sowie die Verwendung unrichtiger oder unvollständiger Daten von vornherein aus. In Betracht kommt allein die unbefugte Verwendung von Daten, worunter nicht nur die Eingabe von Daten in den Verarbeitungsvorgang sondern auch die Nutzung bereits vorhandener Daten durch den Täter verstanden wird.[425] Die Verwendung von Daten setzt voraus, dass diese in den Datenverarbeitungsprozess eingefügt werden.[426]

Schon die Aufspaltung des verschlüsselten Sendesignals und die Weiterleitung **553** des Codes durch den Receiver des unberechtigten Nutzers stellen eine Nutzung von Daten dar, ebenso die Weiterleitung des von der Smartcard extrahierten Kontrollwortes durch den Serverbetreiber sowie letztendlich dessen Wiederempfang und Nutzung zur Entschlüsselung des verschlüsselt gesendeten Programme. Allen Handlungen ist gemeinsam, dass damit Daten zerlegt oder decodiert werden, die an anderer Stelle das Ergebnis eines Datenverarbeitungsvorgangs beeinflussen.

(dd) Unbefugte Verwendung

Die Verwendung der Daten muss unbefugt sein, was nach der h.M. eine betrugsspezi- **554** fische Auslegung erfordert, d.h. die Verwendung oder Nutzung müsste gegenüber einer natürlichen Person Täuschungscharakter haben im Sinne einer zumindest schlüssigen Vorspiegelung einer Befugnis, was bei der fiktiven Person einen entsprechenden Irrtum hätte auslösen können.[427] Der objektive Erklärungswert des Täterverhaltens hat Täuschungscharakter, wenn es gegen die Grundlagen des Geschäftstypus verstößt.[428] Dies ist jedenfalls dann der Fall, wenn die Befugnis des Täters zur Inanspruchnahme der Leistung nach allgemeiner Anschauung zur Geschäftsgrundlage gehört und auch bei Schweigen aller Beteiligten als selbstverständlich vorausgesetzt wird.[429]

Der berechtigte Inhaber einer Smartcard, der diese zur Entschlüsselung fremder **555** (ihm von Dritten zugeleiteten) Kontrollworte verwendet, erklärt wahrheitswidrig,

---

425 LK-StGB/*Tiedemann*/*Valerius*, § 263a Rn 38.
426 MüKo-StGB/*Wohlers*/*Mühlbauer*, § 263a Rn 29.
427 BGH, Beschl. v. 20.12.2012 – 4 StR 580/11 = NJW 2013, 1017, 1018; LK-StGB/*Tiedemann*/ *Valerius*, § 263a Rn 44.
428 MüKo-StGB/*Wohlers*/*Mühlbauer*, § 263a Rn 45.
429 Fischer/*Fischer*, § 263a Rn 11.

er nutze sie vertragsgemäß für den eigenen privaten Empfang. Tatsächlich ist der Kunde nach den AGB nicht berechtigt, die Smartcard und die von ihr generierten Informationen Dritten zur Verfügung zu stellen. Auch der Nutzer, der das von seinem Receiver ausgelesene Kontrollwort an den Server weiterleitet, erklärt gegenüber einer fiktiven Person, hier gegenüber der Smartcard, er habe als Kunde des Sendeunternehmens ein Recht darauf, dass der Kontrollcode zwecks Empfang des TV-Programms decodiert werde. Nach der subjektivierenden Auslegung ist eine Verwendung der Daten dann „unbefugt", wenn sie dem Willen des über die Daten Verfügungsberechtigten bzw. dem „vertraglichen Dürfen" widerspricht. Als Berechtigter über die Daten kommt allein der TV-Anbieter, nicht aber der Betreiber des illegalen Cardsharing-Servers in Betracht. Eine unbefugte Verwendung eines Datums liegt offensichtlich schon in der Aufspaltung des Sendesignals in den Kontrollcode und dessen Weiterleitung an eine externe Smartcard, sowie nach dessen Dechiffrierung dessen Verwendung zur Entschlüsselung des TV-Programms. Danach liegt ein unbefugtes Verwenden in der Person des Serverbetreibers als auch in der Person des Nutzers vor.

(ee) Datenverarbeitungsvorgang

556 Durch die unbefugte Verwendung von Daten muss als Zwischenerfolg das Ergebnis eines Datenverarbeitungsvorgangs beeinflusst worden sein. Dies liegt unproblematisch bei allen Beteiligten vor. Derjenige der die Smartcard und deren Funktionen bereitstellt, beeinflusst zumindest die Entschlüsselung des Codewortes, während der Nutzer sogar zwei Mal Einfluss auf das Ergebnis nimmt: Indem er durch die Konfiguration seines Receivers mit illegaler Software das vom Receiver empfangene Sendesignal (das seinerseits das Ergebnis eines DV-Vorgangs ist) aufspaltet und unter Verwendung des ausgelesenen Kontrollcodes das TV-Programm entschlüsseln lässt.

(ff) Verfügung und Schaden

557 Das vom Täter herbeigeführte Ergebnis muss eine Verfügung des Computers darstellen, diese muss unmittelbar vermögensmindernd sein. Als betroffenes Vermögen kann hier nur das Vermögen des Sendeunternehmens in Betracht, dessen Leistung sich der Nutzer unentgeltlich verschafft hat. Dass die entschlüsselten Bild- und Audiodateien einen wirtschaftlichen Wert haben, steht außer Frage, da sie nur gegen Entgelt geliefert werden. Die Minderung des Vermögens scheint allerdings fraglich, denn die Aufwendungen des Unternehmens bleiben gleich, ungeachtet der Zahl der berechtigten oder unberechtigten Empfänger des Sendesignals. Es handelt sich hier um einen sogenannten Entreicherungsschaden, bei dem eine effektive Vermögensminderung deswegen nicht eintritt, weil die Aufwendungen des Getäuschten gleich bleiben, ähnlich wie bei der durch Täuschung erschlichenen Beförderung durch

Verkehrsunternehmen. In solchen Fällen vertritt der BGH, dass der Wert von Leistungen, die verkehrstypisch nur gegen Entgelt erbracht werden, sich in den marktüblichen (Telefon-) Gebühren manifestiert.[430] Die Höhe der Abo-Gebühren von TV-Anbietern ist aber oft nicht bekannt und im übrigen vom gewählten Programmpaket abhängig. Realistischer ist die Annahme, dass keiner der CardSharing-Nutzer ein Pay-TV-Abo zum üblichen Preis erworben hätte. Dann liegt der Vermögensschaden der Sendeunternehmen jedenfalls in der Höhe des Entgelts, das der Nutzer bereit war, an den Betreiber des Cardsharing-Servers zu zahlen. Zumindest diesen Betrag hätte er – ein entsprechendes Angebot unterstellt – mit hinreichender Sicherheit auch an ein Sendeunternehmen wie Sky gezahlt. Der Vermögensschaden, der wie immer bei Vermögensdelikten konkret festzustellen ist, beläuft sich somit auf die Summe der Entgelte, die von jedem zugriffsberechtigten Nutzer im Tatzeitraum an die CardSharing-Betreiber gezahlt wurden.

Die Vermögensminderung muss sich unmittelbar aus dem Ergebnis der Daten- **558** verarbeitung ergeben, es darf kein weiterer deliktischer Zwischenschritt im Sinne einer weiteren vermögensmindernden Handlung erforderlich sein.[431] Daran werden mitunter Zweifel laut, da der Vermögensschaden nicht in der Entschlüsselung des ohnehin permanent zugesandten verschlüsselten Datenstroms liege, sondern in der unterlassenen Geltendmachung der üblichen Nutzungsentgelte. Die aus der Unkenntnis eines Anspruchs resultierende Nichtgeltendmachung lässt aber auch im Bereich des § 263 StGB die Unmittelbarkeit der Vermögensminderung nicht entfallen. Daraus ist abzuleiten, dass der Entschlüsselungsvorgang unmittelbar das Nutzungsrecht des Programmanbieters mindert, und so den Schaden herbeiführt, wobei man allenfalls die Schadenshöhe in Zweifel ziehen kann. Wenn man sie mit dem Betrag gleichsetzt, den der nichtberechtigte Nutzer an den Betreiber des Cardsharing-Servers gezahlt hat, ist es unumgänglich, zwecks Feststellung der Höhe des Gesamtschadens, die Zahl der an den Server angeschlossenen Nutzer, die von ihnen entrichteten Entgelte und die Bezugsdauer zu ermitteln. Dazu müssen regelmäßig vorhandene meist elektronische Aufzeichnungen ausgewertet werden, anhand derer sich auch die Nutzer identifizieren lassen.

(gg) Täter

Als Täter eines Computerbetrugs zum Nachteil des Pay-TV Senders kommen alle **559** Personen in Betracht, welche unbefugt Daten verwenden und damit das Ergebnis eines Verarbeitungsvorgangs beeinflussen. Dies ist in jedem Fall der Nutzer, der das Sendesignal aufspaltet und das decodierte Kontrollwort zur Wiedergabe des TV-Pro-

---

430 Zu Telefongebühren, BGH, Urt. v. 14.11.2001 – 3 StR 400/01 = wistra 2002, 138.
431 Satzger/Schluckebier/Widmaier/*Satzger*, § 263a Rn 31.

gramms nutzt. Ebenso ist derjenige Täter, der eine echte Smartcard bereitstellt, mit deren Hilfe das verschlüsselte Kontrollwort ausgelesen wird.[432] Der Tatbeitrag des Serverbetreibers besteht wie ausgeführt in der Weiterleitung der verschlüsselt ankommenden Kontrollcodes an die Smartcard sowie im Empfang des ausgelesenen Kontrollcodes und dessen Weiterleitung an die angeschlossenen Nutzer. Mit der Datenweitergabe werden Verarbeitungsprozesse beim empfangenden Gerät in Gang gesetzt, so dass auch der dies steuernde Dritte als Täter anzusehen ist.[433] Mitunter wird eine mittäterschaftliche Begehungsweise des Endnutzers mit dem Serverbetreiber angenommen,[434] die aber schwer zu begründen ist, da beide alleinverantwortliche Täter eines Computerbetrugs sind und im Übrigen ein gemeinsamer Tatentschluss nicht nachweisbar sein dürfte.

(hh) Subjektiver Tatbestand

560　Für den subjektiven Tatbestand ist die Absicht der rechtswidrigen Bereicherung erforderlich. Der Wille muss darauf gerichtet sein, gerade durch das Ergebnis des unbefugt vorgenommenen Datenverarbeitungsvorgangs einen rechtswidrigen Vermögensvorteil zu erlangen. Für den Endnutzer stellt der unentgeltliche entschlüsselte Empfang des verschlüsselt ausgestrahlten TV-Programms den erstrebten Vorteil dar. Es liegt eine beabsichtigte Selbstbereicherung vor, wobei der Vermögensvorteil des Nutzers direkt zu Lasten des Vermögens TV-Anbieters geht, also die geforderte Stoffgleichheit aufweist. An dieser Stoffgleichheit fehlt es, soweit es den weiteren Tatbeteiligten, z.B. dem Serverbetreiber, allein auf die Gebühren ankommt, welche die unberechtigten Nutzer zu zahlen haben, denn dieser Vorteil stellt sich nicht als die Kehrseite des geschädigten Vermögens des TV-Anbieters dar. Für den Serverbetreiber ist aber die Bereicherung der Nutzer notwendiges Zwischenziel, auf das sich auch dessen Absicht erstreckt. Hinsichtlich der Drittbereicherung der Nutzer ist der angestrebte Vermögensvorteil stoffgleich mit dem Schaden, der bei dem TV-Anbieter durch die unentgeltliche Entschlüsselung seiner Sendungen eintritt.

(ii) Zahl der Tathandlungen

561　Bei dem Nutzer ist von einer Handlung nach § 263a StGB im Rechtsinne auszugehen, bei dem Serverbetreiber liegt ebenfalls eine Tat im Sinne eines Organisationsdeliktes nahe, wobei sich deren Umfang aus der Zahl der angeschlossenen Nutzer und der Summe der von jedem Nutzer erhaltenen Gebühren bestimmt. Die Zahl der An-

---

432　So auch LG Verden – Urt. v. 10.2.2016 – 14 Ns 1/14.
433　AG Höxter, Urt. v. 9.5.2012 – 4 Ls 43 Js 469/11; AG Wolfsburg, Urt. v. 16.1.2013 – 8 Ds 100 Js 197/12.
434　AG Tübingen, Urt. v. 7.10.2013 – 5 Ds 41 Js 16925/13.

Brandau

schlüsse sowie die Identität der Nutzer und vor allem die Zeitspanne, in der Inhalte vom Server bezogen wurden, sind in einer Anklageschrift darzustellen.[435]

(d) Ausspähen von Daten (§ 202a StGB)

Als relevante Daten und damit Tatobjekt kommen sowohl das mit dem Sendesignal 562 ausgestrahlte Kontrollwort (ECM) als auch die verschlüsselten Bild- und Audiodateien als Teil des Sendesignals in Betracht. Der Tatbestand erfasst nur Daten, die elektronisch, magnetisch oder sonst nicht unmittelbar wahrnehmbar gespeichert sind oder übermittelt werden, § 202a Abs. 2 StGB. Eine kurzfristige Speicherung erfolgt allenfalls bei dem Kontrollcode, der alle zehn Sekunden neu generiert und übermittelt wird, ansonsten liegt insoweit eine kontinuierliche Übermittlung dieser Daten vor, was umso mehr für die Programmdaten gilt, diese werden überhaupt nicht gespeichert. Sämtliche Daten verbleiben in der Verfügungsmacht des Sendeunternehmens, sind also nicht für die unberechtigten Nutzer bestimmt. Sie sind, was sich schon aus der Verschlüsselung ergibt, gegen unberechtigten Zugang besonders gesichert.

Die Tathandlung muss nicht mehr, wie nach alter Fassung des § 202a StGB, im 563 Verschaffen der Daten bestehen, was hier auch nicht vorliegt, da sie bereits durch die Ausstrahlung bei dem Endnutzer vorhanden sind. Nach der am 11.8.2007 in Kraft getretenen Neufassung des § 202a StGB ist nicht nur das Verschaffen von Daten, sondern auch das Verschaffen des Zugangs zu Daten strafbar. Da durch die Verschlüsselung der Zugang zu den Originaldaten verhindert wird, ist eine diese Verschlüsselung aufhebende Handlung stets tatbestandsmäßig.[436]

Als Täter, die sich unbefugt Zugang zu den Daten verschaffen, kommen wieder 564 der Serverbetreiber und der Nutzer in Betracht. Indem letzterer den Kontrollcode an den Server weiterleitet, verschafft er sich aber noch keinen Zugang im Sinne einer Kenntnisnahme, wobei eine Kenntnisnahme vom Inhalt der Daten aber auch nicht erforderlich ist.[437] Auch der Kontrollcode gelangt nicht zur Kenntnis eines der Beteiligten, er wird aber mithilfe der Smartcard ausgelesen und damit nutzbar gemacht. Allerdings hat der Serverbetreiber von dem entschlüsselten Codewort keinen Nutzen, diesen hat nur der Endverbraucher am Fernsehgerät. Zwar erlangt auch er damit keinen Zugang zu den Daten selbst, er lässt sie nur am Bildschirm sichtbar werden. Dies ist aber für den Zugang i.S.d. § 202a StGB ausreichend, der zwar automatisiert abläuft, den der Nutzer aber durch den Betrieb seines präparierten Receivers jederzeit beherrscht. Für den Nutzer gilt, dass er sich damit sowohl den Kontrollcode als auch die TV-Programmdaten unbefugt verschafft im Sinne von

---

435 Ein Beispiel für die Darstellung der für den Tatbestand des § 263a StGB relevanten Vorgänge in einer Klage- oder Anklageschrift findet sich im Anhang.
436 Schönke/Schröder/*Lenckner/Eisele*, § 202a Rn 8.
437 *Fischer*, § 202a Rn 11.

„nutzbar macht".[438] Der Serverbetreiber verschafft sich durch diese Nutzbarmachung den Zugang zu Daten zugunsten eines Dritten, was ebenfalls für denjenigen gilt, der die Smartcard zur Verfügung stellt, falls dieser personenverschieden vom Serverbetreiber ist.

565 Eine denkbare mittäterschaftliche Begehung des § 202a StGB durch alle Beteiligten dürfte kaum nachzuweisen sein, zumal deren Verhältnis zueinander anonym ist und allein aus einem elektronischen Kontakt besteht.

566 Der subjektive Tatbestand verlangt Vorsatz und Kenntnis der technischen Abläufe, wovon sowohl bei dem Serverbetreiber als auch bei dem Endnutzer auszugehen ist.

(e) Umgehung von technischen Schutzmaßnahmen (§ 108b Abs. 1 Nr. 1 UrhG)

567 Der Tatbestand verweist, wenn auch explizit nur in § 108b Abs. 2, auf das zivilrechtlich in § 95a Abs. 1 normierte Verbot der Umgehung technischer Schutzmaßnahmen, die als solche in § 95a Abs. 2 UrhG definiert sind.

568 Bei dem Verschlüsselungscode, mit dem das Sendesignal des TV-Anbieters gegen unberechtigten Empfang geschützt ist, handelt es sich um eine technische Maßnahme im Sinne von § 95a Abs. 1 UrhG, die geeignet ist, den unberechtigten Empfang eines Fernsehprogramms zu verhindern. Die Maßnahme ist auch – wie vom Tatbestand gefordert – wirksam, da sie von einem normalen durchschnittlichen Nutzer nicht ohne weiteres überwunden werden kann.[439] Unter Umgehung sind alle Handlungen zu verstehen, die die zum Schutz eines Werkes vorgesehenen Schutzvorrichtungen gezielt ausschalten oder auf sonstige Weise wirkungslos machen. Dies verlangt keinen Eingriff in die oder eine Manipulation der technischen Abläufe, es genügt ein zweckwidriges Ausnutzen der an sich programmgemäß ablaufenden Schutzmechanismen, wie es beim Cardsharing der Fall ist. Die Konfiguration des Receivers des Endnutzers mit spezieller Software, den Betrieb des Servers mit angeschlossener Smartcard und der anschließenden Rückleitung des ausgelesenen Kontrollcodes an den Receiver stellt sich als digitale Umgehung der ansonsten wirksamen Schutzvorrichtungen dar.

569 Das Verschlüsselungssystem dient dem Schutz der Sendeinhalte, die als Funksendung ausgestrahlt werden. Schutzgegenstand des § 95a ist nicht nur ein Werk sondern auch ein Leistungsschutzrecht,[440] das hier in der Original-Funksendung besteht. Was die von allen Bezahlsendern am häufigsten gesendeten Programme angeht, Spielfilme und Übertragungen von Sportereignissen, steht deren Werksqualität außer Frage. Speziell für die aufwendigen Aufzeichnungen der Fußballbundesliga ist deren Einstufung als Filmwerke inzwischen unumstritten.[441] Hinsichtlich der

---

438 *Fischer*, § 202a Rn 11.
439 Wandtke/Bullinger/*Wandtke/Ohst*, § 95a Rn 50.
440 Dreyer/Kotthoff/Meckel/*Dreyer*, § 95a Rn 8.
441 Wandtke/Bullinger/*Bullinger*, § 2 Rn 123.

Filme sind die Sendeunternehmen des Bezahlfernsehens zwar selten Urheber, müssen aber kraft der notwendigen Lizenzierung (§ 31) jedenfalls als Inhaber der Senderechte angesehen werden.

Selbst wenn für den Sendeinhalt die Werksqualität im Einzelfall zweifelhaft sein **570** sollte, handelt es sich dabei um eine nach § 87 UrhG geschützte Funksendung. Eine solche liegt auch dann vor, wenn wie beim Pay-TV die Sendung nur von einem begrenzten Kreis von Empfängern wahrnehmbar ist, dem beizutreten aber der Öffentlichkeit jederzeit möglich ist.[442] Der Umstand, dass das Sendeunternehmen seinen Sitz, wie in vielen Fällen, im Ausland hat, hindert nicht den Schutz aus § 87, sofern die Sendung im Geltungsbereich des Gesetzes ausgestrahlt wird (§ 127 Abs. 2 UrhG).

(aa) Nutzer

Obwohl der Endnutzer durch eigenes Handeln, Betrieb des manipulierten Receivers **571** und Bezug der Entschlüsselungsdaten, den Schutzmechanismus im Sinne der §§ 95a Abs. 1 umgeht, ist er aus eigener Täterschaft nicht strafbar nach § 108b Abs. 1, wenn er die Tat ausschließlich zum eigenen privaten Gebrauch begeht, was regelmäßig der Fall ist. Für die Bestimmung des „privaten Gebrauchs" kann auf die Kriterien zurückgegriffen werden, die für § 53 Abs. 1 UrhG gelten. Nicht tatbestandsmäßig sind daher solche Verstöße, die der Privatsphäre zuzuordnen sind und mit denen rein persönliche Bedürfnisse erfüllt werden.[443] Es handelt sich hingegen nicht um einen ausschließlich privaten Gebrauch, wenn berufliche oder erwerbswirtschaftliche Zwecke verfolgt werden. Die Privilegierung ist auf das ganz persönliche Umfeld eingegrenzt, wodurch – vom Gesetzgeber beabsichtigt – umfangreiche Strafverfolgungsmaßnahmen vermieden werden sollen, die ohne Hausdurchsuchungen zumeist erfolglos blieben, deren Verhältnismäßigkeit aber angesichts des Vorwurfs problematisch wäre.[444] Zwar kann der Endnutzer die Umgehungshandlung nur zusammen mit dem Serverbetreiber begehen, dennoch ist durch die Privilegierung der Privatnutzung eine denkbare Strafbarkeit wegen Mittäterschaft oder Teilnahme an der Tat des Betreibers ausgeschlossen.

(bb) Serverbetreiber

Auch der Serverbetreiber umgeht den Schutzmechanismus, indem er das von „sei- **572** ner" Smartcard ausgelesene Kontrollwort innerhalb des Netzwerks an eine Vielzahl von Nutzern weiterleitet. Obwohl es nur der Nutzer ist, der sich damit den Zugang zu geschützten Sendeinhalten verschafft und für seine Person ein ausschließlicher

---

442 Dreier/Schulze/*Dreier*, § 87 Rn 10.
443 Vgl. BGH, GRUR 1978, 474, 475 – Vervielfältigungsstücke.
444 Dreier/Schulze/*Dreier*, § 108b Rn 6.

Privatgebrauch anzunehmen ist, kommt dem Betreiber dessen Privilegierung nicht zugute, etwa im Sinne von Teilnahme an fehlender Haupttat. Tathandlung ist die Umgehung von Schutzvorrichtungen, was auch zugunsten eines Dritten erfolgen kann. Der Täter selbst muss keinen Zugang zum Sendeinhalt erlangen, worauf es dem Serverbetreiber auch nicht ankommt. Bei ihm liegt aber regelmäßig die Absicht der Gewinnerzielung vor, sofern die Einnahmen die Kosten der Einrichtung und den Betrieb des Netzwerks übersteigen.[445]

573   *Damit kommt für den* Serverbetreiber *regelmäßig* der Qualifikationstatbestand des § 108b Abs. 3 UrhG zur Anwendung. *Gewerbsmäßig* handelt, wem es darauf ankommt, sich aus wiederholter Begehung eine fortlaufende Einnahmequelle von einiger Dauer und einigem Umfang zu schaffen.[446] Dies dürfte bei jedem am Umgehungsnetzwerk Beteiligten anzunehmen sein. Sofern es sich mehrere Personen handelt, muss *Gewerbsmäßigkeit*, ein Merkmal iSv § 28 Abs. 2 StGB, jeweils *in eigener Person* vorliegen; eine Zurechnung über § 25 Abs. 2 StGB ist ausgeschlossen.

(f) Verrat von Geschäftsgeheimnissen (§ 17 UWG)

574 Das Verschlüsselungsprogramm, das die Sendesignale verschlüsselt und laufend neue Codeworte zu deren Entschlüsselung generiert, stellt ohne Zweifel ein Betriebsgeheimnis dar,[447] dessen Funktionieren für das Sendeunternehmen von erheblicher wirtschaftlicher Bedeutung ist. Auch die Decodierinformationen bzw. -funktionen der Smartcard stellen ein Betriebsgeheimnis dar, ebenso wie die Ziffern-Kombination des Codewortes, der von der Smartcard auszulesen ist. Da die Abonnenten, obwohl ihnen ein Decoder und die dazu gehörige Smartcard überlassen wurden, dadurch keine Kenntnis über das eigentliche Entschlüsselungsverfahrens erlangen, bleibt das Geheimnis ihnen gegenüber gewahrt, ist also nicht offenkundig geworden.

575   Als Täter kommt derjenige in Betracht, der die ihm von Sky überlassene Smartcard vertragswidrig zum Entschlüsseln der auf dem Server eingehenden Codeworte bereitstellt oder verwendet, zum anderen der Nutzer, der das bei ihm eingehende Sendesignal aufspaltet und das ihm vom Server ausgelesene Codewort zur Entschlüsselung der Audio-/Videodaten nutzt. Für beide kommen nur die Fallvarianten des § 17 Abs. 2 Nr. 1 UWG in Frage.

576   Die Tathandlung muss in einem „Sichverschaffen" bestehen, darunter ist bei unverkörperten Geheimnissen die Erlangung der Kenntnis, ansonsten die Herstellung der Verfügungsgewalt über eine Geheimnisverkörperung zu verstehen, wobei der Täter den Sinngehalt nicht erfasst haben muss.[448] Er muss aber in der Lage sein,

---

445 *Planert*, Strafverteidiger 2014, 435.
446 BGH, NStZ 2004, 265, 266.
447 MünchKomm-UWG/*Janssen/Maluga/Brammsen*, § 17 Rn 40.
448 Köhler/Bornkamm/*Köhler*-UWG, § 17 Rn 30.

das nicht verkörperte Geheimnis selbst zu nutzen oder es an Dritte weiterzugeben, was beim Cardsharing das wesentliche Geschäft darstellt.[449]

In der Handlung des Serverbetreibers liegt ausschließlich ein Verschaffen zu- **577** gunsten eines Dritten (des Nutzers), das entweder als Verwerten oder Mitteilen vom Tatbestand des § 17 Abs. 2 Nr. 2 UWG umfasst ist. Eine unbefugte Verwertung oder Mitteilung nach § 17 Abs. 2 Nr. 2 UWG setzt aber immer voraus, dass das Geheimnis, hier das Kontrollwort, durch eine unbefugte Handlung nach § 17 Abs. 2 Nr. 1 UWG im Sinne einer Vortat erlangt worden ist. Dies ist hier nicht anzunehmen, denn der Täter verschafft sich das Kontrollwort mithilfe der echten Smartcard. Dieses Decodieren des Kontrollwortes ist aber durch die Überlassung der Karte verursacht und vom Willen des Kartenausstellers gedeckt.

Der Zugriff auf das Kontrollwort erfolgt also befugt. Unbefugt und nicht vom **578** Willen des Kartaustellers umfasst ist allein die Weitergabe der Decodierinformationen an die Nutzer.

Hinzu kommt, dass das Entschlüsselungsprogramm mit seinen Informationen **579** gerade nicht ausgespäht wird. Von dem Täter wird lediglich die Funktion des Geheimnisses ausgenutzt, dies zwar unbefugt, aber ohne dass dessen Geheimnischarakter beeinträchtigt würde.

Zwar scheint es, dass sich der Nutzer durch Anwendung technischer Mittel, **580** seines Receivers, Zugang zu den verschlüsselten Programmdaten verschafft. Unter Verschaffen ist das Herstellen eigener jederzeit reproduzierbarer Kenntnis des Geheimnisses zu verstehen oder die Erlangung von Gewahrsam bei verkörperten Geheimnissen,[450] wobei dies durch eigengestaltete informationsbezogene Erlangungsakte erfolgen muss. Nach dieser Auffassung haben sich die Nutzer das Geheimnis nicht verschafft, denn sie erlangen keine Kenntnis von dem Entschlüsselungscode. Nach anderer Auffassung muss die Kenntniserlangung den Täter in die Lage versetzen, das Geheimnis weiterzugeben.[451] Auch dies ist dem Nutzer nicht möglich. Das Geheimnis, also das Kontrollwort, bleibt dem Nutzer verborgen. Was durch die von ihm beherrschte Weiterleitung des Kontrollwortes an den Receiver geschieht, ist eine Nutzung der übermittelten Informationen, ohne dass es zu einer Kenntnisnahme kommt.

Somit sind weder der Betreiber noch der Nutzer von Cardsharing-Systemen we- **581** gen Sichverschaffens der Programmdateien des TV-Anbieters nach § 17 Abs. 2 Nr. 1 UWG strafbar.

---

449 Teplitzky/Peifer/Leistner/*Wolters*, § 17 Rn 74.
450 Köhler/Bornkamm/*Köhler*-UWG, § 17 Rn 30.
451 Fezer/*Rengier*, § 17 Rn 53.

(2) Strafbarkeit des Verkaufs der Hardware

582 Der unberechtigte Nutzer von Pay-TV Programmen benötigt einen Receiver, der mittels einer speziellen Software den verschlüsselten Kontrollcode aus dem Datenpaket extrahiert und an den Server weiterleitet, dessen Adresse je nach gewünschten Sendeinhalten vom Verkäufer voreingestellt wird.

(a) Verkäufer der Receiver bzw. Aktivierungscodes

583 Wer Receiver mit vorinstallierter Software zur Aufspaltung, Weiterleitung und zum nachfolgenden Empfang des decodierten Kontrollcodes vertreibt, verstößt gegen das Verbot des § 95a Abs. 3, der u.a. den Verkauf und die Verbreitung solcher Vorrichtungen untersagt. Der Umgehungszweck wird von ihm mit direkter Absicht verfolgt, so dass das subjektive Erfordernis des Abs. 1 erfüllt ist. Damit ist zumindest der Tatbestand § 108b Abs. 2 in der Variante des Verkaufs gegeben, wobei der gewerbliche Zweck der Verkaufstätigkeit auf der Hand liegt. Die ansonsten bei jeder Verkaufstätigkeit naheliegende Strafverschärfung wegen gewerbsmäßigen Handelns nach Abs. 3 ist auf die Tathandlungen des § 108b Abs. 2 nicht anwendbar, da beide Begriffe synonym auszulegen sind,[452] und es ansonsten zu einer Doppelverwertung desselben Tatmotivs kommen würde.

584 Damit stellt der Verkauf von präparierten Receiver, mit denen die Verschlüsselung von Sendesignalen umgangen wird, eine Straftat nach § 108b Abs. 2 dar, wobei allerdings eine Strafschärfung nach § 108b Abs. 3 nicht zum Tragen kommt, da sich diese nur auf den Täter der Umgehungsmaßnahme bezieht. Wenn allerdings der Verkäufer, wie es mitunter der Fall ist, den Receiver nach den Wünschen des Käufers auf einen speziellen Serverzugang einstellt, begeht er auch eine Tathandlung nach § 108b Abs. 1.

585 Daneben macht sich der Verkäufer eines so präparierten Receivers auch wegen Feilhaltens und Verschaffens eines Computerprogramms, dessen Zweck der Computerbetrug durch den Endnutzer ist, schuldig (§ 263a Abs. 3 StGB). Dabei handelt es sich um eine ansonsten straflose Vorbereitungshandlung, die als eigenständiger Straftatbestand ausgestaltet ist. Aus dem Anwendungsbereich dieser Vorschrift scheiden nur solche Programme als Tatobjekte aus, die ihrer objektiven Funktion grundsätzlich anderen Zwecken dienen, bei denen sich die Tatbegehung als „Missbrauch" darstellt.[453] Dies kann aber bei der Cardsharingsoftware, deren einziger Zweck die Umgehung der Verschlüsselung ist, nicht zweifelhaft sein. Problematisch könnte allein der subjektive Tatbestand sein, denn der Vorsatz muss sich auf eine zukünftige Tat nach § 263a Abs. 1 beziehen. Zur Vorbereitung einer solchen Tat handelt aber, wer eine Verwendung des angebotenen Computerprogramms für einen

---

452 Dreier/Schulze/*Dreier*, § 108b Rn 10.
453 Fischer/*Fischer*, § 263a Rn 31.

Brandau

fremden Computerbetrug zumindest für möglich hält, was bei dieser Art von Software sich geradezu aufdrängt.

Daneben leistet der Verkäufer präparierter Receiver auch einen wesentlichen 586
Beitrag zum Computerbetrug, der von den Endnutzern begangen wird und ist damit Mittäter,[454] zumindest Teilnehmer, an diesem Delikt. Für eine Mittäterschaft dürfte es allerdings an der Tatherrschaft fehlen, denn nach dem Verkauf haben sie keinen Einfluss mehr darauf, ob und in welcher Weise der Käufer den manipulierten Receiver nutzt. Vertretbar ist allein die Annahme, dass dadurch die Haupttat des Käufers, sofern diese erwiesen ist, gefördert wurde, sodass eine strafbare Beihilfe zum Computerbetrug begründet ist. Auch in diesem Falle sind zum Zwecke der Strafverfolgung die Zahl der Nutzer, deren Namen und die Nutzungsdauer festzustellen, da ansonsten die Schadenshöhe bzw. der erlangte Vermögensvorteil nicht beziffert werden können.[455]

Dasselbe gilt, wenn sich der Täter auf den Verkauf von Aktivierungscodes, zu- 587
meist eine zwanzigstellige Zahlenkombination, beschränkt, die dem Käufer den Zugang zu einem von Dritten betriebenen Cardsharing-Server ermöglicht. Dieses Modell ist im Vordringen begriffen, wobei die Server sich oft im Ausland befinden und deren Verantwortliche den hier ansässigen Vertreibern der Codes in aller Regel nicht einmal bekannt sind. Es bedarf dazu spezieller Receiver, etwa Octagon oder Dreambox, die mit Modulen ausgestattet sind, welche die ID- oder IP-Adresse des Empfangsgerätes selbständig an den Serverbetreiber übermitteln. Damit wird vor allem in dessen Interesse ein kontrollierter Zugriff auf den Server sichergestellt, der z.B. verhindert, dass zwei Receiver mit demselben Code zur gleichen Zeit betrieben werden.[456]

Die Aktivierungscodes sind in der Regel nur eine begrenzte Zeit gültig, so dass 588
ein neuer Code erworben werden muss, was dem Betreiber regelmäßige Einnahmen von allen Nutzern garantiert.

(b) Käufer der Receiver oder Aktivierungscodes

Wann immer die Verkäufe eines Vertreibers von präparierten „Cardsharing-Re- 589
ceivern" ermittelt worden sind, werden häufig gesonderte Verfahren gegen die Käufer eingeleitet und an die für den Wohnsitz zuständige Staatsanwaltschaft abgegeben. Dies erfolgt regelmäßig unter dem rechtlichen Gesichtspunkt einer Urheberrechtsverletzung. Diese ist aber gegen einen Käufer nicht zu begründen. Der Erwerb von Vor-

---

454 So AG Tübingen Urteil vom 7.10.2013 – 5 Ds 41 Js 16925/13.
455 Ein Beispiel für die Darstellung der relevanten Tathandlung des Verkäufers, die für eine Anklageschrift verwendet werden kann, findet sich in Anhang III dieses Kapitels.
456 Ein Beispiel für die Darstellung der relevanten Tathandlungen für eine Klage- oder Anklageschrift findet sich im Anhang.

richtungen zur Umgehung von Schutzmaßnahmen ist nicht von § 108b Abs. 3 erfasst und kann schon deshalb nicht unter Strafe stehen, da selbst die täterschaftliche Umgehung für den privaten Gebrauch nicht tatbestandsmäßig und der Erwerb dem zwangsläufig vorgelagert ist. Anderes gilt, wenn der Käufer den Receiver aus dem Ausland bezieht, da dann die Tathandlung des Einführens verwirklicht ist.

590   Eine Strafbarkeit des bloßen Erwerbs ist allenfalls aus dem Gesichtspunkt des Sichverschaffens eines Computerprogramms zum Zweck der Begehung eines Computerbetrugs zu begründen (§ 263a Abs. 3 StGB). Derjenige, der eine verschlüsselte nur gegen vertragliches Entgelt empfangbare Sendung durch unbefugte Verwendung von Daten sich zugänglich macht, ist, wie oben ausgeführt, Täter eines Computerbetrugs. Wenn das Programm, das dies ermöglicht, ist auf dem erworbenen Receiver – wie üblich – vorinstalliert ist, stellt sich nur noch die Frage, ob es sich um ein Programm handelt, dessen Zweck die Begehung einer solchen Tat ist. Dies wird bei Programmen, deren alleiniger Zweck der unberechtigte Empfang von kostenpflichtigen Programmen ist, ohne Zweifel angenommen.[457] Somit ist die Strafbarkeit des Käufers aus § 263a Abs. 3 StGB gegeben, ohne dass es auf die spätere Nutzung ankommt, die eine eigenständige Strafbarkeit nach § 263a StGB begründet, siehe oben.

591   In subjektiver Hinsicht muss sich der Vorsatz auf eine zukünftige eigene oder fremde Tat nach § 263a Abs. 1 beziehen, ob sie tatsächlich begangen wird, ist unerheblich. Zur Vorbereitung einer Tat nach Abs. 1 handelt jedenfalls, wer bei Begehung der Tat nach § 263a Abs. 3 eine Verwendung des Programms für einen in den Grundzügen vorgestellten eigenen oder fremden Computerbetrug zumindest für möglich hält und billigend in Kauf nimmt.[458]

592   Sämtliche Delikte stehen zueinander im Verhältnis von Tateinheit.

VI. Umgehung von technischen Schutzmaßnahmen (§ 108b)

593 Die Vorschrift verschafft den technischen Schutzmaßnahmen der Rechteinhaber gegen unberechtigten Zugang oder unberechtigte Nutzung eines Werkes oder Schutzgegenstands auch strafrechtlichen Schutz. Der in der Praxis häufigste Anwendungsbereich betrifft die dem Werk beigegebenen Sperren gegen unkontrollierte Vervielfältigung oder Mechanismen, die eine Verschlüsselung umgehen.

594   Der Tatbestand verweist in seinen Voraussetzungen auf § 95a, in dem das grundsätzliche Verbot der Umgehung von Schutzmaßnahmen verankert ist, gleich ob sich diese auf ein Werk im Sinne von § 2 oder ein verwandtes Schutzrecht im Sinne von § 108 beziehen. Das Verbot erfasst die Umgehung nur insoweit, als diese den Zugang zu dem Werk oder dem Schutzgegenstand oder dessen Nutzung ermöglichen soll. Damit sind

---

457 *Fischer*, § 263a Rn 32.
458 *Fischer*, § 263a Rn 34.

Brandau

gemeinfreie Werke oder Leistungen von dem rechtlichen Schutz ausgenommen, selbst wenn diese einen technischen Umgehungsschutz aufweisen sollten.[459]

Damit der rechtliche Schutz besteht, ist eine technische Maßnahme erforderlich, **595** die bestimmte Nutzungsmöglichkeiten oder Handlungen, die vom Rechteinhaber nicht genehmigt sind, verhindert oder einschränkt. Dabei kann sich der Berechtigte sowohl einer Hardware- oder einer Softwarelösung bedienen, was den einfachen Schutz durch Passwörter, Lizenzcodes oder Kopiersperren als auch Verschlüsselungstechnologien einschließt.[460] Eine Hardwarelösung kann zum Beispiel der Einsatz eines Dongles darstellen. Auch Ländercodes auf DVDs stellen solche Schutzmaßnahmen dar, wenn sie ein international nicht erschöpftes Verbreitungsrecht schützen. Die Zweckbestimmung im normalen Betrieb ist für die Einstufung als Schutzmaßnahme entscheidend, bloße Nebeneffekte reichen dafür nicht aus.[461]

Die Schutzmaßnahme muss wirksam sein, d.h. sie muss unerlaubte Nutzungen **596** des geschützten Werkes oder der Leistung oder deren Vervielfältigung erschweren oder unter Kontrolle halten. Ein absolut wirkender (hundertprozentiger) Schutz wird nicht verlangt, ansonsten wäre eine Umgehung nicht möglich und müsste nicht rechtlich sanktioniert werden.

1. Tathandlungen

a) nach § 108b Abs. 1 Nr. 1

Die Umgehungshandlung oder Tathandlung muss objektiv den technischen Schutz **597** ausschalten oder manipulieren. Subjektiv muss eine auf Werkverwertung oder Werkzugang gerichtete Umgehungsabsicht vorliegen. Die fehlende Zustimmung des Rechteinhabers ist eine weitere Tatbestandsvoraussetzung, von der bei von Privaten vorgenommenen Maßnahmen immer auszugehen ist.

Beispiele: Zahlreiche Hersteller von Werken, die auf CD vertrieben werden, stat- **598** ten diese CDs mit einem Kopierschutz aus, der als wirksame technische Maßnahme einzuordnen ist.

Dabei dürften in der Praxis die Fälle kaum ins Gewicht fallen, in denen eine CD **599** mit einem marktgängigen Computerspiel unter Aufhebung des Kopierschutzes vervielfältigt und vertrieben wird. Derjenige, der den Schutz überwindet, meistens ein hochbegabter Bastler, wird niemals in den Focus der Ermittlungen geraten, allenfalls die Verkäufer von so hergestellten Kopien, für die aber der § 108b nicht zur Anwendung kommt, da sie nur wegen Verbreitens zu belangen sind, was den Straftatbestand des § 106 oder § 108 UrhG erfüllt.

---

459 Dreier/Schulze/*Schulze*, § 95 Rn 3.
460 Dreier/Schulze/*Schulze*, § 95 Rn 14.
461 Dreier/Schulze/*Schulze*, § 95 Rn 14.

Brandau

b) nach § 108b Abs. 1 Nr. 2a

600   Die Straftatbestände nehmen Bezug auf § 95c, der Informationen, die der elektronischen Rechtewahrnehmung dienen (sog. Metadaten), gegen ihre Entfernung oder Veränderung schützt. Es muss sich um elektronische Informationen handeln, die den Urheber oder sonstige Rechteinhaber identifizieren oder Bedingungen für die Nutzung des Werkes oder Schutzgegenstands wiedergeben, wozu auch Zahlen und Codes gehören, durch die derartige Informationen ausgedrückt werden, § 95c Abs. 2.

601   **Beispiele:** Zu den von § 108b Abs. 2 erfassten Informationen zählen schon einfache Angaben über den Urheber, z.B. auf elektronischen Bilderdateien oder digitale Wasserzeichen, sofern sie die Identifizierung des Rechteinhabers ermöglichen. Hingegen werden aufgedruckte Informationen, wie z.B. der Copyright-Vermerk auf Werkexemplaren oder die jedem Buch anhaftende ISBN- oder ISSN-Nummer nicht erfasst, da es sich nicht um elektronische Informationen handelt, anders hingegen wenn diese Angaben in ein elektronisches System eingebunden sind.[462]

c) nach § 108b Abs. 1 Nr. 2b

602   Die Vorschrift stellt die Verwertung von so veränderten Werken oder Schutzgegenständen unter Strafe und nimmt Bezug auf das zivilrechtliche Verbot des § 95c Abs. 3. Davon ist nicht erfasst die Verwertung eines Werkes, zu dem der Zugang oder dessen Nutzung erst unter Umgehung von technischen Schutzmaßnahmen ermöglicht wurde, diese Handlung unterfällt unmittelbar dem Verwertungsverbot der §§ 106, 108.

603   Sämtliche Tathandlungen nach § 108b Abs. 1 müssen die Verletzung von Urheberrechten oder verwandten Schutzrechten ermöglichen, erleichtern oder verschleiern, was die konkrete Benennung des in Frage kommenden verletzten Rechtes verlangt.

604   Weiter setzt die Strafbarkeit nach allen drei Tatbeständen voraus, dass der Täter nicht ausschließlich zum eigenen privaten Gebrauch dem privaten Gebrauch mit ihm persönlich verbundener Personen gehandelt hat. Dabei wird diese Einschränkung nicht als Rechtfertigungsgrund sondern als objektives Tatbestandsmerkmal verstanden, das den ansonsten bestehenden Zwang der Verfolgungsbehörden zu umfangreicher Strafverfolgung aufheben soll.[463] Darauf gerichtete Ermittlungen wären ohne Hausdurchsuchung wenig erfolgversprechend, wobei derartige Maßnahmen aus Gründen der Verhältnismäßigkeit problematisch sein dürften. Damit ist klargestellt, dass die Umgehung der üblichen Kopiersperren zum privaten Gebrauch nicht tatbestandsmäßig ist.

---

462 Dreier/Schulze/*Dreier*/*Specht*, § 95c Rn 6, 7.
463 Dreier/Schulze/*Dreier*, § 108b Rn 6.

Brandau

Was das sich ausbreitende Phänomen der Umgehung von Verschlüsselungs- 605
technik zum Zwecke des kostenlosen Empfangs von Bezahlfernsehen angeht, gilt
deshalb, dass der Endnutzer zwar nicht nach § 108b Abs. 1 Nr. 1 strafbar ist. Vielmehr kommt eine Strafbarkeit wegen Computerbetrugs (§ 263a StGB) in Betracht,
siehe dazu den Beitrag „Cardsharing".

d) nach § 108b Abs. 2

Immer häufiger haben sich die Ermittlungen mit Personen zu befassen, die dem 606
Nutzer oder Endverbraucher Werkzeuge anbieten und verkaufen, mit deren Hilfe
Schutzvorrichtungen ausgeschaltet oder umgangen werden können. Dabei handelt
es sich zumeist um Module, die durch elektronische Manipulation oder Simulation
die elektronisch eingerichtete Zugangssperre oder Schutzvorrichtung aushebeln.
Rechtlich handelt es sich dabei um Vorbereitungshandlungen, die der Umgehung
vorausgehen, die aber durch § 108b Abs. 2 zu eigenen Straftatbeständen erhoben
sind.

Der Tatbestand nimmt Bezug auf die Bestimmung des § 95a, die ein umfassen- 607
des Verbot der Herstellung, Verbreitung, Einfuhr oder des Besitzes von Vorrichtungen beinhaltet, die vorwiegend der Umgehung technischer Schutzmaßnahmen dienen. Damit werden dem Grunde nach Vorbereitungshandlungen zur Umgehung
erfasst. Anders als es § 95a vorsieht stehen aber der bloße Besitz der Vorrichtungen,
die Werbung für diese Produkte oder für die Erbringung derartiger Dienstleistungen
nicht unter Strafe, obwohl auch diese Handlungen von dem zivilrechtlichen Verbot
betroffen sind. Die Strafbarkeit des Erwerbs von Umgehungswerkzeugen folgt allerdings aus § 261 Abs. 2 StGB, was in der Praxis immer dann Bedeutung erfährt, wenn
gegen die Abnehmer von Verkäufern solcher Werkzeuge ermittelt wird, denen stets
explizit eine solche Straftat zur Last gelegt wird. § 261 Abs. 2 StGB stellt das Sichverschaffen eines solchen Werkzeugs unter Strafe, sofern nur die Vortat eine gewerbsmäßige Urheberrechtsverletzung darstellt, was für den geschäftsmäßigen Verkauf
eines solchen Werkzeugs iSv § 108b Abs. 2 immer zutrifft. Da der Tatbestand des
§ 261 StGB keine Einschränkungen vorsieht, ergeben sich zwangsläufig Wertungswidersprüche, da das speziellere Gesetz, § 108b Abs. 2 UrhG, dieselbe Handlung für
nicht tatbestandsmäßig erklärt. Eine Lösung dieses Widerspruchs kann sich allenfalls aus § 261 Abs. 6 StGB ergeben, wonach die Tathandlungen des § 261 Abs. 2 StGB
dahingehend eingeschränkt werden, dass Erwerbsvorgänge nicht erfasst werden,
die als solche in anderen Vorschriften mit Strafe bedroht sind und deren Unrechtsgehalt hierdurch vollständig erfasst ist, wovon besonders der Erwerb von Betäubungsmitteln zum Eigenverbrauch betroffen ist.[464]

---

464 *Fischer*, § 261 Rn 31.

Ob man in Anlehnung an diesen Ausnahmetatbestand solche Erwerbsvorgänge, die durch andere Vorschriften für straffrei erklärt sind, aus dem Tatbestand des § 261 Abs. 2 StGB herausnehmen muss, ist bislang nicht gerichtlich geklärt, eine Prüfung dieser Rechtsfrage sollte daher angestrebt werden.

608   Die Tathandlungen des § 108b Abs. 2 müssen alle gewerblichen Zwecken dienen. Mit diesem dem Strafrecht bislang fremden Begriff ist ein Handeln zu kommerziellen Zwecken gemeint, das im Endeffekt ebenso auszulegen ist wie der Begriff des gewerbsmäßigen Handelns.[465] Dieses Merkmal schließt die Qualifikation des gewerbsmäßigen Handelns nach § 108b Abs. 3 aus, da sich dieser Tatbestand nur auf die Handlungen nach § 108b Abs. 1 bezieht und der gewerbliche Zweck ansonsten in zweifacher Hinsicht erfasst, also doppelt verwertet würde.

609   Sämtliche Tathandlungen des § 108b Abs. 1 setzen voraus, dass die Tat nicht ausschließlich zum eigenen privaten Gebrauch des Täters oder mit ihm persönlich verbundener Personen erfolgt. Diese tatbestandsmäßige Einschränkung muss sich in besonderem Maße auf die Verfolgungspraxis von Staatsanwaltschaften auswirken. Wenn ein Verfahren gegen einen Vertreiber von Umgehungswerkzeug zur Ermittlung aller Personen geführt hat, die jemals von ihm ein derartiges Umgehungstool oder -modul erworben haben, werden gegen die Käufer zumeist gesonderte Verfahren eingeleitet und an die Staatsanwaltschaft des Wohnsitzes abgegeben. Zwar spricht die Lebenserfahrung dafür, dass der Käufer eines Chips, der das Abspielen von raubkopierten Spiele-CDs auf einer Spielekonsole – entgegen der eingebauten Sperrvorrichtung – ermöglicht, dieses Werkzeug immer wieder benutzt und dabei auch Raubkopien verwendet. Was die permanente Umgehung der eingebauten Sperre gegen kopierte CDs betrifft, so ist hier der private Gebrauch so offensichtlich, dass es immer an einem Anfangsverdacht nach § 108b Abs. 1 fehlen dürfte.

610   Soweit der Umgehungstäter nach der Lebenserfahrung im Beispielsfall vorhandene raubkopierte CDs verwendet, dürfte zwar durch deren Laden in den Arbeitsspeicher des Rechners ein unbefugtes Vervielfältigen nach § 106 vorliegen, welches das Recht des Herstellers aus § 69c Nr. 1 UrhG verletzt. Da diese Spiele aber so gut wie niemals dauerhaft in der Konsole abgespeichert werden und sie deshalb auch keine Spuren auf der Festplatte hinterlassen, kann der Tatnachweis letztlich nur darin bestehen, den Täter in flagranti beim Abspielen von raubkopierten CDs zu ertappen. Dies dürfte nur im Rahmen einer Hausdurchsuchung möglich sein, gegen die aber wegen ihrer Verhältnismäßigkeit erhebliche Bedenken bestehen.[466] Letztlich bleibt als einzige Ermittlungsmaßnahme wieder, den verdächtigen Käufer von Umgehungswerkzeug nach seiner Verwendung von Raubkopien zu befragen. Eine solche schriftliche Anhörung des Käufers wird zwar häufig praktiziert und auch dem Umstand gerecht, dass immerhin ein Anfangsverdacht wegen strafbarer Ver-

---

465 Wandtke/Bullinger/*Hildebrandt/Reinbacher*, § 108b Rn 7.
466 So auch Wandtke/Bullinger/*Hildebrandt/Reinbacher*, § 108b Rn 6.

vielfältigung von Vervielfältigungsstücken (CDs) anzunehmen ist. Damit mag dem Käufer verdeutlicht werden, dass seine mutmaßliche Urheberrechtsverletzung in den Blick der Strafverfolgungsbehörde gelangt ist. Die Reaktion auf eine solche Anhörung wird aber kaum jemals zu einer Bestätigung des Tatverdachts führen.

2. Veränderungen von Zugangssperren bei Endgeräten (Jailbreak)

Eine Reihe von Geräten der Informationstechnik, z.B. Mobiltelefone, ist vom Herstel- 611
ler mit Nutzungsbeschränkungen versehen, durch die bestimmte Funktionen serienmäßig gesperrt sind. So wurden die ersten in Deutschland vertriebenen Apple iPhones werkseitig auf ein einziges Mobilfunknetz eingestellt, dessen Betreiber ein exklusives Vertriebsrecht hatte. Da sich alsbald ein regelrechter Markt für die Dienstleistung des Entsperrens (Jailbreak, englisch für Gefängnisausbruch) entwickelte, wurde diese SIM-Locksperre von vielen Nutzern umgangen, was dem Willen des Herstellers oder Vertreibers zuwiderlief und unautorisiert war.

Auch das TV-Abspielgerät „Apple TV (Modell 2 oder 3)", das Musik, Videos und 612
Kinofilme auf einen Bildschirm übertragen und diese Inhalte von angeschlossenen Endgeräten im Sinne eines lokalen Netzwerks übernehmen oder auch von externen Plattformen über das Internet empfangen kann, weist werkseitig eine Zugangsbeschränkung auf, die es dem Nutzer nur erlaubt, auf Portale des Herstellers zuzugreifen (sogenanntes Closed-World-Geschäftsmodell), was bedeutet, das im Serienzustand nur Software aus dem firmeneigenen Store installiert werden kann.

Auch diese Zugangssperre wird von Dienstleistern gegen ein meist geringes Ent- 613
gelt beseitigt, so dass der Nutzer danach auf illegale Streaming-Portale wie kinox.to, movie2k.to usw. zugreifen kann, auf denen Filme oder Serien unberechtigt zum Streamen, also zum Konsum, angeboten werden. Obwohl es für den Hersteller keine unmittelbar vermögensmindernde Wirkung hat, erfolgt das Entsperren wieder unautorisiert.

a) Strafbarkeit des Vertriebs nach § 143 MarkenG

Die Strafbarkeit des *Vertriebs* dieser unautorisiert entsperrten Geräte ist, sofern der 614
Vertrieb unter der Originalmarke erfolgt, aus § 143 MarkenG begründet. Die Aufhebung der Sperre (SIM-Lock), durch der der Einsatz als Mehrbandtelefon eröffnet wird, ist eine Veränderung des Produkts. Mit einer Produktänderung i.S. von **§ 24 Abs. 2 MarkenG** muss keine Verschlechterung der mit der Marke gekennzeichneten Originalware verbunden, die Veränderung muss auch nicht sichtbar sein. Selbst wenn die Mobiltelefone ohne Eingriff in die installierte Software entsperrt worden sind, ist dies eine Veränderung des Produkts, welche die Herkunfts- und Garantiefunktion der Marke verletzt. Durch einen derartigen Eingriff in die Eigenschaften der Mobiltelefone ist die Erschöpfung nach **§ 24 Abs. 2 MarkenG** ausgeschlossen, der Markeninha-

Brandau

ber kann sich dem Vertrieb der von ihm gesperrt in den Verkehr gebrachten Mobiltelefone aus berechtigten Gründen i.S. von § 24 Abs. 2 MarkenG widersetzen.[467]

615   Damit ist jedenfalls der Vertrieb von entsperrten Mobiltelefonen als Kennzeichenverletzung untersagt und strafbar. Dasselbe gilt – wie für alle Produktveränderungen – auch für den Vertrieb von Abspielgeräten wie dem Apple TV, das serienmäßig so eingerichtet ist, dass es für Onlineinhalte nur auf einen Apple-Store zugreifen kann. Darin liegt auch keine rechtsmissbräuchliche Geltendmachung des Markenrechts. Wenn die Geräte nach dem Inverkehrbringen durch den Markeninhaber ohne dessen Zustimmung von einem Dritten entsperrt werden, braucht der Inhaber den Weitervertrieb der mit ihrer Marke gekennzeichneten Waren nicht hinzunehmen.[468]

616   Dass durch den Vertrieb von so veränderten Produkten auch das Merkmal „im geschäftlichen Verkehr" vorliegt, kann nicht zweifelhaft sein.

b) Strafbarkeit des Entsperrens

617 Schwieriger ist die bloße Handlung des Entsperrens zu bewerten, vor allem dann, wenn sie von Dritten an fremden Geräten, also im Auftrag des Eigentümers, vorgenommen wird.

aa) § 143 MarkenG

618 Soweit das Entsperren durch den Eigentümer selbst vorgenommen wird, liegt zwar eine Veränderung des Produktes vor. Für den Tatbestand des § 143 MarkenG fehlt es aber an einem Handeln im geschäftlichen Verkehr. Dies ist nicht anders zu beurteilen, wenn ein Dritter das Entsperren im Auftrag des Eigentümers vornimmt und diese Dienstleistung öffentlich anbietet. Zwar liegt eine gewerbliche Tätigkeit des Anbieters vor. Das von ihm veränderte Produkt wird aber nicht unter der Marke in den Verkehr gebracht sondern nur dem Auftraggeber zurückgegeben. Die Herkunfts- und Garantiefunktion der Marke wird damit nicht tangiert, denn es wird nicht der Eindruck erweckt, das Produkt käme in dieser Ausgestaltung aus dem Haus des Herstellers. Die Tätigkeit des Entsperrens bezieht sich auf ein Produkt, an dem der Markenschutz erschöpft ist und das unter dem Regime des Eigentümers verbleibt. Nur dem *Vertrieb* der veränderten Ware kann sich der Markeninhaber nach § 24 Abs. 2 MarkenG widersetzen, ansonsten kann er das Entsperren aus dem Aspekt des Markenschutzes nicht verhindern.

---

467 BGH, Urteil v. 9.6.2004 – I ZR 13/02 WRP 2005, 106 – SIM-Lock.
468 BGH Beschluss vom 20.1.2005 I ZR 255/02 – Simlock II.

Brandau

bb) § 303a StGB

Mit Urteil vom 4.5.2011 hat das Amtsgericht Göttingen einen Angeklagten, der an 619
fremden Handys durch Verwendung illegal beschaffter Entsperrcodes die Simlock-
Sperre entfernt hatte, die seitens des Netzbetreibers installiert war, wegen rechtswidriger Datenveränderung nach § 303a StGB verurteilt.[469] Der Simlock stelle eine in
die Steuerungssoftware des Handys (gemeint ist wohl das Betriebssystem) imple-
mentierte Programmroutine dar, damit lägen Daten im Sinne des § 202a StGB vor.
Selbst der Eigentümer habe mit dem Erwerb der Hardware nicht das Recht zur Modi-
fikation dieser Daten erworben, verfügungsbefugt bleibe derjenige, der die Daten
erstmals abgespeichert habe und dessen Willen auf den unveränderten Bestand der
Daten gerichtet sei. Demzufolge sei die Änderung der Steuerungssoftware gegen den
Willen des Berechtigten erfolgt und damit strafbar.

Die entscheidende Frage ist, ob der Netzbetreiber ein Nutzungsrecht an den Da- 620
ten in dem Betriebssystem behält bzw. ob er ein schutzwürdiges Interesse an einem Zugriff auf die Daten in unveränderter Form hat. Dies ist zu verneinen. Einmal
mit der Simlocksperre ausgeliefert werden die Daten auf dem Handy durch den
Netzbetreiber nicht mehr benötigt oder verwendet. Nur der Endkunde darf die Sperre
nach Ablauf der vertraglichen Bindung mit Zustimmung des Netzbetreibers ändern,
was diesem aber kein Recht an den Daten selbst verleiht. Wenn für den Schutzzweck
des § 303a StGB ein Interesse am Informationswert der Daten verlangt wird[470] oder
als das Schutzobjekt des § 303a Daten verstanden werden, an denen ein unmittel-
bares Recht einer (anderen) Person auf Nutzung, Verarbeitung oder Löschung besteht,[471] dann ist festzustellen, dass der Netzbetreiber weder ein Interesse am Informationswert der elektronischen Zugangssperre (Programmroutine) hat, denn einen
solchen hat sie nicht, noch darf der Netzbetreiber diese Routine in irgendeiner Weise informationstechnisch nutzen oder verarbeiten. Der einzige Zweck der Daten ist
eine Nutzungsbeschränkung und nicht die Bereitstellung von Informationen.

Der Tatbestand des § 303a ist nach allem nicht anwendbar.[472]   621

cc) § 269 StGB

In dem erwähnten Urteil hat das Amtsgericht Göttingen zugleich (tateinheitlich) auf 622
eine Fälschung beweiserheblicher Daten gemäß § 269 StGB erkannt. Der Speicher
eines Handys (EPROM/EEPROM) enthalte beweiserhebliche Daten, die im Originalzustand die konkludente Erklärung des Netzbetreibers beinhalteten, dass der Nutzer
des Mobiltelefons berechtigt ist, dieses nur mit der von ihm ausgegebenen SIM-

---

469 62 Ds 166/11 – 51 Js 9946/10.
470 Schönke/Schröder § 303a Rn 3.
471 Fischer § 303a Rn 3.
472 So auch Kusnik CR 2011, 719.

Karte zu benutzen. Durch die Manipulation werde dem Speicher die Erklärung „untergeschoben", dass der Nutzer das Telefon in jedem beliebigen Mobilfunknetz betreiben könne. Damit sei die Beweisrichtung der gespeicherten Erklärung geändert worden. Würde man diese Aussage als verkörperte Gedankenerklärung wahrnehmbar machen, läge eine verfälschte Urkunde vor, denn der Austeller habe eine solche Erklärung niemals abgegeben.

623   Dagegen spricht, dass die Daten im Speicher, denen das Amtsgericht diese Aussage beimisst, keine rechtserhebliche Erklärung aufweisen, sie sollen auch keinerlei Beweis für irgendeinen Vorgang erbringen. Die Erklärung oder der Beweis dafür, dass das Handy mit einer Simlocksperre, also einer Nutzungseinschränkung, versehen ist, ergibt sich nur aus dem Vertrag zwischen Mobilnetzbetreiber und Kunden und nur an dieser Stelle ist die Aussage auch zum Beweis bestimmt. Gegen die Auffassung des Amtsgerichts Göttingen spricht weiter, dass die vermeintliche Erklärung im Handyspeicher weder zum Beweis geeignet noch bestimmt ist, denn diese Daten sind dem Rechtsverkehr nicht zugänglich und sollen es auch nicht sein. Eine Prüfung oder ein Auslesen der im Handy in Bezug auf seine Nutzbarkeit gespeicherten Daten ist nicht vorgesehen und findet nach dem Kauf niemals statt.[473]

624   Für eine Strafbarkeit nach § 269 StGB fehlt es also an einer rechtserheblichen Gedankenerklärung, welche im Zuge der Entsperrung des Simlock verändert würde.

625   Weder das Urteil des Amtsgerichts Göttingen noch das des Amtsgerichts Nürtingen vom 20.9.2010,[474] das zu gleichen Ergebnissen kam, sind einer Prüfung durch Berufung oder Revision unterzogen worden.

dd) § 108b UrhG

626 Auf den ersten Blick liegt der Tatbestand des § 108b UrhG nahe, denn mit dem Entsperren einer elektronischen Schutzvorrichtung liegt eine Umgehungshandlung vor. Der Simlock ist als eine technische Schutzmaßnahme zu verstehen, denn er verhindert das Einwählen des Mobiltelefons in ein gesperrtes Funknetz. Für die Anwendbarkeit des UrhG muss die Handlung aber einen Bezug zu einem Werk im Sinne des UrhG aufweisen. Dazu zählt nicht das Betriebssystem des Telefons, denn dieses wird nicht verbotenerweise zugänglich gemacht, es wird nur verändert, ohne dass es einem unbefugten Zugriff ausgesetzt wäre. Die Veränderung dient allein dem Zweck, eine vertraglich nicht erlaubte Nutzung zu ermöglichen, nicht aber dazu, ein ansonsten geschütztes Werk zu verwerten oder eine Werknutzung zu ermöglichen.

627   Eine unzulässige Werknutzung liegt auch dann nicht vor, wenn ein Abspielgerät wie das Apple TV so verändert wird, dass es auf Streaming-Portale zugreifen und deren Inhalte, z.B. Filme, wiedergeben kann. Da das Streamen, d.h. der bloße Kon-

---

473 Kusnik a.a.O.
474 13 Ls 171 Js 13423/08.

sum eines Filmes, keine urheberrechtlich relevante Nutzung darstellt, wird mit dem Entsperren des Abspielgerätes keine Urheberrechtsverletzung ermöglicht, wie dies der Tatbestand des § 108b voraussetzt.

Dies ist anders zu beurteilen, wenn das Abspielgerät die von Drittanbietern **628** empfangbar gemachten Filme aufzeichnen also speichern kann. Dann läge eine elektronische Vervielfältigung eines Filmwerkes vor, dem der Rechteinhaber schon deshalb nicht zugestimmt hat, soweit der Film von einer rechtswidrigen Quelle zugänglich gemacht wurde, wie es auf alle illegalen Anbieter von Filmdownloads im Internet zutrifft.

ee) § 106 UrhG

Bei einer softwarebasierten Zugangssperre handelt es sich um den urheberrechtlich **629** geschützten Teil eines Computerprogramms, dessen Entfernung keine erlaubte Berichtigung im Sinne des § 69d UrhG darstellt.[475] Jede nicht systembedingte Veränderung eines Computerprogramms bedarf demnach der Zustimmung des Rechteinhabers. Eine unerlaubte Veränderung ist allerdings nur zivilrechtlich sanktioniert, die Strafbarkeit setzt ein Vervielfältigen des Programmes voraus. Wenn die Beseitigung einer elektronischen Zugangssperre nur eine partielle Veränderung des Programms erfordert, z.B. die Implementierung eines Entsperrcodes wie bei der Simlock-Sperre von Handys, liegt zwar eine unzulässige Programmveränderung vor, die aber nicht den Tatbestand des § 106 erfüllt.

Bei Abspielgeräten wie dem Apple TV ist die Umgehung der Zugangsbeschrän- **630** kung nur durch das Entfernen des Betriebssystems und dem Aufspielen eines neuen Programms möglich, das diese Sperre nicht enthält. Regelmäßig werden solche von Hackern umgeschriebenen Programme aus dem Internet heruntergeladen und über die Update-Funktion auf das Gerät übertragen. Damit liegt eine elektronische Vervielfältigung des ursprünglichen Programmes vor, die der Zustimmung des Rechteinhabers unterliegt, die schon wegen der veränderten Software niemals erteilt wird. Wenn die Entsperrung, d.h. der Austausch des Betriebssystems, durch einen Dienstleister erfolgt, der die Geräte im Auftrag des Eigentümers aus dem Originalzustand auf das modifizierte System umrüstet, dann liegt darin eine Vervielfältigung, die auch in gewerbsmäßiger Weise erfolgt. Auf einen Strafantrag des geschädigten Unternehmens kommt es deshalb nicht an.

Für die Strafverfolgung ist von Bedeutung, dass die Zahl der Umrüstungen des **631** Betriebssystems genau mit Datum und Auftraggeber erfasst wird.

---

475 BGH Beschluss vom 20.1.2005 I ZR 255/02 – Simlock II.

c) Zusammenfassung

632 Das Beseitigen einer Zugangssperre durch Veränderung des Betriebssystems ist straflos, wenn dies nur durch partielle Veränderungen des Programms erfolgt und dadurch keine Urheberrechtsverletzungen begangen werden, wie dies für die Simlocksperre bei Mobiltelefonen der Fall ist. Wenn die Veränderung nur durch Aufspielen eines modifizierten Betriebssystems von statten geht, liegt eine unzulässige und strafbare Vervielfältigung des Programms vor, die bei gewerbsmäßigen Anbieten dieser Dienstleistung keinen Strafantrag des Programmberechtigten voraussetzt.

VII. Anhänge

Anhang I:
Darstellung der Tathandlung beim CardSharing

werden angeklagt
in der Zeit von Januar 2012 bis zum 27.02.2014

durch 000 selbstständige Handlungen
gemeinschaftlich handelnd

in der Absicht, sich oder einem Dritten einen rechtswidrigen Vermögensvorteil zu verschaffen, das Vermögen eines anderen dadurch beschädigt zu haben, dass sie das Ergebnis eines Datenverarbeitungsvorgangs durch unbefugte Verwendung von Daten beeinflussten,

tateinheitlich

sich oder einem anderen Zugang zu Daten, die nicht für ihn bestimmt und die gegen unberechtigten Zugang besonders gesichert waren, unter Überwindung der Zugangssicherung unbefugt verschafft zu haben.

Im Tatzeitraum betrieben die Angeschuldigten gemeinschaftlich einen sogenannten Card-Sharing Server mit dem sie insgesamt 000 Personen unter Umgehung des Verschlüsselungsschutzes Zugang zu kostenpflichtigen Fernsehprogrammen von Pay-TV-Sendern verschafften.

Ziel des Card-Sharing, zu deutsch: Teilen einer Karte, ist der unerlaubte kostenlose Zugriff einer beliebig großen Zahl von Nutzern auf verschlüsselt und digital ausgestrahlte Fernsehprogramme, deren Empfang durch eine vom Sendeunternehmen nur an Abonnenten herausgegebene Prozessorkarte, die Smartcard, reglementiert wird.

Die Angeschuldigten boten eine Vielzahl von kostenpflichtigen Sendekanälen zum Empfang an, wofür sie jeweils eine originale SmartCard benötigten, die sie bei dem Sender im üblichen Abonnement erwarben. Die SmartCard hat zum einen die Funktion, die Berechtigung des Inhabers zum Bezug des jeweils empfangenen Programms zu prüfen. Ihre eigentliche Funktion besteht aber darin, die vom Sender verschlüsselt ausgestrahlten Dechiffriercodes, sogenannte Kontrollworte, die permanent zusammen mit den verschlüsselten Fernseh-Inhalten übermittelt werden, zu entschlüsseln und an den Receiver weiterzugeben, der nur unter Verwendung dieser Daten die verschlüsselten

Brandau

Bildsignale auf dem Bildschirm wiedergeben kann. Bei ordnungsgemäßem Betrieb verfügt der Nutzer über eine nur auf ihn ausgestellte Karte, die in das Empfangsgerät, den Receiver, hineingesteckt werden muss.

Um sich den kostenlosen Zugang zu verschlüsselten Fernseh-Programmen zu verschaffen, benötigt der Nutzer einen mit spezieller Software präparierten Receiver, der die Dechiffriercodes oder Kontrollworte aus dem ausgestrahlten Datenpaket extrahiert und diese Daten an eine extern betriebene SmartCard weiterleitet, von der sie routinemäßig entschlüsselt werden. Der so herausgelesene Code wird vom angeschlossenen Server an die Receiver der Nutzer zurückgeleitet, was einen permanenten Datenstrom zwischen beiden Geräten bedingt.

Die Angeschuldigten beschafften sich 15 SmartCards diverser Pay-TV-Sender, u.a. der Sky Deutschland Fernsehen GmbH & Co. KG und der HD Plus GmbH, womit sie Fernseh-Sendungen in verschiedenen Sprachen und verschiedenster Art anbieten konnten. In den Wohnungen der Angeschuldigten xxx und zzz wurden jeweils Server eingerichtet und betrieben, auf die sich die angeschlossenen Nutzer über eine Netzwerkverbindung einwählen konnten. Die Nutzer mussten einen digitalen Empfänger mit einer speziellen Software bereithalten, zum Beispiel „CCCam" die dafür sorgt, dass das Gerät die verschlüsselten Kontrollworte nicht an eine nicht vorhandene Smartcard sondern an einen Card-Sharing Server sendet und von dort wieder bezieht.

Die Angeschuldigten haben, indem sie die von ihren Kunden übermitteltem Codes an die von ihnen vorgehaltenen SmartCards übergaben und die dechiffrierten Codes über ihre Server an die Nutzer zurückgaben, Daten im Sinne des § 263a StGB unbefugt verwendet. Nach den AGB der TV-Anbieter ist der Inhaber einer Smartcard nicht berechtigt, deren Funktionen und die von ihr gelieferten Informationen Dritten zur Verfügung zu stellen. Vielmehr darf die SmartCard vertragsgemäß nur für den eigenen privaten Empfang genutzt werden.

Die nach der Entschlüsselung an die Nutzer versendeten Codes führten bei diesen zu beständigen Vermögensvorteilen in Form der Fernsehinhalte und bei den Pay-TV-Sendern zu entsprechenden Vermögenseinbußen, weil bei diesem Verfahren eine an sich entgeltpflichtige Leistung (Sendesignal) unentgeltlich genutzt wird.

Dadurch liegt ein Entreicherungsschaden vor, denn es handelt sich um Leistungen, die nur gegen Entgelt erbracht werden und deren Wert sich in den marktüblichen Gebühren manifestiert. Selbst wenn man annimmt, dass keiner der Nutzer ein Pay-TV-Abo zum üblichen Preis erworben hätte, liegt der Vermögensschaden der Sendeunternehmen jedenfalls in der Höhe des Entgelts, das der Nutzer bereit war, an den Betreiber des Cardsharing-Servers zu zahlen.

Auf diese Weise verschafften die Angeschuldigten ihren Kunden Zugriff auf die kostenpflichtigen Entschlüsselungsfunktionen von 15 SmartCards und damit auf kostenpflichtige Programme von 15 Sendern. Für jeden ihrer Abnehmer richteten sie einen individuellen Zugang zum Server ein, der mit Benutzernamen und Passwort gesichert war. Jeder Angeschuldigte warb in seinem persönlichen Umfeld für das Programmangebot und vergab eigenständig Zugänge auf beide Server für die von ihm geworbenen Nutzer. Jeder Nutzer hatte Zugriff auf beide Server und sämtliche angeschlossenen SmartCards und profitierte somit von der gesamten Infrastruktur des Netzwerkes.

Jeder Angeschuldigte führte – unter seinem Vornamen – eine eigene Liste mit den Namen der von ihm geworbenen Endnutzer. Von jedem Nutzer verlangten und erhielten die Angeschuldigten ein Entgelt von 10 Euro monatlich. Die von den Nutzern gezahlten Entgelte flossen demjenigen zu, der ihn geworben und in der Folgezeit zu betreuen hatte.

Brandau

Aus den Eintragungen in den Listen ergeben sich Name, Email-Adresse und das Datum des ersten Zugangs des Kunden auf den Server. Der Angeschuldigte xxx verschaffte 415 Personen, der Angeschuldigte yyy 107 Personen und der Angeschuldigte zzz 208 Personen Zugriff auf die Server und damit auf kostenpflichtige Programminhalte. Mithin hat jeder Angeschuldigte von jedem Kunden einen Betrag von insgesamt 250 Euro für den gesamten Tatzeitraum eingenommen. Dies führte zu Gesamteinnahmen von 182.000 Euro, wobei auf den Angeschuldigten xxx 103.000 Euro, den Angeschuldigten yyy 27.000 Euro und auf den Angeschuldigten zzz 52.000 Euro entfielen.

Der Vermögensschaden für die Sendeunternehmen entspricht der Summe der Entgelte aller zugriffsberechtigten Nutzer für die Dauer des Tatzeitraums und entspricht dem, was die Nutzer – ein entsprechendes Angebot unterstellt – mindestens bereit waren zu zahlen.

Vergehen nach §§ 263a, 202a, 25 Abs. 2, 52, 53, 73 StGB

Anhang II:
Darstellung der Tathandlung beim Verkauf von Aktivierungscodes für das CardSharing

in der Zeit vom ...... bis ......
durch fünf selbständige Handlungen

vorsätzlich einem anderen zu dessen vorsätzlich begangener rechtswidriger Tat, nämlich Computerbetrug, Hilfe geleistet zu haben.

Zur Tatzeit betrieb der Angeschuldigte an der Anschrift xxxx in yyyy unter der Firmierung „ABC-Media" ein Verkaufsgeschäft für Satellitenempfangstechnik, insbesondere Satelliten-Receiver, die zum Empfang von Fernsehsendungen aus aller Welt geeignet sind. Da in seinem Kundenkreis eine große Nachfrage nach dem kostenlosen oder jedenfalls verbilligten Empfang von Sendern besteht, die nur im Rahmen eines entgeltlichen Abonnements zu empfangen sind und die deshalb ihre Sendungen nur verschlüsselt ausstrahlen, entwickelte und verkaufte er Techniken, die den Empfang jedes beliebigen Bezahlsenders ohne die erforderliche Berechtigung ermöglichen.

Wie dem Angeschuldigten und anderen Anbietern dieser Technik bekannt war, werden von unbekannten Dritten im Ausland Sendeeinrichtungen in Form von Servern betrieben, die alle verfügbaren Pay-TV-Sendungen entschlüsseln und geschäftsmäßig über das Internet an den Endkunden weiterleiten, ohne dass dieser über die erforderliche Berechtigung zum Empfang in Gestalt einer Smartcard verfügen muss. Der Zugang zu den Servern ist dem Kunden allerdings nur mithilfe von Empfangsgeräten (Receivern) möglich, die mit einem speziellen Computerprogramm, sogenannte Nasscam- oder Oscam-Module, ausgestattet sind. Zusätzlich ist ein 20 stelliger Zugangscode erforderlich, der für einen begrenzten Zeitraum den Zugang auf den Sende-Server erlaubt und der nur gegen Entgelt vertrieben wurde.

In seinem Ladengeschäft verkaufte der Angeschuldigte diese Zugangs- oder Aktivierungscodes, die er fortlaufend von Dritten bezog. Ein jeder Code ermöglichte üblicherweise für sechs Monate den Zugriff auf das Serverangebot mit Pay-TV-Sendungen und wurde von ihm für 40,00 € an den Kunden verkauft. Damit ermöglichte er, wie er wusste, den rechtswidrigen Empfang von Fernsehsendungen, die nur durch ein aufeinander abgestimmtes Verhalten von Serverbetreiber und Endnutzer, insbesondere die mehrfache unbefugte Verwendung von Daten, hier: der Entschlüsselungscodes, überhaupt genutzt werden konnten. Dieses Zusammenwirken von Serverbetreiber und Endnutzer stellt einen wiederkehrenden Computerbetrug dar, den der Angeschuldigte durch die folgenden Handlungen förderte:

1.
Um den 26.03.2013 versandte er dem xxxx in üüüüü mindestens einen Zugangscode für den Server und wies ihn an, den Kaufpreis auf das Konto seiner Frau zu überweisen.

2.und 3.
Mit Skype-Nachrichten vom 11.04. und 25.04.2013 übermittelte er einem Kunden namens „MMMM" jeweils einen 20stelligen Aktivierungscode für den Server und gab darüber hinaus noch Hinweise zum Einrichten des Zugangs (Bl. 113, 114).

4.
Um den 28.01.2014 verschickte er mindestens 10 Aktivierungscodes an den YYYY in UUU, der ilhm den Kaufpreis von 400,00 € auf das Konto Nr. 36074631 bei der Sparkasse ZZZ überwies.

5.
Um den 20.02.2014 verschickte er mindestens sieben Aktivierungscodes wieder an den „MMMM", der hierfür den Betrag von 360,00 € auf das vorgenannte Konto überwies.

Vergehen, strafbar nach
§§ 263a, 27, 53 StGB

Anhang III:
Darstellung der Tathandlung beim Verkauf von manipulierten Receivern für das CardSharing

in der Zeit vom ...... bis ......
durch 500 selbständige Handlungen
gewerbsmäßig handelnd

eine Straftat nach § 263a Absatz 1 Strafgesetzbuch vorbereitet zu haben, indem er Computerprogramme, deren Zweck die Begehung einer solchen Tat ist, sich oder einem Dritten verschafft, feilgehalten und einem anderen überlassen hat,

tateinheitlich

in der Absicht, einem Dritten den Zugang zu einem nach diesem Gesetz geschützten Werk oder Schutzgegenstand zu ermöglichen, eine wirksame technische Maßnahme ohne Zustimmung des Rechtsinhabers umgangen und dadurch wenigstens leichtfertig die Verletzung von Urheberrechten oder verwandten Schutzrechten ermöglicht zu haben,

tateinheitlich

eine Straftat nach § 202a Strafgesetzbuch vorbereitet zu haben, indem sie Computerprogramme, deren Zweck die Begehung einer solchen Tat ist, sich oder einem Dritten verschafft, verkauft oder sonst zugänglich gemacht hat.

Brandau

Zur Tatzeit betrieb der Angeschuldigte ÜÜ an der Anschrift xxxx in yyyy unter der Firmierung „ABC-Media" ein Verkaufsgeschäft für Satellitenempfangstechnik, insbesondere Satelliten-Receiver, die zum Empfang von Fernsehsendungen aus aller Welt geeignet sind. Da in seinem Kundenkreis eine große Nachfrage nach dem kostenlosen oder jedenfalls verbilligten Empfang von Sendern besteht, die nur im Rahmen eines entgeltlichen Abonnements zu empfangen sind und die deshalb ihre Sendungen nur verschlüsselt ausstrahlen, entwickelte und verkaufte er Techniken, die den Empfang jedes beliebigen Bezahlsenders ohne die erforderliche Berechtigung ermöglichen.

Wie dem Angeschuldigten bekannt war, werden von unbekannten Dritten im Ausland Sendeeinrichtungen in Form von Servern betrieben, die alle verfügbaren Pay-TV-Sendungen entschlüsseln und geschäftsmäßig über das Internet an den Endkunden weiterleiten, ohne dass dieser über die erforderliche Berechtigung zum Empfang in Gestalt einer Smartcard verfügen muss. Der Zugang zu den Servern ist dem Nutzer allerdings nur mithilfe von Empfangsgeräten (Receivern) möglich, die mit einem speziellen Computerprogramm, sogenannte Nasscam- oder Oscam-Module, ausgestattet sind.

In seinem Ladengeschäft hielt der Angeschuldigte geeignete Receiver vorrätig und präparierte sie auf Nachfrage für den unberechtigten Empfang beliebiger Pay-TV-Sender wie SKY, Digitürk oder Jadoo usw., indem er die spezielle Software CCcam, Nasscam usw. installierte und das Gerät auf die ihm bekannte IP-Adresse des Servers einstellte, von dem die vom Kunden nachgefragten TV-Inhalte über das Internet bezogen werden konnten. Diese Sendungen waren sämtlich verschlüsselt und nur gegen Entgelt zu empfangen, die entsprechenden Zugangssperren wurden durch die jeweils installierte Software umgangen.

Damit ermöglichte der Angeschuldigte, wie er wusste, den unbegrenzten rechtswidrigen Empfang von Fernsehsendungen, wobei durch ein aufeinander abgestimmtes Verhalten von Serverbetreiber und Endnutzer fortlaufend geschützte Daten, nämlich die Entschlüsselungscodes der Sender, unbefugt verwendet werden. Dieses Zusammenwirken von Serverbetreiber und Endnutzer stellt einen wiederkehrenden Computerbetrug dar, für dessen Begehung er die entsprechenden Computerprogramme oder Umgehungswerkzeuge feilhielt und gegen Entgelt anderen überließ. Für ein präpariertes Gerät verlangte er ca. 300 €, wobei ein nicht manipuliertes Gerät für ca. 150 € erhältlich ist. Die Receiver wurden nach Kundenwunsch auf das entsprechende Programm, z.B. deutsches, türkisches oder pakistanisches Fernsehen eingerichtet, wobei der Zeitaufwand bei ca. 30 Minuten lag.

Die von ihm manipulierten Receiver gab er durch die nachfolgend dargestellten Verkäufe an Dritte ab:

1.
Am 26.03.2013 verkaufte er dem Zeugen ZZZZ einen Receiver, den er auf den unberechtigten Empfang des Senders Digitürk eingestellt hatte.

2.

3.

Unter der Annahme, dass alle 500 verkauften Receiver auf türkische Pay-TV-Sender eingestellt waren, ist dem Sendeunternehmen Digitürk, das diese Programme unter Lizenz exklusiv in Deutschland ausstrahlen darf, ein Schaden von 100.000 € pro Jahr entstanden.

Vergehen, strafbar nach §§ 263a Abs. 2 und Abs. 3, 263 Abs. 3 Nr. 1, 202c Abs. 1 Nr. 2 StGB, 53 StGB, 108b Abs. 1 und Abs. 3, 95a Abs. 1 in Verbindung mit §§ 2, 20 UrhG

Brandau

Kapitel 4
Strafbare Verletzung des Rechts am eigenen Bild
(§ 33 KunstUrhG)

Obwohl ohne Bezug zu den gewerblichen Schutzrechten soll die strafbare Verlet- 1
zung des Rechts am eigenen Bild schon wegen der Nähe dieses Rechtes zum UrhG
hier behandelt werden, zumal die Sachbearbeitung dieser Fälle, sowohl bei der Polizei als auch bei der Staatsanwaltschaft, überwiegend in den denselben Dezernaten
erfolgt, in denen auch die gewerblichen Schutzrechte angesiedelt sind.

I. Bildnisschutz

Das Recht am eigenen Bild schützt den Einzelnen vor der unbefugten Verbreitung 2
seines Bildnisses. Jeder Mensch soll selbst darüber bestimmen, ob und in welcher
Form Bilder von ihm veröffentlicht werden. Das Erfordernis einer Zustimmung des
Abgebildeten folgt aus § 22 Kunsturhebergesetz.

§ 22 [Recht am eigenen Bilde]
*Bildnisse dürfen nur mit Einwilligung des Abgebildeten verbreitet oder öffentlich
zur Schau gestellt werden. Die Einwilligung gilt im Zweifel als erteilt, wenn der Abgebildete dafür, dass er sich abbilden ließ, eine Entlohnung erhielt. Nach dem Tode des
Abgebildeten bedarf es bis zum Ablaufe von 10 Jahren der Einwilligung der Angehörigen des Abgebildeten. Angehörige im Sinne dieses Gesetzes sind der überlebende
Ehegatte oder Lebenspartner und die Kinder des Abgebildeten und, wenn weder ein
Ehegatte oder Lebenspartner noch Kinder vorhanden sind, die Eltern des Abgebildeten.*

Während in der Vergangenheit solche Verletzungshandlungen nahezu ausschließ- 3
lich die Veröffentlichung von Fotoaufnahmen in den Printmedien betrafen, haben
sich die strafrechtlich relevanten Verletzungshandlungen inzwischen auf das Internet verlagert. Die unbefugte Verbreitung von Fotoaufnahmen, naturgemäß von
Prominenten, geschieht heute fast ausschließlich in der „Yellow Press" und wird
ebenso ausschließlich vor den Zivilgerichten ausgefochten. Die Strafverfolgungsbehörden werden hingegen fast ausschließlich durch die unbefugte Veröffentlichung
von Fotoaufnahmen von Normalbürgern im Internet beschäftigt. Mit der Ausbreitung der sozialen Netzwerke wie Facebook usw. unter jüngeren Menschen häufen
sich auch die Fälle, in denen Bildnisse von Personen ohne deren Einwilligung auf
Internetseiten eingestellt und verbreitet werden. Die Strafbarkeit dieser Handlungen
folgt aus § 33 KUG:

§ 33 [Strafvorschrift]
(1) Mit Freiheitsstrafe bis zu einem Jahr oder mit Geldstrafe wird bestraft, wer entgegen den §§ 22, 23 ein Bildnis verbreitet oder öffentlich zur Schau stellt.
(2) Die Tat wird nur auf Antrag verfolgt.

4 Der Tatbestand verweist auf die zivilrechtliche Norm des § 22, der grundsätzlich bestimmt, dass Bildnisse nur mit Einwilligung des Abgebildeten verbreitet oder öffentlich zur Schau gestellt werden dürfen.

1. Begriff des Bildnisses

5 Ein Bildnis liegt dann vor, wenn das äußere Erscheinungsbild einer Person wiedergegeben wird, wobei es sich nicht um eine Ganzkörperaufnahme handeln muss. Auch Porträtaufnahmen können ein Bildnis sein, u.U. sogar die Abbildung der Rückseite einer Person.[1] Geschützt sind nicht nur Bildnisse von Lebenden sondern auch solche von bereits verstorbenen Personen. Sachaufnahmen sind dagegen von § 22 nicht erfasst, so dass ihre Herstellung und Verbreitung ohne Einwilligung des Sacheigentümers zulässig ist, siehe dazu unten.

6 Auch der Einsatz von Doubles (Doppelgängern) greift in das Recht am eigenen Bild ein, sofern der Betrachter in dem Double die Person erkennt, die nachgestellt wurde.[2] Während es in diesem Urteil[3] um eine Satire auf die bekannte Beckenbauer-Werbung für einen Mobilfunkanbieter ging, dürften die weitaus bekannteren Beckenbauer-Satiren durch Schauspieler durch die Kunstfreiheit des Art. 5 GG zulässig sein.

7 Mit Bildnis ist nicht nur eine Fotografie oder Filmaufnahme, sondern jede erkennbare Wiedergabe einer Person gemeint, darunter fallen auch Zeichnungen, Karikaturen oder Fotomontagen. Allerdings fallen künstlerische Abbildungen, die veröffentlicht werden, nicht nur unter das Kunsturhebergesetz, sondern auch unter Art. 5 Abs. 3 GG, welcher die Kunstfreiheit gewährleistet.

2. Erkennbarkeit der Person

8 Die Einwilligung zur Veröffentlichung ist dann erforderlich, wenn der Abgebildete individuell erkennbar ist. Die Erkennbarkeit muss sich aus den personenbezogenen

---

1 BGH, Urt. v. 26.6.1979 – VI ZR 108/78 – Fußballtor = GRUR 1979, 732, 733.
2 *Wanckel*, Rn 123, unter Verweis auf ein Urteil des LG Düsseldorf, das sich auf ein Beckenbauer-Double bezieht.
3 LG Düsseldorf, Urt. v. 29.8.2001 – 12 O 566/00 = AfP 2002, 64.

Brandau

Bildelementen ergeben, also aus den Gesichtszügen, der Körperstatur, Haltung, Haartracht oder sonstigen individuellen Merkmalen. Bei allgemein bekannten Persönlichkeiten mit charakteristischen Merkmalen ist die Erkennbarkeit daher in der Regel auch ohne die Wiedergabe des Gesichts gegeben.[4] Gibt das Bild nur Körperteile oder Körperdetails wieder, fehlt es an der erforderlichen Personalität, daneben wohl auch an der Erkennbarkeit. Wenn eine solche Abbildung zwar keine Person erkennen lässt und die Person nur anhand von Umständen erkannt werden kann, die außerhalb des Bildnisses liegen, so durch parallele Namensangabe oder durch sonstige Hinweise im Begleittext, soll trotzdem die Erkennbarkeit gegeben sein.[5]

Dem kann nicht uneingeschränkt zugestimmt werden. Der Tatbestand des § 22 **9** verbietet die unbefugte Darstellung einer Person, die anhand der Abbildung zu erkennen ist. Wo die Erkennbarkeit erst durch die erklärende Zuschreibung zu einer nicht aussagekräftigen Abbildung eintritt, würde es für eine Rechtsverletzung allein darauf ankommen, ob die Erklärung wahr oder unwahr ist. Wenn z.B. der Unterleib eines Menschen mit dem Hinweis abgebildet wird, es handele sich dabei um die Person X, käme es für den Rechtsschutz (und die Strafbarkeit) nur darauf an, ob die Zuschreibung wahr ist, was zu beweisen wäre. Der Bildnisschutz hinge dann von Umständen außerhalb des Bildnisses ab, was auf eine unzulässige Ausdehnung oder Entgrenzung des Tatbestands hinausliefe. Wenn die Erkennbarkeit nicht gegeben ist, was bei Nacktbildern durchaus vorkommt, kann nur das allgemeine Persönlichkeitsrecht verletzt sein, wobei es nicht darauf ankommt ob der auf eine Person zielende Hinweis wahr ist oder nicht.[6]

Die Erkennbarkeit kann sich auch aus begleitenden Umständen ergeben, diese **10** müssen aber in der Abbildung selbst zu finden sein, z.B. den Zusammenhang mit einer früher veröffentlichten Aufnahme,[7] über eine mitabgebildete Person[8] oder sogar durch ein Tier, das mit dem Abgebildeten allgemein assoziiert wird.[9] Die Abbildung von Kleinkindern oder Babys, die besonders bei Prominenten gerne angestrebt wird, wird auch dann als Verletzung des Bildrechts des Kindes gewertet, wenn das Kind durch Textilien vollkommen verhüllt und nur durch die mitabgebildete Mutter zu erkennen ist.[10]

Selbst die in Presseveröffentlichungen übliche Anonymisierung durch Augen- **11** balken beseitigt die Erkennbarkeit nicht unbedingt, wenn sich aus dem Kontext der

---

4 *Wanckel*, Rdn 126.
5 BGH, Urt. v. 9.6.1965 – Ib ZR 126/63 – Spielgefährtin = GRUR 1966, 102 ff.
6 BGH, Urt. v. 2.7.1974 – VI ZR 121/73 = NJW 1974, 1947 ff.; so auch Wandtke/Bullinger/*Fricke* KUG, § 22 Rn 6 m.w.N.
7 BGH, Urt. v. 26.6.1979 – VI ZR 108/78 – Fußballtor = GRUR 1979, 732, 733.
8 OLG Frankfurt, Urt. v. 12.7.1991 – 25 U 87/90 = NJW 1992, 441 ff.
9 OLG Düsseldorf, Urt. v. 30.9.1969 – 20 U 80/69 = GRUR 1970, 618 f.
10 *Wanckel*, Rn 126.

Berichterstattung ergibt, um wen es sich bei dem Abgebildeten handelt und so dessen Identifizierung möglich ist.[11] Es reicht aus, wenn der Abgebildete begründeten Anlass zu der Annahme hat, er könne möglicherweise von Dritten erkannt werden.[12] Nicht notwendig ist, dass der Abgebildete tatsächlich von bestimmten Personen erkannt wird. Ausreichend aber auch erforderlich ist die Erkennbarkeit für einen – mehr oder minder großen – Bekanntenkreis.[13] Die Identifizierbarkeit durch den engsten Freundes- und Familienkreis (z.B. durch nur dort bekannte Umstände) genügt dagegen nicht,[14] denn die Erkennbarkeit muss mindestens für einen Personenkreis bestehen, den der Betroffene nicht überschauen kann.[15] Eines Beweises, dass die Person tatsächlich erkannt wird, bedarf es nicht.

II. Tathandlungen

12 Als Tathandlung im Sinne des § 22 KUG ist nur die Verbreitung und die öffentliche Zurschaustellung des Bildnisses genannt, nicht aber die Herstellung der Aufnahme oder deren Vervielfältigung. Während die Verbreitung sich auf körperliche Exemplare bezieht, z.B. in Zeitungen, Werbeträgern, Fotoabzügen oder -negativen,[16] ist von der öffentlichen Zurschaustellung besonders die unkörperliche Wiedergabe durch Massenmedien wie Fernsehen aber auch durch das Internet erfasst. Streitig ist, ob auch die Weitergabe digitaler Kopien von Bildnissen auf Datenträgern oder über Kurznachrichtendienste wie Twitter, Instagram usw. eine Verbreitung i.S.v. § 22 KUG darstellt. Solange diese Aufnahmen nur von Person zu Person weitergesendet werden, kommt die Variante der öffentlichen Zurschaustellung von vorneherein nicht in Betracht.

1. Verbreiten bei digitaler Weitergabe

13 Legt man zugrunde, dass die Verbreitungshandlung das Risiko einer nicht mehr zu kontrollierenden Kenntniserlangung in sich bergen muss,[17] dann ist diese Gefahr bei digitalen Bildnissen in weit größerem Maße gegeben als bei jeder Weitergabe von körperlichen Exemplaren. Da anders als bei § 17 UrhG, der eine öffentliche Verbrei-

---

11 *Wanckel*, Rn 128.
12 BGH, Urt. v. 10.11.1961 – I ZR 78/60 – Hochzeitsbild = GRUR 1962, 211 ff.
13 BGH, Urt. v. 26.6.1979 – VI ZR 108/78 – Fußballtor = GRUR 1979, 732, 733.
14 Wandtke/Bullinger/*Fricke* KUG, § 22 Rn 6.
15 Vgl. LG Köln, Urt. v. 3.11.2004 – 28 O 731/03 = ZUM-RD 2005, 351, 353.
16 OLG Frankfurt, Urt. v. 15.6.2004 – 11 U 5/04 = MMR 2004, 683 ff.
17 Wandtke/Bullinger/*Fricke* KUG, § 22 Rn 8.

tung verlangt, auch die Weitergabe von Bildnissen im privaten Bereich als Verbreitung anzusehen ist,[18] spricht vieles dafür, die in der strafrechtlichen Praxis am häufigsten vorkommende Weitergabe über Mobiltelefone als tatbestandsmäßige Verbreitungshandlung zu verstehen, da die bekannte Ausbreitungsgeschwindigkeit von Bildnachrichten der öffentlichen Zurschaustellung gleichzusetzen ist.[19] Eine solche liegt nur deshalb nicht vor, weil es bei einer elektronischen Weitergabe von Person zu Person am Merkmal der Öffentlichkeit fehlt. Nach dieser Auffassung ist bereits das elektronische Versenden eines Bildnisses an einen einzelnen Empfänger eine tatbestandsmäßige Verbreitung, da sich daran, wie die Praxis zeigt, in der Regel eine unkontrollierte Kenntniserlangung durch eine nicht begrenzbare Zahl von Personen anschließt.

Das Merkmal des Verbreitens dürfte allerdings nicht vorliegen, wenn z.B. heim- **14** lich aufgenommene Fotos in einem Streitverfahren bei Gericht vorgelegt werden. Das Risiko einer nicht mehr zu kontrollierenden Kenntniserlangung durch Dritte ist nicht anzunehmen, da die Akten nur dem Gericht und den Parteien zugänglich sind.

Zu welchem Zweck die Verbreitung erfolgt, ist unerheblich. Insbesondere ist **15** nicht erforderlich, dass die Verbreitung gewerbsmäßig oder gegen Entgelt erfolgt.

2. Verlinkung oder andersartige Verwendung einer Aufnahme

Was die Veröffentlichung im Internet betrifft, ist nicht nur die direkte Einstellung **16** einer Fotoaufnahme auf eine beliebige Seite tatbestandsmäßig. Auch die Veröffentlichung eines Links auf eine Webseite mit Bildnissen eines Dritten erfüllt den Tatbestand der Zurschaustellung. Selbst wenn der Dritte in die Veröffentlichung seines Bildnisses auf dieser Internetseite eingewilligt hatte, kann die Linksetzung unzulässig sein, wenn die Bildnisse in einen Zusammenhang eingebettet werden, z.B. in einen Wortbericht, der sich kritisch mit der Person des Abgebildeten auseinandersetzt. Die einmal erteilte Einwilligung zur Veröffentlichung auf einer bestimmten Internetseite erstreckt sich – auch ohne ausdrückliche Beschränkung – nicht auf spätere Veröffentlichungen völlig anderen Zuschnitts.[20]

Dieser Rechtsgrundsatz erlangt vor allem dann Bedeutung, wenn ein Bildnis auf **17** einer Internetseite von der berechtigten Person selbst veröffentlicht wurde, es dann aber ohne Wissen des Abgebildeten in ein anderes Profil oder auch nur auf eine kommerzielle Werbeseite eingestellt wird. Vielfach werden in den sozialen Netzwerken unter fiktiven Namen Profile eröffnet (sog. Fake-Profile), unter denen dann Fo-

---

18 Wandtke/Bullinger/*Fricke* KUG, § 22 Rn 8; BeckOK UrhR/*Engels* KunstUrhG § 22 Rn 52.
19 BeckOK UrhR/*Engels* KunstUrhG § 22 Rn 53; LG Frankfurt, Urt. v. 4.3.2008 – 2/17 O 128/07 = NJOZ 2008, 3545; a.A. Schricker/Loewenheim/*Götting*, § 22 KUG/§ 60 Rn 13.
20 OLG München, Urt. v. 26.6.2007 – 18 U 2067/07 (n.rk.) = MMR 2007, 659 f.

tos von realen Personen eingestellt, also zur Schau gestellt werden. Damit gehen zumeist rufschädigende Begleittexte einher, die für die abgebildete Person häufig große Probleme im Familien- und Bekanntenkreis nach sich ziehen, besonders wenn das fiktive Profil auf erotische Kontakte angelegt ist. Es gilt der Grundsatz, dass ein Bildnis, das vom Berechtigten in das Netz gestellt wurde, nicht zur beliebigen Verwendung durch Dritte frei, sozusagen vogelfrei wird. Daran ändern auch die AGB eines Seitenbetreibers wie Facebook nichts, durch die sich der Nutzer sämtlicher Rechte an den von ihm eingestellten Inhalten begibt, worunter auch dessen Fotos fallen. Diese pauschale Rechteabtretung, sofern sie überhaupt rechtlicher Prüfung standhält, gilt nämlich nur zugunsten des Betreibers, nicht aber zugunsten von anderen Nutzern, die sich Fotoaufnahmen von Dritten für eigene Zwecke aneignen.

III. Fragen der Einwilligung

18 Bildveröffentlichungen sind grundsätzlich nur mit ausdrücklicher Einwilligung des Abgebildeten zulässig, es sei denn, dass eine konkludente Einwilligung vorliegt oder das Bildnis in den Bereich der Berichterstattung über das Zeitgeschehen fällt.

19 Nach herrschender Meinung handelt es sich bei der Einwilligung um eine Willenserklärung nach §§ 104 ff. BGB, die nach den allgemeinen Grundsätzen angefochten oder widerrufen werden kann.[21] Somit kann eine Einwilligungserklärung, wie jede andere rechtsgeschäftliche Erklärung auch, bei Irrtum über Umfang und Tragweite der Veröffentlichung angefochten werden, etwa wenn ein falscher Verwendungszweck vorgespiegelt wird (Nacktaufnahme wird statt für Schulbuch für Erotikmagazin verwendet). Im Übrigen kann eine einmal erteilte und nicht wirksam angefochtene Einwilligungserklärung grundsätzlich nicht widerrufen werden, es sei denn, dass ein wichtiger Grund vorliegt. Was die oft zum Streit führende Veröffentlichung von Aktaufnahmen betrifft, haben Gerichte mehrfach entschieden, dass sogar die Einwilligung in die Nutzung solcher Fotos grundsätzlich nicht widerrufen werden kann.[22] Die einmal erteilte Zustimmung zu Akt- oder erotisch gefärbten Aufnahmen und deren Verbreitung hat demnach Bestand und kann nur aus wichtigem Grund widerrufen werden. Der Begriff des wichtigen Grundes ist für Fälle der vorliegenden Art insbesondere durch entsprechende Heranziehung von § 42 UrhG auszufüllen. Er wird insbesondere bejaht, wenn seit den Aufnahmen eine grundlegende Wandlung der Persönlichkeit (z.B. vom Aktmodell zur Politikerin) erfolgt ist oder durch die Verbreitung schwere psychische Schäden drohen. Ein wichtiger Grund liegt aber nicht vor, wenn nicht mit genügender Sicherheit feststeht, dass die Person nicht auch in Zukunft Aktfotos von sich herstellen lässt oder in Filmen unbekleidet

---

21 *Wanckel*, Rn 130 m.w.N.
22 So LG Köln, Urt. v. 20.12.1995 – 28 O 406/95 = AfP 96, 186.

auftritt. Auch das Bestreben eines Aktmodells, in das ernste Fach wechseln zu wollen, soll nicht den erforderlichen Wandel der inneren Einstellung begründen.[23]

Zusätzlich ist eine Abwägung des allgemeinen Persönlichkeitsrechts der abge- 20
bildeten Person mit den Interessen des Fotografen vorzunehmen. Stellt die vom Vertrag gedeckte Verwertung der Aufnahmen für diesen eine nicht unwesentliche Einnahmequelle dar, für die auch ein Honorar gezahlt wurde, dürfte ein Widerruf der Einwilligung nicht wirksam sein.

1. Gesetzliche Vermutung der Einwilligung

Die erforderliche Erlaubnis zur Veröffentlichung gilt als erteilt, wenn der Abgebilde- 21
te sich für die Abbildung entlohnen ließ (§ 22 S. 2). Die Entlohnung muss nicht immer in Geld erfolgen, es können auch kostenlose Abzüge für das Model oder sonstige Vorteile sein. Diese gesetzliche Fiktion zielt besonders auf Personen ab, die ihr Aussehen vermarkten, also Models beiderlei Geschlechts. Bei professionellen Akteuren liegt dem in aller Regel ein ausgefeilter Modelvertrag (sog. Model Release) mit der vermarktenden Bildagentur zugrunde, in dem alle Rechte der Verbreitung bis ins Detail geregelt werden, so dass auf die gesetzliche Fiktion so gut wie niemals zurückgegriffen werden muss.

Die Vermutung des § 22 S. 2 spielt für das Strafverfahren keine Rolle: wenn Zwei- 22
fel bestehen, ob eine wirksame Einwilligung vorliegt, kann wegen der gebotenen Anwendung des Zweifelssatzes eine Strafbarkeit nicht angenommen werden.[24]

Schwierigkeiten treten oft auf, wenn ein Fotograf Aufnahmen von einem Ama- 23
teur-Model macht. Dem liegen zwar zumeist auch Vereinbarungen zugrunde, die aber in ihrer Reichweite oft unscharf sind und besonders bei Minderjährigen zu Problemen führen können. Wenn die Veröffentlichung von einverständlich gefertigten Bildaufnahmen diesen Vereinbarungen zuwiderläuft, stellt für die abgebildete Person eine Strafanzeige oft die einzige Abwehrmaßnahme dar. Schon wegen der gesetzlichen Regelung wird sich ein Fotograf für die Nutzung von Fotoaufnahmen der Einwilligung durch die abgebildete Person oder – z.B. im Fall von Minderjährigen – ihrer gesetzlichen Vertreter versichern, wobei ab dem Alter von 14 Jahren auch die des Kindes vorliegen muss.[25]

Dennoch kann es bei der anschließenden Veröffentlichung der Aufnahmen zu 24
Konflikten kommen, wenn sich das Interesse der abgebildeten Person geändert hat. Die Einwilligung bezieht sich regelmäßig nur auf den zuvor vereinbarten Verwendungszweck, sog. Reichweite der Einwilligung. Für die Auslegung kann die urhe-

---

23 OLG München, Urt. v. 17.3.1989 – 21 U 4729/88 = NJW-RR 1990, 999 f.
24 Erbs/Kohlhaas/*Kaiser*, U190 Vorb. § 22 Rn 15.
25 BGH, Urt. v. 28.9.2004 – VI ZR 305/03 – Charlotte Casiraghi II = GRUR 2005, 74 ff.

berrechtliche Zweckübertragungsregel (§ 31 Abs. 5 UrhG) entsprechend herangezogen.[26] Danach ist im Zweifel, d.h. bei nicht genau bestimmtem Umfang und Zweck der Einwilligung, davon auszugehen, dass der Abgebildete die Einwilligung in die Verwendung der Abbildung nur in dem Umfang erteilt hat, wie dies zur Erfüllung des Vertrags- bzw. Aufnahmezwecks erforderlich war. Wenn die Aufnahmen eigenmächtig in anderem Zusammenhang verwertet werden, z.B. für Werbung, ist deren Verbreitung nicht mehr statthaft.[27]

2. Konkludente Einwilligung

25 Eine konkludente oder stillschweigende Einwilligung in die Veröffentlichung eines Bildnisses wird angenommen, wenn sich eine Person bei einer öffentlichen Veranstaltung, bei der Fotografen zugelassen sind und erkennbar fotografieren, ohne Widerspruch fotografieren lässt oder gar präsentiert. Allerdings ist die Reichweite der Einwilligung streng an den Zweck der Berichterstattung über die Veranstaltung gebunden.[28] Ansonsten stellt die Teilnahme an öffentlichen Veranstaltungen, Aufzügen usw. keine Einwilligung in die Veröffentlichung von Bildaufnahmen dar, wenn sich der Abgebildete nicht besonders „in Szene setzt", es sei denn, die Voraussetzungen einer einwilligungslosen Veröffentlichung nach § 23 Abs. 1 KUG sind gegeben.[29]

26 Bei den verbreiteten Straßeninterviews von zufällig ausgewählten Passanten wird zwar aus der Duldung und erst recht der Mitwirkung des Angesprochenen auf dessen Einwilligung in die Veröffentlichung der Bild- und Tonaufnahmen geschlossen. Dies gilt jedoch nicht, wenn der Abgebildete über den tatsächlichen Verwendungszweck und thematischen Zusammenhang des Interviews im Unklaren gelassen wird.[30] Dies ist besonders in Situationen zu beachten, in denen es zur Überrumpelung des Interviewten kommt. Duldet der von einem Fernsehjournalisten Überrumpelte zunächst die Aufzeichnung ohne zu wissen, wie und wo sie veröffentlicht werden soll, dann kann aus einer solchen Duldung nicht auf eine Einwilligung in die Veröffentlichung geschlossen werden.[31]

---

26 OLG Hamburg, Urt. v. 27.4.1995 – 3 U 292/94 = ZUM 1996, 789, 790; OLG München, Urt. v. 3.8.2006 – 6 U 1818/06 = ZUM 2006, 936 ff.

27 BGH, Urt. v. 8.5.1956 – I ZR 62/54.

28 BGH, Urt. v. 28.9.2004 – VI ZR 305/03 – Charlotte Casiraghi II = GRUR 2005, 74 ff.

29 *Wanckel*, Rn 139.

30 *Wanckel*, Rn 141.

31 OLG Frankfurt a.M., Beschl. v. 8.5.1990 – 6 W 62/90 = GRUR 1991, 49 f.; OLG Hamburg, Urt. v. 4.5.2004 – 7 U 10/04 = NJW-RR 2005, 479 ff.

3. Einwilligung in die Anfertigung sexuell geprägter oder pornografischer Aufnahmen

In der Praxis mehren sich die Fälle, dass sich junge Frauen in aufreizenden Posen 27 mitunter pornografischer Natur fotografieren lassen. Wenn diese Fotos später ins Internet gestellt werden und damit allgemein zugänglich sind, ist die Veröffentlichung für die abgebildete Person regelmäßig mit erheblichen Nachteilen verbunden. Da die Aufnahmen immer mit Zustimmung der Betroffenen entstanden sind, unter Umständen sogar aufgrund eines schriftlichen Vertrags, der gegen Zahlung eines geringen Honorars umfassende Verwertungsrechte vorsieht, ist eine Straftat nach § 33 KUG scheinbar von vornherein ausgeschlossen. Jedenfalls haben die Strafgerichte bei Vorlage des Vertrags durch den Fotografen regelmäßig den erforderlichen Tatverdacht verneint.

Zwar ist auch hier ein Widerruf der Einwilligung in die Veröffentlichung bei ei- 28 nem ernstlichen Sinneswandel der abgebildeten Person möglich, denn was für „normale" Aktaufnahmen gilt, muss erst recht für erotische oder pornografische Aufnahmen gelten. In vielen Fällen, in denen auf eine Strafanzeige hin der Anfangsverdacht nach § 33 KUG zu prüfen ist, wird es aber am Nachweis eines wirksamen Widerrufs fehlen.

Dennoch ist selbst bei einer nicht widerrufenen vertraglichen Einwilligung die 29 unbegrenzte Nutzung solcher Fotos keineswegs gestattet. Es wird zwar allgemein verneint, dass Verträge über die Herstellung pornografischer Aufnahmen schlechthin sittenwidrig sind.[32] Die Sittenwidrigkeit kann allerdings durch zusätzlich vorhandene Sonderumstände, z.B. den ausbeuterischen Charakter des Vertrags, indiziert sein.[33] Dazu zählt schon der Umstand, dass sich der Fotograf durch den Vertrag sämtliche Rechte für eine „kommerzielle Auswertung" übertragen lassen und jegliche Bestimmung über die Art der Veröffentlichung vorbehalten und die abgebildete Person sich ihrerseits sämtlicher Rechte begeben hat. Diesen Inhalt haben typischerweise die oft verwendeten Standardverträge.

Selbst dann, wenn die Wertung der Sittenwidrigkeit nicht möglich ist, muss das 30 vertraglich erklärte unwiderrufliche Einverständnis zur Anfertigung und Veröffentlichung von pornografischen Fotoaufnahmen einer besonderen Kontrolle unterzogen werden. Die im Vertrag erklärte Einwilligung erfasst nach ihrem objektiven Erklärungsgehalt nicht notwendig den über das bloße Recht am Bild hinausgehenden Eingriff in das allgemeine Persönlichkeitsrecht. Die Regelung des § 22 KUG meint nur Bildnisse, durch die allein das Recht am eigenen Bild betroffen ist, die also nicht

---

32 BGH, Urt. v. 23.1.1981 – I ZR 40/79 = NJW 1981, 1439, wonach die Straflosigkeit der Vorführung pornografischer Filme die Sittenwidrigkeit des hierauf bezogenen Rechtsgeschäfts „nicht generell ausschließt".
33 BGH, Urt. v. 8.1.1975 – VIII ZR 126/73 = NJW 1975, 638, 639.

darüber hinaus, sei es durch die Art ihrer Herstellung, sei es durch ihren besonderen Inhalt, einen weitergehenden Eingriff darstellen. Insbesondere wird damit nicht ein Eingriff in die Intimsphäre abgedeckt, die ein wesentlicher Bereich des allgemeinen Persönlichkeitsrechts darstellt. Für die Veröffentlichung von erotischen oder pornografischen Fotos soll jedenfalls die allgemein formulierte Einwilligung nicht ausreichen, weil durch § 22 KUG nicht der über das Recht am eigenen Bild hinausgehende Eingriff gerechtfertigt ist.[34]

31   Die Widerrechtlichkeit des Eingriffs in das allgemeine Persönlichkeitsrecht wird auch nicht durch eine in sonstiger Weise erklärte Einwilligung ausgeschlossen, insbesondere nicht dadurch, dass die Person die inkriminierten Fotoaufnahmen von sich anfertigen ließ. Besonders wenn der Fotograf zugesichert hatte, dass der Person die Fotos vorgelegt würden und letztlich sie darüber befinden könne, was mit ihnen geschehe, dürfen die Fotos auch ohne (spätere) Weigerung nicht verwendet werden. Die vertraglich erklärte Einwilligung ist unter solchen Umständen unwirksam, und schon der Besitz an den Fotos stellt die Aufrechterhaltung eines widerrechtlichen Störungszustandes dar.[35]

32   Eine Strafbarkeit wegen der Veröffentlichung pornografischer Fotos setzt neben der Unwirksamkeit der erteilten Verwertungserlaubnis aber auch voraus, dass der Täter diese Unwirksamkeit kannte oder bei der Veröffentlichung zumindest billigend in Kauf genommen hatte. Sind Anhaltspunkte für diese Kenntnis nicht vorhanden, fehlt es am erforderlichen Verdacht für eine Straftat nach § 33 KUG.[36]

33   In zivilrechtlicher Hinsicht ist von Bedeutung, dass selbst einverständlich hergestellte private Fotos, die eine Person unbekleidet, während oder nach dem Geschlechtsverkehr zeigen, eine derart erhebliche Beeinträchtigung des allgemeinen Persönlichkeitsrechts darstellen, dass die abgebildete Person nach dem Ende der Beziehung ihre Einwilligung in die Nutzung der der Lichtbilder widerrufen und die Löschung der elektronischen Vervielfältigungsstücke verlangen kann. Dabei ist es unbeachtlich, wer von den beiden ehemaligen Intimpartnern die Aufnahmen hergestellt hat und ob durch den, der sie in Besitz hat, eine öffentliche Zurschaustellung zu besorgen ist. Dessen Recht an den Fotoaufnahmen, sei es als deren Fotograf oder aus Eigentum, habe hinter dem Persönlichkeitsrecht der oder des Abgebildeten zurückzustehen. Wer intime Bildaufnahmen eines anderen besitzt, erlangt allein durch diesen Besitz eine Herrschafts- oder Manipulationsmacht über den Abgebildeten, was für diesen ein Ausgeliefertsein und eine Fremdbestimmung bedeutet, die den Kernbereich des allgemeinen Persönlichkeitsrechts verletzt. Wenn die Einwilligung in die Herstellung und künftige Nutzung von Lichtbildern sexuellen Inhalts – zumindest konkludent – auf die Dauer der Intimbeziehung beschränkt war, handelt

---

34 OLG Stuttgart, Urt. v. 30.1.1987 – 2 U 195/86 = NJW-RR 1987, 1434 f.
35 OLG Stuttgart, Urt. v. 30.1.1987 – 2 U 195/86 = NJW-RR 1987, 1434 f.
36 LG Frankfurt, Beschl. v. 26.5.2014 – 5/17 Qs 28/14.

es sich um eine zweckbestimmte Einwilligung, die nach Beendigung der Beziehung gleichsam automatisch das Recht zum Besitz solcher Aufnahmen erlöschen lässt.[37]

IV. Ausnahmen von der Zustimmungsbedürftigkeit

§ 23 KUG KunsturhG [Ausnahmen zu § 22]

(1) Ohne die nach § 22 erforderliche Einwilligung dürfen verbreitet und zur Schau gestellt werden:

1. *Bildnisse aus dem Bereiche der Zeitgeschichte;*
2. *Bilder, auf denen die Personen nur als Beiwerk neben einer Landschaft oder sonstigen Örtlichkeit erscheinen;*
3. *Bilder von Versammlungen, Aufzügen und ähnlichen Vorgängen, an denen die dargestellten Personen teilgenommen haben;*
4. *Bildnisse, die nicht auf Bestellung angefertigt sind, sofern die Verbreitung oder Schaustellung einem höheren Interesse der Kunst dient.*

(2) Die Befugnis erstreckt sich jedoch nicht auf eine Verbreitung und Schaustellung, durch die ein berechtigtes Interesse des Abgebildeten oder, falls dieser verstorben ist, seiner Angehörigen verletzt wird.

1. Personen der Zeitgeschichte

Eine Ausnahme von dem Erfordernis der Einwilligung stellt § 23 KUG dar, dessen 34 wichtigste Klausel in Abs. 1 Nr. 1 sich auf die Personen der Zeitgeschichte bezieht.

Für Personen der Zeitgeschichte bedarf es also keiner Einwilligung zur Verbrei- 35 tung von deren Bildnissen. Dabei galt bis vor kurzem in der deutschen Rechtsprechung eine Unterscheidung zwischen „absoluten Personen der Zeitgeschichte" und „relativen Personen der Zeitgeschichte". Eine absolute Person der Zeitgeschichte war nach der früheren Rechtsprechung, wer aufgrund seiner Stellung, Taten oder Leistungen außergewöhnlich herausragte und deshalb derart im Blickpunkt der Öffentlichkeit stand, dass ein besonderes Informationsinteresse an der Person selbst, sowie an allen Vorgängen, die ihre Teilnahme am öffentlichen Leben ausmachen bestand. Darunter fielen vor allem Politiker, Prominente aus Show und Sport, besonders aber Angehörige der europäischen Königshäuser (Caroline von Monaco). Diese Personen durften auch ohne ihre Einwilligung in Alltagssituationen wie beim Einkaufen, am Strand oder in nicht völlig abgelegenen Restaurants fotografiert und das Bildmaterial veröffentlicht werden.

---

[37] BGH, Urt. v. 13.10.2015 – VI ZR 271/14.

36   Relative Personen der Zeitgeschichte waren nach der früheren Rechtsprechung Menschen, die in Zusammenhang mit einem zeitgeschichtlichen Ereignis in den Blick der Öffentlichkeit geraten waren, beispielsweise die Opfer des Gladbecker Geiseldramas oder Sportler während eines Wettkampfs. Bilder dieser Personen durften nur im Zusammenhang mit diesem Ereignis ohne deren Einwilligung veröffentlicht werden. Nach der sogenannten Begleiterrechtsprechung des Bundesgerichtshofs zählten zu den relativen Personen der Zeitgeschichte auch Lebenspartner oder Kinder von absoluten Personen der Zeitgeschichte. Über sie durfte dann in Zusammenhang mit einem gemeinsamen Auftritt ebenfalls ohne Einwilligung berichtet und ihre Fotos verbreitet werden.

2. Informationsinteresse der Öffentlichkeit

37   Diese Unterscheidung ist durch eine Entscheidung des Europäischen Gerichtshofes für Menschenrechte revidiert worden,[38] die inzwischen, nach vorübergehendem Widerstand, von BGH und Bundesverfassungsgericht übernommen worden ist. Die neuere Rechtsprechung verzichtet auf die Kriterien der absoluten oder relativen Person der Zeitgeschichte und stellt stattdessen auf ein abgestuftes Schutzkonzept ab, wonach in einer Interessengewichtung und -abwägung im Einzelfall zu prüfen ist, ob das Personenbildnis tatbestandlich der Zeitgeschichte zuzuordnen ist. An die Stelle der früheren Unterscheidung tritt nun jeweils die Einzelfallentscheidung, ob eine Abbildung als zeitgeschichtlich relevant gilt und ein berechtigtes Informationsinteresse der Öffentlichkeit befriedigt. Diese Auffassung des BGH hat das Bundesverfassungsgericht mit Beschluss vom 26. Februar 2008 als mit der Verfassung vereinbar bestätigt.[39]

38   Diese Entwicklung hat zu einer erheblichen Einschränkung des erlaubnisfreien Abbildens von Prominenten geführt. Diese muss immer einem **öffentlichen Informationsinteresse** oder sogar einer „**seriösen Diskussion**" dienen, was bei der bloßen Zurschaustellung Prominenter in privater Umgebung kaum jemals anzunehmen ist. In der Sache hat damit die bereits in § 23 Abs. 2 KUG verankerte Einschränkung eine schärfere Kontur erfahren: Das Recht, eine Person ohne Einwilligung abzubilden, erstreckt sich „nicht auf eine Verbreitung und Schaustellung, durch die ein berechtigtes Interesse des Abgebildeten" verletzt wird. Das früher als selbstverständlich angenommene geringere Recht auf Privatsphäre einer Person des öffentlichen Interesses ist durch die Rechtsprechung des EGMR erheblich ausgeweitet worden. So durften nach früherer Rechtsprechung Fotos von Prominenten in rein privater Umgebung auch dann veröffentlicht werden, wenn die Person überrumpelt

---

38 EGMR, Urt. v. 24.6.2004 – 59320/00 – Caroline von Hannover/Deutschland = NJW 2004, 2647 ff.
39 BVerfG, Beschl. v. 26.2.2008 – 1 BvR 1602/07 – Caroline von Hannover.

oder in unvorteilhafter Pose aufgenommen war. Dies ist angesichts der Ausweitung der geschützten Privatsphäre nicht mehr zulässig. Auch Aufnahmen von Personen von zeitgeschichtlichem Interesse, selbst wenn diese sich außerhalb einer Situation räumlicher Abgeschiedenheit, z.B. in der Öffentlichkeit, aufgehalten hat, dürfen nur dann veröffentlicht werden, wenn die Bebilderung einen Bezug zur öffentlichen Meinungsbildung aufweist. Wenn die Aufnahme unter besonders belastenden Umständen, etwa auf heimlichem Wege oder unter dauernder Nachstellung durch Fotoreporter, zustande gekommen ist, kommt dem Persönlichkeitsschutz eine umso größere Bedeutung zu,[40] ihre Veröffentlichung ist unzulässig.

Das Verbreiten von Fotos aus der Intimsphäre, insbesondere von Nacktaufnah- **39** men, prominenter oder auch nicht bekannter Personen ohne deren Einwilligung stellt immer einen besonders schweren Eingriff in das Recht am eigenen Bild dar.[41]

Ebenso wenig dürfen Partner oder Kinder von Prominenten abgebildet werden, **40** es sei denn, diese seien selbst Personen des öffentlichen Lebens oder nähmen an einem öffentlichen Auftritt mit den Eltern oder dem bekannten Partner teil.[42] In allen sonstigen Situationen genießen Kinder besonderen Schutz vor medialer Beobachtung, d.h. Fotos, die Kinder von prominenten Personen in alltäglicher Umgebung zeigen, dürfen nicht veröffentlicht werden. Dies gilt selbst dann, wenn es um Kleinkinder oder Babies geht, die wegen ihres Alters die Verbreitung ihrer Bildnisse nicht als Rechtsverletzung wahrnehmen können.[43] Dies kann im Einzelfall darauf hinauslaufen, dass die Veröffentlichung einer Fotoaufnahme einer prominenten Person zwar zulässig ist. Wenn die Aufnahme aber die Person mit ihrem Baby zeigt, kann dies die Rechte des Kindes verletzen, so dass selbst dann eine Rechtsverletzung bzw. eine strafbare Handlung vorliegt, wenn das Kind nicht zu erkennen ist.[44]

3. Beteiligte an Strafprozessen

Bei Straftätern ist deren Abbildung im Zusammenhang mit der Berichterstattung **41** über den laufenden Prozess und auch danach zulässig, wobei aber das Informationsinteresse der Öffentlichkeit mit zunehmendem zeitlichen Abstand von der Tat zugunsten des Resozialisierungsinteresses zurücktreten muss.[45] Diesen Grundsatz

---

40 BVerfG, Beschl. v. 26.2.2008 – 1 BvR 1602/07 – Caroline von Hannover.
41 Wandtke/Bullinger/*Fricke* KUG, § 22 Rn 8.
42 BGH, Urt. v. 12.12.1995 – VI ZR 223/94 = NJW 1996, 985 ff.
43 Wandtke/Bullinger/*Fricke* KUG, § 23 Rn 20.
44 *Wanckel*, Rn 126.
45 BVerfG, Urt. v. 5.6.1973 – 1 BvR 536/72 – Lebach = BVerfGE 35, 202.

schränkte aber das BVerfG selbst wieder ein:[46] Solange die Identifizierung der Beteiligten nicht möglich sei, müsse die Berichterstattung hingenommen werden.

42   Auch die Tätigkeit von Richtern, Staatsanwälten oder Verteidigern bei ihrer normalen Berufsausübung begründet regelmäßig kein öffentliches Interesse,[47] sondern nur, wenn es sich um Verfahren von besonderem öffentlichen Interesse handelt. Dies gilt auch regelmäßig für Polizeibeamte, die nicht allein aufgrund ihres Einsatzes zu relativen Personen der Zeitgeschichte werden,[48] sondern allenfalls, wenn sie an besonderen Ereignissen oder Handlungen teilnehmen, wie etwa der Festnahme eines Straftäters, der selbst zur Person der Zeitgeschichte geworden ist.[49] Zwar können auch Strafverfahren Ereignisse der Zeitgeschichte darstellen.[50] Die Verfahrensbeteiligten an einem solchen Strafprozess können dann zu Personen der Zeitgeschichte werden, so dass deren Anonymitätsrecht gegenüber dem Interesse der Öffentlichkeit zurücktritt und diese auch die Veröffentlichung von Fotoaufnahmen ihrer Person hinnehmen müssen. Wenn solche Fotos später aber in einem völlig anderen Zusammenhang veröffentlicht werden, ist dies unzulässig. So ist die Veröffentlichung des Fotos eines Staatsanwaltes, aufgenommen am Rande eines zeitgeschichtlich bedeutsamen Strafprozesses, im Rahmen der Berichterstattung über ein gegen diesen Staatsanwalt laufendes Ermittlungsverfahren zweifellos rechtswidrig. Im Zusammenhang mit einer nur lokalen Berichterstattung über einen Zivil- oder Strafprozess dürfen Fotoaufnahmen der Beteiligten, so auch des Angeklagten, nur mit Zustimmung der Abgebildeten veröffentlicht werden.

4. Beiwerk zur Landschaft

43   Der Ausnahmevorschrift des § 23 Abs. 1 Nr. 2 kommt in der Praxis keine Bedeutung zu.

44   Demzufolge ist das Recht am eigenen Bild dann nicht geschützt, wenn eine Person nur als Beiwerk neben einer Landschaft oder sonstigen Örtlichkeit erscheinen. Folglich muss die Landschaft das Bild prägen, die Person darf kein Blickfang sein. Die Personendarstellung muss der Darstellung der Umgebung so untergeordnet sein, dass sie auch entfallen könnte, ohne dass sich der Charakter des Bilds ändern würde.[51]

---

46 BVerfG, Beschl. v. 25.11.1999 – 1 BvR 348/98.
47 Vgl. Dreier/Schulze/*Specht* KUG, § 23 Rn 19.
48 OLG Karlsruhe, 2.10.1979 – 4 Ss 200/79 = AfP 1980, 64.
49 OLG Hamburg, Urt. v. 10.2.1994 – 3 U 238/93 = NJW-RR 1994, 1439 ff.
50 Wandtke/Bullinger/*Fricke* KUG, § 23 Rn 15 ff.
51 Dreier/Schulze/*Specht* KUG, § 23 Rn 14–15.

5. Teilnahme an Versammlungen

Eine größere Bedeutung kommt dem Ausnahmetatbestand des § 23 Abs. 1 Nr. 3 KUG 45
zu. Ohne Erlaubnis dürfen demnach Bilder von Versammlungen, Aufzügen oder
ähnlichen Vorgängen veröffentlicht werden, selbst wenn darauf Personen individu-
alisierbar abgebildet und zu erkennen sind. Voraussetzung ist, dass die Person an
der Veranstaltung teilgenommen, diese sich in der Öffentlichkeit abgespielt hat
und genau dieser Umstand für die Person wahrnehmbar war. Zulässig ist auch die
Heraushebung einzelner Personen aus einer Menschenmenge, z.B. bei Demonstrationen usw. jedenfalls dann, wenn sich die Person räumlich oder durch ihr Verhalten besonders exponiert.[52]

Die bei der Übertragung von Sportveranstaltungen übliche Praxis, einzelne Zu- 46
schauer als „Begleitkommentar" zum Spielgeschehen in Großaufnahme herauszu-
stellen, z.B. bei einem herzhaften Gähnen, ist jedenfalls bei den von der DFL veran-
stalteten Spielen der Fußballbundesligen statthaft, da der Besucher mit dem Erwerb
einer Eintrittskarte dem Veranstalter die Rechte an der Verwertung seines Bildnisses
einräumt, als Beispiel die Ticket-AGB des Vereins Eintracht Frankfurt:

Nr. 9. Recht am eigenen Bild
Jeder Ticketinhaber willigt unwiderruflich für alle gegenwärtigen und zukünftigen
Medien ein in die unentgeltliche Verwendung seines Bildes und seiner Stimme für Fo-
tografien, Live-Übertragungen, Sendungen und/oder Aufzeichnungen von Bild und/
oder Ton, die von Eintracht Frankfurt oder von autorisierten Dritten in Zusammenhang
mit der Veranstaltung erstellt werden, wenn nicht berechtigte Interessen des Ticketin-
habers gegen eine derartige Verwendung sprechen).

Ansonsten kann die Heraushebung einzelner Personen bei Demonstrationen oder 47
Sportveranstaltungen zulässig sein, wenn die Abbildung Symbolwert hat, um einen
repräsentativen Gesamteindruck von der Veranstaltung zu vermitteln. Dennoch ist
die Zulässigkeit der isolierten Abbildung einer einzelnen Person, insbesondere in
Form von Portraitaufnahmen, umstritten. Es dürfen nur dann Teilnehmer herausge-
hoben werden, wenn dies die Charakteristik der Veranstaltung bildlich dokumentiert.[53]

---

52 Wandtke/Bullinger/*Fricke* KUG, § 23 Rn 29.
53 *Wanckel*, Rn 208.

6. Kunstfreiheit

48 Wenngleich die Ausnahmevorschrift des § 23 Abs. 1 Nr. 4 kaum praktische Bedeutung hat, kommen ihrer Anwendung zuweilen skurrile Züge zu. Im Zuge eines über mehrere Instanzen anhaltenden Strafprozesses hatte der Angeklagte, ein Auftragsmaler, ein gemaltes Portrait des sachbearbeitenden Staatsanwalts geschaffen, dieses im Internet veröffentlicht und zum Verkauf gestellt. Dies hatte der abgebildete Staatsanwalt hinzunehmen, da sein Interesse an Anonymität gegenüber dem überragenden Rechtsgut der Freiheit der Kunst zurücktrete. Das Bildnis des Staatsanwalts stelle schon nach dem formalen typologischen Ansatz des Bundesverfassungsgerichts ein Kunstwerk dar, weil es die Gattungsanforderungen eines bestimmten Werktyps, wie z.B. Malerei, Bildhauen, Dichten, erfülle.[54] Die zwischen dem Anspruch des Angeklagten auf Kunstfreiheit und dem Anspruch des Staatsanwalts auf Wahrung seines allgemeinen Persönlichkeitsrechts (Art. 2 Abs. 1 i.V.m. Art. 1 Abs. 1 GG) vorzunehmende Abwägung führe zu einem Vorrang der Kunstfreiheit. Mit der Fertigung und Zurschaustellung des Portraits habe der Angeklagte eine sachliche nicht beleidigende Abbildung des Antlitzes des Staatsanwalts geschaffen, die dessen Recht am eigenen Bild in hinzunehmender Art beschränke. Solange nicht die Menschenwürde des Abgebildeten berührt oder das allgemeine Persönlichkeitsrecht in mehr als geringfügiger Weise betroffen werde, was etwa der Fall wäre, wenn das Bild einen Eingriff in die Geheim-, Intim- oder Privatsphäre darstellen würde, beleidigenden oder entwürdigenden Inhalt hätte, müsse die Veröffentlichung hingenommen werden. Dass dem Abbilden nicht nur künstlerische Motive zugrunde lagen, soll daran nichts ändern. Auch Provokationen sind nämlich zur Wahrung der Kunstfreiheit hinzunehmen. Das Persönlichkeitsrecht der abgebildeten Person der Kunstfreiheit hat hinter dem Grundrecht der Kunstfreiheit zurückzutreten.[55]

V. Ermittlungsprobleme bei der Verbreitung von Bildnissen im Internet

49 Die Ermittlung eines Täters, der sich bei der Rechtsverletzung des Internets bedient, kann nur Erfolg haben, wenn dessen Kommunikation mit dem Betreiber der entsprechenden Webseite zurückverfolgt wird. Verbreitet werden Bildnisse oder rufschädigende persönliche Botschaften insbesondere auf den Webseiten der sozialen Netzwerke wie Facebook, die VZ-Netzwerke, Wer-Kennt-Wen oder auch in Chat-Diensten.

---

54 Vgl. BVerfG, Beschl. v. 17.7.1984 – 1 BvR 816/82 = NJW 1985, 261 ff.

55 OLG Celle, Urt. v. 25.8.2010 – 1 Ss 30/10.

1. Anfrage bei den Diensteanbietern

Die Ermittlungsmaßnahmen, die in Richtung des Betreibers zu treffen sind, können 50
entweder auf der Grundlage des Telekommunikationsgesetzes (TKG) oder des Tele-
mediengesetzes (TMG) erfolgen. Alle Dienste im Netz unterfallen entweder dem TKG
oder dem TMG, die Anwendbarkeit des jeweiligen Gesetzes bestimmt sich nach der
Funktion, die bei dem Dienst im Vordergrund steht und bei der die relevanten Daten
angefallen sind. Geht es um die reine Übertragung von Daten, also die Transport-
leistung und damit in Zusammenhang stehende technische Belange, ist das TKG
anzuwenden. Geht es um die übertragenen Inhalte, darunter können auch entgeltliche Angebote jeder Art fallen, ist das TMG anwendbar. Eine Doppelnatur, welche
die Anwendbarkeit beider Gesetze begründen kann, liegt bei den E-Mail-Diensten
vor, soweit diese neben der bloßen Übertragung von Signalen auch inhaltliche Leistungen, namentlich Nachrichten und Kommentarfunktionen anbieten. Die Portale,
auf denen rechtsverletzende Inhalte eingestellt werden können, fallen demnach in
aller Regel unter das TMG, wenn es um die Ermittlung von bestimmten Nutzern
geht.

Alle Dienstleister, gleich ob sie dem TMG oder dem TKG unterfallen, speichern 51
die Daten ihrer Nutzer sowohl dem Grunde nach als auch solche, die durch die Nutzung anfallen.

a) Erhebung von Bestandsdaten

Auskünfte über die Bestandsdaten, also die persönlichen Daten des Kunden wie 52
Name, Anschrift, Nutzername (User-ID und Passwort), auch Kontoverbindung usw.
dürfen die Anbieter dieser Dienste sowohl nach dem TMG (§ 14 Abs. 2) als auch nach
dem TKG (§§ 111, 112) auf Anordnung der zuständigen Stellen für die Zwecke der
Strafverfolgung erteilen. Bestands- oder Kundendaten betreffen keinen konkreten
Kommunikationsvorgang, sie fallen daher nicht in den Bereich des Fernmeldegeheimnisses nach Art. 10 GG. Für die Erhebung dieser Daten ist die Ermittlungsgene-
ralklausel der §§ 161, 163 StPO die zutreffende Rechtsgrundlage.

Allerdings sind die Diensteanbieter weder nach dem TMG noch nach dem TKG 53
verpflichtet, die ihnen von den Nutzern mitgeteilten Daten auf Echtheit zu prüfen.
Die Zuverlässigkeit von Bestandsdaten ist somit nicht gewährleistet. Wer immer ein
Profil einrichtet, um darüber strafbare Inhalte zu verbreiten, wird dies niemals unter
seinen wahren Personalien vornehmen, zumal allgemein bekannt ist, dass besonders bei den kostenlosen Diensten eine Identitätsprüfung nicht stattfindet. Die mitgeteilten Nutzerdaten sind unter diesen Umständen so gut wie immer fiktiv und für
Ermittlungszwecke unbrauchbar.

Auch bei dem Netzwerk Facebook erfolgt keine Prüfung der Anmeldedaten auf 54
Echtheit. Zwar wird bei der Anmeldung eine E-Mail-Adresse erfragt, die aber ebenso
unter fiktiven Namen eröffnet sein kann und deshalb nicht unbedingt weiter-

führt. Nur wenn der Nutzer bei der Registrierung seine Mobiltelefonnummer angegeben und diese auf eine SMS des Betreibers zum Zwecke der Authentifizierung bestätigt hat, steht fest, dass der angegebene Mobilfunkanschluss tatsächlich dem fraglichen Account zuzuordnen ist. Daraus ergibt sich ein durchaus brauchbarer Ansatz für Ermittlungen nach dem unbekannten Inhaber des Accounts. Wenn Facebook in seiner Auskunft die zu einem Account gehörende Mobilfunknummer mitteilt und diese mit dem Zusatz „Cell Verified" versieht, ist davon auszugehen, dass eine Bestätigung durch den Inhaber erfolgt ist. In welcher Form Anfragen von deutschen Ermittlungsbehörden von Facebook akzeptiert und beantwortet werden, wird im Anhang dargestellt.

b) Erhebung von Nutzungsdaten

55 Weitaus zielführender ist es, die Nutzungsdaten bei den Diensteanbietern zu erheben. Darunter sind die Daten zu verstehen, die zur Inanspruchnahme und Abrechnung von dessen Leistungen erforderlich sind (§ 15 Abs. 1 TMG). Sie umfassen Angaben über Beginn und Ende sowie des Umfangs der jeweiligen Nutzung, insbesondere aber die dynamische IP-Adresse, unter der ein Nutzer die Dienste in Anspruch genommen hat. Diese Daten dürfen von den Telemediendienstleistern gespeichert werden, sie sind naturgemäß für die Strafverfolgung von großer Bedeutung. Auch die Nutzungsdaten dürfen auf der Rechtsgrundlage der §§ 161, 163 StPO durch ein einfaches Auskunftsersuchen abgefordert werden. Dazu zählen insbesondere die IP-Adressen des Nutzers aus vorangegangenen Einwahlen auf der Seite, wobei erfahrungsgemäß die Daten des letzten Log-ins immer gespeichert werden.

56　　Die so ermittelte IP-Adresse des tatverdächtigen Nutzers bedarf der Rückverfolgung auf einen konkreten Anschluss, von dem aus der Zugang ins Internet erfolgte. Dies macht eine Anfrage bei dem Kommunikationsdienstleister (Accessprovider) wie Telekom, Vodafon usw. erforderlich, durch dessen Netz der Zugang ins Internet hergestellt wurde. Da hier ein konkreter Telekommunikationsvorgang bestehend aus Datum, Uhrzeit und IP-Adresse bereits bekannt ist, handelt es sich um Verkehrsdaten, zu deren Erhebung es eines Auskunftsersuchens nach § 100j StPO bedarf. Der ursprüngliche Regelfall einer Speicherung von IP-Adressen mit Beginn und Ende der jeweiligen Verbindung zur Entgeltabrechnung (§ 97 TKG), wird aufgrund der inzwischen meist vorhandenen „Flatrate"-Verträge nicht mehr praktiziert. Zwar müssen Verkehrsdaten von den Diensteanbietern aufgrund des Gesetzes vom 10. Dezember 2015[56] für die Dauer von zehn Wochen (wieder) gespeichert werden. Da aber die Speicherverpflichtung spätestens ab dem 1. Juli 2017 zu erfüllen ist

---

56 Gesetz zur Einführung einer Speicherpflicht und einer Höchstspeicherfrist für Verkehrsdaten (BGBl. 2015 51/2218).

(§ 150 Abs. 1, 3 TKG), dürfte die gegenwärtige Praxis noch geraume Zeit andauern. Danach durften gemäß § 100 TKG Verkehrsdaten lediglich zur Störungs- und Missbrauchsbekämpfung gespeichert werden, wobei die Gerichte insoweit eine 7-tägige Speicherfrist der Diensteanbieter für zulässig erachteten,[57] welche von der Deutschen Telekom voll ausgeschöpft wird. Angesichts der kurzen Speicherfristen sind Ermittlungshandlungen, die auf die Erlangung von Verkehrsdaten abzielen oder unter deren Verwendung erfolgen, stets eilbedürftig, weil die Daten innerhalb kurzer Frist von den Providern gelöscht werden.

c) Erhebung von Nutzungsdaten in Echtzeit

Da ältere Einwahldaten, wie sie oft von den Mediendienstleistern nur mitgeteilt 57 werden, nicht mehr zurückverfolgt werden können, bietet sich als Ausweg eine Anordnung nach § 100g StPO an, die durch den Ermittlungsrichter zu treffen ist. Die Vorschrift stellt eine allgemeine Befugnis dar, die es erlaubt, Verkehrsdaten zu erheben, was auch in Echtzeit zulässig ist. Zwar dürfen diese Daten nur zur Aufklärung schwerer Straftaten oder von solchen Straftaten erhoben werden, die mittels Telekommunikation begangen wurden, wozu Straftaten zählen, die mittels Telefon, Fax, Internet oder E-Mail ausgeführt wurden (§ 100g Abs. 1 Nr. 2 StPO). Wenn als Beispiel für derartige Anlasstaten beleidigende oder bedrohende Anrufe genannt werden,[58] kann für eine Verletzung des Rechts am eigenen Bild nichts anderes gelten, jedenfalls wenn die Erforschung des Sachverhalts auf andere Weise aussichtslos wäre. Dies wird auf die von Unbekannten unter fiktiven Namen begangenen Rechtsverletzungen praktisch immer zutreffen.

Somit können auch die Verbindungen eines Nutzers zu seinem Account bei einem 58 Medienanbieter wie z.B. Facebook, überwacht und dadurch die IP-Adresse, von der aus die Einwahl erfolgt, in Echtzeit erhoben werden. Durch eine Anordnung nach § 100g StPO können auch Diensteanbieter zur Erhebung von Verkehrsdaten eines Nutzers *verpflichtet werden*, die normalerweise solche Daten weder erheben noch speichern. Damit die Weiterverfolgung einer so festgestellten IP-Adresse überhaupt erfolgversprechend ist, ist der Diensteanbieter nicht nur zur Erhebung sondern auch zur Weiterleitung der Daten an die Ermittlungsbehörden *in Echtzeit* zu verpflichten.

Ein Muster einer solchen gerichtlichen Anordnung nach § 100g StPO, durch die 59 aber nur deutsche Diensteanbieter verpflichtet werden, wird im Anhang zur Verfügung gestellt.

---

57 BGH, Urt. v. 13.1.2011 – III ZR 146/10 = MMR 2011, 341 ff.
58 Meyer-Goßner/Schmitt/Schmitt, § 100g Rn 17.

VI. Schutz gegen unbefugtes Fotografieren

1. § 201 StGB

60   Obwohl das Fotografieren oder Filmen einer Person nicht von § 22 KUG erfasst ist, sondern nur die Verbreitung der Aufnahmen, unterliegt auch die Herstellung solcher Aufnahmen zahlreichen rechtlichen Beschränkungen. So sind die unbefugte Herstellung einer Fotografie sowie deren Weitergabe an Dritte durch den im Jahr 2004 eingeführten Tatbestand des § 201a StGB unter Strafe gestellt. Damit wollte der Gesetzgeber die Ungleichbehandlung zwischen der Verletzung der Vertraulichkeit des Wortes (§ 201 StGB) und dem Schutz vor unbefugten Bildaufnahmen aufheben.

§ 201a Verletzung des höchstpersönlichen Lebensbereichs durch Bildaufnahmen

(1) Wer von einer anderen Person, die sich in einer Wohnung oder einem gegen Einblick besonders geschützten Raum befindet, unbefugt Bildaufnahmen herstellt oder überträgt und dadurch deren höchstpersönlichen Lebensbereich verletzt, wird mit Freiheitsstrafe bis zu einem Jahr oder mit Geldstrafe bestraft.

(2) Ebenso wird bestraft, wer eine durch eine Tat nach Absatz 1 hergestellte Bildaufnahme gebraucht oder einem Dritten zugänglich macht.

(3) Wer eine befugt hergestellte Bildaufnahme von einer anderen Person, die sich in einer Wohnung oder einem gegen Einblick besonders geschützten Raum befindet, wissentlich unbefugt einem Dritten zugänglich macht und dadurch deren höchstpersönlichen Lebensbereich verletzt, wird mit Freiheitsstrafe bis zu einem Jahr oder mit Geldstrafe bestraft.

(4) Die Bildträger sowie Bildaufnahmegeräte oder andere technische Mittel, die der Täter oder Teilnehmer verwendet hat, können eingezogen werden. § 74a StGB ist anzuwenden.

61   Tathandlung ist das Herstellen oder Übertragen von Bildaufnahmen einer Person, die sich in einem „gegen Einblick besonders geschützten Raum" oder einer „Wohnung" befindet. Eine Bildaufnahme liegt dann vor, wenn der optische Eindruck einer Person gespeichert wird, gleich mit welchem Medium. Es muss sich um eine natürliche lebende Person handeln, so dass Aufnahmen von Toten nicht erfasst sind. Die Person muss identifizierbar sein, wobei es nicht auf die Identifizierbarkeit durch Dritte ankommt, so dass auch Abbildungen von Teilen der Person ausreichen. Ausreichend aber auch erforderlich ist, dass sich das Opfer selbst identifizieren kann.[59]

---

59 *Fischer*, § 201a Rn 5.

Eine Übertragung liegt vor, wenn Bilddaten an einen Ort außerhalb der Woh- 62 nung oder des besonders geschützten Raumes weitergeleitet werden. Damit sollen vor allem Echtzeitübertragungen mit Webcams oder Spycams verhindert werden, bei denen eine Speicherung der Bilder nicht stattfindet. Damit ist klar, dass das bloße heimliche Beobachten einer Person nicht unter den Straftatbestand fällt.

Der Wohnbereich ist absolut geschützt, wobei es nur auf den durch die Woh- 63 nung bewirkten Schutz als Rückzugsraum ankommt, sodass auch solche Wohnungen einbezogen sind, die konstruktiv, etwa wegen großer Glasflächen, leicht einsehbar sind. Es ist nicht erforderlich, dass zur Anfertigung der Fotoaufnahme besondere (Sicht-)Hindernisse überwunden werden oder der Täter von außen in den geschützten Bereich eindringt. So kann der Angriff auch innerhalb des geschützten Raums selbst erfolgen, sei es dass der Wohnungsinhaber einen Gast fotografisch aufnimmt oder filmt oder anwesende Personen durch einen Gast aufgenommen werden.[60] Unter den Begriff der Wohnung fallen auch Nebenräume und solche Räume, die nur dem kurzzeitigen Aufenthalt eines Menschen dienen. Bei dem gegen Einblick besonders geschützten Raum kann es sich um eine allseitig umschlossene Räumlichkeit oder auch um eine Örtlichkeit im Freien handeln, sofern ein besonderer Schutz besteht, der sich gegen Einblicke richtet. Es wird kein lückenloser Sichtschutz verlangt, so dass auch Umkleidekabinen oder Toiletten zu den geschützten Bereichen zählen. Auch eine nicht perfekte Abschirmung gegen unbefugte Einblicke, z.B. eine verschlossene aber nach oben offene Toilette oder Sichtschutz-Ständer in einem Krankenhausflur begründen einen besonders geschützten Raum. Im Ergebnis muss es sich um einen Sichtschutz handeln, der gerade die Beobachtung des höchstpersönlichen Lebensbereichs verhindern soll, so dass öffentlich zugängliche Bereiche stets ausgenommen sind, gleich ob sich das Opfer aus irgendwelchen Gründen vor Einblicken geschützt glaubt.[61]

Die Tathandlung muss eine „Verletzung des höchstpersönlichen Lebensbe- 64 reichs" zur Folge haben, die sich aus dem Charakter der Aufnahme ergeben muss. Darunter sind vor allem Bildaufnahmen aus der Intimsphäre zu verstehen, die vor allem die Lebensbereiche Krankheit, Tod und Sexualität umfasst. Es kann sich auch um (Kult)Handlungen bei der Religionsausübung handeln, sofern diese nicht der Sozialsphäre zuzurechnen sind. Für die Aufnahmen muss prägend sein, dass sie Geschehnisse abbilden, die Fremden normalerweise nur unter Überwindung einer erheblichen Hemmschwelle offenbart werden.

Entscheidend ist bei allem, dass sich aus dem **Inhalt der Bildaufnahme** die 65 Verletzung des höchstpersönlichen Lebensbereichs ergibt.[62] Die Fotoaufnahme einer Person etwa bei einem Sonnenbad auf der häuslichen Terrasse (die nicht unter

---

60 Schönke/Schröder/*Lenckner/Eisele* StGB, § 201a Rn 7.
61 *Fischer*, § 201a Rn 9.
62 BT-Drucks. 15/2466, S. 5.

Brandau

den Begriff „Wohnung" fällt, sondern allenfalls einen „geschützten Raum" darstellt) hat sicher nicht diese Qualität. Dies wird anders zu beurteilen sein, wenn die Person unbekleidet ist, da Nacktheit in unserem Kulturkreis zum höchstpersönlichen Lebensbereich gehört, der Fremden nicht ohne weiteres offenbart wird. Auch der Gesundheitszustand einer Person zählt zweifellos zum höchstpersönlichen Lebensbereich, wenn es sich um eine schwere Erkrankung handelt. Die Fotoaufnahme einer schwerkranken Person stellt also einen Eingriff in diesen Lebensbereich dar. Die Frage, ob eine schwer erkrankte Person durch ein Foto (in einer Wohnung oder in einem Krankenhauszimmer) bereits dann in ihrem höchstpersönlichen Lebensbereich verletzt ist, wenn sich aus der Bildaufnahme für die Tatsache der Erkrankung nichts ergibt, diese also „neutral" abgebildet ist, wird aber zu verneinen sein.[63]

66   Nicht erfasst vom Tatbestand des § 201a wird auch die Umgehung des Sichtschutzes, den der menschliche Körper durch die Kleidung erfährt. Wer also in einem nicht besonders geschützten Raum einer Frau von unten unter den Rock fotografiert, macht sich jedenfalls nicht nach § 201a strafbar.

67   Fotoaufnahmen, die von einer Person im öffentlichen Raum gefertigt werden, werden nicht vom Tatbestand des § 201 erfasst, selbst wenn sie auf heimliche Weise gefertigt werden. So ist das heimliche Fotografieren von Personen in Alltagssituationen, z.B. eines Lehrers beim Unterricht im Klassenzimmer, nicht strafbar, denn dies verletzt zwar dessen Privatsphäre, aber nicht dessen „höchstpersönlichen Lebensbereich". Dessen ungeachtet kann darin eine Verletzung des allgemeinen Persönlichkeitsrechts liegen, siehe dazu unten.

2. Verletzung des allgemeinen Persönlichkeitsrechts

68 Das Herstellen einer Foto- oder Filmaufnahme von einer Person stellt keinen Eingriff in das Recht am eigenen Bild nach § 22 KUG dar, denn diese Norm regelt ausdrücklich nur das Verbreiten oder die Zurschaustellung solcher Aufnahmen. Eine Strafbarkeit wegen bloßen Herstellens von Foto- oder Filmaufnahmen ist daher ausgeschlossen. Das unbefugte Fotografieren oder Filmen einer Person bedeutet aber nach herrschender Auffassung der Rechtsprechung einen Eingriff in das allgemeine Persönlichkeitsrecht des Abgebildeten. Das zivilrechtliche allgemeine Persönlichkeitsrecht wird aus Art. 2 GG abgeleitet und zählt zu den sonstigen Rechten des § 823 BGB.

69   Die Rechtsprechung begründet dies damit, dass bereits mit der Herstellung einer Fotografie in das Selbstdarstellungsrecht des Betroffenen eingegriffen werde. Das Bildnis werde von seiner Person abgelöst, datenmäßig fixiert und seiner Kon-

---

63 *Rahmlow*, HRRS 2005, 84, 91.

Brandau

trolle und Verfügungsgewalt entzogen. Es soll verhindert werden, dass Fotos einer Person in den Händen Dritter sind, die irgendwann veröffentlicht werden könnten. Der Schutz des Persönlichkeitsrechts findet seine Schranke in den sonstigen grundgesetzlich geschützten Interessen, die umfassend gegeneinander abzuwägen sind, z.B. der Pressefreiheit. Im Ergebnis ist die Herstellung eines Bildnisses in dem Umfang zulässig, in dem auch seine Verbreitung nach §§ 22, 23 KUG zulässig wäre.

Soweit also eine Verbreitung nach § 23 Abs. 1 KUG nicht zulässig wäre, ist auch 70 die Fotoaufnahme einer Person nicht gestattet, selbst wenn dies in der Öffentlichkeit geschieht.[64]

Zum Zwecke des Beweises, z.B. für eine Straftat oder eine zivilrechtlich bedeut- 71 same Tatsache wie die Zustellung einer Kündigung, dürfen Fotos von einer Person auch ohne deren Erlaubnis gemacht werden. Das Persönlichkeitsrecht des Abgebildeten tritt demgegenüber zurück.

3. Bildaufnahmen von Polizeibeamten bei der Dienstausübung

Wenn Polizeibeamte bei der Dienstausübung fotografiert oder gefilmt werden, ist 72 dies nach Auffassung der Oberverwaltungsgerichte[65] grundsätzlich zulässig. Wenn allerdings konkrete Anhaltspunkte dafür bestehen, dass solche Foto- oder Filmaufnahmen entgegen 22 KUG unter Missachtung des Rechts der Polizeibeamten am eigenen Bild auch veröffentlicht werden, ist die Beschlagnahme des Filmträgers zum Schutz der betroffenen Personen gerechtfertigt.[66]

Als milderes Mittel kommt die Feststellung der Identität der fotografierenden 73 Person in Betracht, wenn hinreichende Anhaltspunkte für die Gefahr vorliegen, dass die Fotoaufnahmen unter Verstoß gegen §§ 22, 23 KUG verbreitet werden.[67] Wenn allerdings die Polizei selbst Bild- und Tonaufnahmen von den Teilnehmern einer öffentlichen Versammlung anfertigt und ein solcher Teilnehmer in dieser Situation seinerseits Ton- und Bildaufnahmen von den eingesetzten Beamten anfertigt, kann nicht ohne weiteres von einer konkreten Gefahr für ein polizeiliches Schutzgut ausgegangen werden. Vielmehr ist zu prüfen, ob eine von § 33 Abs. 1 KUG sanktionierte Verbreitung oder öffentliche Zurschaustellung der angefertigten Aufnahmen tatsächlich zu erwarten ist oder ob es sich bei der Anfertigung der Aufnahmen lediglich um eine bloße Reaktion auf die polizeilicherseits gefertigten Bild- und Tonaufzeichnungen, etwa zur Beweissicherung mit Blick auf etwaige Rechtsstreitigkeiten,

---

64 Wandtke/Bullinger/*Fricke* KUG, § 22 Rn 9.
65 VGH Baden-Württemberg, 22.2.1995 – 1 S 3184/94 = VBlBW 1995, 282 ff.; OVG Rheinland Pfalz, 30.4.1997 – 11 A 11657/96 = DVBl 1998, 101 ff.
66 BVerwG, Urt. v. 14.7.1999 – 6 C 7/98 = NVwZ 2000, 63 ff.
67 OVG Lüneburg, Beschl. v. 19.6.2013 – 11 LA 1/13 = NVwZ 2013, 1498.

handelt. Wenn keine Anhaltspunkte dafür bestehen, dass die Bildaufnahmen durch den Teilnehmer entgegen dem Verbot des § 22 KUG verbreitet oder öffentlich zur Schau gestellt werden sollen, stellt die Feststellung von dessen Identität einen Eingriff in das Grundrecht auf informationelle Selbstbestimmung dar und ist verfassungsrechtlich nicht gerechtfertigt.[68]

74   Ohne Zweifel ist das allgemeine Persönlichkeitsrecht verletzt, wenn die Fotoaufnahme durch ein Eindringen in die Privatsphäre des Betroffenen hergestellt wird, z.B. durch das unbefugte Betreten eines befriedeten Besitztums oder durch das Überwinden von Sichtsperren.

4. Abwehr gegen Fotoaufnahmen

75 Wenn auch das Fotografieren einer Person ohne deren Erlaubnis nicht strafbar ist, kann ihr doch strafrechtliche Bedeutung zukommen, wenn nämlich die betroffene Person dies zu verhindern sucht. Das Fotografieren eine Person stellt immer, falls keine berechtigten Interessen dies erlauben und die Absicht einer Veröffentlichung naheliegt, einen rechtswidrigen Angriff dar, gegen den Notwehr erlaubt ist, denn es ist anerkannt, dass das allgemeine Persönlichkeitsrecht ein notwehrfähiges Rechtsgut ist,[69] ebenso das Recht am eigenen Bild.[70] Die Verteidigungshandlung darf so beschaffen sein, dass der Angriff sofort und endgültig beendet wird, dies schließt auch körperliche Gewalt gegen den Fotografen ein. Der Betroffene muss sich nicht darauf beschränken, sein Gesicht zu verdecken oder sonst auszuweichen.[71] Sofern der Betroffene die Verletzung seines Persönlichkeitsrechts nicht selbst abzuwehren in der Lage ist, hat er Anspruch auf polizeiliche Hilfe, wobei die Beschlagnahme des Films oder des Speichermediums aus Gründen der Gefahrenabwehr gerechtfertigt ist. Dabei darf seitens der Polizei von einer besonderen Dringlichkeit ausgegangen werden, wenn nach den Umständen unkontrollierte Vervielfältigungen zu besorgen sind.[72]

VII. Recht am Bild der eigenen Sache

76 Der Besitz eines urheberrechtlich geschützten Gegenstandes (Gemälde, Skulptur, Bauwerk usw.) beinhaltet keinen Anspruch auf Urheberrechte an diesem Gegen-

---

68 BVerfG, Beschl. v. 24.7.2015 – 1 BvR 2501/13.

69 OLG Düsseldorf, Beschl. v. 15.10.1993 – 2 Ss 175/93 – 65/93 II – 2 Ws 214/93 = NJW 1994, 1971 f.

70 Schönke/Schröder/*Perron* StGB, § 32 Rn 5a.

71 OLG Hamburg, Beschl. v. 5.4.2012 – 3-14/12.

72 VGH Mannheim, Urt. v. 8.5.2008 – 1 S 2914/07 = NVwZ-RR 2008, 700 f.

stand. Das Urheberrecht verbleibt ausnahmslos beim Schöpfer des Kunstwerkes. Geschützte Bauwerke, Skulpturen und ähnliche Werke, die sich im öffentlichen Raum befinden, dürfen von Jedermann fotografiert werden, das gilt erst recht für urheberrechtlich neutrale Bauwerke. Die Fotos dürfen zu jedem Zweck, also auch für gewerbliche Zwecke, verwendet werden. Dies folgt aus der Panoramafreiheit nach § 59 UrhG (auch Straßenbildfreiheit genannt), bei der es sich um eine gesetzliche Einschränkung des Urheberrechts handelt.

§ 59 UrhG – Werke an öffentlichen Plätzen

(1) Zulässig ist, Werke, die sich bleibend an öffentlichen Wegen, Straßen oder Plätzen befinden, mit Mitteln der Malerei oder Grafik, durch Lichtbild oder durch Film zu vervielfältigen, zu verbreiten und öffentlich wiederzugeben. Bei Bauwerken erstrecken sich diese Befugnisse nur auf die äußere Ansicht."

(2) Die Vervielfältigungen dürfen nicht an einem Bauwerk vorgenommen werden.

1. Panoramafreiheit

Nach § 59 UrhG ist es jedem erlaubt, urheberrechtlich geschützte Werke (z.B. Ge- 77 bäude, Plastiken oder eine bleibende Installation), die von öffentlichen Verkehrswegen aus zu sehen sind, bildlich wiederzugeben, ohne dass es dafür einer Genehmigung bedarf. Dies betrifft sowohl das bloße Anfertigen etwa einer Fotografie als auch ihre Veröffentlichung. Die Aufnahme muss von einem *öffentlichen* Weg, einer Straße oder einem Platz aus gemacht werden. *Öffentlich* ist der Aufnahmeort, wenn er jedermann frei zugänglich ist und im Gemeingebrauch steht; dies gilt auch für privates Gelände, wie Privatwege und Parks, wenn sie für jedermann frei zugänglich sind.[73] Der Aufnahmestandpunkt muss zudem allgemein zugänglich sein. Die Aufnahme von einem anderen Gebäude aus ist nicht zulässig, selbst wenn eine Genehmigung für das Betreten des Aufnahmestandpunktes vorliegt.[74]

Auch aus dem Gesichtspunkt des Eigentums kann das Fotografieren eines Hau- 78 ses von einer allgemein zugänglichen Stelle außerhalb des Grundstücks nicht untersagt oder verhindert werden. Es stellt keine Eigentumsstörung dar, weil es an einer unmittelbaren und fühlbaren Einwirkung auf das Eigentum fehlt. Der Fotografiervorgang als Realakt lässt die Verfügungsbefugnis des Eigentümers unberührt, dieser wird in der tatsächlichen Nutzung seiner Sache nicht beeinträchtigt. Die äußere, wertfreie Sachgestaltung, die nicht nur durch den Anblick des körperlichen Gegenstandes, sondern auch durch sein Abbild vermittelt wird, wird vom Eigentumsrecht nicht erfasst. Dies gilt auch für den Fall, dass die Abbildungen der eige-

---

[73] Dreier/Schulze/*Dreier*, § 59 Rn 3.
[74] BGH, Urt. v. 5.6.2003 – I ZR 192/00 – Hundertwasser-Haus = GRUR 2003, 1035 ff.

nen Sache in gewerblicher Weise verwertet werden, denn auch die Verwertung ist nicht als selbständiges Ausschließlichkeitsrecht dem Eigentum zuzuordnen.[75]

2. Ausnahmen von der Abbildungsfreiheit

79 Nur die (fotografische) Abbildung eines *urheberrechtlich geschützten Werkes* stellt sich als eine Vervielfältigung des immateriellen, geistigen Werkes dar und unterfällt dem urheberrechtlichen Verwertungsrecht. Sofern es sich bei der Sache aber um ein an öffentlichen Wegen, Straßen oder Plätzen befindliches (Bau-)Werk handelt, ist ihre bildliche Wiedergabe durch die Abbildungsfreiheit des § 59 UrhG erlaubt.[76]

80   Daraus folgt, dass das Fotografieren eines fremden Hauses, Autos, Haustieres usw. von allgemein zugänglichen Orten unter keinem rechtlichen Aspekt untersagt ist. Damit besteht auch kein Abwehrrecht, insbesondere kein Notwehrrecht, aus dem das Fotografieren verwehrt werden könnte.[77] Dies kann anders beurteilt werden, wenn äußere dem Sichtschutz dienende Barrieren überwunden oder Hilfsmittel wie Teleobjektive, Leitern oder auch Luftfahrzeuge verwendet werden, sofern dies einen Eingriff in die geschützte Privatsphäre einer Person darstellt. Bei Fotoaufnahmen, die keine Personen zeigen, sondern auf denen lediglich Gebäude und Grundstücksteile in unpersönlicher Weise abgebildet sind und die von daher einen hohen Grad von Abstraktheit aufweisen, ist ein solcher Eingriff aber ausgeschlossen. Damit können weder die Herstellung noch die Veröffentlichung solcher Fotoaufnahmen untersagt werden. Hingegen wird durch die Veröffentlichung der Wegbeschreibung zu einem versteckt liegenden Anwesen das Recht des Eigentümers auf informationelle Selbstbestimmung als Ausprägung des Anspruchs auf Schutz der Privatsphäre verletzt.[78]

81   Wenn für eine Fotoaufnahme ein nichtöffentlich zugängliches (Privat-)Grundstück betreten werden muss, ist nur für die gewerbliche **Verwertung** der Bilder die Einwilligung des Eigentümers bzw. Rechteinhabers einholen.[79] Laut BGH gehört es zum Zuweisungsgehalt des Grundstückseigentums, darüber zu entscheiden, wer die wirtschaftlichen Vorteile ziehen darf, die das Betreten des Grundstücks ermöglicht.

---

75 BGH, Urt. v. 9.3.1989 – I ZR 54/87 – Friesenhaus.

76 BGH, Urt. v. 9.3.1989 – I ZR 54/87 – Friesenhaus.

77 BGH, Urt. v. 9.3.1989 – I ZR 54/87 – Friesenhaus.

78 BGH, Urt. v. 9.12.2003 – VI ZR 373/02 – Feriendomizil I = GRUR, 2004, 438 ff.

79 BGH, Urt. v. 17.12.2010 – V ZR 45/10 – Preußische Gärten und Parkanlagen I = GRUR 2011, 323 ff.; bestätigt in BGH, Urt. v. 1.3.2013 – V ZR 14/12 – Stiftung Preußische Schlösser und Gärten II = GRUR 2013, 623 ff.

Aufnahmen aus dem Inneren von Gebäuden, erst recht deren Veröffentlichung, **82** können wegen eines Eingriffs in das Hausrecht verhindert oder untersagt werden. Unerlaubte Aufnahmen in Geschäftsräumen können aus wettbewerbsrechtlichen Gründen unlauter sein. Wenn dadurch aber ein Wettbewerbsverstoß nachgewiesen werden soll und eine Betriebsstörung durch das Fotografieren ausgeschlossen ist, kann weder die Herstellung der Fotoaufnahmen noch deren Veröffentlichung untersagt werden.[80]

---

80 BGH, Urt. v. 25.1.2007 – I ZR 133/04.

83 VIII. Anhang: Muster für Anfragen nach Nutzerdaten

1. Facebook

Aktenzeichen:

Facebook
Attn: Security Department/Custodian of Records
18 Hacker Way
Menlo Park, CA 94025
records@facebook.com

Suppression of international cybercrime

here: Request concerning sections 14, 15 Telemedia Act, section 95
Code of Criminal   Procedure (StPO)

Dear Sir or Madam,

The local police in   /Germany is currently investigating on behalf of the above-mentioned Public Prosecutor's office in Frankfurt am Main (file number <AZ>), concerning a case of <Straftatbez. auf englisch, z.B. fraud, ransom etc.>.

The Facebook-account

holding the ID-number

using the name

is relevant to the ongoing criminal investigation.

(Within this context .../evtl. Näheres zu den gewünschten Informationen ausführen oder Text löschen)

According to section 15, section 14 Telemedia Act (TMG), section 95 Code of Criminal Procedure (StPO) we are kindly asking for submission of the following data:

1)   Please provide the basic subscriber data regarding the aforementioned facebook-account.

2)   Please provide IP-addresses that were used during logon on the facebook-account holding the ID-number   .

Brandau

Please send any information regarding this request to

<hier E-Mail-Adresse eintragen, an den die Auskunft gesandt werden soll>

with reference to „**hier JS-Aktenzeichen eintragen**".

Please do not contact the owner/user of the account, since this would jeopardize the ongoing criminal investigation.

(Hier ggf. noch mitteilen, ob der Account gesperrt werden darf oder ob dieses Vorgehen die Ermittlungen gefährden würde.)

If you have any further questions do not hesitate to give us a call or write an email to   .

Thank you for your cooperation.

Kind Regards

84 2. Deutscher Telemediendienstleister

Ermittlungsverfahren gegen ☐
☐ Unbekannt z. N.
wegen

Sehr geehrte Damen und Herren,

in dem vorbezeichneten Ermittlungsverfahren ist die Herausgabe von Nutzungsdaten durch Ihr Unternehmen erforderlich.

Zur Vermeidung einer Vorladung eines Verantwortlichen Ihres Hauses zu einer zeitaufwendigen Zeugenvernehmung bitte ich gemäß §§ 15 Abs. 1 und 5 S. 4, 14 Abs. 2 Telemediengesetz (TMG) in Verbindung mit §§ 161, 161a Strafprozessordnung (StPO) um Mitteilung der dort erhobenen Nutzungsdaten – **insbesondere der dort noch gespeicherten IP-Adressen inkl. Zeitstempel** – zu folgender Person/Kennung:

☐ Vorname:
  Name/Geburtsname:
  Geburtsdatum/-ort:
  Straße, Hausnummer:
  PLZ, Wohnort:

☐ IP-Adresse:	IP-Adresse	Datum	Uhrzeit	Zeitzone

☐ X-ID:	X-ID	Datum	Uhrzeit	Zeitzone

☐ Email-Adresse:
☐ ICQ-Nummer:
☐ AIM-Adresse:
☐ MSN Messenger:
☐ Yahoo-Messenger:
☐ Nutzername in sozialen
  Netzwerken/Foren etc.:
☐ andere Kennung (z.B.
  verwendete Passworte):

☒ Ferner bitte ich – soweit technisch möglich – um Überprüfung, ob unter der (den) festgestellten IP-Adresse/n an den jeweiligen Tagen auf weitere Benutzerkonten zugegriffen wurde und ggf. um deren Mitteilung sowie der präzisen Zeitpunkte der Zugriffe.

Gemäß § 1 Abs. TMG sind alle elektronischen Informations- und Kommunikationsdienste, soweit sie nicht ausschließlich in der Übertragung von Signalen über Telekommunikationsnetze bestehen bzw. telekommunikationsgestützte Dienste oder Rundfunk darstellen, Telemedien. Gemäß § 15 Abs. 4 S. 4 TMG in Verbindung mit § 14 Abs. 2 TMG in Verbindung mit § 161a StPO sind die Telemediendienste verpflichtet, Nutzungsdaten, also personenbezogene Daten, die erhoben werden um die Inanspruchnahme von Telemedien zu ermöglichen und abzurechnen, zum Zwecke der Strafverfolgung an die Strafverfolgungsbehörden herauszugeben. Die IP-Adressen, unter denen Kunden Ihr Angebot in Anspruch nehmen, stellen solche Nutzungsdaten gemäß § 15 Abs. 1 Nr. 1 TMG dar.

Vorsorglich weise ich darauf hin, dass das Urteil des BVerfG vom 02.03.2010 zur Vorratsdatenspeicherung (Az. 1 BvR 256, 263, 586/08) Ihre Auskunftspflicht über Nutzungsdaten nicht berührt, weil diese Entscheidung ausschließlich auf Grundlage der für nichtig erklärten §§ 113a, b Telekommunikationsgesetz gespeicherte Vorratsdaten betrifft.

Zusätzlich weise ich vorsorglich darauf hin, dass auch das Urteil des BVerfG vom 24.01.2012 (Az. 1 BvR1299/05) Ihre Auskunftspflicht über Nutzungsdaten nicht berührt, weil die Entscheidung ausschließlich Telekommunikationsdienste betrifft.

Die Beantwortung des o.g. Auskunftsersuchens kann eine staatsanwaltschaftliche Zeugenvernehmung von Mitarbeitern Ihres Hauses und Durchsuchungs- bzw. Beschlagnahmemaßnahmen entbehrlich machen. Nur höchst vorsorglich weise ich darauf hin, dass Zeugen gesetzlich verpflichtet sind, auf Ladung vor der Staatsanwaltschaft zu erscheinen und zur Sache auszusagen (§ 161a Abs. 1 StPO). Wer einen als Beweismittel in Betracht kommenden Gegenstand in seinem Gewahrsam hat, ist verpflichtet, ihn auf Erfordern vorzulegen und auszuliefern (§ 95 Abs. 1 StPO). Beide Verpflichtungen können mit Zwangsmitteln durchgesetzt werden und sind nicht von einem entsprechenden Gerichtsbeschluss abhängig (§ 95 Abs. 2 i.V.m. § 70 StPO).

Von der Benachrichtigung des Nutzers über das vorliegende Schreiben oder allgemein über die Existenz eines Ermittlungsverfahrens bitte ich abzusehen, da dies ein strafrechtlich relevantes Verhalten (z.B. Strafvereitelung, Begünstigung oder Beihilfe zu einer Straftat) darstellen könnte.

Gleiches kann für die unberechtigte Verweigerung oder vorsätzliche Verzögerung der Erteilung von Auskünften gelten.

Um die weiteren Ermittlungen nicht zu gefährden, dürfen auch Dritte über das vorliegende Auskunftsersuchen oder allgemein über die Existenz des laufenden Ermittlungsverfahrens nicht benachrichtigt oder informiert werden. Neben einer direkten Kontaktaufnahme mit einem mutmaßlichen Täter gilt dies namentlich auch für eine öffentliche Bekanntgabe in den Medien (Fernsehen, Rundfunk, Presse, Internet [z.B. in E-Mails, Foren, Chats, Blogs, Twitternachrichten, sozialen Netzwerken, etc.]), da die Möglichkeit besteht, dass der Täter hierüber Kenntnis von den gegen ihn geführten Ermittlungen erlangt und diese dadurch gefährdet werden. Eine Zuwiderhandlung kann ebenfalls ein strafrechtlich relevantes Verhalten (insbesondere eine Strafvereitelung gem. § 258 StGB) darstellen.

2. Mehrfertigung der Reinschrift von Ziffer 1 zu den Akten

3.

4. Wiedervorlage
   ☐ weitere Verfügung gesondert

(Unterschrift)

Brandau

85 **3. E-Mail-Account bei US-Dienstleister**

Staatsanwaltschaft ███████████████

Staatsanwaltschaft – ██████████████   Aktenzeichen:

Anschrift

Dst.-Nr.: ███
Bearbeiter/in:
Durchwahl:
Fax:
E-Mail:
Ihr Zeichen:
Ihre Nachricht:

Datum: 12.01.2016

Official request/administrative subpoena concerning \<sections 14, 15 Telemedia Act oder section 113 Telecommunications Act\>, section 161/163 German Code of Criminal Procedure

Dear Sir or Madam,

The Police Office in Ort is currently investigating on behalf of the above-mentioned Public Prosecutor's office (file number \<AZ\>) in ████████████, concerning a case of \<Straftatbez. auf englisch, z.B. fraud, ransom etc.\>.

According to \<sections 14, 15 Telemedia Act oder section 113 Telecommunications Act\>, section 161/163 German Code of Criminal Procedure, I am kindly asking for submission of subscriber data and IP-history that are related to the **\<Anzahl Accounts (Ziffer 1–9)\>** following email-accounts which are used by the perpetrator:

☐ \<Email-Adresse\>

Please send any information regarding this request to the following email-address **\<hier E-Mail-Adresse eintragen, an welche die Auskunft gesandt werden soll\>** with reference to **"hier JS-Aktenzeichen eintragen"**.

Please do not contact the owner/user of the account, since this would jeopardize the ongoing criminal investigation.

If you have any further questions do not hesitate to give us a call or write an email to   .

Thank you for your cooperation.

Kind regards

Public Prosecutor/Senior Public Prosecutor at the
Public Prosecutor's Office ████████████

Brandau

Kapitel 5
Design- und
Gemeinschaftsgeschmacksmusterstrafrecht

I. Allgemeines

Das Designrecht wurde im Jahre 2004 (damals als Geschmacksmusterrecht) grund- **1** sätzlich novelliert und hat sich seitdem als eigenständiges, von seinen urheber- und patentrechtlichen Wurzeln gelöstes Schutzrecht mit herausragender praktischer Bedeutung etabliert. Bis zum Zeitpunkt seiner Novellierung wurde es im Hinblick auf den Schutzgegenstand und die Schutzgewährung als zwischen dem Urheberrecht und den gewerblichen Schutzrechten stehend angesehen. Wie präsent diese Vorstellung auch noch nach der Novellierung gewesen ist, lässt sich an der Tatsache ablesen, dass sich die Rechtsprechung noch bis vor kurzem schwer tat, den Werken der angewandten Kunst zuzuordnenden Erzeugnissen und Produkten einen urheberrechtlichen Schutz zuzusprechen. Hier galt, dass ein Schutz der sog. „kleinen Münze" ausgeschlossen sei. Vielmehr wurde für den urheberrechtlichen Schutz von Werken der angewandten Kunst eine höhere Gestaltungshöhe gefordert, da diese Werke bereits durch als Geschmacksmuster hinreichend geschützt seien, soweit ihre Form einem Geschmacksmusterschutz zugänglich ist. Da sich schon die geschmacksmusterschutzfähige Gestaltung von der nicht geschützten Durchschnittsgestaltung abheben müsse, sei für die Urheberrechtsschutzfähigkeit ein noch weiterer Abstand, das heißt ein deutliches Überragen der Durchschnittsgestaltung zu fordern.[1]

Die gedankliche Trennung von Design- und Urheberrecht und somit eine Ent- **2** kopplung der Schutzvoraussetzungen dürfte nun vollzogen sein. So stellte der BGH in einer neueren Entscheidung fest, dass durch die Reform des damaligen Geschmacksmusterrechts keine bestimmte Gestaltungshöhe für den Schutz als Design erforderlich sei. § 2 Abs. 1 DesignG[2] fordert lediglich Neuheit und Eigenart, also ein „Anderssein" gegenüber dem bisher bekannten Formenschatz. Nachdem beide Schutzrechtsarten andersartige Schutzzwecke verfolgen und sich nicht ausschließen, dürfen keine höheren Anforderungen an den Urheberrechtschutz von Werken der angewandten Kunst als an den Urheberrechtschutz von Werken der zweckfreien Kunst gestellt werden.[3]

---

1 BGH, Urt. v. 22.6.1995 – I ZR 119/93 = GRUR 1995, 581 ff.
2 Alle Normen, die in diesem Abschnitt genannt werden, sind solche des Gesetzes über den rechtlichen Schutz von Designs (DesignG).
3 BGH, Urt. v. 13.11.2013 – I ZR 143/12 – Geburtstagszug = GRUR 2014, 175 ff.

3   Der Designschutz zielt allerdings nicht in erster Linie auf eine Honorierung der schöpferischen Leistung des Gestalters ab. Er will das Design als Marketinginstrument schützen. Im Vergleich zum Urhebergesetz kennt das Designrecht folgerichtig nur eingeschränkte „Persönlichkeits-" Rechte des Entwerfers, sieht das Eigentum eines von einem Arbeitnehmer-Gestalter kreierten Designs beim Arbeitgeber und erlaubt die vollständige Übertragung des Designs selbst.[4]

II. Anwendungsbereich der Straftatbestände

4   Wie auch hinsichtlich der Marken existieren drei – für das Gebiet der Bundesrepublik – relevante Arten von Geschmacksmustern. Das deutsche Design (bis zur Verkündung des Designgesetzes am 24. Februar 2014 als Geschmacksmuster bezeichnet), das Gemeinschaftsgeschmacksmuster als europaweit einheitliches Schutzrecht, und zwar als eingetragenes und nicht eingetragenes Gemeinschaftsgeschmacksmuster und das internationale Geschmacksmuster auf Grundlage des Haager Musterabkommens. Jede Verletzung dieser Arten von Geschmacksmustern wird durch die folgenden Straftatbestände des DesignG erfasst:

§ 51 DesignG – Strafvorschriften
    (1) Wer entgegen § 38 Absatz 1 Satz 1 ein eingetragenes Design benutzt, obwohl der Rechtsinhaber nicht zugestimmt hat, wird mit Freiheitsstrafe bis zu drei Jahren oder mit Geldstrafe bestraft.
    (2) Handelt der Täter gewerbsmäßig, so ist die Strafe Freiheitsstrafe bis zu fünf Jahren oder Geldstrafe.
    (3) Der Versuch ist strafbar.
    (4) In den Fällen des Absatzes 1 wird die Tat nur auf Antrag verfolgt, es sei denn, dass die Strafverfolgungsbehörde wegen des besonderen öffentlichen Interesses an der Strafverfolgung ein Einschreiten von Amts wegen für geboten hält.
    (5) Gegenstände, auf die sich die Straftat bezieht, können eingezogen werden. § 74a des Strafgesetzbuchs ist anzuwenden. Soweit den in § 43 bezeichneten Ansprü-

---

4 Der Entwerfer hat gegenüber dem Anmelder oder dem Rechtsinhaber das Recht, im Verfahren vor dem Deutschen Patent- und Markenamt und im Register als Entwerfer benannt zu werden, § 10, doch ist eine unterlassene Designerbenennung außerhalb des Verfahrens und des Registers im Gegensatz zur fehlenden Urhebernennung nicht – vor allem nicht strafrechtlich – sanktioniert. Der in seinem Nennungsrecht verletzte Urheber kann verlangen, dass sein Werk ohne die ihm zustehende Bezeichnung nicht mehr genutzt wird, und zwar auch dann, wenn er die Nutzung grundsätzlich gestattet hatte. Darüber hinaus kann er *Auskunft* gem. § 101 UrhG verlangen, vgl. Dreier/Schulze/*Schulze*, § 13 Rn 34. § 107 UrhG sieht zudem bis zu drei Jahre Freiheitsstrafe oder Geldstrafe für Fälle vor, in denen eine falsche Urheberbenennung erfolgt. Bei all dem ist zu bedenken, dass auch urheberrechtsfähige Werke als Design geschützt sein können mit der Folge, dass auch das Urheberrecht anwendbar ist.

chen im Verfahren nach den Vorschriften der Strafprozessordnung über die Entschädigung des Verletzten (§§ 403 bis 406c) stattgegeben wird, sind die Vorschriften über die Einziehung nicht anzuwenden.

(6) Wird auf Strafe erkannt, so ist, wenn der Rechtsinhaber es beantragt und ein berechtigtes Interesse daran dartut, anzuordnen, dass die Verurteilung auf Verlangen öffentlich bekannt gemacht wird. Die Art der Bekanntmachung ist im Urteil zu bestimmen.

§ 38 DesignG – Rechte aus dem eingetragenen Design und Schutzumfang

(1) Das eingetragene Design gewährt seinem Rechtsinhaber das ausschließliche Recht, es zu benutzen und Dritten zu verbieten, es ohne seine Zustimmung zu benutzen. (...)

Der Tatbestand des § 51 ist bei der Verletzung deutscher Designs und gemäß § 66 „auf 5
Eintragungen oder Registrierungen gewerblicher Muster und Modelle nach dem Haager Abkommen vom 6. November 1925 über die internationale Eintragung gewerblicher Muster und Modelle (...) (internationale Eintragungen), deren Schutz sich auf das Gebiet der Bundesrepublik Deutschland bezieht, entsprechend anzuwenden (...)". Somit erfasst § 51 nationale Designs und internationale Registrierungen von Geschmacksmustern, die sich auf das Gebiet der Bundesrepublik Deutschland erstrecken, und zwar aufgrund der Benennung der Bundesrepublik Deutschland. Für die Verletzung des Gemeinschaftsgeschmacksmusters gilt hingegen § 65:

§ 65 DesignG – Strafbare Verletzung eines Gemeinschaftsgeschmacksmusters

(1) Wer entgegen Artikel 19 Absatz 1 der Verordnung (EG) Nr. 6/2002 ein Gemeinschaftsgeschmacksmuster benutzt, obwohl der Inhaber nicht zugestimmt hat, wird mit Freiheitsstrafe bis zu drei Jahren oder mit Geldstrafe bestraft.

(2) § 51 Absatz 2 bis 6 gilt entsprechend.

Praxistipp
Sofern in der internationalen Anmeldung das Gebiet der Europäischen Gemeinschaft benannt ist, ist für solche Muster § 65 über Artikel 106a anwendbar.

Artikel 19 (Rechte aus dem Gemeinschaftsgeschmacksmuster) formuliert die Rechte 6
des Inhabers eines Gemeinschaftsgeschmacksmusters wie folgt:

(1) Das eingetragene Gemeinschaftsgeschmacksmuster gewährt seinem Inhaber das ausschließliche Recht, es zu benutzen und Dritten zu verbieten, es ohne seine Zustimmung zu benutzen. Die erwähnte Benutzung schließt insbesondere die Herstellung, das Anbieten, das Inverkehrbringen, die Einfuhr, die Ausfuhr oder die Benutzung eines Erzeugnisses, in das das Muster aufgenommen oder bei dem es verwendet wird, oder den Besitz des Erzeugnisses zu den genannten Zwecken ein.

Rehaag

III. Entstehung und Dauer des Design- und Gemeinschaftsgeschmacksmusterschutzes

7   Der Schutz entsteht mit der Eintragung in das Register, die Schutzdauer beträgt 25 Jahre (§ 27 Abs. 1 und 2). Eine Vorverlagerung des Schutzes tritt zugunsten dessen ein, der ein Design auf einer anerkannten nationalen oder internationalen Ausstellung öffentlich zur Schau gestellt hat, wenn er die Anmeldung beim Register innerhalb von sechs Monaten seit der erstmaligen Zurschaustellung einreicht (§ 15 Abs. 1). Diese Regel verschafft eine Ausstellungspriorität, die den Zweck hat, der Ausstellung eines Designs die neuheitsschädliche Wirkung zu nehmen.[5]

8   Die Schutzdauer bei dem Gemeinschaftsgeschmacksmuster beträgt nur fünf Jahre, wobei aber Verlängerungen bis zu einer Gesamtschutzdauer von 25 Jahren möglich sind.

9   Nach dem Ablauf der Schutzfrist kommt gegen unerlaubte Nachahmung nur noch ein wettbewerbsrechtlicher Leistungsschutz wegen nachschaffender Leistungsübernahme (§ 4 Nr. 9a) UWG) oder Rufausbeutung (§ 4 Nr. 9b) UWG) in Betracht, die aber nicht strafbewehrt sind.

IV. Voraussetzung des Design- und Gemeinschaftsgeschmacksmusterschutzes

10   Unabhängig von der Art des Geschmacksmusters oder Designs kann jedes Muster geschützt werden, das geschmacksmusterfähig ist, im Anmeldezeitpunkt neu ist und Eigenart hat sowie nicht einem Schutzausschluss unterliegt.

1. Geschmacksmusterfähigkeit

11   Das Design schützt die zweidimensionale oder dreidimensionale Erscheinungsform eines ganzen Erzeugnisses oder eines Teils davon, die sich insbesondere aus den Merkmalen der Linien, Konturen, Farben, der Gestalt, Oberflächenstruktur oder der Werkstoffe des Erzeugnisses selbst oder seiner Verzierung ergibt, § 1 Nr. 1, Art. 3.[6]

12   Ein Erzeugnis ist gem. § 1 Nr. 2, Art. 3 jeder industrielle oder handwerkliche Gegenstand, einschließlich Verpackung, Ausstattung, also die Aufmachung der Ware, grafischer Symbole und typografischer Schriftzeichen sowie von Einzelteilen, die zu einem komplexen Erzeugnis zusammengebaut werden sollen. Die im deutschen

---

5 Eichmann/von Falckenstein/*Kühne*, § 15 Rn 2.
6 Im Folgenden sind Artikel ohne weitere Angabe solche der VERORDNUNG (EG) Nr. 6/2002 DES RATES vom 12.12.2001 über das Gemeinschaftsgeschmacksmuster.

etwas ungewöhnlich klingende Formulierung „industrieller oder handwerklicher Gegenstand" ist infolge der unmittelbaren Übersetzung der englischen Fassung der europäischen Richtlinie in den Gesetzestext gelangt, meint jedoch lediglich einen Gegenstand, der industriell oder handwerklich hergestellt werden kann.[7] Geschützt werden kann die Erscheinungsform eines jeden Produkts, seien es Elektronikartikel, Automobile oder Teile von Erzeugnissen. Zur Illustrierung sollen bekannte Erzeugnisse dienen wie ein Tablet eines bekannten Herstellers:[8]

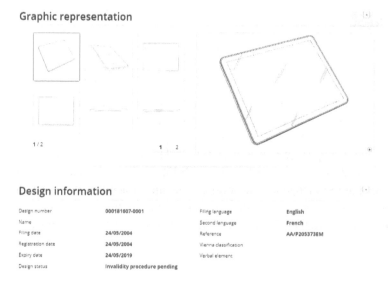

oder ein bekanntes Kfz:[9]

13

---

7 Eichmann/von Falckenstein/Kühne/*Eichmann*, § 1 Rn 16.
8 Inhaber: Apple Inc., 1 Infinite Loop, Cupertino California 95014-2084, USA, zit. nach: https://euipo.europa.eu/eSearch/#details/designs/000181607-0001.
9 Inhaber: Bayerische Motoren Werke Aktiengesellschaft, AJ-55, D-80788 München, zit. nach: https://euipo.europa.eu/eSearch/#details/designs/000511639-0001.

14 Ein komplexes Erzeugnis ist ein Erzeugnis aus mehreren Bauelementen, die sich ersetzen lassen, so dass das Erzeugnis auseinander- und wieder zusammengebaut werden kann, wie das im Folgenden eingeblendete Cockpit eines Kraftfahrzeugs:[10]

15 *Grafische Symbole* sind vor allem bildliche Zeichen, durch die ein Bedeutungsinhalt mitgeteilt wird, z.B. Piktogramme, Tierkreiszeichen, Halbmond, Komet. Auch Fantasiezeichen können grafische Symbole sein.[11]

16 Der Schutz von *typografischen Schriftzeichen* wird in Deutschland durch das Designrecht gewährt. Man mag einwenden, dass Schriftzeichen weder im juristischen noch im allgemeinen Sprachgebrauch Gegenstände sind. Nachdem die in § 1 Nr. 2 konkret aufgeführten Gegenstände jedoch lediglich eine beispielhafte Aufzählung darstellen, werden Schriften auch von der Definition erfasst, wie die folgenden Einblendungen zeigen:[12]

---

10 Inhaber: Volkswagen AG, Brieffach 011/1770, D-38436 Wolfsburg, zit. nach https://euipo. europa.eu/eSearch/#details/designs/000001763-0002.

11 Bulling/Langöhrig/Hellwig S. 9 Rn 32.

12 Inhaber: Robert Bosch GmbH, Wernerstr. 1, D-70469 Stuttgart, zit. nach: https://euipo.europa. eu/eSearch/#details/designs/000232608-0003 und https://euipo.europa.eu/eSearch/#basic/1+1+1+ 1/50+50+50+50/000232608-0004.

Durch das Design ist nicht der Bedeutungsgehalt von Schriftzeichenfolgen ge- 17
schützt.

Einzelteile, die zu einem komplexen Erzeugnis zusammengebaut werden kön- 18
nen, sind nach i.S.d. § 1 Nr. 2 geschmackmusterfähig. Die Nennung der Einzelteile
hat eine lediglich klarstellende Bedeutung, denn § 1 Nr. 1 benennt Teile von Erzeugnissen ausdrücklich als musterfähig. Ob der Inhaber von der Verkehrsfähigkeit der
Einzelteile außerhalb ihres Zusammenhangs in einem komplexen Erzeugnis Gebrauch macht, ist gleichgültig.[13] So sind auch außerhalb eines komplexen Erzeugnisses nicht vertriebene Einzelteile geschmacksmusterfähig.[14]

000336391-0001

Design information		Owner information	
Design number	000336391-0001	Owner ID number	115555
Filing date	28/04/2005	Owner name	VOLVO CAR CORPORATION
Locarno class number	12.16		
Indication of the product	Bumpers for vehicles	Representative information	
Design status	Registered and fully published (A1)	Representative ID number	12238
		Representative name	VALEA AB
Reference	M1465EU00		

Bis zu einer etwaigen gemeinschaftsrechtlichen Neuregelung richtet sich die Rege- 19
lung für Reparaturen mit Must-Match-Teilen nach § 73 Abs. 1. Ein Schutz für Karos-
serieteile von Kraftfahrzeugen verstößt nicht gegen Art. 27 Nr 1 EuGVÜ.[15]

Ein Computerprogramm gilt nicht als Erzeugnis, kann jedoch durch eine soft- 20
waregenerierte Darstellung als Design geschützt sein. *Bildschirmdarstellungen* sind
zwar keine Gegenstände im eigentlichen Sinn der deutschen Sprache, aber Objekte
mit zweidimensionaler Erscheinungsform. Die Sichtbarkeit auf dem Bildschirm genügt für die Musterfähigkeit, weil sie grafischen Symbolen ähnlich sind, die auf einem Bildschirm wiedergegeben werden.[16] Zu bedenken ist, dass im Hinblick auf die
grafische Darstellbarkeit als Eintragungserfordernis sich bewegende Bilder schwierig zu schützen sein werden. Hier kann jedoch das Urheberecht anwendbar sein,
vgl. § 2 Abs. 1 Nr. 6 UrhG.[17]

---

13 Eichmann/von Falckenstein/Kühne/*Eichmann*, § 1 Rn 39.
14 Inhaber: VOLVO CAR CORPORATION, Torslanda, SE-405 31 Göteborg, zit. nach: https://euipo.
europa.eu/eSearch/#details/designs/000336391-0001.
15 EuGH 11.5.2000 – „Renault/Maxicar" = GRUR Int 2000, 759 ff.
16 Eichmann/von Falckenstein/Kühne/*Eichmann*, § 1 Rn 26. Zum ebenfalls möglichen Schutz durch
das Urheberrecht: EuGH, Urt. v. 22.12.2010 – C-393/09 – BSA/Kulturministerium = GRUR 2011, 220 ff.
17 So die h.M. und die vorherrschende Literaturansicht: OLG Hamburg, Urt. v. 31.3.1983 – 3 U
192/82 – PUCKMAN = GRUR 1983, 436, 437; OLG Hamburg, Urt. v. 12.10.1989 – 3 U 75/89 – Super
Mario III = CR 1990, 770, 771; Schricker/Loewenheim/*Loewenheim*, § 2 Rn 183; Schricker/Loewen-
heim/*Katzenberger*, § 95, Rn 7, 12; *Nordemann*, GRUR 1981, 891 893 f.; Wandtke/Bullinger/*Mane-
gold/Czernik*, Vor §§ 88 ff., Rn 61 ff.

2. Ausschluss vom Designschutz

21 Vom Designschutz ausgeschlossen sind:

aa) Komplexe Erzeugnisse, bei denen die Erscheinungsmerkmale von Erzeugnissen ausschließlich durch deren technische Funktion bedingt sind, § 3 Abs. 1 Nr. 1.

bb) Verbindungsteile, die zwangsläufig in ihrer genauen Form und ihren genauen Abmessungen nachgebildet werden müssen, damit das Erzeugnis, in das das Design aufgenommen oder bei dem es verwendet wird, mit einem anderen Erzeugnis mechanisch zusammengebaut oder verbunden oder in diesem, an diesem oder um dieses herum angebracht werden kann, so dass beide Erzeugnisse ihre Funktion erfüllen, § 3 Abs. 1 Nr. 2 DesignG, Art. 8 Abs. 2 GGV.

Damit sind Verbindungsteile gemeint, also solche Elemente eines Bauteils, die der Verbindung mit einem anderen Bauteil dienen. Es handelt sich dabei um die sogenannten „must fit"-Elemente, deren Form durch die innewohnende Verbindungsfunktion vorgegeben ist. Wenn diese Voraussetzung vorliegt, stellt dies eine Ausnahme von der Musterfähigkeit dar. Ziel des § 3 Abs. 1 Nr. 2, Art. 8 Abs. 2 GGV ist es zu verhindern, dass Hersteller von Produkten mit Verbindungselementen Wettbewerb mit substituierbaren Produkten verhindern, die zu dem aufnehmenden Produkt passen. Bei Ersatzteilen oder Verbrauchsgegenständen, auch wenn sie mechanisch miteinander zu verbinden sind, liegt dies nicht vor.

cc) Ersatzteile, Bauelemente

Für die Gestaltung von must-match-Bauteilen, wie z.B. nach Einbau sichtbaren Kfz-Ersatzteilen, bei denen auch die äußere Gestaltung unabhängig von Verbindungsteilen relevant ist, ist § 3 Abs. 1 Nr. 2 nicht anwendbar. Für diese gilt vielmehr § 73 Abs. 1,[18] durch den die Benutzung von Bauelementen gestattet ist, wenn diese der Reparatur eines komplexen Erzeugnisses zur Wiederherstellung von dessen ursprünglicher Erscheinungsform dienen soll. Diese Privilegierung des Ersatzteilhandels greift aber nur, wenn die Benutzung des angegriffenen Designs schon nach dem Geschmacksmustergesetz alter Fassung nicht hätte verhindert werden können. Demzufolge kommt es darauf an, ob nach alter Gesetzeslage erfolgreich aus dem Geschmacksmuster gegen dieselbe Benutzungshandlung hätte vorgegangen werden können.[19] Nach der alten Gesetzeslage waren Ersatzteile für PKW oder LKW als Geschmacksmuster schutzfähig,[20] so dass auch heute noch deren unbefugte Benutzung das (womöglich neue) Designrecht des Herstellers verletzt.[21]

---

18 Eichmann/von Falkenstein/Kühne/*Eichmann*, § 73 Rn 4.
19 Bulling/Langöhrig/Hellwig S. 44 Rn 186.
20 Stöckel/*Lüken*, S. 440.
21 So auch LG Frankfurt a.M., Beschl. v. 26.8.2013 – 5/2 Qs 19/13.

Ein Erzeugnis ist dann als Bauelement anzusehen, wenn es nach der Verkehrsauffassung einen Bestandteil des Gesamtgegenstandes bildet und nicht als etwas diesem Hinzugefügtes anzusehen ist.

Nicht als Bauelement zu betrachten sind in Einklang mit dem engen Verständnis des Art. 26 Abs. 2 TRIPS u.a. Einzelgegenstände, deren Lebensdauer erheblich kürzer ist als die des Gesamtgegenstandes. Dies gilt nach herrschender Auffassung insbesondere für Verbrauchsmaterialien wie z.B. Druckerkartuschen.[22] Darüber hinaus wird gemäß Art. 4 Abs. 2a) GGV verlangt, dass das Element oder Ersatzteil bei bestimmungsgemäßer Verwendung sichtbar ist. Dieses Erfordernis definiert sich als eine Verwendung durch den Endbenutzer, von der Instandhaltungs-, Wartungs- oder Reparaturarbeiten ausgenommen sind. Das Auswechseln von Verbrauchsmaterialien zählt im Alltagsverständnis weder zu den Instandhaltungs-, Wartungs- oder Reparaturarbeiten gemäß Art. 4 Abs. 3 GGV und stellt auch kein Auseinanderbauen und Wiederzusammenbauen dar. Es handelt sich vielmehr um einen Teil der bestimmungsgemäßen Verwendung.[23] Wenn bei einem Drucker oder Kopierer der Toner ausgewechselt wird, ist das Element für den Endverbraucher sichtbar, damit ist dem Sichtbarkeitserfordernis genügt. Nicht von Art. 4 Abs. 2 Ziff. a GGV vorausgesetzt wird, dass das Bauelement zu jedem Zeitpunkt der Verwendung des Erzeugnisses in seiner Gesamtheit klar sichtbar ist. Der Designschutz von Tonerkartuschen, sofern diese besonders verziert oder gestaltet sind, ist damit zu bejahen.

dd) Designs, die gegen die öffentliche Ordnung oder gegen die guten Sitten verstoßen.

ee) Designs, die eine missbräuchliche Benutzung eines der in Artikel 6 der Pariser Verbandsübereinkunft zum Schutz des gewerblichen Eigentums aufgeführten Zeichen oder von sonstigen Abzeichen, Emblemen und Wappen von öffentlichem Interesse darstellen, § 3 Abs. 1 DesignG und Art. 8 Abs. 1 GGV.

ff) Vorbenutzung

Der Designschutz nach § 38 ist ferner ausgeschlossen, wenn ein Dritter vor dem Anmeldetag des eingetragenen Designs ein identisches Design, das unabhängig von dem eingetragenen entwickelt wurde, gutgläubig in Benutzung genommen hat, sog. Vorbenutzungsrecht (§ 41 Abs. 1). Dieses berechtigt den Dritten, die Benutzung fortzusetzen oder Vorbereitungshandlungen in die beabsichtigte Benutzung zu überführen. Das Vorbenutzungsrecht dient dem Investitionsschutz, es soll verhindert werden, dass ein bereits vorhandener oder angelegter Besitzstand des Dritten zerstört wird.[24]

---

22 Eichmann/von Falckenstein/Kühne/*Eichmann*, § 4 Rn 3; *Ruhl*, Art. 4 Rn 18.
23 *Ruhl*, Art. 4 Rn 17.
24 Eichmann/von Falckenstein/Kühne/*Eichmann*, § 41 Rn 4.

3. Neuheit

22 Ein Design gilt als neu, wenn vor dem Anmeldetag kein identisches Design offenbart worden ist. Designs gelten als identisch, wenn sich ihre Merkmale nur in unwesentlichen Einzelheiten unterscheiden, § 2 Abs. 2. Gleiches wird für das eingetragene und nicht eingetragene Gemeinschaftsgeschmackmuster bestimmt: Ein Gemeinschaftsgeschmacksmuster gilt als neu, wenn der Öffentlichkeit im Fall nicht eingetragener Gemeinschaftsgeschmacksmuster vor dem Tag, an dem das Geschmacksmuster, das geschützt werden soll, erstmals der Öffentlichkeit zugänglich gemacht wird, und im Fall eingetragener Gemeinschaftsgeschmacksmuster vor dem Tag der Anmeldung zur Eintragung des Geschmacksmusters, das geschützt werden soll, oder, wenn eine Priorität in Anspruch genommen wird, vor dem Prioritätstag, kein identisches Geschmacksmuster zugänglich gemacht worden ist, Art. 5 Abs. 1.

23 Eine Offenbarung bzw. ein Zugänglichmachen liegt vor, wenn das Design bzw. Gemeinschaftsgeschmacksmuster bekannt gemacht, ausgestellt, im Verkehr verwendet oder auf sonstige Weise der Öffentlichkeit zugänglich gemacht wurde, es sei denn, dass dies den in der Gemeinschaft tätigen Fachkreisen des betreffenden Sektors im normalen Geschäftsverlauf vor dem Anmeldetag des Designs nicht bekannt sein konnte. Ein Design gilt nicht als offenbart, wenn es einem Dritten lediglich unter der ausdrücklichen oder stillschweigenden Bedingung der Vertraulichkeit bekannt gemacht wurde, § 5, Art. 7. Es gilt somit ein relativ-objektiver Neuheitsbegriff, denn es wird nicht generell auf das Vorhandensein einer Gestaltung abgestellt, sondern auf die Kenntnis in einem bestimmten Personenkreis.

Praxistipp

Es kommt somit nicht auf eine Offenbarung innerhalb der EU an. Konnte das Design „den in der Gemeinschaft tätigen Fachkreisen des betreffenden Sektors im normalen Geschäftsverlauf" bekannt sein, weil es z.B. auf einer wesentlichen und typischerweise von den Fachkreisen stets besuchten Fachmesse ausgestellt worden war, so fehlt es an der Neuheit.[25] Auch die Darstellung auf von Fachkreisen typischerweise besuchter Webseiten maßgeblicher Unternehmen kann neuheitsschädlich sein. Dabei ist gleich, ob sich diese Seite gezielt an Fachkreise in der EU wendet. Grundsätzlich sind alle zugänglichen Erscheinungsformen bei der Neuheitsprüfung in Betracht zu ziehen. Wichtig ist, dass auch amtliche Veröffentlichungen von Geschmacksmustern, Patenten und Marken sowie Darstellungen in nicht-amtlichen Magazinen und Zeitungen dem Formenschatz zuzurechnen sind, weil diese Publikationen den in der Gemeinschaft tätigen Fachkreisen bekannt sein können. Auch entgegen einer Vertraulichkeitsvereinbarung offenbarte Designs bzw. zugänglichgemachte Gemeinschaftsgeschmacksmuster sind neuheitsschädlich. Dass gegen ein vertragliches Verbot verstoßen wurde, schadet hier nicht.

---

25 OLG Frankfurt a.M., Urt. v. 12.8.2004 – 6 U 91/04 – Kanton-Messe = GRUR-RR 2004, 320, 321; LG Frankfurt, Urt. v. 17.3.2004 – 3/12 O 5/04 – Ab Swing-Hometrainer = GRUR-RR 2005, 4, 5 f.; BGH, Urt. v. 9.10.2008 – I ZR 126/06 – Gebäckpresse= GRUR 2009, 79, 81.

Geschmacksmuster gelten als identisch, wenn sich ihre Merkmale nur in unwesentli- **24**
chen Einzelheiten unterscheiden. In der Praxis reichen schon sehr geringfügige Unterschiede zwischen dem älteren und dem jüngeren Muster aus, um die Neuheit des
jüngeren Musters annehmen zu können. Insoweit ist die Neuheit eines Designs bei
der Eintragung eine leicht zu überwindende Schwelle.[26] Ist der Abstand zwischen den
Designs jedoch sehr gering, so ist ggf. die Voraussetzung der Eigenart nicht erfüllt.

4. Eigenart

Neben der Neuheit, die lediglich ein sehr grober Rechen ist, um nichtschutzwürdige **25**
Gestaltungen auszuscheiden, erfordert ein Design Eigenart. Der Begriff Eigenart
mag heute eine etwas merkwürdige Konnotation tragen. Der deutsche Gesetzgeber,
der sich an dem Begriff des Geschmacksmusters störte, hätte auch hier auf einen
gewohnteren Begriff zurückgreifen und eine besser passende Übersetzung des in
der englischen Fassung der Richtlinie 6/2002 verwendeten „individual character"
verwenden können, zumal dies auch besser umschreibt, was eigentlich mit „Eigenart" gemeint ist.[27] Die Verwendung des Terminus „eigenständige Prägung" statt „Eigenart" würde hier die richtige Richtung vorgeben.[28] Ein Design hat nämlich Eigenart, wenn sich der Gesamteindruck, den es beim informierten Benutzer hervorruft,
von dem Gesamteindruck unterscheidet, den ein anderes Design bei diesem Benutzer hervorruft, das vor dem Anmeldetag offenbart worden ist (§ 2 Abs. 3 und Art. 6
Abs. 1). Der Sache nach geht es um die Unterschiedlichkeit von neuem und den vorbekannten Mustern, sprich um das Anderssein oder die Eigenständigkeit des Entwurfs.[29] Entscheidend für die Eigenart sind weder Gestaltungshöhe oder Kreativität
noch Ästhetik, wenngleich natürlich eine besonders außergewöhnliche Gestaltung
per se einen großen Abstand zu den vorbekannten Formen hat. Bei der Beurteilung
der Eigenart wird der Grad der Gestaltungsfreiheit des Entwerfers bei der Entwicklung des Designs berücksichtigt, § 2 Abs. 3 und Art. 6 Abs. 2. Je eingeschränkter der
Entwerfer in seiner Gestaltungsfreiheit war, desto geringer darf der notwendige Abstand zu vorbekannten Designs ausfallen.[30]

   Eine hohe Musterdichte und ein kleiner Gestaltungsspielraum des Entwerfers **26**
können also dazu führen, dass bereits geringe Gestaltungsunterschiede beim infor-

---

26 *Ruhl*, Art. 5 Rn 2.
27 Zum Werdegang des Begriffes „Eigenart", Eichmann/von Falckenstein/Kühne/*Eichmann*, § 2
Rn 12.
28 Zur Wortwahl anderer Mitgliedsstaaten, Eichmann/von Falckenstein/Kühne/*Eichmann*, § 2
Rn 13.
29 Eichmann/von Falckenstein/Kühne/*Eichmann*, § 2 Rn 15.
30 BGH, Urt. v. 24.3.2011 – I ZR 211/08 = GRUR 2011, 1112 ff.

mierten Benutzer einen anderen Gesamteindruck hervorrufen, während eine geringe Musterdichte und damit ein größerer Gestaltungsspielraum selbst bei größeren Unterschieden möglicherweise keinen anderen Gesamteindruck erwecken. Dabei gehen Einschränkungen der Gestaltungsfreiheit aufgrund technischer Zwänge oder rechtlicher Normen zur Standardisierung von Produktmerkmalen nicht zu Lasten der Eigenart.[31] Ebenso wird die Gestaltungsfreiheit durch Erwartungen des Marktes an ein bestimmtes gattungsmäßiges Erscheinungsbild eingeschränkt.[32]

27   Aus dem vorstehenden ergibt sich das folgende Prüfungsschema zur Ermittlung der Eigenart:

1.   Bestimmung des Kreises der informierten Benutzer
2.   Feststellung des vorbekannten Formenschatzes
3.   Bestimmung der Eigenart und Vergleich des Gesamteindrucks

a) Der informierte Benutzer

28 Zur Beurteilung, ob das angegriffene Muster beim informierten Benutzer keinen anderen Gesamteindruck als das eingetragene Muster erweckt, sind zunächst der Gesamteindruck des angegriffenen Musters und der Gesamteindruck des eingetragenen Musters zu ermitteln. Sodann ist zu prüfen, ob der Gesamteindruck des angegriffenen Musters mit dem Gesamteindruck des eingetragenen Musters übereinstimmt. Dabei sind nicht nur die Übereinstimmungen, sondern auch die Unterschiede der Muster zu berücksichtigen.[33]

29   Wer aber ist der informierte Benutzer, wie und mit welcher Aufmerksamkeit widmet er sich dem Vergleich der einander gegenüberstehenden Designs und Geschmackmuster und welche Kenntnisse hat er, die in sein Urteil einfließen? Laut EuGH steht der Begriff des informierten Benutzers inhaltlich zwischen dem im Markenbereich anwendbaren Begriff des Durchschnittsverbrauchers, von dem keine speziellen Kenntnisse erwartet werden und der im Allgemeinen keinen direkten Vergleich zwischen den einander gegenüberstehenden Marken anstellt, und dem des Fachmanns als Sachkundigen mit profunden technischen Fertigkeiten liegt.[34] Somit kann der Begriff des informierten Benutzers als Bezeichnung eines Benutzers verstanden werden, dem eine durchschnittliche Aufmerksamkeit, aber eine besondere Wachsamkeit eigen ist, sei es wegen seiner persönlichen Erfahrung oder seiner umfangreichen Kenntnisse in dem betreffenden Bereich.[35]

---

31 EuG, Urt. v. 18.3.2010 – T-9/07 = GRUR-RR 2010, 189 ff.
32 *Becker*, S. 45.
33 BGH, Urt. v. 7.4.2011 – I ZR 56/09.
34 EuGH, Urt. v. 20.10.2011 – C-281/10 – PepsiCo/HABM = BeckEuRS 2011, 621119.
35 EuGH, Urt. v. 20.10.2011 – C-281/10 – PepsiCo/HABM = BeckEuRS 2011, 621119.

Wenn es darum geht, welche Vergleichsmöglichkeit und Entscheidungsgrund- 30
lage der informierte Benutzer hat, gilt Folgendes: Der informierte Benutzer wird soweit möglich, einen direkten Vergleich der fraglichen Geschmacksmuster vornehmen. Es kann jedoch nicht ausgeschlossen werden, dass ein solcher Vergleich im betreffenden Bereich undurchführbar oder ungewöhnlich ist, insbesondere wegen spezieller Umstände oder der Merkmale der Gegenstände, die die Geschmacksmuster darstellen.[36] Ob ein solcher Vergleich anzunehmen ist, hängt also von den Erzeugnissen ab, für die das Design benutzt wird, m.a.W. ist es keine Prämisse, dass ein informierter Benutzer in jedem Fall einen direkten Vergleich der Geschmacksmuster vornimmt.

Schließlich setzt die Bezeichnung „informiert" voraus, dass der Benutzer, ohne 31
dass er ein Entwerfer oder technischer Sachverständiger wäre, verschiedene Geschmacksmuster kennt, die es in dem betroffenen Wirtschaftsbereich gibt, dass er gewisse Kenntnisse in Bezug auf die Elemente besitzt, die diese Geschmacksmuster für gewöhnlich aufweisen, und dass er diese Produkte auf Grund seines Interesses an ihnen mit vergleichsweise großer Aufmerksamkeit benutzt.

Deutsche Gerichte wenden diese Rechtsprechung auf Grund der Harmonisie- 32
rung des Geschmacksmusterrechts an. In einem Verletzungsstreit hatte das OLG Frankfurt zu bestimmen, wer informierter Benutzer im Hinblick auf die Gestaltung von Kaffeetassen sein könnte. Maßgeblich sei, so dass OLG „das **Verständnis** desjenigen, der mit Kaffee- oder Teetassen einigermaßen vertraut ist, insbesondere über gewisse Kenntnisse über die Elemente verfügt, die diese Produkte regelmäßig aufweisen, und diese Produkte mit vergleichsweise großer Aufmerksamkeit benutzt und betrachtet. Seine Kenntnisse und der Grad seiner Aufmerksamkeit sind zwischen denen eines durchschnittlich informierten, situationsadäquat aufmerksamen Verbrauchers und denen eines Fachmanns anzusiedeln".[37] Dem EuGH folgend[38] sollen bei Werbezugaben für Kinderspielwaren als informierter Benutzer sowohl fünf- bis zehnjährige Kinder als auch Marketingmanager bei der Bewertung der Eigenart berücksichtigt werden.[39]

---

36 EuGH, Urt. v. 20.10.2011 – C-281/10 – PepsiCo/HABM = BeckEuRS 2011, 621119.
37 OLG Frankfurt, Urt. v. 31.1.2013 – 6 U 29/12 – Henkellose Tasse = GRUR-RR 2013, 251, 252.
38 EuG, Urt. v. 18.3.2010 – T-9/07 = GRUR-RR 2010, 189 ff.
39 Wegen des zivilprozessualen Beibringungsgrundsatzes, wonach das Gericht nur diejenigen Tatsachen seiner Entscheidung zugrunde legen darf, die von den Parteien zum Prozessstoff gemacht worden sind, ist IM Zivilprozess letztlich das jeweils befasste Gericht der informierte Benutzer, Eichmann/v. Falckenstein/Kühne/*Eichmann*, § 3 Rn 35. Versäumt es der Anspruchsgegner, dem Gericht die nötigen Entgegenhaltungen vorzulegen (das OLG Frankfurt a.M. geht in dem Fall obendrein von einem weiten Schutzumfang des Geschmacksmusters aus, was zu einer weiteren Bevorzugung des Musterinhabers führt, vgl. OLG Frankfurt, Beschl. v. 31.5.2010 – 6 W 50/10 – Sequestrationsanspruch = GRUR-RR 2011, 66 f.; *Schabenberger*, GRUR-Prax 2010, 393 ff.) ist dieses ggf. unzulänglich unterrichtet, urteilt aber gleichwohl als informierter Benutzer, *Klawitter*, GRUR-Prax 2011, 337, 338.

b) Der Formenschatz

33 Der Formenschatz umfasst alle am Tag der Anmeldung oder geltend gemachten Priorität offenbarten bzw. zugänglich gemachten Muster. Allein die unter die sog. Neuheitsschonfrist fallenden eigenen Gestaltungen des Schutzrechtsinhabers nach § 6 und Art. 7 Abs. 2 sind hier – wie für die Neuheit – unschädlich.

Praxistipp

Hier kommen zunächst sämtliche Quellen in Betracht, d.h. amtliche Veröffentlichungen von Geschmacksmustern, Patenten und Marken, deutsche Geschmacksmuster, internationale Geschmacksmuster, US patent designs (das US-amerikanische Gegenstück zum Design) sowie andere Veröffentlichungen und Darstellungen in nicht-amtlichen Magazinen und Zeitungen, Webseiten etc.[40]

---

c) Bestimmung der Eigenart und Vergleich des Gesamteindrucks

34 Bei der Bestimmung der Eigenart, m.a.W. des Gesamteindrucks, empfiehlt sich oftmals die Anfertigung einer sog. Merkmalsanalyse. Sie ist ein Hilfsmittel für die Erfassung von Unterschieden und Ähnlichkeiten zwischen den Mustern. Ausgangspunkt ist das verletzte Design oder Geschmacksmuster. Die Schwierigkeit besteht darin, Eigenschaften präzise und in einer Form zu verbalisieren, die einen späteren Vergleich ermöglicht. Es sollen daher insbesondere strukturelle Merkmale erfasst werden, Grundformen einzelner Bestandteile, die Anordnung im Erzeugnis, das Verhältnis der Merkmale zueinander wie z.B. symmetrisch, asymmetrisch, längs diagonal, Längen-Breiten- und Größenverhältnisses, Assoziationen zu den verwendeten Formen. Statt vieler Worte soll das folgende Beispiel zeigen, wie eine solche Analyse der Merkmale aussehen kann. Maßgeblich ist, welche Merkmale prägend für die Eigenart des Designs sind,[41] und wie sich dazu die Merkmale des beanstandeten Erzeugnisses verhalten. Das zu analysierende Gemeinschaftsgeschmacksmuster stellt sich wie folgt dar:[42]

---

40 Z.B. OLG Düsseldorf, Urt. v. 24.8.2010 – 20 U 54/10 = BeckRS 2011, 09111.
41 OLG Hamburg, Urt. v. 20.12.2006 – 5 U 135/05 = NJOZ 2007, 3055.
42 Inhaber des dargestellten Gemeinschaftsgeschmacksmusters: Maxi Miliaan B.V., Korendijk 5, NL-5704 RD Helmond, Wiedergegeben nach https://euipo.europa.eu/eSearch/#details/designs/000049655-0003.

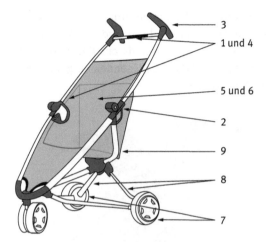

Die Gestaltungsmerkmale dieses Musters können wie folgt beschrieben werden: 35

1. elliptisch geformter Rahmen aus metallischhellen Stangen, dessen Ellipsenform nur im oberen Bereich durch eine horizontal verlaufende metallischhelle Stange begrenzt wird;

2. Applikationen aus schwarzem Material an den Gelenkstellen und am unteren Ende des Rahmens;

3. Griffe aus schwarzem Material, die die äußeren Streben des Rahmens fortsetzen und nach vorne zeigen;

4. horizontal verlaufende Verbindung der Griffe mit einem schwarzen Versatzstück um das sich in der Mitte befindende Gelenk herum;

5. Sitzfläche aus gespanntem Stoff, die den Rahmen ausfüllt und in den Rahmen eingespannt ist;

6. hängemattenartige Form der Sitzfläche, die einstufig in den Stoff eingelassen ist;

7. zwei Räder im hinteren Bereich, die durch metallischhelle Stangen pfeilartig mit zwei im Abstand voneinander angeordneten Rädern an der Spitze des Pfeilsegments verbunden sind;

8. zwei metallischhelle Stangen, die jeweils von den hinteren Rädern zu einem Verbindungsstück unter der Sitzfläche führen, von dem aus ein weiteres Verbindungsrohr zur vorderen Spitze führt;

9. zwei metallischhelle Stangen, die von dem Mittelgelenk der Seitenstangen gleichfalls zu dem Verbindungsstück führen.

Diese Merkmale vermitteln den Gesamteindruck.[43]   36

---

43 OLG Düsseldorf, Urt. v. 24.8.2010 – 20 U 54/10 nachgebildet.

37   Nach der Bestimmung des Gesamteindrucks ist sodann die Analyse des vorbekannten Formenschatzes durchzuführen und der Vergleich für die als ähnlich
befundenen vorbekannten Muster – jeweils ein Einzelvergleich – durchzuführen.
Dieser könnte – im Hinblick auf das im Folgenden eingeblendete, hypothetisch vorbekannte Muster wie folgt ausfallen:[44]

38   Das vorbekannte Muster verfügt zwar ebenfalls über eine Sitzfläche aus gespanntem
Stoff und einen metallischhellen Rahmen. Jedoch fehlt es schon an der elliptischen
Gestaltung des Rahmens. Dieser läuft nach unten kantig aus und bildet, nach vorne
gebogen, dort eine Fußstütze, eine – nur im Griffbereich abgeschnittene – Ellipse
bildet er nicht. Auch weist das vorbekannte Muster sichtbare Federungselemente
und im Verhältnis zum Rahmen deutlich größere Räder auf, so dass Vergleichsmus-
ter einen deutlich technisierteren, sportiveren Gesamteindruck hinterlässt, der stark
vom Klagegeschmacksmuster abweicht.

39   Wie bereits erwähnt, wird bei der Beurteilung der Eigenart der Grad der Gestaltungsfreiheit des Entwerfers bei der Entwicklung des Designs berücksichtigt, § 2
Abs. 3 und Art. 6 Abs. 2. Das bedeutet, dass bei der Beurteilung, ob kein anderer Gesamteindruck im Vergleich zu den vorbekannten Mustern vorliegt, die Musterdichte
zu berücksichtigen ist. Es gilt, dass die Anforderungen an die Eigenart geringer
sind, je mehr bekannte Muster es auf einem bestimmten Gebiet gibt. Gibt es lediglich eine geringe Zahl von vorbekannten Mustern, so muss der Gesamteindruck des

---

44 Abdruck mit freundlicher Genehmigung der Easywalker BV, Generaal Vetterstraat 76 A, 1059
BW Amsterdam, Niederlande.

späteren Designs erheblich von diesem Mustern abweichen, damit dem Design noch Eigenart zugebilligt werden kann.

Praxistipp

Diese Wechselwirkung zwischen Größe des vorbekannten Formenschatzes und der Eigenart findet im Verletzungs- und im Strafverfahren eine Entsprechung. § 38 Abs. 2 S. 2. So wie es bei der Beurteilung der Eigenart um die Gestaltungsfreiheit des Entwerfers des zu neu schützenden Erzeugnisses geht, kommt es bei der Beurteilung des Schutzumfangs auf die Gestaltungsfreiheit des Entwerfers des beanstandeten, also auch des neu(er)en Erzeugnisses an.[45]

---

5. Schutzumfang

Der Schutz aus einem eingetragenen Design erstreckt sich auf jedes Merkmal, das **40** beim informierten Benutzer keinen anderen Gesamteindruck erweckt (sog. Schutzumfang). Bei der Beurteilung des Schutzumfangs wird der Grad der Gestaltungsfreiheit des Entwerfers bei der Entwicklung seines Designs berücksichtigt (§ 38 und Art. 19). Der Schutz wird nämlich nur für diejenigen Merkmale der Erscheinungsform eines eingetragenen Designs begründet, die in der Anmeldung sichtbar wiedergegeben sind (§ 37 Abs. 1). Anderes oder Schutzunfähiges wird nicht berücksichtigt, denn solche Merkmale haben für den Gesamteindruck keine maßgebliche Bedeutung. Wie oben bei der Eigenart bereits erwähnt, weiß der informierte Benutzer, dass Merkmale, die das Erfordernis der Musterfähigkeit nicht erfüllen oder wegen ihrer technischen Funktion vom Designschutz ausgeschlossen sind, den Gesamteindruck nicht prägen können.

Die Bestimmung des Schutzumfangs ist für die strafrechtliche Bewertung von **41** großer Bedeutung, denn sie entscheidet über die Frage der Rechtsverletzung im Sinne von § 38 Abs. 2 S. 1. Da im Strafprozess – wie generell – gemäß § 39 die Rechtsgültigkeit eines eingetragenen Geschmacksmusters vermutet wird, was auch die Vermutung der Neuheit und Eigenart einschließt,[46] sind dagegen gerichtete Angriffe eines Beschuldigten unbeachtlich.[47] Die Vermutung des § 39 gilt auch im zivilprozessualen Verletzungsprozess, nur können dort im Wege der Widerklage sowohl Neuheit und Eigenart angegriffen werden.

Es kommt dabei grundsätzlich nicht darauf an, woraus sich die Eigenart im Ein- **42** zelnen ergibt, denn der Schutzumfang hängt nicht vom Grad der Eigenart ab. Es kommt allein darauf an, ob der Gesamteindruck des inkriminierten Designs mit dem Gesamteindruck des geschützten Designs übereinstimmt. Die Merkmale, aus denen sich die Eigenart eines eingetragenen Designs gegenüber einzelnen vorbekannten

---

45 Eichmann/vonFalckenstein/Kühne/*Eichmann*, § 38 Rn 22.
46 Eichmann/von Falckenstein/Kühne/*Eichmann*, § 39 Rn 3.
47 LG Frankfurt a.M., Beschl. v. 26.8.2013 – 5/2 Qs 18/13.

Geschmacksmustern ergibt, sind für den Vergleich des Gesamteindrucks des geschützten Musters mit dem angegriffenen Muster ohne Bedeutung.[48] Die Feststellung des übereinstimmenden Gesamteindrucks obliegt – wie im Zivilprozess – allein dem Tatrichter, und kann nicht durch eine Verkehrsumfrage ersetzt werden, da sich die relevanten Faktoren wie Musterdichte, Gestaltungsfreiheit und Abstand zwischen Klagemuster und Formenschatz nicht durch eine Befragung, sei es auch unter Experten, abfragen lassen.[49]

43   Bei verschlechterten Ausführungsformen[50] kann der informierte Benutzer erkennen, dass sie gegenüber dem Gegenstand des Designs keinen ausreichend abweichenden Gesamteindruck erwecken, wenn sich die prägenden Erscheinungsmerkmale nicht wesentlich unterscheiden. Für das Gericht kann es ausreichen, den Gesamteindruck eines Musters aufgrund von Fotografien zu beurteilen.[51]

6. Das nicht eingetragene Gemeinschaftsgeschmacksmuster

44 Nach weit verbreiteter Auffassung wird das nicht eingetragene Gemeinschaftsgeschmacksmuster nicht vom Schutzbereich des § 65 erfasst. Dieses wird in Art. 19 Abs. 2 (nicht: Abs. 1) geregelt und gewährt seinem Inhaber das Recht, die Benutzung des Designs zu verbieten, falls die angefochtene Benutzung das Ergebnis einer Nachahmung des geschützten Musters ist. Der Wortlaut des § 65 lässt kein Verständnis zu, das einen Schutz des nicht eingetragenen Gemeinschaftsgeschmacksmusters zur Folge hätte. Die Anwendung auch auf das nicht eingetragene Gemeinschaftsgeschmacksmuster wirft in letzter Konsequenz im Hinblick auf den in Art. 103 Abs. 2 Grundgesetz, § 1 StGB niedergelegten Grundsatz *nulla poena sine lege* tiefgreifende verfassungsrechtliche Probleme auf.[52] Flankiert wird diese auf den Wortlaut des Gesetzes gegründete Meinung durch die Formulierung der den gesetzgeberischen Willen ausdrückenden Begründung, nach der auf „beim Harmonisierungsamt für den Binnenmarkt (...) eingetragene Geschmacksmuster" zu schützen sind.[53] Zwar obläge es ohnehin der Staatsanwaltschaft, den Vorsatz und die Nach-

---

48 BGH, Urt. v. 24.3.2011 – I ZR 211/08 = GRUR 2011, 1112 ff.

49 OLG Frankfurt, Urt. v. 31.1.2013 – 6 U 29/12 = GRUR-RR 2013, 251 f.; *Hartwig*, GRUR-RR 2013, 421 ff.

50 BGH, Urt. v. 15.10.1957 – I ZR 103/56 = GRUR 1958, 97, 98; BGH, Urt. v. 21.5.1969 – I ZR 42/67 = GRUR 1972, 38, 40; BGH, Urt. v. 18.4.1996 – I ZR 160/94 = GRUR 1996, 767, 770.

51 OLG München, Urt. v. 14.5.2009 – 29 U 4518/08.

52 Gleichwohl meint Eichmann, der Strafrechtsschutz bezöge sich nicht nur auf eingetragene GGM, sondern auch auf nicht eingetragene GGM und verweist darauf, dass die Begründung des Gesetzesentwurfes unscharf sei, Eichmann/von Falckenstein/Kühne/*Eichmann*, § 65 Rn 1. Das ist mit den vorgenannten Erwägungen zumindest angreifbar.

53 BT-DS. 15/1075, S. 62.

ahmung zu beweisen, so dass eine Erstreckung auch auf das nicht eingetragene Gemeinschaftsgeschmacksmuster den Beschuldigten nicht ungebührlichen Beschwernissen aussetzen und die fehlende Eintragung kompensieren würde. Der Gesetzgeber hat hier jedoch – ob sachgerecht oder nicht, mag dahingestellt bleiben – anders entschieden.

Für den Fall, dass man der entgegenstehenden Auffassung folgt, sind die Entstehungs- und Schutzvoraussetzungen des nicht eingetragenen Gemeinschaftsgeschmacksmusters gleichwohl benannt.

Das nicht eingetragene Gemeinschaftsgeschmacksmuster gewährt nur Nachah-   45
mungsschutz (Art. 19 Abs. 2 S. 1 GGV). Nach dieser Vorschrift hat der Inhaber des nicht eingetragenen Gemeinschaftsgeschmacksmusters das dem Inhaber des eingetragenen Musters zustehende Verbietungsrecht nur, wenn die inkriminierte Benutzung das Ergebnis einer Nachahmung des geschützten Musters ist. Dies spricht für ein qualifiziertes Tatbestandsmerkmal, dessen tatsächliches Vorliegen der Anspruchsteller darzulegen und zur vollen Überzeugung des Gerichts zu beweisen hat. Der Grund für diese durchaus hohe Beweisanforderung liegt darin, dass der Verordnungsgeber das nicht eingetragene Gemeinschaftsgeschmacksmuster gegenüber dem eingetragenen Muster bewusst „herunterstufen" wollte. Nur dem eingetragenen Geschmacksmuster sollte ein Verbietungsrecht mit absoluter Sperrwirkung zukommen, nicht dagegen dem nicht eingetragenen Muster.[54]

Die Schutzdauer ist mit drei Jahren sehr knapp bemessen.   46

V. Tathandlung: Die Benutzung des Design oder Geschmacksmusters im geschäftlichen Verkehr

Das eingetragene Design gewährt seinem Rechtsinhaber ein ausschließliches Ver-   47
wertungsrecht (positives Benutzungsrecht) sowie das Recht, Dritten zu verbieten, es ohne seine Zustimmung zu benutzen. Der Schutz richtet sich gegen jedes Muster, das beim informierten Benutzer keinen anderen Gesamteindruck erweckt als das geschützte Muster. Die Benutzung muss sich auf ein Erzeugnis beziehen, in welches das eingetragene Design aufgenommen oder bei dem es verwendet wird.

Eine Benutzung schließt insbesondere das **Herstellen** ein, wobei dies den ge-   48
samten Vorgang der körperlichen Anfertigung umfasst, ungeachtet dessen, in welchem Verfahren und in welcher Zahl dies geschieht. Vorgänge, die der Herstellung vorgelagert sind, z.B. die fotografische Aufnahme eines Ausstellungsstückes, sind zivilrechtlich nur bei Annahme einer Erstbegehungsgefahr und strafrechtlich nur dann relevant, wenn das Versuchsstadium des § 51 Abs. 3 erreicht wird.[55]

---

54 Erwägungsgrund 21 der VO Nr. 6/2002 vom 12.12.2001.
55 Eichmann/von Falckenstein/*Kühne*/*Eichmann*, § 38 Rn 35.

49   Das **Anbieten** ist jede Maßnahme, die Bereitschaft zum Inverkehrbringen zum Ausdruck bringt, es muss aber konkrete Verkaufsbereitschaft erkennbar sein.[56] Dabei ist nicht von Bedeutung, wo der Verkauf abgewickelt werden soll, selbst wenn dies im Ausland erfolgen soll, ist dies rechtsverletzend, solange sich das Angebot an das inländische Publikum richtet.[57] Ein Erzeugnis muss im Zeitpunkt des Anbietens noch nicht vorhanden sein, es genügt dessen Beschreibung in Wort oder Bild. So ist auch die **Werbung** für rechtsverletzende Erzeugnisse als Benutzung des Designs anzusehen, sofern diese in Form der Wiedergabe durch Lichtbild oder grafische Darstellung erfolgt, wovon insbesondere Verkaufskataloge, aber auch die unkörperliche Wiedergabe auf Bildschirm oder Projektionsflächen erfasst sind. Unter das alleinige Verwertungsrecht des Designinhabers fallen alle Modalitäten der Wiedergabe, die sich für ihn wirtschaftlich vorteilhaft auswirken.[58]

50   Das **Inverkehrbringen** erfordert die Übertragung der Verfügungsgewalt über rechtsverletzende Erzeugnisse in körperlicher Form, wobei dies nicht den Übergang des Eigentums verlangt, es genügen Leasing, Vermietung und Verpachtung, wobei eine Gegenleistung nicht vorausgesetzt wird, so dass auch Schenkung und Leihe der Benutzung unterfallen. Der rechtsverletzende Gegenstand muss nicht eigenständig übertragen werden, der Einbau in ein Gesamterzeugnis und dessen Übergabe ist ebenfalls Inverkehrbringen.[59]

51   Weiter sind die **Einfuhr**, die **Ausfuhr** sowie der **Besitz** eines Erzeugnisses vom Verbotsrecht umfasst. Es werden alle Erscheinungsformen der körperlichen Verfügungsgewalt erfasst, die zur Vorbereitung einer anderen Benutzungshandlung geeignet sind, so z.B. der Besitz mit Exportabsicht.[60]

52   Selbst der bestimmungsgemäße Gebrauch eines Erzeugnisses unterfällt, anders als im Urheberrecht, dem Verbotsrecht des Designinhabers, wobei hier besonders an die Ausstattung von Verkaufs- und Ausstellungsräumen zu denken ist. Neben den in § 40 Nr. 1 und 2 genannten Handlungen stellt auch die bloße Lagerung ohne Außenwirkung keinen Gebrauch dar,[61] wobei aber in aller Regel eine Verwahrung zu geschäftlichen Zwecken und damit rechtserheblicher Besitz vorliegen dürfte.

53   Nach einem im Schrifttum heftig kritisierten Urteil des BGH soll allein das **Ausstellen** von schutzrechtsverletzenden Produkten auf einer Messe im Inland zwar ein Benutzen (der Marke) aber noch kein Anbieten sein, vielmehr sei dazu eine vom Aussteller ausgehende Aufforderung zum Erwerb nötig. Solange diese nicht vorliege, ein Inverkehrbringen im Inland nicht festgestellt sei und auch der Internetauf-

---

56 Eichmann/von Falckenstein/Kühne/*Eichmann*, § 38 Rn 36.
57 EuGH, Urt. v. 13.5.2015 – C-516/13 = GRUR 2015, 665 ff.; BGH, Urt. v. 5.11.2015 – I ZR 91/11.
58 Eichmann/von Falckenstein/Kühne/*Eichmann*, § 38 Rn 44.
59 Eichmann/von Falckenstein/Kühne/*Eichmann*, § 38 Rn 38.
60 Eichmann/von Falckenstein/Kühne/*Eichmann*, § 38 Rn 43.
61 Eichmann/von Falckenstein/Kühne/Eichmann, § 38 Rn 42.

tritt des Ausstellers nicht zu einem Erwerb im Inland auffordere, liege kein Anbieten vor, das einen auf Erstbegehungsgefahr gestützten vorbeugenden Unterlassungsanspruch rechtfertige.[62]

Dagegen wird vorgebracht, dass dieser Standpunkt dem ausländischen Ausstel- 54 ler quasi Immunität verschaffe, solange ihm kein Inverkehrbringen im Inland nachzuweisen sei. In der Tat sind ausländische Aussteller deshalb auf Inlandsmessen, weil sie gerade auch im Inland verkaufen wollen.[63]

Für die strafrechtliche Praxis, die häufig mit dem Ausstellen marken- oder de- 55 signverletzender Produkte auf Messen konfrontiert ist (näheres dazu im Beitrag unten), ist von Bedeutung, dass der BGH das Ausstellen eines Produktes auf einer Messe unmissverständlich als Benutzen im Sinne von Werbung und damit als Teil einer kommerziellen Tätigkeit versteht[64] und nur die weiteren Unterlassungsansprüche, die sich auf das *Anbieten* oder *Inverkehrbringen* desselben Produktes bezogen, abgelehnt hat. Für den Tatverdacht nach § 51 genügt damit das Ausstellen.

Die Tathandlung ist nur vorsätzlich begehbar, wobei bedingter Vorsatz hin- 56 sichtlich aller Merkmale des objektiven Tatbestandes ausreicht. Ist z.B. allgemein bekannt, dass eine bestimmte Firma exklusiv eine bestimmte Gestaltung seiner Produkte vertreibt („iPod", iPhone), so ist diese Kenntnis auch bei dem Vertreiber nachgeahmter Produkte vorauszusetzen. Insbesondere wenn Gebrauchsgegenstände mit identischen prägenden Merkmalen hergestellt oder ausgestellt werden, ist bedingter Vorsatz hinsichtlich des Designschutzes der Vorlage anzunehmen, anderenfalls wäre das geschützte Design nicht unverändert übernommen worden.

1. Bindungswirkung

Im Strafverfahren ist von Amts wegen lediglich zu prüfen, ob das verletzte Recht ein- 57 getragen ist. Soweit die Löschung einer Eintragung – wie im Designrecht – zurückwirkt, lässt die Löschung die Rechtsverletzung im strafrechtlichen Sinne entfallen.[65] Liegt eine rechtskräftige strafrechtliche Verurteilung bereits vor, stellt die (nachträgliche) Löschung einen Wiederaufnahmegrund nach § 359 Nr. 4 oder 5 StPO dar.[66]

Das Gericht ist nach der neuen Gesetzeslage im zivilrechtlichen Verletzungs- 58 prozess und im Strafverfahren an die Eintragung des Designs gebunden. Dies folgt aus der nunmehr erfolgenden Gleichbehandlung von Marke und Design im Hinblick auf

---

62 BGH, Urt. v. 22.4.2010 – I ZR 17/05 = GRUR 2010, 1103 ff.; ähnlich LG Mannheim, Urt. v. 29.10.2010 – 7 O 214/10 = GRUR-RR 2011, 83 f.

63 *Graf v.d. Groeben*, GRUR 2011, 798 ff.

64 BGH, Urt. v. 22.4.2010 – I ZR 17/05 = GRUR 2010, 1103 ff.

65 MüKo-StGB/*Maske-Reiche*-MarkenG § 143 Rn 14, 74 für die Marke.

66 Ingerl/Rohnke/*Ingerl/Rohnke*, § 143 Rn 5.

die Möglichkeiten, die Nichtigkeit des jeweiligen Rechts geltend zu machen und die für das Markenrecht anerkannte Bindung auch des Strafrichters an die Eintragung.

59 Das Design ist auch nach der neuen Gesetzeslage ein ungeprüftes Schutzrecht. Im Rahmen der Anmeldung prüft das Patent- und Markenamt lediglich, ob die formalen Voraussetzungen der Eintragung vorliegen, § 16. Es wird dabei nicht überprüft, ob Neuheit und Eigenart vorliegen. Bereits nach der bis zum 31. Dezember 2013 geltenden Gesetzlage bestand (und besteht auch heute) zwar eine gesetzliche Vermutung im Verletzungs- und Nichtigkeitsprozess dahingehend, dass Musterfähigkeit, Neuheit und Eigenart gegeben sind und das Geschmacksmuster nicht vom Schutz ausgeschlossen ist (§ 39).

60 Die Nichtigkeit eines Designs kann im Rahmen eines Verletzungsprozesses als Einwand geltend gemacht werden. Derjenige der sich darauf beruft, hat die fehlende Musterfähigkeit, Neuheit und Eigenart darzulegen und unter Beweis zu stellen.[67] Das Verletzungsgericht hat je nach Substantiierung und Beweislage das Vorliegen von Neuheit und Eigenart aufgrund des Verletzervortrags zu prüfen.[68] Sieht das Gericht es als erwiesen an, dass Neuheit oder Eigenart des Geschmacksmusters nicht gegeben sind, besteht kein absolutes Recht aus § 38, auf das eine Rechtsverletzung hätte gestützt werden können.

61 Aus diesen Gegebenheiten sowie aus der Bezeichnung des Geschmacksmusters als „ungeprüftes Schutzrecht" wurde mancherorts gefolgert, im Strafprozess seien Musterfähigkeit, Neuheit und Eigenart sowie ein ggf. vorliegender Schutzausschluss stets durch das erkennende Gericht als Voraussetzung der Strafbarkeit prüfen.[69] Wenngleich das schon hinsichtlich der alten Rechtslage nicht zwingend erscheint, dürfte diese Argumentation im Hinblick auf die neue Gesetzeslage nicht mehr verfangen.

62 Die neue Gesetzeslage stimmt mit der alten insoweit überein, dass ein eingetragenes Design nichtig ist, wenn es sich nicht designfähig (dies ist die alte Musterfähigkeit), es ihm an Neuheit und Eigenart fehlt oder wenn es nach § 3 vom Schutz als Design ausgeschlossen ist, wenn also die materiellen Schutzvoraussetzungen fehlen. Neu ist, dass ein Design für nichtig erklärt wird, wenn relative Schutzhindernisse entgegenstehen, es eine unerlaubte Benutzung eines durch das Urheberrecht geschützten Werkes darstellt, es in den Schutzumfang eines älteren eingetragenen Designs fällt oder in ihm ein Zeichen mit Unterscheidungskraft älteren Zeitrangs verwendet wird und der Inhaber des Zeichens berechtigt ist, die Verwendung zu untersagen. § 33

---

67 Eine Widerlegung der Vermutung konnte sich auch aus dem Vortrag des Klägers selbst und aus Tatsachen ergeben, die bei Gericht offenkundig sind, § 291 ZPO. Den Einwand der Nichtigkeit konnte das Gericht daher auch ohne Rüge des Beklagten berücksichtigen, Eichmann/von Falckenstein/Kühne/*Eichmann*, § 39 Rn 5.

68 Oder auf Grundlage der eigenen Kenntnis, Eichmann/von Falckenstein/Kühne/*Eichmann*, § 39 Rn 5.

69 Zur alten Rechtslage Achenbach/Ransiek/*Ebert-Weidenfeller*, S. 1349 ff.

Abs. 3 bestimmt auch die Art und Weise, wie die Nichtigkeit geltend zu machen ist: Die Nichtigkeit wird durch Beschluss des Deutschen Patent- und Markenamts oder durch Urteil auf Grund Widerklage im Verletzungsverfahren festgestellt oder erklärt. Eine Partei kann sich auf die fehlende Rechtsgültigkeit eines eingetragenen Designs nur durch Erhebung einer Widerklage auf Feststellung oder Erklärung der Nichtigkeit oder durch Stellung eines Antrags nach § 34 berufen (§ 52a).

2. Bindungswirkung des Gemeinschaftsgeschmacksmusters

Die Regelung beim Gemeinschaftsgeschmacksmuster geht in die gleiche Richtung. **63** Nach Art. 85 Abs. 1 GGV haben die Gemeinschaftsgerichte von der Rechtsgültigkeit des Gemeinschaftsgeschmacksmusters „auszugehen", mit der Folge, dass der Anspruchsgegner keine Möglichkeit hat, Neuheit oder Eigenart des betreffenden Musters im Wege der Einwendung zu bestreiten und zu widerlegen. Stattdessen kann er die Rechtsgültigkeit nur mit einer Widerklage auf Erklärung der Nichtigkeit bestreiten.[70] Begründet wird dies mit dem Interesse der Allgemeinheit, die Nichtigkeit eines Geschmacksmusters nicht nur **inter partes** festgestellt, sondern darüber hinaus die Entfernung eines schutzunfähigen Gemeinschaftsgeschmacksmusters aus dem Register sichergestellt zu wissen.

Mit der Einführung des Nichtigkeitsverfahrens entfällt somit der Einwand des **64** fehlenden Rechtsbestandes im Verletzungsverfahren und die Designgerichte müssen von der Rechtsgültigkeit des Klagedesigns ausgehen. Dem in Anspruch genommenen Verletzer bleibt nur die Widerklage, um sich auf die fehlende Rechtsgültigkeit vor dem Verletzungsgericht zu berufen. Auch kann er einenNichtigkeitsantrag beim DPMA stellen. Die Schutzwirkungen der Eintragung eines Designs gelten mit Unanfechtbarkeit des Beschlusses des Deutschen Patent- und Markenamts oder der Rechtskraft des Urteils, mit dem die Nichtigkeit festgestellt oder erklärt wird, als von Anfang an nicht eingetreten (§ 33 Abs. 4).

Somit stimmt das zivilrechtliche Verfahren bei der Designverletzung mit den Re- **65** gelungen im Markenverletzungsverfahren überein. Auch dort gilt im Übrigen, dass, solange eine Löschungsanordnung nach §§ 50, 54 MarkenG nicht rechtskräftig ist, das Verletzungsgericht an die Eintragung gebunden bleibt.[71] Ebenso wie im Marken-

---

70 *Ruhl*, Art. 85 Rn 5.

71 Vgl. oben Kap. 1 Rn 11; BGH, Urt. v. 5.6.2008 – I ZR 169/05 – POST = GRUR 2008, 798, 799; BGH, Urt. v. 2.4.2009 – I ZR 78/06 – OSTSEE-POST = GRUR 2009, 672, 674; BGH, Urt. v. 2.4.2009 – I ZR 209/06 – POST/RegioPost = GRUR 2009, 678, 679; BGH, Urt. v. 22.4.2010 – I ZR 17/05 – Pralinenform II = GRUR 2010, 1103, 1104; in einem Fall nicht rechtskräftiger, aber berechtigter Löschungsanordnung nach Abs. 2 Nr. 8 die Einrede nach § 242 BGB gewährend BGH, Urt. v. 18.12.2008 – I ZR 63/06 – Motorradreiniger = GRUR 2009, 515, 517.

recht führen die unterschiedlichen Zuständigkeiten für das Eintragungs- und Löschungsverfahren einerseits (DPMA, BPatG als Beschwerde-, BGH als Rechtsbeschwerdegericht, §§ 32–96) und das Verletzungsverfahren andererseits (ordentliche Gerichte, §§ 140–142) dazu, dass das Verletzungsgericht – ebenso wie das Strafgericht – an die Eintragung gebunden ist.[72] Demgegenüber besagt der begriffliche Gegensatz von geprüftem und ungeprüftem Schutzrecht wenig. Erstens handelt es sich auch bei der Marke um ein Schutzrecht mit einem eingeschränkten Prüfungsumfang. Das DPMA überprüft nur, ob die grundsätzlichen Eintragungsvoraussetzungen vorliegen und keine absoluten Schutzhindernisse bestehen, bevor das Schutzrecht erteilt wird. Zweitens hat der Gesetzgeber der nach seiner Meinung höheren Sachkunde des DPMA durch das neue Nichtigkeitsverfahren ein hohes Gewicht eingeräumt: Nach dem Geschmacksmustergesetz mussten Nichtigkeitsanträge bei den dafür ausschließlich zuständigen Landgerichten gestellt werden. Die dann zuständigen Kammern für Handelssachen hatten naturgemäß oftmals nicht die Entscheidungsdichte aufzuweisen, die sich beim DPMA in Geschmacksmustersachen fand und findet, §§ 94, 95 Absatz 1 Nr. 4 Buchst. c GVG. Durch das neue amtliche Nichtigkeitsverfahren soll nun das höhere Fachwissen des DPMA genutzt werden.[73] Der Gesetzgeber hat somit selbst für das Zivilverfahren entschieden, trotz der weitergehender Prüfung der Marke die Verfahren zum Angriff auf den Bestand beider Schutzrechte gleich auszugestalten und somit dem Rechtsanwender vorgegeben, welches die Prämissen bei Durchsetzung und Verteidigung eines Designs sein sollen. Diese Überlegung muss im Hinblick auf die mit Designsachen noch seltener befassten Strafgerichte umso mehr gelten, was im Ergebnis bedeutet, dass im Strafverfahren ein eingetragenes Design stets als rechtsgültig anzusehen ist.

3. Bestreiten des Designschutzes im Strafverfahren

66 Gleichwohl wird in der Praxis auch im Straf- oder Ermittlungsverfahren die Schutzfähigkeit eines Designs mit oftmals beachtlichen Gründen bestritten. Da weder Staatsanwaltschaft noch Strafrichter dazu berufen sind, solche Einwände zu bewerten, muss im Zweifel das Verfahren nach § 154d StPO zur Klärung dieser Frage ausgesetzt werden. In diesem Zusammenhang ist von erheblicher Bedeutung, welcher

---

72 BGH, Urt. v. 5.6.2008 – I ZR 169/05 – POST = GRUR 2008, 798, 799; BGH, Urt. v. 2.4.2009 – I ZR 78/06 – OSTSEE-POST = GRUR 2009. 672, 674; BGH, Urt. v. 2.4.2009 – I ZR 209/06 – POST/Regio-Post = GRUR 2009, 678, 679; BGH, Urt. v. 22.4.2010 – I ZR 17/05 – Pralinenform II = GRUR 2010, 1103, 1104; in einem Fall nicht rechtskräftiger, aber berechtigter Löschungsanordnung nach Abs. 2 Nr. 8 die Einrede nach § 242 BGB gewährend BGH, Urt. v. 18.12.2008 – I ZR 63/06 – Motorradreiniger = GRUR 2009, 515, 517.
73 *Schicker/Haug*, NJW 2014, 726, 728.

„Partei" die Klärung der Vorfrage aufzugeben ist und zu wessen Lasten eine Nicht-aufklärung geht. Während das Gesetz in § 154d S. 2 StPO die Einstellung des Verfahrens anordnet, wenn die gesetzte Frist zur Klärung verstrichen ist, die Nichtaufklärung der Vorfrage dem strafrechtlichen Vorwurf also die Grundlage entzieht, kann diese Regel nicht auf Designverletzungen übertragen werden. Die in § 39 normierte Vermutung der Rechtsgültigkeit eines eingetragenen Designs sowie die besonderen Verfahren zur Feststellung seiner Nichtigkeit lassen es nicht zu, dem Verletzten (und regelmäßigen Anzeigeerstatter) die Nichtaufklärung anzulasten. Wenn man ihm aufgäbe, den materiellen Bestand des Designs nachzuweisen, müsste er eine Verletzungsklage vor den Zivilgerichten anstrengen. Diese Aufgabe wird bei einer zweifelhaften oder bestrittenen Rechtsverletzung gerade nicht dem Verletzten sondern dem Verletzer zugewiesen (§ 33 Abs. 3). Das Strafverfahren kann diese vom Gesetzgeber gewollte Risikoverteilung nicht außer Kraft setzen. Somit ist stets dem die Verletzung leugnenden Beschuldigten aufzugeben, die Vorfrage der Designgültigkeit im dafür vorgesehen Nichtigkeitsverfahren auszutragen.[74] Wenn dies unterbleibt oder die Frage aus anderen Gründen nicht geklärt wird, ist gemäß § 39 von der Rechtsgültigkeit des Designs auszugehen.

Eine Aussetzung des Verfahrens nach § 154d StPO ist dann entbehrlich, wenn **67** die von dem Beschuldigten vorgebrachten Argumente gegen die Gültigkeit des Designs so beachtlich sind, dass ein vorsätzliches Benutzen des Designs nicht nachweisbar scheint.

VI. Exkurs Schutzrechtsverletzungen auf Messen

1. Erscheinungsformen

Besondere Anforderungen stellen sich auf Messen, bei denen Rechtsverletzungen **68** vorwiegend auf dem Gebiet des Marken-, des Design- und des Patentrechtes vorkommen. Während Kennzeichenverletzungen wegen ihrer Offensichtlichkeit eher selten und dann meistens nur bei technisch geprägten Konsumgütern zu verzeichnen sind, können Design- und Patentverletzungen in jeder Gestalt auftreten. Wegen des leicht zu erlangenden Schutzes werden inzwischen viele Alltagsgegenstände wie

---

74 Mit einer hiergegen zulässigen Beschwerde nach § 172 StPO kann nur geltend gemacht werden, dass die rechtlichen Voraussetzungen für eine Einstellung nach § 154d StPO nicht vorgelegen haben oder dass die Staatsanwaltschaft das ihr insoweit eingeräumte Ermessen rechtsfehlerhaft ausgeübt hat. Der Strafjustiz kommt bei zivilrechtlichen Vorfragen eine nachrangige Bedeutung zu, wenn das Zivilrecht besondere Regeln und Verfahren für den in Frage stehenden Sachverhalt vorsieht, so OLG Nürnberg in Bezug auf das Verfahren nach § 1568b BGB, Beschluss v. 2.2.2011, BeckRS 2011, 04011.

Schreibgeräte oder Druckerzubehör durch ihre Gestaltung von anderen Gegenständen unterscheidbar gemacht und als Design eingetragen. Solange die äußere Form nicht durch die Funktion bedingt ist und eine gewisse Eigentümlichkeit aufweist, können sogar einfache Bleistifte unter den Designschutz fallen, wovon die Marktführer regen Gebrauch machen. Besonders die gut eingeführten und zumeist durch ihre Marke geschützten Schreibgeräte werden in ihrer Form häufig nachgeahmt, was auf den Fach-Messen zu vielfachen Beanstandungen seitens der Rechteinhaber führt.

69   Ein ebenso durch intensiven Designschutz reglementierter Bereich stellt der Markt für Autoersatzteile dar, insbesondere auf dem LKW-Sektor. Gestaltprägende Bauteile wie z.B. ein Kotflügel oder die Motorhaube einer Autokarosserie dürfen nach der aktuellen Rechtsprechung in Deutschland nicht nachgebaut werden, dem Hersteller kommt aufgrund des hohen schöpferischen Wertes einer gelungenen Autokarosserie Designschutz auf diese Teile zu. Selbst der Zulieferer des Autoherstellers, der die Originalteile für die Karosserie herstellt, darf diese Teile nicht ohne Zustimmung des Autoherstellers vertreiben. Im LKW-Bereich liegt der Fokus der Hersteller zwar weniger auf der Gestaltung des Führerhauses sondern vielmehr auf Teilen, die – unfallbedingt – öfter ersetzt werden müssen, wie Außenspiegel oder Trittstufen. Daneben wird der Kühlergrill als das prägende Gesicht des Fahrzeugs von fast allen Herstellern unter Designschutz gestellt. Obwohl es sich meist um einfache und auch einfach zu fertigende Gegenstände handelt, sind Nachbauten und Vertrieb ohne Zustimmung der Rechteinhaber nicht erlaubt. Vorstöße der EU-Kommission mit dem Ziel der Liberalisierung dieses Marktes und der Aufhebung des Designschutzes für Ersatzteile (Ersatzteilklausel), sind am Widerstand Deutschlands und Frankreichs gescheitert.

70   Demzufolge werden auf Messen wie der Automechanika, die der Präsentation von Zubehör aller Art dienen, besonders die ausgestellten LKW-Ersatzteile kritisch auf eine Verwendung des geschützten Designs hin begutachtet.

2. Verdachtsunabhängige Kontrollen

71 Zum Zwecke der Feststellung und Verfolgung von Schutzrechtsverletzungen hat sich bei den verschiedenen Messen in Frankfurt eine Praxis entwickelt und bewährt, die wie folgt aussieht:

72   Ein Ermittlungsverfahren wird grundsätzlich nur aufgrund einer Strafanzeige durch den Rechtsinhaber eingeleitet, der die Ausstellungsstände inkognito inspiziert hat. Trifft er auf verdächtige Produkte aus Nicht-EU-Ländern, liegt die Sachbearbeitung bei den Zollbehörden, die auf besonders plagiatsträchtigen Messen Rundgänge veranstalten, bei denen die beanzeigten Stände überprüft werden. Die Rechtsgrundlage für diese Maßnahme findet sich in § 10 Abs. 2 ZollVG, der örtlich und zeitlich begrenzte Kontrollen außerhalb des grenznahen Raumes erlaubt, sofern die Annahme berechtigt ist, dass Waren, die der zollamtlichen Überwachung unterliegen, von Personen mitgeführt werden. Diese Kontrollbefugnis, als solche angelehnt an die fest verankerte Befugnis zur Kontrolle verdächtiger PKW auf Autobahnparkplätzen, ist im Einvernehmen mit dem Bundesministerium der Finanzen auf Messen erweitert worden, wobei sie sich aber nur auf Waren aus Drittländern bezieht. Dass es sich um Ausstellungsware handelt, ist nicht von Bedeutung. Auch Ausstellungsgüter sind zollrechtlich abzufertigen, entweder zur vorübergehenden Verwendung, dann gegen Zoll-Sicherheit, oder zum freien Verkehr, also zum Verbleib im Inland, darunter fällt sogar das Standmaterial. Die Abfertigung kann im Land der Ersteinfuhr erfolgen, dies muss nicht unbedingt Deutschland sein, oder erst auf der Messe selbst, denn das gesamte Messegelände in Frankfurt ist – mit Genehmigung des Veranstalters – zum Amtsplatz deklariert.

Ziel der Kontrolle ist der „zollredliche Besitz" d.h. ob die maßgebenden zoll- **73** rechtlichen Vorschriften, insbesondere die gemeinschaftsrechtlichen Einfuhrverbote und -beschränkungen eingehalten sind. Die Maßnahme umfasst den Messestand, auch den der Öffentlichkeit nicht zugänglichen Bereich sowie Personen, die sich dort aufhalten, deren Gepäck und auf dem Gelände befindliche Fahrzeuge. Die Betroffenen haben Mitwirkungspflichten, müssen die Herkunft der Ware angeben, Entnahmen von Proben dulden und erforderliche Hilfe leisten (§ 10 Abs. 1 ZVG). Es handelt sich dem Grunde nach um eine verdachtsunabhängige Kontrolle, die faktisch aber auf Hinweise der Rechteinhaber zurückgeht.

Von erheblicher Bedeutung ist, dass sich die Zollzuständigkeit und die entspre- **74** chende Befugnis nur auf Drittlandswaren beziehen. Bei Waren aus EU-Ländern besteht keine Zuständigkeit des Zolls sondern der Polizei, deren Maßnahmen den Voraussetzungen der StPO entsprechen müssen, so dass für die Durchsuchung eines Messestands der erforderliche Anfangsverdacht und in aller Regel ein gerichtlicher Durchsuchungsbeschluss nach § 102 StPO erforderlich sind. Besonders bei nicht offensichtlichen Rechtsverstößen, wie sie für Patent- aber auch Designverletzungen typisch sein können, darf der Anfangsverdacht nicht allein auf die Angaben des Patent- oder Designinhabers gestützt werden, jedenfalls wenn die von ihm vorgelegten technischen Unterlagen nicht aus sich heraus verständlich sind.[75]

3. Anfangsverdacht und Sanktionierung

Da der Tatverdacht praktisch immer auf der Anzeige des verletzten Rechteinhabers **75** beruht und durch behördliche Ermittlungen vor Ort kaum zu verifizieren ist, sind an die Strafanzeige besondere Anforderungen zu stellen. Sie muss schriftlich erfolgen und die Schutzrechtsverletzung nachvollziehbar darlegen. Die Darlegung erfordert lediglich bei Markenverletzungen keine größere Begründung:

---

75 LG Köln, Beschl. v. 6.5.2013 – 116 Qs 12/13, 116 Js 788/12 = GRUR-RR 2013, 380.

76   Bei identischen Zeichen ist das geschützte Zeichen dem verwendeten Zeichen gegenüberstellen. Bei ähnlichem Zeichen ist die Verwechselungsgefahr näher auszuführen und am besten mit einschlägiger Rechtsprechung zu untermauern.

77   Bei dreidimensionalen Zeichen ist die Eintragung der Marke nachweisen. Die Beschreibung der Eigenheiten ist zweckmäßig, falls diese nicht aus der Anmeldung an sich verständlich werden. Der Anfangsverdacht einer Designverletzung setzt voraus: Den Nachweis der Inhaberschaft des Designs/Geschmacksmusters durch Vorlage der Eintragungsurkunde. Die geschützten Gestaltungen sind durch die Eintragungsskizzen und durch Beschreibung der Charakteristika zu erläutern. Die Übereinstimmungsmerkmale des verdächtigen Exponats sind konkret darzulegen.[76]

78   Bei Patentverletzungen ist zwingend die Eintragungsurkunde vorzulegen. Die unvermeidlichen technischen Beschreibungen oder Skizzen sind in verständlicher Weise zu erläutern. Die Benutzung des Patentes durch den verdächtigen Gegenstand ist auszuführen, zweckmäßigerweise anhand von Fotos oder Zeichnungen zu belegen.

79   Das Ziel der Kontrollmaßnahmen muss vorrangig die Feststellung der Rechtsverletzung sein. Soweit diese an Ort und Stelle nicht sicher beurteilt werden kann, darf nur eine Beweissicherung, z.B. in Form von Fotoaufnahmen oder durch Sicherstellung eines Exponates erfolgen. Ansonsten kann – bei offensichtlicher Rechtsverletzung – die Sicherstellung aller Exponate oder auch der Werbemittel, z.B. der Kataloge, gerechtfertigt sein. Daneben muss der Standverantwortliche ermittelt werden, denn ein strafrechtlicher Vorwurf kann vorrangig nur gegen seine Person erhoben werden.

80   Im Interesse einer angemessenen Sanktionierung ist von dem Standverantwortlichen, gestützt auf § 132 StPO, eine Sicherheit in Form von Bargeld zu erheben, wobei die Höhe zwischen € 500 und € 5.000 liegen und die Schwere des Verstoßes und eine wiederholte Auffälligkeit des Ausstellers berücksichtigen, bei erstmaliger Auffälligkeit aber durchaus eine Einstellung ohne Geldauflage erwogen werden sollte.

4. Verletzung ausländischer Schutzrechte

81 Da namhafte Messen in Deutschland inzwischen Aussteller aus aller Welt anziehen, ist es nur normal, dass auch ausländische Aussteller Inhaber von gewerblichen Schutzrechten sind und deren Verletzung durch Mitbewerber, mitunter sogar aus dem Heimatland, bei den örtlichen Behörden zur Anzeige bringen. Eine Strafanzeige wird erfahrungsgemäß immer mit dem Verlangen nach sofortigem Unterbinden der weiteren Präsentation der angeblich rechtsverletzenden Ausstellungstücke ver-

---

76 Siehe auch das Muster einer Strafanzeige wegen Designverletzung im Anhang.

knüpft. Neben der Frage, ob überhaupt eine Schutzrechtsverletzung vorliegt, ist von mindestens gleicher Bedeutung, ob im Falle einer Verletzung das betroffene Recht im Inland Schutz genießt. Dabei ist nach der Natur des Schutzrechtes zu unterscheiden.

a) Designrecht

Der Designschutz nach nationalem Recht setzt bekanntlich voraus, dass das Muster 82 neu ist und Eigenart hat und die Eintragung in das bei dem DPMA geführte Register erfolgt ist, §§ 2 Abs. 1, 27 Abs. 1 DesignG. Da vor der Eintragung eine inhaltliche Prüfung des Musters nicht stattfindet, verleiht dieser Akt dem Inhaber Schutz gegen jegliche Benutzung durch Wettbewerber, wobei unterstellt wird, dass die inhaltlichen Anforderungen an die Gültigkeit des Designs erfüllt sind, §§ 38, 39 DesignG.

Auf der Ebene der Europäischen Union kann der Schutz in jedem Mitgliedsland 83 schon dadurch erreicht werden, dass bei dem DPMA ein Gemeinschaftsdesign eingereicht wird, das an das Harmonisierungsamt für den Binnenmarkt weitergeleitet und dort eingetragen wird, was ebenfalls ohne inhaltliche Prüfung erfolgt.

Ist der Designinhaber Bürger eines Nicht-EU-Staats, kann er internationalen 84 Schutz nur durch das Haager Abkommen über die internationale Hinterlegung gewerblicher Muster oder Modelle, kurz Haager Musterabkommen oder HMA, erlangen. Durch das HMA ist es Designinhabern möglich, sich durch internationale Hinterlegung der Muster oder Modelle den jeweils nationalen Schutzumfang der Verbandsstaaten zu sichern. Das Abkommen ist kein „internationales Geschmacksmustergesetz", beinhaltet somit kein materielles Recht sondern regelt nur ein vereinfachtes Verfahren für eine internationale Geschmacksmuster- oder Designanmeldung. Die Hinterlegung in Genf bei der WIPO hat dieselbe Wirkung, wie wenn in jedem Verbandsstaat einzeln hinterlegt worden wäre. Die Hinterlegung hat vom Datum der internationalen Eintragung an dieselbe Wirkung wie ein nach dem Recht eines Vertragsstaates ordnungsgemäß eingereichter Antrag auf Schutzerteilung für das gewerbliche Muster oder Modell (Art. 14 HMA).

Es wird durch die Hinterlegung bei der WIPO eine Eintragung in das jeweilige 85 nationale Schutzregister fingiert, wobei sich Inhalt und Umfang des Schutzes nach dem Recht des Landes richten, in dem der Schutz begehrt wird. Im Zeitpunkt April 2014 haben sich 62 Staaten, darunter Deutschland, dem HMA angeschlossen, wobei die großen Industrieländer China, Russland und USA dem Abkommen nicht beigetreten sind. Gegenwärtig wird das Haager Abkommen durch die sogenannte Genfer Akte modernisiert und erneuert, diesen Prozess haben bis jetzt 47 Staaten absolviert. In Deutschland ist die Genfer Akte durch Gesetz mit Wirkung vom 13. Februar 2010 ratifiziert worden.

Sofern der Aussteller weder aus einem EU-Land noch aus einem Mitgliedsstaat 86 des Haager Abkommens entstammt, und Schutz im Inland beansprucht, kann dies nur durch eine Eintragung auf nationaler Ebene erreicht werden.

Brandau

87   Zeigt also ein ausländischer Aussteller auf einer Messe an, dass sein international geschütztes Design durch einen anderen Aussteller benutzt wird, hat er die Eintragung seines Musters in eines der oben genannten Register, HABM oder HAM,
nachzuweisen.

88   Im Falle eines eingetragenen Gemeinschaftsgeschmacksmusters folgt die Strafbarkeit aus § 65 DesignG i.V.m. Art. 19 Abs. 1 der Verordnung (EG) Nr. 6/2002, in der
die ausschließlichen Nutzungsrechte des Inhabers aufgeführt sind. Handelt es sich
um ein nicht eingetragenes Gemeinschaftsgeschmacksmuster, stehen dem Inhaber
zwar auch die zivilrechtlichen Verbotsrechte des Art. 19 zu, jedoch nur, wenn die angefochtene Benutzung das Ergebnis einer Nachahmung des geschützten Musters ist.
Dadurch dass § 65 nur auf den Abs. 1 der Verordnung EG verweist, bleibt die unerlaubte Benutzung des nichteingetragenen Gemeinschaftsgeschmacksmusters straflos, eine entsprechende Strafanzeige kann und darf nicht zu Ermittlungsmaßnahmen
führen. Dies ist durchaus sinnvoll, da es Fachleuten oder den Fachgerichten vorbehalten ist zu beurteilen, ob – wie es § 65 Abs. 2 voraussetzt – die angezeigte Benutzung auf eine Nachahmung des Musters zurückzuführen ist. Diese Frage kann nicht
im Straf- oder Ermittlungsverfahren durch Ermittlungsbeamte geklärt werden.

89   Die Benutzung des Designs ist in allen Fällen durch die Ermittlungspersonen
auf Übereinstimmungsmerkmale zu prüfen, wobei der Anzeigeerstatter in der Pflicht
ist, auf entsprechende Merkmale hinzuweisen.

b) Urheberrecht

90 Kann sich ein ausländischer Aussteller nicht auf die Eintragung seines Musters in
einem der anerkannten internationalen Register berufen, kommt der Inlandsschutz
nur noch kraft Urheberrechts in Betracht. Dies soll am Beispiel eines Tapetenmusters verdeutlicht werden, das ein chinesischer Austeller auf einer Fachmesse bewirbt und das im Heimatland durch Eintragung in einem entsprechenden Register
urheberrechtlich geschützt ist. Dasselbe Muster, so sein Vorwurf, werde von einem
anderen Aussteller ohne Erlaubnis benutzt.

91   Die Schutzfähigkeit kann hier allein durch ein internationales Abkommen gewährleistet werden, als solches kommt nur die Revidierte Berner Übereinkunft zum
Schutz von Werken der Literatur und Kunst (RBÜ) in Betracht, die zuletzt am 24. Juli
1971 in Paris revidiert wurde und der China im Jahr 1992 beigetreten ist. Ist laut Abkommen die Schutzfähigkeit des Gegenstandes im Ursprungsland z.B. durch Eintragung in ein Register nachgewiesen, genießt der ausländische Aussteller für das
Werk gemäß § 121 Abs. 4 den Inländerschutz.

92   Da sich der Schutz nach dem Recht des Schutzlands richtet, ist für die Schutzfähigkeit in Deutschland vorauszusetzen, dass es sich bei der Tapete um ein Werk handelt, wobei hier nur ein Werk der angewandten Kunst nach § 2 Abs. 1 Nr. 4 UrhG im Gegensatz zu einem Werk der bildenden Kunst in Frage kommt. Auch solche Werke fallen
gemäß Art. 2 Abs. 1 RBÜ in deren Schutzbereich. Zu den Werken der angewandten

Kunst zählen Bedarfs- und Gebrauchsgegenstände mit künstlerischer Formgebung, die sich von jenen der bildenden Kunst durch ihren Gebrauchszweck unterscheiden.[77]

Zwar liegt bei einem Tapetenmuster der Designschutz näher, der Unterschied 93 zwischen beiden Schutzvoraussetzungen ist aber nur gradueller Natur. Insbesondere schließen sich Designschutz und Urheberrechtsschutz nicht aus, sondern können in Bezug auf ein und denselben Gegenstand nebeneinander bestehen. Entscheidend ist, ob die erforderliche künstlerische Gestaltungshöhe erreicht ist.[78] Dies kann bei einem künstlerisch gestalteten Tapetenmuster, entsprechend den insoweit anerkannten Textil- oder Teppichmustern angenommen werden.[79]

Selbst wenn der Aussteller, wie nach der Lebenserfahrung anzunehmen, nicht 94 der Urheber des künstlerischen Tapetenmusters ist, dürften ihm durch den Urheber die erforderlichen Nutzungsrechte eingeräumt sein, worüber er den Nachweis zu führen hat. Wenn danach das Nutzungsrecht feststeht, kommt ihm wie einem Inländer aufgrund wirksamer Rechtsübertragung nach § 31 der Schutz des deutschen Urheberrechts zu. Danach ist der Nutzungsberechtigte in Bezug auf die Nutzungsrechte an dem Werk, insbesondere das Vervielfältigungsrecht, in gleicher Weise geschützt wie es der Urheber ist, § 31 Abs. 3.

Demzufolge sind auf seine Strafanzeige die prozessualen Maßnahmen zu ergrei- 95 fen, die auch zugunsten inländischer Urheber geboten sind, vor allem die Sicherstellung der rechtsverletzenden Ausstellungsstücke und Sanktionierung der Rechtsverletzung durch Erhebung einer Sicherheitsleistung nach § 132 StPO.

5. Fotografieren von Messe-Exponaten

Das Fotografieren von technisch anspruchsvollen oder Designprodukten, die auf 96 Messen ausgestellt sind, entwickelt sich zu einem Phänomen, das immer wieder rechtliche Fragen aufwirft. Das Fotografieren von Exponaten ist auf den meisten Messen durch das Hausrecht untersagt. Eine Zuwiderhandlung stellt damit zunächst nur einen Verstoß gegen die Hausordnung dar, der in erster Linie den hauseigenen Sicherheitsdienst beschäftigt, Dennoch wird nach dem Aufgreifen einer solchen Person regelmäßig die Polizei hinzugezogen, damit diese das Fotomaterial sichert und bewertet, was ohne den Verdacht einer Straftat unzulässig wäre. Als solche Straftat kommt nur der Tatbestand des § 17 UWG in Betracht.

Im Zweifel soll die fotografische Abbildung eines Produkts auf einer Neuheiten- 97 messe dessen Nachbildung vorbereiten. Dies stellt nach herkömmlicher Auffassung nur eine straflose Vorbereitungshandlung im Hinblick auf einen eventuellen Nach-

---

77 Schricker/Loewenheim/*Loewenheim*, § 2 Rn 100.
78 Schricker/Loewenheim/*Loewenheim*, § 2 Rn 102.
79 Schricker/Loewenheim/*Loewenheim*, § 2 Rn 110.

bau dar. Da die fotografische Sicherung also zum Zwecke des Wettbewerbs erfolgt, kann der strafrechtliche Schutz gegen die fotografische Aufnahme auch nur aus dem Wettbewerbsrecht hergeleitet werden und dies nur unter der Voraussetzung, dass damit ein Geschäfts- oder Betriebsgeheimnis unbefugt gesichert wird. Dass eine Fotoaufnahme ein technisches Mittel zur sinnlichen Verkörperung eines Gegenstandes ist, entspricht einhelliger Meinung. Die fotografische Abbildung eines Gegenstands auf ein Trägermedium kann als Verschaffen oder Sichern des darin verkörperten Geheimnisses nach § 17 Abs. 2 Nr. 1 zu bewerten sein. Zwar erfordert das tatbestandsmäßige Sichern, dass eine schon vorhandene Kenntnis des Geheimnisses genauer oder bleibend verfestigt wird.[80] Diese Kenntnis wird dem Täter zuvor durch die Zurschaustellung verschafft. Eine trennscharfe Abgrenzung zwischen beiden Varianten ist aber weder möglich noch erforderlich: Wenn durch die Übertragung geheimer Dateien auf den eigenen PC sich der Täter das Geheimnis verschafft und es zugleich sichert,[81] dann ist die fotografische Abbildung dem gleichzusetzen.

98   Mit der Zurschaustellung drängt sich aber auch die Offenkundigkeit der Tatsache auf, welche den Geheimnischarakter ausschließt. Es scheint auch absurd, einem Produkt, das auf einer Messe öffentlich zur Besichtigung ausgestellt ist, weiterhin diese Qualität zuzusprechen. Offenkundig ist eine Tatsache dann, wenn sie allgemein bekannt oder derart zugänglich ist, dass für jeden Interessierten die tatsächliche Möglichkeit besteht, sich unter Zuhilfenahme lauterer Mittel ohne weiteres Kenntnis von der Tatsache zu verschaffen.[82] Auch darf der Personenkreis, dem die Tatsache bekannt ist, grundsätzlich nur begrenzt sein, ansonsten ist Offenkundigkeit anzunehmen. Entscheidend ist vor allem, dass gegenüber Wettbewerbern das Geheimnis gewahrt bleibt.[83]

a) Technische Erzeugnisse

99   Wenn das ausgestellte Produkt ein „Innenleben" hat, das nicht allgemein bekannt ist und sich durch bloße äußere Betrachtung nicht erschließt, steht die Zurschaustellung dem Geheimnischarakter nicht entgegen. Dies ist bei allen technischen Erzeugnissen, deren Wirkungsweise im Inneren verborgen ist, selbstverständlich. Wer auf einer Messe oder sonstigen Ausstellung in das Innere einer Maschine hineinfotografiert und dabei die Verkleidung oder sonstige (Sicht-)Sperren überwindet, verschafft sich die Kenntnis mit unlauteren Mitteln. Die vorherige Kenntnis ist erforderlich, damit ein tatbestandsmäßiges Sichern überhaupt angenommen werden kann.[84]

---

80 BGH, Urt. v. 23.2.2012 – I ZR 136/10 = GRUR 2012, 1048 ff.
81 Ohly/Sosnitza/*Ohly*, § 17 Rn 18.
82 Bornkamm/Köhler/*Köhler*, § 17 Rn 8; Teplitzky/Pfeifer/Leistner/*Wolters*, § 17 Rn 24 m.w.N.
83 Teplitzky/Pfeifer/Leistner/*Wolters*, § 17 Rn 22.
84 BGH, Urt. v. 23.2.2012 – I ZR 136/10 = GRUR 2012, 1048 ff.

Brandau

Wenn die relevante Tatsache im Inneren eines Gerätes verborgen und nur durch dessen aufwendige Zerlegung zu ermitteln ist, tritt selbst dann keine Offenkundigkeit ein, wenn das Gerät an den Kunden ausgeliefert ist und dieser nach Belieben damit verfahren kann. Auch durch dessen Inverkehrbringen wird ein darin wirkendes Betriebsgeheimnis nicht automatisch offenkundig; vielmehr ist dies erst dann anzunehmen, wenn es von jedem Interessenten ohne größere Schwierigkeiten und Opfer in Erfahrung gebracht werden kann.[85]

Wenn der Geheimnischarakter sogar nach einem Inverkehrbringen erhalten 100 bleiben kann, ist es nur konsequent, diesen Grundsatz auf Messeexponate zu übertragen, sofern deren Wirkmechanismus von außen nicht wahrnehmbar ist. Dies steht freilich unter der Einschränkung, dass das Gerät noch nicht im freien Handel erhältlich ist. denn dann wäre die Tatsache offenkundig, jedenfalls dann, wenn sofern sie von einem Durchschnittsfachmann ohne größeren Zeit-, Arbeits- und Kostenaufwand ermittelt werden kann.[86]

b) Designgeschützte Produkte

Werden designgeschützte Produkte fotografiert, fehlt es zwingend am Merkmal des 101 Geheimnisses, denn spätestens mit der Eintragung in das Register und der hiermit verbundenen Offenlegung wird eine zuvor geheim gehaltene Tatsache offenkundig. Ab diesem Zeitpunkt kommt ein strafrechtlicher Schutz nicht mehr auf der Grundlage des UWG sondern nur noch nach Vorschriften des Designgesetzes in Frage.

c) Künstlerisch gestaltete zweidimensionale Produkte

Ein in der Praxis durchaus häufig anzutreffendes Objekt von unbefugten Fotoaufnahmen sind zweidimensionale Gegenstände, die sich durch ihre Linien, ihre Muster, ihre Farben, kurz durch die „Gesamtkomposition" auszeichnen, ohne dass sie – aus welchen Gründen auch immer – den Schutz des Designgesetzes genießen. Diese Fälle betreffen vor allem künstlerisch gestaltete Muster von Heimtextilien wie sie besonders bei Vorhängen und Tisch- oder Bettwäsche anzutreffen sind. Diese gern fotografierten Textilien entfalten ihre Wirkung aus der Gesamtheit von Farbe, Muster und Linienführung. Ihre Eigenart offenbart sich aber schon durch den bloßen Anblick, der jedem Messebesucher möglich ist. Damit läge in Bezug auf solche Messe-Exponate die Offenkundigkeit vor, was den Geheimnischarakter ausschlösse.

Dagegen spricht, dass selbst ein geschulter branchenkundiger Betrachter ein 103 komplexes Stoffmuster niemals wird sich so vollständig einprägen können, dass er

---

85 LG München I, Urt. v. 29.8.1985 – 7 O 12031/85 = CR 1986, 384 (386); BayObLG, Urt. v. 28.8.1990 – RReg. 4 St 250/89; *Reimann*, GRUR 1998, 298 ff.
86 BGH, Urt. v.12.2.1980 – KZR 7/79 – „Pankreaplex II" = GRUR 1980, 750 ff.

die Tatsache i.S.d. § 17 UWG, das Design, in seinem Gesamtbild erinnern oder sogar reproduzieren kann. Dazu bedarf es einer großen intellektuellen Kapazität, eines fotografischen Gedächtnisses. Wenn aber eine überdauernde Kenntnis nur bei solchem Aufnahmevermögen gewährleistet ist, spricht dies gegen eine Offenkundigkeit des Designs. Bei aufwendigen Verzierungen wie Stickereien oder Webmustern sind die Einzelheiten zwar äußerlich wahrnehmbar. Insbesondere die Fadenstärke oder die Farbzusammensetzung eines Stoffes erschließen sich aber nur mit optischen Hilfsmitteln, unter Vergrößerung. Das Fertigen von Nahaufnahmen von Stoffen, das diesen Blick in die Tiefe ermöglicht, erfüllt damit die Kriterien der Sicherung eines Geheimnisses.

104 Die entscheidende Frage ist, ob das Ausstellen auf einer Messe dem Inverkehrbringen gleichzusetzen ist, was jedem Designobjekt den Charakter als Geheimnis nähme, da die Kenntniserlangung keine aufwendige Untersuchung erfordert. Eine obergerichtliche Entscheidung ist dazu nicht ersichtlich. Allerdings hat der BGH in der Kieselsäure-Entscheidung die Ansicht vertreten, dass eine Offenlegung in einer amerikanischen Patentschrift und die Veröffentlichung in zwei ausländischen Fachzeitschriften, obwohl diese über deutsche Bibliotheken verfügbar waren, nicht ausreichend seien, um Offenkundigkeit herbeizuführen.[87] Es geht letztlich darum, ob das Geheimnis einem unbegrenzten Personenkreis zur Kenntnisnahme zur Verfügung steht. Was aber die Veröffentlichung in einer Fachzeitschrift von der Zurschaustellung auf einer Fachmesse unterscheidet, ist der Umstand, dass auf einer Fachmesse das Ausstellungsstück nur einem begrenzten Personenkreis zugänglich ist. Ansonsten steht es nach wie vor unter dem Regime des Geheimnisinhabers und unter dem Schutz des Messeveranstalters.

105 Der Personenkreis, dem das Geheimnis zugänglich ist, ist bei einer *Fachmesse* durch besondere Kriterien eingegrenzt. Es sind in der Regel nur Hersteller und gewerbliche Abnehmer zugelassen. Soweit es sich um einen *Aussteller* handelt, schließt dieser mit dem Messebetreiber einen Teilnahmevertrag, in dem ihm u.a. Bild- und Tonaufnahmen jeder Art einschließlich Skizzen von Ausstellungsmustern oder Ausstellungsgegenständen untersagt sind, es sei denn, es handele sich um den eigenen Stand. Der Aussteller-Vertrag enthält neben definierten Teilnahmeregeln regelmäßig also ein Verbot der Abbildung anderer Exponate, entfaltet also eine Schutzwirkung zugunsten Dritter. Der *Besucher* einer Fachmesse muss seine Zugehörigkeit zum Fachpublikum glaubhaft machen und unterliegt nach dem Zutritt der Hausordnung, die regelmäßig das Filmen, Fotografieren und Skizzieren von Ausstellungsgegenständen, mitunter sogar das Mitführen von entsprechenden Geräten untersagt (so die Hausordnung der Messe Frankfurt GmbH).

---

87 BGH, Urt. v. 16.10.1962 – KZR 11/61 – Kieselsäure = GRUR 1963, 207 ff.

Die durch solche Regeln ausgestaltete Nähe des Betrachters zu einem Exponat **106** macht dieses gerade nicht frei zugänglich. Dies mag für die Ausstellung auf einer allgemeinen Verbrauchermesse anders sein. Es ist aber von entscheidender Bedeutung, dass der Fotografierende seine Nähe zu dem Geheimnis nur seiner Zugehörigkeit zu einem begrenzten Personenkreis verdankt und er eben nicht Teil der Allgemeinheit ist. Dieses Kriterium der „geschlossenen Gesellschaft", führt im Ergebnis dazu, dass ein Produkt mit der Zurschaustellung auf einer Fachmesse noch nicht offenkundig ist, mag auch das dem Produkt innewohnende Geheimnis noch so leicht wahrnehmbar sein.

Im Ergebnis bleibt festzuhalten, dass das Fotografieren von komplexen Design- **107** produkten auf einer Fachmesse mit Zutrittsbeschränkung als unlautere Sicherung einer geheimhaltungsbedürftigen Tatsache anzusehen ist. Gerade der eingeschränkte Zutritt macht das Exponat nicht für jedermann zugänglich und damit nicht offenkundig. Entscheidend ist, dass die Ausstellung der allgemeinen Markteinführung des Produktes vorausgeht, denn danach, mit Auslieferung der Produkte an den Handel, wird mit Sicherheit Offenkundigkeit eintreten.

d) Strafprozessuale Maßnahmen

Wo es um unbefugte Fotoaufnahmen auf einer Fachmesse mit begrenztem Zutritt **108** von Publikum geht, besteht der Anfangsverdacht einer unbefugten Sicherung eines Geschäftsgeheimnisses, der die Sicherstellung des Fotospeichers zum Zwecke der Auswertung rechtfertigt. Daneben kann die Erhebung einer Sicherheitsleistung veranlasst sein, wenn eine vorläufige Sichtung der Aufnahmen erkennen lässt, dass es um Muster o.ä. geht, die sich durch ihre Komplexität einer bleibenden Verankerung im Gedächtnis entziehen.

109 Anhang I: Muster einer Strafanzeige wegen Designverletzung

Praxistipp

Ein Eingriff in den Schutzumfang findet statt, wenn die Erscheinungsmerkmale, die bei der Prüfung der Eigenart des Designs dessen Schutzfähigkeit ausgewiesen haben, in der beanstandeten Gestaltung nahezu unverändert wiederkehren.[88] Wie der Eingriff in den Schutzumfang in schwierigeren Fällen zu ermitteln ist, folgt daher der Darstellung zur Ermittlung der Eigenart, s.o. In den strafrechtlich besonders relevanten Fällen der typischen Produktpiraterie werden die Muster ohnehin identisch oder nahezu identisch übernommen werden. Dazu die folgende Strafanzeige, die für eine Messebegehung mit dem Zoll im Fall von Produkt- und Markenpiraterie ausgelegt ist:

████████████████

Strafanzeige wegen Verdachts der gewerbsmäßigen Gemeinschaftsgeschmacksmusterverletzung in einer Vielzahl von Fällen (§§ 65, 51 Abs. 1, 2 DesignG, § 53 Abs. 1 StGB)

ich zeige an, dass wir die Firma ████████████████████ ███████████████, vertreten. Eine b**eglaubigte** Kopie der entsprechenden Vollmacht ist **beigefügt**.

Namens und mit Vollmacht unserer Mandantin erstatte ich hiermit

S t r a f a n z e i g e

wegen des Verdachts der gewerbsmäßigen Gemeinschaftsgeschmacksmusterverletzung in einer Vielzahl von Fällen (§§ 65, 51 Abs. 1, 2 DesignG, § 53 Abs. 1 StGB)

g e g e n

die auf dem Vorblatt genannten Personen.[89]

Zugleich stelle ich

---

88 BGH, Urt. v. 27.2.1963 – Ib ZR 131/61 – Plastikkorb = GRUR 640, 641; OLG Köln, Urt. v. 11.7.2003 – 6 U 209/02 (n.rk.) – Kinderfahrradhelm = NJOZ 2003, 3311, 3314; *Jänich*, GRUR 2008, 873, 875.
89 Bei einer Vielzahl gleichgelagerter Fälle empfiehlt sich die Anfertigung eines Mustertexts, der ggf. noch auf der Messe um die Daten der Verletzer ergänzt werden kann. Das ist für Rechtsinhaber wie auch den Zoll und die Staatsanwaltschaft gleichermaßen komfortabel.

Rehaag

Strafantrag

im Hinblick auf die gewerbsmäßigen Gemeinschaftsgeschmacksmusterverletzung.

Begründung:

I.
Sachverhalt

A) Die Mandantin ist ein Tochterunternehmen ███████████████████Mit einem Umsatz von mehr als 4 Milliarden Euro und derzeit mehr als 20.000 Angestellten weltweit ist ███████████████ – **allgemeinkundig** – einer der führenden Hersteller von Büroelektronik-Produkten, ██████████████████████████ ████████.

Zu den von unserer Mandantin vertriebenen Produkten zählt u.a. das von der ████████████████████entwickelte Produkt [ ], das in einem speziellen Behälter unter der Bezeichnung ████████████████ ████vertrieben wird.

Beweis: Ausdruck der Seite ███████████████ ██████████████████ als

– Anlage ASt 1 –

Im Folgenden ist entsprechender Behälter ███████████████eingeblendet:

...

B) Unsere Mandantin ist Inhaberin des Gemeinschaftsgeschmacksmusters ████████████████

Beweis: Kopie der Eintragungsurkunde als

– Anlage ASt 2 –

Das Geschmacksmuster umfasst folgende Gestaltungen:

...

Beweis: wie vor

Rehaag

C) Die Mandantin ist ferner Inhaberin des Gemeinschaftsgeschmacksmusters ████████████.

Beweis: Kopie der Eintragungsurkunde als

– Anlage ASt 3 –

Das Geschmacksmuster umfasst folgende Gestaltungen:

...

Beweis: wie vor

1. Die durch die Geschmacksmuster ████████████████████ geschützten Gestaltungen sind charakterisiert durch
   - eine längliche, zylindrische Form
   - eine klare Aufteilung in zwei Teile
     o wobei der schwarze und der transparente Teil in einem Längenverhältnis von etwa 1 zu 4 zueinander stehen.
     o wobei der längere, transparente Teile mit schräg zur Längsachse verlaufenden Riefen und einer entlang der Längsachse verlaufenden Riefe versehen ist.
2. Die durch das Geschmacksmuster ██████████geschützte Gestaltung ist charakterisiert durch
   - eine längliche, zylindrische Form
   - schräg zur Längsachse verlaufende Riefen und eine entlang der Längsachse verlaufende Riefe.
3. Die durch die Geschmacksmuster ████████████████ geschützte Gestaltung ist charakterisiert durch
   - eine zylindrische Form
     o mit einem rechteckige Ansatz an der unteren Seite.
     o mit einer rechteckigen, kleinen Aussparung, die über eine Stufe in einen länglichen, rechteckigen und erhabenen Ansatz führt, der mit dem Rand abschließt.
     o mit einer oberhalb der des vorgenannten Ansatzes, fünfgliedrigen, krallenartigen Gestaltung.

   Das Gemeinschaftsgeschmacksmuster ████████████weist darüber hinaus ein charakteristisches Piktorial auf, das ████████████████████████
   zeigt.

C) Die Verdächtigen bieten derzeit das Produkt Y auf der Messe ██████████ auf dem vorgenannten Messestand an, die die vorgenannten Charakteristika der Geschmackmuster der Mandantin aufweisen.

Beweis: 1. Zeugnis des Unterzeichners
   2. Inaugenscheinnahme der Tonerbehälter

Rehaag

II.
Rechtliches

Indem die Verdächtigen ███████, die im Gesamteindruck ihrer Gestaltung nicht von der Gestaltung der Gemeinschaftsgeschmackmuster abweichen, eingeführt haben und diese zum Verkauf auf der Messe ███████ anbieten, haben sie sich der gewerbsmäßigen Gemeinschaftsgeschmacksmusterverletzung gem. §§ 65 Abs. 1, 2 , 51 DesignG hinreichend verdächtig gemacht.

A) Nach §§ 65 Abs. 1, 2 , 51 DesignG ist zu bestrafen, wer entgegen Artikel 19 Abs. 1 der Verordnung (EG) Nr. 6/2002 ein Gemeinschaftsgeschmacksmuster benutzt, obwohl der Inhaber nicht zugestimmt hat, wird mit Freiheitsstrafe bis zu drei Jahren oder mit Geldstrafe bestraft. Artikel 19 der vorgenannten Verordnung bestimmt, dass das eingetragene Gemeinschaftsgeschmacksmuster seinem Inhaber das ausschließliche Recht gewährt, es zu benutzen und Dritten zu verbieten, es ohne seine Zustimmung zu benutzen. Die erwähnte Benutzung schließt insbesondere die Herstellung, das Anbieten, das Inverkehrbringen, die Einfuhr, die Ausfuhr oder die Benutzung eines Erzeugnisses, in das das Muster aufgenommen oder bei dem es verwendet wird, oder ein Besitz des Erzeugnisses zu den genannten Zwecken ein.

Die Verdächtigen benutzen die geschmacksmusterrechtlich geschützten Gestaltungen entgegen Art. 19 Abs. 1 GGMVO, indem sie Ware eingeführt haben und auf der Messe Paperworld in Frankfurt anbieten, deren Gestaltung beim informierten Benutzer keinen anderen Gesamteindruck hervorrufen als die Geschmacksmuster der Mandantin.

B) Zumindest bedingter Vorsatz ist gegeben: Das Produkt der Mandantin ist aus dem Internet bekannt, dort wird es lebhaft gehandelt (**Anlage ASt 1**). Die Verdächtigen haben es kopiert, um es in seiner auf dem Markt bekannten Form leichter Vertreiben zu können.

C) Die Firma der Verdächtigen und ihr Messeauftritt zeigen, dass dies im geschäftlichen Verkehr geschieht.

Es wird angeregt, den Messestand der Verdächtigen gemäß § 102 StPO **zu durchsuchen**. Es ist zu vermuten, dass die Durchsuchung zum Auffinden weiterer Beweismittel führen wird.

Aufgefundene, schutzrechtsverletzende Ware ist gem. §§ 65 Abs. 1, 2 iVm 51 Abs. 5 DesignG **einzuziehen und zu vernichten**. Es wird angeregt, dass Einverständnis der Verfügungsberechtigten dazu bereits bei deren Vernehmung einzuholen.

Rehaag

110 Anhang II: Formulierungsvorschläge für den Anklagesatz

B. hat die markenrechtlich geschützten Zeichen „NOKIA" entgegen § 14 Abs. 2 Nr. 1 MarkenG bzw. Art. 9 GMVO und die geschmacksmusterrechtlich geschützten Gestaltungen DM/063913 (IR) und 000169743-0001 entgegen Art. 19 Abs. 1 GGMVO, §§ 38 Abs. 1 und 2 Satz 1 und 42 GeschmMG i.V.m. Art. 4 Abs. 2 des Haager Abkommens über die internationale Hinterlegung gewerblicher Muster und Modellen benutzt, indem er Ware angeboten und veräußert hat, die mit den Marken der Fa. N. identischen Zeichen versehen sind und deren Gestaltung beim informierten Benutzer keinen anderen Gesamteindruck hervorrufen als die Geschmacksmuster der geschädigten Schutzrechtsinhaber.

Dies ist im geschäftlichen Verkehr geschehen, weil B. eine Vielzahl von Waren verkauft und geliefert hat.

Indem B. gefälschte NOKIA BL-4C und BL-5C Batterien an die K. Communication AG veräußerte und lieferte, hat er sich der durch dieselbe Handlung begangenen gewerbsmäßigen Kennzeichen- und Gemeinschaftsmarkenverletzung sowie gewerbsmäßigen Geschmacksmuster- und Gemeinschaftsgeschmacksmusterverletzung sowie des gewerbsmäßigen Betruges in einer Vielzahl von Fällen (§§ 143 Abs. 1, 2, 143a i.V.m. 143 Abs. 1, 2 MarkenG, §§ 51 Abs. 1, 2, 65 i.V.m. 51 Abs. 1, 2 GeschmMG, § 263 Abs. 1, 3, 52, 53 StGB) hinreichend verdächtig gemacht.

1. Es ist davon auszugehen, dass B. als Inhaber der Firma E.C. für Einkauf und Vertrieb und damit für die Prüfung und die Entscheidung, ob Ware verkauft wird oder nicht, verantwortlich ist.

2. B. hat zumindest mit **bedingtem Vorsatz** gehandelt: Es ist allgemein bekannt, dass Markenware – auch der geschädigten Schutzrechtsinhaber – kaum außerhalb des Vertriebssystems des jeweiligen Markeninhabers erworben werden kann.[90] Zudem zeigt die Tatsache, dass B. die Akkus zu einem günstigen Preis verkaufen konnte, dass er die Akkus zu außergewöhnlichen niedrigen Preisen eingekauft hat. Denn: Ansonsten hätte sich das Geschäft für ihn nicht gelohnt. Bei einem sehr niedrigen Einkaufspreis für Produkte, die außerhalb des Vertriebssystems der geschädigten Schutzrechtsinhaber veräußert werden, hat der B. zumindest die Möglichkeit erkannt, Plagiate zum Weitervertrieb zu erwerben zu erwerben. B. hat somit die Möglichkeit erkannt, Marken und Geschmacksmuster der Geschädigten Schutzrechtsinhaber zu verletzen. Gleichwohl hat er aus Gewinnstreben diese Möglichkeit billigend in Kauf genommen.

---

90 Harte-Bavendamm/Henning-Bodewig/Dreyer, § 5 Rn 87.

Rehaag

3. Gewerbsmäßiges Handeln gem. §§ 143 Abs. 2, 143a Abs. 2 MarkenG, §§ 51 Abs. 2, 65 Abs. 2 GeschmMG ist gegeben, weil der Verdächtige im Rahmen seines Geschäftsbetriebs handelt und dieser als Einnahmequelle von einiger Dauer und Bedeutung angelegt ist.

4. Schließlich besteht aufgrund des vorliegenden Sachverhalts hinreichender Verdacht, dass B. auch den Straftatbestand des § 263 Abs. 1 StGB vorsätzlich verwirklicht hat. Das Anbieten von mit Zeichen der geschädigten Schutzrechtsinhaber gekennzeichneten Waren hat bei der K. Communication AG die Vorstellung erweckt, Originalware aus der Produktion der geschädigten Schutzrechtsinhaber zu kaufen. Diese Täuschung veranlasste die K. Communication AG, die Akkus zu kaufen und den Kaufpreis zu entrichten. In der Folge trat bei der getäuschten K. Communication AG ein Vermögensschaden ein, da sie statt in Erfüllung Ihres Anspruchs auf NOKIA Akkus lediglich Akkus erhielten, die nicht aus der Produktion der geschädigten Schutzrechtsinhaber stammten. Nach den vorstehenden Ausführungen ist davon auszugehen, dass B. mit dem erforderlichen Vorsatz handelte. Auch hier ist gewerbliches Handeln indiziert.

Kapitel 6
Strafbare Patentverletzung (§ 142 PatG)

Die Bearbeitung von Strafanzeigen wegen Patentverletzungen kann zu den an- 1
spruchsvollsten Aufgaben gehören, die das IP-Strafrecht bereithält, gleichwohl spielt
das Patentstrafrecht in der Praxis eine eher unbedeutende Rolle. Im Jahre 2011 wurden 65, im Jahre 2012 hingegen 60 Fälle der strafbaren Patentverletzung erfasst. Die
Aufklärungsquoten lagen weit jenseits der 90%. 2011 wurden sechs Beschuldigte
angeklagt und vier davon verurteilt.[1]

Gekennzeichnet sind Patentstreitigkeiten oftmals dadurch, dass sie innerhalb 2
derselben Wirtschaftssegmente geführt werden. Hier wird es oftmals so sein, dass
die Parteien nach Erledigung eines Streits zur Zusammenarbeit zurückkehren, um
von Erfindungen der Gegenseite auch für sich profitieren zu können. Zudem gehört
das einfache Plagiat nicht zu den klassischen Erscheinungsformen eines Patent-
streits. Das wird jedoch nicht immer so sein: Insbesondere Strafanzeigen im Zusammenhang mit Messeauftritten ausländischer Unternehmen zeigen, dass das
schlichte Plagiat, das die Erfindung vollständig übernimmt, praktisch sehr relevant
sein kann.

Schließlich bleibt abzuwarten, welche Auswirkung das vermehrte Auftreten 3
sog. NPEs (Non Practising Entities, umgangssprachlich und je nach Geschäftsgeba-
ren oftmals als Patent-Trolle bezeichnet) auf die Bedeutung des Patentstrafrechts
hat. Das Geschäftsmodell der NPEs beruht auf dem Aufkaufen und Lizensieren von
Patenten. Typischerweise leisten NPEs keine eigene Forschungs- und Entwick-
lungsarbeit. Sie lizensieren jedoch die von ihnen erworbenen Patente und erstreiten
notfalls die Lizenzgebühren.

I. Die Tatbestände

Gem. § 142 Absatz 1[2] wird mit 4

Freiheitsstrafe bis zu drei Jahren oder mit Geldstrafe (...) bestraft, wer ohne die erfor-
derliche Zustimmung des Patentinhabers oder des Inhabers eines ergänzenden Schutz-
zertifikats (§§ 16a, 49a)
1. *ein Erzeugnis, das Gegenstand des Patents oder des ergänzenden Schutzzertifi-*
   kats ist (§ 9 Satz 2 Nr. 1), herstellt oder anbietet, in Verkehr bringt, gebraucht oder
   zu einem der genannten Zwecke entweder einführt oder besitzt oder

---

1 Destatis, Rechtspflege – Strafverfolgung 2011.
2 Die in diesem Abschnitt genannten §§ ohne weitere Angaben eines Gesetzes sind solche des PatG.

2. *ein Verfahren, das Gegenstand des Patents oder des entsprechenden Schutzzerti-*
   fikats ist (§ 9 Satz 2 Nr. 2), anwendet oder zur Anwendung im Geltungsbereich die-
   ses Gesetzes anbietet.

   Satz 1 Nr. 1 ist auch anzuwenden, wenn es sich um ein Erzeugnis handelt, das
   durch ein Verfahren, das Gegenstand des Patents oder des ergänzenden Schutzzertifi-
   kats ist, unmittelbar hergestellt worden ist (§ 9 Satz 2 Nr. 3).

5   Handelt der Täter gewerbsmäßig, ist die Strafe Freiheitsstrafe bis zu 5 Jahren oder
    Geldstrafe. Ist gewerbsmäßiges Handeln gegeben oder besteht ein besonderes öf-
    fentliches Interesse an der Strafverfolgung, so wird die Tat von Amts wegen durch
    die Staatsanwaltschaft verfolgt, andernfalls nur auf Antrag. Gegenstände, auf die
    sich die Straftat bezieht, können nach § 142 Abs. 5 PatG eingezogen werden. Wird
    auf Strafe erkannt, so ist, wenn der Verletzte es beantragt und ein berechtigtes Inte-
    resse daran dartut, anzuordnen, dass die Verurteilung auf Verlangen öffentlich be-
    kannt gemacht wird (§ 142 Abs. 6).

6   Von dieser Strafvorschrift erfasst sind nationale Patente sowie europäische Pa-
    tente mit Erstreckung auf das Gebiet der Bundesrepublik Deutschland (Artikel 2
    Abs. 2 EPÜ) und auch ergänzende Schutzzertifikate (§§ 16a, 49a PatG).

II. Definition des Patents

7   Patente werden gem. § 1 Abs. 1 für Erfindungen erteilt, die neu sind, auf einer erfin-
    derischen Tätigkeit beruhen und gewerblich anwendbar sind. Alle drei Vorausset-
    zungen müssen nebeneinander vorliegen.

8   Im Gegensatz zu den eingetragenen Marken oder Designs handelt es sich bei
    dem Patent um ein geprüftes Schutzrecht, d.h. vor der Eintragung in das Patent-
    register werden die Anforderungen an die Schutzfähigkeit von Amts wegen ge-
    prüft.

9   Staatsanwaltschaft und Gerichte sind an erteilte und geprüfte Schutzrechte bei
    ihrer Würdigung des Sachverhalts gebunden. Ist die Eintragung nachgewiesen,
    müssen Staatsanwaltschaft und Gerichte keine weiteren Untersuchungen durchfüh-
    ren. Die Voraussetzungen des Patentschutzes sollen gleichwohl im Folgenden kurz
    dargestellt werden.

10 Eine Erfindung ist eine Lehre zum planmäßigen Handeln unter Einsatz be-
    herrschbarer Naturkräfte außerhalb der menschlichen Verstandestätigkeit, um ei-
    nen unmittelbaren kausalen Erfolg herbeizuführen.[3] Diese Definition dient nicht
    zuletzt dazu, die Erfindung von der Entdeckung abzugrenzen. Die Entdeckung ist

---

3 BGH GRUR 1981, 39 – Walzabteilung.

Rehaag

die reine Erkenntnis, ohne jedoch die Beherrschbarkeit des Erkannten zu beschreiben. Somit fehlt hier das Element der Anwendbarkeit für den technischen Zweck.[4]

Nicht jede Lehre in dem vorbeschriebenen Sinn ist patentierbar. So dürfen Erfindungen, die gegen die öffentliche Ordnung und die guten Sitten verstoßen, nicht patentiert werden, § 2, Art. 53a EPÜ. Ist die Erfindung mit den tragenden Gründen der Rechtsordnung unvereinbar, kann Patentschutz nicht gewährt werden, so z.B. für ein Werkzeug, das ausschließlich zum Einbruch verwendet werden kann. Bei der Eintragung ist die Prüfung eines Verstoßes gegen die öffentliche Ordnung auf offenkundige Verletzungen von Rechtssätzen zum Schutz überragender Gemeinschaftsgüter beschränkt. Der Verstoß muss tatsächlich vorliegen; die bloße Möglichkeit genügt nicht.[5] Eine Patentierbarkeit ist somit auch z.B. für Verfahren zum Klonen menschlicher Lebewesen, für die Verwendung menschlicher Embryonen (§ 2 Absatz 2 Nrn. 1 und 3), für den menschlichen Körper (§ 1a Absatz 1), für Pflanzensorten,[6] Tierrassen sowie im Wesentlichen für biologische Verfahren zur Züchtung von Pflanzen und Tieren (§ 2a Abs. 1 Nr. 1) ausgeschlossen. **11**

Zudem sind nach § 1 Abs. 2 Nr. 3 Programme für Datenverarbeitungsanlagen vom Patentschutz ausgenommen. Dieser Ausschluss gilt gem. § 1 Abs. 3 nur für *Programme als solche,* also nicht für Erfindungen, die neben anderen Bestandteilen auch ein Programm enthalten. Einerseits kann ein normales Programm ohne weiteres keinen Patentschutz erhalten, andererseits ergibt sich aber, dass Programme in bestimmten Zusammenhängen durchaus patentierbar sind.[7] In seiner Rechtsprechung hat der Bundesgerichtshof die Auslegung bestätigt,[8] dass Patente auch für Computerprogramme erteilt werden können. Dabei soll es sich um solche Programme handeln müssen, die nicht auf ein bloß gedankliches Konzept gerichtet sind und über die normale physikalische Wechselwirkung zwischen Soft- und Hardware hinausgehen. **12**

Die Erfindung muss neu sein. Nach dem im deutschen Patentrecht geltenden absoluten Neuheitsbegriff kann eine Erfindung dann nicht mehr als neu angesehen werden, wenn sie zum Stand der Technik gehört. **13**

Der maßgebliche Zeitpunkt für die Bestimmung dessen, was zum Stand der Technik gehört und damit bei der Beurteilung der Neuheit der Erfindung als bekannt angenommen wird, ist in der Regel der Anmeldetag der Patentanmeldung, d.h. der Tag des Eingangs der Anmeldung beim Patentamt. Dabei ist die kleinste relevante Zeiteinheit der Tag. Die Uhrzeit der Einreichung an einem Tag wird nicht berücksichtigt, so dass eine von zwei am gleichen Tag eingereichten Anmeldungen

---

4 BPatG GRUR 1978, 238 – Naturstoffe.
5 Melullis; Benkard, Europäisches Patentübereinkommen, 2. Auflage, Art. 53 Rn 27.
6 Hier kann ggf. Sortenschutz gewährt werden.
7 Redeker, IT-Recht, 5. Auflage 2012, A. Schutz von Software Rn 126.
8 BGH GRUR 2000, 498 – Logikverifikation –, m. Anm. *Betten* GRUR 2000, 501.

gegenüber der anderen keinen Vorrang beanspruchen kann, auch wenn sie an diesem Tag früher eingereicht worden ist.

Der Zeitpunkt der Patentanmeldung kann aber auch vor dem Anmeldetag liegen, wenn die Priorität einer älteren Erstanmeldung in Anspruch genommen wird (§§ 40, 41; Artikel. 87–89 EPÜ, Artikel 4 PVÜ). Wird die Priorität wirksam in Anspruch genommen, so wird die Nachanmeldung so gestellt, als wäre sie am Anmeldetag der älteren Erstanmeldung, dem so genannten Prioritätstag, eingereicht worden. Diese Möglichkeit der Inanspruchnahme eines älteren Zeitrangs gilt innerhalb von zwölf Monaten ab Prioritätstag. Es ist zu bedenken, dass es sich bei der älteren Anmeldung, deren Priorität in Anspruch genommen wird, um die weltweit erste Anmeldung diese Erfindung handeln muss. Kettenprioritäten, bei denen in einer Abfolge Prioritäten mehrerer aufeinanderfolgender Anmeldungen in Anspruch genommen werden, sind nicht zulässig, Gleichwohl kann eine Patentanmeldung Prioritäten mehrerer älterer Anmeldungen mit unterschiedlichen Anmeldetagen in Anspruch nehmen, jedoch für jeden Patentanspruch (in dem der Gegenstand der Erfindung beschrieben ist und von denen ja mehrere ein Patent ausmachen können) nur eine Priorität.

Der Stand der Technik umfasst alle die Kenntnisse, die vor dem Anmeldetag durch schriftliche oder mündliche Beschreibung, durch Benutzung oder in sonstiger Weise der Öffentlichkeit zugänglich gemacht worden sind, § 3 Abs. 1, Art. 54 Abs. 2 EPÜ. Zum verschriftlichten Stand der Technik können unter anderem Offenlegungsschriften, Prospekte, wissenschaftliche Publikationen, Zeichnungen, Bücher etc. in jeder beliebigen Sprache gehören, denn der Begriff der Neuheit meint ja die globale Neuheit (absoluter Neuheitsbegriff). Der mündlich begründete Stand der Technik kann sich aus Vorträgen, Präsentationen, Werbeveranstaltungen, im Radio oder Fernsehen verbreiteten Informationen etc. ergeben. Die Benutzung schließlich erfolgt durch den Vertrieb, die Veräußerung, den Gebrauch, das Herstellen, das Ausstellen etc. All die in den vorgenannten Weisen zugänglich gemachten Kenntnisse sind dann öffentlich, wenn sie einem unbegrenzten Personenkreis zugänglich sind. Der unbegrenzte Personenkreis umfasst dabei auch die interessierten Fachleute. Wesentlich ist, dass die rein theoretische Möglichkeit der Kenntnisnahme durch beliebige Dritte ausreicht, eine tatsächliche Kenntniserlangung ist nicht erforderlich.[9] Schließlich ist der Stand der Technik zugänglich, wenn der Fachmann das Wesen der Erfindung erkennen kann. Die objektive Möglichkeit dazu reicht aus.

Für den Schutz des Patents ist es weiterhin erforderlich, dass die Erfindung auf einer erfinderischen Tätigkeit beruht. Das ist dann der Fall, wenn sich die Erfindung für den Fachmann nicht in naheliegender Weise aus dem Stand der Technik ergibt, § 4 Abs. 1, Art. 56 Satz 1 EPÜ. Der Begriff der erfinderischen Tätigkeit ist ein unbe-

---

9 BGH GRUR 62, 518 – Blitzlichtgerät.

Rehaag

stimmter Rechtsbegriff. Er ist für den Einzelfall im Wege der Auslegung mit Inhalt zu füllen[10].

Schließlich wird ein Patent dann erteilt, wenn die zu Grunde liegende Erfindung gewerblich anwendbar ist. Diese Voraussetzungen ist erfüllt, wenn die Erfindung auf einem beliebigen gewerblichen Gebiet oder genutzt werden kann, § 5 Abs. 1, Art. 57 EPÜ. Dabei reicht eine Möglichkeit der gewerblichen Anwendung aus.

Im Hinblick auf den Schutzgegenstand des § 142 ist anzumerken, dass diese Vorschrift nationale deutsche Patente sowie auch solche schützt, die vom Europäischen Patentamt auf der Grundlage des europäischen Patentübereinkommens mit Wirkung für das Gebiet der Bundesrepublik Deutschland erteilt worden sind, Art. 2 Abs. 2 EPÜ.

III. Wirkung des Patents

§ 9

Das Patent hat die Wirkung, dass allein der Patentinhaber befugt ist, die patentierte Erfindung im Rahmen des geltenden Rechts zu benutzen. Jedem Dritten ist es verboten, ohne seine Zustimmung

1. *ein Erzeugnis, das Gegenstand des Patents ist, herzustellen, anzubieten, in Verkehr zu bringen oder zu gebrauchen oder zu den genannten Zwecken entweder einzuführen oder zu besitzen;*

2. *ein Verfahren, das Gegenstand des Patents ist, anzuwenden oder, wenn der Dritte weiß oder es auf Grund der Umstände offensichtlich ist, daß die Anwendung des Verfahrens ohne Zustimmung des Patentinhabers verboten ist, zur Anwendung im Geltungsbereich dieses Gesetzes anzubieten;*

3. *das durch ein Verfahren, das Gegenstand des Patents ist, unmittelbar hergestellte Erzeugnis anzubieten, in Verkehr zu bringen oder zu gebrauchen oder zu den genannten Zwecken entweder einzuführen oder zu besitzen.*

§ 9 Satz 2 untersagt jedem Dritten die dort aufgeführten Benutzungshandlungen, 14 was sowohl für Erzeugnisse als auch geschützte Verfahren und durch das Verfahren unmittelbar hergestellte Erzeugnisse gilt.

Der strafrechtliche Schutz beginnt bei nationalen deutschen Patenten gemäß 15 § 58 Abs. 1 S. 3 mit der Veröffentlichung der Erteilung des Patents. Der Schutz tritt unbeschadet eines eventuell eingelegten Einspruchs ein.

Deutsche Schutzanteile europäischer Patente sind nationalen Anmeldung gleichgestellt (Art. 64 EPÜ). Jedoch ist zu bedenken, dass eine Übersetzung des Pa-

---

10 BGH GRUR 95, 330 – elektrische Steckverbindung.

tentes vorliegen muss. Der Patentinhaber muss eine deutsche Übersetzung beim DPMA einreichen, und zwar innerhalb von drei Monaten ab dem Zeitpunkt der Veröffentlichung des Hinweises auf die Erteilung, ansonsten entfällt der Schutz ex tunc (Art. 65 EPÜ in Verbindung mit Art. II § 3 Abs. 1, 2 des Gesetzes zum Internationalen Patentübereinkommen).

Die Schutzwirkung des Patents ist durch eine Reihe gesetzlicher Vorschriften beschränkt, die tatbestandsausschließend wirken.

§ 11 Nr. 1 erlaubt die rein private Benutzung einer geschützten Lehre, so dass die Nutzung für persönliche, häusliche oder wissenschaftliche Zwecke nicht dem Straftatbestand unterfällt. Das Versuchsprivileg gem. § 11 Nr. 2 befindet sich im Einklang mit den dem Patentsystem zu Grunde liegenden Gedanken. Einerseits sollen die aus der Exklusivität fließenden Vorteile Ansporn zu weiterer Innovation sein. Andererseits kann Innovation nur im Wege der Forschung gelingen. Unerlässlich dafür kann der der Versuch sein, das planmäßige Vorgehen zur Gewinnung von Erkenntnissen. Dabei muss der Gegenstand der Erfindung Objekt der Versuchshandlung sein.[11] Auch sind die Einzelzubereitung von Arzneimitteln in Apotheken aufgrund ärztlicher Verordnung (§ 11 Nr. 3) sowie der Gebrauch des Patents an Bord von Schiffen, beim Bau oder für den Betrieb von Luft- und Landfahrzeugen und für Privatflugzeugen gestattet, soweit sich diese nur vorübergehend auf dem Territorium der Bundesrepublik befinden (§ 11 Nrn. 4, 5).

Des Weiteren tritt die Wirkung des Patents nicht ein, wenn die Bundesregierung anordnet, dass die Erfindung im Interesse der öffentlichen Wohlfahrt benutzt werden soll. Die Wirkung des Patents ist auch ausgeschlossen, wenn die Benutzung im Interesse der Sicherheit des Bundes von der zuständigen obersten Bundesbehörde oder in deren Auftrag angeordnet wird (§ 13 PatG).

Die Wirkung kann auch durch eine Vorbenutzung ausgeschlossen oder beschränkt sein (§ 12). Dies ist dann der Fall, wenn ein Dritter zur Zeit der Anmeldung im Inland die Erfindung in Benutzung genommen oder die dafür erforderlichen Vorbereitungen getroffen hat. Der Dritte muss auf redliche Art und Weise die tatsächliche Verfügungsgewalt über die Erfindung erlangt haben. Besteht das Vorbenutzungsrecht, kann der Dritte die Erfindung ohne die Erlaubnis des Patentinhabers ohne Zahlungsverpflichtung gegenüber diesem benutzen. Maßgeblich für die Bestimmung der Reichweite seines Rechts ist die tatsächlich erfolgte Vorbenutzung. Allerdings kann ihm auch der Gebrauch von Austauschmitteln, die sich dem Fachmann aufdrängen, nicht untersagt werden. Eine erfolgte Vorbenutzung wirft jedoch zugleich auch immer die Frage der Neuheit der Erfindung auf.

Eine ebenfalls relative Beschränkung der Schutzwirkung normiert § 123 Abs. 5 und 6. Danach darf der Dritte, der im Inland im guten Glauben den Gegenstand des

---

11 BGH GRUR 1996, 109 – klinische Versuche I; BGH NJW 97, 3092 – klinische Versuche II.

Patents, das infolge eines Wiedereinsetzungsantrags wieder auflebt, benutzt hat, dieses Patent weiter benutzen, oder, soweit er die dafür erforderlichen Veranstaltungen getroffen hatte, die Benutzung aufnehmen.

Die Wirkung des Patents ist, anders als die Wirkung der Marke bei regelmäßiger Verlängerung, auf 20 Jahre beschränkt (§ 16 Abs. 1 S. 1, Art. 63 Abs. 1 EPÜ). Aufgrund der erheblich kürzeren effektiven Schutzdauer insbesondere im Hinblick auf staatliche Genehmigungsverfahren bei der Zulassung von Arznei- und Pflanzenschutzmittel besteht die Möglichkeit der Gewährung eines ergänzenden Schutzzertifikats gemäß § 16a.

Widerruf und Nichtigkeit (§§ 21, 22) können die Wirkung des Patent rückwirkend entfallen lassen. Eine bereits erfolgte in Verurteilung wegen Patentverletzung ist im Wiederaufnahmeverfahren aufzuheben (§ 359 Nrn. 4 und 5 StPO). Zu denken ist in einem solchen Fall jedoch an den strafbaren, untauglichen Versuch.

Schließlich kennt auch das Patentrecht die in den vorangegangenen Kapiteln angesprochene Schutzschranke der Erschöpfung. Die Erschöpfung selbst ist im Patentgesetz nicht normiert. Sie ist jedoch als Ausdruck eines allgemein gültigen Rechtsgedankens anerkannt. Innerhalb der Europäischen Union gilt der Grundsatz der gemeinschaftsweiten Erschöpfung. Lediglich dann, wenn der Patentinhaber das patentierte Erzeugnis außerhalb der Europäischen Union und des europäischen Wirtschaftsraums in den Verkehr gebracht hat, tritt keine Erschöpfung in Deutschland oder der EU ein.

IV. Voraussetzungen der Strafbarkeit

Eine strafbare Patentverletzung setzt vorsätzliches Handeln voraus, wobei beding- 16 ter Vorsatz genügt. Während durch die Bindungswirkung der Eintragung in das Patentregister der Schutz unwiderlegbar feststeht, liegen die Probleme sowohl in der zivilrechtlichen wie auch in der strafrechtlichen Praxis vielmehr darin, dass die beanstandete Benutzung durch den Verletzer als nicht patentverletzend erklärt wird.

Wie auch in anderen Bereichen des gewerblichen Rechtsschutzes muss zur Klä- 17 rung dieser Frage zunächst ermittelt werden, ob eine bestimmte Ausführungsform, ein Erzeugnis (ein Erzeugnispatent schützt die Gestaltung, Konstruktion oder den Entwurf eines Erzeugnisses, z.B. Maschinen, Schaltungen, chemische Stoffe etc.) oder ein Verfahren (ein Verfahrenspatent schützt ein bestimmtes technisches Handeln, insbesondere eine bestimmte Abfolge von Tätigkeiten oder sonstigen Arbeitsschritten[12]), in den Schutzbereich des Patents eingreift und dieses verletzt.

---

12 Benkard, Patentgesetz, 11. Auflage 2015, § 14 Rn 47 m.w.N.

Dazu ist der Schutzbereich des Patents zu ermitteln und zu prüfen, ob die Ausführungsform in diesen Bereich eingreift. Eine wortsinngemäße oder äquivalente Verletzung kann dann durch die jeweiligen, im Tatbestand genannten Tathandlungen erfolgen.

Gem. § 14 und Artikel 69 EPÜ ist der Schutzbereich zunächst durch die Feststellung des Wortsinns der Patentansprüche zu ermitteln. Hinzuziehen sind die Beschreibungen und die Zeichnungen. Die Vorgehensweise ist im Auslegungsprotokoll zu Art. 69 EPÜ beschrieben. Die Rechtsprechung hat die Geltung dieser Grundsätze auch auf nationale Patente erstreckt.[13]

„Art. 69 ist nicht in der Weise auszulegen, dass unter dem Schutzbereich des europäischen Patents der Schutzbereich zu verstehen ist, der sich aus dem genauen Wortlaut der Patentansprüche ergibt, und dass die Beschreibung sowie die Zeichnungen nur zur Behebung etwaiger Unklarheiten in den Patentansprüchen anzuwenden sind. Ebenso wenig ist Art. 69 dahingehend auszulegen, dass die Patentansprüche lediglich als Richtlinien dienen und der Schutzbereich sich auch auf das erstreckt, was sich dem Fachmann nach Prüfung der Beschreibung und der Zeichnungen als Schutzbegehren des Patentinhabers darstellt. Die Auslegung soll vielmehr zwischen diesen extremen Auffassungen liegen und einen angemessenen Schutz für den Patentinhaber mit ausreichender Rechtssicherheit für Dritte verbinden".[14]

Hierbei gilt grundsätzlich, dass bei der Ermittlung der im Patentanspruch beschriebenen technischen Lehre auf das auf dem betreffenden Gebiet der Technik allgemeine Fachwissen sowie die durchschnittlichen Kenntnisse, Erfahrungen und Fähigkeiten des dort tätigen Durchschnittsfachmanns zurückgegriffen werden muss.[15] Bei dem Durchschnittsfachmanns handelt es sich um eine fiktive Person, mittels derer das maßgebliche fachmännische Denken, Erkennen und Vorstellen im Zeitpunkt der Priorität zu erfasst werden soll.

Der so ermittelte Offenbarungsgehalt der Patentansprüche ist die Grundlage der Bestimmung des Schutzbereichs. Weiterhin zu berücksichtigen ist der übrige Offenbarungsgehalt der Patentschrift in der Beschreibung und den Zeichnungen insoweit, als dieser Niederschlag in den Ansprüchen gefunden hat.[16] Dabei müssen die in der Patentschrift benutzten Worte und Begriffe stets vor dem Hintergrund der in der Patentschrift offenbarten Lehre ausgelegt werden: Falls die verwendeten techni-

---

13 BGH GRUR 1986, 803 (805) – Formstein; BGH GRUR 1994, 597 (599) – Zerlegvorrichtung für Baumstämme; BGH GRUR 2002, 511 (512) – Kunststoffrohrteil; Busche Mitt. 1999, 161 (163).
14 BGBl. 1976 II S. 1000.
15 BGH GRUR 2004, 1023 – Bodenseitige Vereinzelungsvorrichtung.
16 BGH GRUR 1988, 896 – Ionenanalyse; BGH GRUR 1986, 803 – Formstein; BGH GRUR 1989, 205 – Schwermetalloxidationskatalysator.

schen Begriffe vom allgemeinen (technischen) Sprachgebrauch abweichen, ist nur der aus der Patentschrift sich ergebende Begriffsinhalt maßgeblich, die Rechtsprechung spricht insoweit anschaulich davon, dass Patentschriften im Hinblick auf die dort gebrauchten Begriffe gleichsam ihr eigenes Lexikon darstellen.[17]

Sodann ist ein Vergleich anzustellen zwischen der Verletzungsform und dem geschützten Erfindungsgegenstand. Im Wege dieses Vergleichs kann – je nach Fallgestaltung – eine identische (wortsinngemäße) Benutzung oder eine äquivalente Benutzung festzustellen sein. Jene ist gegeben, wenn eine vollständige Benutzungshandlung vorliegt, d.h. die Ausführungsform macht vollständig vom technischen Sinngehalt aller Merkmale des Patentanspruchs Gebrauch, diese, wenn einzelne Merkmale des Anspruchs zwar nicht verwirklicht sind, jedoch ohne Weiteres auffindbare, objektiv gleichwirkende Methoden genutzt werden, zu denen der Fachmann durch das Patent schließlich auch hingeführt wird.

Die Vorgehensweise bei der Bestimmung des Schutzbereichs zeigt, dass kein Patent ausschließlich auf den Wortlaut der Patentansprüche beschränkt ist. Somit können eben auch solche Ausführungsformen in den Schutzbereich eines Patents fallen, die gleichwertige (äquivalente) Ausführungsformen darstellen, obgleich eine wortsinngemäße Verletzung nicht nachzuweisen ist.

Von einer äquivalenten Verletzung ist auszugehen wenn[18]
- eine vom Wortsinngehalt abweichende Ausführung vorliegt,
- die Ausführungsform aber „gleich wirkend" im Sinne dessen ist, was die Erfindung technisch leistet,
- sie der Fachmann mithilfe seiner Fachkenntnis problemlos auffinden könnte (Auffindbarkeit) und
- sich die dazu erforderlichen fachmännische Überlegungen am Sinngehalt der in den Ansprüchen beschriebenen Erfindung als maßgeblicher Grundlage orientieren.

Hier sind drei Prüfungsschritte zu vollziehen.
- Liegt eine Gleichwirkung vor, d.h. löst die Ausführungsform das der Erfindung zugrundeliegende Problem mit abgewandelten, aber objektiv gleichwirkenden Mitteln? Es muss festgestellt werden, welche der Wirkungen des Patents zusammen das zugrundeliegende Problem lösen. Wirkt die Ausführungsform in gleicher Weise, ist diese Voraussetzung erfüllt.
- Ist der Fachmann durch seine Fachkenntnisse in der Lage, die abgewandelten Mittel als gleichwertig auf zu finden (Auffindbarkeit)? Hier ist zu fragen, ob ein erfinderischer Schritt erforderlich war, um das gleich wirkende Mittel aufzufinden.

---

17 Osterrieth, Patentrecht, 5. Auflage 2015, Rn 919 f.
18 BGH GRUR 2002, 515 – Schneidmesser I.

– Ist tatsächlich eine Gleichwertigkeit gegeben? An der Gleichwertigkeit fehlt es und die Ausführungsform liegt außerhalb des Schutzbereichs das Patents, wenn die Ausführungsform dem Lösungsprinzip des Patents widerspricht oder die Ausführungsform zusätzliche Hilfsmittel bedarf, die das Patent für seine Lösung gerade nicht verwendet.[19]

In den Schutzbereich des Erzeugnispatents fällt jeder Gegenstand, der die gleichen Eigenschaften und Merkmale besitzt wie das patentierte Erzeugnis und somit die gleichen Vorteile bietet. Der Schutzbereich des Verfahrenspatents erstreckt sich dagegen auf das geschützte Verfahren als solches. Auch ein nach § 9 Nr. 3 unmittelbar hergestelltes Erzeugnis fällt in den Schutzbereich des Verfahrenspatent.

Als Tathandlungen kommen gem. § 9 bei einem Erzeugnispatent die folgenden Handlungen infrage:

Herstellung – Herstellen ist die erstmalige Erstellung eines Erzeugnisses und auch dessen Neu- oder Wiederherstellung. Er umfasst die gesamte Tätigkeit der Fertigung, so dass die Herstellung eines patent- oder gebrauchsmusterrechtlich geschützten Erzeugnisses bereits mit der Herstellung wesentlicher dazu dienender Einzelteile beginnt.[20] Nicht dazu gehören die Handlungen, die bei natürlicher Betrachtung nicht schon als Beginn einer Herstellung gelten können, wie z.B. die bloße Anfertigung von Entwürfen und Konstruktionszeichnungen.[21]

Anbieten – Unter den Begriff des Anbietens fallen diejenigen Handlungen, die Abschluss eines späteren Geschäftes über durch das Patent geschützten Gegenstand ermöglichen oder befördern sollen[22].

Inverkehrbringen – Ein Inverkehrbringen setzt – im Gegensatz zum Anbieten – voraus, dass zuvor mindestens ein körperlicher Gegenstand hergestellt ist, der Gebrauch von der Erfindung macht. Erfasst wird jedwede Tätigkeit, durch die das dem Patentschutz unterworfene Erzeugnis in den Handelsverkehr, der Umsatz- und Veräußerungsgeschäfte zum Gegenstand hat, gelangt, indem das patentierte Erzeugnis unter Begebung der eigenen Verfügungsgewalt, tatsächlich in die Verfügungsgewalt einer anderen Person übergeht.[23]

Gebrauchen – Das Gebrauchen erfolgt durch die die Benutzung sowohl eines patentierten Erzeugnisses als auch eines patentierten Verfahrens.[24]

---

19 Zur weiteren Prüfung der Äquivalenz s. Benkard, Patentgesetz, 11. Auflage 2015, § 14 Rn 99; Mes, Patentgesetz Gebrauchsmustergesetz, 4. Auflage 2015, § 14 Rn 55.
20 BGH GRUR 95, 338, 341 – Kleiderbügel.
21 Benkard, Patentgesetz, 11. Auflage 2015, § 9 Rn 32 m.w.N.
22 BGH GRUR 2003, 1031, 1032 – Kupplung für optische Geräte
23 Benkard, Patentgesetz, 11. Auflage 2015, § 9 Rn 40 m.w.N.
24 Mes, Patentgesetz Gebrauchsmustergesetz, 4. Auflage 2015, § 9 Rn 48.

Einführen – Die Einfuhr ist das körperliche Verbringen ins Inland[25], das auch zollrechtlich als Einfuhr anzusehen ist[26].

Besitzen – Das Besitzen erfolgt durch die tatsächliche Sachherrschaft über die Erzeugnisse, wobei sich die Feststellung des Besitzes aus einer wirtschaftlichen Betrachtungsweise ergeben muss.[27] Auch Besitzdienerschaft sowie der mittelbaren Besitz kommen in Betracht.[28]

Bei einem Verfahrenspatent darf das Patent im Gebiet der Bundesrepublik Deutschland nicht ohne Zustimmung des Inhabers angewendet oder zur Anwendung angeboten werden. Die Anwendung eines Verfahrens ist gegeben, wenn die zur Ausführung des Verfahrens dienende Vorrichtung oder die dazu erforderlichen Hilfsmittel in verfahrensgemäßer Weise benutzt werden. Das Anbieten des Verfahrens entspricht dem Anbieten eines Erzeugnisses.

Der Patentinhaber kann mit den Mitteln des Zivilrechts auch eine mittelbare Benutzung des Patents abwehren (§ 10). Die mittelbare Benutzung ist jedoch nicht in den Straftatbestand des § 142 übernommen worden. Daher ist der strafrechtliche Schutz des Patents – in praktischer aber auch dogmatischer Hinsicht fehlerhaft – gegenüber dem zivilrechtlichen Schutz verkürzt.

Im Falle einer nicht gewerblichen Verletzung handelt es sich um ein Antragsde- **18** likt (§ 142 Abs. 4), während in Fällen der gewerblichen Patentverletzung die Tat auch ohne Antrag verfolgt werden kann (§ 142 Abs. 2). Bei § 142 Abs. 2 handelt es sich um eine Qualifikation, nicht lediglich um eine Strafzumessungsregel.[29] Da dieser Qualifikationstatbestand nicht im Katalog der Privatklagedelikte des § 374 StPO enthalten ist, stellt er ein Offizialdelikt dar.

Eine Patentverletzung ist eine unerlaubte Handlung nach § 823 BGB,[30] wobei Tä- **19** ter im zivilrechtlichen Sinn auch eine juristische, als Täter einer Straftat nach § 142 aber nur eine natürliche Person in Betracht kommt. Die strafrechtliche Haftung von Personen, die Organe sind (bei der Aktiengesellschaft der Vorstand, bei der GmbH der Geschäftsführer), steht unter der Voraussetzung, dass der Betreffende im Einzelfall die Rechtsverletzung entweder selbst begangen oder hiervon zumindest Kenntnis und die Möglichkeit hatte, sie zu verhindern,[31] was eine Unterlassenstäterschaft begründen kann. Dasselbe gilt für das Verhalten von Angestellten oder Mitarbeitern, insoweit kann sich die Haftung aus Anweisungen oder Organisationsverschulden ergeben.

---

25 Mes, Patentgesetz Gebrauchsmustergesetz, 4. Auflage 2015, § 9 Rn 51.
26 EuGH GRUR 2006, 146, 148; 2011, 147.
27 Mes, Patentgesetz Gebrauchsmustergesetz, 4. Auflage 2015, § 9 Rn 51.
28 Mes, Patentgesetz Gebrauchsmustergesetz, 4. Auflage 2015, § 9 Rn 51 m.w.N.
29 Benkard/Rogge/Grabinski, Patentgesetz § 142 Rn. 8.
30 BGH GRUR 1975, 652, 653.
31 BGH GRUR 1986, 248 – Sporthosen; OLG Hamburg, GRUR-RR 2002, 240 – Super Mario.

20   Gegenstände, auf die sich die Straftat bezieht, können nach § 142 Abs. 5 PatG eingezogen werden.

V. Probleme bei der Strafverfolgung

21 Bei der in der Praxis häufigen Fallgestaltung, Ausstellen eines patentgeschützten Erzeugnisses an einem Messestand, kommen als Tathandlung ein unbefugtes Anbieten und als Täter einer im Inland begangenen Straftat allein der Standverantwortliche in Betracht. Nach einem Urteil des BGH soll allein das Ausstellen von schutzrechtsverletzenden Produkten auf einer Messe im Inland zwar ein Benutzen aber noch kein Anbieten sein, vielmehr sei dazu eine vom Aussteller ausgehende Aufforderung zum Erwerb nötig. Solange diese nicht vorliege und ein Inverkehrbringen im Inland nicht festgestellt sei, liege kein Anbieten vor, das einen auf Erstbegehungsgefahr gestützten vorbeugenden Unterlassungsanspruch rechtfertige.[32] Diese Entscheidung, die zwar zum Markenrecht ergangen ist, hat heftige Kritik erfahren, denn sie verschaffe einem ausländischen Aussteller praktisch Immunität, solange ihm kein Inverkehrbringen nachzuweisen ist. Selbstverständlich sind ausländische Aussteller deshalb auf Inlandsmessen, weil sie auch im Inland verkaufen wollen.[33] In erster Linie hat der BGH mit diesem Urteil einen vorbeugenden Unterlassungsanspruch in Bezug auf ein mögliches Anbieten oder Inverkehrbringen abgelehnt. Sobald der ausländische Aussteller auf einer Inlandsmesse die ausgestellten Produkte bewirbt, z.B. in Form von Katalogen, Prospekten usw., die sich an das inländische Publikum wenden, ist ein Anbieten im Sinne von § 142 Abs. 1 Nr. 1 anzunehmen.

22   Allerdings wird die strafrechtliche Haftung des Standbetreibers entscheidend vom Nachweis der Kenntnis der Patentverletzung in seiner Person anhängig sein. Selbst wenn dieser, wie es häufig bei Kontrollmaßnahmen vorkommt, sich nicht zu erkennen oder keinerlei Erklärung von sich gibt, rechtfertigt der Verdacht einer objektiven und offensichtlichen Patentverletzung die Erhebung einer Sicherheit für die zu erwartende Geldstrafe (§ 132 StPO).

23   Ist die Patentverletzung nicht offensichtlich, sondern wirft komplexe technische Fragen auf, kann der Anfangsverdacht nicht allein auf die Angaben des Patentinhabers oder seiner Vertreter gestützt werden, da dieser ein – potenziell missbräuchliches – Eigeninteresse an der Maßnahme haben kann.[34] Ob dies die Hinzuziehung einer sachkundigen unabhängigen Person erfordert, also eines Gutachters,

---

32 BGH, Urt. v. 22.4.2010 – I ZR 17/05 = GRUR 2010, 1103 ff.; ähnlich LG Mannheim, Urt. v. 29.10.2010 – 7 O 214/10 = GRUR-RR 2011, 83 f.
33 *Graf v. d. Groeben*, GRUR 2011, 798 ff.
34 LG Köln Beschluss vom 6.5.2013 – GRUR-RR 2013, 380

hat das Gericht offengelassen. Bei der Maßnahme handelte es sich um die Durchsuchung eines Messestandes, deren Anordnung wegen Gefahr im Verzug jedenfalls dann nicht zulässig ist, wenn am gleichen Tag oder an einem Folgetag der Messe ein Ermittlungsrichter mit der Sache hätte befasst werden können.

Damit wird zugleich gerichtlich bestätigt, dass ein Messestand als ein „anderer 24 Raum" im Sinne des § 102 StPO anzusehen ist, dessen Durchsuchung nur bei Vorliegen der gesetzlichen Voraussetzungen zulässig ist.

25 VI. Anhang

HZA Darmstadt

64295 Darmstadt

Paperworld 2014

Verdacht der gewerbsmäßigen Patentverletzung in einer Vielzahl von Fällen (§ 142 Abs. 1, 2 PatG, § 53 Abs. 1 StGB)

ich zeige an, dass wir die Firma xxxx (die „**Mandantin**") vertreten. Eine b**eglaubigte** Kopie der entsprechenden Vollmacht ist **beigefügt**.

Namens und mit Vollmacht unserer Mandantin erstatte ich hiermit

S t r a f a n z e i g e

wegen   des Verdachts der gewerbsmäßigen Patentverletzung in einer Vielzahl von Fällen (§ 142 Abs. 1 Nr. 1, Abs. 2 PatG, § 53 Abs. 1 StGB)

g e g e n

die Verantwortlichen der Firma

XXXX Co., Ltd.

Rehaag

519040 Guangdong,
China,

während der Messe xxxxxxxxx,
Ludwig-Erhard-Anlage 1, 60327 Frankfurt am Main,
Halle ▊
Stand ▊

Zugleich stelle ich

S t r a f a n t r a g.

Begründung:

I.

Sachverhalt

A)   Die Mandantin ist ein weltweit operierendes, koreanisches Hochtechnologieunternehmen, das auch Drucker und Druckerzubehör sowie Verbrauchsmaterialien für Drucker entwickelt, produziert und vertreibt. Zu den Verbrauchsmaterialien gehört u.a. die Entwicklereinheit ▊▊ die in Laserdruckern aus der Herstellung der Mandantin verwendet wird. Sie wird zum Preisen von etwa EUR 66,90 gehandelt.

Beweis: Ausdruck   der   Seite   http://www.▊▊▊▊ als

- **Anlage ASt 1 -**

B)   Unsere Mandantin ist Inhaberin des Europäischen Patents EP ▊▊▊

Beweis: Ausdruck aus der Datenbank Espacenet mit Hervorhebungen des Unterzeichners als

- **Anlage ASt 2 -,**

das auch mit Wirkung für die Bundesrepublik Deutschland zum Aktenzeichen ▊▊▊ erteilt ist.

Beweis: Ausdruck eines Registerauszuges als

Rehaag

- Anlage ASt 3 -.

Das mit diesem Patent vorliegende allgemeine erfinderische Konzept betrifft Elemente der Tonerkartusche ███████████. Die Identität der zeichnerischen Beschreibung der Patentanmeldung und der Tonerkartusche ███████████ ergibt sich aus

        dem Ausdruck der Seite http://www.████████████████████
        (Anlage ASt 1)

sowie aus

        dem Ausdruck aus der Datenbank Espacenet mit Hervorhebungen des
        Unterzeichners **(Anlage ASt 2)**.

C)   Die hier relevanten, den Schutzbereich des Patent bestimmenden Patentansprüche lauten in der Übersetzung███████████ wie folgt:

        1. Entwicklereinheit (100), die von einem Hauptkörper einer Bilderzeugungsvorrichtung abnehmbar ist,

           wobei die Entwicklereinheit (100) Folgendes umfasst :

               einen Photoleiter (1); und
               ein Gehäuse (90), das einen Abfalltoner-Behälter (20) enthält, um Abfalltoner von dem Photoleiter (1) aufzunehmen;
               wobei eine obere Wand (92) des Abfalltoner-Behälters (20) einen ausgesparten Abschnitt (40) aufweist, der nach unten zu dem Photoleiter (1) in einem Mittelabschnitt der oberen Wand

Rehaag

(92) vertieft ist, wobei der Mittelabschnitt einem Mittelabschnitt des Photoleiters (1) in einer Längsrichtung von Ende zu Ende des Photoleiters (1) entspricht, wobei der Abfalltoner-Behälter (20) ferner eine Reinigungseinheit (21) aufweist, in der ein Reinigungselement (6) installiert ist, und einen Behälter (23) aufweist, der von der Reinigungseinheit (21) beabstandet ist, um Abfalltoner zu enthalten, und

ein Spalt (W3, W4) zwischen den Seitenwänden (41, 42) des ausgesparten Abschnitts (40) in einer Richtung (A2) von der Reinigungseinheit (21) zu dem Behälter (23) allmählich größer wird.

2. Entwicklereinheit (100) nach Anspruch 1, wobei ein Spalt (W5, W6) zwischen Seitenwänden (41, 42) des ausgesparten Abschnitts (40) in der Längsrichtung des Photoleiters (1) in einer Abwärtsrichtung (B1) allmählich kleiner wird.

Beweis: wie vor

Zeichnerisch stellt sich die vorstehende Beschreibung im Zusammenhang mit Abfalltoner-Behälter wir folgt dar (Fig. 9 der Patentschrift):

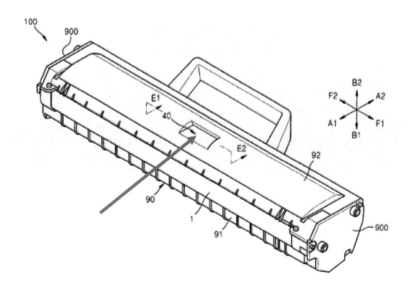

Das Profil des vertieften Abschnitts (40) sieht zeichnerisch die folgt aus:

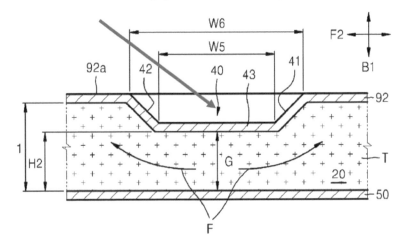

Beweis: Ausdruck aus der Datenbank Espacenet (**Anlage ASt 2**)

D) Gefälschte Tonerkartuschen ███████████ übernehmen diese äußerlich erkennbare Ausprägung der Erfindung typischerweise identisch. Ein Beispiel für eine solche Kopie ist untenstehend eingeblendet:

Der vertiefte Abschnitt (entsprechend 40 der Zeichnung) ist leicht zu erkennen.

E) Die Verdächtigen boten Tonerkartuschen auf der Messe Paperworld auf dem vorgenannten Messestand an. Diese Tonerkartuschen entsprechen in ihrem äußeren Erscheinungsbild völlig der vorstehenden Zeichnung aus der Patentschrift (**Anlage ASt 2**) und der von der Mandantin entwickelten und vertriebenen Tonerkartusche ████████.

Beweis: 1. Zeugnis des Unterzeichners

2. Inaugenscheinnahme der beschlagnahmten Tonerbehälter

Insbesondere weist die obere Wand des Abfalltonerbehälters des Nachbaus der Verdächtigen einen ausgesparten Abschnitt auf, der nach unten zu dem Photoleiter in einem Mittelabschnitt der oberen Wand vertieft ist, wobei der Mittelabschnitt des Photoleiters in einer Längsrichtung von Ende zu Ende des Photoleiters entspricht. Der Nachbau hat zudem eine Reinigungseinheit und ein Reinigungselement, wie es auch vom Anspruch 1 des Patents der Mandantin umfasst ist. Der Nachbau hat ebenfalls einen „Spalt" (gemeint ist: „Abstand") zwischen den Seitenwänden des ausgesparten Abschnitts mit dem Patent gemein, wobei der Abstand in Richtung A2 (siehe Richtungspfeile in der Fig. 9 der Patentschrift) größer wird. All dies ist identisch mit dem Anspruch 1 des Patents. Der Abstand zwischen den Seitenwänden des ausgesparten Abschnitts verjüngt sich hingegen in Richtung des Bodens des ausgesparten Abschnitts, er wird nach unten hin kleiner. Diese Gestaltung ist von Anspruch 2 umfasst.

F) Weder die Verdächtigen noch die chinesische Firma XXXX Co., Ltd. sind Inhaber einer Lizenz der Mandantin.

II.
Rechtliches

Indem die Verdächtigen Kopien der durch das Patent geschützten Tonerkartusche ████████ eingeführt und diese zum Verkauf auf der Messe Paperworld in Frankfurt angeboten haben, haben sie sich der gewerbsmäßigen Patentverletzung in einer Vielzahl von Fällen (§ 142 Abs. 1 Nr. 1, Abs. 2 PatG, § 53 Abs. 1 StGB) hinreichend verdächtig gemacht.

Nach § 142 Abs. 1 Nr. 1 PatG wird mit Freiheitsstrafe bis zu drei Jahren oder mit Geldstrafe bestraft, wer ohne die erforderliche Zustimmung des Patentinhabers ein Erzeugnis, das Gegenstand des

Rehaag

Patents, herstellt oder anbietet, in Verkehr bringt, gebraucht oder zu einem der genannten Zwecke entweder einführt oder besitzt.

A) Die von den Verdächtigen hergestellten und vertriebenen Tonerkartuschen sind Gegenstand des Patents. Der objektive Tatbestand der Patentverletzung im Strafrecht deckt sich gemäß ausdrücklicher Verweisung und inhaltlicher Wiederholung mit den wichtigsten zivilrechtlichen Tatbeständen (§ 9 Ziffer 1 PatG). In diesem Rahmen erfordert der objektive Tatbestand nur, dass der Täter den Erfindungsgedanken eines Patentanspruchs tatsächlich benutzt. Es muss also einerseits geprüft werden, worin das Wesen, d. h. der „Schutzbereich" des dem Patentinhaber für die Erfindung erteilten Patents besteht, und andererseits, ob sich der vom Täter hergestellte Gegenstand ganz oder teilweise mit dem Gegenstand der patentierten Erfindung deckt und deshalb in diese eingreift, RG GRUR 33, 288.

Der Gegenstand des Patentschutzes wird durch den jeweiligen Patentanspruch bestimmt. Die Verdächtigen stellen her und vertreiben Tonerkartuschen, die vom Hauptanspruch (Anspruch 1) und vom nachgeordneten Anspruch 2 wortlautgemäß Gebrauch machen. So haben die Verdächtigen Tonerkartuschen angeboten, die sämtliche Merkmale des Hauptanspruchs 1 und des Anspruchs 2 verwirklichen, Das lässt sich bereits am äußeren Erscheinungsbild des von den Verdächtigen eingeführten und vertriebenen Nachbaus erkennen (s.o. E). Im Hinblick auf die äußere Gestaltung der von den Verdächtigen hergestellten und vertriebenen Tonerkartuschen, die eine Kopie der Tonerkartusche ▮▮▮▮▮▮▮ sind, liegt der Verdacht nahe, dass neben den Ansprüchen 1 und 2 auch alle anderen Patentansprüche verwirklicht sind.

B) Die Verwirklichung der Ansprüche geschieht ohne die Zustimmung der Mandantin. Eine Lizenz ist den Verdächtigen oder der Firma XXXX Co., Ltd. nicht gewährt worden.

C) Zumindest bedingter Vorsatz ist gegeben: Das Produkt der Mandantin ist aus dem Internet bekannt, dort wird es angeboten **(Anlage ASt 1)**. Die Verdächtigen haben es kopiert, um es in seiner auf dem Markt bekannten Form leichter vertreiben zu können.

D) Die Firma der Verdächtigen und ihr Messeauftritt zeigen, dass die Verletzung im geschäftlichen Verkehr i.S.d. § 142 Abs. 2 PatG geschieht.

Aufgefundene, schutzrechtsverletzende Ware ist gem. § 142 Abs. 5 PatG **einzuziehen und zu vernichten**.

Rehaag

Sachregister

Die fetten Zahlen verweisen auf die Kapitel, die mageren Zahlen verweisen auf die Randnummern.